DE GAULLE ET ROOSEVELT

GW00597400

collection tempus

FRANÇOIS KERSAUDY

DE GAULLE
ET ROOSEVELT

Le duel au sommet

Perrin
www.editions-perrin.fr

© Perrin, 2004 et 2006 pour la présente édition
ISBN : 2-262-02474-X

tempus est une collection des éditions Perrin.

INTRODUCTION

Les grands hommes d'Etat du vingtième siècle se comptent sur les doigts des deux mains ; à l'évidence, de Gaulle et Roosevelt font partie du nombre, et leurs relations durant la grande tourmente de la Seconde Guerre mondiale présentent à ce titre un intérêt tout à fait exceptionnel. Il n'y avait pas jusqu'ici de livre consacré exclusivement à ce duel de titans, en dehors du *De Gaulle et Roosevelt* de Raoul Aglion, qui est plutôt une chronique de la mission de l'auteur aux Etats-Unis pendant la guerre, et du remarquable *Hostile Allies* de Milton Viorst, qui a déjà quarante ans d'âge.

Le présent ouvrage nous invite à suivre depuis les origines un Roosevelt francophone et francophile, qui se double d'un politicien brillant, retors, entêté, vindicatif et singulièrement manipulateur ; parallèlement, on découvre un général de Gaulle à la fois visionnaire, diplomate, caractériel, soupçonneux à l'extrême et étonnamment magnanime, qui est fasciné par la puissance de l'Amérique et le courage de son président, mais accaparé tout entier par un patriotisme intransigeant au service d'une France idéalisée. Entre ces deux géants aux caractères et aux politiques incompatibles, le choc était sans doute inévitable... Il sera tour à tour aggravé par les extrémistes de leur entourage et tempéré par quelques hommes dévoués – Français, Américains et Britanniques –, qui vont assumer

avec patience et détermination le rôle bien ingrat
d'« amortisseurs » entre deux antagonismes apparemment
irréductibles. Ainsi s'expliquent les relations si agitées de
ces deux hommes d'exception, que cinq années d'une
guerre impitoyable obligent constamment à coopérer et
conduisent fréquemment à s'affronter. Parmi les étapes les
plus singulières de ce face-à-face sans concessions, on
retiendra l'équipée de Saint-Pierre-et-Miquelon, le coup de
théâtre du débarquement en Afrique du Nord, les obscures
manigances de l'affaire Darlan, l'invraisemblable comédie
d'Anfa, le grand drame du débarquement en France, la
fausse réconciliation de Washington et le dernier rendez-
vous manqué au retour de Yalta...

Avec l'aide de nombreux témoignages et de vingt fonds
d'archives de six pays, nous avons entrepris de remonter
le temps, et même de recréer autant que possible l'atmosphère de cette époque tourmentée. Les lecteurs de
De Gaulle et Churchill découvriront sans doute avec
De Gaulle et Roosevelt l'envers d'un miroir aux multiples
facettes – qui toutes nous renvoient une image déconcert-
ante de la Grandeur.

1

Retour aux sources

A l'aube du vingtième siècle, bien peu d'Américains ont autant de relations privilégiées avec la France que Franklin Delano Roosevelt ; son père descend du négociant hollandais Claes Martensen van Roosevelt, mais le nom de famille de sa mère, Sara Delano, est une déformation du patronyme d'un certain Philippe de la Noye, huguenot franco-luxembourgeois émigré dans le Nouveau Monde en 1621. Fils unique d'une famille aisée qui réside à Hyde Park, au nord de l'Etat de New York, le jeune Franklin suit ses parents lorsqu'ils se rendent en France, en Grande-Bretagne et en Allemagne ; en 1889, alors qu'il n'a que sept ans, on peut le voir jouer dans le parc des Tuileries ou descendre les Champs-Elysées avec son père, et ces séjours se renouvelleront pendant huit ans encore. A quoi il faut ajouter que depuis sa plus tendre enfance, le jeune Franklin a eu des gouvernantes chargées de l'initier à l'allemand comme au français ; cinq décennies plus tard, devenu président, il se déclarera mortellement offensé lorsqu'un interlocuteur osera prétendre que « son français est aussi bon que celui de Churchill [1] ». C'est qu'il considère – avec quelque raison – que sa maîtrise de la langue française est infiniment supérieure à celle de Winston Churchill, qui restera élémentaire et devra toujours beaucoup à l'initiative personnelle...

Quoi qu'il en soit, les notes en français de l'élève Franklin à l'école de Grotton, puis celles de l'étudiant

Roosevelt à l'université de Harvard sont invariablement excellentes, et s'il n'a jamais éprouvé une passion particulière pour la littérature et l'histoire de France, il est manifestement très attiré par le pays, où il se rend même en voyage de noces à l'été de 1905. Ayant terminé assez péniblement ses études de droit en 1907, le jeune marié entre dans un cabinet d'avocats à New York ; il s'y ennuie énormément, et confie à un jeune confrère ses véritables ambitions : être élu au Parlement de l'Etat de New York, puis devenir secrétaire adjoint à la Marine, gouverneur de l'Etat de New York, et pour finir... président des Etats-Unis [2]. Voilà qui peut sembler bien présomptueux, mais ce jeune homme a d'excellentes relations, un charme certain et un sens politique très développé ; du reste, la carrière qu'il décrit a été très exactement celle de son cousin et modèle, le président en exercice Theodore Roosevelt... Ce sera également la sienne ; élu sénateur démocrate de l'Etat de New York à la fin de 1910, Franklin Roosevelt s'intéresse davantage à la politique locale qu'au grand large, mais dès le début de 1913, son accession au poste de secrétaire adjoint à la Marine dans le gouvernement de Woodrow Wilson va changer tout cela : la mer est la grande passion de sa vie, et son supérieur, le secrétaire à la Marine Josephus Daniels, distingue mal bâbord de tribord... Franklin Roosevelt sera donc la cheville ouvrière de la marine des Etats-Unis durant une période cruciale : celle de la Grande Guerre. Dès août 1914, le secrétaire adjoint, dont la francophilie n'a d'égale que la germanophobie *, écrit sans ambages : « Plutôt que d'assister à une lutte qui s'éternise, j'espère que nous verrons l'Angleterre se joindre à la France et à la Russie pour aller jusqu'à Berlin imposer la paix [3]. »

Dans ce conflit qui va embraser l'Europe, le président Wilson est bien décidé à rester spectateur, mais son secrétaire adjoint à la Marine, lui, ne ménagera aucun effort pour mettre la flotte sur le pied de guerre. A l'automne de 1916, il ne cesse de répéter à ses collègues du gouverne-

---

* Son père, James Roosevelt, avait un grand mépris pour les Allemands, et ses propres séjours de jeunesse en Allemagne lui ont fait concevoir une aversion certaine pour le militarisme prussien.

ment que les Etats-Unis doivent entrer dans le conflit, et on le voit bien souvent à Washington en compagnie des ambassadeurs de France et de Grande-Bretagne. Mais le président Wilson s'accroche à ses convictions pacifistes, et il faudra de nombreuses provocations, comme le torpillage du *Lusitania* et le télégramme Zimmerman, pour que les Etats-Unis se décident à déclarer la guerre à l'Allemagne en avril 1917. Dès lors, Roosevelt va entrer dans une frénésie d'activité : il fait assurer le transport vers l'Europe du corps expéditionnaire, escorter les convois, chasser les sous-marins allemands, construire des bases et des entrepôts en Grande-Bretagne et en France... « Je me mêle d'à peu près tout », écrit fièrement le jeune secrétaire adjoint [4], qui intervient effectivement dans tous les domaines, depuis la production de carburant jusqu'au minage de la mer du Nord...

Les Français comme les Britanniques ne pourraient avoir au sein du gouvernement américain un interlocuteur plus compréhensif et plus efficace. Le 9 juillet 1918, Roosevelt embarque sur un destroyer qui escorte un convoi de 20 000 soldats à destination du front français. En Grande-Bretagne comme en France, où l'on n'a guère vu de membres du gouvernement américain, le secrétaire adjoint est accueilli avec les plus grands égards ; à Paris, il est reçu par Clemenceau, qui lui fait une très forte impression. Parcourant plusieurs champs de bataille, depuis la Somme jusqu'à Verdun, il admire sans réserve la bravoure et la ténacité du soldat français, et, de retour aux Etats-Unis, il veut même démissionner de son poste pour pouvoir aller se battre comme officier sur le front ! Mais son supérieur direct, un dangereux accès de grippe espagnole et l'armistice du 11 novembre 1918 se ligueront tous pour contrecarrer ses plans, et c'est toujours comme secrétaire-adjoint à la Marine qu'il retournera en France deux mois plus tard, afin d'y superviser le démantèlement des bases navales et la vente aux Français des matériels de la marine rendus superflus par la fin des hostilités.

Le retour à la paix prendra bientôt une tournure tout à fait imprévue ; ayant signé le traité de Versailles en juin 1919, le président Wilson fait une campagne énergique en

faveur de sa ratification; mais, frappé par une attaque
d'hémiplégie en septembre, il assiste impuissant à l'effondrement de son œuvre lorsque le Sénat rejette le traité et le
pacte de la SDN. Très diminué, Wilson renonce à briguer
un troisième mandat, et le parti démocrate investit James
Cox, qui choisit Franklin Roosevelt comme colistier. Or,
en novembre 1920, la victoire du candidat républicain
Harding va marquer pour les Etats-Unis le triomphe de
l'isolationnisme, et pour Franklin Roosevelt le début d'une
longue traversée du désert.

De fait, la décennie qui suit sera désastreuse pour
l'ancien secrétaire adjoint; ayant repris sans enthousiasme
la pratique du droit au sein d'un cabinet d'affaires, il
semble n'avoir plus guère d'avenir politique, que ce soit à
Washington ou dans l'Etat de New York. Mais surtout, il
est frappé en 1921 par la poliomyélite, qui lui fait perdre
presque entièrement l'usage de ses jambes. Après tout
cela, bien des hommes de moindre envergure auraient
entièrement renoncé à la vie publique; Roosevelt, lui, ne
peut s'y résoudre : animé d'une volonté farouche, il va lutter pour surmonter son handicap physique et son isolement
politique... A une Amérique résolument repliée sur elle-
même, il va faire entendre le message du président Wilson :
la Société des nations est la seule garantie de paix pour le
monde, et les Etats-Unis y ont toute leur place; le désar-
mement, la coopération internationale, le libre échange
doivent être les fondements de la politique étrangère américaine. Mais un bon politicien ne perdant jamais de vue
les préjugés de l'opinion publique, Roosevelt tempère progressivement son enthousiasme pour l'entrée dans la SDN,
et finit par y renoncer purement et simplement... C'est le
côté opportuniste du personnage, qui se manifeste plus
clairement encore en politique intérieure, où il sera à la
fois pour et contre la prohibition, pour la protection de
l'agriculture et la réduction des droits de douane, pour
favoriser l'immigration et la limiter, pour la primauté des
Etats et l'interventionnisme fédéral, pour une aide massive
aux victimes de la crise économique et une réduction du
déficit budgétaire... Bref, des « sincérités successives »,
selon l'heureuse expression d'André Kaspi [5], qui, jointes à

la maladresse de ses adversaires politiques, à l'activisme de son brain-trust et au charme indéniable d'un homme qui sait d'instinct donner à chaque interlocuteur l'impression qu'il ne s'intéresse qu'à lui, expliquent pour une large part que Franklin Roosevelt soit élu gouverneur de l'Etat de New York en 1929, et président des Etats-Unis en 1932...

Le premier mandat du nouveau président sera presque entièrement consacré à la mise en place du *New Deal*, cette fabuleuse entreprise de relèvement économique qui assurera à Roosevelt une place de choix dans l'histoire du vingtième siècle; « Roosevelt, écrira son secrétaire d'Etat Cordell Hull, était tellement accaparé par une multitude de questions intérieures qu'il me laissa la responsabilité presque totale des affaires étrangères durant son premier mandat [6]. » Mais les choses changeront après sa réélection en 1936 : par ses antécédents, ses connaissances, ses passions, ses craintes, ses idéaux et ses ambitions, Franklin Roosevelt est poussé inexorablement à s'intéresser aux affaires extérieures – particulièrement celles qui lui semblent les plus menaçantes pour la sécurité des Etats-Unis et la paix du monde : en Asie, avec les conquêtes militaires japonaises dans le nord de la Chine, et en Europe, avec l'expansion inexorable du nazisme hors des frontières de l'Allemagne...

Roosevelt est un des rares Américains à avoir lu *Mein Kampf* – et à en avoir tiré les conclusions : dès l'accession au pouvoir du Führer, il avait confié à l'ambassadeur de France : « La situation en Europe est inquiétante. Hitler est fou, et ses conseillers, dont je connais un certain nombre, sont encore plus fous que lui [7]. » Six ans plus tard, le président n'a manifestement pas changé d'avis : « Hitler se prend pour une réincarnation de Jules César et Jésus Christ. [...] C'est un dingue [8]. » Par ailleurs, tout comme à la veille de la Grande Guerre, Franklin Roosevelt multiplie les expressions de sympathie envers la France. Il est vrai que les désaccords monétaires et le non-paiement des dettes de guerre ont quelque peu tendu les relations franco-américaines, mais Roosevelt n'accorde désormais à ces questions qu'une importance limitée. S'il désapprouve manifestement la politique coloniale de la France et observe avec quelque inquiétude l'instabilité politique du pays, le président n'en garde pas moins de ses souvenirs de jeunesse comme de ses expériences de guerre un fort attachement pour la France ; il a également conçu une grande estime pour plusieurs de ses dirigeants, notamment Herriot, Daladier et surtout Léon Blum, qu'il considère comme l'artisan du « *French New Deal* ». Aux diplomates comme aux politiciens, il confiera tour à tour : « J'aime la France [9] » et : « Le sort de la civilisation occidentale est en jeu si une collaboration efficace ne s'établit pas dans un avenir immédiat entre les Etats-Unis, la France et l'Angleterre [10]. » Mais ce ne sont là que des mots, et encore sont-ils confidentiels ; c'est qu'en vérité, le président a les mains liées par l'attitude de l'opinion publique et du Congrès américains...

Par un de ces grands mouvements d'opinion dont ils sont coutumiers, les Américains dans leur très grande majorité en sont venus à épouser la thèse des pacifistes et des isolationnistes : en 1917, les Etats-Unis ont été entraînés dans le grand conflit européen par les profiteurs de guerre, les commerçants, les industriels et les banquiers ; or, cette guerre a été une tragique erreur, qu'il faut se garder de renouveler. C'est sous l'influence de telles considérations que seront votées entre 1935 et 1937 les lois de neutralité : embargo sur les armes à destination de tous les pays en guerre, interdiction de leur accorder des prêts, de voyager sur des navires leur appartenant *, clause « *Cash and Carry* ** » pour les exportations de matériel civil à destination des pays en guerre – bref, « un monument législatif consistant surtout à éviter soigneusement la guerre de 1917 », comme l'écrira un des plus proches collaborateurs du président, Robert Sherwood [11]. Mais ces dispositions reflètent si manifestement l'état de l'opinion publique américaine que Roosevelt, toujours soucieux de sa réélection et gardant en mémoire la mésaventure de Woodrow Wilson, ne croit pas devoir s'y opposer. Il est

---

* Manifestement un souvenir de l'affaire du *Lusitania*, qui avait fortement contribué à l'entrée en guerre des Etats-Unis.

** « Payez cash et emportez » : il s'agit d'éviter que des navires américains se trouvent dans les zones de combat.

vrai que l'état des forces armées du pays, victimes de
quinze années de restrictions budgétaires, est une incitation
permanente à l'isolationnisme et au pacifisme ; c'est que
les Etats-Unis ont la seizième armée du monde, après
l'armée roumaine : 130 000 hommes, neuf divisions
d'infanterie très incomplètes, et pas une seule division
blindée [12]... D'ailleurs, le secrétaire à la Guerre, Harry
H. Woodring, est un islolationniste notoire, dont le seul
titre de gloire est d'avoir fait ajourner la production en
série du bombardier B 17, par raison d'économie...

Il n'en faut pas davantage pour expliquer les interventions publiques de Franklin Roosevelt au cours des
années qui suivent ; lors d'un discours prononcé le
11 novembre 1935 pour commémorer l'Armistice, le président, ayant évoqué les dangers de la situation européenne, n'en ajoute pas moins : « La priorité pour les
Etats-Unis d'Amérique, c'est d'éviter d'être entraînés dans
la guerre [13] ». Le 14 août 1936, à Chautauqua, dans l'Etat
de New York, il déclare : « Je hais la guerre. [...] J'ai passé
d'innombrables heures, je passerai encore d'innombrables
heures à réfléchir à la façon de préserver notre nation de la
guerre [14]. » L'année suivante, lors du fameux « discours de
la quarantaine » prononcé à Chicago le 5 octobre 1937,
Roosevelt laisse pourtant percer ses appréhensions : « Si la
violence et le non-droit peuvent se déchaîner sans
entraves, personne ne doit imaginer que l'Amérique y
échappera [...], que l'hémisphère occidental ne sera pas
attaqué. [...] Quand une épidémie commence à s'étendre,
la communauté approuve la mise en quarantaine du malade
et s'y joint, afin de protéger la santé de la communauté
contre l'extension de la maladie. » Mais ceux qui atten-
daient l'annonce de mesures concrètes pour mettre les
agresseurs en quarantaine seront amèrement déçus par la
suite du discours : « Je suis résolu à adopter toute mesure
pratique pour éviter d'être impliqué dans une guerre. [...]
L'Amérique déteste la guerre ; l'Amérique souhaite la
paix. Aussi s'engage-t-elle activement dans la recherche de
la paix [15]. »

Il n'y a évidemment pas là de quoi rassurer les Français,
déjà traumatisés par la remilitarisation de la Rhénanie

comme par la guerre d'Espagne, et que l'Anschluss et les menaces contre la Tchécoslovaquie ne vont pas tarder à inquiéter davantage. Mais lorsqu'en septembre 1938, la crise de Tchécoslovaquie bat son plein, le Département d'Etat est aussi fermement partisan de l'apaisement que Neville Chamberlain lui-même ; et quand ce dernier reviendra de Munich, ce sera pour trouver un télégramme de félicitations signé de Franklin Roosevelt en personne. Il est vrai que deux mois plus tôt, le président avait fait transmettre à Edouard Daladier le message suivant : « L'Allemagne est plus forte que vous ne croyez. Sans les Etats-Unis entièrement à vos côtés, les Anglais et vous serez battus. Mais le peuple américain est retourné à son isolationnisme. Il veut rester à l'écart du conflit européen qui s'annonce. [...] Pour le moment, je ne peux rien [16]. »

C'est un fait : plus de 80 % des Américains sont hostiles à tout engagement direct aux côtés des démocraties européennes, et Franklin Roosevelt n'avait d'autre choix pour satisfaire son opinion publique que d'apaiser Hitler lui-même. Pourtant, la capitulation de Munich sera pour le président un véritable révélateur : une guerre en Europe semble désormais inévitable, et les Etats-Unis ne pourront plus se contenter de discours creux ou de soutien moral. Mais cette prise de conscience restant limitée à une toute petite minorité dans son pays, Roosevelt va devoir avancer masqué – ce qui est parfaitement compatible avec le tempérament de cet homme secret, que ses compatriotes ont justement surnommé « le sphinx »... La priorité sera donc donnée au réarmement, esquissé en janvier 1938, mais considérablement accéléré au lendemain de Munich ; dès le 11 octobre, le président annonce une dépense supplémentaire de 300 millions de dollars pour la défense nationale, et un mois plus tard, il dévoile devant ses conseillers militaires un plan visant à construire 10 000 avions en 1939, et 20 000 annuellement par la suite [17].

Le second volet de la politique du président consiste à persuader les Français et les Britanniques d'accélérer leur propre réarmement. Les ambassadeurs William Bullitt à Paris et Joseph Kennedy à Londres s'y emploieront de leur mieux, et Franklin Roosevelt lui-même ne ménagera aucun effort pour convaincre ses visiteurs européens, comme l'ancien ministre des Affaires étrangères britannique Anthony Eden, qui écrira : « Le président a insisté sur l'infériorité des forces aériennes françaises et britanniques, comparées à celles de l'Allemagne. Il a répété à plusieurs reprises que nous devions nous renforcer dans ce domaine, et m'a fait part de son intention de développer les armements américains [18]. »

Mais il ne suffit pas de persuader les Français et les Britanniques de réarmer ; encore faut-il leur en donner les moyens, et Roosevelt va personnellement enclencher le processus – aussi discrètement que possible, pour ne pas prêter le flanc aux critiques des isolationnistes. En France, le président du Conseil Daladier, conscient au plus haut point de l'infériorité aérienne de son pays – qui a beaucoup compté dans la capitulation de Munich –, se laisse facilement convaincre par l'ambassadeur Bullitt d'envoyer à Washington un homme d'expérience pour engager des négociations d'achat. Cet homme, ce sera Jean Monnet *, que Bullitt présente ainsi dans un télégramme à Roosevelt : « Un ami intime depuis bien des années, en qui j'ai confiance comme en un frère [19]. » D'ailleurs, Bullitt se rend lui-même aux Etats-Unis pour préparer le terrain : « Le 13 octobre, se souviendra Jean Monnet, il était à Washington et m'appelait : " Le président vous attend. Venez discrètement ". Le 19, j'arrivai à New York et pris directement le train pour Hyde Park, la maison de famille de Roosevelt, au bord du fleuve Hudson. [...] Le président me reçut dans son bureau. [...] Derrière une grande table, l'homme tendait les mains à son visiteur avec un sourire d'accueil et s'excusait de ne pas se lever. Il était dans son fauteuil roulant, les jambes prises dans un appareil. Sa maladie n'affectait en rien son intelligence, qui était d'une rare ampleur. [...] Hitler n'était pas encore l'adversaire déclaré du peuple américain, [...] mais déjà Roosevelt le considérait comme le pire ennemi de la liberté, donc des Etats-Unis. Quelques jours avant ma visite, il avait été ter-

---

* Jean Monnet avait déjà joué un rôle crucial dans la coopération interalliée en matière d'armement pendant la Grande Guerre, en tant que directeur du Conseil des Transports maritimes interallié.

rifié, me dit-il, par le violent discours de Nuremberg. Pour lui, Munich ouvrait le chemin de la guerre. Il était décidé à éviter à son pays d'avoir jamais à céder devant la menace, comme avaient dû le faire la France et l'Angleterre. Pour cela, il fallait acquérir une supériorité militaire écrasante. Déjà, il avait mis tout le monde au travail autour de lui. Mais, dans le moment présent, la clé de la situation était la puissance aérienne. Il était persuadé que si les Etats-Unis avaient eu cinq mille avions dans cet été 1938, et la capacité d'en produire dix mille par an, Hitler n'aurait pas osé agir comme il l'avait fait. Sans doute, reconnaissait-il, il devait tenir grand compte du courant isolationniste aux Etats-Unis et, en cas de conflit, le *Neutrality Act* gênerait sérieusement sa décision de fournir des avions à la France et à l'Angleterre. Mais nous étions là, me dit-il, précisément pour trouver les moyens de surmonter cet obstacle. " Nous estimons, ajouta-t-il, que les Allemands peuvent sortir quarante mille appareils par an, la Grande-Bretagne avec le Canada vingt-cinq mille et la France quinze mille. Les vingt à trente mille avions supplémentaires qui assureront la supériorité décisive sur l'Allemagne et l'Italie doivent être trouvés ici, aux Etats-Unis. " En même temps qu'il énonçait ces chiffres, Roosevelt les jetait sur un papier à en-tête de la Maison-Blanche. [...] Nous en vînmes à examiner les moyens de fabriquer des avions destinés à être vendus aux Européens, et cela dans l'hypothèse probable d'une guerre déclarée qui obligerait les Etats-Unis à mettre l'embargo sur les sorties d'armes. Le président apporta ces précisions : " Trois usines pourraient être construites, travaillant chacune avec trois équipes de huit heures, ce qui permettrait une production de cinq mille appareils par an. En ce qui concerne l'embargo, il y a une manière de le tourner, c'est de situer au Canada les usines de montage. " Roosevelt dessina alors une carte de la frontière nord-est et me montra l'endroit où il localiserait ces usines, près de Montréal [20]. »

Après cela, Monnet et Bullitt sont reçus par le secrétaire au Trésor, Henry Morgenthau, pour aborder l'aspect financier de l'opération – question délicate, s'agissant d'une première commande de 1 700 avions, pour un montant évalué à 85 millions de dollars... Mais Morgenthau a été dûment chapitré par le président, et sa coopération est acquise. « En même temps, poursuit Jean Monnet, je m'informai des types d'appareils disponibles et des possibilités de placer les commandes. Là encore, Morgenthau m'ouvrit les portes les plus confidentielles, mit à ma disposition des officiers de la marine – car, à cette époque, l'aviation de guerre était un faible appendice de la force navale américaine. Les conclusions de mon enquête, que je communiquai à Daladier dès mon retour à Paris le 4 novembre, étaient relativement encourageantes. A condition de se limiter à un ou deux types d'avions existants, l'industrie américaine pouvait nous livrer en 1939 le nombre de bombardiers et de chasseurs demandé [21]. »

A Paris, les partis politiques de gauche, les militaires et même le ministre des Finances Paul Reynaud font obstacle au projet *, mais Daladier tient bon : « Le 9 décembre, se souvient Jean Monnet, il me convoqua et, en présence de Guy La Chambre et de Reynaud, il me demanda de repartir à Washington avec un spécialiste, le colonel Jacquin, pour commander mille avions à livrer avant juillet 1939. Du paiement, il faisait son affaire. Je devais exiger des qualifications techniques très hautes, définies par nos militaires. Malheureusement, les appareils correspondants étaient des prototypes encore secrets, que le chef d'état-major de l'air, le général Arnold, refusa formellement de nous montrer. J'alertai Morgenthau, qui venait d'être chargé par le président de suivre le problème des fournitures d'armes à l'étranger. Il se serait passé de cette tâche délicate, mais il savait quelle importance elle avait dans les plans à long terme de Roosevelt, au point que les moindres aspects de ma mission étaient portés à la connaissance du chef de la Maison-Blanche. [...] Nous étions le 21 décembre. Au milieu de janvier, le général Arnold n'avait pas cédé. " Si le président des Etats-Unis veut que ces prototypes soient vus par des Français, dit-il à Morgenthau, eh bien, que le

---

* Paul Reynaud, attaché à la défense du franc, considère que les réserves monétaires françaises ne permettent pas d'envisager une telle commande ; les partis de gauche veulent faire travailler les usines françaises, et les militaires prétendent que les avions français sont supérieurs aux modèles américains....

président ne compte plus sur le dévouement à toute
épreuve du chef de son aviation ". Mais Roosevelt était
déterminé. [...] Il y a un temps pour la discussion, puis
vient le moment de la décision, qui trouve tout le monde
réuni. Le 16 janvier, Roosevelt estima que ce moment était
arrivé dans notre affaire, et il communiqua ses ordres écrits
au général Arnold, qui s'inclina [22]. » En fait, il y aura
encore bien des obstructions de la part du redoutable général Arnold, qui ne rendra les armes que lorsque le président
menacera explicitement d'« envoyer à Guam les officiers
qui ne jouent pas le jeu »... Le secrétaire à la Guerre
Woodring prend ensuite le relais de l'obstruction, mais la
Maison-Blanche va le placer devant la même alternative :
s'incliner ou démissionner... Il s'inclinera.

Parallèlement, Roosevelt va lancer le troisième volet de
sa politique : ayant entamé l'effort de réarmement américain, persuadé Français et Britanniques d'en faire de même
et entrepris de leur en donner les moyens, il s'attaque
désormais à la puissante forteresse du pacifisme et de
l'isolationnisme américains. Ce n'est pas une attaque fron-
tale, mais plutôt une stratégie de harcèlement, faite de
feintes, d'escarmouches, de détours, de franchises cal-
culées, de retraites partielles, de faux-semblants et de
demi-vérités... « Suivre les méandres de sa pensée en la
matière, écrira très justement Ted Morgan, revient à suivre
les évolutions d'une truite dans un cours d'eau, alors
qu'elle disparaît sous un rocher, refait surface, envoie des
bulles, resurgit en un éclair coloré, pour se dérober ensuite
aux regards [23] ». Qu'on en juge : au début de janvier 1939,
dans son message annuel au Congrès, il déclare que les
Etats-Unis « ont eu raison de ne pas intervenir militairement pour prévenir des actes d'agression à l'étranger »,
mais ajoute aussitôt qu'« il y a bien des méthodes, en
dehors de la guerre, mais plus vigoureuses et plus efficaces
que de simples mots, pour faire comprendre aux Etats
agresseurs les sentiments de notre peuple. » Le président
s'abstient prudemment de détailler ces méthodes, mais il
reprend aussitôt l'attaque par un autre biais, en déclarant :
« Lorsque nous nous efforçons de figer la neutralité dans
des lois, nos lois de neutralité [...] peuvent en fait apporter

une aide aux agresseurs et en priver les victimes. L'instinct de conservation devrait nous convaincre de ne plus permettre qu'une telle chose se renouvelle [24]. » Mais Roosevelt ne veut surtout pas heurter l'opinion, et à ce stade, l'offensive contre les lois de neutralité restera purement verbale...

Il est vrai qu'une catastrophe est survenue sur ces entrefaites, qui ne pouvait que l'inciter à la prudence : le 23 janvier, la presse a annoncé qu'un prototype secret de bombardier Douglas s'était écrasé près de Los Angeles, et qu'il y avait un officier français à bord – en l'occurrence, un expert de la mission Monnet. Les isolationnistes mettent à profit l'événement pour accuser Roosevelt de dissimulation et le mettre en difficulté au Congrès ; mais le président fait face et déclare publiquement qu'il approuve la vente d'armes à la France, au nom de l'amitié franco-américaine, et surtout des intérêts commerciaux des Etats-Unis – un argument auquel nul Américain n'est insensible *... Dès le 31 janvier, du reste, il invite à la Maison-Blanche les membres du Comité des Affaires militaires du Sénat, et leur dit ceci : « Quelle est la première ligne de défense des Etats-Unis ? Dans le Pacifique, c'est une succession d'îles [...]. Pour l'Atlantique, notre première ligne de défense, c'est la survie d'un très grand nombre de nations européennes en tant qu'entités indépendantes. [...] Qui d'entre vous aurait prévu il y a six ans que l'Allemagne dominerait l'Europe ? [...] Nous assistons à l'encerclement progressif des Etats-Unis par la disparition de nos premières lignes de défense ». Le sénateur Lewis, de l'Illinois, lui ayant demandé « s'il estimait que le gouvernement américain avait le devoir de sauvegarder coûte que coûte l'indépendance de ces nations », Roosevelt se retire aussitôt derrière un rideau de fumée : « Non, non. J'ai probablement vu davantage de la guerre en Europe que toute personne actuellement en vie **. [...] Vous pou-

---

* En février 1939, Jean Monnet finira par commander 555 avions, pour une somme totale de 60 millions de dollars.

** Une exagération manifeste : Roosevelt n'a vu que des champs de bataille et des ruines à bonne distance du front pendant quelques semaines de l'été 1918.

vez donc être sûrs qu'une des dernières choses que ce pays doive faire, c'est d'envoyer à nouveau une armée en Europe [25]. » Même mouvement de retraite tactique trois jours plus tard : un des sénateurs présents à la Maison-Blanche le 31 janvier ayant rapporté à la presse certains propos du président selon lesquels « la frontière des Etats-Unis était sur le Rhin » – une synthèse un peu rapide mais assez exacte du message présidentiel –, Roosevelt s'empresse de déclarer lors d'une conférence de presse qu'il ne s'agit là que du « mensonge délibéré d'un quelconque crétin [26] »...

Deux mois plus tard, Hitler ayant envahi ce qui restait de la Tchécoslovaquie, Roosevelt reprend l'offensive, mais une fois encore, il avance masqué : c'est le sénateur Pittman qui dépose un projet de loi visant à abolir l'embargo sur les armes, en permettant aux nations en guerre d'en acheter aux Etats-Unis sur la base de la clause « *Cash and Carry* » – ce qui restreint en pratique ces ventes aux adversaires d'Hitler, qui ont la maîtrise des mers. Pourtant, le président évite de soutenir publiquement ce projet de loi, et son silence est assourdissant... Entre juin et juillet 1939, le projet est rejeté successivement par la Chambre et le Sénat : l'embargo restera donc en vigueur. En coulisses, pourtant, Roosevelt va poursuivre son lobbying intensif auprès des sénateurs ; le 18 juillet, alors que les menaces contre la Pologne se précisent, il reçoit à la Maison-Blanche les leaders des deux partis, et leur déclare : « J'ai fait une terrible erreur en signant la loi de neutralité en 1935. Il nous faut la changer, pour la simple raison qu'elle avantage Hitler. La guerre peut éclater d'un moment à l'autre... » A quoi le sénateur Borah, l'un des principaux chefs de file de l'isolationnisme au Congrès, répond qu'il dispose d'informations plus sûres que celles du Département d'Etat, qui l'amènent à conclure qu'« il n'y aura pas de guerre dans un proche avenir » [27].

Lourde erreur : moins de deux semaines plus tard, l'invasion de la Pologne déclenche une guerre générale en Europe. Roosevelt ne peut faire autrement que de proclamer la neutralité des Etats-Unis et l'entrée en vigueur de

l'embargo sur les armes : les lois existantes, le rapport de
forces au Congrès et l'état de l'opinion l'y obligent. Lors
d'une « causerie au coin du feu » le 3 septembre 1939, il
réaffirme donc sa détermination de préserver les Etats-
Unis du conflit, mais ajoute : « Cette nation restera neutre,
mais je ne puis demander à chaque Américain de rester
également neutre en pensée *. Même un neutre a le droit
de tenir compte des faits. On ne peut lui demander de fermer son esprit ou sa conscience [28]. » C'est sans doute un
aveu de faiblesse, mais le président n'est jamais aussi
redoutable que lorsqu'on le croit battu ; le 21 septembre,
ayant convoqué le Congrès en session extraordinaire, il se
déclare explicitement en faveur d'une abrogation de la loi
sur l'embargo et, retournant l'arme de la neutralité contre
les isolationnistes eux-mêmes, il affirme que cette sup-
pression, loin d'être un pas en direction de la guerre ou une
initiative destinée à favoriser la France ou la Grande-
Bretagne, sera au contraire le meilleur moyen pour les
Etats-Unis de demeurer en dehors de la guerre, de « protéger les vies et les propriétés américaines du danger. [...]
C'est là qu'est la voie de la paix [29] ».

Ce coup de maître, joint au courant de sympathie pour
les démocraties européennes engendré par la dernière
agression d'Hitler, lui assure la victoire : au début de septembre 1939, le Sénat comme la Chambre votent à une
large majorité l'abrogation de la loi sur l'embargo. Ainsi,
la France et la Grande-Bretagne en guerre pourront désormais acheter aux Etats-Unis tout l'armement qui leur est
nécessaire – pourvu bien sûr qu'elles le paient comptant et
l'emportent sur leurs propres navires. Quant à Roosevelt, il
va poursuivre ses efforts pour « éduquer le peuple américain », en restant fidèle à sa ligne de conduite, qui consiste
à donner l'impression de suivre l'opinion publique, tout en
la dirigeant discrètement et progressivement vers ses
propres objectifs : un maximum de soutien aux adversaires
d'Hitler, ainsi que la préparation matérielle et morale de
son pays à un conflit auquel il n'est plus du tout sûr
d'échapper... D'où une politique de plus en plus sinueuse,

_____

* Allusion aux paroles du président Wilson, qui avait demandé à ses concitoyens en 1914 de respecter la neutralité « en actes et en pensées ».

dont on ne peut qu'admirer les contours : dès septembre 1939, il a pris secrètement contact avec le nouveau Premier Lord de l'Amirauté, Winston Churchill, en qui il a reconnu d'instinct le seul homme de guerre du gouvernement britannique, pour lui proposer un échange suivi d'informations confidentielles. Au début de 1940, les usines américaines produisent 2 000 moteurs d'avions par mois, et espèrent doubler ce chiffre avant la fin de l'année. Il est vrai qu'elles sont fortement stimulées par une nouvelle commande franco-britannique de 8 000 avions, acquise en mars au prix de discrètes négociations conduites à la Maison-Blanche et au Département du Trésor... à l'insu des Départements d'Etat et de la Défense [30] ! C'est que l'on vient d'entrer en année électorale, et le courant isolationniste reste extrêmement puissant dans le pays ; voilà pourquoi Roosevelt prononce simultanément des discours rassurants sur la possibilité et la nécessité pour les Etats-Unis de rester en dehors du conflit, et envoie le sous-secrétaire d'Etat Sumner Welles en mission de paix dans les principales capitales européennes à la mi-février 1940. L'initiative se révélera parfaitement inutile, mais elle aura du moins conforté aux yeux de l'opinion publique américaine l'image d'un président épris de paix – une paix que l'invasion de la Norvège et les bruits de botte en provenance de la frontière française rendent chaque jour plus illusoire...

$$*^{*}_{*}$$

Né en 1890, huit ans après Franklin Roosevelt, Charles de Gaulle est le troisième des cinq enfants de Jeanne Maillot et d'Henri de Gaulle. Ce dernier, doté d'une vaste mémoire et d'une culture encyclopédique, est professeur dans un collège de jésuites à Paris, où il enseigne le latin, le grec, le français, la philosophie, les mathématiques et l'histoire... Dès l'automne de 1900, il compte parmi ses élèves son propre fils Charles, un garçon turbulent, désobéissant, batailleur, et qui n'a rien d'un écolier modèle : il s'intéresse peu à l'allemand et encore moins aux mathématiques, et ne rend pas toujours ses devoirs – à tel point que son père doit le menacer de sanctions s'il ne se montre pas plus studieux [31]. Mais il y a l'hérédité... et l'exemple paternel : le jeune Charles a une mémoire stupéfiante, c'est un lecteur vorace qui se passionne pour l'histoire comme pour la littérature, et il se met très tôt à écrire des poèmes et des petites pièces. Est-ce l'influence de ses grands parents paternels, Julien Philippe de Gaulle et son épouse Joséphine, tous deux auteurs prolifiques ? Toujours est-il que Charles a d'indéniables dispositions pour l'écriture, que ses lectures éclectiques, ajoutées au latin et au grec du collège des jésuites, vont rapidement transformer en un véritable talent d'écrivain.

Mais l'influence parentale s'exerce également dans un autre domaine : « Mon père, écrira-t-il, était imprégné du sentiment de la dignité de la France. Il m'en a découvert l'histoire. Ma mère portait à la patrie une passion intransigeante, à l'égal de sa piété religieuse [32]. » Ce que les parents de Gaulle ont inculqué à leurs enfants, c'est que la France est vivante, que son histoire l'est aussi, qu'il faut poursuivre l'œuvre des grands hommes qui l'ont bien servie, et que tout le reste, l'argent, les honneurs, la carrière est insignifiant en comparaison... Voilà qui va littéralement modeler la vie de Charles de Gaulle, et pour commencer, c'est ce qui décidera de sa vocation : « Je ne doutais pas que la France dût traverser des épreuves gigantesques, que l'intérêt de la vie consistait à lui rendre, un jour, quelque signalé service et que j'en aurais l'occasion [33]. » Quel meilleur moyen de servir la patrie en ce temps-là que d'embrasser la carrière militaire ? C'est ainsi qu'à l'âge de quinze ans, Charles de Gaulle devient brusquement un élève modèle, dont l'unique ambition est d'entrer à l'école militaire de Saint-Cyr... Il y parviendra en 1909, dès la première tentative, et en sortira dans les premiers trois ans plus tard.

Lorsque éclate la Grande Guerre en août 1914, on voit le lieutenant de Gaulle se comporter exactement comme si l'issue de la guerre dépendait de lui : en décembre 1914, malgré les consignes d'un officier peu soucieux d'attirer le feu allemand, notre lieutenant fait tirer ses mortiers contre les positions ennemies [34] ; agir autrement aurait été

contraire aux intérêts de la patrie... Il est blessé à deux
reprises, mais à peine convalescent, il s'empresse de
rejoindre ses soldats : comment concourir à la victoire
dans un hôpital de campagne ? Au début de 1916, le capitaine de Gaulle, refusant de rester l'adjoint du colonel
Boud'hors, préfère commander une compagnie sur la ligne
de front : c'est au contact de l'ennemi qu'il estime pouvoir
servir le plus utilement... Fait prisonnier avec les survi-
vants de sa compagnie à Douaumont en mars 1916, il refusera obstinément la captivité et tentera de s'évader à cinq
reprises : la France n'a que faire d'un officier prisonnier...

Libéré après l'armistice de 1918, de Gaulle sera successivement instructeur en Pologne, enseignant d'histoire à
Saint-Cyr, puis, en 1922, élève à l'Ecole de guerre. Là, il
s'élève presque aussitôt contre les enseignements que ses
instructeurs prétendent tirer de la Grande Guerre ; à une
doctrine « *a priori* » (« On prépare le terrain, on s'enterre
et on les attend »), de Gaulle oppose sa propre conception :
une guerre se gagne avec des initiatives, de la manœuvre,
de bonnes liaisons, un moral de vainqueur et des chefs qui
n'ont pas peur d'assumer leurs responsabilités. Quant à la
conduite de la guerre au sens le plus large, elle incombe au
gouvernement, non aux militaires, qui ont eux la responsabilité exclusive de l'exécution des opérations sur le terrain.
Si le capitaine de Gaulle refuse de se plier à la doctrine
officielle, c'est qu'il estime que ses vues correspondent
seules à l'intérêt des armes françaises dans l'Europe
d'après-guerre ; mais cette hérésie lui vaut de sortir de
l'Ecole de guerre dans le dernier tiers en 1924, et d'être
envoyé ensuite au bureau de l'intendance de l'armée du
Rhin...

Le même phénomène se répète au milieu des années
trente : affecté au secrétariat du Conseil supérieur de la
Défense nationale, le lieutenant-colonel de Gaulle présente, dans un livre intitulé *Vers l'armée de métier*, le projet qu'il considère comme le seul moyen pour la France de
tenir tête à l'Allemagne d'Hitler : une armée de conception
nouvelle, organisée en unités de chars autonomes ; six
divisions, dont chacune comprendrait une brigade de
500 chars, une brigade d'infanterie et une autre d'artille-

rie ; des divisions de professionnels, de sportifs, de techniciens, encadrés par des officiers prêts à renouveler, grâce à la mécanisation, les opérations de grande cavalerie de jadis – bref, la technique au service du mouvement, le mouvement au service de chefs décidés, les chefs au service de l'Etat... Mais tout comme son combat contre la doctrine *a priori*, le projet d'armée blindée du lieutenant-colonel de Gaulle se heurte aux préventions de l'état-major, à l'hostilité des partis politiques et à l'indifférence de l'opinion. Pourtant, Charles de Gaulle, considérant comme son père que « la France ne juge les hommes et leurs actions qu'à l'échelle de ce qu'ils réalisent pour lui sauver la vie », se sent investi d'une mission aussi urgente qu'essentielle : « Si j'avais eu l'impression que rien ne pressait, j'aurais pu m'en tenir à faire valoir ma thèse dans les milieux spécialisés, comptant que, l'évolution aidant, mes arguments feraient leur chemin. Mais Hitler, lui, n'attendait pas. [...] La responsabilité de la défense nationale incombait aux pouvoirs publics. Je décidai de porter le débat devant eux [35]. »

C'est ainsi que ce militaire singulier, qui se distingue très tôt par sa vaste culture et son idéal patriotique, est conduit, non sans réticence, à entrer en politique. En fait, il n'avait jamais cessé de s'y intéresser, estimant que « combattre sans servir une politique, cela n'a pas de sens [36] », et ayant observé de près comme de loin les carences et les faiblesses du système politique français. Dès le 23 décembre 1915, depuis les tranchées, il écrit à sa mère : « Le Parlement devient de plus en plus odieux et bête. Les ministres ont littéralement toutes leurs journées prises par les séances de la Chambre, du Sénat ou de leurs commissions, la préparation des réponses qu'ils vont avoir à faire, la lecture des requêtes ou des injonctions les plus saugrenues du premier marchand de vins venu que la politique a changé en député. Ils ne pourraient absolument pas, même s'ils le voulaient, trouver le temps d'administrer leur département, ou l'autorité voulue pour galvaniser leurs subordonnés. Nous serons vainqueurs dès que nous aurons balayé cette racaille. » A son père, il parle également une semaine plus tard de « l'extrême et irrémédiable

infériorité de notre système républicain-parlementaire [37]. »
Détail révélateur : pendant son emprisonnement en Allemagne, le capitaine de Gaulle demande à un camarade de
captivité : « Pourquoi ne faites-vous pas de politique ?
Moi, si je n'étais pas militaire [38]... » Et peu après sa libération, le 29 janvier 1919, il écrit à son père : « Plus nous
allons, plus la France s'enfonce dans un océan de sottise,
de paresse et d'indolence administratives. [...] Nous avons
grand besoin d'un Richelieu ou d'un Louvois [39]. » Au
cours des années qui suivent, le jeune officier, affecté tour
à tour en Pologne, en Allemagne et au Levant, pourra
écrire : « Partout, je constatais le renouveau du prestige
que ses succès récents valaient à la France et, en même
temps, les doutes qu'éveillaient, quant à l'avenir, les
inconséquences de ses dirigeants [40]. »
    C'est au Secrétariat général de la Défense nationale, à
partir de 1932, que le lieutenant-colonel de Gaulle, à la tête
d'une section chargée de préparer la loi sur l'organisation
de la nation en temps de guerre, va se rapprocher le plus
du domaine politique – jusqu'à en connaître les rouages les
plus intimes : « Les travaux que j'avais à faire, les délibérations auxquelles j'assistais, les contacts que je devais
prendre, me montraient l'étendue de nos ressources, mais
aussi l'infirmité de l'Etat. Car c'est l'inconsistance du pouvoir qui s'étalait en ce domaine [41]. » Sa campagne en
faveur de l'arme blindée va le faire pénétrer plus avant
dans les arcanes de la politique, en l'amenant à coopérer
avec de très nombreux journalistes, parlementaires et politiciens, de droite comme de gauche : Marcel Déat, Léo
Lagrange, Philippe Serre, Pierre-Olivier Lapie, André
Tardieu, Joseph Paul-Boncour, et surtout Paul Reynaud,
député en vue et futur ministre des Finances. Même après
son affectation à la tête d'un régiment de chars à Metz en
1937, le colonel de Gaulle continuera à correspondre avec
tous ces hommes, et les considérations qu'il développe
dans ses lettres sont au plus haut point politiques dans leur
nature et leurs implications : il fustige naturellement les
faiblesses d'un régime qui a permis le réarmement de
l'Allemagne, la remilitarisation de la Rhénanie, l'Anschluss et la désastreuse capitulation de Munich ; mais dans

des domaines où la défense, la politique et la diplomatie
sont intimement liées, il adopte de plus en plus le rôle de
conseiller, à tel point qu'au début de 1938, il écrit à Paul
Reynaud : « Je suis convaincu qu'à l'heure actuelle, où la
politique des Etats n'est plus qu'une politique préparatoire
à la guerre, le vrai moyen de créer entre les amis une solidarité effective, c'est de les amener à l'interdépendance de
leurs moyens de lutte. Autrement dit, il y a à entreprendre,
non point seulement comme on l'a fait jusqu'à présent,
d'état-major à état-major, mais bien de gouvernement à
gouvernement, une « entente des démocraties » au sujet de
leurs armements [42]. » Plus remarquable encore, il rédigera
le 12 janvier 1940 une note sur la création d'un « Ministère de la Conduite de la Guerre », sous l'autorité du
président du Conseil, qui « comprendrait tous les services
relevant actuellement des Affaires étrangères, de la
Guerre, de la Marine et de l'Air », et aurait entre autres
pour tâche de faciliter « la conjugaison des actions de la
diplomatie et de la force, lesquelles sont interdépen-
dantes », ainsi que « le concert de nos actions de force et
de nos actions diplomatiques avec celles de nos alliés »,
mais aussi d'« arrêter le Plan de Guerre [...] et le Plan
d'Armement » [43]. Deux semaines plus tard, il fait parvenir
à 80 personnalités civiles et militaires un mémorandum
demandant une nouvelle fois la création d'une armée blindée [44], et le 3 mai 1940, il écrit à Paul Reynaud, devenu
président du Conseil : « Répétons que le corps militaire,
par conformisme inhérent à sa nature, ne se réformera pas
tout seul. C'est une affaire d'Etat – la première de toutes.
Il y faut un homme d'Etat. En France, le grand homme de
cette guerre sera Carnot ou ne sera pas [45]. » Il va sans dire
que tout cela dépasse de très loin les attributions et les responsabilités immédiates d'un simple colonel commandant
un régiment de chars... Mais à l'évidence, celui-là n'est
pas un colonel ordinaire.

Dans son mémorandum du 12 janvier 1940, le colonel
de Gaulle avait écrit au sujet du Plan d'Armement :
« Notons à cet égard l'importance capitale du concours des
Etats-Unis et de l'action diplomatique à mener en conséquence [46]. » C'est l'aboutissement d'une longue réflexion,

où l'on voit se mêler l'expérience acquise au Secrétariat général de la Défense nationale et la culture littéraire, historique et géographique héritée du professeur Henri de Gaulle. De prime abord, les Etats-Unis sont assez peu familiers à Charles de Gaulle ; chez ce germaniste, la connaissance de la langue anglaise, acquise tardivement à l'Ecole de Guerre, est restée très rudimentaire, et sa culture littéraire éminemment française ne pouvait que l'éclairer très partiellement sur les réalités américaines : « Mon père, dira Philippe de Gaulle, n'avait effectué le voyage qu'avec Chateaubriand, ses Natchez et ses Abencérages [47]. » « Si le général de Gaulle a mal apprécié les Etats-Unis, constatera René Pléven, c'est parce qu'il était un homme aux yeux duquel l'histoire comptait plus que tout. Sa tendance naturelle et constante était de recourir, pour comprendre et expliquer la politique et les Etats, à l'histoire [...]. Mais avec les Etats-Unis, le voilà démuni : il ne trouve pas de clés historiques... Non que les Etats-Unis n'aient pas d'histoire. Mais de Gaulle ne la connaissait pas [...] et ne la tenait pas pour comparable à celle des "vraies" nations [48]. » Il serait plus exact de dire que de Gaulle ne s'est intéressé à l'histoire des Etats-Unis que dans la mesure où elle était liée à celle de la France... « Ainsi, dira son fils, n'aurait-on rien pu lui apprendre sur la conquête d'une grande partie des Etats-Unis actuels par les Français, des Grands Lacs au golfe du Mississippi, ni sur la participation de La Fayette et de Rochambeau à la guerre d'indépendance [49]. »

Mais puisque, en définitive, le point de vue de la France est le seul qui compte, l'histoire plus récente des Etats-Unis est jugée sans indulgence : « Pendant la première guerre mondiale, les Etats-Unis n'étaient intervenus qu'après trois années de lutte où nous nous étions épuisés à repousser l'agression allemande. Encore entraient-ils en ligne pour le seul motif des entraves apportées à leur commerce par les sous-marins allemands et après avoir été tentés de faire admettre une paix de compromis où la France n'eût même pas recouvré l'Alsace et la Lorraine [50]. » Leur entrée en ligne ne trouvera pas davantage grâce à ses yeux : les soldats américains ont certes été bons et braves, mais bien inexpérimentés, et d'ailleurs, « ils n'avaient paru en nombre sur les champs de bataille que lors des derniers combats. Encore était-ce à titre d'appoint et, pour ainsi dire, en sous-ordre [51] »; du reste, « on sait que l'armistice survint sans qu'eussent figuré, sur les champs de bataille, un seul canon, un seul avion, un seul tank fabriqués en Amérique [52]. » Le rôle des Etats-Unis dans l'après-guerre est considéré avec la même sévérité : « Le Reich une fois vaincu, on avait vu les Américains refuser à la France les garanties de sécurité qu'ils lui avaient formellement promises, exercer sur elle une pression obstinée pour qu'elle renonce aux gages qu'elle détenait et aux réparations qui lui étaient dues, enfin fournir à l'Allemagne toute l'aide nécessaire au redressement de sa puissance. Le résultat, [...] ce fut Hitler [53]. » Et puis, il y a cet isolationnisme écervelé, aux conséquences si néfastes pour la France : « Il serait facile, mais vain, de rappeler [...] pour combien l'isolement volontaire de l'Amérique avait compté dans notre découragement après la première guerre mondiale [54]. »

Il fallait bien un bouc émissaire; pour de Gaulle, toutes ces considérations servent, consciemment ou non, à exonérer quelque peu la France de son impréparation, de son impéritie, de ses divisions et de ses aberrations – bref, de tout ce qui l'a placée en si mauvaise posture pour affronter l'orage qui s'annonce. Mais en 1934, alors qu'il était affecté au Secrétariat général de la défense nationale, le lieutenant-colonel de Gaulle avait fait une analyse plus objective du potentiel économique des Etats-Unis, pour en conclure qu'ils avaient « dans leur capacité de production une puissante force guerrière [55] » – ce qu'il gardera toujours en mémoire au cours des années qui vont suivre...

Si, à la fin des années trente, le colonel de Gaulle considère toujours les Etats-Unis avec une certaine méfiance, c'est donc en raison de ses souvenirs de la Grande Guerre et de l'immédiat après-guerre, autant que des sentiments exagérément mercantiles, isolationnistes et pusillanimes qu'il prête au peuple américain – et surtout à ses dirigeants, naturellement : « Il fut stupéfait, se souviendra le professeur René Cassin, du temps mis par les dirigeants américains, même les plus clairvoyants comme Roosevelt, sinon pour voir la menace de la guerre s'appesantir impitoyablement sur leur peuple, du moins pour avertir celui-ci de la gravité de la situation. Les précautions prises par eux pour le préparer à l'inévitable lui paraissaient périmées [56]. » En d'autres termes, Charles de Gaulle apprécie très médiocrement la politique prudente et sinueuse adoptée par le président Roosevelt pour préparer ses concitoyens au conflit qui s'annonce. Mais cela n'enlève rien à l'admiration qu'il porte au créateur du *New Deal*, qui a su ramener son pays vers la prospérité au prix d'un suprême effort de volonté et d'imagination [57]. Il déclarera du reste à son fils Philippe : « Je lui tire mon chapeau, car je ne me vois pas moi-même mener une carrière politique en étant paralysé des deux jambes, dans un pays où la forme physique compte énormément. Il faut avoir une force personnelle incoercible [58]. »

Mais chez de Gaulle, l'admiration pour l'homme ne saurait faire oublier les réalités politiques et les intérêts étatiques ; en partant du point où en sont les choses, il faut bien reconnaître que l'on ne peut compter sur « l'alliance éternelle, et surtout sur l'alliance immédiatement efficace de l'Amérique [59]. » Et comme il le confiait à son beau-frère Jacques Vendroux dès 1937 : « La France aura d'autant moins les moyens de se défendre qu'elle sera pratiquement seule à supporter le premier choc. [...] Les Américains, toujours temporisateurs, resteront d'abord des spectateurs, complaisants il est vrai ; notre territoire sera une fois de plus envahi [60]. » Voilà des paroles étrangement prophétiques à tous égards ; mais les spectateurs étant « complaisants » et ayant « dans leur capacité de production une puissante force guerrière [61] », il ne faudra surtout pas oublier le moment venu « l'importance capitale de leur concours [62] ».

A vrai dire, le fils du professeur Henri de Gaulle ayant la mémoire que l'on sait, tout laisse prévoir qu'il n'oubliera absolument rien...

2

Raz de marée

Le 10 mai 1940 au matin, le Blitzkrieg est déclenché sur les Pays-Bas, la Belgique et le Luxembourg. Selon un plan préétabli, les trois armées françaises du général Billotte et les neuf divisions britanniques commandées par Lord Gort entrent en Belgique ; dès le 12 mai, elles occupent des positions défensives le long de la Dyle et de la Meuse, où elles font face aux vingt-deux divisions allemandes du groupe d'armées B. Mais c'est plus au sud que la partie va se jouer : le 14 mai, après avoir franchi les Ardennes et la Meuse, sept divisions de panzers du groupe d'armées A enfoncent les lignes françaises à Dinant et Sedan ; soutenues par les Stukas, suivies par trente-huit divisions d'infanterie motorisée qui occupent le terrain, elles font littéralement voler en éclats les 2e et 9e armées françaises. Au nord, les divisions françaises, britanniques et belges, déjà durement accrochées à l'est et hautement vulnérables au nord après la capitulation de l'armée néerlandaise, se trouvent désormais menacées sur leurs arrières par la rupture du front de Sedan, et doivent donc faire précipitamment retraite vers l'ouest. Le 16 mai au soir, les panzers de tête du groupe d'armées A sont en vue de Cambrai et Saint-Quentin, d'où ils pourront obliquer vers le sud et foncer sur Paris, ou bien pivoter au nord-ouest et isoler les armées alliées aventurées en Belgique...

Si les succès initiaux de la Wehrmacht sont si éclatants, c'est que l'armée française se bat avec les armes, les stratégies et même les généraux de la guerre précédente ; le généralissime Gamelin, paralysé par l'attaque éclair, n'a donné pratiquement aucun ordre depuis le 10 mai ; le général Georges, commandant le front du nord-est, est manifestement dépassé par les événements ; quant aux commandants de divisions, ils se trouvent entièrement démunis devant l'assaut des chars ennemis. L'armée française en a certes autant que la Wehrmacht, ils sont mieux blindés et ont même une puissance de feu supérieure... mais ils ont été dispersés en accompagnement d'infanterie, comme lors de la Grande Guerre, et ils seront balayés par la masse compacte des divisions de panzers, puissamment soutenues par l'artillerie et les bombardiers en piqué. Par ailleurs, les Français ont certes moins de bombardiers que les Allemands, mais ils ont davantage de chasseurs – qu'ils n'emploient qu'avec une stupéfiante parcimonie pour contrer les attaques allemandes...

L'incompétence au niveau du commandement n'a d'égale que le désordre au niveau du gouvernement : le président du Conseil Paul Reynaud est en très mauvais termes avec son ministre de la Guerre Daladier, mais il ne peut s'en séparer, parce que son gouvernement a besoin du soutien des radicaux-socialistes pour se maintenir au pouvoir ; il ne peut davantage se défaire du général Gamelin, dont l'incompétence est pourtant manifeste, parce que le généralissime est fermement soutenu par Daladier... Mais le résultat de tout cela est qu'une fois les hostilités engagées, le président du Conseil est hors d'état de suivre le déroulement des opérations ; son directeur de cabinet, Dominique Leca, pourra écrire dès le 14 mai : « Nous sommes plantés devant la grande carte, et c'est à peine si nous pouvons savoir ce qui se passe. Paul Reynaud entre en fureur devant l'absence de renseignements qu'il réclame sans cesse, soit des militaires, soit de Daladier. Rien que des phrases vagues. Ou rien. Rien ne vient. Et rien de ce que nous pourrions dire ne compte. Cette caricature de pouvoir serait, en d'autres circonstances, comique [1]. »

C'est un fait : le chef du gouvernement français n'est informé que très tardivement et très partiellement du déroulement des opérations ; il ignore pratiquement tout de l'ordre de bataille ennemi, de la stratégie qu'entend suivre son propre commandant en chef [2], et même des moyens dont dispose son armée et son aviation ; « Le commandant en chef et le ministre de la guerre, notera ainsi dans son journal le lieutenant-colonel de Villelume, directeur du cabinet militaire, parlent au président du Conseil comme à un simple lecteur du *Figaro* [3]. » A quoi il faut ajouter que les rumeurs les plus folles commencent à circuler sur les activités de la cinquième colonne, des parachutistes enne- mis ou des saboteurs communistes – toutes choses impos- sibles à vérifier rapidement, et qui font perdre aux autorités un temps précieux. Voilà qui explique la difficulté du gou- vernement à donner des ordres – dont beaucoup sont d'ail- leurs négligés par les militaires, tandis que d'autres sont donnés trop hâtivement... sans que l'on sache toujours d'où ils viennent ; ce sera le cas de l'ordre de brûler les dossiers du Quai d'Orsay au matin du 16 mai, fruit d'un mouvement de panique à l'annonce de l'arrivée imminente des Allemands à Paris...

Au milieu de cet incroyable désordre, le président du Conseil n'a d'autre ressource que de se tourner vers les nations alliées ou sympathisantes ; les Pays-Bas venant d'être submergés et les relations avec la Belgique étant réduites à l'extrême, il reste la Grande-Bretagne et son Premier ministre, auquel Paul Reynaud, quelque peu affolé, annonce par téléphone dès le 15 mai : « Nous sommes battus, nous avons perdu la bataille [4] ! » Churchill, incrédule, se rend à Paris dès le lendemain, accompagné des généraux Dill et Ismay *. Son entretien au Quai d'Orsay avec Reynaud, Daladier et Gamelin, alors que les archives du ministère brûlent sur les pelouses, va lui ouvrir les yeux sur la désorganisation, la démoralisation, l'indéci- sion et les dissensions qui règnent en maîtres dans le camp français. Il est vrai que l'exposé de Gamelin est des plus déprimants : les Allemands, dit-il, ont ouvert une large brèche d'est en ouest, sur une longueur de quelque 50 km, et ils avancent sur Amiens et Arras à une vitesse effarante. Lui-même ignore si leur objectif immédiat est Abbeville

---

* Respectivement chef d'état-major et secrétaire du Cabinet de guerre.

ou Paris, mais il est clair que les forces alliées vont être coupées en deux et que les armées du nord vont devoir battre en retraite. Churchill lui ayant demandé où et quand il comptait contre-attaquer, Gamelin répond qu'il n'en a pas les moyens, et que ses troupes se trouvent en état d'infériorité du point de vue des effectifs, de l'équipement, de la stratégie et du moral [5].

Churchill refuse de se laisser impressionner : les Allemands, assure-t-il, n'ont pas encore traversé la Meuse en force, leurs unités mécanisées ne peuvent être partout à la fois, il est sans doute prématuré d'ordonner une retraite en Belgique, et il faut certainement passer à la contre-attaque [6]. Mais Gamelin et Reynaud répètent sans cesse qu'ils n'ont pas assez d'avions pour protéger leur infanterie, et réclament instamment à Churchill davantage de chasseurs. Le Premier ministre répond qu'il n'a plus que trente-neuf escadrilles pour assurer la protection de l'Angleterre, mais il finit par s'engager à demander à Londres la permission d'envoyer en France dix escadrilles supplémentaires. Ayant reçu le soir même l'assentiment de son gouvernement, Churchill tient à en informer personnellement Paul Reynaud ; c'est ainsi que tard dans la nuit du 16 mai, Reynaud, Daladier et le secrétaire du Comité de guerre Paul Baudouin vont entendre l'une des célèbres harangues du Premier ministre de Sa Majesté, et Baudouin notera : « Extraordinaire d'énergie véhémente, couronné comme un volcan par la fumée de son cigare, M. Churchill indique à son collègue que si la France est envahie, vaincue, l'Angleterre continuera à se battre en attendant le concours total et prochain des Etats-Unis. " Nous affamerons l'Allemagne. Nous démolirons ses villes. Nous brûlerons ses récoltes et ses forêts ! " Jusqu'à une heure du matin, il chevauche une vision apocalyptique de la guerre. [...] Il est certain de l'entrée en guerre rapide des Etats-Unis. L'impression qu'il produit sur Paul Reynaud est très forte. Il lui donne confiance. Il est le héros de la lutte jusqu'au bout [7]. »

Il est vrai que Paul Reynaud s'en trouve fortement encouragé ; le lendemain, il se sent même suffisamment fort pour prendre une décision longtemps différée : celle de relever Daladier de ses fonctions pour le nommer aux

Affaires étrangères, et d'assumer lui-même la charge de ministre de la Guerre. Il va également nommer Georges Mandel ministre de l'Intérieur, se séparer du secrétaire général du ministère des Affaires étrangères Alexis Léger, faire appel au maréchal Pétain pour occuper la vice-présidence du Conseil, et surtout faire remplacer le général Gamelin. Qui sera en mesure de lui succéder ? Le général Weygand peut-être... Certes, il a 73 ans et n'a rien d'un génie militaire, mais il a été le chef d'état-major de Foch un quart de siècle plus tôt, et cela peut encourager les troupes, qui en ont bien besoin. Du reste, on ne voit pas d'autre solution... Le général Weygand est donc rappelé de Syrie.

Mais Paul Reynaud doit se rendre à l'évidence : si nécessaires soient-ils, tous ces remaniements seront sans doute insuffisants pour endiguer la marée montante de l'envahisseur. A plusieurs reprises, Churchill s'est déclaré confiant dans une intervention prochaine des Etats-Unis, et Reynaud va s'accrocher à cet ultime espoir de salut ; dès le surlendemain 18 mai, l'ambassadeur des Etats-Unis William Bullitt reçoit donc la visite du secrétaire général des Affaires étrangères Alexis Léger *, et il rapportera l'entrevue au président Roosevelt en ces termes : « Léger m'a rappelé cet après-midi que Paul Reynaud avait l'intention d'envoyer par le canal diplomatique un appel personnel au président, pour décrire la gravité de la situation et demander au président s'il ne lui serait pas possible d'obtenir du Congrès qu'il vote une déclaration de guerre. Je lui ai répondu qu'à mon avis, un tel appel serait pire qu'inutile : j'étais certain que le président ne demanderait pas au Congrès de déclarer la guerre à l'Allemagne, et tout aussi certain que le Congrès voterait presque à l'unanimité contre une déclaration de guerre à l'Allemagne [8]. » Léger va transmettre ces propos à Paul Reynaud, qui reçoit l'ambassadeur quelques heures plus tard : « Reynaud, rapporte Bullitt au président, me dit qu'il avait pensé me remettre une note à votre intention, exposant ce qui suit : le gouvernement français vous est profondément reconnaissant de tout ce que vous avez fait pour aider à l'obtention

---

* Qui est à la veille de son départ.

de matériel de guerre aux Etats-Unis. Pourtant, il est évident que même avec la meilleure volonté du monde, il sera impossible d'obtenir des quantités de matériel suffisantes [...] pour permettre à l'armée française de combattre à armes égales. [...] Ce serait un énorme encouragement pour la France et l'Angleterre, et cela aurait une influence considérable sur l'Italie, si vous étiez en mesure de déclarer publiquement qu'en cas de défaite de la France et de l'Angleterre, les intérêts vitaux des Etats-Unis seraient menacés, et qu'en conséquence, les Etats-Unis ne pourraient accepter une telle défaite. [...] De toute évidence, Léger lui avait fait part de l'essentiel de mes propos. [...] Je lui ai répondu que je ne comprenais pas très bien le but d'une communication de ce genre. [...] Le Congrès américain seul avait le pouvoir de déclarer la guerre à l'Allemagne, et j'étais certain qu'il ne le ferait pas à l'heure actuelle. Par conséquent, une telle déclaration de la part du président ne serait pas appuyée par la force physique, et ne compterait donc pour rien. [...] La vérité me paraît être qu'il n'avait pas vraiment réfléchi à tout cela, et qu'il voulait envoyer une note pour la galerie, un dessein qui a été contrecarré par mon entretien de cet après-midi avec Léger [9]. » Bullitt mentionne également que ses interlocuteurs français s'attendent à une entrée en guerre imminente de l'Italie [10].

Au cours des jours qui suivent, la situation stratégique se détériore inexorablement : Amiens tombe le 20 mai, suivi d'Abbeville, et les panzers allemands atteignent la Manche, isolant ainsi les armées françaises, anglaises et belges du nord, qui sont en outre directement menacées à l'est par la chute d'Anvers, de Gand et de Courtrai. Pour rompre cet encerclement, le nouveau commandant en chef a donné le 21 mai l'ordre d'attaquer entre Amiens et Arras, afin d'opérer une jonction entre les armées du sud et celles du nord. Le lendemain, Churchill revient à Paris et approuve ce plan, tout en s'inquiétant quelque peu des carences du commandement français dans le nord, et des difficultés de liaison entre Français et Britanniques [11]...

Il n'a pas tort : l'offensive des armées françaises du sud vers le nord est lente à se développer, les panzers allemands capturent Boulogne le 25 mai, et les armées franco-britanniques du nord, désormais prises en tenaille entre les groupes d'armées A et B de la Wehrmacht et menacées simultanément au nord, à l'est et à l'ouest, sont manifestement hors d'état de réussir une percée vers le sud. Dès le 24 mai, lord Gort en a tiré les conclusions, en ordonnant un repli sur Dunkerque. Les divisions françaises, talonnées par les panzers et harcelées par les stukas, n'ont bientôt d'autre choix que de les suivre. Quant aux armées belges, sévèrement étrillées, elles vont capituler sur ordre du roi le 28 mai, laissant toute la côte belge entre Bruges et la frontière française sans défense face aux armées allemandes, qui vont refermer l'étau autour de Dunkerque. Ce jour-là, l'ambassadeur Bullitt câble à Roosevelt : « M. Reynaud m'a dit que l'initiative du roi des Belges avait été un coup de poignard qui pourrait être fatal non seulement à la France et à l'Angleterre, mais aussi à l'Amérique. Dans ces circonstances, il pensait que le président français et le roi d'Angleterre devaient vous adresser un message. [...] Reynaud m'a dit ensuite qu'il savait parfaitement que même si les Etats-Unis déclaraient la guerre à l'Allemagne demain, ils ne pourraient envoyer une armée en France avec des avions qui n'existaient pas ; néanmoins, il y avait notre flotte. Il m'a imploré de vous demander d'envoyer sans délai la flotte de l'Atlantique en Méditerranée. Ceci pourrait au moins prévenir un nouveau coup de poignard dans le dos de la part de Mussolini [12]. »

Les télégrammes de l'ambassadeur au cours des jours qui suivent reflètent parfaitement les variations du moral des dirigeants français, en fonction de l'évolution des opérations militaires. Le 28 mai encore, Bullitt communique que « Reynaud et Mandel s'attendent désormais à un soulèvement communiste et à un bain de sang dans la ville de Paris et autres centres industriels à l'approche de l'armée allemande [13] ». Le 30 mai, il prévient le président que l'on s'attend à l'arrivée imminente des Allemands à Paris, et que « cette lettre est peut-être la dernière que je pourrai vous envoyer avant que les communications ne soient coupées [14]. » Mais contrairement à toute attente, la poche de Dunkerque résiste, et l'évacuation des troupes par mer se déroule dans des conditions bien plus favorables que prévu. Le 31 mai, Bullitt câble à Washington : « La magnifique résistance des armées françaises et britanniques à Dunkerque au cours des deux derniers jours a été telle qu'elle a stupéfait les principaux membres du gouvernement français eux-mêmes [15]. » Signe de la confiance dont jouit l'ambassadeur auprès des dirigeants, il est invité à assister à la séance du Conseil suprême qui réunit ce jour-là les dirigeants français et britanniques, et il écrit au président à l'issue de la réunion : « Tout le monde ici est combatif et résolu. Encore une fois, cette guerre n'est pas perdue, je répète : elle n'est pas perdue [16]. »

Tous ces télégrammes provoquent à la Maison-Blanche une perplexité certaine ; à l'évidence, l'ambassadeur Bullitt oscille constamment entre optimisme, désespoir et euphorie, et il est difficile de se faire une idée de la situation exacte. Reste que Reynaud et Churchill envoient depuis le 15 mai de pressantes demandes d'aide matérielle : fusils, canons, avions, DCA, munitions, machines-outils, explosifs, acier, et même 40 à 50 destroyers [17]... Que faut-il faire ? Les Etats-Unis eux-mêmes sont fort démunis, et si la France et la Grande-Bretagne sont submergées, tout ce matériel sera perdu. Bien sûr, Reynaud semble décidé à résister, et Churchill vient d'écrire au président : « Nous sommes résolus à persévérer jusqu'au bout, quel que soit le résultat de la grande bataille qui fait rage en France actuellement [18]. » Mais l'armée britannique est en train de quitter précipitamment la France en abandonnant tout son équipement lourd, et les îles britanniques sont devenues terriblement vulnérables. Pour ce qui est de la France, un rapport de l'attaché naval américain a noté « l'inaptitude totale du général Gamelin et de beaucoup d'autres commandants français, le manque de combativité des unités et la progression rapide du défaitisme au sein du gouvernement et de la nation françaises [19] ». Dès le 16 mai, les responsables militaires à Washington ont estimé que la France était perdue, et ils en ont informé le président [20]. Et puis, il y a ce télégramme de l'ambassadeur des Etats-Unis à Londres Joseph Kennedy, isolationniste et antibritannique notoire qui, après s'être « demandé ce que l'on pourrait bien faire », en est arrivé à la conclusion que « si nous devions nous battre pour sauver nos vies, mieux vaudrait que nous le fassions sur notre propre terrain [21] ». « Le président et moi-même, notera le secrétaire d'Etat Cordell Hull, nous posions la même question, mais nous en avions tiré des conclusions différentes de celles de Kennedy. Il nous semblait qu'il valait mieux s'efforcer de maintenir le conflit éloigné de notre propre sol, et que nous pourrions le faire en aidant la Grande-Bretagne et la France à résister. Mais comment ? Politiquement, nous devions tenir compte du fait [...] qu'il y avait toujours un fort courant isolationniste dans le pays et au Congrès, et que beaucoup d'isolationnistes affirmaient que les USA pourraient poursuivre tranquillement leur chemin, quel que soit le vainqueur en Europe. Matériellement, nous devions nous demander quels équipements de guerre nous étions en mesure de vendre à la Grande-Bretagne et à la France, et dans quels délais nous pourrions les expédier sur le théâtre des opérations [22]. »

Ce ne sera pas une partie de plaisir : au Congrès, à l'état-major et même au ministère de la Guerre, il y a une farouche opposition à toute livraison de matériel de guerre appartenant aux forces armées. Le chef d'état-major Marshall proteste particulièrement contre l'expédition d'avions : en envoyant cent chasseurs aux Alliés, on retarderait de six mois le programme d'entraînement des pilotes américains, et en envoyant douze bombardiers B 17, on amputerait les forces aériennes du quart de leur aviation de bombardement ! Quant au major Bedell-Smith, il déclarera : « Si nous devions mobiliser après nous être départis des canons nécessaires à cette mobilisation, et si nous nous retrouvions démunis de ce fait, [...] tous ceux qui auraient été associés à cette affaire risqueraient d'être pendus aux réverbères [23]. » Mais rien n'y fait : les objections des militaires sont balayées et les obstacles juridiques contournés ; on exhume d'anciens règlements stipulant que si les armes sont considérées comme surplus, on peut légalement les vendre à une compagnie privée, qui les revendra ensuite aux Alliés. Dès lors, le général Marshall, soumis à une intense pression de la Maison-Blanche, accepte de se dessaisir des « surplus » : 93 avions, 500 000 fusils Enfield, 184 tanks, 76 000 mitrailleuses, 500 mortiers, 895 canons de 75, 1 million d'obus et 100 millions de cartouches. Ayant apposé son paraphe sur la liste, le général Marshall déclarera qu'il n'avait pu se résoudre à qualifier ces armes de surplus qu'après s'être rendu à l'église pour implorer le pardon du Seigneur [24]...

Roosevelt se tiendra personnellement informé de la collecte et de l'acheminement vers les ports de ces matériels ; le 29 mai, il fait même voter un amendement aux lois de neutralité pour permettre à des pilotes américains de livrer les avions au Canada, d'où ils seront acheminés vers l'Europe. Parallèlement, le président conseille lui-même les dirigeants alliés sur l'opportunité d'acheter certaines armes plutôt que d'autres : à Churchill, il écrit que les destroyers seront difficiles à obtenir sans une autorisation du Congrès, et que de toute façon, il faudrait un minimum de six à sept semaines pour les remettre en état [25]. Il prie également Bullitt d'informer les Français qu'ils n'ont pas intérêt à commander des bombardiers PM ou P2X2, car ce sont des modèles périmés, dont la vitesse n'excède pas 225 km/h [26]. Le soutien moral n'est pas davantage oublié : le 27 mai, Roosevelt envoie un message au nouveau commandant en chef Weygand pour lui exprimer toute sa confiance [27]... Mais le président sait bien que ce ne sont là que des solutions de fortune, et qu'elles ne dispenseront pas son propre pays d'un effort de réarmement soutenu. Dès le 16 mai, il déclare devant le Congrès que le danger s'est considérablement rapproché des Etats-Unis, et il lui demande de voter un milliard de dollars de crédits supplémentaires pour la défense, ce qui permettra de financer la production de 50 000 avions par an [28]...

A mesure que la situation en France se détériore, des appels de plus en plus désespérés parviennent à la Maison-Blanche : le chargé d'affaires américain à Berlin propose que les Etats-Unis fassent une proposition de paix aux belligérants et qu'en cas d'échec, ils déclarent la guerre à l'Allemagne, afin de sauver les Alliés [29]. L'ambassadeur Bullitt transmet un nouvel appel pressant de Paul Reynaud pour que les Etats-Unis envoient immédiatement leur flotte atlantique en Méditerranée, afin de décourager les Italiens d'entrer en guerre [30]. A quoi Roosevelt répond aussitôt que ce serait impossible pour des raisons tant matérielles que politiques, et que du reste, « à moins qu'une flotte soit suffisamment importante pour être dissuasive, on obtiendrait le contraire de l'effet recherché [31] ».

Mais ce sont les flottes française et britannique qui constituent à cette époque un grave sujet de préoccupation pour Roosevelt ; le 20 mai, Churchill lui a écrit que si l'Angleterre s'effondrait, entraînant la disparition de son gouvernement, il ne faudrait pas blâmer ses successeurs « s'ils tentaient d'obtenir les meilleures conditions possibles pour la population survivante [32] » – en d'autres termes, s'ils acceptaient de livrer la *Royal Navy*... Deux jours plus tard, Paul Reynaud, cherchant toujours à obtenir une intervention militaire des Etats-Unis, constate lui aussi qu'une France vaincue pourrait être amenée à faire une paix séparée – ce qui aboutirait à mettre également la flotte française à la disposition de l'Allemagne [33]. L'ancien secrétaire-adjoint à la Marine et disciple de l'amiral Mahan voit d'emblée le danger mortel que tout cela représenterait pour les Etats-Unis, et dès le 26 mai, il fait parvenir à Bullitt le message suivant, pour transmission à Reynaud et Daladier : « Tout en continuant à espérer que l'invasion sera mise en échec, nous considérons qu'au cas où le pire se produirait, la pérennité de la flotte française serait un élément essentiel pour la reconstitution de la France et des colonies françaises, ainsi que pour le contrôle de l'Atlantique et des autres océans, de même qu'un élément vital pour permettre l'obtention de conditions de paix moins dures. Cela signifie que la flotte française ne doit pas être prise au piège en Méditerranée. Les navires de Méditerranée occidentale doivent être en mesure de sortir par le canal de Suez. Ceux de Toulon, Tunis et Alger doivent pouvoir passer par Gibraltar et être à même, dans le pire des cas, de gagner les Antilles ou des ports sûrs dans les colonies d'Afrique occidentale. Un message similaire, strictement confidentiel, est envoyé aux autorités de Londres [34]. » Dans ces messages, il n'est question que de l'intérêt de la France et de la Grande-Bretagne, mais d'ores et déjà, Roosevelt ne songe qu'à celui des Etats-Unis...

Pourtant, la bonne nouvelle de l'évacuation réussie de 350 000 soldats à Dunkerque et la stabilisation relative du front de la Somme vont rendre la question moins urgente, et les messages en provenance de France se font plus sereins, même si les demandes d'aide continuent d'affluer. Le 5 juin, Roosevelt reçoit même un appel téléphonique personnel de Paul Reynaud, qui lui déclare que « la France se battra jusqu'au dernier homme » et lui demande des avions et des contre-torpilleurs pour l'aider « à sauver la civilisation » et à « renverser le cours de l'histoire » [35]. Le président, visiblement impressionné par cette détermination, est informé simultanément d'un nouveau remaniement ministériel à Paris : Reynaud, déjà président du Conseil et ministre de la Guerre, va également prendre en charge les Affaires étrangères – en d'autres termes, il va renvoyer Daladier. Mais les explications fournies par l'ambassadeur Bullitt sur les conditions dans lesquelles s'effectue ce remaniement ne sont pas franchement rassurantes : « Il se passe au sommet des choses bien étranges. Paul Reynaud, qui a de grandes qualités personnelles, est complètement dominé par sa maîtresse, la comtesse de Portes. [...] C'est elle qui a imposé les changements apportés hier dans la composition du Cabinet. Elle déteste Daladier, et Daladier est donc parti en disgrâce, tandis que Baudouin, qu'elle aime bien, a été nommé sous-secrétaire d'Etat aux Affaires étrangères. [...] Bouthillier, que la comtesse de Portes a fait nommer ministre des Finances, est un fonctionnaire borné qui fera tout ce qu'on lui dira. [...] Reynaud a interdit à sa maîtresse d'entrer dans la pièce lorsqu'il y est allé pour vous téléphoner, mais elle est entrée quand même, et lorsqu'il lui a dit de sortir, elle a refusé. [...] Je pense que vous devriez éviter de telles conversations à l'avenir, car la dame en question les répétera partout en les déformant [36]. »

Evidemment, tout cela n'a pas dû renforcer la confiance de Roosevelt dans le sérieux des autorités françaises ; mais il a reçu simultanément de Bullitt un second rapport comportant les précisions suivantes : « Reynaud a déclaré qu'il avait l'intention de diriger personnellement le ministère des Affaires étrangères, et de laisser la direction du ministère de la Guerre au général de Gaulle. Il y a deux semaines, ce général était colonel dans le corps des blindés, et il a fait preuve de beaucoup de courage et d'initiative en enrayant l'avance allemande sur Paris. Un jour de la semaine dernière, alors que je m'entretenais avec Reynaud, il l'a appelé pour me le présenter. C'est un homme jeune qui paraît vigoureux et intelligent [37]. » Ainsi donc, ce 5 juin 1940, pour la toute première fois, Franklin Roosevelt entend parler de Charles de Gaulle...

A vrai dire, Bullitt a quelque peu forcé le trait : il est bien exact que le colonel de Gaulle a fait preuve de beaucoup de courage et d'initiative ; sa division cuirassée a certes bousculé les éclaireurs et les avant-postes allemands devant Montcornet le 17 mai et devant Abbeville le 28 ; elle a même fait plusieurs centaines de prisonniers... mais elle n'a pris ni Montcornet ni Abbeville, et elle n'a certainement pas « enrayé l'avance allemande sur Paris », car les grandes unités blindées allemandes se dirigeaient vers l'ouest le 17 mai, et vers le nord le 28... Leur objectif se trouvait donc à l'opposé de Paris, et la 4ᵉ division cuirassée du colonel de Gaulle n'en a par conséquent rencontré aucune – ce qui était sans doute préférable, eu égard à l'état de ses 150 chars, pour la plupart en rodage, avec des équipages novices, sans moyens de communication radio, sans jerrycans d'essence, avec une artillerie rudimentaire, un seul bataillon d'infanterie (transporté en autobus) et aucun soutien aérien... Dans ces conditions, même les maigres résultats obtenus ont paru miraculeux, d'autant que la 4ᵉ division cuirassée a survécu aux deux opérations, alors que les trois autres avaient été engagées en pure perte et disloquées dès la première semaine de combat. On comprend dès lors que même ce demi-succès ait été considérablement magnifié par le QG français : l'annonce d'une victoire au milieu d'un si grand désastre ne pouvait qu'avoir des effets salutaires sur le moral très éprouvé des armées françaises [38]... Ainsi s'explique la flatteuse citation attribuée à de Gaulle par le général Weygand – qui le déteste –, et sa promotion au grade de général de brigade – une des premières mesures prises par Paul Reynaud dans ses nouvelles fonctions de ministre de la Guerre. Mais précisément, lorsque au début de juin, Paul Reynaud décide de se charger également des Affaires étrangères, il lui faut au ministère de la Guerre un homme de confiance, qui soit également énergique, combatif et compétent. Jusqu'alors, Daladier s'était déclaré catégoriquement opposé à toute nomination de De Gaulle, mais le Taureau du Vaucluse a été écarté du ministère de la Guerre le 18 mai, et on vient de lui retirer également les Affaires étrangères. Dès lors, la voie est libre : le 6 juin au matin, le sous-secrétaire d'Etat à la Guerre Charles de Gaulle fait son entrée au gouvernement.

Dans ce gouvernement et à sa périphérie, il compte énormément d'ennemis : le maréchal Pétain, vice-président du Conseil *, le sous-secrétaire d'Etat aux Affaires étrangères Paul Baudouin, le ministre des Finances Bouthillier, le ministre de la Propagande Prouvost, le second vice-président Chautemps, le commandant en chef Weygand, l'omniprésente madame de Portes, ainsi que le directeur du cabinet militaire du président du Conseil, Paul de Villelume, pour qui la nomination du général de Gaulle est « une véritable catastrophe [39] ». C'est qu'individuellement ou de concert, tous ces personnages sont devenus hostiles à la poursuite des combats, et entendent peser sur Paul Reynaud pour qu'il accepte de conclure avec l'Allemagne un armistice séparé – ce que la France s'était précisément engagée à ne pas faire lors du Conseil suprême du 28 mars. Face à cette cohorte, les partisans de la lutte à outrance sont rares et plutôt timides : Georges Mandel à l'Intérieur, César Campinchi à la Marine, Raoul Dautry à l'Armement, Louis Marin, ministre d'Etat, auxquels il faut ajouter Roland de Margerie, le chef du Cabinet diplomatique de Paul Reynaud. La vigueur des partisans de l'armistice, la tiédeur des partisans de la résistance, l'indécision de Paul Reynaud, la désorganisation de l'armée française et l'implacable progression de l'armée allemande rendront chaque jour plus aléatoires les efforts du nouveau sous-secrétaire d'Etat à la Guerre pour redresser la situation. Il n'en élabore pas moins dès le lendemain de son entrée en

---

* Principalement en raison d'une mesquine querelle littéraire remontant à 1938.

fonction un ambitieux plan de résistance en profondeur, avec une première ligne allant du nord de la Bretagne au sud de la Franche-Comté, et une seconde s'étendant de la Charente au Rhône inférieur, ainsi qu'un réduit en Bretagne et un autre dans le sud-ouest. En cas d'effondrement en métropole, ce plan prévoit également la poursuite de la lutte en Afrique du Nord, puis dans le reste de l'Empire, en attendant que des « secours extérieurs » permettent de reprendre l'initiative [40]. Le général de Gaulle s'occupe également d'organiser le transport vers l'Afrique du Nord de deux classes de recrues, ce qui nécessite des moyens de transport maritimes très supérieurs à ceux qui sont disponibles – et qu'il va falloir demander aux alliés britanniques. Ce sont ces moyens que Paul Reynaud envoie le général de Gaulle solliciter auprès de Churchill le 9 juin ; il s'agit également d'obtenir des Britanniques une participation accrue de la RAF aux opérations dans le nord, et de s'enquérir des délais nécessaires pour rééquiper et faire revenir en France les unités britanniques échappées de Dunkerque ; enfin, Paul Reynaud reconnaîtra plus tard qu'il avait été « heureux de montrer aux Anglais un général à l'esprit offensif [41] ». De fait, ce n'était pas chose commune...

De prime abord, cette première mission à Londres du général de Gaulle n'aura rien d'un succès : Churchill, qui ne croit manifestement plus à la possibilité d'une victoire en France, refuse catégoriquement d'y expédier de nouvelles escadrilles de chasse, et ne peut indiquer à quel moment les divisions britanniques rééquipées seront en mesure d'être engagées en France *. Pourtant, le Premier ministre a été impressionné par la pugnacité de son interlocuteur, qui n'a parlé que de poursuivre la lutte, en métropole si possible, dans l'Empire si nécessaire. L'admiration est manifestement réciproque : « L'impression que j'en ressentis, écrira le général, m'affermit dans ma conviction que la Grande-Bretagne, conduite par un pareil lutteur, ne fléchirait certainement pas [42]. »

---

* Il promet toutefois d'y maintenir la 51ᵉ division écossaise, et d'envoyer en Normandie une division canadienne.

Voilà qui n'a pu manquer de fortifier la résolution du sous-secrétaire d'Etat à la Guerre qui, dès son retour en France, retrouve cette ambiance si particulière de désorganisation et de défaitisme qui s'est emparée du pays. Il est vrai que la situation militaire continue de se dégrader : le 5 juin, les panzers allemands ont franchi la Somme et enfoncé les défenses françaises sur un large front entre Abbeville et Péronne ; le 8 juin, ils ont déjà dépassé Neufchatel, Montdidier et Soissons, alors que Rouen et le Havre sont directement menacés. Ce jour-là, à son QG du château de Montry, le général Weygand a dit au sous-secrétaire d'Etat de Gaulle que les Allemands allaient bientôt passer la Seine et la Marne, et qu'après cela, tout serait fini. « Comment, fini ? a répondu de Gaulle. Et le monde ? Et l'Empire ? » A quoi le commandant en chef a répondu : « L'Empire ? Mais c'est de l'enfantillage ! Lorsque j'aurai été battu ici, l'Angleterre n'attendra pas huit jours pour négocier avec le Reich [43]. »

C'est ce climat de résignation désespérée, encore renforcé par l'annonce d'une déclaration de guerre imminente de l'Italie, que de Gaulle retrouve à Paris au matin du 10 juin. Les Allemands ayant atteint Rouen, Beauvais, Compiègne et Château-Thierry, la capitale est désormais menacée par l'ouest, le nord et l'est ; il est donc décidé de l'évacuer pour gagner la Loire. « Il fallait, à l'improviste, écrira le général, organiser l'évacuation d'une masse de choses et d'une foule de gens. Je m'en occupai jusqu'au soir, tandis que partout on emballait des caisses, que bruissaient du haut en bas de l'immeuble les visiteurs du dernier moment et que sonnaient sans arrêt des téléphones désespérés [44]. » Parmi ces visiteurs du dernier moment, il y a l'ambassadeur des Etats-Unis William Bullitt, auquel Paul Reynaud remet un message assez grandiloquent à l'adresse du président Roosevelt : « L'ennemi est aujourd'hui presque aux portes de Paris. Nous lutterons en avant de Paris, nous lutterons en arrière de Paris, nous nous enfermerons dans une de nos provinces et si nous en sommes chassés, nous irons en Afrique du Nord et au besoin, dans nos possessions d'Amérique. [...] Je vous conjure de déclarer publiquement que les Etats-Unis accordent aux Alliés leur appui moral et matériel par tous les moyens, sauf l'envoi d'un corps expéditionnaire. [...] J'ai confiance dans la solidarité du peuple américain dans cette lutte vitale que les Alliés mènent pour leur propre salut, mais aussi pour le salut de la démocratie américaine [45]. »

« Entrant moi-même chez M. Paul Reynaud, se souviendra le général de Gaulle, j'y trouvai M. W. Bullitt. Je pensais que l'ambassadeur des Etats-Unis apportait au président du Conseil, de la part de Washington, quelque encouragement pour l'avenir. Mais non ! Il était venu faire ses adieux. L'ambassadeur demeurait à Paris dans l'intention d'intervenir, à l'occasion, en faveur de la capitale. Mais si louable que fût le motif qui inspirait M. Bullitt, il n'en restait pas moins qu'au cours des journées suprêmes il n'y aurait pas d'ambassadeur d'Amérique auprès du Gouvernement français [46]. La présence de M. D. Biddle, chargé des relations avec les gouvernements réfugiés, quelles que fussent les qualités de cet excellent diplomate, n'ôterait pas à nos officiels l'impression que les Etats-Unis ne donnaient plus cher de la France [47]. » Voilà qui laissera au Général un goût amer ; il ne peut évidemment savoir que cette décision est due à une excentricité de l'ambassadeur Bullitt plutôt qu'à une décision du président Roosevelt et du département d'Etat [48], et en quittant la capitale ce soir-là en compagnie de Paul Reynaud, il remâche déjà son aigreur contre la politique de Washington. En fait, il aura tout loisir de le faire, car le voyage s'éternise sur une route encombrée de réfugiés, et ce n'est qu'à l'aube que le convoi officiel atteint Orléans...

L'installation des autorités sur la Loire pose des problèmes inextricables, car les ministères sont disséminés dans des châteaux très éloignés les uns des autres : les Affaires étrangères au manoir de la Châtaigneraie près de Langeais, la présidence de la République à Cangé, le ministère de l'Intérieur à Tours, sans parler du quartier général, qui est à Briare. Ces châteaux ont parfois un téléphone rudimentaire – généralement dans les toilettes –, mais le plus souvent, il faut envoyer des messagers sur les routes bloquées par l'exode, de sorte que l'information circule très mal. Aux Affaires étrangères, on est tout de même

informé des événements du monde, grâce au poste de TSF
de l'ambassadeur de Grande-Bretagne, installé à proximité... Le nouveau secrétaire général du ministère des
Affaires étrangères, François Charles-Roux, écrira ainsi :
« Mon seul lien avec le gouvernement était le sous-
secrétaire d'Etat, bien que lui-même dût souvent s'absenter
du manoir de la Châtaigneraie, où étaient nos bureaux,
pour courir tantôt à la préfecture de Tours, tantôt au château de Chissay. [...] Si donc j'étais informé de ce qui se
passait au bout du monde, je l'étais beaucoup moins de ce
qui advenait chez nous [49]. » En fait, le sous-secrétaire
d'Etat en question, Paul Baudouin, n'est guère mieux
informé ; se rendant au château de Cangé pour y recueillir
des informations, il a été accueilli à bras ouverts : l'infortuné président Lebrun, coupé du monde, pensait que l'on
venait enfin lui apporter quelques nouvelles du gouvernement et du front [50]...

Lorsque les ministres se réunissent enfin à la préfecture
de Tours, c'est pour constater qu'ils sont aussi peu informés les uns que les autres ; mais lorsqu'ils le seront enfin,
grâce à l'arrivée du président du Conseil et du commandant en chef, les choses n'iront guère mieux, car ils se
révéleront incapables de s'accorder sur les problèmes les
plus urgents de l'heure... Ainsi de la question de savoir où
le gouvernement se transportera lorsque la Loire sera
menacée par l'avance allemande : il y a des partisans de
Bordeaux, des partisans de Quimper, et d'autres encore qui
veulent rester à Tours quoi qu'il arrive. A l'issue de débats
confus pendant les journées des 11 et 12 juin, on décide...
de ne rien décider du tout ; car à l'évidence, la réponse à
cette question dépend avant tout d'un choix stratégique :
va-t-on résister dans le fameux « réduit breton » ou en
Afrique du Nord ? Certains sont partisans de la seconde
solution ; le général de Gaulle a recommandé simultanément l'une et l'autre, sans bien expliquer comment on
pourrait les concilier ; le maréchal Pétain s'oppose aux
deux, soutenu en cela par Baudouin, Bouthillier et surtout
Weygand ; Paul Reynaud hésite entre l'une et l'autre, et le
président Lebrun donne raison à tout le monde... Si, pour
finir, on décide là encore de ne rien décider, c'est que la

réponse à cette question dépend elle-même d'une autre décision plus fondamentale encore : faut-il résister ou capituler ? Depuis deux semaines au moins, Weygand et Pétain, bientôt rejoints par Bouthillier, Baudouin et Villelume, ont commencé à faire pression en faveur d'un armistice. Les 11 et 12 juin, la résistance à une telle capitulation est encore forte en conseil des ministres, mais l'avance allemande, les atermoiements de Paul Reynaud, les ultimatums de Weygand et les intrigues de Baudouin commencent à faire plier les plus résolus, et là encore, on ne décide rien, sinon de consulter les alliés britanniques, auxquels on est toujours lié par l'engagement du 28 mars. Faut-il défendre la capitale ou la déclarer ville ouverte ? Pas de décision... Faut-il remplacer un commandant en chef qui a renoncé à vaincre et intrigue ferme en faveur de l'armistice ? Le général de Gaulle, lui, en est fermement partisan, mais Paul Reynaud hésite, accepte, puis se ravise, et finit par ne rien décider du tout *. Faut-il bombarder l'Italie, qui a déclaré la guerre à la France deux jours plus tôt ? On hésite, on accepte, on hésite à nouveau, on se ravise, on annule l'ordre, avant de réexaminer la question ultérieurement... On s'accorde tout de même pour demander aux Anglais davantage de troupes et d'avions, mais sur quel front les engagera-t-on ? Et pourquoi demander des avions anglais, alors qu'on ne sait pas au juste combien il y a d'avions français en réserve, et qu'on n'engage même pas tous ceux qui sont disponibles ? Sur toutes ces questions, on reste dans le flou le plus complet, et on espère confusément s'en décharger sur l'allié britannique...

C'est ce que pourront constater Winston Churchill, ses ministres et ses chefs d'état-major durant les réunions du Conseil suprême du 11 juin à Briare et du 13 juin à Tours. Lors de cette dernière, les généraux Weygand et Georges leur dépeignent une situation militaire désespérée, tout en réclamant des renforts immédiats en troupes et en matériel, sans préciser – et apparemment sans savoir – à quoi ils serviront. Paul Reynaud se déclare résolu à poursuivre la

---

* A la fois parce qu'il n'y a aucun remplaçant qui paraisse aussi capable que résolu, et parce que Paul Reynaud craint de donner une mauvaise impression au pays en nommant un troisième commandant en chef en trois semaines.

guerre, tout en demandant à son homologue britannique de
libérer la France de son engagement de ne pas conclure de
paix séparée [51]... Churchill, interloqué, évite soigneusement de donner les réponses que semblent attendre ses
interlocuteurs, et se lance dans de longs discours destinés à
remonter leur moral. Mais comme il faut bien offrir quelque élément d'espoir, il convoque les Etats-Unis en ren-
fort : « Nous vous demandons de continuer la lutte aussi
longtemps que possible, sinon dans Paris, du moins derrière Paris, en province ou dans l'Empire. Nous pensons
qu'une telle résistance pourrait durer très longtemps, surtout si la France peut compter sur une promesse américaine de soutien. [...] Après des mois de souffrance,
viendra le temps où Hitler tremblera. Surtout si les Etats-
Unis donnent une forme plus directe à l'aide qu'ils portent
aux Alliés et s'ils se décident à déclarer la guerre à l'Allemagne, il est bien possible que le moment de la victoire ne
soit pas si éloigné qu'il semble aujourd'hui [52]. » Churchill
enchaîne même par une proposition concrète, la seule qui
lui vienne à l'esprit pour détourner l'attention de ses refus
précédents et retarder l'échéance d'une capitulation qu'il
sent prochaine : « Nous pensons que la première chose à
faire est d'exposer au président Roosevelt la situation telle
qu'elle est actuellement, et de voir ensuite quelle sera sa
réponse. [...] Avant de nous poser des questions décisives,
il faut en appeler à Roosevelt. Le gouvernement français
s'en chargera et nous l'appuierons par télégramme. C'est
la première chose à faire avant de répondre à la question si
grave qui a été posée par M. Paul Reynaud [53]. » Et le Premier ministre de terminer sur une note d'optimisme
typiquement churchillienne : « Hitler ne peut gagner.
Attendons avec patience son effondrement [54]. »

Le général de Gaulle, qui a assisté à la seconde moitié
de la conférence seulement, est très amer : pas une seule
fois, Paul Reynaud n'a mentionné la possibilité de poursuivre la lutte en Afrique du Nord, et ses propos concernant l'armistice laissent penser qu'il a subi l'influence des
défaitistes de son cabinet. « J'allai à M. Paul Reynaud,
écrira le général, et lui demandai, non sans vivacité :
"Est-il possible que vous conceviez que la France

demande l'armistice ? – Certes non ! me dit-il, mais il faut impressionner les Anglais pour obtenir d'eux un concours plus étendu. " Je ne pouvais, évidemment, tenir cette réponse pour valable [55]. » Ce soir-là, de Gaulle rédige à l'intention de Paul Reynaud une lettre de démission : « La communication que vous avez faite [...] à MM. Churchill et Halifax montre que vous envisagez désormais " sous condition " la continuation de la guerre par la France. J'ai la conviction que cette position nouvelle nous conduit à une tentative de négociation avec les puissances ennemies. Or, faire une telle tentative équivaudrait, selon moi, à dénoncer en plein combat nos engagements avec l'Angleterre et à renoncer au concours ultérieur des Etats-Unis. [...] Je me vois donc, à mon grand regret, obligé de vous prier de me relever du poste que vous avez bien voulu me confier au gouvernement [56]. » Mais Georges Mandel, averti, entreprend de l'en dissuader : « Nous ne sommes qu'au début de la guerre mondiale. Vous aurez de grands devoirs à remplir, Général ! Mais avec l'avantage d'être, au milieu de nous tous, un homme intact. Ne pensez qu'à ce qui doit être fait pour la France et songez que, le cas échéant, votre fonction actuelle pourra vous faciliter les choses [57]. »

Entre-temps, lors du conseil de Cabinet à Cangé, Paul Reynaud, quelque peu remonté par les harangues de Churchill et les reproches du général de Gaulle, s'est prononcé en faveur d'une continuation de la lutte ; mais à ce moment, les Allemands ont déjà investi Pantin et Aubervilliers, le défaitisme a encore gagné du terrain au sein du gouvernement, et la réception a été glaciale. Tour à tour, Weygand, Pétain, Bouthillier, Baudouin et Chautemps se sont prononcés contre un départ pour l'Afrique du Nord et en faveur d'une demande d'armistice ; les ministres Marin, Campinchi, Rio et Mandel s'y sont opposés, mais leurs collègues Ybarnegaray, Pomaret et Pernot ont rejoint insensiblement les rangs des défaitistes. Tout cela s'est fait dans l'atmosphère d'un débat parlementaire confus et houleux, qui n'était dirigé ni par un président de la République entièrement dépourvu d'autorité, ni par un président du Conseil qui semblait vaciller à nouveau et refusait de trancher, pour recourir enfin à un dernier expédient destiné à éviter l'éclatement du gouvernement : conformément aux recommandations de Churchill, il s'est engagé à envoyer un télégramme à Roosevelt, et a demandé au cabinet d'attendre la réponse du président. Les ministres se sont donc accordés pour surseoir à toute décision, si ce n'est celle de partir pour Bordeaux le lendemain, et la séance a pris fin vers 20 h 30. Après être allé à Tours pour prononcer un discours radiodiffusé au peuple français, Reynaud, rentré à Chissay vers minuit, devra encore subir pendant deux heures les objurgations du lieutenant-colonel de Villelume, qui s'est mis en tête de lui faire solliciter du président Roosevelt sa médiation pour une demande de paix à l'Allemagne [58]... Et lorsque à 2 h du matin, le président du Conseil, harassé, parvient enfin à regagner sa chambre, il tombe sous la coupe de sa maîtresse Madame de Portes, qui va poursuivre le harcèlement en faveur d'un armistice...

Rien d'étonnant dès lors à ce que l'ambassadeur Biddle, qui voit Paul Reynaud le lendemain matin à 8 h 15, ait pu le décrire comme étant « dans un état de dépression et d'anxiété profondes [59] ». De fait, l'appel à Roosevelt qu'il lui remet ce matin-là montre qu'il a été ébranlé par l'offensive des défaitistes de la veille : « A l'heure la plus tragique de son histoire, la France doit faire un choix. Va-t-elle continuer à immoler sa jeunesse dans une lutte sans espoir ? Son gouvernement va-t-il quitter le territoire national pour ne pas se livrer, lui-même, à l'ennemi, et pouvoir continuer la lutte sur mer et en Afrique du Nord ? [...] Ou bien la France va-t-elle demander à Hitler ses conditions d'armistice ? Nous ne pouvons choisir la première voie, celle de la résistance, que si une chance de victoire apparaît dans le lointain, si une lumière brille au bout du tunnel. Or, dans la situation présente, malgré l'affaiblissement des forces de l'ennemi dû aux sacrifices de l'armée française, la défaite de notre loyale alliée, l'Angleterre, laissée à ses seules forces, apparaît comme possible, sinon probable. Dès lors, la France ne peut continuer la lutte que si l'intervention américaine vient renverser la situation, en rendant la victoire des Alliés certaine. [...]

C'est la seule chance aussi d'éviter qu'après avoir détruit la France, puis l'Angleterre, Hitler s'attaque à l'Amérique, renouvelant ainsi le combat d'Horace contre les trois Curiaces. Je sais que la déclaration de guerre ne dépend pas de vous seul. Mais je viens vous dire [...] que si vous ne pouvez pas donner à la France, dans les heures qui viennent, la certitude que les Etats-Unis entreront en guerre à très brève échéance, le destin du monde va changer. Vous verrez, alors, la France s'enfoncer comme un homme qui se noie, après avoir jeté un dernier regard vers la terre de la liberté d'où elle attendait le salut [60]. »

Ce soir-là, après un voyage pénible sur une route désespérément encombrée, alors que lui est parvenue la nouvelle de l'entrée des Allemands dans Paris, Paul Reynaud arrive au siège de la région militaire de Bordeaux. Le général de Gaulle l'y attend, et dès lors, le pendule va repartir en sens inverse : « Depuis trois jours, lui dit le Général, je mesure avec quelle vitesse nous roulons vers la capitulation. Je vous ai donné mon modeste concours, mais c'était pour faire la guerre. Je me refuse à me soumettre à un armistice. Si vous restez ici, vous allez être submergé par la défaite. Il faut gagner Alger au plus vite. Y êtes-vous, oui ou non, décidé ? – Oui, répondit M. Paul Reynaud. – Dans ce cas, repris-je, je dois aller moi-même tout de suite à Londres pour arranger le concours des Anglais à nos transports. J'irai demain. Où vous retrouverai-je ? Et le président du Conseil : " Vous me retrouverez à Alger " [61]. »

« Il est très influençable », avait dit Georges Mandel [62]. C'est presque une litote... mais voilà Paul Reynaud tout ragaillardi et bien résolu à faire face, dans l'attente d'une réponse du président Roosevelt. Hélas ! Il ne peut savoir qu'à Tours, quelques heures plus tôt, le lieutenant-colonel de Villelume, accompagné d'Hélène de Portes, a effectué auprès de l'ambassadeur Biddle une démarche bien singulière, ainsi qu'en témoigne le journal de Villelume lui-même : « J'explique à l'ambassadeur l'objet de notre visite. Si je ne lui dis pas en propres termes que je parle au nom du président, je m'efforce au moins de le laisser entendre. Il est évidemment plus qu'incorrect de créer volontairement cette équivoque, mais quelles chances de succès aurait sans cela la mission que je me suis à moi-même donnée ? [...] J'annonce donc à Biddle que, depuis sa visite à Paul Reynaud, nous avons reçu du front des nouvelles encore plus mauvaises. [...] Je conclus qu'il nous est devenu indispensable d'obtenir sans délai un armistice. Il faudrait, par conséquent, qu'après avoir indiqué que le télégramme de ce matin correspondait à des circonstances déjà dépassées, il demandât au président Roosevelt d'intervenir immédiatement près du Reich pour faire cesser le conflit. [...] L'émotion me gagne à plusieurs reprises au cours de cet exposé. Mme de Portes fond en larmes. Biddle, visiblement ému lui-même, lui tend sa pochette pour s'essuyer les yeux. [...] Nous pensons l'avoir convaincu. Télégraphiera-t-il [63] ? »

On ne trouve aucune trace d'un télégramme en ce sens de l'ambassadeur Biddle, mais de toute façon, le président Roosevelt est déjà amplement informé de l'invraisemblable désordre qui règne au sein du gouvernement français. Pourtant, l'exode, l'évacuation de Paris par les autorités et la déclaration de guerre de l'Italie ont produit sur le président une profonde impression, et dans l'après-midi du 10 juin, lors d'un discours à Charlottesville, en Virginie, il s'est enfin exprimé sans détours, en dénonçant un isolationnisme aveugle au fait que « les dieux de la force et de la haine » menacent la civilisation occidentale, et en affirmant que les sympathies de l'Amérique vont « aux pays qui versent leur sang en combattant contre ces forces ». La dénonciation de l'Italie est plus violente encore : « Ce 10ᵉ jour de juin 1940, la main qui tenait le poignard l'a enfoncé dans le dos de son voisin. ». Enfin et surtout, le président a annoncé un programme sans ambiguïté : « Nous poursuivons simultanément deux buts bien précis : fournir aux adversaires de la force les ressources de notre nation ; et dans le même temps, mettre en valeur ces ressources et accélérer nos préparatifs, afin d'avoir en Amérique l'équipement et l'entraînement nécessaires pour faire face à toute situation d'urgence et nous défendre [64]. »

Voilà deux objectifs apparemment contradictoires, mais que le président va poursuivre sans faiblir ; il vient de demander au Congrès de voter un crédit de 50 millions de dollars pour l'envoi de nourriture et de vêtements aux victimes civiles de la campagne de France ; il a envoyé Morgenthau persuader l'armée de terre et la marine de se dessaisir de leur stock d'avions et de les transporter jusqu'au port d'Halifax au Canada, où ils vont être chargés le 13 mars sur le porte-avions *Bearn* *. En même temps, 70 000 tonnes de matériel de guerre à destination de la Grande-Bretagne sont expédiées vers le port de Raritan, New Jersey, où les attendent douze cargos britanniques. Au dernier moment, le secrétaire à la Guerre Woodring refuse de signer l'autorisation d'enlèvement, mais Roosevelt intervient à nouveau pour lui ordonner de le faire, et il doit s'exécuter [65]... Sur 600 avions de chasse du dernier modèle, 500 seront fournis aux Alliés ; quant aux bombardiers les plus récents, on les enverra tous, sauf un ! Faire tout cela dans un pays neutre – et isolationniste de surcroît – représente à l'évidence un véritable tour de force...

Pourtant, à partir de la mi-juin, les avions et autres matériels de guerre destinés à la France vont être progressivement bloqués ou dirigés vers l'Angleterre. C'est que le président ne croit plus à la possibilité d'une victoire en France ; les rapports sur la progression allemande ne lui laissent guère de doutes à ce sujet, et tout comme son secrétaire d'Etat, il a dû considérer les appels de Paul Reynaud des 10 et 14 juin comme « frénétiques », « pitoyables » et « presque hystériques » [66]. Du reste, Churchill lui a décrit l'ambiance des réunions du Conseil suprême à Briare et Tours, ce qui a achevé de l'édifier : « La nuit dernière et ce matin, lui écrit le Premier ministre au soir du 12 juin, je me trouvais au quartier général français, où les généraux Weygand et Georges m'ont exposé toute la gravité de la situation. Je crains que le vieux maréchal Pétain [...] ne s'apprête à engager son nom et son prestige afin d'obtenir un traité de paix pour la France ». Mais Churchill a ajouté : « Reynaud, lui, est partisan de continuer la lutte, et il est secondé par un certain général de Gaulle, qui est jeune et pense que l'on peut faire beau-

---

* L'amiral Darlan ordonnera peu avant l'armistice qu'ils soient détournés vers la Martinique, et ils y resteront jusqu'à la fin de la guerre.

coup [67]. » C'est donc la seconde fois en une semaine que Franklin Roosevelt entend parler de Charles de Gaulle – en termes uniformément élogieux...

Dans son télégramme suivant, rédigé après la conférence de Tours, Churchill informe Roosevelt que même Paul Reynaud est en train de faiblir, et il demande au président de faire l'impossible pour l'encourager ; au passage, il attire une nouvelle fois son attention sur le danger que représenterait pour les Etats-Unis une mainmise allemande sur la flotte en cas de capitulation française [68]. C'est évidemment un argument auquel Roosevelt reste extrêmement sensible, et tout en accédant à la demande de Churchill, il est de plus en plus obnubilé par l'aspect naval de la question ; répondant assez tardivement au premier appel de Paul Reynaud, il écrit en effet : « Je suis particulièrement impressionné par votre déclaration selon laquelle la France continuera à se battre pour la démocratie. [...] Il importe au plus haut point de se rappeler que les flottes française et britannique gardent la maîtrise de l'Atlantique et des autres océans, et aussi qu'il n'y a pas d'armée au monde qui puisse se maintenir sans l'apport d'approvisionnement vital en provenance du monde extérieur. » Ne craignant pas de forcer le trait, Roosevelt revient même sur le sujet à la fin du message : « Les leçons de l'histoire montrent que, dans les affaires du monde, c'est toujours la puissance navale qui a le dernier mot [69]. »

Le 14 juin, l'avocat international René de Chambrun, que Paul Reynaud vient d'envoyer aux Etats-Unis comme « attaché militaire spécial » *, est invité à bord du yacht de Roosevelt, le *Potomac*, en compagnie des Harriman et du bras droit du président, Harry Hopkins : « Dès l'arrivée, notera de Chambrun, le thé est servi sur la plage arrière. Il fait une chaleur torride. Lorsque l'opérateur de la radio apporte un radiogramme à Roosevelt, il le lit, me le

---

* Un choix particulièrement judicieux (inspiré par l'ambassadeur Bullitt) : De Chambrun, descendant de La Fayette, est le neveu de la fille de Théodore Roosevelt, Alice Longworth, donc un cousin du président, et il est *persona gratissima* à Washington. De Chambrun est également un ami du maréchal Pétain... et le gendre de Laval.

montre : " Les Allemands ont traversé la Seine à la hauteur de Paris et marchent sur la Loire. " Il semble un peu plus déprimé que quelques heures plus tôt et me dit, en laissant tomber les bras le long de son fauteuil roulant : " René, la partie est terminée ", puis il ajoute avec un soupir : " Je crois vraiment que la Grande-Bretagne ne pourra pas tenir. " Je réponds qu'il voit malheureusement juste en ce qui concerne la France, mais [...] qu'il se trompe complètement en ce qui concerne la Grande-Bretagne. » L'avocat de Chambrun, qui a été officier de liaison auprès de l'armée britannique jusqu'à Dunkerque, se met en devoir de plaider la cause de l'Angleterre, et d'expliquer pourquoi elle ne capitulera certainement pas. A la fin de son plaidoyer, Roosevelt s'exclame : « René, vous m'avez convaincu ! » En réalité, le président était déjà convaincu, mais en communicateur de génie, il a vu d'emblée le parti qu'il pouvait tirer de l'aide d'un avocat aussi talentueux et aussi prestigieux que ce descendant de La Fayette. De fait, il ajoute : « René, je vais vous charger d'une mission – une mission qui consiste à convaincre notre pays [70] ! » Roosevelt songe à une tournée de propagande en faveur des Alliés et contre les isolationnistes, ce qui est parfaitement conforme à ses méthodes habituelles de persuasion indirecte : quatre ans plus tôt, il avait chargé l'ambassadeur de France Georges Bonnet d'une mission identique [71]. Cette fois, le président rédige pour René de Chambrun une liste de vingt-deux personnes à contacter sans retard *; en un clin d'œil, il a tout organisé : « Demain soir, vous dînez avec William Knutsen, qui vient d'être chargé de tout l'armement. Il est capital qu'avant mardi, vous ayez parlé avec chaque membre du cabinet que je réunirai le matin, et que vous ayez été longuement entendu par la commission des Affaires étrangères du Sénat. Vous verrez son président Barkley demain en fin d'après-midi et je pense qu'il pourra organiser une réunion lundi sous forme d'un déjeuner au Sénat. ».

Le lendemain, samedi 15 juin, lors du dernier déjeuner à bord du yacht présidentiel, de Chambrun et Harry Hopkins

---

* Après réflexion, il ajoutera un vingt-troisième nom : celui de son épouse Eleonor...

rédigent à l'intention de Paul Reynaud un télégramme qui
reflète parfaitement les préoccupations de Roosevelt : « Je
viens de passer deux jours avec le président et son conseiller le plus proche, Harry Hopkins. Stop. Il est convaincu
que son pays, l'Empire britannique et ce qui restera
demain de la flotte et des colonies françaises constitueront
le seul rempart contre la domination du monde par l'Allemagne. Stop. Comme le champion d'une cause, il a la
croyance presque mystique que les événements d'aujour-
d'hui font de lui le seul homme qui puisse arrêter Hitler.
Stop. Il fera tout pour entraîner derrière lui l'opinion du
pays. Stop. Celle-ci le suivra même dans la guerre à deux
conditions : primo, que l'Angleterre, loin de démoraliser
les Américains comme le fait la propagande défaitiste qui
joue le jeu de la propagande allemande, dise qu'elle
l'emportera malgré les revers ; deuxièmement, que la
France conserve sa flotte et son empire [72]. »

Paul Reynaud ne semble pas avoir reçu ce télégramme,
dont il ne fait nulle mention dans ses mémoires ; le message
s'est sans doute perdu dans l'indescriptible désordre qui
règne au même moment à Bordeaux. On se souvient que le
général de Gaulle y avait laissé le président du Conseil dans
d'excellentes dispositions au soir du 14 juin ; mais depuis
qu'il est reparti pour l'Angleterre, où il doit s'assurer du
concours de la *Royal Navy* aux transports maritimes vers
l'Afrique du Nord, Paul Reynaud est retombé sous
l'influence des défaitistes de son entourage, Baudouin, de
Villelume et naturellement la très remuante et très
encombrante Madame de Portes. Au matin du 15 juin,
l'ambassadeur de Grande-Bretagne Ronald Campbell et le
général Spears notent que le président du Conseil est très las
et qu'il donne l'impression d'être en train de faiblir... « Tout
va dépendre, leur a-t-il dit, de la réponse de Roosevelt à mon
dernier télégramme [73]. » A l'issue du conseil des ministres
de l'après-midi du 15 juin, où la proposition de Chautemps a
paru recueillir l'approbation d'une majorité de ministres *,

---

* Chautemps a proposé que l'on s'enquière des conditions d'armistice de
l'Allemagne, faisant valoir que si elles étaient inacceptables, le gouvernement
serait du moins couvert vis-à-vis de l'opinion, et pourrait alors partir pour
l'Afrique du Nord.

Paul Reynaud rédige un télégramme sollicitant l'accord du gouvernement britannique à une demande par la France des conditions d'armistice allemandes; pire encore, il laisse entendre qu'en cas de réponse négative, il sera obligé de démissionner. Alors qu'il met la dernière main à son message en présence de l'ambassadeur Campbell, on lui transmet la réponse du président Roosevelt, qui ne comporte certes pas l'engagement espéré : « Dans ces heures si déchirantes pour le peuple français et pour vous-même, je vous assure de mon extrême sympathie, et je puis vous assurer en outre qu'aussi longtemps que le peuple français continuera à défendre sa liberté et, par là même, la cause des institutions démocratiques dans le monde, il pourra compter recevoir des Etats-Unis un volume de plus en plus important de matériel de guerre et de fournitures de toute nature. Je sais que vous comprendrez que ces déclarations ne sauraient impliquer aucun engagement d'ordre militaire. Le Congrès est seul à pouvoir prendre de tels engagements. » « Notre appel a échoué, dit alors Paul Reynaud à l'ambassadeur; les Américains ne déclareront pas la guerre [74]. » Connaissant la situation politique aux Etats-Unis et les dispositions du président Roosevelt, on pouvait difficilement s'attendre à autre chose, mais la position de Paul Reynaud vis-à-vis des défaitistes de son cabinet s'en trouve considérablement affaiblie.

Au matin du 16 juin, c'est donc la plus grande incertitude qui règne à Bordeaux : Paul Reynaud, quelque peu remonté par une entrevue avec les présidents Jeanneney et Herriot, qui se sont prononcés tous deux en faveur d'un départ immédiat pour l'Afrique du Nord, est déjà plus combatif, mais il attend la réponse de Churchill à sa demande de la veille; l'ambassadeur Campbell lui a laissé prévoir que ce serait une acceptation – moyennant l'envoi de la flotte française dans les ports britanniques *. Mais peu avant la réunion du conseil des ministres de 17 h, qui s'annonce décisive, il y a une dernière lueur d'espoir : arrivé à Londres à l'aube du 16 juin, le général de Gaulle a été saisi d'un projet élaboré par Jean Monnet et le secré-

---

* C'est en effet la réponse qui lui parviendra vers 12 h 30, mais elle sera retirée peu après, du fait de la proposition d'union franco-britannique.

taire permanent du Foreign Office sir Robert Vansittart,
visant à unir la France et la Grande-Bretagne, avec fusion
de leurs pouvoirs publics et mise en commun de leurs ressources comme de leurs pertes. De Gaulle, bien que scep-
tique, y a vu un moyen d'encourager le gouvernement
français à la résistance, et l'a soumis à Churchill, qui l'a
accepté pour les mêmes raisons, puis l'a fait entériner par
son cabinet au milieu de l'après-midi [75]. C'est ce projet
d'union qui est communiqué par téléphone à Paul Reynaud
peu avant 17 h, et que celui-ci accepte avec enthousiasme
de soumettre au conseil des ministres.

Il va en effet le lire deux fois en séance, mais sans véritable conviction et, selon Georges Mandel, « comme un
avocat défendant une cause à laquelle il ne croit pas [76] » ;
son plaidoyer ne rencontre donc guère d'écho : certains
ministres affirment que l'union aurait pour effet de transformer la France en dominion britannique, tandis que la
majorité ne paraît pas en saisir la pertinence dans le
contexte du moment. Paul Reynaud, très déçu, propose
néanmoins que l'armée soit seule à capituler, alors que le
gouvernement quitterait la France pour continuer la guerre.
Weygand et Pétain s'opposent violemment à cette solution, et une majorité semble se dégager en faveur de la proposition Chautemps, tendant à ce qu'on s'enquière des
conditions d'armistice de l'Allemagne, sans plus se soucier
de l'autorisation britannique... Une majorité ? On n'en
saura jamais rien, car il n'y a même pas de vote... Mais
Paul Reynaud déclare que s'il s'agit de suivre une telle
politique, on ne pourra compter sur lui, et lorsque le
conseil des ministres prend fin à 19 h, il a effectivement
démissionné. Cette nuit-là, peu après 22 h, le président
Lebrun va charger le maréchal Pétain de former un nouveau gouvernement. Moins de trois heures plus tard,
celui-ci remet une note à l'ambassadeur d'Espagne pour
transmission à Berlin : elle demande à l'Allemagne ses
conditions d'armistice...

A Washington, vers 23 h – 6 h du matin à Bordeaux –
René de Chambrun téléphone à Paul Reynaud depuis la
Maison-Blanche : « J'entends, par intermittence, très nettement la voix de Paul Reynaud, note de Chambrun ; voici
exactement ce qui s'est dit :

« R.C. : Monsieur le Président...

P.R. : Je vous entends. Où êtes-vous ?

R.C. : Je vous appelle de la Maison-Blanche, où je viens de passer la journée avec le président et en accord complet avec lui.

P.R. : Mais vous savez que je suis démissionnaire ?

R.C. : Nous ne le savons pas.

P.R. : Oui, je suis démissionnaire et c'est le maréchal Pétain qui forme le gouvernement. »

A ce moment, craignant qu'il soit impossible d'établir une autre communication, je dis ceci :

« Mais, monsieur le Président, je crains que nous ne puissions atteindre le Maréchal. Pouvons-nous vous demander de lui transmettre une communication ?

P.R. : Bien sûr.

R.C. : Le président est convaincu qu'il n'y a pas d'autre solution qu'un armistice mettant honorablement fin à la guerre sur le territoire français, mais à la seule condition que la flotte ne soit pas livrée.

P.R. : Il est 6 h du matin ici et je transmettrai ce que vous me dites dès que le Maréchal sera réveillé et que je pourrai le voir [77]. »

Quelques heures plus tôt, le général de Gaulle, revenu de Londres, a rendu visite à Paul Reynaud ; il l'a trouvé « comme soulagé d'un fardeau insupportable [78] », et lui a fait part de sa décision de repartir pour l'Angleterre. Les vaincus, estime-t-il, sont ceux qui acceptent la défaite... et de Gaulle, songeant à l'honneur de la France, à l'immensité de l'Empire, à la ténacité de l'Angleterre et aux ressources de l'Amérique, n'accepte pas la défaite. C'est pourquoi, ce 17 juin 1940 à 10 h du matin, il vole vers l'Angleterre. Dès le lendemain, il va prononcer à la BBC l'appel qui le fera entrer dans l'histoire – et qui comporte ce passage essentiel : « La France n'est pas seule ! Elle n'est pas seule ! Elle n'est pas seule ! Elle a un vaste Empire derrière elle. Elle peut faire bloc avec l'Empire britannique qui tient la mer et continue la lutte. *Elle peut, comme l'Angleterre, utiliser sans limites l'immense industrie des Etats-Unis [79].* »

3

Endiguement

La déception de Franklin Roosevelt a été immense ; c'est qu'il comptait sur la France, comme sur la Grande-Bretagne, pour constituer le bastion avancé de l'Amérique, aussi longtemps que sa situation d'impréparation l'empêcherait d'assurer sa propre défense. Or, la France s'est effondrée en cinq semaines dans des conditions assez peu glorieuses, et même si le président n'a pas laissé de mémoires, son bras droit Harry Hopkins traduira très exactement ses impressions en évoquant « la déception stupéfaite que nous a infligée la France quand nous la vîmes s'effondrer dans le désastre, puis dans la capitulation. L'idée que, de tous temps, nous nous étions faite de sa valeur et de son énergie fut bouleversée en un instant. Ajoutez à cela que ceux des grands chefs politiques ou militaires français à qui nous avions tour à tour fait confiance [...] ne s'étaient pas montrés – c'est le moins qu'on puisse dire – à la hauteur de nos espoirs [1]. »

Parmi ces chefs politiques, il y a en tout premier lieu le président du Conseil Paul Reynaud. Après avoir solennellement déclaré à Roosevelt le 5 juin que « la France se battra jusqu'au dernier homme », fait appel à toutes les ressources militaires de la Grande-Bretagne et demandé l'entrée en guerre immédiate des Etats-Unis, Reynaud n'a rien trouvé de mieux à faire que de déposer le fardeau pour dégager sa responsabilité personnelle, comme un vulgaire tacticien politique du temps de paix..., Car les rapports de l'ambassadeur Biddle ne laissent aucune place au doute : Reynaud a bien été victime d'un effondrement moral [2]. Du reste, les compte-rendus de Biddle et de ses adjoints sur l'ambiance qui règne à Bordeaux après le 17 juin, alors que l'on attend les conditions allemandes d'armistice, sont uniformément pessimistes et très peu flatteurs pour les membres du nouveau gouvernement – Weygand, Darlan, Baudouin, Chautemps et Pétain lui-même...

Roosevelt avait certes toujours été frappé par l'instabilité politique de la France, mais il n'avait jamais douté de la puissance de ses armées et des capacités de ses dirigeants. Or, sous l'impression de la défaite des militaires et de la défection des politiques, le président va passer sans transition d'une confiance excessive à un pessimisme absolu et plutôt méprisant à l'égard des perspectives de survie d'une nation qui a désormais cessé de compter sur l'échiquier mondial. L'annonce des termes de l'armistice signé le 22 juin – que Cordell Hull qualifiera de « capitulation totale » et Sumner Welles de « reddition la plus infamante de l'histoire [3] » – ne fera évidemment que conforter le président dans ces dispositions ; de fait, les trois cinquièmes du territoire français seront occupés, y compris l'ensemble de la côte atlantique ; les prisonniers français devront être maintenus en captivité jusqu'à la signature d'un éventuel traité de paix ; la France paiera les « frais d'entretien » des troupes d'occupation allemandes sur son territoire ; mais c'est surtout la clause concernant la flotte qui va retenir l'attention du président...

Après la démission de Paul Reynaud, Roosevelt avait poursuivi ses efforts pour persuader les nouvelles autorités françaises de mettre cette flotte hors de portée de l'envahisseur. Multipliant les pressions, les promesses et les menaces, il avait même chargé l'ambassadeur Biddle de faire savoir dès le 18 juin au nouveau ministre des Affaires étrangères Paul Baudouin, ainsi qu'à l'amiral Darlan, devenu ministre de la Marine, que « si le gouvernement français [...] permettait que la flotte française soit livrée à l'Allemagne, il s'aliénerait de façon définitive l'amitié et la bonne volonté du gouvernement des Etats-Unis [4]. Le ministre des Affaires étrangères a certes assuré l'ambassadeur Biddle « de la manière la plus solennelle que la flotte française ne serait jamais livrée à l'ennemi [5] » ; mais l'article 8 de l'armistice signé le 22 juin n'est guère rassurant à cet égard, dans la mesure où il stipule : « La flotte de guerre française [...] sera rassemblée dans des ports à déterminer et devra être démobilisée et désarmée sous le contrôle de l'Allemagne ou de l'Italie. [...] Le gouvernement allemand déclare solennellement au gouvernement français qu'il n'a pas l'intention d'utiliser pendant la guerre, à ses propres fins, la flotte de guerre stationnée dans les ports sous contrôle allemand [6]. »

« En examinant de près les dispositions de l'article 8 de l'armistice, écrira Cordell Hull, le président et moi ne pouvions qu'être inquiets. Si les Allemands devaient superviser le démantèlement des navires de guerre français, ils pourraient tout aussi bien les saisir. Quant aux promesses allemandes de ne pas utiliser la flotte française à leurs propres fins, elles valaient moins encore qu'un grain d'avoine [7]. » Le président des Etats-Unis, tout comme le Premier ministre britannique, devra accepter le fait accompli, mais ni l'un ni l'autre ne s'y résoudra de gaieté de cœur, et tous deux maintiendront une forte pression sur le nouveau gouvernement français ; dès le 27 juin, Cordell Hull a pour instructions de communiquer à l'ambassade de France que « les Etats-Unis ont le plus grand intérêt à ce que la France ne permette pas à l'Allemagne de prendre possession de la flotte française. Nous n'avons pas caché au monde l'intérêt et l'aide que nous portons à la France dans le conflit actuel et, l'Allemagne étant de ce fait mal disposée à notre égard, ce serait pour nous une affaire des plus sérieuses si la France remettait à l'Allemagne un pistolet armé braqué contre nous [8]. » Et lorsque le 3 juillet, les Britanniques vont résoudre le problème à leur manière en canonnant la flotte française en rade de Mers-el-Kébir, Roosevelt déclarera à l'ambassadeur de France qu'il « se refuse à la moindre critique à l'égard du gouvernement britannique », et que lui-même « n'aurait pas agi autrement [9] ».

A première vue, les nouvelles autorités françaises n'ont rien pour plaire à Roosevelt ; s'étant entretenu avec Pétain,

Darlan, Lebrun, Chautemps, Weygand, Pomaret et Marquet *, l'ambassadeur Bullitt a câblé au président le 1ᵉʳ juillet : « Ce qui se dégage de ces conversations, c'est l'impression extraordinaire que les dirigeants français veulent faire table rase de tout ce que la France a représenté au cours des deux dernières générations, que la défaite, matériellement et moralement, a été si absolue qu'ils ont entièrement accepté l'idée que la France pourrait devenir une province de l'Allemagne nazie. En outre, pour avoir le plus grand nombre possible de compagnons d'infortune, ils espèrent que l'Angleterre sera promptement et complètement vaincue par l'Allemagne [...]. Leur espérance, c'est de voir la France devenir la province favorite de l'Allemagne – un nouveau " Gau " qui se transformera en une nouvelle Gaule [10]. » Après Mers-el-Kébir, Bullitt pourra également rapporter que « Baudouin semble désireux de faire entrer la France dans la guerre aux côtés de l'Allemagne, et [...] Laval n'est pas loin de partager ce point de vue [11] ». De fait, Pierre Laval, devenu vice-président du Conseil, confiera peu après au chargé d'affaires Robert Murphy qu'il « souhaite ardemment la défaite des Anglais [12] ». Si l'on y ajoute la description par Bullitt du vote peu glorieux qui a mis fin à la République le 10 juillet dans le théâtre du casino de Vichy [13], on peut se demander pourquoi le président tient à maintenir des relations suivies avec ce nouveau régime, dont la soumission à l'Allemagne d'Hitler paraît chaque jour plus manifeste et plus abjecte...

La réponse est simple : d'une part, la politique américaine en la matière est de reconnaître *de facto* tout gouvernement qui contrôle effectivement les leviers de l'État, la population et le territoire d'un pays, ce qui est manifestement le cas de Vichy. D'ailleurs, argumente le Département d'État, ce nouveau régime n'est-il pas parfaitement légal, dans la mesure où son nouveau chef a reçu les pleins pouvoirs d'un vote de l'Assemblée nationale ? On peut certes objecter que ce vote s'est déroulé dans des condi-

---

* Darlan est ministre de la Marine, Chautemps vice-président du Conseil, Pomaret ministre du Travail, Weygand ministre de la Guerre, et Marquet, maire de Bordeaux, sera nommé ministre de l'Intérieur le 15 juillet.

tions bien discutables d'un point de vue constitutionnel, que la nouvelle autorité n'a plus rien de démocratique, et dérive même vers la dictature et le fascisme... Mais est-ce une raison pour rompre avec elle, alors que les Etats-Unis entretiennent des relations diplomatiques normales avec l'Allemagne, l'Italie, l'Espagne et le Japon? Du reste, le gouvernement de Vichy est reconnu à l'époque par l'URSS, le Canada, l'Argentine, le Brésil, le Portugal, la Chine et même le Vatican... Et puis, n'a-t-il pas à sa tête le glorieux Maréchal, que Roosevelt lui-même a beaucoup admiré durant la guerre précédente, et dont l'ambassadeur Bullitt, revenu aux Etats-Unis, commence à vanter les mérites? Pétain, déclare-t-il aux journalistes, « a une réputation extraordinaire », est « parfaitement franc et honnête », « immensément respecté », « manifestement le patron », et « fait de son mieux pour rétablir l'ordre au milieu d'une situation désespérée [14] ». D'ailleurs, l'ambassadeur a écrit à Roosevelt deux semaines plus tôt que le Maréchal « désirait secrètement la victoire de l'Angleterre [15] », et était pratiquement le seul à s'opposer à ce que la France lui déclare la guerre...

Mais rien de tout cela ne doit masquer l'essentiel : si le président Roosevelt veut à tout prix maintenir les relations avec Vichy, c'est d'abord pour veiller à ce que la flotte française ne soit pas utilisée contre l'Angleterre et les Etats-Unis ; c'est ensuite pour empêcher que l'Allemagne et l'Italie ne mettent la main sur l'Afrique du Nord et de l'Ouest, ainsi que sur les Antilles françaises ; c'est encore pour encourager Vichy à ne pas dépasser les conditions d'armistice en s'engageant plus avant dans la voie de la collaboration ; c'est enfin pour pouvoir continuer à recueillir toutes sortes d'informations qui seront utiles tant aux Etats-Unis qu'à la Grande-Bretagne [16]... A côté de ces considérations essentielles, de quel poids pourrait bien peser un obscur général solitaire réfugié à Londres, que la presse américaine n'a mentionné que très brièvement aux alentours du 18 juin * ?

---

* Le *New York Times* a cité quelques passages de l'appel du 18 juin, mais ni *Time Magazine* ni *Newsweek* n'ont jugé l'événement assez important pour en faire mention.

Il est vrai que son entreprise paraît chimérique : depuis une terre menacée d'invasion, un général de brigade à titre temporaire se dresse contre l'autorité d'un maréchal de France... A ses compatriotes, il déclare par la voie des ondes que le régime de Vichy est doublement illégitime, parce qu'il a accepté la défaite et enterré la République * ; il affirme que lui seul incarne la continuité républicaine et la France invaincue, et que les Français ont le devoir de résister à l'occupant en rejoignant ou en soutenant son mouvement. Aux principaux responsables civils et militaires français de métropole et d'Afrique du Nord, il a lancé un appel pour qu'ils viennent le rejoindre à Londres, mais aucune personnalité de premier plan n'a pu ou voulu le faire. Au cours de l'été, avec ses premiers compagnons, Pleven, Cassin, Muselier, Palewski, Diethelm, Passy, il est parvenu à constituer l'embryon d'une administration, d'un état-major et d'un service de renseignements, et il a entrepris de recruter des soldats parmi les vainqueurs de Narvik et les vaincus de Dunkerque. C'est ainsi qu'à la fin de juillet, quelque sept mille hommes ont rallié la France libre ; leur équipement est très réduit et leur moral plutôt bas, mais ils seront rapidement encadrés par des officiers de valeur, comme le capitaine Tissier, le colonel Magrin-Verneret, le capitaine de Rancourt, le capitaine de corvette d'Argenlieu, le colonel de Larminat et le capitaine de Hautecloque **.

A ces hommes entreprenants, de Gaulle confie une tâche démesurée : obtenir le ralliement des colonies françaises d'Afrique. Il avait envisagé au départ des opérations destinées à rallier l'Afrique du Nord, mais cet été-là, surtout après le désastre de Mers-el-Kébir, les conditions ne s'y prêtent pas ; dès lors, c'est vers l'Afrique équatoriale que vont porter ses efforts, et avant la fin du mois d'août, des opérations éclair menées par quelques hommes décidés permettront d'obtenir le ralliement du Tchad, du Cameroun et du Congo. A la fin de septembre, bien sûr, il y a

---

* De Gaulle considère que le vote de l'Assemblée nationale du 10 juillet s'étant effectué en violation complète des dispositions constitutionnelles en vigueur, il est de ce fait nul et non avenu.
** Le futur général Leclerc.

l'échec de Dakar, dû à la résistance opiniâtre du gouverneur Boisson et à l'intervention imprévue des croiseurs de Vichy [17]. Cette affaire entame sérieusement le moral des Français libres et le crédit de leur chef, tout en ruinant leurs espoirs de rallier l'Afrique occidentale française dans un avenir prévisible. Mais fidèle à sa conviction que « les vaincus, ce sont ceux qui acceptent la défaite », le général de Gaulle persévère dans son entreprise, et le ralliement du Gabon un mois plus tard viendra récompenser sa ténacité.

« Qu'aurais-je pu faire sans le concours de Winston Churchill ? », se demandera le Général dans ses *Mémoires* [18]. Il est vrai que le Premier ministre britannique lui a tendu d'emblée une main forte et secourable, sans laquelle toutes ses entreprises ultérieures auraient été vouées à l'échec. Face au scepticisme de l'Establishment, à la mauvaise volonté du *Foreign Office*, à l'obstruction systématique du *War Office* et à l'hostilité tenace de l'*Intelligence Service*, il faudra toute l'autorité d'un Churchill résolu pour faire survivre et prospérer le mouvement du général de Gaulle sur le sol britannique. Le soir du 27 juin, il convoque le Général à Downing Street et lui déclare : « Vous êtes tout seul – eh bien, je vous reconnais tout seul ! » Et dès le lendemain, la presse diffuse le communiqué suivant : « Le gouvernement de Sa Majesté reconnaît le général de Gaulle comme chef de tous les Français libres, où qu'ils se trouvent, qui se rallient à lui pour la défense de la cause alliée [19]. » Toute limitée que soit cette reconnaissance, elle va enfin donner une base légale aux relations du Général avec le gouvernement britannique, et permettre la conclusion d'accords bilatéraux entre les deux nouveaux alliés. Pour Churchill, cette reconnaissance est un acte de foi en un homme solitaire, et en une abstraction qui s'appelle la France libre ; comme toujours, le Premier ministre de Sa Majesté prend ses désirs pour des réalités : la France de Vichy va rompre ses relations diplomatiques avec la Grande-Bretagne après l'affaire de Mers-el-Kébir, mais grâce au général de Gaulle, l'indomptable chef de tous les Français libres, les liens privilégiés avec la France seront maintenus malgré tout, et l'amitié restera intacte. Cette représentation des choses est nécessaire à un grand francophile comme Churchill; elle est également indispensable au moral du peuple anglais, et Churchill, propagandiste de génie, le sait mieux que tout autre...

Dès lors, le vieux lutteur considère que l'on ne pourra jamais faire assez pour le général de Gaulle et ses « *Gallant Free French* »; il bombarde donc ses ministres comme ses chefs d'état-major d'instructions comminatoires, surmontées des redoutables étiquettes rouges portant la mention « *Action this Day!* » : Accélérer l'équipement des forces du général de Gaulle; encourager les Français de Grande-Bretagne à se porter volontaires; assister la propagande des Français libres partout dans le monde; signaler immédiatement tout service qui ferait obstacle au développement des Forces françaises libres; subordonner la poursuite des relations commerciales avec l'Inde française à son ralliement au général de Gaulle [20]... Le 20 août, Churchill déclare même à la Chambre des communes : « Nous éprouvons la plus grande sympathie à l'égard du peuple français, et l'ancienne fraternité qui nous liait à la France n'a nullement cessé d'exister. Elle s'incarne et se perpétue grâce au général de Gaulle et à ses héroïques compagnons. Ces Français libres ont été condamnés à mort par Vichy, mais le jour viendra, aussi sûrement que le soleil se lèvera demain, où leurs noms seront glorifiés et gravés sur la pierre dans les rues et les villages d'une France qui aura retrouvé sa liberté et sa gloire d'antan au sein d'une Europe libérée [21]. » Ce soutien ne se démentira pas, même et surtout après l'échec de Dakar; face à l'avalanche des critiques dans la presse et au Parlement, le Premier ministre déclare aux Communes le 8 octobre : « Le général de Gaulle [...] a fait preuve à cette occasion d'un jugement très sûr, et son comportement dans ces circonstances aussi extraordinairement difficiles n'a fait qu'accroître la considération que nous lui portions ». Après quoi le vieux lutteur déclenche une vigoureuse contre-offensive : « Le ton que l'on relève dans certains organes de presse [...] lorsqu'ils évoquent l'épisode de Dakar, et d'autres questions plus graves encore, est si hargneux et si venimeux qu'il en serait presque indécent même s'il s'adressait à l'ennemi [22]. »

Tout en reconnaissant la valeur inestimable de l'assistance du Premier ministre, le général de Gaulle n'en manifeste pas moins quelque réserve à l'égard de l'allié britannique. Il est vrai que cela est dû pour partie à sa méfiance quasiment innée envers la « perfide Albion », à ses rancœurs au souvenir de l'aide insuffisante fournie par la Grande-Bretagne lors de la désastreuse campagne de France, ainsi qu'à son indignation face à l'obstruction des fonctionnaires et des militaires britanniques depuis son arrivée à Londres. Mais sa réserve s'explique aussi par le fait qu'il tient essentiellement à préserver l'indépendance politique de son mouvement, qui ne doit à aucun prix apparaître comme un simple auxiliaire d'une puissance étrangère : « Pour moi, ce qu'il s'agissait de sauver, c'était la Nation et l'Etat. [...] Au nom de quoi mener quelques-uns de ses fils à un combat qui ne serait plus le sien ? [...] Non ! Pour que l'effort en valût la peine, il fallait aboutir à remettre dans la guerre, non plus seulement des Français, mais la France [23]. »

Ainsi donc, la France se bat pour son propre compte, non pour le roi d'Angleterre, et il faut que cela se sache en métropole, dans l'Empire et partout ailleurs. Voilà qui explique maintes initiatives déroutantes qui conduiront à bien des heurts futurs avec les Alliés. Le seul à le comprendre – sans vraiment l'approuver – reste le Premier ministre de Sa Majesté : « De Gaulle, écrira-t-il, estimait que nous avions un devoir de loyauté envers lui seul. Pour soigner son image de marque auprès du peuple français, il lui paraissait également indispensable d'adopter envers " la perfide Albion " une attitude fière et hautaine, alors qu'il n'était qu'un exilé, vivant parmi nous et tributaire de notre protection. Il lui fallait se montrer intraitable avec les Anglais, afin de prouver aux Français qu'il n'était pas à la solde de l'Angleterre. » Et Churchill d'ajouter : « On peut vraiment dire qu'il a poursuivi cette politique avec persévérance [24]. » C'est un fait ; à la fin d'octobre, après le ralliement des territoires français de l'Océanie, il lance le « manifeste de Brazzaville » sans même consulter au préalable ses alliés britanniques. Il s'agit évidemment de leur montrer que le nouveau « Conseil de défense de l'Empire » crée à cette occasion pour « exercer dans les territoires libérés les attributions d'un gouvernement * » est entièrement indépendant, et que son chef se réserve de traiter avec les autres puissances sans en rendre compte à personne. De fait, sa première initiative diplomatique ne s'adresse pas à Londres, mais à Washington...

Depuis le 18 juin, le général de Gaulle n'a cessé de penser au rôle que jouerait à l'avenir une puissance américaine aussi vitale pour le combat de la France libre que pour le moral de la France asservie. Ainsi s'explique la place qu'occupent les Etats-Unis dans ses allocutions à la BBC pendant tout l'été de 1940 ; dès le 22 juin : « Cette guerre est une guerre mondiale. Nul ne peut prévoir si les peuples qui sont neutres aujourd'hui le resteront demain » ; le 24 juin : « La France [...] perçoit dans le Nouveau Monde mille forces immenses matérielles et morales qui, peut-être, se lèveront un jour pour écraser les ennemis de la liberté » ; le 26 juin, dans son adresse au Maréchal, il y a entre autres ce reproche explicite : « Vous avez renoncé d'avance aux ressources offertes par l'immense Amérique » ; le 1er août : « Dans cette guerre mondiale, aucun homme de bon sens ne tient pour possible la victoire de la liberté sans le concours du continent américain » ; le 12 août : « On s'aperçoit que l'Amérique a entrepris, pour aider les Alliés, d'immenses fabrications d'armements » ; et le 22 août : « Je dis, parce que je le sais, qu'un irrésistible courant entraîne le Nouveau Monde au secours de la Liberté [25]. »

Mais pour l'heure, comme il l'avait prévu dès 1937, les Américains restent des « spectateurs complaisants », et le Général, si confiant en public dans la contribution à long terme de la puissance industrielle des Etats-Unis, s'indigne en privé de la myopie de leur politique étrangère à court terme... Après la décision de l'ambassadeur Bullitt de rester à Paris au lieu de suivre le gouvernement français à Bordeaux, il y a eu les réponses décevantes de Roosevelt

---

* Les membres du Conseil de défense de l'Empire sont : le général Catroux, le vice-amiral Muselier, le général de Larminat, les gouverneurs Eboué et Sautot, le médecin-général Sicé, le professeur Cassin, le révérend père d'Argenlieu et le colonel Leclerc.

aux appels désespérés de Paul Reynaud les 10 et 14 juin,
« alors qu'il eût suffi d'une simple promesse de secours,
fût-elle secrète et à échéance, pour décider nos pouvoirs
publics à continuer la guerre [26] ». C'est sans doute là faire
preuve d'une confiance excessive dans les capacités de
résistance d'un gouvernement Reynaud dont de Gaulle
connaissait mieux que quiconque les faiblesses et les divisions ; des promesses supplémentaires n'auraient sans
doute rien changé, mais l'absence de ces promesses a
manifestement renforcé la défiance du Général à l'égard de
la politique américaine. C'est ainsi que, lorsque le 12 août,
Winston Churchill lui déclare que « le bombardement
d'Oxford, de Coventry, de Canterbury provoquera aux
Etats-Unis une telle vague d'indignation qu'ils entreront
dans la guerre », le chef des Français libres ne manque pas
d'exprimer ses doutes à cet égard, « en rappelant que deux
mois auparavant, la détresse de la France n'avait pas fait
sortir l'Amérique de sa neutralité [27] ».

Mais l'Amérique a beau être « un autre monde [28] », c'est
là que se forgeront les armes et les armées de la victoire, et
la France libre se doit d'y être présente. Le mouvement du
général de Gaulle n'étant pas un gouvernement et les
Etats-Unis reconnaissant les autorités de Vichy, il ne peut
évidemment y avoir d'ambassadeur, mais de Gaulle a
nommé au début de juillet son représentant à New York en
la personne de Jacques de Sieyès, un ancien condisciple de
Saint-Cyr ayant quitté la diplomatie pour diriger aux Etats-
Unis la parfumerie Patou. Le 11 juillet, il lui écrit : « Je
connais ta situation de premier plan à New York et
l'influence que tu as su acquérir aux Etats-Unis. Je compte
sur ta totale amitié. Voilà pourquoi je t'ai demandé
d'accepter cette charge supplémentaire. Je te demande
donc d'être mon représentant à tous les points de vue, mais
particulièrement en ce qui concerne " l'information " et
l'orientation à donner à la presse américaine d'une part, et
d'autre part, tout ce qui a trait aux transactions qui pourraient devenir nécessaires pour l'achat de différents matériels, notamment d'avions. Je crois en effet savoir qu'il
existe aux Etats-Unis actuellement un courant d'opinion
qui nous est favorable. Il me semble urgent d'en tirer tout

le parti possible, dans le plus bref délai. Toutes les initiatives privées et toutes les individualités qui se sont mani-
festées ou pourraient se révéler, tous les sympathisants
doivent être groupées, organisées, orientées [29]. » Bref, le
Général charge de Sieyès de parler en son nom, de regrouper toutes les bonnes volontés dans le Nouveau Monde,
d'orienter vers Londres tous les volontaires désireux de
s'enrôler dans la France libre, et d'organiser des souscriptions devant servir à l'achat de matériel militaire aux Etats-
Unis [30]. Il lui suggère enfin de jouer sur la fibre senti-
mentale qui vibre chez tout Américain au nom de La
Fayette : « Réunissez aux Etats-Unis le personnel et le
matériel d'un bataillon de chars " Lafayette ", d'une escadrille " Lafayette ", etc. [31] »

Si le mouvement se heurte aux Etats-Unis à quelques
solides inimitiés parmi les Français déjà installés comme
parmi les arrivants plus récents, il enregistre également
quelques soutiens fort précieux, comme celui du comité
« *France Forever* », fondé par Eugène Houdry, un riche
industriel installé à Philadelphie. Ce comité s'est donné
pour but de faire connaître la France libre, et de susciter le
plus d'adhésions possible parmi les Américains et les résidents français. Au nombre des recrues de choix, il y a dès
septembre l'attaché commercial de l'ambassade de France
à Washington, Maurice Garreau-Dombasle, qui avait
démissionné dès l'annonce de l'armistice et va mettre
désormais ses compétences en matière administrative et
commerciale au service de la France libre. Pourtant, les
obstacles ne manquent pas, et ils sont redoutables : la
France libre n'a aucun statut aux Etats-Unis, le général
de Gaulle est à peu près inconnu de la grande masse des
Américains, et chez ceux qui en ont entendu parler, les
jugements sont assez défavorables : certains le prennent
pour un dictateur d'extrême-droite, d'autres pour un
communiste entouré de révolutionnaires d'extrême-
gauche [32]... Par ailleurs, des dissensions ne tardent pas à
apparaître parmi les gaullistes eux-mêmes : de Sieyès,
Houdry et Garreau-Dombasle, ayant des attributions mal
définies, se considèrent tous trois comme représentants du
général de Gaulle aux Etats-Unis ; c'est également le cas

du journaliste Henri de Kerillis, et tout cela suscite des rappels à l'ordre répétés du Général [33] – qui n'empêchent pas la situation de s'aggraver, pour le plus grand dommage de la France libre aux Etats-Unis. Enfin, il y a l'action des diplomates de Vichy : l'ambassadeur Henry-Haye, qui a remplacé le comte de Saint-Quentin, mène une propagande anti-anglaise et anti-gaulliste forcenée, encourage le neutralisme de l'opinion publique américaine, et exerce une pression fort efficace sur les organisations et les résidents français pour qu'ils demeurent sous l'obédience de Vichy. C'est ainsi que la Chambre de commerce, l'Association des anciens combattants, la Société de la Légion d'Honneur et les Alliances françaises resteront loyales à Vichy et implacablement hostiles à la France libre – ce que ne manqueront pas de noter les autorités américaines.

Le maintien des liens de Washington avec Vichy est naturellement considéré par le général de Gaulle comme une aberration et une offense faite à la France libre – c'est-à-dire à la France... De plus, certaines initiatives américaines ont éveillé chez le Général les plus grandes inquiétudes concernant le sort des possessions françaises d'Amérique : d'une part, le sénat et la chambre des représentants ont voté dès le 18 juin une résolution aux termes de laquelle ils ne reconnaîtraient aucun transfert de souveraineté dans les territoires de l'hémisphère occidental appartenant aux Etats européens [34]; cette résolution, confirmée le mois suivant par la conférence interaméricaine de La Havane, revient, pour ce qui concerne la France, à garantir la neutralisation de la Guadeloupe, de la Martinique, de la Guyane et de Saint-Pierre-et-Miquelon, que de Gaulle voudrait au contraire faire entrer dans la guerre. Du reste, les Etats-Unis négocient peu après avec l'amiral Robert, gouverneur vichyste à la Martinique, un accord destiné à assurer le maintien du *statu quo* dans l'ensemble des possessions françaises de l'hémisphère occidental; des bruits insistants circulent même à l'époque selon lesquels les Etats-Unis vont occuper la Martinique...

Pour le général de Gaulle, le tableau à l'automne de 1940 apparaît donc aussi complexe que déroutant : avec l'entrevue de Montoire, Vichy a franchi un nouveau pas sur le chemin de la collaboration, mais les Etats-Unis n'en maintiennent pas moins des relations privilégiées avec le gouvernement du Maréchal ; ils entendent profiter de l'abaissement de la France pour neutraliser ses territoires d'outre-mer, et peut-être même s'en assurer la possession. Dès lors, le Général décide de prendre les devants : le 26 octobre, il fait adresser, par l'intermédiaire du consul général des Etats-Unis à Brazzaville, un message au secrétaire d'Etat Cordell Hull ; lui ayant annoncé la création du Conseil de défense de l'Empire, il poursuit : « Au nom de la France, le Conseil de défense de l'Empire français propose au président des Etats-Unis qu'au cas où la politique suivie par le gouvernement de Vichy rendrait nécessaire que l'hémisphère américain soit garanti contre toutes possibilités d'installation des puissances de l'Axe dans les colonies françaises d'Amérique, la charge d'administrer ces colonies soit assumée par le Conseil de défense de l'Empire français. Par ailleurs, des Forces françaises libres sont à même de contribuer à la défense de ces mêmes colonies. Le Conseil de défense de l'Empire français est prêt à négocier sur ces bases, avec le gouvernement des Etats-Unis, un accord permettant aux Etats-Unis l'utilisation de bases aériennes et navales dans les colonies françaises d'Amérique, accord qui pourrait s'inspirer du même esprit que ceux qui ont été conclus récemment [...] par la Grande-Bretagne pour certaines de ses possessions situées dans l'hémisphère américain [35]. »

Si cette communication ne produit pas à Washington l'effet escompté, c'est d'abord parce que l'attention y est monopolisée par des préoccupations purement électorales : rompant avec la tradition établie par Washington et Jefferson, Roosevelt a décidé en juillet de briguer un troisième mandat, et il a mené sa campagne avec une habileté consommée – ainsi qu'un message parfaitement adapté aux électeurs américains restés très majoritairement pacifistes : « Vos fils ne seront pas envoyés faire une guerre étrangère. » Ayant ainsi coupé l'herbe sous le pied de son adversaire républicain Wendell Willkie, Roosevelt n'en poursuit pas moins un programme articulé sur deux éléments clés : le réarmement et l'aide à la Grande-Bretagne, qu'il présente à l'opinion publique comme le meilleur moyen de tenir les Etats-Unis en dehors de la guerre. Très progressivement, très prudemment, au milieu d'un flou artistique savamment entretenu et du « *business as usual* » qui conserve la priorité à l'industrie civile, le président a entamé le très long processus destiné à mettre son pays sur le pied de guerre. Dès le 17 juin, il a renvoyé son secrétaire à la Guerre isolationniste Harry Woodring, et l'a remplacé par Henry Stimson ; Roosevelt fait ainsi coup double : Stimson, qui est âgé de 73 ans et a déjà été secrétaire à la Guerre trente ans plus tôt, est un républicain et un interventionniste – l'homme idéal pour promouvoir la politique du président et embarrasser son adversaire républicain aux élections de novembre... A la Marine, Roosevelt a nommé le colonel Frank Knox, directeur du *Chicago Daily News*, qui n'a que six ans de moins que Stimson, est également républicain et tout aussi interventionniste... Les deux hommes ont encore un point commun : ce sont d'excellents organisateurs, qui vont servir au président de courroies de transmission dans leurs ministères, au Congrès et dans tout le pays. Grâce à leurs efforts et à l'inquiétude générée dans l'opinion par la défaite de la France, Roosevelt va obtenir du Congrès des crédits de défense très substantiels : 4 milliards de dollars en juillet et 5 en septembre – de quoi mettre en chantier 8 cuirassés, 24 porte-avions, 27 croiseurs, 115 destroyers, 93 sous-marins et 50 000 avions...

La conscription est un sujet beaucoup plus délicat, qui passe toujours mal auprès de l'opinion publique ; Roosevelt envoie donc en première ligne quelques orateurs de talent comme l'ambassadeur Bullitt, l'avocat Grenville Clark et le sénateur Edward Burke. Le 16 septembre, enfin, il fait voter le *Selective Service Act*, qui permettra d'enrôler 800 000 hommes (sur 16 millions de mobilisables) pour une durée d'un an – sans doute le maximum absolu de ce qui pouvait être obtenu en temps de paix d'une nation restée profondément pacifiste... Quant à la poursuite et même à l'intensification de l'aide à la Grande-Bretagne, elle a été imposée par le président en personne à ses états-majors qui, jugeant les Anglais vaincus d'avance, insistaient pour l'interrompre dès la fin du mois de juin [36]. Roosevelt a rappelé tout le monde à l'ordre : l'Angleterre ne *peut pas* et ne *doit pas* être vaincue, c'est une nécessité vitale pour la sécurité des Etats-Unis, qui se doivent d'y concourir ; les Britanniques recevront donc pratiquement tout ce qu'ils demandent : 250 000 fusils Enfield, la moitié de la production aéronautique mensuelle des Etats-Unis, cinquante destroyers *, ainsi que plusieurs centaines d'hydravions et de vedettes lance-torpilles. Au cours de l'été, la magnifique résistance du peuple britannique, les discours immortels de Churchill, les prouesses de la RAF et les bombardements allemands sur Londres ont beaucoup accru le capital de sympathie de la Grande-Bretagne auprès de l'opinion publique américaine [37], et ceci facilite considérablement la tâche du président, qui s'apprête même à étendre le rayon d'action des patrouilles navales américaines dans l'Atlantique nord, afin de prêter main forte à la *Royal Navy* – toutes choses qui peuvent étonner de la part d'un pays neutre, isolationniste et pacifiste, mais qui n'empêcheront pas Roosevelt d'être réélu triomphalement en novembre...

N'est-il pas paradoxal qu'un gouvernement qui aide aussi puissamment la Grande-Bretagne maintienne des relations aussi étroites avec Vichy, qui est à la botte de l'Allemagne nazie ? Le président Roosevelt répondra lui-même à cette question : « C'est conformément à notre politique déclarée, consistant à accorder toute l'aide possible au Commonwealth et à l'Empire britannique, que notre gouvernement a décidé de maintenir des relations officielles avec le régime du maréchal Pétain [38]. » Qu'est-ce à dire ? Tout simplement que le maintien des relations diplomatiques permettra d'obtenir des renseignements susceptibles d'aider la Grande-Bretagne. De fait, les informations recueillies par les diplomates américains sur place permettent déjà de discerner à Vichy plusieurs factions qui luttent pour le pouvoir : celle du vice-président

---

* Ce sont des surplus de la Grande Guerre ; pour que la livraison puisse être acceptée par le Congrès, les Britanniques s'engagent à céder aux Etats-Unis le droit d'établir des bases pour 99 ans aux Bermudes, à Terre-Neuve, aux Bahamas, en Jamaïque, Guyane britannique, Sainte-Lucie et Antigua.

du Conseil Pierre Laval – que les Américains surnomment
« *Black Peter* » –, férocement antibritannique et qui a
confié au chargé d'affaires Freeman Matthews qu'il est
persuadé de la victoire de l'Allemagne, en ajoutant
qu'Hitler « est un homme avec qui l'on peut traiter », et
que de toute façon, « la France n'a pas d'autre choix [39] ». Il
y a aussi la faction de l'amiral Darlan (surnommé
« *Popeye* »), également très remonté contre une Angleterre
dont il a prédit et souhaité la défaite, qui n'a pour sa part
aucune confiance dans l'Allemagne, mais n'en ambitionne
pas moins pour la France une position de « premier vassal
de l'Allemagne », en attendant un retournement de la
situation à très long terme [40]. Il y a la faction du général
Weygand, qui est aussi hostile à l'Allemagne qu'à
l'Angleterre, et que les deux premières factions réussissent
à écarter du gouvernement en septembre 1940, lorsque le
maréchal Pétain l'envoie en Afrique du Nord comme délégué général. Il y a également une faction devenue discrètement pro-anglaise, notamment au ministère des Affaires
étrangères, avec Charles Rochat et même Paul Baudouin,
dont les diplomates américains croient savoir qu'elle a « le
soutien de la majorité de l'opinion française » à l'automne
de 1940 [41]. Il y a enfin le Maréchal lui-même, qui oscille
constamment entre les diverses tendances, en fonction des
événements et des heures de la journée...

Tous ces renseignements sont naturellement communiqués à Londres par le Département d'Etat ; malgré tout, le
durcissement de la politique pro-allemande de Vichy, la
promulgation du statut des juifs et les concessions faites
aux Japonais en Indochine ne sont-ils pas de nature à indis-
poser le président Roosevelt ? Sans doute, mais il considère plus que jamais que le maintien des relations
diplomatiques permettra d'obtenir des garanties concernant la flotte et l'Empire français, dont l'importance reste
cruciale pour la Grande-Bretagne... et les Etats-Unis. « Il
restait, expliquera-t-il, des actifs français intacts qui pouvaient encore être sauvés du naufrage [42]. » De fait, les
Etats-Unis n'ont nullement relâché leur pression sur Vichy
à cet égard, et elle se fait plus pesante à la moindre rumeur
de concession aux Allemands ; ainsi, le 21 octobre, après

l'entrevue de Montoire entre Pétain et Hitler, Churchill écrit à Roosevelt : « De diverses sources, nous entendons des rumeurs selon lesquelles Vichy prépare ses navires et ses troupes coloniales pour aider les Allemands contre nous. [...] Si la flotte française à Toulon était livrée à l'Allemagne, ce serait un coup très dur. M. le Président, il me semble que si vous parliez à l'ambassadeur de France en termes très vifs pour lui exposer la désapprobation avec laquelle les Etats-Unis considéreraient une telle trahison de la démocratie et de la liberté, ce serait une sage précaution [43]. » Dès le 24 octobre, ce sera chose faite, et le message remis à l'ambassadeur de France pour transmission au Maréchal sera sans ambiguïté : « Si le gouvernement français permet aux Allemands d'utiliser la flotte française pour des opérations hostiles contre la flotte britannique, cela constituerait un manquement flagrant et délibéré à la parole donnée au gouvernement des Etats-Unis qui [...] ruinerait définitivement l'amitié traditionnelle entre les peuples français et américain [44]. »

La manœuvre d'intimidation ne sera pas sans effet, mais à vrai dire, Washington n'a pas plus intérêt que Vichy à une rupture des relations franco-américaines. C'est qu'outre la flotte, il y a les possessions françaises de l'hémisphère occidental et certaines colonies d'Afrique, dont l'intérêt stratégique pour les Etats-Unis est considérable ; or, des négociations sont précisément en cours avec l'amiral Robert à Fort-de-France pour établir les modalités pratiques d'une « neutralisation » des Antilles françaises, sous la supervision d'observateurs américains qui pourront s'assurer que les îles ne servent pas aux Allemands de bases offensives contre les Etats-Unis *. Et puis, d'autres possessions françaises ont pour Roosevelt une égale importance : au début de novembre, le chargé d'affaires américain à Vichy, Robert Murphy, est rappelé à Washington et aussitôt reçu à la Maison-Blanche. « Roosevelt, écrira-t-il, pensait que l'Afrique du Nord était l'endroit où les troupes françaises avaient le plus de chances de

---

* Ces négociations, incluant également la Guyane et Saint-Pierre-et-Miquelon, aboutiront en novembre à un accord entre l'amiral Robert et son homologue américain Greenslade.

reprendre les armes contre l'Allemagne nazie. Une grande
carte de l'Afrique du Nord et de l'Afrique occidentale était
dépliée sur son bureau, et le président me dit qu'il avait
beaucoup réfléchi à la façon d'aider les officiers français
qui opéraient en Afrique dans des conditions de relative
indépendance. [...] Il désirait que je rentre à Vichy et que
je m'efforce discrètement d'obtenir la permission de faire
une tournée d'inspection en Afrique française, dont je lui
ferais rapport. [...] L'une des raisons qui faisait espérer au
président une action antinazie en Afrique française était
que le général Maxime Weygand y avait été récemment
nommé délégué général. [...] Roosevelt ne pouvait croire
que cet honorable vieux soldat tolérerait indéfiniment une
soumission de la France à l'Allemagne [45]. » Le président,
qui n'a visiblement pas bien compris le rôle joué par Weygand dans la défaite militaire et le naufrage de Bordeaux,
compte beaucoup sur le succès de son plan, et il demande à
Murphy de lui faire rapport directement, sans passer par le
Département d'Etat...

C'est sur la toile de fond de ces relations si potentiellement rentables avec Vichy qu'il faut considérer l'accueil
fait par Washington aux démarches du général de Gaulle.
Que représente en effet le Général à cette époque ? Il n'est
en possession d'aucune des bases stratégiques auxquelles
le président, toujours passionné des questions navales,
accorde une importance primordiale : Bizerte, Mers-el-
Kébir, Casablanca et surtout Dakar ; et puis, la presse américaine ne se soucie guère du chef de la France libre :
Newsweek parle d'un général « condamné à n'être au
mieux que d'une utilité limitée », *Time* affirme que « le
preux chevalier qui rendra sa vigueur à la France ne s'est
pas encore présenté, et *Life* décrit Charles de Gaulle
comme « un royaliste ambitieux » – ce qui n'a rien d'un
compliment aux Etats-Unis [46]... Du reste, aucun des politiciens français connus aux Etats-Unis n'a rallié de Gaulle,
pas plus d'ailleurs que les intellectuels en vue – Jules
Romains, André Maurois, Paul Morand, Jacques Maritain,
Pierre Lazareff... Comme beaucoup de ces derniers, Jean
Monnet, Alexis Léger et René de Chambrun ont choisi le
Nouveau Monde, où ils sont très bien introduits, et l'opi-

nion qu'ils expriment sur le général de Gaulle à la Maison-Blanche, au Congrès et au Département d'Etat est tout sauf favorable [47]...

A vrai dire, même les partisans du général de Gaulle sur place semblent hors d'état de rétablir l'équilibre, ainsi que l'expliquera l'historien G.E. Maguire : « Le consulat général de Grande-Bretagne à New York et l'ambassadeur à Washington s'accordaient sur le fait que le véritable problème venait de *France Forever*, qui était une organisation remarquablement inefficace, caractérisée par les dissensions internes et les mondanités futiles. Le directeur de *France Forever* était Eugène Houdry, généralement considéré comme un honnête homme mais totalement dépassé par les événements. Quant au vice-président, il était dans les meilleurs termes avec des sympathisants de Vichy et avait " oublié " à maintes reprises de transmettre des informations destinées au consul britannique ou à Sieyès. [...] Bref, l'organisation faisait mauvaise impression [48]. » A quoi il faut ajouter que les Américains ont rapidement eu vent des désaccords entre Houdry, Sieyès et Garreau-Dombasle... Enfin, *Newsweek* semble avoir mis le doigt sur un problème aussi sensible qu'essentiel en décrivant de Gaulle comme « l'homme des Britanniques [49] » ; c'est que Roosevelt considère le Général comme une créature de Churchill, et quel que soit son respect pour le Premier ministre de Sa Majesté, il se méfie énormément des engouements de cet excentrique antédiluvien, dont la politique de préservation de l'Empire britannique s'oppose en tout point à l'idéal décolonisateur de Roosevelt lui-même. A l'évidence, estime le président, il y a une alliance d'intérêts entre Churchill et de Gaulle pour la préservation de leurs empires respectifs...

Là-dessus survient l'opération de Dakar ; ayant été tenu au courant des événements à la fois par Churchill et par le consul des Etats-Unis sur place, Roosevelt sait pertinemment que l'échec du général de Gaulle devant Dakar n'est pas dû à son incompétence ou à des fuites venant de son entourage, mais bien à l'arrivée fortuite des navires de Vichy, que les Britanniques ont par maladresse laissé sortir de Méditerranée. Pourtant, le président n'est pas mécontent de trouver là une confirmation de ses préventions contre de Gaulle, ainsi qu'il ressort clairement du témoignage de Robert Murphy : « Bien que le président ait abordé tous les sujets pouvant présenter un intérêt, [...] il n'a mentionné que très incidemment le général de Gaulle. [...] Roosevelt avait apparemment déjà décidé qu'il n'avait pas de raisons de le considérer comme un facteur important dans les affaires françaises. Sa seule référence au Général fut pour dire que la tentative avortée de capture de Dakar ne faisait que conforter sa piètre opinion du jugement de De Gaulle [50]. »

Telles sont donc les dispositions d'esprit du président lorsqu'il reçoit le message du général de Gaulle, retransmis le 27 août par le consul général des Etats-Unis en même temps que le texte du manifeste de Brazzaville. Dans ce dernier, Roosevelt peut lire que « l'organisme sis à Vichy », qui « prétend porter le nom de gouvernement français » est « inconstitutionnel et soumis à l'envahisseur », qu'il faut donc « qu'un pouvoir nouveau assume la charge de diriger l'effort français dans la guerre », et que ce pouvoir nouveau, ce sera celui du général de Gaulle, qui déclare solennellement son intention de l'exercer au nom de la France et avec l'aide du Conseil de défense de l'Empire [51]... Pour Roosevelt, ceci suffit à invalider l'offre du Général de bases aériennes et navales dans les possessions françaises d'Amérique : entamer des négociations avec la France libre reviendrait en effet à choisir de Gaulle contre Pétain, perdant ainsi tous les avantages que Roosevelt attend d'un maintien des relations avec Vichy ; et puis enfin, le général de Gaulle lui propose des bases dans des territoires qu'il ne contrôle pas... Pour un homme comme Roosevelt, qui se veut avant tout réaliste, ce n'est pas une proposition sérieuse.

La question est donc tranchée d'avance : de Gaulle ne recevra même pas de réponse... Au contraire, le président va resserrer ses relations avec Vichy, en y remplaçant son chargé d'affaires par un ambassadeur. Il songe d'abord pour ce poste au général Pershing, commandant du corps expéditionnaire américain en 1917 et grand ami du maréchal Pétain ; mais Pershing, âgé et malade, décline le poste, et Roosevelt finit par désigner l'amiral William D. Leahy, qu'il a connu dès 1913, lorsqu'il était secrétaire-adjoint à la Marine. Maintenant âgé de 65 ans et gouverneur de Porto Rico, l'amiral n'a rien d'un diplomate et ne parle pas français, mais Roosevelt ne s'arrête pas à ces détails ; Leahy est donc convoqué à la Maison-Blanche pour y recevoir ses instructions de la bouche même du président. Elles seront consignées dans un mémorandum qui résume parfaitement les préoccupations du président à cette époque : « Le maréchal Pétain occupe une position unique à la fois dans le cœur des Français et au gouvernement. Aux termes de l'actuelle constitution, sa parole fait loi [...]. Vous devrez attirer l'attention du Maréchal sur les actions, accomplies ou projetées, que vous jugerez contraires aux intérêts des Etats-Unis. [...] Vous devrez vous efforcer de persuader le maréchal Pétain, les membres de son gouvernement et les officiers supérieurs des forces armées avec qui vous serez en contact que le gouvernement des Etats-Unis est convaincu qu'une victoire allemande se terminerait inévitablement par le démembrement de l'Empire français et la réduction de la France au statut d'Etat vassal. [...] Dans vos conversations avec les responsables français, vous vous efforcerez de les persuader que le fait de permettre l'utilisation de la flotte ou des bases navales françaises par l'Allemagne [...] ne manquerait pas de compromettre l'amitié et les bonnes dispositions des Etats-Unis envers la France, et entraînerait la destruction de la flotte française. [...] Dans vos discussions concernant les Antilles et la Guyane, vous ferez remarquer que le seul désir des Etats-Unis est de maintenir le *statu quo* et de s'assurer que ni ces possessions, ni leur ressources ne seront utilisées au détriment des Etats-Unis. [...] J'ai pris note avec intérêt des efforts de la France pour maintenir son autorité sur ses possessions d'Afrique du Nord et améliorer leur situation économique. Lors de vos discussions, vous pourrez dire que votre gouvernement est tout disposé à lui prêter assistance à cet égard par tout moyen approprié [52]. »

L'envoi à Vichy de l'ambassadeur Leahy sera considéré par le général de Gaulle comme un camouflet [53] ; il avait d'ailleurs ressenti d'emblée, presque physiquement, tout le mépris des autorités américaines à son égard : « Dans nos premiers rapports avec eux, leur opinion sur nous transpirait. Vaincue, réduite, soumise, la France n'avait plus son mot à dire dans le concert des nations. Et la moindre de nos paroles était considérée comme incongrue. Nous n'avions plus que le droit au silence. Celui de la mort [54]... » Mais la difficulté de réussir ne fait qu'ajouter à la nécessité d'entreprendre : au vu de sa situation vis-à-vis de ses hôtes britanniques, de Gaulle ne peut absolument pas renoncer à jouer la carte américaine ; c'est que la dépendance de la France libre à l'égard de l'Angleterre reste à peu près totale : économiquement, elle en est tributaire pour sa subsistance matérielle ; pas une ration alimentaire, pas un litre de carburant, pas un mois de loyer qui ne soit en définitive réglé par le gouvernement de Sa Majesté ; militairement, elle ne peut recruter et entretenir ses forces armées que grâce au concours direct du *War Office*, du ministère de l'Air, de l'Amirauté, et surtout du Premier ministre et ministre de la Défense Winston Churchill ; politiquement, elle ne peut rester en relations avec la France et le monde que grâce à la BBC, à l'*Intelligence Service* et au *Political Warfare Executive* ; stratégiquement, son chef s'est engagé à accepter les directives générales du commandement britannique ; psychologiquement, il porte les stigmates et les complexes d'infériorité d'une nation et d'une armée défaites, au milieu d'alliés confiants, invaincus, et dont les armées ne cessent de se renforcer ; personnellement, enfin, il dépend étroitement de la bonne volonté de ses hôtes britanniques pour son logement et celui de sa famille comme pour ses moindres déplacements. Pour un homme aussi fier que Charles de Gaulle, cette dépendance pèse bien lourd – d'autant qu'il se méfie de plus en plus de ses alliés britanniques, qui gardent des contacts avec Pétain par l'intermédiaire de leur ambassade à Madrid et des diplomates canadiens à Vichy ; ils s'immiscent dans les querelles internes de la France libre, notamment lors des lamentables « affaires Muselier » * ; ils cherchent à détourner de la

---

* Après avoir fait arrêter l'amiral Muselier par erreur à la fin de 1940, les Britanniques vont commettre l'excès inverse à l'automne de 1941, en soutenant discrètement les entreprises de l'amiral pour supplanter le général de Gaulle au sein de la France libre.

France libre des volontaires venus rallier le général de Gaulle, pour les faire entrer à leur propre service ; ils ne fournissent que très parcimonieusement aux forces armées de la France libre les équipements et les armements dont elles ont besoin pour se maintenir en campagne ; ils font en France occupée une propagande très maladroite, sans concertation avec le général de Gaulle ; ils rechignent à fournir aux services spéciaux de la France libre les moyens d'assurer des liaisons régulières avec la résistance française ; ils ne coopèrent que très mollement avec les Français en Afrique, et refuseront longtemps d'organiser le blocus de Djibouti ; enfin, ils négligent les plans d'attaque du Levant que leur soumet le général de Gaulle, et entretiennent d'excellents rapports avec les autorités de Vichy à Damas...

C'est précisément au sujet du Levant que va se produire la rupture : à la mi-mai, lorsqu'une révolte antibritannique éclate en Irak, les Allemands utilisent les aérodromes syriens pour ravitailler les insurgés. Malgré cela, de Gaulle a le plus grand mal à persuader les autorités britanniques de monter une offensive en Syrie, et de donner aux Français libres les armes et les matériels nécessaires pour y participer ; lorsqu'il y parviendra au début de juin, la campagne sera menée par le général Henry « Jumbo » Wilson avec un manque de conviction et de moyens parfaitement déplorable ; et une fois la victoire remportée, moyennant des pertes très sévères, elle se soldera le 18 juillet par l'armistice de Saint-Jean d'Acre, à l'occasion duquel les Britanniques feront de généreuses concessions à leurs adversaires de Vichy, et négligeront presque entièrement leurs alliés de la France libre [55]...

A tout cela, le Général va réagir très violemment, en malmenant quelque peu les représentants britanniques au Caire et en prononçant à la radio de Brazzaville quelques discours vengeurs. C'est également à Brazzaville qu'il va donner à la fin du mois d'août une interview au correspondant du *Chicago Daily News*, George Weller, comportant entre autres les propos suivants : « Je ne veux pas garder le secret plus longtemps. J'ai proposé aux Etats-Unis d'utiliser les ports de l'Afrique Française libre comme bases

navales pour l'effort de guerre contre Hitler. Je les ai
offertes sur la base d'un bail à long terme – quelque chose
d'analogue à l'arrangement suivant lequel les Britanniques
ont offert leurs bases dans l'Atlantique aux Etats-Unis.
Mais moi, je n'ai pas demandé de destroyers en échange.
J'ai seulement demandé que les Etats-Unis se servent de
ces bases pour faire contrepoids à Dakar et empêcher
Hitler de pénétrer plus avant en Afrique, ce qu'il ne manquera pas de faire dès qu'il pourra retirer des forces du
front russe. » Le journaliste ayant demandé au Général
pourquoi à son avis Londres n'avait pas encore rompu
définitivement avec Vichy et reconnu « le gouvernement
de la France libre », il s'entend répondre ceci : « L'Angleterre a peur de la flotte française. En fait, l'Angleterre a
conclu avec Hitler une sorte de marché pour la durée de la
guerre, dans lequel Vichy sert d'intermédiaire. Vichy sert
Hitler en maintenant le peuple français en état de sujétion
et en vendant à l'Allemagne des morceaux de l'Empire
français. Mais n'oubliez pas que Vichy sert également
l'Angleterre en refusant de livrer la flotte française aux
Allemands. Tout comme l'Allemagne, l'Angleterre
exploite Vichy. La seule différence est dans le but poursuivi. Nous assistons en fait à un échange mutuellement
profitable entre deux puissances hostiles, qui permet au
gouvernement de Vichy d'exister aussi longtemps que
l'Angleterre et l'Allemagne y trouveront leur compte [56].

On imagine aisément le scandale que provoqueront ces
propos à Downing Street et au *Foreign Office*... Mais il est
bien exact que de Gaulle a de nouveau offert des bases aux
Américains, et cette fois sur des territoires qu'il contrôle
effectivement : tout ce qui précède permet de comprendre
que le Général puisse avoir besoin des Etats-Unis pour
faire contrepoids à une Grande-Bretagne dont l'influence
est pesante, la stratégie hésitante, la politique déroutante et
l'aide chichement mesurée. A ses interlocuteurs, il ne
manque jamais d'exprimer sa conviction que les Etats-
Unis entreront bientôt dans la guerre : « Je ne crois pas,
déclare-t-il dans un discours public au Caire le 5 avril
1941, que les Etats-Unis manifestent quelque intention de
se cantonner dans la neutralité [57]. » Dès cette époque, il

estime que la logique stratégique amènera Hitler à se tourner vers l'Afrique, et lors d'un voyage en avion entre Bangui et le Soudan, il dit à son aide de camp : « Vous verrez : le front sera ici, ou plus au sud, sur l'équateur peut-être. Oui, la Méditerranée, Suez seront perdus. Le ravitaillement passera alors par l'Afrique équatoriale, mais à ce moment-là, les Américains seront entrés en guerre [58]. »

Mais en attendant, cette Amérique neutre si favorable aux Alliés peut fournir à la France libre les moyens de lutter, notamment dans le cadre de la loi du prêt-bail, qui vient d'être votée à Washington pour permettre aux Britanniques de passer des commandes aux USA sans bourse délier. Dans un premier temps, le Général en attend de quoi équiper et armer une deuxième division d'infanterie, deux compagnies de chars et un groupe d'artillerie [59] ; il compte aussi pouvoir recruter des soldats parmi les résidents français, ainsi que des volontaires américains comme ceux de l'« escadrille Lafayette », dont il prévoit la formation dès la fin de février 1941 [60] ; enfin, il s'attend à ce que ses représentants sur place organisent des souscriptions pour permettre à la France libre d'acheter elle-même certains matériels aux Etats-Unis, comme un puissant poste émetteur qu'il compte installer à Brazzaville pour diffuser la bonne parole dans toute l'Afrique. Tout cela suppose que la France libre dispose aux Etats-Unis d'une représentation efficace... et c'est là que le bât blesse sérieusement ; car depuis l'automne de 1940, les relations entre de Sieyès et Garreau-Dombasle n'ont cessé de se dégrader, à tel point qu'au lieu des rapports attendus sur les recrutements, les collectes et les négociations avec les officiels américains, le Général reçoit une longue liste d'accusations réciproques : le 9 mai, Garreau-Dombasle écrit ainsi que Sieyès « porte le plus grave préjudice à notre mouvement », tandis que Sieyès, estimant que « l'amour-propre de Garreau-Dombasle est très supérieur à son dévouement », demande la cessation du « dualisme » à la tête de la représentation française [61]. Bien entendu, les interventions d'Eugène Houdry et d'Henri de Kerillis ne feront qu'aggraver les choses... Ainsi que l'écrira à Londres l'enseigne de vaisseau Alain Savary, venu du Québec s'informer à New York et à Washington : « Les Français libres offrent le spectacle de la confusion, de la rivalité et d'ambitions personnelles. Il apparaît que les multiples représentants aux attributions mal définies ne jouissent d'aucun crédit auprès des Français sincères et droits, ni auprès des autorités américaines [62]. »

Pour de Gaulle, la mesure est comble; à la mi-mai, il décide d'envoyer en mission à Washington son directeur des Affaires étrangères, René Pleven, homme de confiance et fin diplomate, qui est de surcroît très bien connu aux Etats-Unis *. Ses instructions sont contenues dans un télégramme du 16 mai, libellé en ces termes : « Etant donné l'attitude presque belligérante des Etats-Unis, la collaboration de plus en plus apparente de Vichy avec l'Allemagne, enfin les conditions économiques particulières à nos colonies libres d'Afrique et d'Océanie, le moment est venu pour nous d'organiser nos relations avec l'Amérique. Je compte vous confier personnellement cette mission. [...] Vous séjournerez aux Etats-Unis autant de semaines qu'il le faudra pour mettre notre affaire sur pied, c'est-à-dire, essentiellement : 1) Régler le rétablissement de nos relations permanentes et directes avec le Département d'Etat ; ces relations devant être ensuite entretenues par un représentant politique qualifié de la France libre. 2) Organiser les rapports économiques et financiers de l'Afrique française libre et de l'Océanie française avec l'Amérique. 3) Organiser, si possible, des achats directs de matériel de guerre ou utile pour la guerre... 4) Créer ou recréer nos comités. 5) Mettre sur pied notre information et notre propagande aux Etats-Unis. 6) Organiser le concours des bonnes volontés privées américaines. Je vous prie de préparer dès maintenant cette mission, qui doit être évidemment discrète au départ, notamment vis-à-vis des Britanniques, mais cependant complète et poussée à fond [63]. » Ainsi, Pleven aura trois tâches principales : réorganiser la délégation pour la rendre efficace et représenta-

---

* Ayant été avant la guerre directeur pour l'Europe d'une importante société américaine, René Pléven était devenu en 1939 chef adjoint de la Mission franco-anglaise de l'Air aux USA, avant d'être l'un des premiers à se rallier au général de Gaulle en juin 1940.

tive, persuader les autorités américaines de lui conférer un statut diplomatique, et négocier avec le Département d'Etat l'acquisition de matériel de guerre, si possible en bénéficiant directement des dispositions de l'accord de prêt-bail...

La première tâche ne sera pas la plus simple : pour présider une nouvelle délégation, Pleven pense d'abord à Alexis Léger, au philosophe catholique Jacques Maritain et à Jean Monnet – qui refusent tous les trois. Pour finir, sur recommandation de l'ambassadeur de Grande-Bretagne Lord Halifax, il contacte Etienne Boegner, jeune industriel et fils du pasteur Marc Boegner *, ainsi qu'Adrien Tixier, ancien syndicaliste socialiste et haut fonctionnaire au Bureau International du Travail ; il s'adresse également à l'écrivain et journaliste franco-américain Raoul Roussy de Sales, aussi célèbre aux Etats-Unis pour ses écrits politiques que pour son illustre ascendance **. Tous trois acceptent sans grand enthousiasme – aucun d'entre eux n'étant gaulliste –, et Pleven leur adjoindra de Sieyès, ainsi que le jeune Raoul Aglion comme secrétaire général. Roosevelt et Hull ayant refusé de le recevoir, Pleven s'entretient avec Hopkins, Stimson, le vice-président Henry Wallace et le ministre des Finances Morgenthau, mais il obtient partout la même réponse : il n'est pas question de reconnaître le Comité national, en conférant à la délégation un quelconque statut diplomatique.

Pourtant, Pleven est porteur d'une autre proposition du général de Gaulle, celle à laquelle il faisait allusion lors de l'interview explosive de Brazzaville : « Si les Etats-Unis sont amenés ultérieurement à agir par les armes, avait écrit le Général, la question du déploiement de leurs forces sera naturellement essentielle. [...] Nous offrons aux Etats-Unis toutes les facilités qu'ils voudront pour installer des bases aériennes américaines en Afrique française libre, spécialement au Cameroun, au Tchad, dans l'Oubangui. Débarquement possible du matériel et des ravitaillements à

---

* Le pasteur Marc Boegner, président de la Fédération protestante de France, qui était resté en métropole, où il soutenait puissamment l'esprit de résistance.
** Il descendait de saint François de Sales.

Douala et à Pointe-Noire. Il est facile d'y établir des ateliers de montage d'avions [64]. » En fait, de Gaulle avait remis simultanément à M. Kirk, ministre d'Etat des Etats-Unis au Caire, un mémorandum détaillant cette proposition, qui se terminait ainsi : « Une commission qui serait envoyée publiquement ou secrètement par le gouvernement des Etats-Unis pour étudier la question sur place recevrait de la part des autorités de la France libre toutes les facilités qui sont en leur pouvoir [65]. »

Au point où en sont les réflexions stratégiques à Washington, ce n'est pas une proposition que l'on peut rejeter à la légère. Mais il faut se souvenir que le président a d'autres fers au feu, et que Vichy reste la pierre angulaire de sa politique dans les affaires françaises ; le 8 janvier 1941, trois semaines après l'éviction de Pierre Laval, l'amiral Leahy a présenté ses lettres de créance au chef de l'Etat, et ses premiers rapports ont été enthousiastes : le Maréchal a une splendide prestance pour un homme de son âge, des yeux d'un bleu très clair, une vitalité remarquable, une excellente mémoire, et il comprend même un peu d'anglais... Que demande le peuple ? L'amiral Darlan se montre lui aussi très amical, il passe pour être « beaucoup moins dangereux que Laval », est très attaché à sa flotte, et a assuré Leahy qu'il la saborderait plutôt que de la remettre à quelque autorité étrangère que ce soit. Le ministre de la Guerre, Huntziger, est « patriote et loyal à son peuple », le ministre des Affaires étrangères Flandin semble aussi conciliant que modéré, il est partisan d'une « paix sans victoire », et donne rapidement son accord à un projet de distribution par la Croix-Rouge américaine de lait, de vêtements et de médicaments aux enfants de la zone libre [66].

Mais le nouvel ambassadeur des Etats-Unis ne va pas tarder à déchanter : Pétain, rapporte-t-il bientôt, est nettement plus vigoureux le matin que l'après-midi, le sort des prisonniers de guerre français en Allemagne le préoccupe par-dessus tout, il est très influençable par son entourage, redoute les confrontations, et sa résolution de résister aux exigences allemandes connaît des éclipses inquiétantes ; Flandin semble trop « enclin au compromis [67] », et dès

février 1941, il abandonne son poste au profit de l'amiral
Darlan ; ce dernier, qui cumule désormais les fonctions de
vice-président du Conseil, ministre de la Marine, des
Affaires étrangères et de l'Intérieur, semble être de plus en
plus anglophobe et de moins en moins réticent à s'entendre
avec Hitler. Dès le 18 mars, Pétain déclare à Leahy que
« l'amiral Darlan semble se rapprocher des Allemands »,
et le 3 mai, il lui confie que Darlan conduit à Paris des
pourparlers avec les Allemands, dont le Maréchal ignore la
teneur. La visite de Darlan à Berchtesgaden, la signature
des protocoles de Paris *, la politique pro-allemande de
Vichy lors de la révolte de Rachid Ali en Irak et son attitude anti-anglaise lors de l'offensive alliée en Syrie vont
montrer à Washington que Leahy est très mal informé des
péripéties de la collaboration, et qu'il n'a pas la moindre
influence sur les décisions prises à Vichy...

Ainsi, la présence réconfortante de l'amiral Leahy, les
livraisons d'aide alimentaire, les messages d'encouragement de Roosevelt à Pétain n'auront eu aucun résultat
concret... Mais si Roosevelt persiste dans sa politique de
conciliation à l'égard de Vichy, c'est qu'il mise parallèlement sur le délégué général de Vichy en Afrique du Nord ;
son émissaire Robert Murphy y ayant séjourné pendant
trois semaines, il fera à Roosevelt dès le 17 janvier un rapport résolument optimiste : les Français tiennent solidement l'Afrique du Nord et l'Afrique occidentale, ils sont
aussi hostiles aux Allemands que favorables aux Alliés, et
Weygand a sous ses ordres 100 000 soldats d'active et une
réserve de 200 000 indigènes, qui sont tout disposés à
résister à une invasion allemande, pour peu qu'ils
reçoivent l'équipement et le carburant nécessaires... Murphy a même élaboré avec Weygand un projet d'accord,

---

* Aux termes des protocoles de Paris, la France s'engageait à fournir des
armes aux insurgés en Irak et à laisser des avions allemands atterrir en Syrie ;
elle permettait également aux Allemands d'utiliser la base navale de Bizerte et
prévoyait l'escorte de convois allemands par la marine française. Enfin, elle
autorisait la Kriegsmarine et la Luftwaffe à utiliser le port de Dakar. En
échange, la France pourrait réarmer certains navires, les unités françaises en
Afrique seraient légèrement renforcées, et on libérerait 5 000 prisonniers français. C'est principalement le général Weygand qui torpillera ces accords, en
persuadant le Maréchal d'y ajouter des conditions inacceptables pour les Allemands.

aux termes duquel les autorités françaises seraient auto-
risées à utiliser les fonds français gelés aux Etats-Unis
pour acheter des produits américains non stratégiques, et
les acheminer en Afrique du Nord au travers du blocus britannique ; on enverrait sur place des observateurs américains, avec le titre de vice-consuls, pour s'assurer que les
marchandises américaines ne soient pas réexportées vers la
France occupée [68].

Dès lors, Murphy reçoit pour instruction de retourner à
Alger, afin de rester en contact avec Weygand, d'organiser
les importations et de superviser l'activité des douze nouveaux vice-consuls. « Bien que la tâche dévolue à ces
hommes par les accords, écrira Murphy, ait été de superviser les livraisons, toutes les parties concernées – de
Pétain à Weygand jusqu'à leurs moindres subordonnés –
comprenaient bien que ces Américains seraient en réalité
des agents de renseignements [...] Mais comment trouver
des observateurs américains compétents ? [...] Le Département d'Etat, les ministères de la Guerre et de la Marine
n'avaient pu présenter un seul Américain connaissant la
langue arabe ou les conditions régnant dans les commu-
nautés musulmanes. A une seule exception près, notre petit
groupe n'avait aucune connaissance spécialisée de la navigation, pourtant si importante pour notre projet. Ainsi que
je l'écrivais à l'époque dans un rapport à Washington :
" Avec beaucoup de chance, un ou deux d'entre nous serait
capable de distinguer un cuirassé d'un sous-marin par
temps particulièrement clair " [69]. »

Les renseignements en provenance d'Afrique du Nord
seront donc assez peu utiles et les marchandises n'y arriveront qu'au compte-gouttes, mais Roosevelt sera si satisfait
des développements potentiels de cet arrangement qu'il
proposera même à Weygand le 17 juillet de lui fournir...
des avions de combat [70] ! De toute évidence, le président
continue à surestimer considérablement la pugnacité du
général Weygand ; voilà qui explique en tout cas que dix
jours plus tôt, le sous-secrétaire d'Etat Sumner Welles ait
pu répondre à l'ambassadeur de Grande-Bretagne qui lui
demandait un effort en faveur de la France libre : « Il me
semble qu'il serait difficile pour les Etats-Unis de mainte-

nir des relations diplomatiques avec Vichy, *et, ce qui est beaucoup plus important, avec les autorités d'Afrique du Nord* *, si ce gouvernement accordait au Comité français libre quelque chose qui ressemblerait à une reconnaissance officielle [71]. » Difficile, en effet... D'autant que Leahy ne cesse d'informer Washington de l'animosité de Pétain vis-à-vis du général de Gaulle, « un traître à sa patrie » et « une vipère que j'ai réchauffée dans mon sein [72]. » Du reste, Leahy lui-même, en dépit de ses sources d'information déficientes et de son français balbutiant, croit pouvoir certifier que de Gaulle n'a guère de partisans en France : il y a bien des groupements qui se nomment « gaullistes », écrit-il, mais c'est uniquement par référence à l'ancien nom de la France, et sans aucun rapport avec le général de Gaulle [73]...

Il faut pourtant se souvenir de la propension du président à garder plusieurs fers au feu, et surtout de l'évolution de sa politique à l'été de 1941 ; c'est que derrière une apparence de neutralité rendue nécessaire par l'impréparation militaire et l'état de l'opinion publique américaines **, les Etats-Unis se sont beaucoup rapprochés de la guerre : les accords de prêt-bail ont considérablement développé l'aide à la Grande-Bretagne, des pourparlers secrets entre états-majors britanniques et américains se sont déroulés à Washington entre janvier et mars 1941 pour élaborer un plan de guerre commun contre l'Allemagne, 8 000 pilotes britanniques ont été formés aux USA, les chantiers navals américains réparent des navires de guerre britanniques, les Etats-Unis ont commencé en avril à établir des bases au Groenland, et la marine américaine étend désormais ses patrouilles à toute la moitié occidentale de l'Atlantique. Il est clair que Roosevelt recherche un incident naval susceptible de précipiter la guerre : « Je ne veux pas tirer le premier, explique-t-il à Morgenthau ; j'attends d'être poussé à l'action [74]. » Peu après, l'envoi des premiers *Marines* américains en Islande constitue un nouveau pas vers la guerre, d'autant que des destroyers de l'*US Navy* vont bientôt escorter tous les convois entre la

---

* Souligné par nous.
** En mai 1941, les sondages indiquent que 79 % des Américains veulent rester en dehors de la guerre.

côte américaine et l'Islande ; le 26 mai, Roosevelt décrète l'état d'urgence illimité, qui met fin au « *business as usual* » et permet au gouvernement de donner à l'industrie américaine une priorité absolue par rapport à la production civile.

Cet été-là, l'embargo contre les livraisons de pétrole au Japon, l'extension de la conscription (votée par le Congrès à une seule voix de majorité) et la proclamation de la Charte de l'Atlantique vont encore rapprocher les Etats-Unis de la guerre. Alors que la Wehrmacht vient d'entrer en URSS et fonce vers Moscou, que les sous-marins allemands lancent leurs premières torpilles contre les navires américains dans l'Atlantique et que les provocations japonaises se multiplient dans le sud-est asiatique, Roosevelt ne doute pas qu'il sera bientôt poussé à l'action, et ne néglige aucune mesure pour s'y préparer. Or, dans l'optique d'une entrée en guerre de plus en plus inéluctable, l'utilisation de bases en Afrique équatoriale et en Océanie françaises deviendrait pratiquement une nécessité vitale... Voilà pourquoi René Pleven, après avoir rencontré en juin à Washington « une atmosphère glaciale », constate deux mois plus tard un brusque revirement de la politique américaine, dont l'attaché financier Hervé Alphand pourra écrire qu'elle « s'est modifiée en même temps que les événements [75] ». De fait, les concessions se multiplient dès la fin du mois d'août : la France libre pourra profiter du prêt-bail par l'intermédiaire de la Grande-Bretagne, l'Afrique équatoriale recevra de la Croix-Rouge américaine pour 200 000 $ de médicaments, les Etats-Unis vont envoyer une mission militaire en Afrique équatoriale, et le 20 septembre, le Département d'Etat donne son agrément aux cinq membres de la délégation officielle de la France libre. Quelques jours plus tôt, Cordell Hull avait même consenti à déclarer à propos de la France libre : « Nos relations – sous tous rapports – avec ce groupe sont des plus cordiales [76]. »

Evidemment, le choix du mot « groupe » indique que l'on est encore très loin de la reconnaissance officielle, mais il est clair que Roosevelt, qui se flatte d'être avant tout « un réaliste », commence à voir l'utilité de contacts plus suivis avec la France libre. Du reste, l'ambassadeur Bullitt lui avait écrit quelques semaines plus tôt : « Nous avons intérêt à renforcer Pétain, stimuler Weygand et soutenir de Gaulle ; et ce n'est pas une tâche surhumaine que de faire les trois en même temps sans rompre les relations avec Vichy [77]. » Telle sera en effet la nouvelle politique du président à l'automne de 1941, et le colonel Billotte, chef d'état-major du général de Gaulle, pourra écrire dans ses mémoires : « En septembre 1941, les Etats-Unis, qui s'approchaient de la guerre et qui le savaient, n'avaient alors que de la sympathie pour la France libre [...]. Aucune divergence d'intérêt n'existant alors entre Washington et le Comité français, les relations étaient un rêve [78]. »

C'est sans doute beaucoup dire, mais il est vrai que les relations s'améliorent sensiblement durant les semaines qui suivent : le ministère de la Guerre et le Département d'Etat envoient en Afrique française libre une mission conduite par le colonel Cunningham, personnage entreprenant, francophone et francophile, qui reçoit des autorités locales un accueil chaleureux et fait à la presse des déclarations enthousiastes – un peu trop enthousiastes peut-être... Le 11 novembre, le président Roosevelt fait savoir que la France libre pourra désormais bénéficier directement du prêt-bail, sans plus passer par l'intermédiaire des Britanniques. Ce rééquilibrage prudent de la politique française des Etats-Unis semble arriver juste à temps : une semaine plus tard, on apprend que le Maréchal a cédé aux exigences allemandes, en rappelant le général Weygand d'Afrique du Nord... Ainsi, tous les espoirs mis par Roosevelt dans le glorieux chef d'état-major de Foch s'écroulent d'un seul coup ! Quant à Pétain, il s'apprête à aller rencontrer le maréchal Goering... Dix mois d'une cour assidue pour aboutir à de tels résultats ? C'est évidemment décourageant ; dans son rapport du 22 novembre au président, l'amiral Leahy fait état de la « capitulation indigne » d'un gouvernement français « dirigé par un vieillard faible et pusillanime, entouré de conspirateurs égoïstes et intéressés », et avoue avoir abandonné tout espoir de donner « un semblant d'épine dorsale à une méduse [79] ».

Mais le président n'aura pas le temps de méditer sur la faiblesse du maréchal Pétain et l'égoïsme de ses ministres :

le 7 décembre 1941, avec le bombardement japonais de Pearl Harbor, la guerre vient frapper aux portes de l'Amérique. A Londres, le général de Gaulle saisit immédiatement la portée de l'événement : « Eh bien, dit-il à Billotte, cette guerre est finie. [...] Bien sûr, il y aura encore des opérations, des batailles et des combats, mais la guerre est finie, puisque l'issue en est dorénavant connue. Dans cette guerre industrielle, rien ne peut résister à la puissance américaine. » Et le Général ajoute ces paroles prophétiques : « Dorénavant, les Anglais ne feront rien sans l'accord de Roosevelt [80]. » C'est parfaitement exact, et cela réserve à la France libre de bien pénibles épreuves...

4

Remous

« Les Etats-Unis, constate le général de Gaulle, apportent aux grandes affaires des sentiments élémentaires et une politique compliquée [1]. » C'est un fait, et quiconque pensait que l'entrée en guerre des Etats-Unis changerait du tout au tout leur politique vis-à-vis de la France libre devra rapidement déchanter : le Comité national français ne fait pas partie des vingt-sept gouvernements invités à participer à l'élaboration de la Déclaration des Nations unies ; la mission Cunningham, qui avait suscité tant d'espoirs, tourne court dès la mi-décembre, lorsque le colonel Cunningham est rappelé à Washington * ; le paquebot *Normandie* et treize autres navires français sont réquisitionnés le 13 décembre dans les ports américains, sans que de Gaulle en soit même informé ; quant à une reconnaissance des autorités de la France libre par Washington, elle semble tout aussi éloignée qu'à la veille de Pearl Harbor... C'est qu'en dépit de l'entrée en guerre des Etats-Unis, du rappel de Weygand d'Afrique du Nord et de la subordination de plus en plus manifeste de Pétain à l'Allemagne, Roosevelt veut maintenir intactes ses relations avec Vichy. A l'amiral Leahy, qui demandait son propre rappel à Washington « pour consultations », le président a répondu par

_____

* Il est vrai que le colonel Cunningham a nettement outrepassé le cadre de sa mission, en faisant des déclarations tapageuses, des promesses inconsidérées et des recommandations peu réalistes, sans parler de ses ingérences intempestives dans les affaires de la France libre...

la négative ; mais il lui a donné pour instruction de demander une nouvelle fois à Pétain des garanties concernant la
neutralité de Vichy, ainsi que l'intégrité de sa flotte et de
son empire. Le Maréchal ayant donné les assurances
demandées, Roosevelt lui écrit le 13 décembre : « Soyez
assuré que le gouvernement des Etats-Unis [...] continuera
de reconnaître la validité des accords passés entre nos deux
gouvernements en novembre 1940, concernant le maintien
du *statu quo* dans les possessions françaises de l'hémisphère occidental [2]. » C'est précisément pour maintenir ce
statu quo que Roosevelt écrit dès la mi-décembre à l'amiral Horne, qui est chargé de négocier avec l'amiral Robert
de nouveaux accords pour confirmer les précédents, limiter
les mouvements des navires de guerre français aux ports
des Caraïbes et de la Guyane, prolonger indéfiniment
l'immobilisation des 106 avions du porte-avions *Béarn*, et
pérenniser la présence d'un officier de marine américain à
Fort-de-France [3]...

De tous les affronts faits à la France libre par les nouveaux cobelligérants d'outre-Atlantique, ce dernier semble
avoir été le plus mal accueilli : « Apprenant, écrira le
Général, que l'amiral Horne était précisément envoyé par
Roosevelt à Fort-de-France pour régler avec Robert les
conditions de la neutralisation de nos possessions d'Amérique et des navires qui s'y trouvaient, je décidai d'agir à
la première occasion [4]. » Cette occasion, ce sera l'affaire
de Saint-Pierre-et-Miquelon – un problème parfaitement
secondaire à l'origine, qui va prendre tout à fait accidentel-
lement une importance démesurée... Dès le mois de septembre 1940, alors qu'il voguait vers Dakar, le général de
Gaulle avait prévu d'organiser un « changement
d'administration spontané » à Saint-Pierre-et-Miquelon [5]. De fait, la très grande majorité des 5 000 habitants de
ces îles n'éprouve pas la moindre sympathie pour Vichy, et
en février 1941, le général de Gaulle écrivait à un diplomate
français que leur libération serait « très aisée » ; il faudrait
néanmoins, ajoutait le Général, « s'assurer de la coopération de la flotte britannique, et de l'approbation tacite de
Washington [6] ». Les autorités britanniques ne voient pour
leur part aucun inconvénient à ce que l'opération soit entre-

prise ; c'est qu'il y a à Saint-Pierre un puissant émetteur
radio, qui diffuse vers l'Amérique la propagande de Vichy,
et pourrait aisément servir à transmettre aux sous-marins
allemands la position des convois alliés dans l'Atlantique.
Pour l'Angleterre, il est donc souhaitable que ces îles
passent dès que possible sous contrôle allié ; mais compte
tenu de leur position géographique, il faut de toute évidence obtenir l'assentiment du gouvernement canadien —
et aussi, bien sûr, la permission des autorités américaines...
C'est ce que répond le ministre des Affaires étrangères
Anthony Eden au général de Gaulle lorsque ce dernier lui
fait part à l'automne 1941 de son intention de rallier les
îles [7]. On obtient rapidement l'accord du gouvernement
canadien ; il reste à obtenir celui de Washington... Au
début de décembre, l'amiral Muselier part pour le Canada,
où il doit inspecter certaines unités navales de la France
libre ; mais il est également chargé d'une mission secrète
de la plus haute importance : le ralliement de Saint-Pierre-
et-Miquelon.

Comme Muselier hésite à entreprendre l'opération sans
le consentement explicite des Anglais, le général de Gaulle
écrit à Churchill pour lui demander si les autorités britanniques verraient quelque objection à « ce petit coup de
main [8] ». Churchill consulte le *Foreign Office,* qui répond :
« Nous ne voyons aucun inconvénient à ce que soit exécutée l'opération proposée par l'amiral Muselier. En fait,
nous serions même favorables à une telle opération. » Les
chefs d'état-major, également consultés, sont d'avis
« d'autoriser l'amiral Muselier à rallier Saint-Pierre-et-
Miquelon à la France libre sans en informer personne au
préalable [9] ». Le 15 décembre, Churchill accepte donc
d'« ôter sa muselière à Muselier » (*sic*), mais il demande
au général de Gaulle de différer l'ordre d'exécution de
trente-six heures, afin que les diplomates britanniques
puissent s'assurer que cette action « ne sera pas considérée
comme embarrassante par le gouvernement des Etats-
Unis [10] ».

On sait que le gouvernement américain vient de
conclure avec l'amiral Robert un accord prévoyant le
maintien du *statu quo* dans toutes les possessions françaises de l'hémisphère occidental. Quant à la station émet-

trice sur l'île de Saint-Pierre, elle vient de faire l'objet de
négociations entre les Etats-Unis et le Canada : il a été
convenu que les Canadiens enverraient des opérateurs
radio à Saint-Pierre pour superviser les transmissions et
s'assurer qu'elles ne nuisent pas à la cause alliée ; en cas
de refus du gouverneur de l'île, il sera toujours possible de
brandir la menace de sanctions économiques... Tout se
déroule donc de la manière la plus satisfaisante (pour les
intérêts américains), lorsque le 16 décembre, le Département d'Etat reçoit une note du *Foreign Office* l'informant
du plan de ralliement conçu par les Français libres ; la note
précise que le gouvernement de Sa Majesté ne voit pas
d'inconvénient à ce que le plan soit mis en œuvre, mais
demande si son exécution « ne causera pas d'embarras au
gouvernement des Etats-Unis [11] ».

La question n'est pas superflue ; Roosevelt se déclare
catégoriquement opposé à cette entreprise, et le *Foreign
Office* en est informé sur-le-champ. Par ailleurs, le président rappelle à Sumner Welles qu'il est « partisan d'une
action canadienne » à Saint-Pierre, et les autorités cana-
diennes sont informées en conséquence [12]. Mais pour des
raisons de politique intérieure, et parce que l'envoi de personnel canadien à Saint-Pierre « risquerait de susciter
l'hostilité des habitants [13] », le gouvernement d'Ottawa ne
tient pas à intervenir sans avoir consulté les Anglais au
préalable ; d'ailleurs, l'ensemble du projet sera définitivement enterré trois jours plus tard... Entre-temps, le *Foreign
Office* a reçu la réponse catégorique du président Roosevelt ; au matin du 17 décembre, M. Strang en informe donc
le commissaire aux Affaires extérieures Maurice Dejean,
et ajoute qu'il est de la plus haute importance que tous les
ordres donnés en vue de cette opération soient rapportés.
Dejean, après en avoir référé au général de Gaulle,
confirme au *Foreign Office* qu'« aucun ordre ne sera
donné en vue de cette opération [14] ». Le *Foreign Office*
considère donc cette affaire comme réglée...

C'est une erreur ; lors de sa conversation avec Maurice
Dejean, Strang a mentionné en passant qu'« il venait également d'apprendre que les gouvernements américain et
canadien avaient examiné un plan prévoyant l'envoi de

personnel canadien pour prendre en charge la station émettrice, et que le gouvernement américain avait donné son approbation [15] ». Après avoir accepté de renoncer à l'opération et autorisé Dejean à donner au *Foreign Office* les assurances nécessaires, le général de Gaulle semble avoir beaucoup médité sur l'information communiquée par Strang. A-t-il vraiment cru que les Canadiens entreprendraient une telle opération ? S'est-il seulement renseigné ? Cherchait-il tout simplement un prétexte pour procéder au ralliement de Saint-Pierre-et-Miquelon ? Quoi qu'il en soit, il écrira plus tard : « Mais, dès lors qu'il était question d'une intervention étrangère dans un territoire français, aucune hésitation ne me parut plus permise. Je donnai à l'amiral Muselier l'ordre de rallier tout de suite Saint-Pierre-et-Miquelon [16]. » Le Général juge inutile d'en informer les Anglais ou les Américains, et à la veille de Noël, l'amiral Muselier débarque à Saint-Pierre avec un détachement de fusiliers marins de la France libre. Ils sont reçus dans l'enthousiasme général, et, lors d'un plébiscite organisé peu après, la population se prononce à 90 % en faveur du ralliement à la France libre.

Churchill arrive à Washington le 22 décembre 1941, pour s'entretenir avec le président de plusieurs questions extrêmement importantes : l'organisation de la grande alliance anglo-américaine, la rédaction d'une « Déclaration des Nations unies », la mise au point d'un plan d'opérations pour l'Europe et l'Afrique du Nord, et bien sûr l'examen de la situation dans le Pacifique, qui est des plus critiques. Les entretiens du Premier ministre avec le président Roosevelt et le secrétaire d'Etat Cordell Hull vont se dérouler dans une atmosphère très cordiale, et ils célébreront la veille de Noël à la Maison-Blanche, en compagnie du Premier ministre canadien. Mais dès le lendemain, Roosevelt et son secrétaire d'Etat se voient communiquer le télégramme suivant, envoyé par Muselier à l'Amirauté britannique : « J'ai l'honneur de vous informer qu'en exécution de l'ordre reçu tout récemment du général de Gaulle et à la demande des habitants, je me suis rendu ce matin à l'île de Saint-Pierre et ai rallié la population à la France libre et à la cause alliée. Réception enthousiaste [17]. »

L'affaire est bien mince, et Roosevelt comme Churchill n'y prêtent au départ qu'une attention distraite. Pourtant, il n'en est pas de même du secrétaire d'Etat Cordell Hull : « Si peu importantes que soient ces îles, écrira-t-il plus tard, leur occupation à la suite d'un coup de force des Français libres nous causait le plus grand embarras [...] Elle risquait de compromettre sérieusement nos relations avec le gouvernement du maréchal Pétain [18]. » On peut difficilement être plus franc... Quoi qu'il en soit, le secrétaire d'Etat va exprimer son indignation en faisant publier le communiqué suivant : « Nos premiers rapports montrent que l'action entreprise par les navires soi-disant français libres à Saint-Pierre-et-Miquelon a été une action arbitraire, menée contrairement aux accords de toutes les parties en cause, et en l'absence de toute information et de tout consentement préalable du gouvernement des Etats-Unis. Le gouvernement des Etats-Unis a demandé au gouvernement canadien quelles mesures il comptait prendre pour restaurer le *statu quo* dans les îles [19]. »

La réponse à cette dernière question ne se fait pas attendre : le Premier ministre canadien fait savoir qu'il n'est pas disposé à rétablir l'autorité de Vichy à Saint-Pierre, étant donné que « l'opinion publique au Canada est aussi soulagée qu'enthousiasmée par l'action du général de Gaulle [20] ». Du reste, l'opinion publique américaine l'est tout autant, et la presse aussi : le *New York Post,* le *New Republic* et le *Christian Science Monitor* fustigent tour à tour la politique vichyste de Washington et présentent l'opération gaulliste comme une victoire de la démocratie ; en outre, la presse et l'opinion publique vont réagir très violemment à la déclaration du secrétaire d'Etat au sujet des « soi-disant Français libres » ; durant les semaines qui suivent, Cordell Hull reçoit donc des tombereaux de lettres d'injures venues des quatre coins des Etats-Unis, et adressées au « soi-disant secrétaire d'Etat », « soi-disant Département d'Etat », etc. L'infortuné secrétaire d'Etat tentera bien de limiter les dégâts en annonçant dans un communiqué que l'expression « soi-disant » s'appliquait aux navires et non aux Français libres, mais cela n'arrangera rien du tout : « Ces soi-disant navires, raille le *New York Times*, auraient donc pu être en réalité des éléphants roses [21] ! » « A moins qu'il ne s'avère, commentera plus sobrement *The Nation,* que l'amiral Muselier et son équipage ont abordé les îles sur des planches de surf, cette expression bizarre ne permettra guère de sauver la face [22]. » M. Hull est aussi blessé par les sarcasmes que par les insultes, et il reconnaîtra que son sommeil s'en est trouvé affecté pendant de nombreux mois ; mais il n'en persiste pas moins dans sa politique, et s'efforce de convaincre Churchill de le soutenir pour forcer les Français libres à évacuer Saint-Pierre-et-Miquelon : « J'accusai carrément le général de Gaulle d'être un gaffeur, ayant agi contrairement aux désirs clairement exprimés de l'Angleterre, du Canada et des Etats-Unis, et je demandai au Premier ministre de l'amener à retirer ses troupes de Saint-Pierre-et-Miquelon, tandis que les Canadiens et les Américains se chargeraient de superviser l'émetteur radio de Saint-Pierre [23]. »

Churchill n'y tient pas du tout ; il répond au secrétaire d'Etat que « s'il présentait une telle exigence, ses relations avec la France libre s'en trouveraient affectées [24] ». D'ailleurs, le Premier ministre n'arrive pas réellement à prendre cette affaire au sérieux : « M. Hull, notera-t-il dans ses *Mémoires*, s'exagérait fortement l'importance de cette affaire somme toute mineure [25]. » Le président Roosevelt lui-même, tout en appuyant son secrétaire d'Etat du bout des lèvres, se désintéresse manifestement de la question. Bien sûr, il y a les promesses faites à Pétain le 13 décembre sur la garantie du *statu quo* dans l'hémisphère occidental, mais le président a l'habitude de promettre tout à tout le monde, sans s'engager personnellement ; d'ailleurs, ce politicien madré a senti d'instinct tout l'intérêt de détourner vers le Département d'Etat toute la colère suscitée par sa propre politique à l'égard de Vichy... « Lors de nos conversations quotidiennes, écrira Churchill, il me sembla que le président n'attachait pas une grande importance à cette affaire. Après tout, bien d'autres préoccupations nous assaillaient ou nous guettaient à ce moment [26]. » Du reste, même si Churchill voulait prendre quelque initiative pour être agréable à Hull, le télégramme qu'il reçoit du

Foreign Office le 29 décembre suffirait amplement à l'en dissuader; il dit en substance que le général de Gaulle refuse de rappeler ses hommes de Saint-Pierre-et-Miquelon, et que si une action était entreprise pour l'y contraindre, « elle soulèverait une tempête de tous les diables, et nous serions bien en peine de nous justifier publiquement [27] ».

C'est la première fois que le *Foreign Office* fait savoir à Churchill qu'une mesure prise contre le Général serait inacceptable pour l'opinion publique anglaise; ce ne sera pas la dernière... Quant à de Gaulle, il envoie un télégramme personnel au Premier ministre : « J'ai toutes raisons de craindre que l'attitude actuelle du State Department à Washington, à l'égard, respectivement, des Français libres et de Vichy, ne fasse beaucoup de tort à l'esprit de lutte en France et ailleurs. Je redoute l'impression fâcheuse que va produire sur l'opinion, dans les forces et dans les territoires français libres, comme en France non encore libérée, cette sorte de préférence accordée publiquement par le Gouvernement des Etats-Unis aux responsables de la capitulation et aux coupables de la collaboration. Il ne me paraît pas bon que, dans la guerre, le prix soit remis aux apôtres du déshonneur. Je vous dis cela à vous parce que je sais que vous le sentez et que vous êtes le seul à pouvoir le dire comme il faut [28]. »

Cela ne fait pas de doute; le 30 décembre, lors d'une session du Parlement canadien à Ottawa, Churchill stigmatise les hommes de Bordeaux et ceux de Vichy, qui « se tiennent prostrés aux pieds du vainqueur », et il ajoute : « Il n'y a plus de place maintenant pour les dilettantes, les faibles, les embusqués ou les poltrons. » Enfin, lorsque le Premier ministre en vient à évoquer la France et les combattants de la France libre, sa francophilie se donne libre cours, et il devient franchement lyrique : « Mais il s'est trouvé des Français pour refuser de courber l'échine et continuer la lutte aux côtés des Alliés, sous les ordres du général de Gaulle. Ils ont été condamnés à mort par les gens de Vichy, mais leurs noms sont respectés et seront de plus en plus respectés par neuf Français sur dix dans cet heureux et souriant pays de France. Et partout dans la

France occupée et inoccupée (car leur sort est identique), ces honnêtes gens, ce grand peuple, la nation française, se redressent. L'espoir se rallume dans le cœur d'une race guerrière [...]. Partout on voit poindre le jour et la lumière s'étendre – rougeâtre encore, mais claire. Nous ne cesserons jamais de croire que la France jouera à nouveau le rôle de nation libre, et qu'elle reprendra par de durs sentiers sa place dans la grande cohorte des nations libératrices et victorieuses [29]. »

Le général de Gaulle lui-même n'aurait pu mieux dire ; dès le lendemain, il fait écho aux paroles du Premier ministre lors d'un discours prononcé à la BBC : « Nous faisons nôtres ces paroles prononcées par le grand Churchill : " Il n'y a pas de place dans cette guerre pour les dilettantes, les faibles, les embusqués et les poltrons. " [30]. » Ce même jour, il envoie à Churchill le télégramme suivant : « Ce que vous avez dit hier devant le Parlement canadien au sujet de la France est allé droit au cœur de toute la nation française. » Et il ajoute : « Du fond de son malheur, la vieille France espère d'abord en la vieille Angleterre [31]. » A cela, Churchill répondra le lendemain : « J'ai reçu votre télégramme. Vous pouvez être sûr que j'ai fortement plaidé votre cause auprès de nos amis des Etats-Unis. Votre action, qui a rompu un arrangement concernant Saint-Pierre-et-Miquelon, a déchaîné une tempête qui aurait pu être sérieuse, si je n'avais pas été sur place pour parler au président. Indiscutablement, le résultat de vos activités ici a été de rendre les choses encore plus difficiles avec les Etats-Unis et d'empêcher, en fait, certain développement favorable de se produire. Je continue de faire de mon mieux pour tous nos intérêts [32]. »

Cela non plus ne fait guère de doute ; le 1er janvier 1942, Churchill, de retour à Washington, déjeune « en famille » avec le président, et J.-P. Lash, qui est également présent, notera les propos suivants : « " Hitler m'a paru terriblement inquiet lors de son discours de Nouvel An, fait remarquer Churchill. Il est même allé jusqu'à invoquer le Tout-Puissant. " C'est peut-être cette mention du Tout-Puissant qui lui fait penser au général de Gaulle. " Vous, vous êtes gentils avec Vichy, dit Churchill en riant. Eh

bien, nous, nous sommes gentils avec le général
de Gaulle. " Il laisse entendre que c'est là une bonne répartition des rôles..." Il faut laisser Hull et Halifax s'occuper
de cette affaire, répond le président " [33]. » De fait, Cordell
Hull s'en occupe activement, et il est plus obstiné que
jamais ; la presse américaine l'a traîné dans la boue, le discours de Churchill à Ottawa lui a laissé un goût amer,
l'ambassadeur de Vichy Henry-Haye lui a transmis une
note de Vichy exigeant « le rétablissement du *statu quo
ante* dans les îles [34] », et le président ne l'a guère soutenu
dans toute cette affaire... Qu'à cela ne tienne : le secrétaire
d'Etat rédige un projet de déclaration sur Saint-Pierre-et-
Miquelon, qu'il soumet à la signature de Churchill et de
Roosevelt. Mais Churchill refuse de signer, et Roosevelt,
refuse d'insister pour qu'il le fasse : « J'ai dit au secrétaire
d'Etat, note ce dernier le 1er janvier 1942, qu'il me paraissait inopportun de soulever à nouveau cette affaire, que
l'amiral français refusait de quitter Saint-Pierre, et que
nous ne pouvions pas nous permettre d'envoyer une expédition pour l'en chasser à coups de canon. » Mais Cordell
Hull ne se décourage pas ; le 8 janvier, il soumet au président un nouveau projet de déclaration, « qui rendrait
l'évacuation de l'île par les Forces françaises libres acceptable au général de Gaulle. Les Etats-Unis, la Grande-
Bretagne et le Canada exerceraient conjointement la
surveillance des îles, qui seraient neutralisées et démili-
tarisées. Le Canada et les Etats-Unis enverraient du personnel pour superviser l'émetteur radio. Le gouverneur se
retirerait pour la durée de la guerre, et un conseil consultatif lui succéderait. Toutes les forces armées seraient rap-
pelées ; enfin, le Canada et les Etats-Unis fourniraient une
aide économique à Saint-Pierre-et-Miquelon [35]. Le président accepte cette solution ; Vichy aussi ; Churchill se
déclare d'accord, sous réserve de l'acceptation du général
de Gaulle... Mais entre-temps, Cordell Hull a menacé de
démissionner s'il n'était pas soutenu plus fermement
dans cette affaire, et pour des raisons de politique intérieure, Roosevelt ne peut se séparer de son secrétaire
d'Etat ; il va donc exercer une vive pression sur Churchill,
allant jusqu'à lui dire qu'« il pourrait bien envoyer le cui-

rassé *Arkansas* pour forcer les Français libres à évacuer ces îles minuscules, ou bien établir un blocus pour les affamer [36] ». De plus, Cordell Hull lui-même laisse entendre qu'à son avis, les Britanniques ont secrètement approuvé et aidé l'entreprise des Français libres, jouant ainsi un double jeu vis-à-vis des Américains. Tout cela place Churchill dans une situation extrêmement embarrassante, et pour éviter de mettre en péril ses relations privilégiées avec les Etats-Unis, il va entreprendre d'amener de Gaulle à accepter le dernier plan américain. Cette fois encore, Eden va servir d'intermédiaire, et dès le 13 janvier, il reçoit le télégramme suivant du Premier ministre : « Vous direz à de Gaulle que nous nous sommes mis d'accord sur cette politique, et qu'il va falloir qu'il s'incline. Il s'est mis entièrement dans son tort en ayant manqué à sa parole [...]. Il faut qu'il envoie des ordres à Muselier, et que celui-ci les exécute [...]. Vous lui présenterez cela comme vous voudrez, mais il faut qu'il accepte [...]. Ici, ils sont prêts à recourir à la force. Il est intolérable que le cours de nos vastes entreprises se trouve entravé par cette affaire, et je n'interviendrai certainement pas pour préserver de Gaulle ou les autres Français libres des conséquences de leurs actes [37]. »

Mais de Gaulle ne se laisse pas intimider par de tels arguments, ainsi qu'il le fait clairement comprendre à Eden lorsque celui-ci lui présente le plan américain. « M. Eden, écrira le Général, me vit et me revit, le 14 janvier, et fit mine d'insister pour que nous acceptions la neutralisation des îles, l'indépendance de l'administration par rapport au Comité national et un contrôle à établir sur place par des fonctionnaires alliés. Comme je refusais une pareille solution, M. Eden m'annonça que les Etats-Unis songeaient à envoyer, à Saint-Pierre, un croiseur et deux destroyers. " Que ferez-vous, en ce cas ? ", me dit-il. – " Les navires alliés, répondis-je, s'arrêteront à la limite des eaux territoriales françaises et l'amiral américain ira déjeuner chez Muselier, qui en sera certainement enchanté. " – " Mais si le croiseur dépasse la limite ? " – " Nos gens feront les sommations d'usage. " – " S'il passe outre ? " – " Ce serait un grand malheur, car, alors, les nôtres devraient tirer. " M. Eden leva les bras au ciel. " Je comprends vos alarmes, conclus-je en souriant, mais j'ai confiance dans les démocraties. " [38]. » En fait, le général de Gaulle va faire une contre-proposition : l'amiral Muselier sera rappelé et la flotte se retirera. Mais à ces clauses officielles sont annexées trois clauses secrètes : l'amiral restera en fait dans les îles, mais ne sera qu'un des membres du Conseil consultatif; le Conseil lui-même sera sous l'autorité du Comité national de la France libre, et les fusiliers marins resteront dans les îles [39].

Cet après-midi-là, Eden notera la réaction de Churchill aux contre-propositions du général de Gaulle : « Le Premier ministre était très en colère. Il considérait que sa proposition initiale était parfaitement équitable et raisonnable [...]. Il ne pensait pas que les Etats-Unis accepteraient le nouveau projet. Il ne pouvait pas en prendre la responsabilité, mais il le soumettrait au président si je le lui conseillais [...]. Il craignait que cela ne provoque une explosion. Les clauses secrètes aboutissaient en fait à annuler les clauses qui seraient publiées. A son avis, mes entretiens avec de Gaulle avaient lamentablement échoué. » Mais le lendemain, Eden ajoute : « Nouvelle conversation téléphonique avec le Premier ministre à 1 heure du matin [...]. Il n'avait pas encore vu le président, mais s'apprêtait à le faire. A la réflexion, il semblait considérer que les nouvelles propositions n'étaient pas si mauvaises [40]. » Mais à l'issue de son entrevue avec le président, Churchill change une nouvelle fois d'avis : « Les contre-propositions du général de Gaulle sont parfaitement inacceptables ! » De toute évidence, Roosevelt exerce sur Churchill une influence considérable...

Dès son retour en Angleterre, le Premier ministre va s'efforcer d'amener de Gaulle à renoncer aux clauses secrètes. Mais entre-temps, les membres de son gouvernement lui ont fait savoir à plusieurs reprises que l'opinion publique anglaise était enchantée par l'opération de Saint-Pierre-et-Miquelon, et que toute coercition exercée sur le général de Gaulle serait extrêmement mal accueillie; l'affaire est donc des plus délicate, et elle nécessite un doigté certain. Churchill fait donc venir le Général, qui décrira plus tard l'entrevue dans une lettre à l'amiral Muselier :

« Churchill était très nerveux, évidemment sous le poids de préoccupations nombreuses. Il a insisté, avec la plus grande force, pour que nous acceptions, en ce qui nous concerne, la publication à Washington, au nom des gouvernements américain, anglais et canadien, d'un communiqué dont le texte suit :

" a) Les îles sont françaises et resteront françaises.

" b) L'administrateur de Vichy sera retiré. L'administration sera exercée par le Conseil consultatif.

" c) Le Conseil consultatif acceptera la désignation de fonctionnaires canadiens et américains pour l'assister dans l'exploitation de la station de télégraphie sans fil dans l'intérêt commun des Alliés.

" d) Le Comité national français a informé le gouvernement de Sa Majesté dans le Royaume-Uni qu'il n'avait pas l'intention de maintenir ses navires à Saint-Pierre-et-Miquelon et que ces navires reprendraient prochainement leur fonction normale, qui est d'attaquer l'ennemi partout où il se trouve.

" e) Les gouvernements canadien et américain sont d'accord pour s'engager à continuer l'assistance économique aux îles et les consuls respectifs de ces deux pays conféreront avec les autorités locales quant à la nature de l'assistance qui devra être donnée... "

Au cours de la discussion, Churchill, qui était assisté d'Eden, a précisé qu'une fois le communiqué publié, personne ne s'occuperait plus de ce qui se passerait dans les îles, que, par conséquent, Savary pourrait garder la direction effective et que les fusiliers marins locaux seraient maintenus pour la défense. Les hommes qui ont contracté un engagement seront naturellement autorisés à rejoindre les Forces françaises libres. En un mot – c'est l'expression employée par Eden –, nos concessions porteraient sur des apparences, mais les réalités nous resteraient [...]. Il s'agit en somme de sauver la face de Cordell Hull et du State Department [41]. »

En fait, le compte rendu du général de Gaulle est très loin d'être exhaustif, car il y a eu au cours de cette entrevue plusieurs passes d'armes assez violentes entre lui et le Premier ministre ; Churchill a fait ainsi remarquer au général de Gaulle qu'il « n'avait pas le droit d'entreprendre une telle opération dans des territoires aussi peu importants sans tenir compte des intérêts de la grande alliance qui seule permettrait de libérer la France ». Il y a eu aussi cet échange amer :

« De Gaulle demande au Premier ministre si le statut proposé signifie que les îles continueront à appartenir à la France. Le Premier ministre répond qu'il ne sait pas ce que de Gaulle entend par " la France ". Il y a la France représentée par le mouvement relativement modeste du général de Gaulle, il y a la France de Vichy, et puis il y a la France des malheureux habitants des territoires occupés.

« De Gaulle déclare que la solution proposée serait contraire à l'accord du 7 août 1940.

« Le Premier ministre répond qu'il espérait en signant cet accord que le général de Gaulle pourrait rallier un très grand nombre de Français. Mais cet espoir s'est avéré vain, et l'accord dans sa forme actuelle profite exclusivement au général de Gaulle, sans que le gouvernement de Sa Majesté y trouve son compte [42]. »

Il y aurait sans doute une façon plus délicate de présenter les choses... Mais Churchill finit par revenir à de meilleurs sentiments, Eden sait se montrer persuasif, et le général de Gaulle se laisse enfin convaincre ; on sauvera donc la face du secrétaire d'Etat américain. A ce moment, d'ailleurs, l'agitation est retombée aux Etats-Unis, et le communiqué si difficilement élaboré ne sera même pas publié ; les îles de Saint-Pierre-et-Miquelon resteront à la France libre, et plus personne ne s'en souciera...

Il est vrai que les alliés anglo-américains ont à ce moment des préoccupations autrement plus importantes ; c'est que la situation en ce début de 1942 est sans doute la plus sombre de toute la guerre : les Japonais ont pris pied aux Philippines et assiègent les troupes américano-philippines du général MacArthur dans la presqu'île de Bataan ; ils ont également envahi les Célèbes, Bornéo, la Nouvelle-Bretagne et les îles Salomon, occupé Hong Kong, investi la plus grande partie de la Malaisie, et convergent à

présent sur Singapour, qui est très vulnérable à une attaque
terrestre ; plus à l'ouest, la situation n'est guère meilleure :
à Alexandrie, des nageurs de combat italiens sont parvenus
à mettre hors d'action deux grands cuirassés, un croiseur a
été coulé en Méditerranée, et l'île de Malte est soumise à
un bombardement intensif ; dans l'Atlantique, particulièrement au large des côtes américaines, les pertes en tonnage
sont les plus importantes de toute la guerre ; en Libye, les
renforts ont dû être détournés vers l'Extrême-Orient, ce
qui a compromis l'offensive du général Auchinleck et permis aux Allemands de reprendre l'initiative : le 30 janvier,
ils s'emparent même de Benghazi, la principale ville
côtière à l'ouest de Tobrouk. Après cela, les catastrophes
s'enchaînent : le 11 février, les croiseurs de bataille allemands *Scharnhorst* et *Prinz Eugen* parviennent à quitter
Brest et à passer de la Manche en Mer du Nord, sans être
inquiétés par la *Royal Navy* ; le 15 février, Singapour
capitule, un désastre qui laissera Churchill sans voix ; les
Japonais menacent désormais l'île de Java au sud et la
Birmanie au nord-ouest ; pire encore, après la bataille de la
Mer de Java le 25 février, l'Australie elle-même est devenue vulnérable à l'invasion ; au début de mars, le général
MacArthur est contraint de quitter les Philippines * et les
premiers débarquements japonais s'effectuent en Nouvelle-Guinée, tandis que les forces britanniques de Birmanie évacuent précipitamment Rangoun. Lorsque Java
capitule à la mi-mars, c'est à la fois l'Inde et l'Australie
qui se trouvent directement menacées ; or, l'Australie est si
peu peuplée qu'elle ne pourra offrir qu'une résistance symbolique, tandis qu'en Inde, les éléments nationalistes sont
tout disposés à collaborer avec l'ennemi ; dès la fin
de mars, les Japonais, qui contrôlent à la fois Singapour, le
détroit de Sumatra et tout le sud de la Birmanie, se dirigent
vers les frontières de l'Inde, alors que leurs unités navales
commencent à pénétrer en force dans l'Océan Indien...
Pour les chefs d'état-major britanniques et américains,
c'est le cauchemar suprême : si les Japonais parviennent
jusqu'à Ceylan et aux côtes de l'Inde, ils seront en mesure

---

* Après son départ pour l'Australie, la garnison de Bataan capitulera le
9 avril, et celle de Corregidor le 5 mai 1942.

de couper les lignes de communication maritimes passant par le golfe Persique, la Mer d'Oman et les côtes africaines ; ils pourront même faire leur jonction avec les troupes allemandes, que leur offensive d'été portera certainement jusqu'au Caucase, et peut-être plus au sud vers l'Iraq et l'Iran, sources principales de l'approvisionnement britannique en pétrole... Dès lors, les 750 000 hommes qui font face à Rommel seront pris à revers, coupés de tout approvisionnement en carburant et contraints à la capitulation...

Face à cette accumulation de désastres, Roosevelt et Churchill ont eu bien du mal à définir une stratégie cohérente. Hitler ayant eu la maladresse de déclarer la guerre aux Etats-Unis trois jours après Pearl Harbor, les états-majors anglais et américains, dorénavant constitués en « chefs d'état-major interalliés », ont décidé d'accorder la priorité à des opérations offensives sur le théâtre européen, et d'adopter une stratégie défensive dans le Pacifique. Mais après tout cela, les positions défensives comme les projets d'offensive ont été successivement mis à mal par l'avance foudroyante des troupes allemandes et japonaises, de la Libye jusqu'en Chine et de l'Arctique jusqu'au Pacifique sud – tout cela alors que les armées britanniques, dangereusement dispersées, donnent des signes de défaillance, tandis que les divisions américaines commencent tout juste à se constituer, armées et équipées par une industrie de guerre qui est encore dans l'enfance... * « Etant donné, écrira l'historien officiel William Langer, que nous ne commençâmes en somme à nous préparer à la guerre que lorsque nous y fûmes engagés, il ne pouvait être question, en décembre 1942, d'aucune opération de grande envergure où que ce fût. Nous en étions donc réduits aux escarmouches et à divers autres moyens [43]. »

---

* Mais le programme de production pour l'année 1942, que Roosevelt annonce dans son message sur l'état de l'Union le 6 janvier, a déjà de quoi faire réfléchir : 60 000 avions, 45 000 tanks, 20 000 canons antiaériens, 6 millions de tonneaux de navires de transport... Ce « Victory Program » doit permettre sur deux ans la constitution de 216 divisions, dont 61 blindées...

L'un de ces « autres moyens » est le plan « Gymnast », sur lequel Roosevelt et Churchill se sont accordés lors de la visite assez mouvementée du Premier ministre de Sa Majesté à Washington ; il s'agirait d'une opération de débarquement américain en Afrique du Nord, destinée à renforcer les quelque 100 000 soldats français qui s'y trouvent et à empêcher les Allemands d'y pénétrer, comme les services secrets américains leur en prêtent l'intention depuis le début de décembre 1941 [44]. Mais du fait de la faiblesse et de l'inexpérience des troupes américaines à ce moment, il semble indispensable de s'assurer la coopération – ou du moins la neutralité – des forces de Vichy stationnées en Afrique du Nord... Or, Roosevelt ne voit qu'un seul homme capable de l'obtenir : le général Weygand en personne. Il est vrai que l'ancien généralissime a été rappelé d'Afrique du Nord et s'est retiré dans le midi de la France, qu'il n'est ni plus jeune ni plus combatif qu'en 1940, mais à l'évidence, Roosevelt et Churchill se font encore bien des illusions à son sujet ; c'est ainsi que le 12 janvier 1942, l'ambassadeur Leahy reçoit des instructions secrètes de Washington : « Nous devions proposer à Weygand, écrira-t-il, de retourner en Afrique du Nord et d'y prendre le commandement, avec le soutien militaire et économique total des Etats-Unis [45]. » La démarche devant se faire discrètement et Leahy étant espionné en permanence, c'est le troisième secrétaire de l'ambassade, Douglas MacArthur *, qui prend contact avec Weygand. Le rapport de l'entrevue sera bref et éloquent : « Weygand s'est montré aimable et courtois, mais il a refusé d'envisager notre proposition. Il a déclaré qu'il n'était plus qu'un citoyen privé, sans statut officiel et entièrement loyal au Maréchal [46]... » Pire encore, il a ajouté que sa loyauté l'obligeait à informer le Maréchal de la démarche américaine... De fait, lorsque Leahy reverra Pétain le 27 janvier, celui-ci l'avertira que son gouvernement est résolu à défendre les colonies africaines « contre n'importe quelle puissance, y compris les Etats-Unis [47] ». C'est donc un fiasco total... Il avait certes été prévu que « Gymnast » serait lancée même sans la coopération des troupes de

---

* Neveu du général MacArthur, commandant en chef dans le Pacifique sud.

Vichy, voire contre leur gré, mais c'était une pure rodo-
montade ; de fait, Roosevelt écrit peu après à Churchill
qu'il renonce à l'opération [48]...

Le Premier ministre britannique répond au président que
« l'attitude de Vichy est lamentable [49] », et de fait, tous
deux seront littéralement scandalisés par les nouvelles en
provenance de l'Allier au cours des semaines suivantes : le
procès qui s'est ouvert à Riom contre les principaux politiciens de la 3ᵉ République, l'utilisation par les Japonais,
avec la connivence de Vichy, des cargos français en Indochine, le transport par la Tunisie d'essence, de matériel et
d'armement pour ravitailler les troupes allemandes et ita-
liennes en Libye – toutes choses qui amènent le président à
câbler à Leahy l'avertissement suivant à l'intention du
Maréchal : « Les conditions de l'armistice ne justifient en
aucune manière l'envoi de matériel de guerre ou l'octroi
d'une aide directe quelconque aux puissances de l'Axe ; à
défaut d'assurances officielles de la part du gouvernement
de Vichy qu'aucune aide militaire ne sera fournie à l'Axe
sur aucun théâtre de guerre et que les vaisseaux français ne
seront pas utilisés pour favoriser son agression, l'amiral
Leahy recevra l'ordre de revenir immédiatement aux Etats-
Unis pour consultation quant à notre politique future [50]. »

Cette menace très directe traduit parfaitement l'exaspération du président... « Etant donné, écrira William Langer,
l'impossibilité où nous étions de nous appuyer soit sur
Weygand, soit sur Pétain, pour ne rien dire de Darlan, on
pourrait se poser la question de savoir si nous n'aurions
pas mieux fait de miser sur la France libre [51]. ». Une
excellente question ! Après tout, la menace d'une conquête
imminente par les Japonais de l'Australie et de la Nouvelle
Zélande ayant rendu nécessaire l'établissement de bases
dans les possessions françaises de Nouvelle-Calédonie,
Nouvelles-Hébrides et Polynésie, les Etats-Unis se
trouvent pour la première fois en position de demandeurs
dans leurs relations avec la France libre : le 23 janvier
1942, le Département d'Etat, oubliant ses préventions
habituelles, avait envoyé directement au général de Gaulle
un télégramme libellé en ces termes : « Les chefs d'état-
major britanniques et américains apprécient l'importance

de la Nouvelle-Calédonie et ont commencé à prendre des mesures pour la défendre. [...] Nous espérons que la splendide assistance et la coopération offertes par le Haut Commissaire par le passé seront poursuivies à l'avenir [52]. » Mieux encore, le 19 février, le consul des Etats-Unis à Nouméa informe le Haut Commissaire d'Argenlieu que « pour toutes les questions relatives à la défense de la Nouvelle-Calédonie, son gouvernement est disposé à reconnaître l'autorité du Comité national français sur ces îles, et traite avec les représentants du général de Gaulle de toutes affaires concernant leur défense. [...] Il met également en garde le gouvernement de Vichy contre toute action dirigée contre ces colonies [...] et entreprise sous la pression des Japonais [53] ». Quelques jours plus tard, le Comité national est informé que le général Patch, nouveau commandant en chef des forces américaines dans le secteur, a reçu l'ordre de se rendre à Nouméa et d'y organiser le commandement en coopération avec le Haut Commissaire d'Argenlieu, « directement et dans l'esprit le plus amical » ; le 6 mars, le CNF est invité à se faire représenter au Comité de guerre du Pacifique, comprenant les délégués de la Grande-Bretagne, des Etats-Unis, de l'Australie et de la Nouvelle-Zélande ; le lendemain, les Etats-Unis demandent l'autorisation d'établir également des bases dans l'archipel des Touamotou et les îles de la Société. Mais comme les lignes d'approvisionnement entre Hawaii et l'Australie peuvent être coupées à tout moment par les forces japonaises basées en Nouvelle-Guinée et aux îles Salomon, il faut bien prévoir une solution de rechange, et cette fois encore, le concours de la France libre est indispensable ; le CNF reçoit donc la communication suivante : « Le gouvernement des Etats-Unis considère comme de première importance et extrêmement urgent l'établissement, via l'Afrique, d'une route aérienne entre les Etats-Unis et l'Australie. Cette route serait employée par les bombardiers lourds. [...] L'aérodrome de Pointe-Noire a été choisi par le ministère de la Guerre comme l'un des terrains d'atterrissage. En conséquence, le gouvernement des Etats-Unis demande au Comité national de bien vouloir étudier favorablement la possibilité d'emploi de l'aérodrome de Pointe-Noire et de prendre au plus tôt les mesures destinées à permettre son utilisation [54]. » Puisque nécessité fait loi, le Département d'Etat veut bien oublier les finasseries diplomatiques, et un consulat des Etats-Unis est ouvert à Brazzaville, tandis qu'une mission militaire française, sous la direction du colonel de Chévigné, sera accueillie à Washington. Dans ces conditions, on peut effectivement se demander avec William Langer ce qui empêche Roosevelt de « miser sur la France libre » – d'autant que des rumeurs persistantes en provenance de Vichy font état d'un possible retour aux affaires de Pierre Laval...

Mais les choses ne sont pas aussi simples... car le président, qui se vante d'être un réaliste et s'est même décrit comme « un jongleur », continue de mener dans les affaires françaises une politique résolument tortueuse : Pétain peut encore servir les intérêts américains en conservant sa flotte et son empire d'Afrique du Nord ? Traitons avec Pétain ! De Gaulle peut aider les forces américaines en Océanie et en Afrique équatoriale ? Traitons avec de Gaulle ! Une autre autorité encore peut rendre des services en Martinique ou en Indochine ? Traitons avec cette autre autorité... Qu'importe, au fond, puisque la France a cessé d'exister en tant que puissance, et que seuls comptent les intérêts américains ? Et si toutes ces politiques provoquent le mécontentement de la presse et de l'opinion publique, il suffira au président d'en faire porter à nouveau la responsabilité au Département d'Etat ! * Mais à vrai dire, rien de tout cela ne saurait faire obstacle à une antipathie persistante envers la France libre et son intraitable dirigeant : se vantant toujours d'être « un Hollandais entêté », Roosevelt a conservé ses préventions antigaullistes d'avant et d'après Dakar, auxquelles se sont évidemment ajoutées les rancunes consécutives à l'affaire de

---

* Extraits des conférences de presse du président :

13 février 1942 : « Question : – Monsieur le Président, que pouvez-vous nous dire sur l'état des relations franco-américaines ? F.D.R. : – Oh, il faudra vous adresser au Département d'Etat. »

14 avril 1942 : « Question : – M. le Président, nos relations avec Vichy vont-elles changer du fait de ce qui se passe là-bas ? F.D.R. : – Oh, je crois qu'il vous faudra poser la question au Département d'Etat. »

Saint-Pierre-et-Miquelon, qui a vu son administration contrainte de reculer face au flot de sympathie généré par l'action gaulliste, et au torrent d'injures suscité par les maladresses verbales du Département d'Etat. Depuis cet épisode, Roosevelt a même trouvé plus gaullophobe que lui en la personne de son secrétaire d'Etat Cordell Hull... Dans ce contexte plutôt tendu, le moindre accroc dans les relations franco-américaines sera donc interprété à Washington sans aucune indulgence, et invariablement inscrit au passif du général de Gaulle ; or, il faut bien avouer que les occasions de conflit ne manquent pas...

Il y a d'abord la Nouvelle-Calédonie, où le débarquement au début de mars 1942 des forces du général Patch n'a pas tardé à susciter de vives tensions ; c'est qu'une partie des indigènes conteste l'autorité du Haut Commissaire d'Argenlieu, et soutient contre lui le gouverneur Sautot... Estimant que les manifestations déclenchées à cette occasion sont « encouragées ouvertement par l'attitude des Américains », le général de Gaulle a jugé nécessaire d'intervenir : « J'avais alerté Washington et, d'autre part, mandé à Patch que nous ne pouvions accepter son ingérence dans une affaire française [55]. » Cette intervention – et surtout la menace imminente d'un débarquement japonais – a ramené un semblant de concorde franco-américaine dans l'île, mais Washington n'a pas manqué d'en déduire que les Français libres étaient plus intéressés par leurs propres dissensions que par la lutte contre l'ennemi commun, et qu'ils se servaient des Américains comme boucs émissaires dans leurs querelles internes. Même la mise à la disposition des Américains de l'aérodrome de Pointe-Noire, qui devait être une éclatante démonstration de coopération franco-américaine, va devenir une source de récrimination permanente : ayant observé que les Américains mettaient une certaine mauvaise volonté à livrer aux Français libres huit avions Lockheed indispensables à leurs transports en Afrique, le général de Gaulle fait savoir aux Américains qu'il n'autorisera l'utilisation de l'aérodrome de Pointe-Noire qu'après la livraison des avions en question. C'est sans doute de bonne guerre, mais le secrétaire d'Etat adjoint Adolf Berle, autre antigaulliste pathologique, se déclare offusqué que l'on ose « marchander avec les Etats-Unis [56] ». Il faut dire que les discours publics du Général contribuent à jeter de l'huile sur le feu... C'est également vrai de certaines notes envoyées à Washington, du genre de celle-ci : « Si la guerre était simplement un jeu d'échecs, où les pièces sont des objets sans âme, la position actuelle du State Department, en ce qui concerne la France, pourrait être comprise par nous. Mais la guerre est une chose morale. Pour que des hommes fassent la guerre, il est nécessaire qu'ils se croient moralement obligés de la faire et, qu'en la faisant, ils soient moralement soutenus. [...] Rien n'est propre à détourner le peuple français de faire la guerre autant que l'attitude actuelle prise, à son égard, par une puissance moralement aussi considérée que les Etats-Unis d'Amérique. Les égards accordés par les Etats-Unis à celles des autorités françaises dont la raison d'être est d'empêcher la France de combattre constituent, pour la nation française, un élément très dangereux de démoralisation. Un tel élément est d'autant plus nocif qu'il s'oppose à l'attitude, tout au moins disgracieuse, du Gouvernement des Etats-Unis vis-à-vis des seuls Français qui continuent la guerre aux côtés des Alliés [57]. » Pour un homme comme Franklin Roosevelt, qui se présente depuis toujours comme ayant le monopole de la morale en matière de politique étrangère, ce sont évidemment des propos assez durs à entendre, et qui ne peuvent qu'alimenter le ressentiment...

Il y a certes dans l'entourage du président bien des hommes qui jettent de l'huile sur le feu ; du côté américain : Hull, Welles, Berle, Stimson, Donovan * et même le vieux général Pershing, resté très attaché au maréchal Pétain depuis 1918... Du côté des Français exilés qui ont l'oreille du président et de Cordell Hull, Monnet est toujours aussi réservé vis-à-vis du Général, de Kerillis s'est brouillé avec lui **, de Chambrun ne risque guère de lui être favorable et

---

* Le colonel Donovan est le chef de l'OSS, services secrets unifiés qui viennent de se constituer.

** En excellents termes avec de Gaulle à l'origine, le député et journaliste Henri de Kerillis a tenté de le persuader de faire évader de France quelques personnalités comme Reynaud, Blum, Daladier, Mandel et Herriot, afin de les inclure dans son comité. Il a été très choqué par le refus du Général, mais la véritable rupture ne se produira qu'en 1943.

Léger lui est de plus en plus hostile. Du reste, le président,
dont les services secrets sont fort bien introduits au sein de
la délégation de la France libre [58], note que les représentants
du général de Gaulle continuent à s'entendre aussi mal que
possible : après la querelle entre Sieyès et Garreau-
Dombasle, ce sont maintenant Boegner, Tixier et Roussy de
Sales qui s'entre-déchirent ; pire encore, ils se répandent
tous trois en propos hostiles au Général lui-même, qu'ils
sont pourtant censés représenter ! Le cas le plus extraordinaire est sans doute celui de Tixier, vieux syndicaliste
caractériel que de Gaulle a nommé chef de délégation.
L'amiral Muselier écrira plus tard que Tixier « prenait parfois des initiatives contraires à ses instructions et à nos
directives générales [59] ». Pour une fois, le fougueux amiral
fait preuve de retenue, car ce que les Américains peuvent
constater est bien plus calamiteux encore ; le 26 février
1942, le secrétaire d'Etat adjoint Adolf Berle note que
Tixier, venu l'entretenir du problème de l'aéroport de
Pointe-Noire et de la demande concernant les huit avions
Lockheed, lui a montré le télégramme d'instructions du
Général, en lui avouant qu'il « avait conservé le télégramme pendant trois jours avant d'oser le lui présenter »,
et en ajoutant, pour mieux marquer sa désapprobation, qu'il
était « extrêmement difficile de traiter » avec le Comité
français de Londres [60] ». Un mois plus tard, Tixier, s'étant
rendu à Londres pour s'entretenir avec le Général, rencontre le chargé d'affaires de l'ambassade des Etats-Unis,
qui télégraphie au Département d'Etat : « Tixier est d'avis
que ni le gouvernement britannique ni le nôtre ne
comprennent la situation en France, et que le général
de Gaulle et son entourage à Carlton Gardens sont tout aussi
dénués de sens des réalités. [...] Les ferments de résistance
en France ne se trouvent que dans " le peuple ". De Gaulle
et ceux qui le suivent, dit-il, n'ont aucun contact avec " le
peuple ". [...] Il trouve que ceux qui sont au QG de la France
libre se préoccupent tant de leurs " petites querelles mes-
quines " qu'ils sont hors d'état de donner au mouvement la
direction " désintéressée " qui lui est nécessaire [61]. »

Comment s'étonner après tout cela que le *New York
Times*, toujours bien informé, ait pu écrire peu après : « Il
y a des signes de désintégration jusqu'à l'intérieur de la

délégation gaulliste à Washington [62]... » ? Moins d'une
semaine plus tard, Sumner Welles ne dira pas autre chose à
l'ambassadeur de Grande-Bretagne, Lord Halifax : « Il
m'apparaît clairement que le mouvement des Français
libres tel qu'il est représenté par le général de Gaulle et ses
associés est en train de tomber rapidement en déliques-
cence. » A ce problème, le sous-secrétaire d'Etat semble
avoir trouvé une solution, qui lui a été manifestement dictée par Cordell Hull en personne : « Que les Américains et
les Britanniques se mettent d'accord pour constituer un
Comité national français ne comprenant pas plus de quinze
personnes, et représentant toutes les tendances du peuple
français résolues à résister à l'Allemagne. » Ce comité
serait « avant tout consultatif », c'est-à-dire sans pouvoir
exécutif, et le général de Gaulle pourrait même en être
membre [63] ! Pour lui donner un caractère impeccablement
démocratique, il faudrait naturellement faire venir de
France quelques luminaires de la Troisième République,
comme Herriot ou Jeanneney. C'est après tout ce que propose le colonel Donovan depuis près de cinq mois [64], et
cela ne devrait pas présenter de difficultés particulières.
Evidemment, pour constituer un tel comité, il serait
prudent d'obtenir au préalable l'assentiment de tous les
Français intéressés, mais ni Welles, ni Hull, ni Roosevelt
ne semblent y avoir pensé... Pourtant, les Britanniques, qui
ont davantage d'expérience en matière de relations avec le
général de Gaulle et ont déjà essayé à plusieurs reprises de
« démocratiser » le CNF [65], feront part de leur scepticisme
en termes mesurés mais parfaitement explicites [66]...

Il est vrai que depuis quelques semaines, un événement
de taille est venu perturber le bel ordonnancement de la
politique américaine : le 27 mars, Sumner Welles avait
écrit à l'amiral Leahy : « Comme vous le savez, notre politique a consisté d'une part à aider et soutenir le mouvement de la France libre dans les territoires qu'elle
administre, et d'autre part à faire en sorte que Vichy tienne
ses promesses de ne pas se départir de sa flotte et de ne pas
permettre que son territoire serve de base à des opérations
militaires. Il pourrait arriver bientôt un moment où ces
deux politiques ne seront plus compatibles [67]. » De fait, ce

moment arrive bel et bien le 15 avril 1942 : ce jour-là, on annonce le retour de Laval au pouvoir à Vichy... Dès lors, Roosevelt n'a plus le choix ; deux jours plus tard, il annonce que l'ambassadeur Leahy sera rappelé à Washington « pour consultations ». A l'évidence, les choses se compliquent singulièrement...

Pour le général de Gaulle, elles se simplifient au contraire : ses alliés vont enfin devoir choisir leur camp ! Voilà quatre mois qu'il attendait cela, plus exactement depuis l'« incident » de Saint-Pierre-et-Miquelon, dont il écrira lui-même : « Peut-être, de mon côté, l'avais-je provoqué pour remuer le fond des choses, comme on jette une pierre dans l'étang [68]. » Bien sûr, les résultats de la provocation ont été mitigés : aux Etats-Unis, « les grenouilles ont crié [69] », mais la presse et l'opinion ont pris fait et cause pour lui, Hull et Roosevelt ont dû reculer, de Gaulle est resté maître du terrain et Vichy a dû s'en accommoder... Mais Washington n'en a pas moins continué à jouer le double jeu entre Pétain et de Gaulle, et Londres a dû suivre le mouvement ; pour les Alliés, la France a cessé de compter, et la France libre reste un simple pion sur le vaste échiquier du conflit mondial...

Pourtant, son chef solitaire est plus que jamais décidé à ranimer la flamme de la résistance française partout dans le monde ; au début de 1942, un émissaire secret, Jean Moulin, a été parachuté en France, avec pour mission d'unifier les divers mouvements de résistance sous une seule autorité – celle du général de Gaulle. Mais hors de France, le Général poursuit une tâche non moins ardue et encore plus ingrate : faire rentrer dans la guerre toutes les colonies et les possessions françaises d'outre-mer, sans apparaître comme un mercenaire à la solde de Londres, ni susciter de réaction violente de la part de Washington ; envoyer ses soldats sur tous les théâtres d'opérations, afin d'obliger les Alliés à reconnaître la France libre comme un partenaire et un cobelligérant... On verra donc le Général mener une guerre publique contre Vichy et l'Allemagne, et simultanément une guerre privée contre l'amirauté britannique, le *War Office*, le ministère de l'Air, le *Colonial Office*, l'*Intelligence Service*, le *Foreign Office*, le Premier ministre de Sa Majesté, le président des Etats-Unis, le Département d'Etat et l'OSS – ainsi que contre tous les ferments d'opposition au sein comme à la périphérie de son propre mouvement...

Dans l'esprit du général de Gaulle, d'ailleurs, toutes ces oppositions ont partie liée dans une large mesure ; c'est qu'il considère que les dissidences au sein de la France libre sont suscitées ou encouragées par les Britanniques, et le dernier épisode de l'affaire Muselier ne peut que l'encourager dans cette conviction : rentré en Angleterre le 28 février 1942, le héros de Saint-Pierre-et-Miquelon reçoit un accueil triomphal, et le général de Gaulle veut lui confier une nouvelle mission : le ralliement de Madagascar. Hélas ! l'amiral a d'autres idées : il n'est pas satisfait de la manière dont la marine a été traitée en son absence, il accuse de Gaulle d'avoir compromis ses relations avec les Américains dans l'affaire de Saint-Pierre, il peste et tempête contre les « tendances dictatoriales » du Général – bref, il recommence à intriguer... Le 3 mars, à la stupéfaction de tous ses collègues, l'amiral démissionne du Comité national. Le général de Gaulle accepte sa démission et s'apprête à lui nommer un successeur, lorsque Muselier fait savoir qu'il entend rester commandant en chef des forces navales de la France libre ; en d'autres termes, l'amiral veut faire sécession et emmener « sa » flotte avec lui... Mais ce qui aggrave les choses, c'est qu'il a dans cette affaire l'appui total du Premier Lord de l'Amirauté britannique, A.V. Alexander, qui se déclare mécontent « des méthodes arbitraires du général de Gaulle [70] », et qui est suivi en cela par la très grande majorité du *War Cabinet* britannique...

La résolution du Général, la cohésion du Comité national et la médiation du ministre des Affaires étrangères Eden permettront de mettre fin à la dissidence *, mais tout cela renforcera encore les préventions du Général à l'égard

---

* Le 16 mars 1942, le Cabinet de Guerre britannique, informé par Anthony Eden qu'« il n'y a aucune chance d'obtenir que Muselier soit rétabli dans ses fonctions, si ce n'est au prix d'une démission du général de Gaulle », renonce à exiger la réintégration de l'amiral. Celui-ci est assigné à résidence pendant un mois, après quoi le général de Gaulle lui demande d'effectuer une tournée d'inspection en Afrique et au Levant. Mais Muselier refuse et lui notifie que sa collaboration à la France libre est terminée.

de l'Amirauté britannique, de l'*Intelligence service* et de Winston Churchill lui-même, qui ont certainement manigancé cette affaire, tout comme ils s'obstinent à contrer son action en Afrique et au Levant ; pire encore, ils vont le tenir entièrement à l'écart de l'opération de Madagascar qu'ils déclenchent le 5 mai 1942. De Gaulle sera d'autant plus indigné qu'il apprendra que les Britanniques se contentent d'occuper Diego-Suarez, à l'extrémité nord de l'île, pour éviter que les Japonais s'y installent, mais entendent laisser le gouverneur de Vichy en fonction dans le reste du pays – une neutralisation, en quelque sorte, qui ressemble fort à celle négociée par les Américains avec l'amiral Robert à la Martinique ! De Gaulle ne cache pas à Eden qu'il y voit une trahison pure et simple de son mouvement... Mais pour le Général, les choses vont encore plus loin : les Britanniques, pense-t-il, n'agissent pas de leur propre chef pour contrer ses desseins ; ils sont à la remorque de Washington, qui tire manifestement toutes les ficelles en coulisses * : « Les Anglais, quoique sans conviction, se conforment aux directives américaines », écrit-il au général Catroux dès le 3 juin ; quant aux Américains, ils n'ont bien sûr d'autres motivations dans ces affaires françaises que de diviser pour régner, et de ménager Pétain pour éviter qu'il ne collabore plus activement avec l'Allemagne [71]... Ainsi s'expliquent pour le Général toutes les vexations que lui font subir Roosevelt et Hull, depuis le refus de reconnaissance jusqu'au retard apporté à l'aide matérielle, en passant par les ingérences de l'armée américaine dans les affaires françaises en Nouvelle-Calédonie – et ailleurs... A tout cela, le retour aux affaires de Pierre Laval ne change apparemment rien, puisque, ayant rappelé à Washington l'ambassadeur Leahy, Roosevelt refusera de s'engager plus avant en rompant les relations diplomatiques avec Vichy...

Tout cela suscite chez le général de Gaulle une indignation croissante : « Roosevelt ne comprend rien à la situation de la France. Quant à Cordell Hull, c'est vraiment un

---

* Le colonel Billotte, chef d'état-major du Général, écrira que lorsque le général Ismay l'a informé du débarquement à Diego-Suarez, il a ajouté : « Il n'était pas possible de vous prévenir plus tôt... Les Américains ont beaucoup insisté ». (P. Billotte, *Le temps des armes, op. cit.*, p. 190.)

faux-jeton [72] ! » ; à Pierre Mendès-France, qui a rallié Londres après s'être échappé de la prison de Riom, il confie : « Nous sommes perpétuellement en butte aux chicanes, aux avanies, aux outrages même de nos alliés. Je vous assure que c'est dur de tenir. On a parfois envie de fermer la boutique en laissant la clé sous la porte [73]. » Mais le Général, loin de céder au découragement, envisage d'innombrables mesures de rétorsion : un repli sur l'Afrique équatoriale française, une dénonciation publique des « Anglo-Saxons », la suspension de toute coopération avec eux, et même... une alliance de revers avec les Soviétiques ! A Claude Bouchinet-Serreulles qui s'en inquiète, le Général répond sans ambages : « Ce n'est pas eux qui nous disputeront Saint-Pierre-et-Miquelon, l'Indochine, la Syrie, Alger, Djibouti, Madagascar [74]. » Lorsqu'il reçoit des renseignements selon lesquels les Etats-Unis et la Grande-Bretagne prépareraient une opération du même type que celle de Madagascar contre Dakar et la boucle du Niger, dont les Français libres seraient à nouveau exclus [75], le Général envisage carrément de se retirer en URSS : le 6 juin 1942, l'ambassadeur soviétique Bogomolov est effectivement prié de demander à son gouvernement s'il accepterait d'accueillir la France libre à Moscou... Tout cela est fait avec un minimum de discrétion par un Général qui, se sachant écouté en permanence, veut semer la panique chez ses alliés britanniques – ce que confirmera amplement son fils Philippe : « Il n'était pas dans ses intentions d'aller se jeter dans les bras des Soviétiques, mais il aima répandre le bruit qu'il y pensait. [...] Plus tard, il m'expliquera, moqueur : " Tous ces canards avaient pour but d'aller cancaner sous les fenêtres de Churchill " [76]. »

C'est un fait ; dans sa correspondance avec les responsables des divers territoires de la France libre, également interceptée par les alliés anglo-américains, le Général ne se prive pas davantage d'exprimer son exaspération ; celle-ci est rendue plus violente encore par une grave crise de paludisme [77], ainsi que par la publication dans le *New York Times* du 26 mai de l'essentiel des propos échangés trois semaines plus tôt entre Sumner Welles et l'ambassadeur Halifax au sujet d'une réorganisation du Comité de la

France libre [78]... Deux jours plus tard, Etienne Boegner, convoqué à Londres, y trouve un Général très remonté contre lui par des rapports défavorables d'Adrien Tixier * – et plus remonté encore contre les Américains après la lecture du *New York Times* :

« E. Boegner : J'ai eu [...] avec le State Department, juste avant de partir, une conversation...

De Gaulle : Ah oui. Nous y voilà. Le State Department ! Quand vous aurez fini d'organiser la guerre contre moi aux Etats-Unis avec le State Department ! Et c'est pour cela que vous venez ici ?

E.B. : Mon général, j'ai eu l'impression que, à distance, vous étiez mal informé sur les problèmes que vous m'avez demandé de vous aider à résoudre...

De G. : Mal informé ! Et vous croyez que je suis mal informé ! J'ai vu Tixier, le chef de la délégation, il m'a informé, Tixier, cet homme loyal, ce bon Français *. [...]

E.B. : [...] Les instructions que vous avez envoyées à la délégation française depuis huit mois prouvent que vous vous méprenez sur la politique qui est à poursuivre aux USA. [...] Je regrette enfin le coup de force de Saint-Pierre-et-Miquelon...

De G. : J'ai pris Saint-Pierre-et-Miquelon et je le reprendrai ! Je suis la France et Saint-Pierre est à moi, pas aux Américains !

E.B. : Je déplore aussi de voir les journaux américains sérieux prétendre que nos représentants ne sont jamais reçus au State Department, alors que depuis des mois, la porte est ouverte et nous en usons largement.

De G. : Et que m'importe que M. Boegner se promène au State Department. Ce que je veux, c'est être reconnu et ils ne me reconnaissent pas. [...]

E.B. : [...] Il y a quelques semaines, M. Tixier est rentré à Washington disant qu'il allait faire la guerre au gouvernement américain.

De G. : Jamais Tixier n'a dit cela. Jamais. Tixier est un homme loyal, fidèle. Quant à ces Américains, ils préfèrent protéger officiellement les gens de Vichy avec leur Leahy.

---

* Le général de Gaulle semble faire une confiance totale à Adrien Tixier, sans avoir pris la mesure de son antiaméricanisme... et de son antigaullisme.

Leahy qui organise la guerre contre moi en France ; Leahy qui protège les bourreaux de Vichy.

E.B. : Je dois vous dire que je considère l'attitude du gouvernement américain telle qu'elle m'a été définie il y a quelques jours par M. Sumner Welles comme empreinte d'une bonne volonté très sincère. Il m'a prié de vous dire...

De G. : Allez ! Un message de plus. Tout le monde arrive ici avec des messages des Américains pour moi, des messages de M. Welles, des messages de M. Hull. Je n'en ai que faire de leurs messages ! Vous comprenez, j'en ai assez. [...]

E.B. : [...] Welles m'a chargé de vous dire en tout cas que vous devez faire des efforts, mieux vous entourer, élargir le Comité... La seule limite posée par les Etats-Unis est la suivante : il est impossible de reconnaître un gouvernement de la France libre, hors du territoire français, avant la fin de la guerre.

De G. : Eh bien, vous pouvez dire à votre ami Welles qu'il est un con, une ganache, un idiot, et vous direz de ma part à ce vieil abruti de Hull qu'il est un con, une ganache, un idiot. Je les emmerde ! Vous comprenez. Je les emmerde ! Ils ne comprennent rien. Ils ne veulent rien comprendre. Eh bien, la guerre les balaiera et moi, la France, moi je resterai et je les jugerai ! Ah oui, ils préfèrent négocier avec Robert pour la Martinique, avec Robert, c'est à dire avec Laval et avec les Allemands ! Ils lui envoient leurs observateurs, ils traitent avec lui. Mais c'est avec moi qu'ils doivent négocier. Vous m'entendez, avec moi la France, et ils doivent me la remettre, la Martinique, et tout de suite ! Mais j'en ai assez de ces Américains, vous comprenez ! J'en ai assez ! Je vais leur montrer comment on écrit l'Histoire et je vais leur envoyer des bateaux et des hommes pour leur tirer dessus. [...]

E.B. : Vous me donnez l'impression de ne pas vouloir prendre en considération les preuves concrètes de la bonne volonté américaine, ni les moyens de guerre qui ont été mis à notre disposition.

De G. : Quels moyens de guerre ? Je leur demande quatre avions de transport pour l'Afrique et ils refusent de me les donner. Eh bien, puisque je n'ai pas les avions de transport qu'il me faut, eux n'auront pas mes aérodromes. Qu'ils essaient d'atterrir à Pointe-Noire, comme ils le prétendent, et je donnerai des ordres : on tirera sur leurs bombardiers, on les abattra, leurs bombardiers. C'est moi qui commande à Pointe-Noire ! Ils verront bien !

E.B. : [...] Lord Halifax pense que notre mouvement devrait être d'abord militaire.

De G. : Lord Halifax est un agent américain. Il ne cesse de jouer contre moi. Je n'ai que faire de ses conseils.

E.B. : Il y a du flottement au sein de l'administration américaine. La France libre pourrait en tirer parti.

De G. : Du flottement ! Du flottement ! Il flotte, votre Welles ? Il flotte, votre Hull ? Ils ne veulent pas me reconnaître. Eh bien, je me passerai d'eux. Je suis la France et je dois être intransigeant.

E.B. : Ce n'est pas une bonne méthode...

De G. : Oui, oui, je sais. Ils veulent me remplacer, ils négocient pour organiser la guerre contre moi avec des traîtres que je ferai fusiller ! [...] Evidemment, s'ils veulent m'avoir, ces Américains, ils m'auront, car ils sont plus forts que moi ! Mais l'Histoire les jugera ! [...]

E.B. : [...] Je vous suggère de venir à Washington. Je pense que, sous une forme ou sous une autre, le président Roosevelt acceptera volontiers de discuter avec vous tous nos problèmes. [...]

De G. : Ce Roosevelt ! Ah, ce Roosevelt voudrait me voir ! Eh bien, qu'il m'invite s'il veut me voir. Ce n'est pas à moi de le lui demander. [...] Non ! je n'entrerai pas par la petite porte ! Je suis la France et j'entrerai par la grande porte. Et si Roosevelt veut me voir, qu'il m'invite officiellement [79]. »

Il n'y aura évidemment pas d'invitation, mais plusieurs facteurs vont tout de même contribuer à améliorer les relations : l'exploit de Bir-Hakeim, où une division légère de la France libre tient tête aux armées de Rommel en Libye entre le 27 mai et le 10 juin, permettant ainsi aux armées britanniques de se retirer en bon ordre ; l'arrivée à Londres de plusieurs personnalités de la Résistance, comme Emmanuel d'Astier et Christian Pineau, qui confirment formellement ce que les services secrets alliés signalaient depuis plusieurs mois déjà : les mouvements de résistance en France ne reconnaissent personne d'autre que le général de Gaulle ; il y a aussi l'hostilité grandissante de la presse américaine vis-à-vis de Vichy depuis le retour de Laval, ainsi que la popularité croissante du Général auprès de l'opinion publique * ; le réchauffement très ostensible des relations entre Moscou et la France libre a sans doute également joué son rôle... de même que l'action discrète mais efficace de quelques Américains qui ont compris l'action du général de Gaulle : Drexell Biddle, devenu ambassadeur auprès des gouvernements en exil à Londres ; John Winant, l'ambassadeur des Etats-Unis auprès du gouvernement de Sa Majesté ; le ministre de l'Intérieur Harold Ickes, l'omniprésent Harry Hopkins, et surtout l'amiral Harold Stark, commandant des forces navales américaines en Europe, dont le calme et la patience ont souvent raison des fureurs tactiques du Général, et dont les rapports favorables à sa cause ont produit une certaine impression à Washington...

Un télégramme envoyé par le général de Gaulle à Tixier le 3 juin donne une première idée du revirement qui s'annonce – et du chemin parcouru depuis le 28 mai : « J'ai eu le 1er juin une longue et satisfaisante conversation avec MM. Eden et Winant. [...] J'ai tiré trois conclusions de ces entretiens : 1) Cordell Hull et Sumner Welles commencent à comprendre que leur attitude à notre égard est devenue insoutenable, tant en ce qui concerne l'opinion mondiale, notamment l'opinion américaine, que vis-à-vis des autres alliés... 2) Le gouvernement britannique est parfaitement fixé sur le rassemblement national qui s'effectue en France autour de nous et sur le fait que le redressement de la France dans la guerre n'est concevable que par nous. Le Gouvernement des Etats-Unis s'en rend compte également, quoique d'assez mauvais gré. D'autre part, l'échec des diverses intrigues qu'il avait encouragées, sinon provoquées, contre nous, parmi les Français d'Amérique et

* Un sondage en mai 1942 indique que 13 % seulement des Américains pensent que le maréchal Pétain représente le mieux l'opinion des Français, tandis que 75 % estiment que c'est le général de Gaulle. (M. Rossi, *Roosevelt and the French, op. cit.*, p. 82.)

même dans certains des territoires ralliés, lui a révélé notre cohésion. 3) Le Gouvernement britannique a pris parti et pousse à une détente. M. Winant a parlé de l'utilité que présenterait une explication directe et personnelle entre moi-même et Cordell Hull. [...] Je suis, en effet, persuadé qu'une fois la détente accomplie, il y aurait intérêt à ce que j'aille aux Etats-Unis, mais à condition que ce soit dans des conditions convenables, et l'initiative ne viendrait certainement pas de moi [80]. » Le 1er juillet, le ton sera plus optimiste encore : « Le gouvernement des Etats-Unis cherche à établir avec nous un *modus vivendi* convenable [81]... »

Une semaine plus tard, le mémorandum publié à Washington donnera au Général l'impression qu'il a pratiquement partie gagnée : « Le Gouvernement des Etats-Unis et le Comité national français à Londres ont exercé une coopération étroite dans les zones où une telle coopération pouvait avancer les buts de guerre. Afin de rendre cette coopération plus efficace pour la poursuite de la guerre, l'amiral Stark et le général Bolte ont été désignés comme représentants des Etats-Unis pour se concerter avec le Comité national français à Londres au sujet de toutes questions ayant trait à la poursuite de la guerre [82]. » Le lendemain 10 juillet, le Général écrit à Tixier que ce mémorandum « a créé une base positive pour nos relations avec Washington » et « permet de commencer une réelle organisation militaire en commun avec les Etats-Unis, spécialement pour la bataille éventuelle en France [83] ». Quel meilleur symbole de cette « organisation militaire en commun » que la journée du 14 juillet 1942 ? Ce jour-là, à Londres, l'amiral Stark et le général Dwight D. Eisenhower, nouveau commandant des forces américaines en Europe, assistent au défilé des troupes de la France libre, devenue la veille « France combattante »...

Manifestement, le général de Gaulle attribue le très net dégel des relations franco-américaines à la volonté de Washington d'effectuer au plus tôt un débarquement en France, pour lequel il aura besoin de l'appui des Forces françaises libres et de la Résistance. Le Général est tout disposé à participer loyalement à cette entreprise, que ses services préparaient depuis plusieurs mois déjà [84] et sur lesquelles il a des vues bien précises, ainsi qu'il ressort clairement des propos qu'il tient à l'ambassadeur Winant dès le 21 mai : « C'est à partir du mois d'août qu'il faudrait envisager une opération de débarquement en France. [...] Il conviendrait d'envisager l'emploi d'au moins une cinquantaine de divisions, dont 6 ou 7 devraient être des divisions cuirassées. La supériorité en aviation devrait être écrasante. [...] La zone de débarquement devrait se situer entre le cap Gris-Nez et le Cotentin [85] ». Bien sûr, le général n'a aucune idée des forces que ses alliés pourraient engager dans l'opération, et le chiffre de cinquante divisions montre bien qu'il les surestime assez largement ; mais le 30 juin, les entretiens avec l'ambassadeur Winant reprennent dans le même esprit de collaboration confiante : « M. Winant a indiqué qu'il souhaitait vivement que l'on trouve moyen de faire en sorte que la capacité militaire du général de Gaulle puisse être directement utile aux Alliés. [...] – Je suis un général français, répond de Gaulle ; si les Alliés me demandaient de jouer un rôle militaire dans notre coalition, je ne m'y refuserais pas. [...] M. Winant : – Il faudrait que le Général, tout en ayant sous sa coupe ce qu'il y aura de troupes françaises à engager dans la bataille, puisse agir comme une sorte de conseiller technique du commandement américain. – Le Général a répété qu'il n'avait pas d'objection à une telle formule. – M. Winant a dit aussi qu'à son avis, le général Marshall et le général de Gaulle s'entendraient très bien dès qu'ils se connaîtraient [86]. »

Tout cela est extrêmement encourageant, et le lendemain 1er juillet, Claude Bouchinet-Serreulles peut noter dans son journal : « Le Général considère sa visite à Washington comme probablement très prochaine. Son désir le plus cher est de parvenir à conclure des accords avec le gouvernement américain, mais aussi de nouer des liens avec le commandement militaire. En matière de stratégie, il considère que rien ne peut être fait à l'avenir qu'avec eux. Il souhaite ensuite se rendre au Levant et en Afrique française libre [...] avant de rentrer à Londres, afin de préparer les opérations d'invasion du continent, qu'il juge imminentes [87]. »

Pourtant, à mesure que le temps passe, de Gaulle commence à s'étonner que les hauts responsables américains ne jugent pas utile d'entamer avec lui des conversations concrètes pour la préparation des opérations. Dès le 18 juillet, marquant déjà quelque impatience, il demande à Tixier de faire connaître aux autorités américaines les conditions qu'il pose à la coopération française aux futures opérations militaires en France : « Ces conditions sont les suivantes : a) Le général de Gaulle doit participer directement à l'établissement des plans interalliés d'opérations à l'ouest. b) La France combattante doit, sans délai, recevoir de ses alliés des moyens matériels importants pour préparer et organiser les concours français aux opérations et à l'insurrection de la France. [...] Tout cela est affaire de gouvernements et de commandements. Je suis prêt à en discuter avec les gouvernements et les commandements alliés, mais pourvu que ce soit franchement. Si les alliés voulaient traiter avec nous dans cette grave matière par de petites gens, regardant dans la lorgnette par le petit bout, [...] je ne m'associerais pas à leur entreprise [...]. Vous pouvez ajouter, sans ambages, que je suis d'autant plus résolu à obtenir satisfaction, quant à ces diverses conditions, que ma confiance dans la perspicacité et l'habileté stratégique des alliés comporte quelques restrictions. Sans causer de blessures inutiles, il ne faut pas dissimuler cela, car le temps presse, et d'autre part, l'enjeu est si grand pour la France que nous devons parler net [88]. »

Encore faut-il avoir un interlocuteur... Mais précisément, de Gaulle apprend que le général Marshall est en visite à Londres, et il demande à le rencontrer ; une entrevue est donc fixée au 23 juillet. Pourtant, le chef de la France combattante ne peut manquer de remarquer que personne n'a songé à l'inviter à ces conversations anglo-américaines au plus haut niveau qui se tiennent depuis plusieurs jours déjà, que l'enthousiasme pour une planification conjointe avec les Français est nettement retombé, et que même sa demande d'entrevue avec Marshall a causé un certain embarras. A l'évidence, il y a eu un revirement dans l'attitude de ses alliés, dont il ignore la raison...

Il est bien exact que les Américains ont eu l'intention d'opérer un débarquement en France dès septembre 1942 ; après l'abandon de « Gymnast », l'étude d'un débarquement sur le continent européen lui-même avait en fait commencé au sein des services de planification du ministère de la Guerre, dirigés à l'époque par le général Eisenhower, et un projet avait été présenté au président dès le 1er avril : il prévoyait un débarquement entre Calais et le Havre (nom de code : « Round-Up »), à effectuer au printemps de 1943 ; mais pour soulager le front de l'Est – et aussi en prévision des élections au Congrès en novembre 1942 – un autre débarquement plus limité devait avoir pour objectif l'établissement d'une tête de pont sur la presqu'île du Cotentin dès septembre 1942 (nom de code : « Sledgehammer »). Du fait de la brièveté des délais comme de la faiblesse des effectifs disponibles, il apparaissait à l'évidence qu'un concours de la Résistance française serait indispensable lors du débarquement ; or, les rapports des services secrets alliés étaient formels : la Résistance n'obéirait qu'au général de Gaulle. Ainsi s'explique le très net dégel des relations franco-américaines à la fin du printemps de 1942, ainsi que les propos de l'ambassadeur Winant, qui souhaitait que l'on « trouve moyen de faire en sorte que la capacité militaire du général de Gaulle puisse être directement utile aux Alliés »...

Pourtant, les réactions des chefs d'état-major britanniques aux plans américains ont changé tout cela : une fois à Londres, le général Marshall et ses collègues ont trouvé leurs interlocuteurs hautement réticents, à une époque où les Japonais occupent déjà la Malaisie et la Birmanie, pénètrent en force dans l'Océan Indien et approchent dangereusement de l'Australie comme de l'Inde, tandis que les Allemands bousculent les Britanniques dans le désert de Libye et malmènent leurs convois dans l'Atlantique nord. Comme en outre les Américains n'ont pas tiré un coup de fusil en Europe depuis 1918 et n'ont que deux divisions à contribuer à l'opération « Sledgehammer », les responsables militaires britanniques, qui sont tout de même en guerre depuis trois ans, ont quelques raisons de s'inquiéter du fougueux amateurisme de leurs nouveaux alliés. C'est ce qui ressort clairement des notes prises le 15 avril 1942 par le général Brooke, nouveau chef de l'état-major impérial : « Marshall, me semble-t-il, est un général très apte à constituer des armées et à assurer le lien nécessaire entre le monde militaire et le monde politique, mais je ne suis absolument pas impressionné par ses aptitudes en matière stratégique. [...] Son plan ne va pas au-delà du débarquement sur la côte. Il ne précise pas si nous irons ensuite jouer au baccarat ou au chemin de fer au Touquet, ou si nous prendrons un bain à Paris-Plage. Je lui ai demandé cet après-midi si nous irions vers l'est, le sud ou l'ouest après le débarquement... Il n'avait même pas commencé à y penser ! ! Un grand homme, un grand gentleman, un grand organisateur, mais certainement pas un stratège [89]... »

Les discussions se poursuivent encore pendant trois mois ; les Américains, qui ne se rendent pas bien compte des difficultés de l'opération et de l'insuffisance manifeste des moyens de transport nécessaires pour en assurer le succès, exercent une pression intense sur leurs alliés – appuyés en cela par le ministre des Affaires étrangères soviétique Molotov, qui est venu en personne à Londres et Washington pour exiger l'ouverture d'un second front en France toutes affaires cessantes... Mais en dernier ressort, ce serait aux Britanniques d'assumer la responsabilité d'une telle opération, et leurs généraux s'y refusent catégoriquement. Lorsque les chefs d'état-major américains reviennent à Londres le 17 juillet, ils y retrouvent des homologues britanniques qui ont d'excellents arguments à faire valoir contre « Sledgehammer » : effectifs insuffisants et peu entraînés, manque de chalands de débarquement, couverture aérienne difficile à assurer, conditions météorologiques déplorables dans la Manche à l'automne, impossibilité de conserver une tête de pont dans le Cotentin pendant l'hiver face aux bombardements aériens, sans parler de l'affaiblissement insupportable des opérations en Libye qui découlerait immanquablement d'un engagement prolongé sur le continent... Dès le 22 juillet, le Cabinet de guerre britannique ayant entièrement approuvé la position prise par ses chefs d'états-majors, les responsables mili-

taires américains, la mort dans l'âme, doivent se rendre à
l'évidence : il n'y aura pas de « Sledgehammer » en 1942.
Mais les chefs d'état-major britanniques ont depuis plusieurs semaines un plan de rechange à proposer : il s'agit
d'un débarquement en Afrique du Nord, qui serait plus
facile d'exécution, soutiendrait l'effort militaire britannique en Libye, permettrait d'ouvrir la Méditerranée et
libérerait un million de tonnes de capacité de transport
maritime... Bref, une reprise de l'ancien plan « Gymnast »,
rebaptisé « Torch ». Marshall, King et Eisenhower n'en
veulent à aucun prix *, mais ils vont être désavoués par
leur propre président : si « Sledgehammer » est impossible, il faut absolument que les troupes américaines
mènent une opération militaire quelque part en 1942, pour
les raisons stratégiques et électorales que nous connaissons... Dès lors, Roosevelt tranche lui-même : ce sera
l'opération « Torch »...

La mort dans l'âme, les généraux Marshall, Eisenhower,
Clark **, et Bolte, ainsi que les amiraux Stark et King,
doivent donc se résoudre à changer leur fusil d'épaule... et
c'est dans de telles dispositions qu'ils vont se rendre à
l'entrevue du 23 juillet avec le général de Gaulle – auquel
ils ne peuvent évidemment souffler mot des décisions qui
viennent d'être prises... *** Il va sans dire que l'atmosphère de la réunion dans la « suite 429 » de l'hôtel Cla-
ridge s'en ressentira très nettement : « De Gaulle, notera le
général Clark, est arrivé accompagné d'un assistant-
interprète un peu raide, en s'attendant à ne trouver que
Marshall. En découvrant la présence d'autres officiers, il a
manifesté un déplaisir certain. Après une poignée de main
sèche à chacun d'entre nous, il a haussé les épaules et calé
sa haute et maigre charpente sur une chaise. Pendant la
conférence, il a concentré son attention presque uniquement sur Marshall. King avait commandé une bouteille de
champagne pour l'occasion, mais de Gaulle s'est abstenu

---

* Ils estiment que cela compromettrait fatalement l'opération « Round-
Up » en 1943, du fait d'un détournement massif des matériels et des effectifs
vers la Méditerranée.

** Le général Mark Clark est l'adjoint du général Eisenhower.

*** A Londres comme à Washington, on leur a répété que les Français
libres étaient absolument incapables de garder un secret.

d'en boire [90]. » La suite nous est donnée par le compte-rendu français :

« Après quelques paroles de bienvenue, le général de Gaulle prie qu'on l'excuse de ne pas parler anglais. Ce qu'il dira sera traduit par le capitaine Coulet.

Le général Marshall, parlant au nom de tous, déclare qu'il est heureux de connaître le Général et qu'il admire toutes les qualités de vaillance montrées récemment par les forces françaises.

Le général de Gaulle remercie.

Suit un assez long silence.

Le général de Gaulle rompt ce silence pour dire : " Si cela vous intéresse, je puis vous donner quelques explications sur notre situation militaire ".

Les Américains répondent que " cela les intéresse beaucoup ".

Le général de Gaulle expose que nous avons : en Égypte, deux divisions légères ; en Afrique équatoriale, 20 000 hommes, dont 3 000 Français environ ; au Levant, 6 000 Français et 20 000 autochtones. [...] Le Général passe ensuite aux forces stationnées dans le Pacifique et à celles qui ont leur base en Grande-Bretagne. L'armement de toutes nos troupes est, dans l'ensemble, l'armement français d'avant la guerre. Si l'on nous a procuré des camions et quelques blindés, nous n'avons reçu, en fait d'armes courantes, pas un canon, pas une mitrailleuse, pas un fusil-mitrailleur, ni des Britanniques, ni des Américains...

Le général de Gaulle insiste particulièrement sur les forces dont nous disposons en France. Nous avons [...] un grand nombre de réseaux de renseignements qui fonctionnent bien, au point que presque tous les renseignements qui parviennent aux alliés sur l'ennemi cantonné en France sont pratiquement fournis par nous. Nous disposons également de groupes d'action qui agissent contre les voies de communication, les dépôts, les centres industriels utilisés par l'ennemi. Ces groupes font des coups de main. Ils sont prêts à des actions plus importantes aux jours et aux points que nous indiquerons. Mais cette action d'envergure à l'intérieur de la France ne peut avoir lieu que si une action extérieure concomitante se produit... [91] »

« Le général de Gaulle, note Clark, a demandé ensuite à Marshall ce qu'il pouvait lui dire. Le général Marshall s'est donc lancé dans un discours poli et flatteur, mais bien peu informatif ; King a fait de même. Aucun d'eux n'en a dit davantage au général de Gaulle que ce qu'il aurait pu lire dans la presse du matin. " Dites-moi, s'est exclamé le général de Gaulle dans sa voix de basse profonde : qu'est-ce que vous pensez faire pour le deuxième front ? " [...] Marshall et King ont opiné aimablement du chef, mais leurs réponses sont restées des plus vagues... [92] »

« Un assez long silence s'ensuit », indique le procès-verbal, puis le général de Gaulle déclare :

– " Au cas où cela vous intéresserait, je pourrais vous dire quelque chose au sujet de l'ouverture du second front. "

– " Cela, disent les Américains, nous intéresse beaucoup "

Le Général indique alors qu'au point de vue de la stratégie alliée, il estime que l'ouverture d'un second front à l'ouest est une impérieuse nécessité. Il le croit aussi en tant que Français. Il précise où et de quelle façon devrait, selon lui, être entreprise cette vaste opération. Toutefois, le sort du peuple français serait engagé si directement et si gravement, dans l'éventualité de l'ouverture d'un second front en France, que la participation de ses forces à la bataille impliquerait que les alliés souscrivent à certaines conditions.

Le général Marshall et l'amiral King disent qu'ils sont d'accord sur ce point avec le général de Gaulle.

Le général de Gaulle rappelle qu'une note sur la participation de la France à l'ouverture d'un second front a été remise la veille à l'amiral Stark. [...] Il recommande cette note à l'attention du général Marshall et de l'amiral King. Ni l'un ni l'autre de ces officiers généraux n'en avait encore pris connaissance, mais tous deux assurent qu'ils vont le faire aussitôt. Le général Eisenhower, par contre, déclare qu'il est au courant des propositions françaises.

Nouveau silence [93]. »

« De Gaulle, note enfin le général Clark, voyant qu'il n'avait aucune chance d'obtenir l'information qu'il cherchait, s'est levé avec raideur et a déclaré : " Je n'abuserai pas de votre temps ". Puis, après une poignée de main froide, il est sorti à grandes enjambées, avec son assistant sur les talons [94]. »

De cette entrevue, les officiers américains sortiront triplement mal à l'aise : outre l'attitude assez réfrigérante du général de Gaulle, il y a eu l'obligation de cacher leurs projets à un allié, en dépit de leur sympathie secrète pour ses plans de débarquement en France, qu'ils auraient eux-mêmes tant voulu mettre en œuvre, au lieu de ce débarquement en Afrique du Nord que Churchill et Roosevelt viennent tout juste de leur imposer... Le plus dépité est sans doute le général Eisenhower, concepteur du plan « Sledgehammer », qui vient de confier à son assistant que le 22 juillet, jour où a été prise la décision d'opérer en Afrique du Nord plutôt qu'en France, pourrait bien être connu à l'avenir comme « le jour le plus noir de l'histoire [95] ». Il en sera sans doute plus persuadé encore trois jours plus tard, en apprenant qu'il a été désigné pour prendre le commandement de l'opération « Torch »... « La décision d'envahir l'Afrique du Nord, expliquera-t-il, nous amenait à bouleverser entièrement nos conceptions et à réviser radicalement nos plans comme nos préparatifs. Alors que nous comptions avoir de nombreux mois pour préparer l'opération dans les règles, nous n'avions plus que des semaines ; au lieu d'une attaque concentrée à travers un étroit bras de mer, nous allions devoir faire mouvement en haute mer, où les sous-marins ennemis constitueraient une véritable menace. Notre cible n'était plus un front restreint où nous connaissions parfaitement le terrain, les infrastructures et les populations, [...] mais l'extrémité d'un continent où aucune opération majeure n'avait été entreprise depuis des siècles. Nous n'avions pas la puissance aérienne que nous comptions utiliser contre l'Europe, et ce que nous avions devait être concentré sur une base unique et hautement vulnérable : Gibraltar [96]. »

En fait, il y a bien d'autres impondérables : la réaction des garnisons espagnoles des deux côtés de la Méditerranée, par exemple, ou celle des quelque 150 000 soldats de Vichy stationnés aux abords des objectifs ; du reste, ces objectifs eux-mêmes sont assez mal définis : au début, ce devait être Casablanca, Oran et Alger, et la planification s'est faite en conséquence ; les Britanniques voulaient y ajouter Philippeville, afin de pouvoir entrer au plus tôt en Tunisie, mais à la fin du mois d'août, les chefs d'état-major américains s'effraient de l'ampleur des opérations projetées, et veulent même supprimer le débarquement à Alger – tout cela à quelques semaines seulement du Jour J, fixé au 15 octobre [97] ! Comme si ce n'était pas suffisant, ils veulent en faire une opération purement américaine, craignant que la participation des Britanniques ne provoque une résistance plus vive des défenseurs français...

Pour juguler cette résistance, les Américains comptent naturellement sur l'action de Robert Murphy et de ses vice-consuls, restés très actifs en Afrique du Nord même après le rappel de Weygand. S'étant convaincu que les responsables locaux, le général Noguès à Rabat, le gouverneur-général Chatel à Alger et l'amiral Esteva à Tunis, resteraient fidèles à Vichy quoi qu'il arrive, Murphy s'est intéressé aux échelons intermédiaires, et a pris contact avec les membres du « Groupe des Cinq » : sous la direction de Jacques Lemaigre-Dubreuil, industriel et ancien cagoulard, il comprend le colonel Van Hecke, chef des Chantiers de Jeunesse d'Algérie, Jean Rigault, ancien secrétaire-général du journal Le Jour-Echo de Paris, le lieutenant Henri d'Astier de la Vigerie, royaliste et autre ancien cagoulard affecté à l'état-major de la division d'Oran, et enfin le diplomate Tarbé de Saint-Hardouin, qui était avant la guerre l'adjoint de l'ambassadeur François-Poncet à Berlin. Tous ces hommes pensent pouvoir, le jour venu, bloquer les ordres venus d'en haut et empêcher que les troupes françaises ne résistent aux Américains, grâce aux quelques milliers de civils qu'ils peuvent mobiliser et à plusieurs officiers supérieurs secrètement gagnés à leur cause, dont le général Mast, commandant la division d'Alger, et le général Béthouart, commandant celle de Casablanca. Le Groupe des Cinq est également en contact avec les résistants gaullistes d'Afrique du Nord, notamment Louis Joxe et René Capitant, mais ceux-ci sont assez isolés et même privés de toute liaison avec

Londres[98]. Comme l'écrira le capitaine Beaufre, ancien collaborateur de Weygand et résistant de la première heure : « Rien ne pouvait se faire en Afrique du Nord sans l'appui de très nombreux éléments patriotes du vichysme. Le gaullisme de Londres y était inexportable, tout comme le romantisme gauchisant de la future résistance métropolitaine. Si l'on voulait réussir, il fallait en Afrique du Nord une formule particulière et, par-dessus tout, entraîner l'armée qui constituait le facteur décisif[99]. » Certes, mais pour entraîner l'armée, il faut trouver un chef ayant le grade, l'autorité et le prestige suffisants, qui soit à la fois conservateur et patriote, proaméricain et antianglais, maréchaliste et antiallemand... A l'été de 1942, les comploteurs français comme les diplomates américains sont persuadés d'avoir trouvé cette perle rare : c'est le général Giraud.

Henri Honoré Giraud, général à cinq étoiles, s'est évadé en avril 1942 de la forteresse allemande de Koenigstein et a rejoint Vichy, où il a été reçu par le Maréchal. Presque aussitôt, le chargé d'affaires américain à Vichy a câblé à Washington que Giraud passait pour posséder « les qualités requises d'un chef et le prestige indispensable aux yeux des militaires et des civils[100] ». C'est aussi l'opinion du général Mast et de Lemaigre-Dubreuil à Alger, des représentants de l'OSS à Tanger et Lisbonne, de Robert Murphy et de ses vice-consuls en Algérie comme au Maroc, et enfin de Franklin Roosevelt lui-même ; après tout, voilà un général prestigieux qui veut reprendre la lutte contre l'Allemagne, connaît bien l'Afrique du Nord, ne s'intéresse pas à la politique, est peu suspect d'intellectualisme, modérément maréchaliste et férocement antiallemand, sans compter qu'il n'aime pas beaucoup les Anglais et moins encore le général de Gaulle ! Que demander de plus ? Il est vrai que le brave général semble revendiquer le commandement des opérations, qu'il compte d'ailleurs mener... dans le sud de la France, mais le général Eisenhower, qui prépare fiévreusement l'opération « Torch », n'en est pas moins informé par Washington que le général Giraud (nom de code : « King-Pin ») est l'homme qui lui ouvrira les portes de l'Afrique du Nord : il débarquera en même temps que les troupes alliées, lancera une proclamation à l'armée française d'Afrique... et assumera le pouvoir sous le contrôle des Etats-Unis. C'est la simplicité même !

Arrivé discrètement en Grande-Bretagne à la mi-septembre sous le nom d'emprunt de « lieutenant-colonel MacGowan », Robert Murphy s'entretient avec Eisenhower et le trouve plutôt déprimé : « Le général, écrira-t-il, détestait à peu près tout de cette expédition[101]. » On peut le comprendre : les ordres des chefs d'état-major quant aux objectifs n'ont cessé de changer jusqu'au début de septembre *, avant que Churchill et Roosevelt ne se mettent enfin d'accord sur un débarquement simultané à Casablanca, Oran et Alger ; Roosevelt voulait une expédition exclusivement américaine, jusqu'à ce que les responsables britanniques – et certains de ses propres généraux – le persuadent de changer tous les plans, en incluant un fort contingent britannique pour soutenir des G.I.s aussi peu nombreux qu'inexpérimentés ; il n'aura en tout que 110 000 hommes à sa disposition, alors que les Français d'Afrique du Nord peuvent en aligner jusqu'à 300 000 en incluant les réserves ; et puis, l'arrivée tardive d'armements et d'équipements vitaux a singulièrement compliqué la planification, retardant d'autant l'échéance d'un débarquement que le président Roosevelt veut pourtant lancer avant les élections du 3 novembre ; enfin, l'état-major d'Eisenhower est très mal informé des conditions régnant en Afrique du Nord, si l'on en croit le témoignage de Robert Murphy : « D'après les questions qui m'étaient posées, je pouvais me rendre compte qu'Ike et certains de ses officiers pensaient avoir affaire à des contrées primitives, avec des agglomérations de cases en boue séchée au fin fond de la jungle[102]. » A vrai dire, il n'en sait guère plus au sujet de la personne et des intentions de ce général Giraud, qui semble poser des conditions peu compatibles avec les plans américains – dont il n'est évidemment pas informé... C'est qu'il y a un impératif supplémentaire, qui ne fait qu'ajouter à la nervosité... et à la confusion : le

---

* Le 2 septembre, le général Clark écrit dans son journal : « Nous avons déjà établi une demi-douzaine de plans différents durant cette période d'indécision. [...] Impossible de planifier avant de savoir précisément ce que seront les objectifs. »

secret le plus absolu doit être gardé jusqu'au tout dernier moment, même vis-à-vis des Français d'Afrique du Nord qui s'apprêtent à coopérer lors du débarquement. Quant aux Français libres, ils seront bien sûr tenus dans la plus complète ignorance de ce qui se prépare ; c'est que le président, invoquant les précédents de Dakar et de la campagne de Syrie, de même que les informations de l'OSS selon lesquelles les militaires français d'Afrique du Nord sont férocement antigaullistes, a fait de l'exclusion de la France combattante une condition *sine qua non* : « Je considère comme essentiel, écrit-il à Churchill le 16 septembre, que de Gaulle soit tenu à l'écart de cette affaire et ne puisse avoir absolument aucun renseignement – je répète aucun renseignement – quelque irrité et irritant qu'il puisse se montrer[103]. »

Le problème est qu'à ce moment, le général de Gaulle semble bien avoir reçu des renseignements sur l'opération « Torch », ce qui est déjà préoccupant... Mais ce qui l'est bien plus encore, c'est l'origine de ces renseignements ; dès le 2 septembre, en effet, le colonel Donovan, chef de l'OSS, est informé qu'à Londres, « un représentant du général de Gaulle a élevé une protestation violente contre les plans américains, dont il a appris l'existence à la fois de Vichy, de New York et de deux autres endroits qu'il n'a pas désignés[104] »...

Le 6 août, après une dernière entrevue avec Churchill, le général de Gaulle s'envole pour l'Egypte et le Levant ; il est accompagné de Claude Bouchinet-Serreulles, qui l'entend pester contre les militaires britanniques, contre « ce pauvre Churchill », mais aussi contre les alliés d'outre-Atlantique : « Les Américains ne valent pas mieux ! Mon opinion est faite sur Roosevelt : c'est un politicien très habile sur le plan intérieur. Cordell Hull, Sumner Welles ? C'est Chautemps et Baudouin ! Cordell Hull est un vieillard sot et orgueilleux. Voilà les hommes dont s'entoure Roosevelt, et Leahy par-dessus le marché, qui a trouvé son âme sœur en Pétain ! Quant aux militaires, des enfants au biberon[105]. » A l'évidence, le Général a encore sur le cœur l'entrevue écourtée du 23 juillet avec les militaires américains... Il a aussi quelques soupçons sur les rai-

sons de leur comportement : « Dans l'avion qui
m'emportait vers le Caire, écrira-t-il, se trouvait M. Averell
Harriman, envoyé à Moscou par Roosevelt comme ambassadeur ; ce diplomate, ordinairement ouvert et disert, semblait, cette fois, replié sur un lourd secret. En passant à
Gibraltar, j'eus le spectacle des vastes travaux qui y étaient
engagés et je notai le comportement sibyllin du gouverneur, le général Mac Farlane, si détendu en d'autres occasions. Tous ces indices m'assuraient qu'une grande affaire
se jouerait bientôt, sans nous, dans la Méditerranée[106]. »

Le séjour du général de Gaulle au Caire, à Beyrouth et à
Damas sera des plus agité : déjà remonté contre la politique britannique dans l'affaire de Madagascar, le Général
est outré par les ingérences des sujets de Sa Majesté au
Levant, ainsi que par leur insistance à obtenir des Français
qu'ils y organisent des élections toutes affaires cessantes.
Ses réactions seront donc extrêmement violentes, et cause-
ront au Caire comme à Londres une consternation certaine[107]. Le 23 août, il s'entretient avec le consul-général
des Etats-Unis à Beyrouth, qui rapportera que le général
de Gaulle a violemment dénoncé les Anglais, et même
« menacé de leur déclarer la guerre[108] ». Ce sont des boulets de bien gros calibre que le général de Gaulle tire là
contre ses encombrants alliés britanniques... Mais derrière
les éternelles querelles du Levant, il y a cette fois une
préoccupation plus immédiate : « Je me sentais d'autant
moins porté aux ménagements, écrira-t-il, que les décisions prises par les Anglo-Saxons au sujet de l'Afrique du
Nord m'étaient maintenant connues avec certitude. Non,
certes, que les alliés me fissent rien savoir de leurs plans.
Au contraire, tous ceux qui, chez eux, s'occupaient des
préparatifs continuaient d'observer un silence absolu.
Mais, si cette conjuration du secret nous semblait désobli-
geante, elle était, de surcroît, inutile. Car, d'Amérique,
d'Angleterre, de France, affluaient les renseignements.
Une sorte de rumeur glissait à travers le monde, tandis
qu'en Orient, tout ce qu'on pouvait voir montrait qu'il
s'agissait bien d'une campagne africaine[109]. »

Quatre jours plus tard, en effet, le Général télégraphie à
René Pleven : « J'ai la conviction, étayée par beaucoup

d'indices, que les Etats-Unis ont maintenant pris la décision de débarquer des troupes en Afrique du Nord française. L'opération serait déclenchée en conjugaison avec une offensive très prochaine des Britanniques en Egypte. [...] Les Américains se figurent qu'ils obtiendront, tout au moins, la passivité partielle des autorités de Vichy actuellement en place. Ils se sont, d'ailleurs, ménagé des concours en utilisant la bonne volonté de nos partisans, notamment au Maroc, et en leur laissant croire qu'ils agissent d'accord avec nous, tout en interceptant toutes les communications entre nos services et nos amis. [...] Le cas échéant, le maréchal Pétain donnera, sans aucun doute, l'ordre de se battre en Afrique contre les alliés en invoquant l'agression. L'armée, la flotte, l'aviation ne manqueront pas d'obéir [110]. »

C'est ce qui s'appelle avoir de l'intuition... Mais le 10 septembre, les Britanniques reprennent leur campagne à Madagascar pour occuper l'ensemble de l'île, et quatre jours plus tard, à Beyrouth, Bouchinet-Serreulles peut noter : « Nous sommes entièrement absorbés par l'affaire de Madagascar. [...] Eden propose que le Général rentre à Londres pour en discuter en tête à tête avec Churchill [...] Le Général est perplexe : il ne parvient pas à percer ce que les Anglais ont derrière la tête dans cette affaire. [...] Il a la certitude qu'ils ne jouent pas franc jeu. [...] Il paraît clair que la liberté de mouvement du Général inquiète les Alliés : ils souhaitent l'empêcher de circuler librement en Afrique à la veille du jour où les Américains vont déclencher des opérations militaires en Afrique du Nord. Ils veulent le mettre en cage à Londres et, pour le ramener, lui font miroiter un règlement sur l'affaire de Madagascar et du Levant [111]. » Bien qu'il ne connaisse pas la date précise du débarquement, le Général en saisit bien les objectifs, et il comprend parfaitement ce que sa présence à l'étranger au jour J aurait de gênant pour les autorités britanniques. C'est pourquoi il ne se hâte nullement de répondre à l'« invitation » qui lui est faite ; après une longue tournée en Afrique équatoriale, il ne rentrera en Angleterre que le 25 septembre, avec l'intention déclarée de « vider l'abcès à fond [112] ».

C'est le 30 septembre que le Général s'entretient enfin avec Churchill et Eden – une entrevue qui s'achèvera aussi mal qu'elle a commencé, et laissera la Grande-Bretagne et la France combattante au bord extrême de la rupture[113]. Durant les jours qui suivent, de Gaulle rumine sa colère contre « ces incapables qui prétendent diriger la coalition alliée, ces Churchill, ces Roosevelt, stratèges amateurs [114] ». Mais ces stratèges amateurs, le Général sait désormais qu'ils vont débarquer à très brève échéance en terre française : « Pendant tout le mois d'octobre, note son chef d'état-major Pierre Billotte, les informations et les indices relatifs à un débarquement en Afrique du Nord se multiplient [115] » Entre-temps, de Gaulle a exposé à l'ambassadeur Winant l'appui que pourrait apporter la France combattante à une telle opération, de même que l'utilité de relations directes entre le Comité national français et l'administration américaine [116]. Ne voulant rien négliger, il a même chargé des hommes venus directement de la Résistance en France d'expliquer à Washington ce qu'est la France combattante : au début d'octobre, Henri Frenay, chef du mouvement *Combat*, et Emmanuel d'Astier de la Vigerie, chef de *Libération*, écrivent tour à tour au président Roosevelt que la Résistance, et même la nation française, sont désormais derrière le général de Gaulle [117]. Le 6 octobre, de Gaulle lui-même va écrire directement au président une longue lettre, dont voici les passages saillants :

« Vous avez suivi l'évolution morale et politique de la France depuis 1918. Vous savez qu'ayant supporté le poids principal de la dernière guerre, elle en est sortie épuisée. Elle a senti profondément que l'état d'infériorité relative qui en résultait pour elle l'exposait à un grave péril. Elle a cru à la nécessité d'une coopération alliée pour compenser cette infériorité et réaliser l'équilibre des forces.

Vous n'ignorez pas dans quelles conditions cette coopération lui a manqué. Or, c'est principalement le doute où la France se trouvait, quant au soutien réel qu'elle pourrait trouver contre l'adversaire de la veille et du lendemain, qui a été à l'origine de la politique ondoyante et de la mauvaise stratégie d'où est sortie notre défaite. [...]

La France vaincue a donc le sentiment de l'humiliation qui lui a été infligée et de l'injustice du sort qu'elle a subi. C'est pourquoi il faut qu'avant la fin de cette guerre, la France reprenne sa place dans le combat et qu'en attendant, elle n'ait pas l'impression qu'elle l'ait jamais abandonné. Il faut qu'elle ait conscience d'être l'un des pays dont l'effort aura amené la victoire. Ceci est important pour la guerre et essentiel pour l'après-guerre.

Si la France, fût-elle libérée par la victoire des démocraties, se faisait à elle-même l'effet d'une nation vaincue, il serait fort à craindre que son amertume, son humiliation, ses divisions, loin de l'orienter vers les démocraties, l'inciteraient à s'ouvrir à d'autres influences. Vous devinez lesquelles. Ce n'est pas là un péril imaginaire, car la structure sociale de notre pays va se trouver plus ou moins ébranlée par les privations et les spoliations. [...] En tout cas, quelque inspiration qu'accepte une France qui serait jetée dans une situation révolutionnaire, la reconstruction européenne et même l'organisation mondiale de la paix s'en trouveraient dangereusement faussées. Il faut donc que la victoire réconcilie la France avec elle-même et avec ses amis, ce qui n'est pas possible si elle n'y participe pas. [...]

Vous me direz : " Pourquoi vous êtes-vous assigné ce but ? Et à quel titre y êtes-vous fondé ? " Il est vrai que je me suis trouvé, au moment de l'armistice de Vichy, dans une situation proprement inouïe. Appartenant au dernier gouvernement régulier et indépendant de la Troisième République, je déclarai tout haut vouloir maintenir la France dans la guerre. [...] Si le président de la République, si le Parlement et ses chefs avaient appelé le pays à continuer la lutte, je n'aurais même pas pensé à parler au pays ou en son nom. Mais ils ne l'ont pas fait. Nul autre ne s'est présenté qui ait entraîné un groupe ou un territoire français. [...] Quoi qu'il en soit, j'étais seul. Fallait-il me taire ?

Est-ce à dire que mes compagnons et moi nous soyons posés, à aucun moment, comme le gouvernement de la France ? En aucune manière. Au contraire, nous nous sommes tenus et proclamés comme une autorité essentiellement provisoire, responsable devant la future repré-

sentation nationale et appliquant les lois de la Troisième
République. [...]

On nous dit que nous n'avons pas à faire de politique.
[...] Nous ne reculons pas devant le mot " politique " s'il
s'agit de rassembler, non point seulement quelques
troupes, mais bien la nation française dans la guerre, ou
s'il s'agit de traiter avec nos alliés des intérêts de la France
[...]. En effet, ces intérêts, qui donc, sauf nous-mêmes,
pourrait les représenter ? Ou bien, faut-il que la France soit
muette pour ce qui la concerne ? Ou bien, faut-il que ses
affaires soient traitées avec les Nations unies par les gens
de Vichy dans la mesure et sous la forme que M. Hitler
juge convenables ? [...]

Parce que des circonstances sans précédent dans notre
histoire nous ont assigné cette tâche, est-ce à dire que nous
pensions imposer à la France un pouvoir personnel,
comme quelques-uns le murmurent parfois à l'étranger ? Si
nous nourrissions des sentiments assez bas pour chercher à
escroquer le peuple français de sa liberté future, nous
ferions preuve d'une ignorance singulière de notre propre
peuple. Le peuple français est, par nature, le plus opposé
au pouvoir personnel. A aucun moment il n'eût été facile
de lui en imposer un. Mais, demain, après l'expérience
odieuse du pouvoir personnel faite par Pétain grâce à la
connivence des Allemands et à l'oppression intérieure, et
après la longue et dure contrainte de l'invasion, qui donc
aurait l'absurdité d'imaginer qu'on pût établir et maintenir,
en France, un pouvoir personnel ? Quelques services qu'il
ait pu rendre dans le passé, le rêveur qui tenterait cela réaliserait contre lui l'unanimité nationale. [...]

Je me permets de vous dire, Monsieur le Président, que
dans cette guerre immense qui exige la coopération et
l'union de tout ce qui lutte contre les mêmes ennemis, la
sagesse et la justice imposent que la France combattante
soit réellement et puissamment aidée. [...] Votre nom et
votre personne ont, en France, un prestige incontesté. La
France sait qu'elle peut compter sur votre amitié. Mais
enfin, dans votre dialogue avec elle, qui peut être votre
interlocuteur ? Est-ce la France d'hier ? Les hommes qui en
furent les plus représentatifs me font dire qu'ils se

confondent avec nous. Est-ce la France de Vichy ? Peut-
être pensez-vous que ses chefs pourraient, un jour,
reprendre les armes à nos côtés. Hélas ! Je ne le crois pas.
Mais, en admettant que cela fût possible, il existe actuellement une certitude, c'est qu'ils collaborent avec Hitler.
Dans vos dialogues avec eux, il y a toujours ce tiers
présent. Est-ce la France de demain ? Comment savoir où
elle réside tant qu'elle n'aura pas désigné ses chefs par une
Assemblée librement constituée ? [...]

On me dit que des personnes de votre entourage crain-
draient qu'en reconnaissant notre existence, vous compro-
mettiez la possibilité que certains éléments, notamment
militaires, qui dépendent actuellement du gouvernement de
Vichy, rentrent bientôt dans la guerre. Mais, croyez-vous
que ce soit en ignorant les Français qui combattent, en les
laissant se décourager dans l'isolement que vous attirerez
les autres dans le combat ? D'autre part, quel danger
comporterait pour la France, le fait que ses alliés pro-
voqueraient sa propre division en favorisant la formation
de plusieurs tronçons rivaux, les uns neutralisés avec
l'accord des alliés eux-mêmes, les autres dispersés pour la
même patrie ! Enfin, plus de deux ans de cruelles expériences n'ont-ils pas montré que tout élément qui se sépare
de Vichy est amené, soit à rejoindre la France combattante,
soit à figurer individuellement comme isolé sans importance ? Le peuple français, dans sa situation terrible, voit
naturellement très simple. Pour lui, il n'y a de choix
qu'entre le combat et la capitulation. [...]

C'est pourquoi je vous demande d'accepter l'idée d'un
examen général et direct des relations entre les Etats-Unis
et la France combattante. Quelle que doive être la forme
d'un pareil examen, je ne crois pas qu'il y ait une autre
manière d'aborder franchement un problème dont je sens
profondément que, dans l'intérêt de la cause sacrée pour
laquelle nous combattons, il doit être résolu.

Je vous prie de bien vouloir agréer, Monsieur le Président, les assurances de ma haute considération [118]. »

Voilà donc une lettre remarquable à tous égards, dans
laquelle le général de Gaulle s'est efforcé de désarmer une
à une les préventions du président à son encontre, tout en

lui expliquant par le menu sa conception de la France et du monde. Certains passages montrent que le Général est fort bien informé des rumeurs qui circulent sur son compte à Washington, ainsi que des visées de la politique américaine pour un avenir très proche ; d'autres, concernant la France et le monde d'après-guerre, sont cette fois encore étonnamment prophétiques. Difficile en somme de lire un exposé aussi magistral sans en être ébranlé...

Pourtant, si cette lettre, comme celles de Frenay et d'Astier, est destinée à rester sans réponse, c'est que les préventions du président à l'égard du chef de la France combattante sont très solidement ancrées. Il est vrai que les rapports qu'il reçoit de tous côtés ne peuvent que l'entretenir dans ses dispositions : c'est ainsi que l'OSS décrit le Général comme un homme autoritaire, aux tendances dictatoriales, « ayant des fascistes comme conseillers [119] » ; Murphy et ses vice-consuls rapportent qu'il est très impopulaire en Afrique du Nord, où il n'a pratiquement pas de partisans [120] ; l'amiral Leahy, devenu à son retour de Vichy le chef d'état-major particulier de Roosevelt, s'est employé à répéter au président les pires rumeurs circulant dans l'entourage de Pétain sur le compte du général de Gaulle ; Alexis Léger, devenu de plus en plus antigaulliste, y a également mis du sien, et il est toujours très écouté à la Maison-Blanche comme au Département d'Etat ; le 7 septembre 1942, René Pleven rencontre le journaliste américain Walter Lipmann, qui lui confie qu'« après le 9 juillet, Léger a mené une campagne acharnée dans tous les milieux influents et [...] a fait valoir que l'action du Comité national, loin d'unifier la France, était le germe d'une division dont sortirait la guerre civile [121]. » Tout cela n'est manifestement pas sans effet, ainsi que le rapportera au début de septembre le ministre des Affaires étrangères Anthony Eden : « M. Welles a exprimé les plus grandes inquiétudes au sujet du général de Gaulle. Il pensait que le moment approchait où il nous faudrait rompre les relations avec lui. [...] Si de Gaulle rentrait en France avec les armées d'occupation et constituait un gouvernement provisoire, on ne pourrait plus jamais s'en débarrasser [122]. » A ce concert se joignent d'autres Français comme Jean Monnet qui, un peu moins remonté que Léger contre le général de Gaulle, n'en conseille pas moins à ses interlocuteurs américains de s'appuyer en Afrique du Nord « non sur de Gaulle, mais sur des personnalités ayant une autorité sur place, comme par exemple le général Noguès [123] » ; il y a aussi le général d'aviation en retraite Odic qui, ayant rallié Londres en novembre 1941, s'est rapidement déclaré insatisfait de la manière dont on l'a reçu : « Le général de Gaulle lui ayant offert le commandement de toutes les forces d'Afrique équatoriale française, écrira le colonel Passy, il vit en ce geste une insulte et, malgré sa surdité presque complète, entendit les voix de l'opposition lui conseiller de rompre brutalement avec cette France libre qui ne le portait pas au pinacle. Il alla donc rejoindre l'équipe des braves qui utilisaient toutes leurs forces à lutter contre de Gaulle [124]... » En d'autres termes, il s'est retrouvé à Washington, où il a adressé au Département d'Etat entre le printemps et l'automne de 1942 plusieurs mémoires dénonçant le « fascisme » du général de Gaulle... Quant au représentant de la France libre à Washington, il continue à défendre la cause du Général avec des arguments pour le moins ambigus, ainsi que le notera Sumner Welles dans un mémorandum du 28 septembre : « M. Tixier a affirmé que tout le problème venait du fait que le général de Gaulle n'était jamais allé aux Etats-Unis, ne connaissait rien des Etats-Unis en dehors de leur histoire militaire, et ne parlait même pas l'anglais. Il a ajouté que dans ces conditions, il était naturellement difficile pour le général de Gaulle de comprendre l'opinion publique de ce pays, de même que l'attitude et la politique de son gouvernement [125]. »

Bien entendu, les lettres de Churchill au sujet de ses démêlés avec de Gaulle au Levant ont dû encore conforter les préventions du président contre le Général. Mais Churchill, lui, redoute fort les réactions de l'intraitable chef de la France combattante – et celles de sa propre opinion publique – si les Français libres sont tenus une nouvelle fois à l'écart d'une opération dans l'Empire français ; c'est pourquoi il écrit au président pour lui suggérer de prévenir de Gaulle, tout au moins à la veille de l'opération. Mais le 5 novembre, il reçoit de Washington une réponse catégorique : « J'aurais les plus grandes inquiétudes sur les répercussions fâcheuses que toute intervention du général de Gaulle dans l'opération d'invasion pourrait avoir sur les efforts féconds que nous faisons pour rallier à notre expédition une grande partie des troupes françaises d'Afrique. Je considère donc qu'il est inopportun que vous fournissiez à de Gaulle le moindre renseignement sur l'invasion, tant que nous n'aurons pas réussi à débarquer [126]... »

Mais l'esprit de « jongleur » et de conspirateur de Franklin Roosevelt restant omniprésent, sa politique d'intrigue et de dissimulation va s'étendre bien au-delà des précautions à prendre vis-à-vis du général de Gaulle – ainsi que l'on peut en juger d'après les instructions et les initiatives qui vont suivre : à Robert Murphy, nommé adjoint politique du général Eisenhower pour l'opération « Torch », il donne l'ordre de ne négocier avec les Français qu'« au niveau local », sous prétexte qu'il « ne veut aider personne à imposer un gouvernement au peuple français [127] » ; il lui ordonne de ne communiquer la date du Jour J aux chefs des patriotes français d'Afrique du Nord qu'« au tout dernier moment » – c'est-à-dire avec un préavis de trois à quatre jours seulement... Enfin, il devra leur laisser prévoir le débarquement d'un demi-million d'hommes – contre moins d'un quart de ces effectifs en réalité –, et leur dissimuler que 30 % d'entre eux seront anglais plutôt qu'américains... Le président informe également Murphy qu'une première vague de 5 000 hommes débarquera en Tunisie, et ce dernier écrira : « Les chefs de la résistance furent alertés en conséquence, mais ce plan fut annulé à la dernière minute, sans que j'en fusse informé [128]. » Par ailleurs, il est bien entendu que l'on mise sur le général Giraud pour ouvrir les portes de l'Afrique du Nord, mais Roosevelt a fait savoir à Murphy le 17 octobre qu'il pourrait également traiter avec l'amiral Darlan, s'il jugeait que cela aiderait les opérations militaires [129]... Bien entendu, on n'en soufflera mot au général Giraud, pas plus qu'on ne lui expliquera que son exigence de prendre le commandement des forces alliées est aussi irréaliste que son plan de débarquement dans le sud de la France * ; et pourtant, Giraud est persuadé d'avoir l'assentiment du président sur ces deux points ; du reste, il ne sera instruit qu'*in extremis* de la date du débarquement, et comme il l'écrira plus tard : « Jamais, jusqu'au 2 novembre 1942, je n'ai été averti de façon précise que le débarquement aurait lieu en Afrique [130]. » A quoi il faut ajouter que ni les chefs d'état-major ni le Département d'Etat n'ont été informés de la teneur des « accords » Giraud-Murphy, et que jusqu'au tout dernier moment, Roosevelt ne veut rien dire de l'opération « Torch » à son propre secrétaire d'Etat... C'est ce que constate avec stupeur Robert Murphy, qui racontera plus tard : « Le président m'a dit : " N'en parlez pas au Département d'Etat ; c'est une véritable passoire. " Lorsque j'ai fait remarquer que cela pouvait me mettre dans une situation embarrassante vis-à-vis de Hull, Roosevelt m'a répondu : " Ne vous en faites pas pour Cordell. Je m'en occuperai ; je lui parlerai de notre plan un ou deux jours avant le débarquement. " Ceci m'a fait une certaine impression, car j'avais toujours pensé jusque-là, et non sans quelques raisons, qu'il y avait à l'époque beaucoup plus de fuites émanant de la Maison-Blanche que du Département d'Etat [131]. »

Certes, mais le président a une conception très personnelle du secret comme de la politique. Même à Churchill, qui a accepté d'être pour l'occasion son « fidèle

---

* Le 27 octobre, Giraud avait fait transmettre à Murphy (par l'intermédiaire de Lemaigre-Dubreuil) une lettre dans laquelle il revendiquait le « commandement interallié » quarante-huit heures après le début des opérations ; il demandait aussi l'assurance que les Américains débarqueraient aussitôt après dans la zone non occupée de France métropolitaine... Dans sa réponse du 2 novembre, Murphy restera dans l'équivoque, en assurant le général que « le gouvernement des Etats-Unis n'a pas d'autre désir que de placer le commandement militaire de ces territoires dès que possible entre les mains des Français », et aussi que « la restauration de l'indépendance totale de la France dans sa grandeur et avec ses possessions d'avant-guerre, en Europe et outre-mer, est un des objectifs de guerre des Nations unies. » Il précise enfin que « le gouvernement des Etats-Unis considère la nation française comme une alliée et traitera avec elle en tant que telle », et que « les autorités américaines ne s'immisceront en aucune façon dans les affaires qui relèvent uniquement de l'administration française ». (FDRL, PSF, 2/11/42). C'est cet échange de lettres qui sera désigné – surtout par le général Giraud – sous le nom d'« accords Giraud-Murphy ».

lieutenant », il s'abstiendra de tout dire... Il a également essayé, sans en parler à personne, de persuader Edouard Herriot de quitter la France pour jouer un rôle en Afrique du Nord, mais l'ancien président de la Chambre a poliment décliné [132] ; au maréchal Pétain, enfin, Roosevelt adressera au moment du déclenchement de l'opération un message personnel dont il a soigneusement pesé les termes, et qui comprend entre autres ces passages :

« Mon cher vieil ami,

Je vous envoie ce message, non seulement en tant que chef d'Etat des Etats-Unis s'adressant au chef d'Etat de la République française, mais aussi en qualité d'ami et de camarade des grands jours de 1918. [...] Quand votre gouvernement a conclu, par nécessité, la Convention d'armistice en 1940, aucun de nous n'aurait pu prévoir le régime de pillage systématique que le Reich allemand allait infliger au peuple français. Je n'ai pas besoin de vous affirmer, à vous, héros vénéré de Verdun, que les Etats-Unis d'Amérique ne recherchent pas d'agrandissement territorial et se souviennent toujours de l'amitié historique et de l'aide mutuelle que nous nous sommes apportées. Je vous adresse, et à travers vous, au peuple de France, mes cordiales salutations ainsi que mon profond espoir que nous entrerons tous dans des jours meilleurs. Votre ami, Franklin D. Roosevelt [133]. »

Churchill, craignant les retombées politiques au cas où une lettre aussi chaleureuse viendrait à être publiée, demande au président de l'atténuer quelque peu ; la version finale omettra donc l'« *ami et camarade des grands jours de 1918* », le « *héros vénéré de Verdun* », et la mention : « *votre ami* »... Mais tout bien considéré, la multiplicité des intrigues politiques du président Roosevelt, ajoutée aux incertitudes de l'entreprise militaire du général Eisenhower, laisse prévoir que l'opération « Torch » n'aura rien d'une promenade de santé...

5

Dérives

Dans la nuit du 7 au 8 novembre 1942, l'opération
« Torch » débute sous les auspices les plus favorables : la
coordination entre forces britanniques et américaines pour
cette première opération conjointe est pratiquement parfaite, les immenses convois alliés des *Eastern, Centre* et
Western Task Forces atteignent les côtes de l'Algérie et du
Maroc sans avoir été inquiétés par les sous-marins de
l'Axe, après quoi les débarquements se déroulent sans difficultés majeures et ne rencontrent qu'une opposition très
modérée aux abords des plages ; parallèlement, les groupes
de résistance locaux, ayant reçu le signal d'entrer en
action, ont entrepris depuis minuit de paralyser les centres
de commandement : à Rabat, le général Béthouart fait cerner la maison du résident général Noguès, qui est arrêté ; à
Alger, quelque 400 jeunes gens, bénéficiant de la complicité du commissaire de police Achiary et du général Mast,
s'emparent de points stratégiques comme le palais du gouverneur général et la villa des Oliviers, résidence du
commandant en chef de l'armée de terre Alphonse Juin ;
ils doivent tenir assez longtemps pour permettre l'arrivée
des troupes américaines, prévue pour 2 h 30 [1]...

Mais les faiblesses du plan allié vont vite se révéler coû-
teuses : les résistants ont été alertés trop tard et les armes
promises par les services secrets américains ne leur ont pas
été livrées ; ils ne peuvent donc tenir indéfiniment les
points qu'ils contrôlent. Par ailleurs, les soldats de Vichy

ne semblent nullement impressionnés par l'uniforme et le drapeau américains, les troupes débarquées mettent trop de temps à quitter les plages pour gagner la ville, et les insurgés sont progressivement délogés des points qu'ils occupent... A Rabat, le résident général Noguès est délivré dès six heures du matin, et le général Béthouart est arrêté à son tour. A Alger, Robert Murphy, venu parlementer avec le général Juin, s'entend répondre qu'il ne peut rien faire pour aider les Américains, car l'amiral Darlan est sur place, et c'est lui qui détient le commandement suprême *. Darlan, lui, répond obstinément à Murphy qu'il est lié par son serment de fidélité au Maréchal; toutefois, il accepte de communiquer avec Vichy pour demander des instructions... Mais à 6 h 30, des gardes mobiles investissent la villa des Oliviers, libèrent Darlan et emprisonnent Murphy, avant de reprendre progressivement tous les points d'appui des insurgés. Dès lors, à Alger comme à Casablanca, la bataille contre les Alliés s'engage pour de bon...

On se souvient que d'après le plan américain, le général Giraud devait arriver à Alger dès l'aube du 8 novembre et ordonner aux troupes françaises de déposer les armes. Mais rien ne s'est passé comme prévu : ayant quitté la côte française en sous-marin par gros temps dans la nuit du 6 au 7 novembre, il a été transbordé en mer dans des conditions difficiles et amené au QG d'Eisenhower à Gibraltar. Là, les choses se sont encore compliquées, ainsi que le rapportera le général Clark, qui l'a accueilli avec Eisenhower dans l'après-midi du 7 novembre : « Assis dans le petit bureau loin à l'intérieur du rocher, Ike lui a expliqué nos plans et lui a dit que nous avions préparé pour sa signature un message à l'intention des Français d'Afrique du Nord, annonçant en termes plutôt vagues que les Etats-Unis intervenaient pour devancer les plans de l'Axe visant à saisir l'Afrique du Nord, et appelant tous les officiers et soldats de l'armée d'Afrique à faire leur devoir. Pour ce qui est de Giraud lui-même, la proclamation lui faisait seulement dire : " Je reprends ma place au combat à vos côtés ". Giraud s'est redressé avec raideur : " En ce qui concerne mon rôle, il est bien entendu que quand j'atterrirai en

---

* Darlan semble être venu à Alger pour rendre visite à son fils malade.

Afrique du Nord, j'assumerai le commandement suprême de toutes les forces alliées d'Afrique du Nord. " J'en suis restée bouche-bée, et il m'a semblé qu'Ike n'avait jamais reçu un tel choc, même s'il n'en a rien laissé paraître. [...] " Il doit y avoir un malentendu ", a-t-il répondu prudemment [2]. »

C'est le moins que l'on puisse dire : « Je m'étonne, répond Giraud, que les engagements pris envers moi par le président Roosevelt ne soient pas tenus. On a estimé que ma présence était nécessaire pour limiter les risques du débarquement. [...] J'y ai consenti. Il est normal que mon rôle ne se borne pas à cette fonction psychologique, et que je prenne, sur le plan militaire, la place à laquelle me donnent droit mon passé, mon expérience et mes connaissances aussi bien du pays que de l'Armée d'Afrique. » « Passablement gêné, se souviendra Giraud, le général Eisenhower me déclare tout ignorer de la promesse que m'aurait faite le président Roosevelt [3]. » Et pour cause : le président Roosevelt ne l'en a pas informé, et d'ailleurs, il n'a rien promis du tout ! En prince de l'équivoque, il s'est contenté de laisser Murphy s'engager par quelques formules vagues et ambiguës [4]... Eisenhower a beau expliquer au général Giraud qu'il dépend directement du Comité des chefs d'état-major, qu'il ne peut donc transférer son commandement à qui que ce soit, qu'un tel changement ne pourrait d'ailleurs s'improviser en quelques heures, et que de toute façon, les divisions britanniques qu'il a sous ses ordres n'accepteraient pas de passer sous une autre autorité que la sienne, rien n'y fait... Et aux petites heures, le général Giraud va se coucher en déclarant solennellement : « Giraud restera spectateur dans cette affaire *. »

La négociation reprend le lendemain matin 8 novembre, ménageant à Eisenhower une autre surprise de taille : « La suite de notre conversation, écrira-t-il, a laissé apparaître une différence fondamentale entre ses conceptions stratégiques et les miennes. Il était partisan de passer immédiatement à l'attaque du sud de la France, en négligeant l'Afrique du Nord. J'ai fait valoir qu'au moment où nous

---

* Le général Giraud parle de lui-même à la troisième personne, ce qui déconcerte quelque peu ses interlocuteurs américains.

parlions, les troupes étaient en train de débarquer sur les plages qui leur étaient fixées; qu'il n'y avait aucun moyen d'assurer une couverture aérienne au débarquement qu'il proposait, et que les moyens de transport existants seraient tout à fait insuffisants pour mener à bien une telle opération [5]. » Eisenhower explique aussi à ce général d'armée que des plans de cette ampleur ne s'improvisent pas, qu'il faut s'assurer une base de départ solide avant de songer à l'invasion du sud de l'Europe, et que pour l'heure, les Alliés n'ont même pas le quart des effectifs nécessaires pour l'entreprendre... Pour finir, Giraud, menacé d'être laissé sans emploi à Gibraltar pendant que l'histoire se fait ailleurs, accepte de se rendre à Alger pour faire cesser la résistance; en échange, il sera nommé commandant en chef de toutes les forces françaises d'Afrique du Nord. Mais il est déjà bien tard dans l'après-midi, et son départ pour Alger ne pourra s'effectuer qu'au matin du 9 novembre...

Pendant ce temps, la résistance se poursuit en Afrique du Nord; à Casablanca, Port Lyautey et Rabat, elle s'est même considérablement durcie; à Alger, les gardes mobiles ont repris le contrôle des points stratégiques, mais les forces américaines du général Ryder ont fini par pénétrer dans la ville, quelque peu stimulées par Robert Murphy et puissamment aidées par l'action du général Mast, qui a consigné la division d'Alger dans ses casernes. Vers 17 h, Ryder et Murphy arrivent au QG français de Fort-Lempereur, où ils retrouvent Darlan et Juin entourés d'une cinquantaine d'officiers. Ceux-ci ont compris à ce stade que les Américains ont débarqué en force tout le long de la côte, et que jouer les héros serait aussi dangereux qu'inutile; en fin de journée, Darlan accepte donc d'ordonner un cessez-le-feu pour la région d'Alger. Mais en Oranie comme au Maroc, les combats se poursuivent, avec des pertes sensibles de part et d'autre, tandis qu'en Tunisie, l'amiral Esteva hésite encore sur la conduite à suivre...

Le lendemain 9 novembre à 15 h, le général Giraud débarque enfin sur le terrain d'aviation de Blida. « Un silence de mort règne sur la région, se souviendra-t-il; un seul homme m'attend : M. Murphy, consul des Etats-Unis [6]. » Est-ce le dépouillement du comité d'accueil ? Les explications de Murphy concernant la place que Darlan vient de prendre dans les plans américains après l'accord de cessez-le-feu ? L'absence complète de réaction dans l'armée lorsque son appel a été lu à la radio la veille par un homme imitant sa voix ? Les propos du général Juin, qui lui fait comprendre ce soir-là que personne ne lui obéira, parce que Darlan est considéré comme le seul chef légitime ? Toujours est-il que Giraud, désemparé, n'entreprend plus rien et se terre au domicile de Lemaigre-Dubreuil : « J'ai donc décidé, en toute responsabilité, de paraître faible, arrangeant, conciliateur [7] »... et discret : il est absent le lendemain 10 novembre, lorsque le général Clark, arrivé de Gibraltar la veille au soir, réunit à l'hôtel Saint-Georges les principaux responsables français ; outre Darlan et Juin, il y a là le contre-amiral Battet, le vice-amiral Fenard, les généraux Koeltz, Sevez et Mendigal * ; Murphy est naturellement présent, à la fois comme conseiller et comme interprète. Le général Clark, lui, a trois impératifs : faire cesser les combats au plus tôt, obtenir l'aide de l'armée française pour les opérations en Tunisie... et trouver une place honorable pour le général Giraud, puisque lui et Eisenhower se sont engagés deux jours plus tôt à le nommer commandant en chef des forces françaises en Afrique du Nord ; Darlan, lui, cherche avant tout à gagner du temps et ne veut rien faire sans un ordre du Maréchal. Et pendant ce temps, les Allemands atterrissent sur les aérodromes tunisiens... Dès lors, le général Clark, perdant patience, menace de ne traiter qu'avec Giraud, et de faire enfermer Darlan s'il refuse de coopérer [8]. Mais Clark comprend rapidement que Darlan est le seul qui puisse se faire obéir en Afrique du Nord, et Juin comme Koeltz expliquent longuement à Darlan qu'un manque de souplesse de sa part lui ferait perdre sa liberté – et l'Afrique du Nord par la même occasion... L'amiral finit donc par céder, et il signe « au nom du Maréchal » un ordre de cessez-le-feu pour toute l'Afrique du Nord, qui sera envoyé peu après 12 h 30 à tous les centres de commandement.

---

* Respectivement chef du cabinet de Darlan, secrétaire général, commandant de la 19e Région militaire, chef d'état-major du général Juin et commandant en chef de l'aviation en Afrique du Nord.

Pourtant, les Américains ne sont pas au bout de leurs peines; en début d'après-midi, Darlan reçoit du maréchal Pétain un télégramme libellé en ces termes : « J'avais donné l'ordre de se défendre contre l'agresseur. Je maintiens mon ordre. » En outre, le Maréchal fait savoir que l'amiral Darlan est destitué et que le général Noguès devient son seul représentant en Afrique du Nord... Dès lors, Darlan veut annuler l'ordre de cessez-le-feu, mais le général Clark l'en empêche et le fait mettre en résidence surveillée. Par chance pour les Américains, l'ordre initial de Darlan a été suivi, et le contre-ordre de Vichy sera sans effet. Le lendemain 11 novembre, dès 7 h du matin, nouveau coup de théâtre : les Allemands franchissent la ligne de démarcation et s'apprêtent à occuper l'ensemble de la France. Le général Clark se rend à nouveau auprès de Darlan : « Ce qui m'intéressait principalement, se souviendra Clark, c'était d'amener la flotte française, concentrée à Toulon, à nous rejoindre avant de tomber aux mains des Allemands. Darlan s'est montré évasif. [...] Il me fallait donc trouver un moyen sûr de persuader les Français de coopérer avec nous à Alger et en Tunisie, où les Allemands étaient en train d'acheminer leurs troupes pratiquement sans rencontrer d'opposition. Peu m'importait si ce moyen s'appelait Darlan, Giraud ou Pétain lui-même [9]. »

Usant de promesses comme de menaces et tapant fréquemment du poing sur la table, le très grand général américain somme donc le tout petit amiral français de donner l'ordre à la flotte de quitter Toulon, et d'ordonner à l'amiral Esteva de résister aux Allemands en Tunisie. Darlan commence par refuser, mais vers midi, ayant été informé que le Maréchal avait protesté officiellement contre l'invasion de la zone libre, il se ravise : à 15 h, il adresse un télégramme à Toulon : « l'armistice étant rompu » et « le Maréchal n'étant plus libre de ses décisions », Darlan invite l'amiral de Laborde à « diriger les forces navales sur l'Afrique occidentale française [10] ». Toujours soumis à une intense pression de la part du général Clark, Darlan téléphone également à l'amiral Esteva pour lui ordonner de résister aux Allemands; mais il donne un contre-ordre dès le départ de Clark : n'ayant pas renoncé à jouer le double jeu, il considère que seul le général Noguès est désormais qualifié pour commander ; or, celui-ci doit arriver à Alger le lendemain 12 novembre...

Ce matin-là, apprenant que l'amiral s'est joué de lui, que les Allemands continuent à atterrir en Tunisie et que la flotte est toujours à Toulon, Clark se fâche pour de bon, et laisse même entendre à Darlan qu'il pourrait être exécuté pour trahison [11]. Le général Juin parvient tout de même à le calmer en prenant l'initiative de téléphoner lui-même au général Barré, commandant l'armée de terre en Tunisie, pour lui donner l'ordre de résister aux Allemands. Mais Clark n'est plus disposé à s'en laisser conter ; lorsque le général Noguès arrive dans l'après-midi et se présente à lui comme « commandant en chef, d'ordre du maréchal Pétain », Clark lui répond d'un ton glacial : « Je ne vous reconnais pas, et je ne reconnais pas Pétain non plus [12] ! » La réunion entre Français et Américains ce soir-là à l'hôtel Saint-Georges sera donc des plus agitée, Clark annonçant d'emblée à ses interlocuteurs ce qu'il attend d'eux et leur précisant que s'ils sont incapables de s'entendre pour constituer une autorité susceptible de coopérer avec les Alliés, il les fera tous enfermer à fond de cale dans un navire à l'ancre en rade d'Alger, et constituera lui-même un gouvernement militaire [13]... Par contre, s'ils acceptent de collaborer, il est disposé à laisser en place l'ensemble de l'administration existante, avec Darlan comme chef politique et Giraud comme chef militaire. Cette fois, Clark a insisté pour que Giraud soit présent, mais le problème est que Noguès, qui le considère comme un traître, n'en veut pas comme commandant en chef et refuse même de lui serrer la main...

Il y aura encore beaucoup de palabres, de marchandages et de menaces avant qu'une ultime réunion dans la matinée du 13 novembre ne permette de s'accorder : Noguès accepte enfin que Giraud soit nommé commandant en chef des forces françaises en Afrique *, Juin étant nommé commandant de l'armée de terre en Afrique du Nord ; le gouverneur Chatel en Algérie et le résident général Noguès

---

* À l'exception de la marine, que s'est réservée Darlan, ce qui limite singulièrement les pouvoirs de Giraud...

au Maroc restent à leurs postes tandis que l'amiral Darlan, devenu « Haut Commissaire de France en Afrique du Nord », détiendra le pouvoir suprême – et bien entendu, tout cela se fait « au nom du Maréchal » ! L'accord définitif sera signé dans l'après-midi du 13 novembre, en présence du général Eisenhower, venu tout exprès de Gibraltar pour entériner ce « *Darlan deal* » si laborieusement acquis...

En revenant d'Alger, Eisenhower a quelques raisons d'être satisfait : « Je ne suis qu'un soldat, a-t-il avoué, je ne comprends rien à la diplomatie [14] » ; mais d'un point de vue purement militaire, il faut bien reconnaître que c'est le meilleur accord possible... Après tout, rien ne s'est passé comme prévu dans cette opération « Torch » : les débarquements en Algérie comme au Maroc ont mis en évidence les nombreuses lacunes de la jeune armée américaine, et seule la faiblesse de la résistance sur les plages a empêché que l'entreprise ne tourne à la catastrophe ; et puis, à la différence du général Giraud, l'amiral Darlan a obtenu la cessation des combats à Oran comme à Casablanca, grâce à quoi il va être possible de faire porter tout l'effort contre la Tunisie, et même de le faire avec la participation des forces françaises ; en outre, dans ces contrées étranges où l'on ne semble reconnaître que l'autorité du Maréchal, Darlan se fait fort d'assurer la sécurité des communications américaines et se porte garant du concours de l'administration française comme de la soumission des populations arabes ; enfin, l'amiral pourrait bien obtenir le ralliement de la flotte de Toulon, et même celui de l'Afrique occidentale française – deux trophées inestimables pour l'effort de guerre allié [15]...

Le président Roosevelt est tout aussi satisfait – mieux encore : il exulte... Vu de Washington, l'opération « Torch » est un éclatant succès : l'Algérie et le Maroc sont aux mains des Alliés, la Tunisie ne manquera pas de suivre, Darlan et Giraud peuvent être aisément contrôlés par Eisenhower, et de Gaulle a été tenu entièrement à l'écart de toute l'opération. « Un exploit magnifique ! », déclare le président à ses ministres le 15 novembre ; « J'ai été le concepteur de " Torch ", ajoute-t-il, et j'ai pu persuader Churchill de l'entreprendre [16]. » N'étant pas à une vantardise près, le président laisse entendre que ce succès est l'aboutissement et la pleine justification de sa politique vis-à-vis de Vichy depuis 1940... Il est vrai que l'amiral Darlan a collaboré avec Hitler pendant plus d'un an ; qu'il a déclaré publiquement que les Allemands étaient « bien plus généreux que les Anglais » ; qu'il a abandonné l'Indochine française aux Japonais ; qu'il a autorisé les Allemands à utiliser les aéroports français de Syrie ; qu'il a permis à *l'Afrika Korps* de Rommel d'être ravitaillé par la Tunisie ; qu'il a déclaré six mois plus tôt : « Un jour viendra où l'Angleterre paiera. » D'ailleurs, n'est-il pas l'homme le plus détesté de France après Laval ? N'a-t-il pas ordonné à ses troupes d'ouvrir le feu sur les Américains il y a deux jours à peine ? En somme, n'est-ce pas un collaborateur, un ennemi déclaré et un traître ? Pour Roosevelt, qui se vante toujours d'être un réaliste, tout cela est du passé ; seuls comptent les intérêts du présent, et en temps de guerre, la morale doit à l'évidence s'effacer devant la stratégie et la géopolitique...

Pourtant, en Grande-Bretagne comme aux Etats-Unis, l'opinion publique est scandalisée, et la presse s'en fait immédiatement l'écho ; celle des Etats-Unis est particulièrement virulente : tour à tour, le *Boston Herald*, le *New York Herald Tribune*, le *Christian Science Monitor* et le *Chicago Tribune* condamnent en termes très durs l'accord avec l'amiral Darlan – à l'exemple de Freda Kirchway, qui écrit dans *The Nation* : « On se sert des prostituées ; on les aime rarement ; on les honore plus rarement encore [17]. » Au sein du gouvernement, certains ministres, comme Morgenthau, sont effondrés : « Le pauvre Henry, notera Stimson dans son journal, en était presque arrivé à préconiser que l'on renonce à la guerre qui, disait-il, avait perdu tout intérêt à ses yeux [18]. »

Roosevelt prend d'autant plus mal les critiques que beaucoup d'entre elles proviennent des milieux libéraux, qui ont été les meilleurs soutiens de sa politique de New Deal ; le juge Rosenman écrira ainsi : « Roosevelt détestait si sincèrement le fascisme et le nazisme que les accusations de collaboration indue et inopportune avec d'anciens fascistes en Afrique du Nord l'affectaient profondément. Il s'est montré plus impatient et plus furieux à l'égard de ses critiques durant cette période que pendant toute autre que j'aie connue. Tantôt il refusait complètement de parler des affaires d'Afrique du Nord ; tantôt il lisait à haute voix, d'un ton amer, ce que quelque chroniqueur avait écrit à leur sujet, et il exprimait tout son ressentiment [19]. » Bien sûr, le président peut, comme toujours, faire endosser la responsabilité de ses fautes au Département d'Etat ; précisément, Cordell Hull, qui avait pourtant été tenu soigneusement en dehors de toute l'affaire, a eu la maladresse de revendiquer sa part de mérite dans le succès de l'opération... Il sera donc une fois encore en butte aux critiques féroces de la presse ! Mais cette fois, il y en a suffisamment pour tout le monde, et Roosevelt lui-même n'est pas épargné. Du reste, même le fidèle Churchill vient de lui écrire : « Je suis obligé de vous signaler que l'accord avec Darlan a soulevé de profonds remous dans l'opinion. Plus j'y réfléchis et plus je suis convaincu qu'il ne peut s'agir que d'un expédient temporaire, que seules justifient les nécessités du combat. Il ne faut pas sous-estimer le grave préjudice politique qui peut être porté à notre cause, non seulement en France, mais dans toute l'Europe, si nous donnons l'impression que nous sommes disposés à nous entendre avec les quislings locaux. Darlan a un passé odieux. C'est lui qui a inculqué à la marine française son mauvais esprit, en plaçant ses créatures à tous les leviers de commande. Hier encore, des marins français étaient envoyés à la mort devant vos navires de ligne au large de Casablanca, et voici qu'aujourd'hui, ce même Darlan tourne casaque par soif du pouvoir et désir de rester en place. La grande masse des gens du peuple, dont la fidélité simple et franche fait notre force, ne comprendrait pas la conclusion d'un accord permanent avec Darlan ou la constitution d'un gouvernement présidé par lui en Afrique du Nord [20]. »

Le 16 novembre, l'entourage du président estime que la cote d'alerte a été dépassée : « La tempête de critiques, témoignera Robert Sherwood, avait atteint de telles proportions que Hopkins, Rosenman et moi avons vivement insisté auprès du président pour qu'il fasse une déclaration à la presse. Nous avions déjà un projet [...] et lorsque Roosevelt l'a lu, il y a apporté des modifications substantielles, qui toutes étaient destinées à en rendre le ton plus dur et plus intransigeant [21]. » En réalité, c'est surtout le discours d'un politicien consommé qui s'emploie à désarmer les critiques : « J'ai accepté les dispositions politiques prises à titre provisoire par le général Eisenhower et concernant l'Afrique du Nord et de l'Ouest. Je comprends parfaitement et j'approuve ceux qui, aux Etats-Unis, en Grande-Bretagne et dans les autres pays des Nations unies, estiment qu'en raison des événements de ces deux dernières années, aucun accord définitif ne peut être conclu avec l'amiral Darlan [...]. Mais l'accord provisoire conclu pour l'Afrique du Nord et de l'Ouest n'est qu'un expédient temporaire, uniquement justifié par les nécessités de la bataille. Cet accord provisoire a permis d'atteindre deux objectifs militaires : le premier était d'épargner des vies américaines, anglaises et aussi françaises. Le second consistait à gagner du temps, ce qui était vital. Cet accord temporaire nous a permis d'éviter une reconquête systématique du terrain en Algérie et au Maroc, qui aurait pu durer un mois ou même deux. Un tel délai aurait retardé la concentration de nos moyens pour une attaque en direction de Tunis, et aussi, nous l'espérons, de Tripoli. La proclamation de l'amiral Darlan nous a aidés à éviter cette période de reconquête systématique. L'accord provisoire conclu avec l'amiral Darlan s'applique seulement à la situation locale telle qu'elle se présente actuellement, et ce sans aucune exception [22]. »

Cela fait tout de même quatre « provisoire » et deux « temporaire » en six phrases, mais le président Roosevelt ne s'arrête pas à ces détails ; en privé, il déclare nettement qu'il se servira de Darlan aussi longtemps qu'il en aura besoin, et pour justifier sa politique, il cite « un vieux proverbe bulgare », qui ne va pas tarder à devenir « un vieux proverbe roumain », puis « un proverbe serbe », et enfin « un vieux proverbe orthodoxe en usage dans les Balkans ». Et d'après Roosevelt, ce proverbe dirait : « On peut marcher avec le diable jusqu'à ce qu'on ait traversé le pont », ce qui devient bientôt : « Pour franchir le pont on peut marcher avec le diable », puis « On peut franchir un cours d'eau sur le dos du diable jusqu'à ce qu'on ait atteint l'autre rive », et enfin, lorsque Roosevelt en parle à Morgenthau : « On peut marcher avec le diable jusqu'au pont, mais après il faut le laisser derrière soi [23]. » Quelle que soit la teneur réelle du proverbe ou la position exacte du diable sur le pont, il est clair que Roosevelt a l'intention de continuer à collaborer avec les hommes de Vichy en Afrique du Nord aussi longtemps que cela ne s'avérera pas trop coûteux pour son image politique aux Etats-Unis. Dans sa réponse à Churchill, il reprend d'ailleurs l'essentiel des arguments de sa conférence de presse...

Il est vrai que Churchill, qui s'est engagé à soutenir le président quoi qu'il arrive, a bien besoin d'arguments convaincants pour calmer sa propre presse, son opinion publique et son Parlement, sans parler des gouvernements en exil réfugiés à Londres et, *last but not least*, du général de Gaulle en personne... « J'étais pleinement conscient, écrira le Premier ministre dans ses mémoires, des liens qui nous unissaient au général de Gaulle, et de l'affront que nous lui infligerions en lui déniant toute participation à l'entreprise. [...] Pour atténuer quelque peu l'affront fait à sa personne et à son mouvement, je fis en sorte qu'il lui fût remis l'administration de Madagascar [24]. Bien sûr, Churchill avait quelques raisons d'être inquiet, car la première réaction du Général à l'annonce du débarquement avait été des plus violentes : « Eh bien ! J'espère que les gens de Vichy les rejetteront à la mer. On n'entre pas en France par effraction [25]. » L'exclusion de la France combattante, le choix de Giraud, le fait que les Alliés aient négligé de prendre Bizerte, tout cela ne pouvait manquer de susciter son exaspération ; mais dès son premier entretien avec Churchill le jour même du débarquement, il s'était montré étonnamment conciliant : « Le fait que les Américains abordent l'Afrique [...] est par lui-même très satisfaisant. J'y vois aussi, pour la France, la possibilité de recouvrer une armée et, peut-être, une flotte qui combattront pour sa libération. Le général Giraud est un grand soldat. Mes vœux l'accompagnent dans sa tentative [26]. » De fait, au grand soulagement de Churchill, de Gaulle avait prononcé ce soir-là à la BBC un appel au ralliement autour des Alliés en Afrique du Nord : « Chefs français, soldats, marins, aviateurs, fonctionnaires, colons français d'Afrique du Nord, levez-vous donc ! Aidez nos alliés ! joignez-vous à eux sans réserve [27]. »

A ce stade, de Gaulle pensait encore qu'Alger pourrait se rallier à la France combattante, et il s'apprêtait même à y envoyer une délégation pour rencontrer le général Giraud. Mais quatre jours plus tard, les tractations des Américains avec Darlan ont entièrement changé la donne ; le 15 novembre, il n'est plus question d'envoyer des émissaires à Alger, et de Gaulle transmet à l'amiral Stark une note à l'intention de son gouvernement * qui comporte cette formule très peu diplomatique : « Je comprends que les Etats-Unis paient la trahison des traîtres si elle leur paraît profitable, mais cela ne doit pas être payé sur l'honneur de la France [28]. » Les propos qu'il tient à Churchill lors de leur entretien du 16 novembre sont à peine plus modérés : « Le général de Gaulle, peut-on lire dans le procès-verbal, exprime à M. Churchill sa surprise de voir le gouvernement britannique se mettre, comme il le fait, à la remorque des Américains : " Je ne vous comprends pas, dit-il à M. Churchill. Vous faites la guerre depuis le premier jour. On peut même dire que, personnellement, vous êtes cette guerre. Vos armées sont victorieuses en Libye. Et vous vous mettez à la remorque des Etats-Unis alors que jamais un soldat américain n'a vu encore un soldat allemand. C'est à vous de prendre la direction morale de cette guerre. L'opinion publique européenne sera derrière vous " . [...] Le Général ajoute que l'on voit actuellement les Américains en plein trafic avec les gens de Vichy qui ont changé de masque pour la circonstance. Or Vichy représente beaucoup de choses et toutes ces choses sont contre l'Angleterre. Plus celle-ci tolérera le jeu américain, plus elle risque de laisser se développer partout des forces qui pourront, un jour, se retourner contre elle-même [29]. »

Bien sûr, en prônant une sorte de renversement des alliances, le Général ne mesure pas à quel point Churchill

---

* Stark, en diplomate avisé, s'abstiendra de transmettre la note à Washington, mais le contenu n'en sera pas moins divulgué dans la presse.

est profondément engagé aux côtés de Roosevelt. Du reste, comme le notera à l'époque Claude Bouchinet-Serreulles, « le Général passe par des alternatives éprouvantes et interprète les événements successivement, tantôt " très favorables " et " excellents ", tantôt " calamiteux "... Parfois, il s'abandonne à une colère sans bornes : " Ce n'est pas à Hitler que les Alliés font la guerre, c'est à moi [30] ! " » Mais l'action primant le verbe, il ordonne simultanément au général Leclerc de lancer une offensive vers le Fezzan à partir du Tchad, afin de « barrer à l'ennemi le passage entre la Libye et le Tchad [31] »; et puis, la stratégie politique devant toujours accompagner la stratégie militaire, il écrit au général de Larminat à Beyrouth : « Mon intention est d'essayer de parvenir à un arrangement avec le général Giraud. Malheureusement, il ne me facilite pas la tâche, car il a accepté d'être nommé d'abord par les Américains eux-mêmes, ensuite par Darlan *. [...] L'accouchement de l'unité de l'Empire dans la guerre de libération est pénible. D'autant plus que l'affaire est compliquée d'intrigues étrangères [32]... »

On devine aisément à quelles intrigues le Général fait allusion ; mais il se trouve que dans le jeu très compliqué qui se joue au même moment à Washington, Roosevelt ne peut se permettre de négliger entièrement la France combattante : les rapports de ses services secrets, les appels angoissés de Churchill, les réactions toujours vives de la presse et de l'opinion publique des deux côtés de l'Atlantique l'ont convaincu que le discours de l'« expédient temporaire » n'a nullement réglé le problème politique engendré par le « Darlan Deal ». Il lui faut donc trouver un moyen de neutraliser le général de Gaulle, si possible en se le conciliant – d'autant que Roosevelt, voyant ses adversaires à son image, est persuadé que le Général a personnellement inspiré la campagne de presse qui se déchaîne contre l'administration américaine [33]. Un numéro de charme s'impose donc, et dès le 17 novembre, Gaston Palewski a la surprise de recevoir la visite du

---

* La lettre comporte ce passage pour le moins étrange... un 18 novembre 1942 : « Non sans difficultés nous avons pu écarter Darlan tout au moins pour l'avenir. »

commandant Kittredge, envoyé par l'amiral Stark pour lui faire une communication officieuse de la part du président : Après une période temporaire, « un règlement d'ensemble interviendra pour toute l'Afrique du Nord française. Dans la détermination de ce règlement, la France combattante aura la place qui lui revient [34]. »

Pour faire taire les critiques, le mieux serait évidemment d'inviter le Général à Washington... Mais en attendant, le président décide de recevoir son émissaire, le nouveau commissaire à l'Intérieur de la France combattante André Philip, qui est à Washington depuis le 27 octobre. On peut en attendre les meilleurs effets : Philip parle anglais, connaît bien les Etats-Unis, est issu de la Résistance... et a été chaudement recommandé depuis Londres par l'ambassadeur Winant. « Cet entretien, écrira Raoul Aglion, aurait pu marquer un tournant dans l'histoire des relations de la France libre avec les Etats-Unis. [...] Il y eut d'abord un rendez-vous manqué : Tixier et Philip arrivèrent avec un retard de plus de quatre heures ! Ce retard considérable et, disons-le, inadmissible, fit le plus mauvais effet, les représentants étrangers à Washington respectant d'habitude strictement l'heure des audiences que leur accorde le président des Etats-Unis. Ils ne purent être reçus et une autre audience fut organisée quelques jours après, le 20 novembre 1942 [35]. » D'après le procès-verbal de l'entretien, rédigé par Sumner Welles, « le président les a reçus de la manière la plus amicale et a déclaré d'emblée qu'il serait utile que lui et le général de Gaulle aient un entretien, en ajoutant qu'il serait reconnaissant à M. Philip de faire savoir au général de Gaulle qu'il serait heureux de l'accueillir à Washington au moment qui lui conviendrait. Le président a réitéré la position qu'il avait prise publiquement trois jours plus tôt concernant l'amiral Darlan. [...] Il a insisté sur le fait que la nomination de l'amiral Darlan était basée uniquement sur des considérations militaires, et que si le président devait constater que Darlan ne donnait pas satisfaction à ce poste, il n'hésiterait pas à l'en destituer sur-le-champ. Il a ajouté que ceci s'appliquait également à toutes les autres autorités d'Afrique du Nord. Le président a également souligné qu'aussi longtemps que les

Etats-Unis seraient la puissance occupante en Afrique du Nord, ils y prendraient seuls les décisions en dernier ressort. [...] Le président a expliqué qu'il était encore impossible de prévoir où et quand les premières opérations visant à libérer la France métropolitaine seraient entreprises, mais il a souligné que jusqu'à ce que toute la France soit libérée, son gouvernement déciderait seul des personnalités françaises qui, le cas échéant, administreraient les territoires libérés [36]. »

D'après le procès-verbal, André Philip s'est déclaré ensuite en désaccord total avec ces conceptions : « Je lui ai fait remarquer, rapportera ce dernier à Raoul Aglion, que cette guerre était un vaste conflit moral entre deux types de civilisation et qu'on ne pouvait baser une politique sur les seules nécessités militaires. » Et Aglion d'ajouter : « D'après Tixier, Philip parlait tout le temps et ne lui laissait pas placer un mot [37]. » C'est en effet un élément du problème, ainsi que l'expliquera le colonel Passy : « Le moins que l'on pût penser de Tixier était qu'il n'avait rien d'un diplomate, pas plus dans son allure que dans la forme de ses propos, mais il me dit par la suite [...] qu'il avait senti ses cheveux se dresser sur sa tête en entendant notre commissaire national à l'Intérieur parler au président. Ce fut [...] un long monologue de Philip, au cours duquel Roosevelt ne put placer un mot. Il stigmatisa avec violence et sans aucune retenue l'attitude des Etats-Unis ; il hurla, vociféra, menaça presque devant le président un peu abasourdi par ces débordements d'éloquence. On eût dit " un pasteur annonçant à l'une de ses ouailles les tourments éternels qui le guettaient s'il ne réformait pas d'urgence sa conduite indigne et scandaleuse [38] ". »

Il faut évidemment tenir compte de ce contexte lorsqu'on lit le compte rendu, nécessairement aseptisé, des paroles d'André Philip : « Philip a exposé que la reconnaissance par les Etats-Unis d'une autorité de Vichy sous la direction de Darlan avait provoqué parmi les Français combattants et les résistants, en France et hors de France, une profonde émotion et une vive indignation. [...] Les Français ont attaché une grande importance à l'affirmation du président Roosevelt que l'utilisation de Darlan n'était qu'un expédient militaire temporaire. Cependant, ils sont loin d'être complètement rassurés et voudraient savoir combien de temps durera cet expédient. Prendra-t-il fin lorsque les Allemands et les Italiens seront chassés de Tunisie ? [...] Philip a rappelé que les organisations de résistance et les Français qui reconnaissent comme chef le général de Gaulle ne parviennent pas à comprendre pourquoi il a été tenu à l'écart de l'action en Afrique du Nord française, alors que le gouvernement des Etats-Unis a collaboré avec le chef des traîtres. [...] Maintenant qu'une terre française est délivrée, l'administration civile en Afrique du Nord devrait être confiée à la France combattante. »

Lorsque le président, quelque peu interloqué, parvient à placer quelques mots, l'atmosphère s'alourdit encore : « Il importe peu, par exemple, qu'à Dakar le gouverneur Boisson se rallie au général de Gaulle ou à l'amiral Darlan. Lui, le président, accepterait même la collaboration d'un autre diable nommé Laval, si cette collaboration livrait Paris aux Alliés. Comme chef suprême de l'armée américaine, le président fait la guerre, il se préoccupe exclusivement de gagner la guerre. L'heure n'est pas venue de former un gouvernement français, même provisoire, ni de choisir entre les chefs qui veulent participer à la lutte contre l'Axe. » Sur quoi Philip répond que « le maintien durable d'une collaboration du gouvernement des Etats-Unis avec les traîtres de Vichy convertis à la dernière minute plongera le peuple de France dans le désespoir et risque de porter une atteinte irréparable au prestige et à l'influence des Etats-Unis et de leur président en France ».

Après avoir laissé passer une longue harangue d'André Philip, le président, peut-être sous l'effet de l'exaspération, dévoile le fond de sa pensée : « L'Afrique du Nord française est en état d'occupation militaire par les Américains et les Britanniques, et les pouvoirs, tant civils que militaires, doivent y être exercés par le général commandant en chef des armées américaines et britanniques, sous le contrôle du président. [...] Ce régime d'occupation militaire ne prendra pas fin avec la conquête de la Tunisie, car l'Afrique du Nord française deviendra une base militaire de départ pour les attaques contre le sud de la France,

contre l'Italie et les Balkans. Le président ne peut pas dire
dès maintenant quel sera le régime d'administration civile,
mais il est possible qu'il soit amené à confier des pouvoirs
à un haut-commissaire américain [...] Dans chaque cas, la
décision sera prise selon les conditions locales. » Cette
franchise n'est manifestement pas du goût de l'effer-
vescent André Philip : « Sur un ton indigné, Philip déclare
alors que jamais les Français n'accepteront que des territoires français libérés, hors des zones de bataille, soient
administrés par les autorités américaines ; les Français
s'administreront eux-mêmes ; ils ne sont pas une colonie ;
l'armée américaine ne fera jamais accepter l'autorité des
traîtres et aucune protection étrangère n'empêchera que
justice soit faite. »

Tout cela ressemble fort à des menaces, et le président,
manifestement ébahi, se contente de répondre que « les
Français doivent faire confiance au gouvernement américain, dont l'action n'a qu'un seul but ; gagner la guerre et
rétablir la France dans son indépendance. Au moment
venu, l'insurrection des Français peut donner une aide
puissante aux armées américaines et britanniques. Cependant, leur action ne peut pas être décisive, car ils n'ont pas
d'armes [39]. » Au moment où André Philip va reprendre son
réquisitoire, Sumner Welles intervient : « J'ai suggéré au
président qu'il serait peut-être temps de mettre fin à
l'entretien, et qu'il y aurait tout avantage à ce que soit mise
en œuvre la suggestion qu'il avait faite au début de l'entrevue, à savoir que si le général de Gaulle venait à Washington, lui et le président pourraient s'entretenir ensemble de
questions de haute politique [40]. »

L'entretien s'achève donc sur un constat de désaccord
complet ; en outre, il est clair que le ton employé par
André Philip a fortement déplu au président ; personne ne
lui ayant manqué de respect depuis une bonne décennie au
moins, il en avait sans doute perdu l'habitude... Un autre
détail a dû encore accentuer son effarement : « Philip,
notera Passy, mâchonnait éternellement une pipe qu'il sec-
tionnait avec une régularité de métronome, [...] et dont il
crachait de-ci, de-là, des morceaux, tout en postillonnant
d'abondance ; il émaillait aussi ses propos de curieux

bruits labiaux qui, dans l'obscurité, eussent donné l'impression de baisers ardents et sonores [41]. » Diagnostic confirmé – et aggravé – par Bouchinet-Serreulles, qui parle d'un « reniflement chronique et effroyablement sonore », et ajoute : « A cette infortune s'ajoute un tic d'une espèce rare qui consiste à souffler entre les lèvres une sorte de " prout " lui aussi sonore. Le prout se transforme parfois en sifflement [42]. »

Nul doute en tout cas que cet entretien retentissant a renforcé les préventions du président à l'égard de la France combattante ; à l'ambassadeur Winant, il écrira peu après : « Pourquoi m'avez-vous envoyé ce type, Philip [43] ? » Quant au général de Gaulle, ayant pris connaissance du compte rendu de l'entretien que lui ont adressé Tixier et Philip, il leur répond le 22 novembre : « Ce que vos deux interlocuteurs [Roosevelt et Welles] vous ont dit ou laissé entendre correspond exactement à ce que je pensais depuis toujours de la tendance de leur politique [44]. » Tout est dit...

Il faut reconnaître en tout cas que le régime qui s'installe en Afrique du Nord sous protectorat américain ressemble étrangement à une succursale de Vichy... Même si Pétain vient de désavouer formellement l'amiral Darlan, les portraits, les lois, les institutions et les hommes du Maréchal y restent omniprésents ; Darlan, haut-commissaire de France en Afrique du Nord, a pris comme adjoint le général Bergeret, ancien ministre de Vichy, Chatel reste gouverneur général de l'Algérie et Noguès résident général au Maroc ; avec le gouverneur Boisson en AOF, ils forment un « Conseil impérial » dont la politique n'a qu'un très lointain rapport avec les idéaux républicains et démocratiques... Darlan a également fait entrer dans son administration quelques membres du Groupe des Cinq : Tarbé de Saint-Hardouin aux Affaires étrangères, Jean Rigault aux affaires politiques et Henri d'Astier commissaire-adjoint chargé de la police et des renseignements généraux... Bien sûr, il y a aussi le général Giraud, nouveau commandant en chef des forces armées, mais Darlan sait bien que le brave général ne pense qu'à aller guerroyer en Tunisie et lui laissera le champ entièrement libre en politique... Sous le regard bienveillant des Américains, il

exerce donc seul les pouvoirs exécutifs et législatifs.
« L'amiral de la Flotte, écrira Louis Joxe, s'installe dans le
fauteuil que les Américains offraient à Giraud, mais il en
élargit la taille et le confort. [...] " Au nom du Maréchal de
France, chef de l'Etat, empêché ", il s'arroge de plein droit
les fonctions de chef de l'Etat. » Et Joxe d'ajouter :
« L'édifice ainsi construit manquait d'âme, la pensée politique demeurait incertaine, sauf en ce qui concernait
l'esprit de Vichy, dont on se proposait d'assurer la continuité [45]. »

Il faut tout de même faire quelques concessions aux
Américains, et de fait, l'accord Clark-Darlan, signé le
22 novembre, leur donne en Afrique du Nord des droits
exorbitants : les forces françaises ne peuvent se déplacer
sans en faire part au commandement américain, l'ordre
sera maintenu « en consultation avec le général commandant l'armée des Etats-Unis », les Américains pourront
exercer « le contrôle et le commandement des ports, aéroports, fortifications et arsenaux », utiliser librement les
télécommunications et la marine marchande, procéder à
des réquisitions, être exemptés d'impôts et « exercer eux-
mêmes l'administration dans les zones militaires, si le
commandement américain l'estime nécessaire à la poursuite de la guerre » [46]. Voilà qui ressemble fort en effet à
l'occupation militaire évoquée par Roosevelt, avec des
conditions aussi éloignées que possible de celles spécifiées
dans les « accords » Murphy-Giraud. Mais il y a les
conventions et ce qu'on en fait : Darlan sait que les Américains sont les maîtres, mais il sait aussi qu'Eisenhower et
Clark sont politiquement naïfs et demandent seulement
que l'ordre soit maintenu sur leurs arrières, afin de pouvoir
poursuivre leurs opérations en direction de Tunis et
Bizerte... Pour le reste, ils sont tout disposés à lui laisser
régler les choses à sa guise.

Darlan va connaître d'emblée quelques succès, notamment en amenant dans le camp allié l'AOF du gouverneur
Boisson, avec ses vastes ressources, son port stratégique de
Dakar et son armée de 75 000 hommes ; par contre, il ne
pourra pas rallier les Antilles, ni surtout la flotte de Toulon, qui va se saborder le 27 novembre, juste avant l'arri-

vée des Allemands. Mais l'amiral n'en reste pas moins le
maître d'une Afrique du Nord qui sert de base arrière aux
combats de Tunisie contre l'Axe, tout en conservant le
Service d'Ordre Légionnaire, les mesures antijuives et les
prisonniers politiques de Vichy – gaullistes, communistes,
anarchistes, républicains espagnols et francs-maçons –,
auxquels sont venus s'ajouter ceux qui avaient aidé les
Alliés le 8 novembre 1942... En Grande-Bretagne, la
presse se fait l'écho de tout cela : tour à tour, le *Yorkshire
Post*, le *Tribune*, le *Daily Telegraph,* l'*Economist* et le
Daily Mirror dénoncent en termes virulents le « *Darlan
deal* »; d'autres journaux, comme le *Times*, sont plus
modérés, mais non moins catégoriques : « Peu de gens
apprécient que l'on accorde un statut éminent à un homme
qui a maintes fois proclamé la nécessité de collaborer avec
les ennemis de la Grande-Bretagne, de l'Amérique et de la
France elle-même [47]. » Pendant ce temps, le Parlement
s'agite, les gouvernements en exil à Londres se plaignent
amèrement et le SOE * rapporte que la nouvelle de
l'accord avec Darlan « a suscité de violentes réactions
dans tous nos réseaux clandestins en territoire occupé, et
particulièrement en France, où elle a fait l'effet d'une
bombe [48] ». A la BBC et au *Political Warfare Executive,* la
quasi-totalité du personnel employé dans les sections françaises donne sa démission, et même au sein du gouvernement britannique, plusieurs ministres se déclarent
ouvertement hostiles à la politique du président Roosevelt
en Afrique du Nord; Anthony Eden est de ceux-là, et il ne
manque aucune occasion de le faire savoir...

Churchill, lui, reste fidèle à sa promesse de soutenir le
président Roosevelt contre vents et marées; d'ailleurs,
comment pourrait-on gagner la guerre sans une collaboration intime entre la Grande-Bretagne et les Etats-Unis ? Le
Premier ministre étant resté, de son propre aveu, « l'ardent
et entreprenant second » du président [49], il rejette avec
force toutes les critiques adressées à sa politique nord-
africaine; dès le 21 novembre, il interdit même au général

---

* SOE : Special Operations Executive (service chargé de l'exécution des
programmes de sabotage et d'aide à la résistance dans les pays occupés).

de Gaulle l'accès à la BBC, ainsi qu'il l'écrit à Roosevelt dès le lendemain : « De Gaulle a été informé qu'étant donné que les opérations dépendaient des Etats-Unis, je me sentais obligé de m'enquérir de votre opinion avant d'accorder quoi que ce soit qui soit susceptible de nuire aux intérêts américains [50]. » On peut difficilement se montrer plus servile *... « L'ardent et entreprenant second » va même monter au créneau pour justifier la politique nord-africaine du président devant les Communes, et son discours du 10 décembre en session secrète sera aussi remarquable par sa défense de l'« expédient temporaire » que par ses attaques contre le général de Gaulle [51].

Pourtant, ce n'est pas le fin mot de l'affaire, car Churchill ne détermine pas à lui tout seul la politique étrangère du Royaume-Uni ; et s'il n'a d'autre priorité que de s'associer le plus étroitement possible au président Roosevelt pour gagner la guerre, son ministre des Affaires étrangères, Anthony Eden, voit beaucoup plus loin : une fois la victoire acquise, il faudra encore gagner la paix, ce qui ne sera possible que si la Grande-Bretagne soutient son allié de la première heure – qui apparaît de plus en plus comme le seul gage de stabilité en France dans l'après-guerre. Quatre mois plus tôt, Eden avait en effet déclaré dans une allocution aux Français : « Grâce à la décision du général de Gaulle de poursuivre le combat, la France n'a jamais été absente des champs de bataille. [...] Pour nous, le rétablissement de la France en tant que grande puissance est non seulement un but de guerre déclaré en exécution d'un serment fait à une nation sœur, mais encore une condition nécessaire à la reconstruction de l'Europe d'après-guerre [52]. »

Ainsi, pour respecter les engagements passés et ménager l'avenir, Eden veut soutenir la France combattante du général de Gaulle et prendre ses distances par rapport aux métastases de Vichy en Afrique du Nord ; avant les accords Clark-Darlan, et plus encore après, il fait donc littéralement le siège du Premier ministre pour qu'il résiste aux initiatives américaines – un effort surhumain, de jour comme de nuit : « Plus d'une demi-heure au téléphone,

---

* Le président ne daignera même pas répondre !

note Eden le 20 novembre ; je ne parviens pas à faire comprendre à Winston le tort que Darlan peut faire à la cause alliée si nous n'y prenons pas garde [53]. » Il est vrai que la discussion dégénère souvent en dispute, mais Anthony Eden est à la fois obstiné, diplomate et persuasif, de sorte que les instructions envoyées à l'ambassadeur de Grande-Bretagne à Washington, tout comme les télégrammes de Churchill à Roosevelt, portent de plus en plus la marque du ministre des Affaires étrangères de Sa Majesté : le 15 novembre, on pouvait déjà lire : « Nous ne pouvons dire que nos doutes et nos appréhensions soient dissipés par les arrangements politiques en Afrique du Nord française, ni que cette solution se révélera saine ou durable. » ; trois semaines plus tard, le ton s'est nettement durci, reflétant l'influence grandissante de M. Eden : « Les rapports que j'ai reçus ces derniers jours du Maroc et de l'Algérie m'ont sérieusement perturbé. [...] La situation qu'ils décrivent montre clairement les conséquences de notre incapacité à superviser adéquatement les autorités locales françaises. [...] Ils montrent que le Service d'Ordre Légionnaire et autres organisations fascistes du même genre poursuivent leurs activités et persécutent nos anciens partisans français, dont certains n'ont pas été libérés de prison. [...] Des sympathisants allemands bien connus ont retrouvé leurs fonctions. [...] Il y a une absence quasiment complète de contrôle à la frontière franco-espagnole. [...] Une propagande anti-alliée insidieuse est toujours menée dans la presse et à la radio. [...] Bref, des éléments hostiles aux Nations unies voient leur position consolidée au sein de l'administration de l'Afrique du Nord. Tout cela rend plus nécessaire encore l'envoi de personnes pouvant donner une aide politique et administrative à Eisenhower [54]. »

Ces télégrammes ont dû paraître excessivement alarmistes au président, qui voit plutôt d'un bon œil les derniers développements en Afrique du Nord : les accords Clark-Darlan, préparés à Washington sous sa supervision personnelle, donnent aux militaires américains tout ce qu'ils pourraient souhaiter ; Eisenhower, qui a maintenant établi son QG à Alger, est parfaitement satisfait de l'ordre qui règne sur place ; Murphy envoie des rapports enthousiastes sur l'ancien personnel de Vichy, depuis le gouverneur Chatel avec qui il joue au golf jusqu'à l'amiral Darlan lui-même, dont il écrira avec quelque naïveté : « Curieusement, j'en suis venu à l'aimer [55]. » Pour ce qui est du général Noguès au Maroc, Eisenhower reconnaît volontiers qu'il est « peu fiable ou pire », mais il s'empresse d'ajouter que tous les rapports indiquent qu'il jouit de la pleine confiance et de l'amitié des Marocains. [...] Or, si les Marocains devaient se montrer hostiles, il faudrait 60 000 soldats américains entièrement équipés pour maintenir l'ordre [56]...

Le président ne peut manquer d'être sensible à ce genre d'arguments ; quant aux promesses faites en son nom au général Giraud par Robert Murphy, elles ne sont plus d'actualité depuis les accords Clark-Darlan, et d'ailleurs, tous les rapports indiquent que le brave général, qui se désintéresse complètement de la politique, ne demande que des armes et des équipements pour pouvoir combattre plus efficacement [57]... Bien sûr, tout indique que les autorités locales en Algérie et au Maroc sont restées très maréchalistes et s'obstinent à persécuter les civils et les militaires qui ont aidé les Alliés le 8 novembre, mais Roosevelt ne s'en formalise pas outre-mesure : trente-trois ans de vie publique à l'américaine lui ont appris à dédaigner ces concepts naïvement idéalistes que sont la reconnaissance et la morale en politique... D'ailleurs, parmi les éléments emprisonnés, il y a beaucoup de gaullistes, ce qui rend sans doute ces persécutions moins odieuses aux yeux du président... Bien sûr, l'amiral Darlan a été incapable d'amener aux Alliés la flotte de Toulon, mais enfin, elle a été soustraite aux Allemands, et du point de vue américain, c'est là l'essentiel. Enfin et surtout, le gouverneur Boisson s'est rallié, et il a mis à l'entière disposition des Américains le port de Dakar, qui est si important aux yeux du président – « le port d'Afrique dont il s'était le plus soucié », dira très justement Robert Murphy [58]...

Tout serait donc pour le mieux dans le meilleur des mondes, si la presse et l'opposition américaines n'avaient été réveillées en sursaut par l'accord Clark-Darlan et les remous qu'il a provoqués en Grande-Bretagne. Du coup, les attaques contre l'expédient provisoire et la politique de Washington en Afrique du Nord ont repris de plus belle, menées entre autres par le chroniqueur de presse Walter Lippmann, le commentateur de radio Edgar Mowrer et l'ancien candidat républicain aux élections présidentielles Wendell Wilkie. Leurs commentaires sont évidemment des plus embarrassant pour le président : « L'impression semblait se confirmer, écrira Robert Sherwood, que si les Américains parlaient bien haut des principes des Quatre Libertés et de la Charte de l'Atlantique, ils ne savaient en fait rien de l'Europe et se laissaient abuser par n'importe quel gangster perfide qui leur proposait sa collaboration [59]. » L'effet produit sur le président est considérable, ainsi qu'en témoignera l'amiral Leahy, devenu le chef d'état-major particulier du président et son « expert » pour les affaires françaises : « J'étais partisan de continuer à utiliser indéfiniment tous ceux – les bons, les mauvais et les autres – qui étaient susceptibles de nous aider à réduire nos pertes en vies humaines. Je ne crois pas que les objections du président étaient fondées sur des considérations militaires, mais plutôt qu'il était influencé par la très violente réaction publique à ses tractations avec Darlan [60]. »

C'est un fait, mais Roosevelt, en politicien accompli, n'abandonne pas la carte Darlan pour autant ; il va seulement le faire repeindre en démocrate, afin qu'il soit plus acceptable pour l'opinion et la presse américaines. C'est ainsi que l'amiral fait le 15 décembre 1942 une déclaration de politique générale dont les termes lui ont été suggérés avec quelque insistance par Washington – ce qui permet au président de déclarer dès le lendemain : « Depuis le 8 novembre, la population d'Afrique du Nord a beaucoup fait pour soutenir l'effort de guerre des Nations unies, et ce faisant, elle a incontestablement pris le parti de ceux qui défendent les libertés individuelles contre l'Axe et tout ce qu'il représente. [...] C'est dans ce contexte que le général Eisenhower m'informe que l'amiral Darlan a fait la déclaration suivante : " L'Afrique française, avec l'aide des Alliés, doit faire un effort maximum pour assurer la défaite de l'Allemagne et de l'Italie. C'est par l'unité de tous ses citoyens, quelles que soient leurs opinions politiques ou religieuses, qu'un tel but se réalisera, dans l'ordre et la cohésion. " » Une telle phraséologie, plus proche de la Déclaration d'Indépendance américaine que du registre de l'amiral Darlan, est évidemment propre à séduire l'opinion américaine ; le programme énoncé par l'amiral, et cité *in extenso* par le président, ne l'est pas moins : le peuple français pourra décider lui-même de sa forme de gouvernement et de sa politique nationale dès qu'il sera libéré du joug nazi ; tous ceux qui ont aidé les Alliés lors du débarquement ont été entièrement amnistiés et tous les internés et prisonniers alliés libérés ; ceux qui ont été privés de leurs droits en raison de leur race se les verront restituer ; les juifs persécutés aux termes de lois françaises adoptées sous la pression allemande seront restaurés dans leurs droits, etc. Quant à l'amiral, en démocrate impeccable, il n'a d'autre but que d'« aider à libérer la France, puis retourner à la vie civile, en espérant que le peuple français pourra choisir lui-même ses futurs dirigeants [61]. »

Que demande le peuple américain ? Un homme qui parle à ce point comme George Washington peut-il être vraiment mauvais ? Allons donc ! C'est à l'évidence un parfait « *nice guy* », et en misant sur lui, le président a cette fois encore fait le choix qui s'imposait... Il n'est évidemment pas indispensable de crier sur les toits que Washington et Londres vont déléguer chacun un représentant à Alger, afin de surveiller les faits et gestes de l'amiral, et de s'assurer qu'il ne crée pas d'embarras aux dirigeants alliés. Mais bien sûr, pour faire taire entièrement ses critiques, il faudrait que le président annonce de surcroît qu'il va s'entretenir avec le général de Gaulle... L'amiral Leahy exposera les choses avec la plus grande franchise : « La pression exercée sur le président par certains groupes américains pour qu'il reçoive le général de Gaulle ne se relâchait pas. Selon certains rapports, il y avait à l'origine de cette pression des juifs et des communistes américains qui craignaient le " fascisme " de l'amiral Darlan [62]. » Bref, il faudrait faire un geste ostensible en direction du Général, mais l'inviter officiellement serait en quelque sorte lui accorder une reconnaissance, ce qu'il importe d'éviter à tout prix... Alors, au cours de sa conférence de presse du

1ᵉʳ décembre 1942, Roosevelt déclare aux journalistes qu'il n'a certes pas invité le général de Gaulle à venir aux Etats-Unis, mais qu'il « serait disposé à le recevoir si d'aventure il venait à s'y trouver, après le 8 janvier de préférence [63] » – une formulation aussi tortueuse que la politique qu'elle exprime...

C'est sans illusions et sans indulgence que le général de Gaulle observe les derniers développements de la situation en Afrique du Nord ; voyant clairement les réalités derrière les discours, il comprend bien que l'amiral Darlan est en train de consolider son pouvoir à Alger, notamment en jetant les bases d'une « Fédération impériale française » associant Boisson, Noguès, Giraud, Bergeret et Chatel... Sous l'œil bienveillant ou indifférent des Américains, il prétend toujours agir « en vertu des pouvoirs conférés par le Maréchal », et le 16 décembre, il déclare encore à la presse : « Je suis simplement chargé de gérer les intérêts français en Afrique française au nom du chef de l'Etat prisonnier [64]. » A l'évidence, les représentants américain et britannique chargés d'encadrer l'amiral n'ont pas encore pris leur travail au sérieux – d'autant que les rares rapports en provenance d'Afrique du Nord qui parviennent au général de Gaulle indiquent clairement qu'en dépit de tous les beaux discours, le SOL continue à y régner en maître, les juifs y sont toujours brimés et les insurgés pro-alliés du 8 décembre persécutés. Le général Béthouart a certes été libéré de prison, mais on l'a envoyé à Gibraltar pour y assurer la liaison avec le QG d'Eisenhower – qui entre-temps a été transféré à Alger ! Le général Mast, qui n'a pas non plus été réintégré dans ses fonctions, assure en principe la liaison avec les Alliés à l'état-major du général Giraud ; d'autres militaires et civils moins en vue, dont le seul crime est d'avoir aidé les Alliés, continuent à croupir dans les prisons et les camps d'internement... Enfin, le général Giraud, tournant le dos aux survivances de Vichy qui fleurissent d'Alger à Casablanca, conduit vers la Tunisie des bataillons décidés à combattre aux côtés des Alliés. Hélas ! leur équipement est désuet et bien insuffisant pour affronter l'armée allemande, et leurs opérations sont entravées du fait que les Américains, encore peu aguerris, mettent beaucoup de temps à regrouper leurs troupes, transporter leur matériel et assurer leurs communications... Face à eux, les Allemands, avec la complicité de Vichy, se sont solidement installés sur la grande base tunisienne de Bizerte.

Pour le général de Gaulle, qui n'a cessé de rappeler à ses interlocuteurs britanniques que les forces de la France combattante auraient pu débarquer à Tunis et Bizerte dès le 8 novembre, c'est là un affreux gâchis, qui tend à perpétuer le système de Vichy en Afrique du Nord : tant que durera la campagne de Tunisie, disent les Américains, il ne faut pas mettre en danger les lignes d'approvisionnement par des changements politiques intempestifs à Alger ou à Rabat ; ainsi, la pérennité des maréchalistes en Afrique du Nord serait devenue indispensable au succès de l'effort de guerre allié ! Le général de Gaulle n'est pas le dernier à s'en indigner : « C'était avec colère que nous entendions les speakers de la radio américaine, retransmise par la BBC, nasiller la devise des émissions de la France libre : " Honneur et Patrie ! " pour annoncer les propos, faits et gestes de l'amiral Darlan [65]. » De fait, le diplomate Charles Peake, chargé des liaisons avec la France combattante, notera à cette époque que chaque soir, en sa présence, le Général « rage et arpente la pièce de long en large [66]. » C'est sans doute la soumission de plus en plus évidente de Churchill à la politique américaine qui l'indigne le plus ; le ministre des Affaires étrangères de Norvège Trygve Lie, qui le rencontre le 9 décembre, notera dans son rapport : « De Gaulle [...] était mécontent de M. Churchill ; il a mentionné qu'il l'avait vu quatre fois depuis l'accord avec Darlan, et qu'à chaque fois, le Premier ministre s'était montré encore plus soumis vis-à-vis des Américains [67]. »

Mais le général de Gaulle note également que si la Grande-Bretagne n'a qu'une politique, cette politique a deux concepteurs, dont les vues sont nettement divergentes sur les affaires en cours : « L'attitude d'Eden me confirma dans mon sentiment que lui même et, sans doute, une partie du Cabinet anglais, répugnaient à suivre aussi volontiers que Churchill la politique des Américains [68]. » C'est parfaitement exact ; Claude Bouchinet-Serreulles écrira

d'ailleurs le 12 décembre : « Eden pleure dans le gilet du
général de Gaulle en se plaignant de n'être consulté sur
rien par Washington [69]. » En fait, Eden s'est ouvert davantage au Général, en lui confiant que « l'un des problèmes
est que nous nous heurtons à la tradition de Lafayette ; les
Américains sont convaincus qu'ils savent mieux que nous
comment traiter les affaires françaises [70]. » Voilà des
paroles auxquelles le général de Gaulle ne peut que souscrire ; visiblement mis en confiance, il expose à Eden ses
problèmes et ses vues sur la politique américaine : « Il est
assez mauvais qu'un commandant militaire comme le
général Eisenhower puisse tenir dans ses mains la politique
des Etats-Unis et de la Grande-Bretagne vis-à-vis de la
France. J'ai confiance en la bonne foi du président, mais il
est mal conseillé par les autorités civiles et militaires, en
particulier M. Murphy à Alger. Aucun Américain en poste
à Alger ne semble avoir la moindre idée des implications
politiques plus larges de ce qui est en train d'être fait. [...]
Il n'est de l'intérêt de personne que la France devienne un
régime communiste. Il me semble par conséquent que les
intérêts du Royaume-Uni et de la France combattante sont
indissolublement liés. [...] Il est nécessaire en tout cas pour
la politique britannique d'être clairement exprimée, même
si cela doit faire apparaître une différence entre Londres et
Washington [71]. »
Ces dernières paroles montrent bien que le Général persiste dans ses tentatives de jouer Londres contre Washington ; mais il n'a pas renoncé pour autant à persuader les
Américains eux-mêmes, ainsi qu'il ressort de son entretien
avec l'amiral Stark une semaine plus tard : « Les Américains et les Nations unies ne pourront jamais résoudre le
problème africain en traitant seulement avec les autorités
locales qu'ils ont trouvées par hasard. Le problème de
l'Afrique du Nord ne peut être résolu [...] qu'en tenant
compte des intérêts et des attitudes nationales françaises.
[...] Je suis prêt à coopérer avec toutes les forces combattantes et avec leurs chefs effectifs. Je serais heureux de travailler avec des généraux tels que Giraud, Barré ou
Béthouart. Je serais heureux enfin de voir les forces
combattantes françaises, sous commandement français, se

battre sous l'autorité suprême du général Eisenhower ou
d'autres chefs militaires américains. Ce que je ne puis
admettre, en revanche, c'est de travailler avec un homme
tel que Darlan qui, dans son propre intérêt, a cherché à
tirer parti des malheurs de la France dont il était largement
responsable [72]. »

On voit qu'en dépit de ses accès de fureur contre la politique américaine en Afrique du Nord, le général de Gaulle
est loin d'être systématiquement hostile aux Etats-Unis ;
plus encore, il semble tout à fait disposé à saisir au bond
les invitations du président, si peu protocolaires soient-
elles. Dès le 24 novembre, il a confié à Churchill : « Je
pourrais refuser avec dureté, mais je pense que ma visite
pourra servir à éclairer le président sur certaines questions [73]. » Deux jours plus tard, il a même envoyé ses vœux
au président à l'occasion du Thanksgiving, mentionnant au
passage qu'« il ne fallait pas confondre les différends
venant des méthodes et de la stratégie avec le but commun
à la France et aux Etats-Unis [74] ». Les résultats de cette
offensive de charme seront pourtant bien décevants : dès le
lendemain 27 novembre, l'ambassadeur Winant informe le
Général que... le président ne l'a pas invité, mais que s'il
se rendait à Washington de sa propre initiative, le président
serait heureux de le voir [75]. Nullement découragé par cette
réponse réfrigérante, le général de Gaulle, qui déborde
décidément de bonne volonté, se déclare disposé à entreprendre un voyage « à titre privé », en quelque sorte...
Mais même cela ne semble pas suffire, car le 29 novembre,
tout est remis en question, ainsi que l'écrira le Général ce
jour-là à Adrien Tixier : « L'amiral Stark m'a remis ce
matin un message de Washington suivant lequel le président Roosevelt demande que mon voyage soit reporté
après le 9 janvier. [...] Je crois que ce retard est au total
avantageux. J'avais accepté d'aller immédiatement aux
Etats-Unis par déférence pour le président [...]. Mais étant
donné, d'une part, que la bataille n'est pas terminée en
Afrique du Nord et, d'autre part, que la confusion à Alger
n'a pas encore été dissipée suffisamment pour faire apparaître au dehors à quel point l'autorité de Darlan est mons-
trueuse et précaire, il est préférable que je voie Roosevelt
seulement après quelque délai [76]. »

On admirera la patience et la sérénité du général de Gaulle à cette occasion... Mais deux jours plus tard, devenu soupçonneux, il écrit au même Tixier : « J'ai l'impression qu'une certaine équipe franco-américaine s'efforce d'empêcher ou de saboter d'avance la rencontre prévue entre le président Roosevelt et moi-même. C'est la même bande qui a jusqu'à présent réussi à empêcher toute entrevue. Je ne sais pas si vous avez le moyen de faire dire cela discrètement au président en personne. Si vous avez ce moyen, il y a lieu de l'employer tout de suite. Je suis très désireux d'une conversation simple et sincère avec Roosevelt [77]. » Hélas ! Le Général aurait été fort surpris s'il avait pu connaître le nom d'au moins un membre de cette « équipe franco-américaine » qui s'efforçait d'empêcher sa rencontre avec le président... C'est que trois jours plus tôt, Adrien Tixier en personne avait rendu visite au secrétaire d'Etat adjoint Adolf Berle, qui a noté avec une évidente satisfaction les propos de son interlocuteur au sujet d'une éventuelle rencontre entre de Gaulle et Roosevelt : « Tixier a déclaré que (..) le général de Gaulle avait le sentiment d'être victime d'une injustice, et il débordait d'amertume. Il [Tixier] pensait que lorsque les deux hommes se rencontreraient, il y aurait une scène très violente. [...] Le Département d'Etat, a-t-il demandé, ne pourrait-il tenter d'empêcher une rupture entre le président Roosevelt et le général de Gaulle * [78] ? » Bref, Adrien Tixier, pour des raisons de lui seul connues, fait l'impossible pour empêcher toute rencontre entre les deux hommes ! Ce n'est pas la première fois que le représentant du général de Gaulle à Washington fait exactement l'inverse de ce que lui demande le Général – ce n'est pas non plus la dernière...

N'étant heureusement pas informé de cette démarche, le général de Gaulle attend avec sérénité une nouvelle « invitation » – mieux encore, comprenant le jeu politique du président, il propose de se rendre à Washington *sans*

---

* « *Would the State Department, he asked, endeavor to prevent a rupture between President Roosevelt and General de Gaulle ?* » Raoul Aglion, dans son *De Gaulle et Roosevelt* (p. 169) a très curieusement traduit cette phrase par « Est-ce que le Département d'Etat voudrait *provoquer* une rupture entre le président Roosevelt et le général de Gaulle ? »

aucune invitation... « Cette offre, écrira Robert Sherwood, fut acceptée et l'on convint que de Gaulle partirait pour Washington le jour de Noël ou aux environs de cette date [79]. » En effet, le Général décide de partir le 27 décembre, en compagnie du colonel Billotte et du général Catroux ; il tient manifestement beaucoup à cette entrevue, ainsi qu'il l'expliquera sans détours à l'amiral Stark le 17 décembre : « Je comprends les convictions du président, ses idéaux et ses objectifs. J'espère qu'il comprendra les problèmes de la France. [...] Je souhaite pouvoir aider le président à mieux comprendre les difficultés et les complexités de la France et des Français à cette heure tragique de leur histoire [80]. »

Ainsi, le Général ne doute pas qu'une entrevue en tête à tête avec Roosevelt lui permettra de faire comprendre sa position au président et de dissiper tous les malentendus. Dans l'attente de cette rencontre si ardemment souhaitée, de Gaulle, comme à son habitude, passe du pessimisme le plus noir à l'optimisme le plus débridé ; il est vrai qu'il a de bonnes raisons pour cela : Churchill ne le soutient pas et le dénonce même aux Communes, Roosevelt l'ignore, l'expédient temporaire menace de s'éterniser et Staline, dont il espérait l'appui, a fait savoir qu'il approuvait la politique américaine, car « la diplomatie de guerre doit savoir utiliser non seulement des Darlans, mais aussi le diable lui-même et sa grand-mère ». C'est sans doute pour toutes ces raisons que Charles Peake trouve au soir du 18 décembre un Général très déprimé, qui envisage même d'abandonner la partie : « Si les Etats-Unis, qui sont l'allié le plus puissant, entendent poursuivre leur politique actuelle, qui pourrait les conduire à utiliser Laval en France, Degrelle en Belgique, Quisling en Norvège et tels autres ailleurs, le gouvernement britannique risque de ne pas être en mesure de s'y opposer et d'avoir à s'y plier. Cela, lui ne pourrait pas l'accepter et il préférerait se retirer, pour que la France accepte plus facilement l'inévitable [81]. »

On ne peut jamais, chez le Général, distinguer précisément la dépression passagère de la mise en scène calculée. Mais l'homme qui va se présenter devant Roosevelt a quelques sérieux atouts dans sa manche : depuis un mois,

la France combattante a libéré la Réunion, pris officiellement le contrôle de Madagascar * et entamé les opérations
visant à rallier Djibouti et la Somalie française ; en Libye,
les deux divisions légères du groupement Larminat participent à l'offensive de la 8e Armée britannique contre
Rommel, tandis qu'au Tchad, la colonne Leclerc passe à
l'offensive le 12 décembre en direction du Fezzan. Le
Général a également reçu un puissant soutien politique de
la Résistance en métropole : à la mi-novembre, les représentants des trois mouvements de la zone sud, Combat,
Libération et Franc-tireur, ainsi que ceux de quatre partis
politiques et de trois fédérations syndicales, ont fait parvenir à Londres la note suivante ** : « Le général de Gaulle
est le chef incontesté de la résistance. [...] Nous demandons instamment que les destins de l'Afrique du Nord
française soient au plus tôt remis entre ses mains [82]. » Le
18 novembre voit également arriver à Londres le délégué
syndicaliste Yvon Morandat et le général d'aviation François d'Astier de la Vigerie ; ce dernier, officier de grand
prestige et recrue de choix pour les forces aériennes de la
France combattante, est également porteur d'un message
sans ambiguïté : « Tout le monde en France est unanime
sur les deux points suivants : Darlan est un traître qui doit
être liquidé. Giraud a le devoir de se rallier à la France
combattante [83]. »

C'est ce même général d'Astier de la Vigerie que
de Gaulle va envoyer en mission à Alger le 20 décembre
1942, avec l'autorisation du général Eisenhower. « Je lui ai
donné pour mission, écrira le chef de la France combattante, de s'informer sur tout et de m'informer. Cela est
nécessaire pour que nous puissions régler notre attitude
d'après les faits et agir en conséquence. Naturellement,
d'Astier n'aura rien à voir avec Darlan. Peut-être verra-t-il
Giraud, mais non officiellement. [...] Mon plan est donc de
prendre sur place, par tous les moyens, tous les contacts

---

* Aux termes d'un accord signé le 14 décembre, les Britanniques resti-
tuaient à la France combattante la pleine souveraineté sur Madagascar et ses
dépendances.
** Sur instructions du Cabinet britannique, la BBC refusera de diffuser la
déclaration.

possibles afin que l'union avec nous se fasse du bas vers le haut [84]. » Au général Béthouart, il écrit le même jour : « Je souhaite, en particulier, qu'il soit possible d'éclairer le général Giraud, que Darlan a trouvé le moyen de s'associer, ce qui ne blanchit point le traître, mais pourrait salir le bon soldat [85]. »

Ayant débarqué à Alger le 20 décembre, le général d'Astier voit beaucoup de monde, depuis les gaullistes jusqu'aux giraudistes, en passant par les monarchistes – dont son propre frère Henri d'Astier ; il rencontre également Giraud lui-même, qui se déclare disposé à établir une coordination avec la France combattante, ainsi que le général Eisenhower, qui est personnellement bien disposé envers le général de Gaulle et assez peu attaché à la pérennité de l'amiral Darlan ; enfin, il a une brève entrevue avec Darlan lui-même, qui prend son interlocuteur de très haut et obtient des Américains son expulsion dès le 22 décembre *. Le rapport du général d'Astier à son retour à Londres sera raisonnablement optimiste sur les perspectives qui s'offrent à la France combattante en Afrique du Nord : « Ce qu'il y vit et entendit, écrira le général de Gaulle, lui donna l'impression d'une crise aiguë, tant bien que mal contenue par l'appareil policier dont s'entourait le pouvoir, mais bouillonnant sous le couvercle [86]. » De fait, la position de l'amiral Darlan n'est pas aussi solide qu'elle le paraît : le maréchal Pétain l'a désavoué, les gaullistes l'attaquent, les giraudistes le détestent, les Anglais le méprisent, les Américains insistent à tout propos sur le caractère transitoire de son autorité, les conseillers généraux d'Alger, Oran et Constantine l'ont sommé de démissionner, tandis que Lemaigre-Dubreuil et plusieurs membres de l'ancien Groupe des Cinq complotent contre lui, rejoints en cela par le Comte de Paris et quelques éléments troubles de divers acabits...

Pour de Gaulle, voilà bien des choses utiles à savoir au moment où il s'apprête à s'envoler pour Washington. « Je

---

* Dans ses *Mémoires*, le général de Gaulle indique que ce retour s'est effectué le 24 décembre, une date qui sera constamment reprise par la suite. Les documents personnels du général Eisenhower indiquent que ce ne peut être que le 22 décembre ; ceux du général de Gaulle aussi, du reste.

travaille jour et nuit à la préparation des dossiers de mon ressort, note le colonel Billotte ; De Gaulle passe la Noël en Ecosse avec nos marins. [...] Le lendemain matin à six heures, je suis à Euston Station pour recevoir de Gaulle [...] " Darlan vient d'être assassiné ", lui dis-je. De Gaulle est évidemment surpris, mais ne manifeste aucune émotion particulière. En voiture, je lui fais part de mes réflexions de la nuit : " Giraud va certainement succéder à Darlan. Il est l'homme idéal pour les Américains. [...] Je ne doutais pas qu'à Washington, vous auriez liquidé le marin dans l'esprit de Roosevelt. Cette fois, vous n'aurez pas l'occasion de renvoyer l'évadé de Königstein à ses exploits sportifs. Je crains en effet que l'invitation ne soit repoussée à une date ultérieure [87] ! » De Gaulle le craint aussi, qui confie à Gaston Palewski : « Darlan nous était plus utile vivant que mort. Il dressait contre lui l'unanimité de la résistance intérieure comme de toute l'opinion du monde libre. D'autre part, ceci va encore compliquer nos relations avec les Américains, alors qu'elles sont en voie de se détendre [88]. »

Rien n'est plus vrai. « Le 27 décembre à 10 heures du matin, poursuit Billote, aucun contrordre ne nous est parvenu à Carlton Gardens. Comme nous devons partir vers midi, il apparaît que l'invitation est maintenue. [...] A midi, je redescends de l'avion présidentiel, [...] pour attendre le Général à l'échelle de coupée. A peine suis-je descendu qu'un officier anglais vient m'apprendre que de Gaulle a été invité à se rendre d'urgence à Chequers. [...] Le président a jugé préférable de reporter l'invitation à une date ultérieure, tant que la situation en Afrique du Nord ne sera pas clarifiée [89]. »

6

Tourbillon

La part d'énigme qui entoure l'assassinat de l'amiral Darlan autorise d'emblée toutes les hypothèses * ; Roosevelt y voit la main du général de Gaulle [1], Churchill fait accuser les Allemands **, Giraud soupçonne les gaullistes de Londres [2], l'OSS pense au comte de Paris et de Gaulle suspecte l'entourage de Giraud – voire les Américains eux-mêmes, qui auraient pu vouloir « liquider l'expédient temporaire après l'avoir utilisé [3] »... Chez les principaux dirigeants alliés, pourtant, l'indignation publique n'a d'égale que le soulagement privé : Le président Roosevelt, qui s'empresse de condamner l'attentat, y voit malgré tout une solution très acceptable au problème politique que lui posait l'amiral. Derrière un masque d'indignation vertueuse, Winston Churchill est tout aussi satisfait ; ayant pris le parti du président lors de l'accord avec Darlan, il

---

* Les tenants et les aboutissants de cet assassinat sortent largement du cadre de notre récit. Quelques ouvrages récents ont voulu établir dans cette affaire la responsabilité de Winston Churchill ou celle du général de Gaulle (A. Verrier, *Assassination in Algiers*, Macmillan, Londres, 1990 ; A. de Chantérac, *L'assassinat de Darlan*, Perrin, Paris, 1995), mais ils ne sont guère convaincants. Par contre, le rôle du comte de Paris comme instigateur de l'assassinat est pratiquement avéré. Sur l'ensemble de l'affaire, la meilleure mise au point à ce jour est sans doute celle de J.L. Crémieux-Brilhac dans *La France Libre*, *op. cit.*, p. 446-454.

** Le général Clark écrira ainsi : « Nous avons reçu un télégramme urgent de Londres libellé en ces termes : " Le Premier ministre espère que l'on accusera les Allemands et leurs agents ". » (M. Clark, *Calculated risk, op. cit.*, p. 130.)

avait dû, lui aussi, subir les innombrables critiques dirigées contre la politique américaine. Mais à présent, comme il l'écrit dans ses *Mémoires*, « le meurtre de Darlan, si criminel soit-il, a épargné aux Alliés l'embarras d'avoir à poursuivre leur coopération avec lui, en leur laissant tous les avantages que l'amiral avait pu leur procurer au cours des heures cruciales du débarquement allié [4] ». Il reste bien sûr à savoir qui va lui succéder à Alger...

C'est une question que les responsables américains sur place ne se posent même pas ; dès son retour de l'hôpital où l'amiral Darlan vient d'expirer, le général Clark, commandant à Alger en l'absence d'Eisenhower *, prend une décision immédiate : « Les officiers français me réclamaient à cor et à cri la venue de Noguès ; moi, il me fallait Giraud, et il me le fallait en vitesse. Je fis savoir à tous les intéressés que pour le moment, Noguès ne devait même pas être informé de la mort de Darlan [5]. » Eisenhower, alerté par télégramme, répond aussitôt : « Kingpin [Giraud] informé et arrivera jour de Noël. [...] Tu as très bien fait de rejeter catégoriquement PRIME YBSOB **. Je considère Kingpin comme le seul choix possible [6]. »

Kingpin-Giraud revient en effet à Alger le 25 décembre, fort mécontent de devoir quitter le front pour s'occuper d'affaires politiques. Il est vrai que le comte de Paris s'est offert à assumer la succession de Darlan, en prenant de Gaulle comme vice-président et en gardant Giraud comme commandant en chef [7], mais sur instructions de Roosevelt, les Américains ont refusé tout net : que diraient les électeurs américains si le président des Etats-Unis contribuait à restaurer la monarchie en France ? Hors de question ! « Les autorités américaines, écrira Churchill, ont exercé une pression indirecte mais décisive pour que le général Giraud accède au pouvoir politique suprême [8]. » C'est presque une litote... En tout cas, dès le 27 décembre, le Conseil impérial formé de Boisson, Chatel, Noguès et

---

* Le général Eisenhower est à ce moment en tournée d'inspection sur le front de Tunisie.

** Nom de code du général Noguès. Eisenhower et Clark avaient baptisé tous les responsables français en Afrique du Nord Y.B.S.O.B.(« *Yellow-Bellied Son Of a Bitch* », c.-à-d. « Lâche Fils De Pute ». Noguès était le « Prime YBSOB », c.-à-d. « LFDP Principal ».

Bergeret s'empresse de parer Giraud du titre constitutionnellement étrange de « commandant en chef civil et militaire ». Ce n'est d'ailleurs pas sans mal, car l'intéressé est particulièrement réticent : « J'ai beau arguer de mon inexpérience politique, de mes charges militaires, de la conduite de la guerre qui me prend du matin au soir, on réfute toutes mes objections. [...] Je le répète, ce Conseil impérial du 27 décembre 1942 * est un des plus mauvais souvenirs de ma vie [9]. »

On le croit sans peine, car dès le début, les initiatives du général Giraud dans le domaine politique sont particulièrement catastrophiques ; la première est de s'entourer des anciens collaborateurs de l'amiral, tous pétainistes purs et durs : Bergeret, Rigault, Chatel, Noguès, Boisson, les généraux Prioux et Mendigal **, ainsi que l'amiral Michelier *** ; la seconde est de suivre leurs conseils, ainsi qu'en témoignera le capitaine Beaufre, chef de cabinet du tout nouveau commandant en chef civil et militaire : « Les collaborateurs de l'Amiral et Bergeret, révoltés par l'attentat, veulent y voir la main des gaullistes et cherchent à profiter de l'événement pour rompre tout contact avec Londres. Un dossier d'écoutes téléphoniques et de rapports de police est présenté au général Giraud dans le plus grand secret. [...] D'après le dossier, un putsch serait préparé pour le 29 décembre. Giraud, sans m'en parler, ordonne l'arrestation de tous les suspects, en tout quatorze personnes, dont Aboulker (celui qui a lu à la radio la proclamation de Giraud le 8 novembre), Alexandre et Moatti (chevilles ouvrières du 8 novembre). De plus, les gaullistes non directement compromis sont mobilisés et envoyés en Tunisie. Le 29 au matin, en arrivant au Palais d'Hiver, j'apprends [...] que toutes ces arrestations ont eu lieu dans la nuit, de façon d'ailleurs assez brutale. Je suis atterré. C'est une faute capitale ! Je bondis dans le bureau du général.

---

* En réalité, de l'après-midi du 26 décembre.
** Respectivement chef d'état-major de l'armée et commandant de l'aviation en Afrique du Nord.
*** Commandant des forces navales en Afrique du Nord.

– Mon général, j'apprends les arrestations de cette nuit, qu'est-ce que c'est que cette affaire ?

– Monsieur, me répond Giraud de sa voix de tête, je sais ce que je fais !

...

– Mais mon général, non seulement j'ai l'intuition que tous ces gens qui vous ont servi le 8 novembre n'ont rien à faire avec l'assassinat de l'Amiral, [...] mais en outre, vous venez de vous couper de toute l'aile résistante de l'Afrique du Nord. C'est juste le contraire de ce qu'il aurait fallu faire [10]. »

Parmi les gaullistes arrêtés ce jour-là comme « agents de l'ennemi », il y a le sous-lieutenant Louis Joxe qui, présenté à Giraud, en retirera les mêmes impressions que le capitaine Beaufre : « Jouet de toutes les influences et de tous les on-dit, après avoir précipité l'exécution du jeune Bonnier de La Chapelle avec une rigueur et des commentaires impardonnables *, il laissa Bergeret faire main basse sur les hommes et les idées qui le gênaient à Alger [11]. »

La troisième erreur découle des deux autres : s'étant entouré de collaborateurs de Darlan et laissé influencer par eux, Giraud est amené dans bien des domaines à poursuivre la politique de l'amiral. Or, celui-ci avait demandé au général Eisenhower de faire venir à Alger Marcel Peyrouton, afin qu'il remplace Chatel au poste de gouverneur général de l'Algérie. Giraud, toujours sous influence, confirme cette nomination sans en mesurer la portée ; c'est que Peyrouton, certes excellent administrateur, est aussi l'ancien ministre de l'Intérieur de Vichy – l'homme qui a fait arrêter Georges Mandel et Paul Reynaud, qui a appliqué les premiers décrets antisémites, expulsé les juifs et les francs-maçons de l'administration française et signé la condamnation

---

* Fernand Bonnier de La Chapelle, l'assassin de l'amiral Darlan, a été fusillé au matin du 26 décembre sur ordre du général Bergeret, avec l'approbation du général Giraud.

à mort du général de Gaulle... Bref, un passé plutôt compromettant.

C'est sur cette toile de fond plutôt sinistre que vont se dérouler les premiers échanges de correspondance entre le chef de la France combattante et le nouveau commandant en chef civil et militaire, qui est civilement dépendant de son entourage vichyste et militairement dépendant du général Eisenhower. Dès le 25 décembre, de Gaulle avait écrit à Giraud : « Je vous propose, mon Général, de me rencontrer au plus tôt en territoire français, soit en Algérie, soit au Tchad, afin d'étudier les moyens qui permettraient de grouper, sous un pouvoir central provisoire, toutes les forces françaises à l'intérieur et à l'extérieur du pays et tous les territoires français qui sont susceptibles de lutter pour la libération et pour le salut de la France [12]. »

La réponse de Giraud le 29 décembre est pour le moins décevante ; tout en se déclarant d'accord sur la nécessité de l'union de tous les Français pour la libération de la France, il ajoute qu'en raison de l'émotion causée en Afrique du Nord par le récent assassinat, « l'atmosphère est, pour le moment, défavorable à un entretien entre nous [13] ». « Je ne pouvais évidemment m'accommoder de cette attitude évasive », écrira le général de Gaulle [14] ; trois jours plus tard, en effet, il adresse à Giraud une nouvelle missive : « Je ne crois pas que la réunion de tout l'Empire et de toutes les forces françaises disponibles, en liaison avec la résistance en France, doive être aucunement différée [15]. » Et le Général écrira dans ses *Mémoires* : « Il se trouva qu'un grave incident, survenu à Alger l'avant-veille, renforçait mes arguments. Giraud avait fait arrêter plusieurs dizaines de personnes qui toutes avaient, lors du débarquement, aidé les Américains et dont plusieurs appartenaient à la police ou à l'administration. Le "commandant en chef civil et militaire" expliquait aux journalistes alliés qu'il s'agissait de prévenir un complot visant à de nouveaux meurtres [16]. »

Cette malheureuse initiative du 28 décembre explique en effet le caractère plutôt rude du communiqué que fait diffuser le général de Gaulle le 2 janvier 1943 : « La confusion intérieure ne cesse de s'accroître en Afrique du Nord et en Afrique-Occidentale Française. La raison de cette confusion est que l'autorité française n'y a point de base après l'écroulement de Vichy, puisque la grande force nationale d'ardeur et d'expérience que constitue la France combattante, et qui a déjà remis dans la guerre et dans la République une grande partie de l'Empire, n'est pas représentée officiellement dans ces territoires français. [...] Le remède à cette confusion, c'est l'établissement en Afrique du Nord et en A.O.F, comme dans tous les autres territoires français d'outre-mer, d'un pouvoir central provisoire et élargi, ayant pour fondement l'union nationale, pour inspiration l'esprit de guerre et de libération, pour lois, les lois de la République, jusqu'à ce que la nation ait fait connaître sa volonté. Telle est la tradition de la démocratie française. [...] Le 25 décembre, d'accord avec le Comité national et avec le Conseil de défense de l'Empire, j'ai proposé au général Giraud de me rencontrer immédiatement en territoire français pour étudier les moyens d'atteindre ce but. Je crois, en effet, que la situation de la France et la situation générale de la guerre ne permettent aucun retard [17]. » Ce communiqué, qui révèle à la fois les efforts du général de Gaulle pour parvenir à l'unité et l'attitude dilatoire du général Giraud, est extrêmement embarrassant pour le gouvernement britannique ; Churchill a essayé en vain d'en faire différer la publication ; sir Alexander Cadogan, lui, a tout de même obtenu une légère modification : la version originale « La France combattante [...] est tenue à l'écart de ces territoires français », a été remplacée par : « La France combattante [...] n'est pas représentée officiellement dans ces territoires français. » Mais même dans sa forme atténuée, ce communiqué va faire l'effet d'une bombe ; il déclenchera même aux Etats-Unis une impressionnante réaction en chaîne...

Le président Roosevelt et le Département d'Etat escomptaient que la disparition de l'amiral Darlan mettrait fin à la violente campagne de presse qui, depuis la mi-novembre 1942, n'avait cessé de dénoncer le machiavélisme et l'immoralité de la politique américaine. Hélas ! Les déclarations publiques et privées du général de Gaulle après le 25 décembre ont été publiées par la presse britannique et aussitôt reprises par la presse américaine, déclenchant des deux côtés de l'Atlantique un immense courant de sympathie envers le Général et ses *gallant Fighting French,* en même temps qu'un véritable raz de marée d'indignation contre la politique nord-africaine de Washington ; en outre, la presse américaine ayant révélé simultanément les arrestations d'éléments pro-alliés en Afrique du Nord, le maintien dans la région de la législation de Vichy concernant les juifs et les antécédents de Marcel Peyrouton, on voit s'abattre sur le Département d'Etat un véritable déluge de lettres d'insultes, dépassant en volume et en violence tout ce que l'on avait connu au moment des affaires de Saint-Pierre-et-Miquelon et de l'« expédient temporaire »...

A ce déferlement de critiques, Cordell Hull va réagir d'autant plus mal qu'il a bien conscience d'être cette fois encore un bouc émissaire ; après tout, la politique américaine en Afrique du Nord est une chasse gardée du président, le Secrétaire d'Etat n'en étant informé qu'après coup – et plus souvent par la presse que par la Maison-Blanche... Mais puisqu'il n'est pas question de s'en prendre au président, Cordell Hull va plutôt accuser le gouvernement britannique d'encourager, voire d'inspirer les attaques contre lui parues dans la presse britannique – et par contrecoup, dans la presse américaine elle-même. Le 5 janvier, il rédige le rapport suivant, dans le style touffu qui lui est coutumier : « En l'absence de lord Halifax, j'ai rendu visite à sir Ronald Campbell le 31 décembre, et lui ai dit que beaucoup d'entre nous au gouvernement commencions à nous inquiéter sérieusement des conséquences de ce qui paraît être la politique britannique dans des questions telles que l'affaire Darlan, et de la façon dont celle-ci est exploitée par la radio et la presse britanniques, ainsi que par des personnalités du gouvernement britannique qui sont associées à la publicité de De Gaulle. J'ai déclaré que ce genre de propagande visait directement à dresser l'opinion contre le gouvernement des Etats-Unis, était parfaitement nuisible, et suscitait le ressentiment de bien des gens aux Etats-Unis qui s'intéressaient bien davantage aux opérations visant à chasser l'Axe de l'Afrique qu'aux mesquineries des rivalités politiques personnelles entre Français [18]. » Le *Foreign Office* reçoit le 7 janvier un second message, qui semble indiquer que le jugement de M. Hull commence à s'altérer quelque peu : « J'ai dit à lord Halifax [...] que toute cette fanfare au sujet des aspirations politiques de De Gaulle arrivait à un moment où la bataille pour le contrôle d'une grande partie de l'Afrique et de la Méditerranée occidentale avait pris une ampleur croissante, et détournait les commandants américains et français de leurs tâches en les obligeant à se rendre à l'arrière pour rétablir le calme et discuter des aspirations politiques de De Gaulle. J'ai conclu en disant que si les Anglais s'obstinaient à soutenir les entreprises de De Gaulle visant à établir sa suprématie politique au détriment de la bonne marche des opérations en Afrique, ceci ne manquerait pas de créer des divergences entre nos deux pays [19]. » Le président Roosevelt s'inquiète également de ces violentes campagnes de presse, mais en politicien consommé, il se préoccupe surtout du tort qu'elles pourraient causer à sa réputation de démocrate et à son avenir électoral... Entre-temps, Cordell Hull continue à rendre visite aux diplomates britanniques pour donner libre cours à son indignation : « Je maintiens, déclare-t-il le 7 janvier à sir Ronald Campbell, que lorsque la politique partisane la plus éhontée constitue un obstacle aussi manifeste au bon déroulement de la campagne d'Afrique du Nord, il est grand temps que le gouvernement britannique commence à s'en formaliser sérieusement [20]. »

Winston Churchill se trouve maintenant devant une situation des plus délicate; d'une part, il attache une importance cruciale à la poursuite de ses relations privilégiées avec les Etats-Unis, et il verrait sans déplaisir de Gaulle quitter le devant de la scène; mais en 1940, Churchill s'est engagé à soutenir ce vivant symbole de la résistance, et il ne peut revenir à présent sur ses engagements. Là-dessus se sont greffés quelques autres problèmes plus délicats encore : l'affaire Darlan a considérablement accru le prestige du Général, en France comme à l'étranger; en Grande-Bretagne, il bénéficie du soutien de la très grande majorité de l'opinion publique et du Parlement. Toute mesure prise contre lui affaiblirait donc la Résistance en France, mais aussi la position du Premier ministre... Il n'est pas davantage question de museler la presse, même si le *Foreign Office* fait tout ce qui est en son pouvoir pour empêcher les interventions trop favorables à de Gaulle aux Communes [21]. Enfin, la situation en Afrique du Nord est devenue hautement préoccupante : en cette fin du mois de janvier, tous les fonctionnaires fidèles à Vichy ont retrouvé leurs fonctions, les collaborateurs sont revenus, les gaullistes sont en prison, le trop fameux Service d'Ordre légionnaire tient la population en respect, la législation de Vichy est toujours en vigueur, et toutes les communications avec Vichy sont maintenues... En Angleterre, la presse s'insurge et critique de plus en plus ouvertement le gouvernement britannique, qui tolère cet état de fait et couvre la politique américaine...

Face à cette situation, Churchill et Eden ne peuvent qu'assurer la presse, l'opinion publique et le Parlement qu'ils ne ménagent aucun effort pour promouvoir l'union des mouvements français en Afrique du Nord, tout en s'efforçant d'atténuer la gaullophobie chronique du secrétaire d'Etat américain Cordell Hull. Le 8 janvier, Anthony Eden va d'ailleurs convoquer le chargé d'affaires américain pour lui faire part de la réponse britannique aux deux télégrammes de M. Hull ; et Eden écrira dans son rapport : « Je lui ai dit que ces deux télégrammes comportaient un certain nombre de points qu'il me fallait contester, et que je craignais que M. Hull n'ait pas compris le sentiment de l'opinion publique britannique sur ces délicates affaires françaises. Je ne voyais pas à quoi M. Hull faisait allusion lorsqu'il parlait de personnalités du gouvernement britannique associées à la publicité de De Gaulle ; de telles personnalités n'existaient pas. Bien plus, nous passions le plus clair de notre temps à essayer de modérer les activités et la publicité du général de Gaulle. Les allégations de M. Hull selon lesquelles nous serions associés à une quelconque propagande visant à dresser l'opinion contre le gouvernement des Etats-Unis sont moins vraisemblables encore. [...] En ce qui concerne le second télégramme [...] j'ai dit qu'il me semblait que le général Eisenhower était revenu du front en raison de l'assassinat de Darlan, et non pas pour discuter des aspirations politiques du général de Gaulle. Quoi qu'il en soit, [...] nous n'avions qu'un seul objectif dans cette affaire française, c'était de faire tout notre possible pour rassembler les Français pour qu'ils participent à la lutte contre l'Axe. Nous n'étions pas particulièrement favorables à de Gaulle, et nous n'insistions pas davantage pour que le rôle dirigeant lui soit dévolu en cas de réunification des diverses factions françaises. Nous ne ferions guère de difficultés pour accepter le chef qui serait désigné par les Français libres ou par les Français d'Afrique du Nord. Pour le reste, nous avions tout fait pour que la presse n'ébruite pas trop cette affaire [...]. Mais la tâche n'avait pas toujours été facile. Le peuple anglais n'aimait ni Darlan ni Vichy, et le gouvernement ne pouvait rien changer à cet état d'esprit. La seule façon d'arranger les choses consistait à se mettre d'accord sur une politique bien arrêtée pour sortir de cet imbroglio français [22]. »

Faute de pouvoir faire comprendre leur politique à Washington, les Britanniques vont tenter de la faire appliquer discrètement à Alger... On se souvient que le président avait approuvé le 16 décembre l'envoi en Afrique du Nord de deux représentants – un Américain et un Britannique – pour décharger le général Eisenhower de la supervision des affaires civiles. Roosevelt a désigné à cet effet Robert Murphy, déjà sur place, et Churchill a délégué un de ses amis, Harold Macmillan. Le président connaît déjà Macmillan, éditeur, député et sous-secrétaire d'Etat aux Colonies : un gentleman paisible, cultivé, flegmatique, ayant de surcroît une mère américaine... Comment Franklin Roosevelt imaginerait-il un seul instant que cet homme si parfait à tous égards deviendrait un jour le premier fossoyeur de sa politique française ?

C'est le 2 janvier 1943 que Harold Macmillan débarque à Alger, avec un statut étrange et une mission mal définie : il est subordonné au général Eisenhower sans être formellement attaché à son état-major ; comme son homologue Murphy, il a rang de ministre, mais Murphy est un ministre au sens diplomatique, dépendant théoriquement du Département d'Etat et en réalité du président lui-même,

tandis que Macmillan, ayant rang de « ministre résident »,
reste membre du gouvernement britannique, ce qui lui
confère une tout autre influence auprès du Premier
ministre et du gouvernement de Sa Majesté. « Ni moi, ni le
Premier ministre, écrira Macmillan, n'avions la moindre
idée de ce que j'allais faire [23]. » Voilà un *understatement*
typiquement britannique : en réalité, Macmillan a pour
mission de tenir Churchill et le *Foreign Office* informés
des développements politiques en Afrique du Nord, et surtout de conseiller un Eisenhower bien peu au fait des questions politiques françaises...

Dans le désordre ambiant, ni Londres ni Washington
n'ont pensé à informer Eisenhower de la nomination de
Macmillan à Alger, de sorte que le commandant en chef
allié l'a apprise par hasard en écoutant la radio... La première rencontre entre les deux hommes débute donc plutôt
mal, mais Macmillan sait se montrer diplomate et Eisenhower est un homme simple et direct, qui a grand besoin
de se confier : « Maintenant que ce pauvre Darlan a été
tué, nous avons ce Giraud, qui a un passé irréprochable.
Nous en avons fait le patron. Bien sûr que nous allons faire
des changements : nous allons avoir un nouveau gouverneur pour l'Algérie, un certain " Pie-row-ton " ; on me dit
que c'est un type bien. Mais de toute façon, les armées
alliées doivent s'appuyer sur les Français, et la plupart sont
pétainistes. Ce qu'il faut avant tout, c'est maintenir le
calme dans le pays [...] pour garder intactes les centaines
de milles de lignes de communications entre les ports et le
front. [...] Il s'agit de maintenir le calme en politique
jusqu'à ce que Tunis et Bizerte soient capturés et les Allemands expulsés d'Afrique du Nord[24]. »

Le lendemain, Macmillan se rend au Palais d'Eté pour
un premier entretien avec le commandant en chef civil et
militaire. Sachant écouter et parlant fort bien français, le
ministre résident a droit à un récit détaillé des évasions de
l'intrépide général Giraud, ainsi qu'à un exposé complet
de ses vues sur la guerre et la politique. « Je fus frappé, se
souviendra Macmillan, par ses yeux bleus, sa noble stature, son français délié et presque classique, ainsi que par
son évidente sincérité. Mais dès cette première entrevue,

tout cela ne pouvait masquer le fait qu'il n'était pas fait pour la tâche difficile et complexe qu'il avait assumée. [...] C'était sans nul doute un vaillant officier de cavalerie et un bon général de division ; mais comme commandant en chef civil et militaire de toute l'Afrique du Nord, il n'était manifestement pas dans son élément [25]. »

Ayant également rencontré son homologue Robert Murphy, Macmillan prend ses quartiers à Alger avec quelques assistants, après quoi, pour gagner la confiance de tous, il se met en devoir... de ne rien faire du tout ! Et de le faire très ostensiblement : « Si j'arrivais à surmonter la méfiance des Britanniques comme des Américains à l'égard des politiciens, je pourrais sans doute être utile à quelque chose ; il me fallait aussi gagner la confiance de Murphy et l'amener à me considérer comme un collègue plutôt que comme un adversaire. Le meilleur moyen d'arriver à mes fins était d'afficher une oisiveté magistrale, [...] d'écouter et d'apprendre, d'accepter toutes les invitations à déjeuner et à dîner... »

Pendant que le nouveau ministre résident affronte à Alger les rigueurs de la guerre, le général de Gaulle, à Londres, enrage d'être tenu à distance par les tactiques dilatoires du commandant en chef civil et militaire. A vrai dire, celles-ci s'expliquent aisément par l'influence des pétainistes de son entourage, qui auraient tout à perdre d'une fusion avec la France combattante ; il y a aussi le désir de Giraud d'affermir sa position avant toute négociation, notamment en remportant un succès militaire décisif en Tunisie... Mais le général de Gaulle, éternellement soupçonneux, y voit surtout l'influence de Washington ; au général Catroux, il écrit dès le 26 décembre : « La situation, par elle-même compliquée, l'est surtout [...] à cause de la politique de Roosevelt et du State Department, de la faiblesse chronique des Britanniques et des manœuvres de la cinquième colonne notamment à Washington [26]. » Deux jours plus tard, il confie également à Eden : « Une entité doit être créée, mais cela ne peut être fait que par la fusion de la France combattante et du général Giraud en Afrique du Nord française. Cela demandera du temps, et les chances d'aboutir seront d'autant plus grandes que les

Américains ne se mêleront pas trop de l'affaire. Mais l'amiral Leahy, je le crains, continue de donner de mauvais conseils au président [27]. »

Il est vrai que Roosevelt se mêle toujours très étroitement des affaires françaises, mais l'amiral Leahy n'a sur lui qu'une influence limitée : les principaux conseillers du président dans ce domaine restent Harry Hopkins et Felix Frankfurter, auxquels il faut ajouter les conseillers des conseillers, comme Jean Monnet et Alexis Léger. Mais si Roosevelt leur emprunte souvent la tactique, il reste maître de la stratégie – une stratégie immuable dans sa conception et passablement brouillonne dans son application... Ainsi, le 1er janvier 1943, le président écrit à Churchill : « Je suis fermement convaincu que nous avons en Afrique du Nord une occupation militaire, et que par conséquent notre commandant en chef [Eisenhower] a la haute main sur toutes les affaires civiles et militaires. Nous ne devons permettre à aucun de nos amis français d'oublier cela, ne serait-ce qu'un instant. De même, je ne veux pas qu'un seul d'entre eux puisse penser que nous reconnaîtrons une personne, un comité ou un groupe comme représentant du gouvernement ou de l'empire français. Le peuple français réglera ses propres affaires lorsque nous aurons gagné cette guerre. Dans l'intervalle, nous pouvons traiter avec les Français sur une base locale à chaque fois que nos armées occupent un territoire anciennement français. Et si ces responsables français refusent de coopérer, il nous faudra les remplacer. [...] Je ne sais pas si Eisenhower peut garder Giraud sous contrôle, tandis qu'un autre Français s'occupera des affaires civiles, mais je vais examiner la question. » Aucune mention du général de Gaulle, qu'il considère toujours comme une créature des Anglais, si ce n'est cette question simpliste : « Pourquoi de Gaulle ne peut-il pas faire la guerre [28] ? »

Voilà une prise de position catégorique qui va provoquer bien des remous... D'une part, Churchill et Eden sont toujours d'avis qu'il est maladroit et dangereux de traiter avec les « autorités locales », Churchill déclarant même qu'« il est impossible à l'heure actuelle de priver entièrement les Français de toute forme de représentation nationale [29] ». D'autre part, le chargé d'affaires américain à Londres, Freeman Matthews, prévient Washington que « si nous maintenons notre politique passée, consistant à refuser l'établissement d'une quelconque autorité française, même temporaire, [...] il y aura de profonds désaccords [avec les Britanniques] auxquels nous devons nous préparer à faire face [30] ». Enfin, depuis Alger, même le docile Eisenhower, qui a reçu une copie du télégramme de Roosevelt à Churchill, réagit violemment aux propos du président sur l'« occupation militaire de l'Afrique du Nord », comme le notera son aide-de-camp naval, Harry C. Butcher : « Ike s'inquiétait du fait que l'engagement du président en faveur d'un concept d'" occupation militaire " était susceptible de précipiter un affrontement entre Giraud et lui-même. En refusant de coopérer, Giraud obligerait les Américains à prendre en main l'administration civile de l'Afrique du Nord, qui absorberait une grande quantité d'effectifs. [...] Au lieu d'une assistance active de la part des Français, Ike craignait une résistance passive à la Gandhi, voire même une reprise des hostilités " pour l'honneur " contre les Américains et les Britanniques. [...] Il a dit que si le président insistait pour instituer une occupation militaire ou pour donner des ordres susceptibles de provoquer une résistance française, il les exécuterait, mais il présenterait ensuite sa démission [31]. »

Mais Eisenhower est un homme de décision, et bientôt, les ordres fusent : que Murphy rédige un mémorandum à l'intention du Département d'Etat, récapitulant les promesses faites aux Français avec l'approbation du président avant et pendant le débarquement du 8 novembre ; que Macmillan et Murphy s'accordent sur un programme d'« éducation à distance pour faire comprendre à nos gouvernements les réalités de la situation » ; enfin, lui-même, Eisenhower, va se charger d'envoyer au général Marshall un télégramme sans équivoque, qui commence ainsi : « Nous avons appris que certains chez nous semblent considérer que nous sommes en Afrique du Nord une armée d'occupation puissante, conquérante, parfaitement capable d'accomplir nos missions militaires et, si nécessaire, de tenir la population sous la contrainte. On paraît donc considérer que nous sommes en état de donner des ordres aux Français et de les obliger à obéir. Je vous envoie ce message [...] pour vous prier d'intervenir dès que l'occasion s'en présentera, afin de corriger ou de modérer les opinions ci-dessus. Ceci afin qu'au cours des prochaines semaines, qui seront critiques, nous ne recevions pas d'instructions arbitraires, propres à précipiter une crise militaire. [...] L'effet immédiat d'un refus de coopération de la part des Français à l'heure actuelle serait catastrophique [32]. »

Pour Roosevelt, tout cela est évidemment bien embarrassant : Marshall prend invariablement le parti d'Eisenhower, et le président évite le plus possible de s'opposer à son chef d'état-major des armées... En outre, si les instructions présidentielles dans le domaine politique en Afrique du Nord devaient aboutir à compromettre la campagne de Tunisie, l'effet produit sur les électeurs américains serait proprement désastreux. D'ailleurs, le président reçoit simultanément un abondant courrier dénonçant le néovichysme installé en Afrique du Nord, et demandant instamment que le général de Gaulle y soit reconnu comme unique autorité [33]. De toute évidence, une retraite tactique s'impose, et le président en vient à penser qu'il n'est plus possible d'exclure entièrement le général de Gaulle d'Afrique du Nord. Par contre, il n'a nullement renoncé à mettre lui-même de l'ordre dans cette affaire, d'autant qu'un projet ultra-secret va lui en fournir incessamment l'occasion...

Depuis le début de décembre 1942, Churchill et Roosevelt envisageaient la tenue d'une conférence à trois avec Staline, afin de prendre des décisions stratégiques majeures. Le Petit Père des Peuples ayant fait savoir le 7 décembre qu'il ne pouvait quitter l'URSS en raison des opérations militaires en cours, Roosevelt et Churchill ont convenu qu'une conférence anglo-américaine s'imposait malgré tout, tant au niveau des dirigeants qu'à celui des chefs d'état-major. S'il est vrai que les opérations en Tunisie menacent de s'éterniser du fait de la réaction allemande et des conditions météorologiques, il n'en faut pas moins prévoir la suite des opérations une fois la Tunisie conquise... Reste à connaître le pays où se tiendra la conférence : ayant éliminé tour à tour l'Alaska, l'Islande, les Bermudes et le Soudan, Roosevelt et Churchill se sont accordés à la fin de décembre sur le Maroc. Eisenhower y a découvert un site approprié à Anfa, dans la banlieue résidentielle de Casablanca. Pendant que les chefs d'état-major parleront stratégie, Roosevelt et Churchill pourront régler entre eux les grands problèmes politiques de l'heure. L'agitation médiatique, tant en Grande-Bretagne qu'aux Etats-Unis, fait qu'il sera impossible de ne pas parler de la France – et indispensable de trouver une solution à l'épineux problème de l'union des Français. « Le problème diplomatique à régler en urgence, écrira Robert Murphy, était de trouver un moyen de faire entrer de Gaulle dans l'administration d'Alger sans provoquer dans le pays des désordres de nature à compromettre la campagne militaire. Macmillan et moi reçûmes donc pour consigne de parvenir à un arrangement satisfaisant avec le Conseil impérial français à Alger, avant l'ouverture de la conférence de Casablanca. La formule que nous mîmes au point, et qui fut approuvée par Eisenhower, consistait à offrir d'emblée à de Gaulle une codirection avec Giraud, et de rassembler dans une administration élargie à Alger les membres du Conseil impérial qui avaient aidé l'expédition anglo-américaine et les membres du Comité de Londres du général de Gaulle [34]. »

Ainsi, Roosevelt trouvera le problème pratiquement réglé dès son arrivée et, posant publiquement en parrain bienveillant d'une réconciliation entre Français, il confondra tous les critiques de sa politique nord-africaine. Détail significatif : le président se rendra à Anfa sans son secrétaire d'Etat ! C'est une indication de l'importance qu'il lui accorde... et de son désir de recueillir seul tous les bénéfices politiques d'un succès de la conférence. Afin que nul ne s'en formalise, Churchill est prié de laisser à Londres son propre ministre des Affaires étrangères *... Ce grand

---

* Ce que Churchill fera avec la plus grande réticence. Il est stupéfiant de constater que Roosevelt n'aurait même pas amené son secrétaire d'Etat si Staline avait été présent à la conférence... (FDR to WC n° 224, 2/12/42, *in* F.D. Loewenheim, *Roosevelt and Churchill, op. cit.,* p. 290-291).

sommet politico-stratégique aura pour nom de code
« Symbol » ; le 31 décembre, Roosevelt câble à Churchill :
« Dispositions prises pour Symbol satisfaisantes. Nos
chefs d'état-major arriveront le 12 janvier et je suivrai
deux jours plus tard, afin que nous puissions tous nous réunir le 15. Je pense que nos états-majors pourront faire le
tour de la question en deux jours de conférence prélimi-
naire. Ces perspectives me réjouissent [35]. » La dernière
phrase est à prendre au pied de la lettre ; ce même soir, à la
Maison-Blanche, Roosevelt fait projeter un film dans
lequel Humphrey Bogart et Ingrid Bergman tiennent la
vedette : c'est « Casablanca [36] ». Seule une poignée de
spectateurs sait que le film n'a pas été choisi au hasard...

Tard dans la soirée du 9 janvier 1943, un cortège présidentiel très réduit quitte la Maison-Blanche dans le plus
grand secret et prend le train pour Miami. Il comprend
Harry Hopkins, le capitaine McCrea, aide-de-camp naval,
l'amiral McIntire, médecin personnel du président, Arthur,
son valet, trois officiers et une demi-douzaine d'hommes
des services secrets *. Roosevelt n'ignore pas que les
voyages en avion sont contre-indiqués à ceux qui ont des
problèmes cardiaques, mais l'immobilité lui pèse tant
qu'il est tout disposé à courir le risque : « Il voulait voyager, notera Hopkins ; il voulait voir nos soldats, et il en
avait assez de ces gens qui lui disaient que les voyages en
avion étaient dangereux. L'aventure l'attirait, mais avant
tout, il voulait faire un voyage [37]. » Ce sera un long péri-
ple de cinq jours, avec escales à Trinidad, Belem et
Bathurst, avant qu'un avion de transport C 54 de l'armée
ne prenne le relais pour les amener à Casablanca, en sur-
volant le Sahara occidental et les Monts de l'Atlas.
« J'étais assis à côté de lui au décollage, notera Hopkins ;
il était aussi enthousiaste qu'un gamin de seize ans, car il
n'avait plus pris l'avion depuis son accession à la présidence [38]. »

L'atmosphère de vacances et d'aventure se confirme et
s'accentue lorsque le président atterrit dans l'après-midi du

---

* L'amiral Leahy était également du voyage, mais une forte bronchite
l'obligera à rester à Trinidad.

14 janvier sur le petit aérodrome de Mediouna, à 20 kilomètres de Casablanca. Accueilli à l'arrivée par son fils Elliott et par Averell Harriman *, il est conduit avec sa suite – toujours dans le plus grand secret ** – vers la colline d'Anfa, qui a été entièrement réquisitionnée par l'armée américaine. Il y a là un hôtel moderne où se réunissent les états-majors anglo-américains, tandis que d'élégantes villas entourées de splendides jardins tropicaux ont été réquisitionnées pour le président, le Premier ministre et leur entourage. Le tout est protégé par une triple enceinte de barbelés et un bataillon de police militaire, sans parler des batteries de DCA et de projecteurs camouflées aux alentours ***. Enfin, il y a cette ambiance générale de conspiration, qui a tout pour plaire à Roosevelt : le monde entier ignore encore que le président des Etats-Unis et le Premier ministre de Grande-Bretagne sont en Afrique du Nord, et même dans l'enceinte surprotégée d'Anfa, ils ne seront désignés que sous les pseudonymes d'« Amiral Q » (Roosevelt) et « Air Commodore Frankland » (Churchill)...

Toute cette atmosphère enchante manifestement le président : « Il se montra optimiste et plein d'entrain, presque enjoué, se souviendra le général Eisenhower, et j'en conclus qu'il devait cet état d'esprit à l'atmosphère d'aventure qui planait sur l'ensemble de la conférence de Casablanca. Ayant réussi à se libérer pour quelques jours de la plupart des charges du gouvernement, il semblait puiser une énergie morale extraordinaire dans le fait d'avoir pu s'évader secrètement de Washington pour venir participer à une rencontre historique sur un territoire où, à peine deux mois auparavant, la bataille se déroulait encore [39]. » Le compte rendu de Robert Murphy confirmera amplement les impressions d'Eisenhower : « Le président Roosevelt donna le ton de la conférence en exprimant à plusieurs reprises son ravissement d'avoir réussi à se sous-

---

* Harriman est venu de Londres, où il est l'administrateur du *Lend Lease*.
** Les vitres de la voiture sont même maculées de boue, afin que l'on ne puisse reconnaître le visiteur.
*** Le Maroc est encore à portée des raids aériens allemands, qui ne sont pas rares dans le secteur.

traire pour un temps aux obligations politiques constantes de Washington. Son humeur était celle d'un écolier en vacances, ce qui explique la manière presque frivole dont il a abordé certains des problèmes difficiles qu'il avait à traiter. Dans ce faubourg féerique de Casablanca, avec son climat langoureux et son atmosphère exotique, on traitait de deux problèmes mondiaux à la fois ; dans une grande salle de banquet à l'hôtel Anfa, les chefs militaires anglais et américains discutaient de stratégie militaire globale [40]. »

C'est exact... et les discussions sont même fort animées, car du côté britannique, les chefs d'état-major Brooke, Portal et Pound veulent imposer leur stratégie : débarquer en Sicile dès que les Allemands auront été chassés de Tunisie ; mais leurs homologues américains, Marshall, Arnold et King, veulent toujours un débarquement en France, celui-là même qui leur a échappé à la conférence de Londres six mois plus tôt... « J'ai beaucoup moins de respect pour Napoléon, disait jadis le maréchal Foch, depuis que je sais ce qu'est une coalition ! ». Mais dans cette coalition-ci, on poursuit les mêmes buts, on parle la même langue... et on sait parfaitement que les deux grands chefs n'admettraient pas que l'on se sépare sur un constat de désaccord ; c'est un puissant aiguillon.

Tandis que d'âpres discussions stratégiques se poursuivent toute la journée dans l'hôtel d'Anfa, c'est le soir que les choses commencent à s'animer dans le parc en contrebas : « Les deux Empereurs, écrira Macmillan, se réunissaient d'ordinaire tard dans la nuit [...]. Tout cela ressemblait à un mélange de croisière, de séminaire et de camp de vacances, au milieu de ce décor oriental incroyablement fascinant. La villa de Churchill (" Mirador ") était gardée par des *Royal Marines*, mais pour le reste, tout était assez simple. Sa curieuse habitude de passer la plus grande partie de la journée au lit et de veiller toute la nuit éreintait quelque peu son entourage. [...] Il mangeait et buvait énormément à toute heure, réglait d'énormes problèmes, jouait constamment à la bagatelle et à la bézigue, bref, il s'amusait beaucoup. [...] La villa de Roosevelt (" Dar es Saada ") était difficile d'accès ; si vous l'approchiez de nuit, vous vous retrouviez aveuglé par des projecteurs, et une horde de ce que l'on appelle des G-men – pour la plupart d'anciens gangsters de Chicago –, dégainaient leurs revolvers et les braquaient sur vous. [...] Mais une fois à l'intérieur, tout devenait simple. Les deux favoris de la cour, Harriman et Hopkins, se tenaient à la disposition de l'Empereur, de même que ses deux fils, qui servaient d'assistants et [...] presque d'infirmiers à ce personnage hors du commun. On jouait beaucoup à la bézigue, on buvait d'énormes quantités de cocktails, les entretiens se succédaient sans discontinuer, tout cela dans une ambiance bon enfant tout à fait remarquable. Comme je me trouvais dans la villa du Premier ministre ou dans celle du président pendant la plus grande partie de la nuit, tout en ayant à accomplir mon travail pendant la journée, on imagine à quel point tout cela pouvait être épuisant [41]. »

Certes, mais quelles affaires urgentes ces deux Empereurs peuvent-ils bien traiter en attendant que leurs chefs d'état-major s'accordent sur la meilleure façon de gagner la guerre ? A vrai dire, le premier point de l'ordre du jour leur a été imposé d'emblée ; c'est qu'au moment même de leur arrivée, l'ex-ministre de l'Intérieur et ambassadeur en Argentine Marcel Peyrouton est sur le point de s'installer à Alger, ce qui suscite une nouvelle levée de boucliers dans la presse anglo-saxonne : « Averell Harriman, écrira le vice-consul Kenneth Pendar, est allé voir Murphy et lui a parlé sans détours des violentes critiques de la presse britannique. Simultanément, les articles des journaux et magazines américains commençaient à arriver par paquets, presque tous soupçonneux et pleins de fiel [42]... » Ce que confirme tout à fait Robert Sherwood : « Les clameurs indignées en provenance des Etats-Unis et de Grande-Bretagne résonnaient distinctement dans la villa " Dar es Saada ". C'était Saint-Pierre-et-Miquelon qui recommençait [43]. » Et Pendar d'ajouter : « En fin de compte, MM. Roosevelt et Churchill ont bien été obligés de tenir compte de cette pression [44]. »

C'est un fait ; et ils en sont même venus à se demander s'il ne faudrait pas trouver un remplaçant à Peyrouton avant même qu'il ne prenne ses fonctions de gouverneur général... Roosevelt se fait fort d'y pourvoir, et dès le

16 janvier, il adresse à Cordell Hull le télégramme suivant :
« Il semble que Giraud manque de capacités administratives, et les officiers français ne veulent pas reconnaître
l'autorité de De Gaulle. Puisqu'il n'y a pas de civils français disponibles dans cette région, que diriez-vous de faire
venir ici Jean Monnet ? Il semble avoir évité tout engagement politique compromettant ces dernières années, et il
m'a fait une impression très favorable. Je pense que Morgenthau connaît Monnet et a confiance en lui. J'espérais
que nous pourrions éviter les discussions politiques en ce
moment, mais je me suis aperçu à mon arrivée ici que les
journaux américains et anglais avaient fait une véritable
montagne d'une taupinière, si bien que je ne rentrerai pas à
Washington avant d'avoir réglé cette affaire [45]. »

C'est Harry Hopkins qui a proposé le nom de Jean Monnet ; le président consulte ensuite Cordell Hull pour la
forme, ce qui n'a rien d'inhabituel ; Cordell Hull répond
qu'il ne pense pas que Monnet soit l'homme de la situation, et propose à la place Roger Cambon ou Alexis Léger.
En définitive, Roosevelt négligera cet avis et se résoudra à
accepter Peyrouton, en misant sur la lassitude de la presse
et de l'opinion publique... Il n'en est pas moins significatif
que le président des Etats-Unis se soit estimé parfaitement
en droit de nommer lui-même un haut fonctionnaire français ! Cette attitude désinvolte provoque d'ailleurs l'ébahissement de ses interlocuteurs américains – les civils
comme les militaires : « Le très grand intérêt de Roosevelt
pour les affaires françaises, se souviendra Robert Murphy,
ne nous facilitait pas la tâche. [...] Le président discutait du
remplacement de responsables français et du changement
des lois françaises en Afrique comme s'il appartenait aux
Américains d'en décider. Mais quand je lui demandais si la
politique américaine avait changé et si nous devions désormais considérer notre présence en Afrique comme une
occupation militaire, il répondait que notre politique
n'avait pas changé. Les contradictions du président sur ce
point devaient continuer à nous poser des problèmes. [...]
Il oubliait les accords détaillés qu'il avait lui-même
conclus, et il n'y en avait généralement pas trace dans les
dossiers des ministères habituellement chargés de ces
questions. Il arrivait souvent que Harry Hopkins soit le

seul témoin des décisions présidentielles, même sur des questions techniques telles que la parité entre le dollar et le franc d'Afrique française [46]. » Même étonnement de la part du général Eisenhower : « Je m'aperçus que le président [...] ne faisait pas toujours clairement la distinction entre l'occupation militaire d'un territoire ennemi et la situation que nous connaissions en Afrique du Nord. Il ne cessait d'évoquer les plans et propositions affectant la population locale, l'armée française et les fonctionnaires en termes d'ordres, instructions et mesures coercitives. Nous devions lui rappeler que notre politique dès le départ était de nous faire des alliés et de les utiliser comme tels – bref, que loin d'administrer un pays conquis, nous tâchions seulement d'élargir progressivement les bases de l'administration, avec pour objectif final de remettre toutes les affaires intérieures entre les mains du peuple. Il était naturellement d'accord, car il se rendait compte qu'il avait personnellement participé à la formulation de cette politique bien avant le débarquement, mais il n'en continuait pas moins, peut-être inconsciemment, à aborder les problèmes locaux du point de vue du conquérant [47]. »

C'est exact, mais la raison en est que Franklin Roosevelt est venu en Afrique du Nord non seulement en conquérant, mais aussi en décolonisateur – ainsi qu'il l'a confié à son fils Elliott le soir même de son arrivée : « Le système colonial, c'est la guerre. Si tu exploites les ressources de l'Inde, de la Birmanie, de Java, si tu leur prends toutes leurs richesses sans rien leur redonner [...], tu ne fais qu'accumuler le genre de problèmes qui mènent à la guerre. » C'est visiblement la Grande-Bretagne que le président vise en premier lieu : « L'Inde devrait immédiatement accéder au statut de Commonwealth. Après quelques années, [...] elle devrait avoir le choix entre rester dans l'Empire et devenir complètement indépendante [48]. » Ce brusque accès de messianisme décolonisateur au beau milieu d'un conflit mondial a évidemment de quoi surprendre *, mais deux raisons au moins peuvent l'expliquer : d'une part, les Etats-Unis ne

---

* On en trouve toutefois de lointains échos dans certains propos d'avant-guerre du président, et surtout dans ses conversations avec Churchill au moment de la signature de la Charte de l'Atlantique.

sont plus directement menacés et leur puissance militaire commence à croître, ce qui permet à Roosevelt de changer quelque peu ses priorités et d'affirmer davantage ses idéaux face à l'allié britannique ; d'autre part, l'idéalisme du président masque comme toujours un froid réalisme – pour ne pas dire un implacable opportunisme. C'est du reste ce qu'a pu constater le général Eisenhower dès le 15 janvier : « Bien qu'il admît la gravité des problèmes que la guerre posait aux Alliés, ses interventions étaient, en général, consacrées à un avenir lointain, aux tâches d'après-guerre, y compris le sort des colonies et des territoires libérés. Il se demandait surtout si la France pourrait retrouver son ancien prestige et sa puissance en Europe et, sur ce point, il se montrait fort pessimiste. En conséquence, son esprit était préoccupé par les moyens de s'assurer le contrôle de certains points stratégiques de l'Empire français, que la France, pensait-il, ne serait plus en mesure de conserver [49]. »

Voilà qui est édifiant... Les propos que tient le président au sultan du Maroc lors d'un dîner à la villa Dar es Saada le sont tout autant : « Père a fait remarquer, notera Elliott Roosevelt, que l'après-guerre serait radicalement différent de l'avant-guerre du point de vue de la question coloniale. Le Sultan a demandé poliment ce que père entendait exactement par « radicalement différent ». Père, faisant allusion au passage aux ententes entre financiers français et britanniques pour former des consortiums destinés à délester les colonies de leurs richesses, a abordé la question de possibles gisements de pétrole au Maroc français. [...] Il a mentionné que le sultan pourrait aisément engager des sociétés – des sociétés américaines –, pour exécuter le programme de développement auquel il pensait, moyennant des honoraires ou des royalties [50]. »

Après les intérêts stratégiques exposés à Eisenhower, voici donc les intérêts économiques révélés sans la moindre ambiguïté *... Retour aux intérêts stratégiques, lorsque le président déclare à Robert Murphy avec un air

---

* De surcroît en présence de Churchill, qui sera au bord de l'apoplexie pendant tout le dîner...

de reproche : « Vous avez quelque peu forcé la note en mentionnant dans une de vos lettres à Giraud avant le débarquement que les Etats-Unis s'engageaient à garantir à la France la restitution de l'ensemble de son empire. Votre lettre pourrait m'attirer des ennuis à la fin de la guerre. » Et Robert Murphy d'en conclure que « le président ne semblait pas vraiment se rendre compte à quel point son attitude pouvait révulser tous les Français attachés au colonialisme, y compris le général de Gaulle [51] ». Murphy aurait même pu dire : « *surtout* le général de Gaulle »...

C'est justement le Général qui constitue l'autre grand sujet de débat lors des premières réunions à la villa Dar es Saada. Or, pour Roosevelt, de Gaulle, Churchill et le colonialisme ont tous partie liée, ainsi qu'il l'a confié à son fils Elliott :

« Je suis plus qu'à moitié sûr que de Gaulle fera à peu près tout ce que le Premier ministre et le *Foreign Office* lui diront de faire.

– Pourquoi ? demande Elliott.

– Leurs intérêts coïncident. Les Anglais veulent s'accrocher à leurs colonies ; ils aident donc les Français à s'accrocher aux leurs. [...] Tout est lié ; si une colonie accède à l'indépendance, cela donnera des idées aux autres. Voilà pourquoi Winston est si attaché à de Gaulle ; c'est que de Gaulle n'a pas plus intérêt que lui à voir disparaître un empire colonial [52]. »

Quant à l'opinion que se fait le président du général de Gaulle, il est clair qu'elle n'a pas varié d'un iota depuis l'automne de 1940 : « De Gaulle a l'ambition d'établir sa dictature en France. Difficile de trouver un homme en qui j'aurais moins confiance [53]... »

Tout cela est bel et bon, mais Roosevelt n'oublie pas qu'il est également venu à Anfa pour régler le délicat problème d'une fusion entre la France combattante du général de Gaulle et l'administration nord-africaine du commandant en chef civil et militaire. Or, l'humeur de Roosevelt étant, nous le savons, celle « d'un écolier en vacances », il va aborder cette affaire délicate avec une légèreté qui confine à la frivolité ; la solution qu'il propose à Churchill est la suivante : « Nous appellerons Giraud le marié, et je

le ferai venir d'Alger. Quant à vous, vous ferez venir de
Londres la mariée, de Gaulle, et nous arrangerons un
mariage forcé [54]. » Tout cela est d'une simplicité désarmante : il suffit de faire venir les deux Français et de pousser le général de brigade de Gaulle à se subordonner au
général d'armée Giraud... Puisque de Gaulle « fera à peu
près tout ce que le Premier ministre et le *Foreign Office* lui
diront de faire », on voit mal comment le plan pourrait
échouer...

Dans cet environnement exotique, le confinement, la
bonne chère, l'alcool et la fumée des cigares aidant, on est
facilement porté à l'optimisme. Mais Harold Macmillan,
qui a été chargé avec Robert Murphy de préparer le projet
d'union, tempère quelque peu les enthousiasmes :
« J'exprimai la crainte que l'un ou l'autre des généraux –
ou les deux – s'offusqueraient d'une invitation à se rencontrer dans un camp militaire allié en territoire français
[...] Ne risqueront-ils pas de prendre ombrage de notre
intervention ? Il me paraissait probable que Giraud, un soldat peu compliqué, verrait les avantages d'une réunion
avec les dirigeants alliés et leurs chefs d'état-major.
J'espérais naturellement qu'il en serait de même pour
de Gaulle, mais cela me paraissait douteux [55]. »

Churchill a lui aussi quelques doutes ; il se souvient probablement que le général de Gaulle n'a jamais vu d'un très
bon œil l'immixtion des Anglo-Saxons dans les affaires
françaises. Du reste, la perspective d'avoir à parrainer la
« mariée » ne l'enthousiasme guère : les Américains ont
toujours surestimé l'influence qu'il pouvait exercer sur
de Gaulle. D'un autre côté, Roosevelt ne comprendrait pas
qu'il refuse de faire venir le Général ; et d'ailleurs,
de Gaulle n'a-t-il pas lui-même exprimé le désir de rencontrer Giraud ? Quoi qu'il en soit, Roosevelt sait être persuasif, et Churchill, rentrant au petit matin de sa deuxième
journée de discussions avec le président, marmonne devant
l'inspecteur Thompson, son garde du corps : « Il va falloir
marier ces deux-là d'une façon ou d'une autre [56] ! » Et dès
le lendemain, 16 janvier, il envoie au général de Gaulle le
télégramme suivant : « Je serais heureux que vous veniez
me rejoindre ici par le premier avion disponible – que nous

fournirons. J'ai, en effet, la possibilité d'organiser un entretien entre vous et Giraud dans des conditions de discrétion complète et avec les meilleures perspectives. Il serait utile que vous ameniez Catroux, car Giraud désirera avoir avec lui quelqu'un, probablement Bergeret. Toutefois, les conversations auraient lieu entre les deux principaux Français, à moins qu'on ne trouve bon de procéder autrement. Giraud sera ici dimanche et j'espère que le temps vous permettra d'arriver lundi [57]. »

C'est en effet ce qui a été prévu; ce même jour, Roosevelt écrit à Cordell Hull : « Le général Giraud arrive ici demain, et Churchill et moi avons fait en sorte que de Gaulle soit amené ici lundi [58]. » Mais si Churchill a bien accepté d'inviter les deux hommes à Anfa et de promouvoir leur union, s'il a même conçu l'idée d'un triumvirat – de préférence avec un troisième homme qu'il choisirait lui-même –, il n'a nullement approuvé l'idée d'une subordination de De Gaulle à Giraud. Dans un télégramme envoyé une semaine plus tôt au Département d'Etat, le chargé d'affaires américain à Londres avait même rapporté cette réponse de Churchill à un interlocuteur qui lui suggérait que de Gaulle pourrait occuper la seconde place : « Oh ! Non, ce n'est pas possible; de Gaulle est plus qu'un individu : c'est un mouvement et un symbole [59]. » Le président a-t-il eu connaissance de cette information ? Sans aucun doute, puisque le télégramme porte une annotation marginale de sa main, signée : « FDR [60] ». Mais à l'évidence, Roosevelt n'envisage pas que l'on puisse résister à la puissance de l'Amérique et aux talents de persuasion de son président... C'est pourquoi il a écrit à Cordell Hull le 16 janvier : « Je suis sûr de pouvoir amener les Britanniques à partager notre point de vue [61]. »

Nous savons en effet que le président n'a jamais péché par manque de confiance... On attend donc pour le lendemain l'arrivée du « marié », le général Giraud, dont Roosevelt attend manifestement beaucoup, ainsi qu'il l'a confié à son fils Elliott : « Les gens du Département d'Etat m'en disent le plus grand bien. Murphy [...] a indiqué dans ses rapports que Giraud sera exactement l'homme qu'il nous faut pour faire contrepoids à de Gaulle [62]. » Le contrepoids à cinq étoiles arrive donc à Anfa au matin du 17 janvier, en compagnie du lieutenant-colonel de Linarès et du capitaine Beaufre, qui nous donne un excellent aperçu de l'état d'esprit de son chef : « En réalité, [...] Giraud ne venait à Anfa que pour contracter avec de Gaulle un mariage de raison. Il était d'accord sur l'idée, mais bien des sentiments se cabraient en lui à l'idée de collaborer avec son ancien subordonné de Metz dont le mauvais caractère lui était connu, et de voir arriver à Alger " les politiciens " de Londres qu'il abhorrait. [...] Si l'on ajoute à cela l'influence de Bergeret et de l'ancien cabinet de Darlan, il devenait évident que notre général revenait peu à peu à un conservatisme qui était bien loin des sentiments qui l'animaient à Koenigstein et à Marseille à la veille du débarquement [63]. »

Nous voici donc prévenus... Mais pour l'heure, le général Giraud entre dans la « cité interdite » d'Anfa, et le soldat peu compliqué décrit par Macmillan s'extasie devant ce qu'il y découvre : « Chaque villa, écrira Giraud, a été affectée à un hôte de marque, en fonction de son importance et du nombre de personnes l'accompagnant. Chacune a gardé son personnel, renforcé de cuisiniers, de serveurs, de chauffeurs, de téléphonistes, par du personnel américain. Il y a là un luxe incroyable de plantons. Un bataillon au moins assure le service de garde. Chaque villa a son poste. [...] Un réseau téléphonique spécial a été installé pour relier toutes les villas entre elles et avec les bureaux de la Conférence. Un annuaire est déposé dans chaque villa. [...] Notre villa appartient à un riche israélite [...] qui ne doit pas être dans le besoin. Peut-être n'en aurais-je pas choisi tous les meubles, mais il faut reconnaître que la plupart sont confortables, et la chambre de madame, que j'occupe, toute tendue de satin rose avec dentelles vaporeuses, incite beaucoup plus à de voluptueuses rêveries qu'à des pensées austères. [...] A peine appelée, une voiture est à votre disposition pour n'importe quelle course. En résumé, installation très complète, avec un grand luxe de personnel, à l'américaine [64]. »

C'est donc dans les meilleures dispositions que le général Giraud se rend peu après 17h à la villa Dar es Saada, en compagnie de Robert Murphy et du capitaine Beaufre, qui note ainsi ses premières impressions : « Roosevelt me surprend : ce n'est pas du tout le personnage dynamique au sourire triomphant de ses photographies ; c'est un grand malade, assis dans un fauteuil roulant, au visage gris et ravagé, sa main est agitée de tremblements. Mais de temps en temps, par un effort de volonté visible, il remonte son visage et produit le fameux sourire. L'instant d'après, son visage retombe comme un rideau. Son abord est séduisant, charmeur même [65]. » Le charme se heurte toutefois à l'obstacle de la langue : Giraud ne parle pas anglais, et le général Clark, qui fait les présentations, racontera ainsi la suite : « Le président, qui n'aimait pas faire usage d'un interprète, entreprit de converser en français ; ce fut un lamentable échec, Giraud se montrant de plus en plus perplexe à mesure que le président continuait à discourir dans son français rouillé. En fin de compte, il a fallu faire appel à un interprète pour tenter d'éclaircir les choses [66]. » L'interprète une fois au travail, les choses s'éclaircissent en effet, puisque le président déclare à Giraud qu'« il espère qu'il pourra commander les forces armées, avec de Gaulle comme adjoint et une troisième personne comme dirigeant politique en Afrique du Nord [67] ».

C'est donc bien le plan Murphy-Macmillan-Roosevelt-Churchill qui est exposé là, avec la variante présidentielle que nous connaissons : Giraud sera à la tête de l'ensemble ; voilà de quoi réjouir le commandant en chef civil et militaire... Mais le président, lui, commence à déchanter : « Pour Giraud, rapportera Elliott Roosevelt, les problèmes politiques n'existaient pas ; seul existait l'aspect militaire de la guerre :

"Donnez-nous seulement les armes, s'exclamait-il. Donnez-nous les canons, les tanks et les avions. C'est tout ce qu'il nous faut ! "

Père l'interrogeait avec amabilité mais fermeté : d'où ses troupes proviendraient-elles ?

"Nous pouvons recruter des troupes coloniales par dizaines de milliers !

– Et qui les entraînerait ?

– J'ai des quantités d'officiers sous mon commande-ment. Ce n'est pas un problème. Donnez-nous seulement les armes. Le reste... "

Mais le reste comprenait des problèmes qu'il ne pouvait saisir. Churchill avait fait remarquer que le retard mis à abroger les lois antisémites du régime du régime de Vichy constituait l'une des principales causes du ressentiment de De Gaulle. [...] Giraud balayait tout cela d'un revers de main ; il poursuivait son idée fixe :

"Tout ce qu'il nous faut, c'est de l'équipement. Quel-ques semaines d'entraînement, et de grandes armées deviendront disponibles... "

Père montrait clairement par ses questions qu'il pensait que Giraud sous-estimait sérieusement la tâche à accomplir. Mais je doute que le général français ait perçu la réaction négative de mon père, tant il était obnubilé par ses propres projets [68]... »

L'autre témoin du côté américain, Robert Murphy, confirmera amplement ce jugement : « L'attention de Giraud se mettait à divaguer dès que Roosevelt soulevait des questions politiques, et il en revenait le plus vite pos-sible à son plaidoyer en faveur d'équipement américain pour les troupes françaises [69]. » Mais Roosevelt garde tout son sérieux et se montre des plus compréhensif : « Il me promet, se souviendra Giraud, de voir personnellement le général Marshall pour le réarmement de l'armée française. Nul doute, à son avis, que nous ne puissions nous entendre très facilement. L'entretien, extrêmement cordial, a duré près d'une heure [70] ». « Dès que Giraud et les autres eurent quitté la pièce, poursuit Elliott Roosevelt, père fit une mimique éloquente. " J'ai bien peur que nous ne prenions appui sur une planche pourrie ", dit-il. Il leva les bras au ciel et eut un rire bref : " Voilà l'homme dont Robert Mur-phy me disait qu'il rallierait les Français ! Il est nul comme administrateur, il sera nul comme chef ! " [71]. » Il y a évi-demment là de quoi faire réfléchir le président. Un tel homme sera-t-il vraiment capable de reléguer le chef de la France combattante au rôle de simple subordonné ? D'ail-leurs, comment se fait-il qu'il n'y ait encore aucune nou-velle du général de Gaulle ?

A Londres, au matin de ce même jour, le général de Gaulle ne sait toujours pas que Churchill a quitté l'Angleterre... et il attend une nouvelle invitation à se rendre à Washington ! Il est vrai que six jours plus tôt, Adrien Tixier lui a fait part d'un message de Roosevelt à Welles libellé en ces termes : « Je recevrai avec plaisir le général de Gaulle s'il décide de venir aux Etats-Unis fin janvier *. Je serai en mesure, dans quelques jours, de fixer une date précise [72]. » Cette rencontre, le Général prévoit de l'aborder en position de force : le mythe de l'indépendance de Vichy a été définitivement dissipé par l'invasion de la zone libre, le *Foreign Office* soutient de plus en plus son mouvement, la Résistance française, l'appuie fermement, le communiste Fernand Grenier a annoncé dès son arrivée à Londres l'adhésion de son parti à la France combattante, et le général Leclerc, ayant achevé la conquête du Fezzan, est sur le point de faire sa jonction avec la 8e Armée britannique. Pour de Gaulle, les Américains comme les Anglais doivent prendre acte de toutes ces réalités : l'unique solution possible est dès lors de constituer à Alger un comité national élargi avec de Gaulle pour président, tandis que Giraud deviendra commandant en chef de l'armée ; il n'y a pas d'autre voie. « Les Américains, déclare le général de Gaulle à Hervé Alphand, s'en apercevront d'ici quinze jours [73]. » Mais il n'y a toujours aucune lettre du président Roosevelt ; par contre, Anthony Eden demande au Général de venir le voir le 17 janvier au matin.

L'entrevue a lieu au *Foreign Office* vers midi, en présence de sir Alexander Cadogan. Eden déclare au Général qu'il a une communication hautement confidentielle à lui faire de la part du Premier ministre, qui se trouve en Afrique du Nord ; après quoi il lui remet le télégramme de Churchill l'invitant à Casablanca. Et M. Eden notera dans son rapport : « Il lit le télégramme en silence, jusqu'à ce

---

* Etait-ce une ruse de Roosevelt pour camoufler son départ de Washington ? Il est plus probable que Roosevelt avait rédigé cette note pour Welles au moment où il ne pensait pas encore à la possibilité d'inviter de Gaulle à Casablanca. En effet, une décision en ce sens n'a été prise que lors des premières discussions avec Churchill dans la soirée du 15 janvier.

qu'il parvienne au nom du général Bergeret, après quoi il s'exclame : " Ah, ils vont même amener celui-là ! ", ou quelque chose comme cela. Ayant fini sa lecture, le Général n'exprime pas la moindre satisfaction. Il déclare qu'il avait souhaité rencontrer le général Giraud immédiatement après l'assassinat de l'amiral Darlan, mais que le général Giraud s'y était refusé. A présent, le moment est moins bien choisi. Il n'est pas non plus très enthousiaste à l'idée de rencontrer le général Giraud sous les auspices des deux grands alliés. Il serait par trop incité à faire des concessions, alors qu'il sait bien qu'il ne doit pas en faire. »

Eden expose alors au Général les avantages d'une telle entrevue, et il ajoute que « le Premier ministre a eu le plus grand mal à l'organiser ». « Le général de Gaulle, poursuit M. Eden dans son rapport, me dit qu'il comprend bien que l'initiative puisse venir du Premier ministre, mais que d'un autre côté, nos intérêts et les siens ne sont pas forcément identiques. Nous n'avons jamais voulu comprendre que la seule véritable force en France actuellement est la France combattante. En dehors d'elle, il n'y a que Vichy. Le général Giraud, qui est suspendu quelque part entre les deux, ne représente rien. Sir A. Cadogan et moi contestons ces déclarations, et nous demandons au général de Gaulle s'il est disposé, oui ou non, à s'entendre avec le général Giraud. Il répond qu'il est disposé à rencontrer le général Giraud à Fort-Lamy pour un entretien seul à seul [...]. D'après de Gaulle, il s'agit maintenant pour Giraud de se rallier à la France combattante [...]. Je lui fais remarquer que le Premier ministre et le président des Etats-Unis s'étant mis d'accord pour organiser cette rencontre, il me paraît inconcevable que lui, de Gaulle, puisse refuser d'aller y prendre part. Je ne doute pas que le Premier ministre ait expliqué au président la situation du général de Gaulle, et ce dernier a maintenant l'occasion de l'exposer lui-même, ce qui est précisément ce qu'il comptait faire lors de son voyage aux Etats-Unis.

« Le général de Gaulle répond que c'est là une tout autre question. Si le président désire le voir, il peut toujours aller lui rendre visite en Amérique, mais comment peut-on l'inviter, lui, à venir rencontrer qui que ce soit sur une terre française ? [...] Le général de Gaulle fait remarquer que si la victoire est remportée pour le compte des hommes de Vichy, la France n'aura pas retiré grand-chose de cette guerre. Il insiste sur le fait que le général Giraud ne représente que peu de chose, et répète qu'il lui serait très embarrassant d'être amené à s'entendre avec Giraud en présence de deux hommes d'Etat étrangers. [...] En fin de compte, le Général promet de réfléchir et de revenir me voir cet après-midi, ou de me faire parvenir sa réponse à 15 h 30 [74]. »

Il ne faut pas longtemps au général de Gaulle pour se décider. Il écrira plus tard dans ses Mémoires : « Ma réaction fut défavorable. Sans doute, M. Eden me donnait-il à entendre que Roosevelt était, lui aussi, au Maroc, où les chefs alliés tenaient une conférence pour arrêter leurs plans communs. Mais, alors, pourquoi Churchill ne l'indiquait-il pas ? Pourquoi ne donnait-il pas d'autre objet à l'invitation qu'une rencontre avec Giraud ? Pourquoi cette invitation m'était-elle faite en son seul nom ? S'il me fallait me rendre à Anfa pour figurer dans une compétition à titre de " poulain " des Britanniques, tandis que les Américains y engageraient le leur, ce serait là une comédie inconvenante, voire dangereuse [75]. »

A Anfa, au matin du 18 janvier, aucune nouvelle n'est encore parvenue de Londres, et à la villa Dar es Saada, Robert Murphy, le général Clark et Elliott Roosevelt sont réunis autour du président pour évoquer les affaires françaises : « La réunion dura deux heures, notera Elliott Roosevelt ; notre dilemme était enfin posé clairement dans l'esprit de mon père : une grave surestimation des qualités de chef du général Giraud et une politique ambiguë de coopération avec des coloniaux de Vichy rendaient fort problématique notre opposition au gouvernement autocrate de Charles de Gaulle, soutenu par les Britanniques. » Après la réunion, Churchill s'annonce pour le déjeuner, et Elliott poursuit : « Père et Hopkins se sont moqués de lui gentiment mais avec insistance, du fait que de Gaulle n'était toujours pas arrivé à Casablanca [76]. » Il est vrai que la veille, le président avait envoyé à Eden le télégramme suivant : « J'ai amené le marié. Où donc est la mariée [77] ? »

En début d'après-midi, on reçoit enfin la réponse du Général ; c'est un refus poli, mais ferme : « Votre message, qui m'a été remis aujourd'hui à midi par M. Eden, est pour moi assez inattendu. Comme vous le savez, j'ai télégraphié plusieurs fois à Giraud depuis Noël pour le presser de me rencontrer. Bien que la situation ait évolué, depuis, dans un sens qui rend maintenant une entente moins facile, je rencontrerais volontiers Giraud en territoire français, où il le voudra et dès qu'il le souhaitera, avec tout le secret désirable. Je lui envoie, dès à présent, un officier pour ses liaisons directes. J'apprécie au plus haut point les sentiments qui inspirent votre message et je vous en remercie très vivement. Permettez-moi de vous dire, cependant, que l'atmosphère d'un très haut aréopage allié autour de conversations Giraud-de Gaulle et, d'autre part, les conditions soudaines dans lesquelles ces conversations me sont proposées ne me paraissent pas les meilleures pour un accord efficace. Des entretiens simples et directs entre chefs français seraient, à mon avis, les plus propres à ménager un arrangement vraiment utile. Je tiens à vous assurer, une fois de plus, que le Comité national français ne sépare en rien l'intérêt supérieur de la France de celui de la guerre et des Nations unies. C'est pour cette raison qu'à mon avis, un redressement rapide et complet de la situation intérieure en Afrique du Nord française est nécessaire dans des conditions conformes à l'effort maximum pour la guerre et au succès de nos principes. Je télégraphie, à nouveau, à Giraud pour lui renouveler, encore une fois, ma proposition d'une rencontre immédiate, proposition à laquelle je n'ai reçu de lui, jusqu'à présent, aucune réponse précise [78]. »

Roosevelt affecte de prendre à la plaisanterie le refus du Général, et Robert Murphy écrira qu'il « prenait un certain plaisir à la déconfiture de Churchill [79] ». Effectivement, il laisse entendre que le Premier ministre est « un mauvais père », incapable de se faire respecter par son « enfant terrible », et cette image paraît l'amuser énormément. Mais ni lui ni Churchill n'ont vraiment examiné les raisons du refus du Général ; c'est que la discussion se situe à un niveau nettement moins élevé :

Roosevelt : « Il faut que vous fassiez venir votre enfant terrible. »

Churchill : « De Gaulle est monté sur ses grands chevaux. Je n'arrive pas à le faire bouger de Londres. Le complexe de Jeanne d'Arc, vous comprenez [80]... »

Ou encore :

Roosevelt : « Qui paie pour la nourriture de De Gaulle ? »

Churchill : « Eh bien, c'est nous *. »

Roosevelt : « Pourquoi ne pas lui couper les vivres ? Il viendra peut-être [81]... »

Derrière les plaisanteries, pourtant, Roosevelt considère les choses plus froidement, et ses conclusions ne manqueront pas de surprendre : « Il était persuadé que le Premier ministre pouvait amener de Gaulle à Casablanca quand il le voulait [82]. » C'est exact ; il a même confié à son fils que « notre ami de Gaulle n'est pas encore venu en Afrique parce que Winston n'a pas encore choisi de le faire venir » ; après quoi il a ajouté : « Je suis prêt à parier que Winston nous dira pas plus tard que vendredi que tout compte fait, il pense pouvoir faire venir de Gaulle [83]. » Il est clair que Roosevelt croit à un complot machiavélique de Churchill, visant à imposer de Gaulle au moment opportun ; c'est que le président reste prisonnier à la fois de son schéma décolonisateur selon lequel la France et l'Angleterre sont étroitement liguées pour exploiter les populations misérables de la terre, et de sa vision matérialiste des choses qui le persuade que « les Britanniques ayant fourni à de Gaulle l'argent et le matériel, le Général leur appartient corps et âme [84] ».

Voilà qui ne déplairait pas à Churchill, mais l'expérience aidant, le Premier ministre de Sa Majesté s'est depuis longtemps rendu à l'évidence : de Gaulle n'appartient à personne... Les dispositions de l'opinion et de la presse en Grande-Bretagne, ainsi que la pression constante

---

* Bien entendu, les choses ne sont pas si simples : en 1943, la marine marchande et l'Afrique équatoriale française apportent à la Grande-Bretagne d'importantes ressources, qui compensent pour une large part les subsides que celle-ci verse à la France combattante.

de M. Eden, font qu'il doit continuer à soutenir le Général dans cette affaire d'Afrique du Nord; du reste, il a clairement perçu la déception de Roosevelt après son entrevue avec Giraud, ce qui devrait lui faciliter la tâche. D'un autre côté, Churchill considère que la préservation de ses relations avec Roosevelt l'emporte de très loin sur ses devoirs envers l'allié des jours sombres de 1940. Or, le refus du Général, reçu en présence de Roosevelt, prend l'allure d'un affront personnel... et les lourdes plaisanteries du président n'ont pas arrangé les choses. Revenu dans sa villa, le Premier ministre se met en devoir de rédiger l'instruction suivante à l'intention de M. Eden : « Remettez de ma part le télégramme suivant au général de Gaulle, si vous l'estimez opportun : "Je suis autorisé à déclarer que l'invitation qui vous a été faite émanait du président des Etats-Unis aussi bien que de moi. Je n'ai pas encore parlé de votre refus au général Giraud, qui n'est venu qu'avec deux officiers d'état-major et qui attend ici. Les conséquences de ce refus, si vous le mainteniez, seraient, à mon avis, très défavorables tant pour vous-même que pour votre mouvement. Tout d'abord, nous sommes en train de prendre, pour l'Afrique du Nord, des dispositions sur lesquelles j'aurais été heureux de vous consulter, mais qui seront, dans le cas contraire, réglées en votre absence. Ces dispositions, une fois décidées, seront appuyées par la Grande-Bretagne et les Etats-Unis. Votre refus de venir à la réunion proposée sera, je le crois, à peu près universellement blâmé par l'opinion publique et constituera une réponse péremptoire à toute réclamation éventuelle de votre part. Bien entendu il ne pourra plus être question que vous vous rendiez sous peu aux Etats-Unis si vous rejetez maintenant l'invitation du président. Tous mes efforts pour aplanir les difficultés qui ont surgi entre l'Amérique et votre mouvement auront définitivement échoué. Il ne me sera certainement plus possible de les reprendre tant que vous resterez à la tête de ce mouvement. Le gouvernement de Sa Majesté devra également revoir sa position envers celui-ci tant que vous en demeurerez le chef. Si, en toute connaissance de cause, vous rejetez de nouveau cette occasion unique, nous essaierons de poursuivre notre route sans vous, de notre mieux. La porte est encore ouverte. " Je vous laisse toute latitude pour apporter à ce message les modifications qui vous paraîtraient désirables, à condition qu'elles n'en altèrent pas le caractère de gravité. La difficulté, c'est que nous ne pouvons faire appel directement au Comité national français, à cause du secret qui entoure nos délibérations. Voilà des jours que je me bats pour de Gaulle, et que je prends toutes les dispositions possibles pour amener une réconciliation durable entre les Français. S'il rejette la chance qui lui est offerte aujourd'hui, j'estime que son remplacement à la tête du mouvement de la France libre deviendra une condition essentielle au soutien du gouvernement de Sa Majesté dans l'avenir. J'espère que vous lui transmettrez cela dans toute la mesure que vous jugerez convenable. Vous devriez le malmener assez rudement, et ce dans son propre intérêt [85]. »

A Londres, Anthony Eden reçoit ce télégramme au matin du 9 janvier ; il convoque le Cabinet pour 17 heures et lui en donne lecture. L'ensemble du Cabinet s'accorde pour estimer que de Gaulle est fortement soutenu par la presse et l'opinion publique anglaises, et que toute tentative pour lui forcer la main serait très mal accueillie dans le pays ; on constate également que toute rupture avec de Gaulle porterait un coup mortel à la Résistance française [86]. Le Cabinet décide donc de modérer le ton du message ; on remplacera : « Nous sommes en train de prendre, pour l'Afrique du Nord, des dispositions sur lesquelles j'aurais été heureux de vous consulter », qui semble un peu cavalier, par : « Nous aurions été heureux que vous participiez aux conversations », qui paraît plus démocratique. On supprime : « Le gouvernement de Sa Majesté devra également revoir sa position envers le mouvement tant que vous en demeurerez le chef », qui est par trop menaçant, et la fin du message, jugée trop insignifiante, est remplacée par une formule diplomatique plus classique : « Si, en toute connaissance de cause, vous rejetez cette occasion unique, les conséquences ne pourront être qu'extrêmement graves pour l'avenir du mouvement de la France combattante [87]. »

Anthony Eden demande ensuite au Général de venir le voir au *Foreign Office,* mais de Gaulle fait répondre qu'il a d'autres engagements. Peu après 18 heures, René Pleven rend visite à lord Strang ; il lui confie que le Général s'attend à ce que le ton de la nouvelle note du Premier ministre soit très dur, et craint de ne pouvoir se contenir lorsqu'il en prendra connaissance [88]. Eden fait donc porter au Général le télégramme de Churchill, dans sa version modérée...

Le Général, « sans relever ce que le message comportait de menaçant » et qui, « après maintes expériences », ne l'« impressionnait plus beaucoup [89] », décide tout de même que la communication est assez sérieuse pour être transmise au Comité national. A la réunion du Comité le lendemain, il ne manifeste guère d'enthousiasme à l'idée de se rendre à Anfa, où il serait « soumis à toutes sortes de pressions », et ne pourrait « peut-être même pas parler avec Giraud seul à seul [90]. » Pourtant, plusieurs membres du Comité, en particulier Catroux et Pleven, se prononcent énergiquement en faveur de ce voyage, et l'ensemble du Comité finit par recommander au Général d'accepter l'invitation, ne serait-ce que « pour entendre les suggestions qui seraient faites [91] ». Dans l'après-midi du 20 janvier, de Gaulle finit par accepter, non sans la plus grande réticence : « J'irai au Maroc, confie-t-il à Soustelle, pour me rendre à l'invitation de Roosevelt. Je n'y serais pas allé pour Churchill seul [92]... »

A 17 heures, de Gaulle se rend chez Anthony Eden, lui fait savoir qu'il accepte de se rendre à Anfa, et lui donne le message suivant à l'intention du Premier ministre : « Il m'apparaît, par votre deuxième message, que votre présence là-bas et celle du président Roosevelt ont pour but de réaliser avec le général Giraud certains arrangements concernant l'Afrique du Nord française. Vous voulez bien me proposer de prendre part aux discussions, en ajoutant, toutefois, que les arrangements seront éventuellement conclus sans ma participation. Jusqu'à présent, toute l'entreprise alliée en Afrique du Nord française a été décidée, préparée et exécutée sans aucune participation officielle de la France combattante et sans que j'aie pu disposer d'aucun moyen d'être informé directement et objectivement des événements. [...] Les décisions qui ont été prises en dehors de la France combattante pour ce qui concerne l'Afrique du Nord et l'Afrique Occidentale et, d'autre part, le maintien dans ces régions d'une autorité procédant de Vichy, ont conduit à une situation intérieure qui, semble-t-il, ne satisfait pas pleinement les Alliés et dont je puis vous assurer qu'elle ne satisfait aucunement la France. A présent, le président Roosevelt et vous-même me demandez de prendre part à l'improviste, sur ce sujet, à des entretiens dont je ne connais ni le programme ni les conditions, et dans lesquels vous m'amenez à discuter soudainement avec vous de problèmes qui engagent à tous égards l'avenir de l'Empire français et celui de la France. Je reconnais, toutefois, que, malgré ces questions de forme, si graves qu'elles soient, la situation générale de la guerre et l'état où se trouve provisoirement la France ne me permettent pas de refuser de rencontrer le président des Etats-Unis d'Amérique et le Premier ministre de Sa Majesté britannique. J'accepte donc de me rendre à votre réunion. Je serai accompagné par le général Catroux et l'amiral d'Argenlieu [93]. »

Le 20 janvier, à Anfa, les chefs d'état-major se sont enfin mis d'accord sur la nouvelle stratégie à suivre : après la libération de la Tunisie, l'objectif suivant sera la Sicile. Les Américains auraient préféré un débarquement en France dès 1943, mais ils se sont finalement inclinés devant les stratèges britanniques. Quant à Churchill, il a une autre raison d'être satisfait : ce soir-là, dans la villa du président, Elliott Roosevelt est en train de parler à son père, lorsque le Premier ministre fait son entrée ; et le fils du président notera : « Winston entra en sautillant. " Je voulais vous dire, annonça-t-il avec un large sourire, pour de Gaulle... Il semble que nous allons quand même arriver à le faire venir ici pour participer à nos discussions. " Franklin Roosevelt ne dit rien pendant un moment, puis il se dirigea vers sa chambre à coucher : " Félicitations, Winston. J'étais sûr que vous réussiriez " [94]. »

Le 22 janvier, à 11 heures du matin, l'avion du général de Gaulle atterrit à Fédala, près de Casablanca. Le Général est accompagné de Catroux, d'Argenlieu, Palewski et Hettier de Boislambert. A l'aéroport, ils sont accueillis en grand secret par le lieutenant-colonel de Linarès et le général américain Wilbur, que de Gaulle a connu jadis à l'Ecole supérieure de guerre. Tout ce qui enchantait le général Giraud cinq jours plus tôt fait au contraire enrager le général de Gaulle, qui ne considère le décor que du point de vue de la souveraineté française ; or, il voit partout des sentinelles américaines, il est conduit à Anfa dans une voiture américaine *, logé dans une villa réquisitionnée par les Américains où le service est assuré par des soldats américains, tandis que tout le secteur est entouré de fil de fer barbelé et gardé par des sentinelles américaines – tout cela en territoire français ! « Bref, écrira le Général, c'était la captivité. » Pire encore, « une sorte d'outrage [95]. »

De Gaulle est donc d'humeur massacrante lorsqu'il se rend au déjeuner donné en son honneur par le général Giraud ; les premières paroles qu'il adresse à ce dernier sont d'ailleurs sarcastiques à souhait : « Bonjour, mon Général. Je vois que les Américains vous traitent bien [96] ! » Après quoi il explose : « Eh quoi ? Je vous ai, par quatre fois, proposé de nous voir, et c'est dans cette enceinte de fil de fer, au milieu des étrangers, qu'il me faut vous rencontrer ? Ne sentez-vous pas ce que cela a d'odieux au point de vue national [97] ? »

Le général de Gaulle écrira que le repas s'est tout de même déroulé dans une atmosphère cordiale ; en tout cas, il a mal commencé : ayant appris que la maison était gardée par des sentinelles américaines, de Gaulle refuse de se mettre à table avant qu'elles n'aient été remplacées par des soldats français [98]. Entre l'apéritif et les hors-d'œuvres, on parle de souvenirs communs, et le général Giraud ne peut résister au plaisir de raconter une nouvelle fois son évasion de Koenigstein... après quoi de Gaulle demande innocem-

---

* L'esprit soupçonneux du général de Gaulle lui fait voir des desseins machiavéliques dans chaque initiative américaine. Ainsi, lorsque les vitres de sa voiture sont maculées de boue – ce qui s'est fait pour toutes les personnalités débarquées à Casablanca, à commencer par le président Roosevelt – de Gaulle écrit : « Ces précautions avaient pour but de cacher la présence au Maroc du général de Gaulle et de ses compagnons. »

ment : « Et si vous nous racontiez maintenant, mon général, comment vous avez été fait prisonnier [99] ? » Après
cette atmosphère de cordialité toute relative, les choses se
gâtent, si l'on en croit le général Giraud : « Les choses
commencent à s'échauffer, à propos de certains de mes
collaborateurs : Bergeret, Boisson, Peyrouton. Je rectifie
des appréciations définitives. On parle de Churchill, de
Roosevelt. Ils sont sévèrement jugés par mon vis-à-vis.
Quant aux généraux anglais et américains, peu d'entre eux
trouvent grâce devant lui. [...] Nous passons au fumoir
pour le café. Et le ton devient de plus en plus vif [100]. »

Sans que l'intéressé s'en rende compte, ses propos n'y
sont sans doute pas étrangers : « Le général Giraud, se souviendra de Gaulle, répéta avec insistance " qu'il ne pensait
qu'au combat ; ... qu'il ne voulait pas s'occuper de politique ; ... qu'il n'écoutait jamais quiconque prétendait lui
exposer une théorie ou un programme ; ... qu'il ne lisait
aucun journal et ne prenait pas la radio... " Il s'affirma
solidaire des " proconsuls " : Noguès, " indispensable au
Maroc " ; Boisson, " qui avait su défendre sa colonie
contre toute attaque étrangère, même allemande " ; Peyrouton [...] " qui avait de la poigne " ; Bergeret, " par exception, une bonne tête stratégique ". Il ne cacha pas
qu'indépendamment de sa volonté – sans nul doute résolue
– de combattre les Allemands, il n'avait rien contre le
régime de Vichy [101]. »

Après ce premier constat de désaccord, on se sépare plutôt froidement, et le général de Gaulle regagne la villa qui
lui a été réservée ; elle est aussi luxueuse que celle de
Giraud, mais de Gaulle, qui ne regarde qu'avec les yeux de
la France, est évidemment incapable de s'extasier sur le
confort des lieux : « Je n'aurais jamais consenti à résider
dans cette maison, déclame-t-il devant un Robert Murphy
ébahi, si on ne m'avait informé qu'elle appartient à un
Danois, et non à un Français [102] ! » Pour Hettier de Boislambert, c'est la propriété du consul de Norvège [103] ; pour
Claude Bouchinet-Serrreulles, c'est plutôt celle du consul
de Suède [104]. En réalité, bien entendu, elle appartient à un
Français...

C'est donc dans cette villa scandinavisée pour les
besoins de la diplomatie que de Gaulle reçoit la visite de

Harold Macmillan; le ministre résident l'informe qu'il s'efforce, avec Robert Murphy, de trouver « une formule d'union acceptable », et l'invite à rendre visite au Premier ministre. Ayant prévenu Macmillan qu'« une entente Giraud-de Gaulle ne pouvait se réaliser autrement qu'entre Français [105] », le Général se rend à la villa de Churchill, qui est voisine de la sienne. Churchill résumera en trois mots l'entrevue qui va suivre : « Un entretien glacial [106]. » De Gaulle, lui, sera plus disert : « En abordant le Premier ministre, je lui dis avec vivacité que je ne serais pas venu si j'avais su qu'il me faudrait être encerclé, en terre française, par les baïonnettes américaines. " C'est un pays occupé ! " s'écria-t-il [107]. » Et Churchill explose à son tour. « Je lui fis très clairement comprendre, écrira-t-il, que s'il persistait à être un obstacle, nous n'hésiterions pas à rompre définitivement avec lui [108]. » Ce qui, exprimé en français churchillien, a donné très exactement ceci « *Si vous m'obstaclerez, je vous liquiderai* ! »

« Nous étant tous deux radoucis, poursuit le général de Gaulle, nous abordâmes le fond des choses. Le Premier ministre m'expliqua qu'il s'était mis d'accord avec le président sur un projet de solution du problème de l'Empire français. Les généraux Giraud et de Gaulle seraient placés conjointement à la présidence d'un comité dirigeant, où eux-mêmes, ainsi que tous les autres membres, seraient égaux à tous égards. Mais Giraud exercerait le commandement militaire suprême, en raison notamment du fait que les Etats-Unis, devant fournir de matériel l'armée française réunifiée, n'entendaient régler la question qu'avec lui. " Sans doute, avança M. Churchill, mon ami le général Georges pourrait-il vous compléter à titre de troisième président. " Quant à Noguès, Boisson, Peyrouton, Bergeret, ils conserveraient leur poste et entreraient au Comité. " Les Américains, en effet, les avaient maintenant adoptés et voulaient qu'on leur fît confiance ".

« Je répondis à M. Churchill que cette solution pouvait paraître adéquate au niveau – d'ailleurs très estimable – des sergents-majors américains, mais que je n'imaginais pas que lui-même la prît au sérieux. Quant à moi, j'étais obligé de tenir compte de ce qui restait à la France de sa souveraineté. J'avais, il n'en pouvait douter, la plus haute considération pour lui-même et pour Roosevelt, sans toutefois leur reconnaître aucune sorte de qualité pour régler la question des pouvoirs dans l'Empire français. Les Alliés avaient, en dehors de moi, contre moi, instauré le système qui fonctionnait à Alger. N'y trouvant, apparemment, qu'une satisfaction médiocre, ils projetaient, à présent, d'y noyer la France combattante. Mais celle-ci ne s'y prêterait pas. S'il lui fallait disparaître, elle préférait le faire avec honneur [109]. »

Churchill imagine-t-il réellement que Charles de Gaulle accepterait de faire partie d'un « comité dirigeant » comprenant quatre vichystes notoires ? Et d'en partager la présidence avec le général Georges, sous prétexte que ce vivant symbole de la défaite est un vieil ami du Premier ministre ? Tout cela ne paraît guère réaliste, mais il est vrai que Churchill a toujours pris ses désirs pour des réalités... On remarquera en tout cas qu'il parle d'« égalité » au niveau de la présidence du Comité, soit qu'il n'ait pas osé proposer à de Gaulle la place de brillant second, soit – plus probablement – qu'après l'entrevue de Roosevelt avec Giraud, le président se soit rendu compte de l'impossibilité de subordonner de Gaulle à Giraud, et ait accepté de faire modifier le plan d'union en conséquence... Quoi qu'il en soit, Churchill conclut l'entretien en priant le Général de réfléchir à sa proposition, et en ajoutant : « Ce soir, vous conférerez avec le président des Etats-Unis et vous verrez que, sur cette question, lui et moi sommes solidaires [110]. »

Ce soir-là, le président Roosevelt donne un dîner en l'honneur du sultan du Maroc, au cours duquel il tient les propos « décolonisateurs » que nous connaissons *. A l'issue d'un banquet qu'il a fort peu apprécié, tant en raison de l'absence d'alcool que de la teneur de la conversation, Churchill annonce à Roosevelt qu'il « a mené la vie dure à de Gaulle [111] ». Il suggère au président de ne rencontrer le Général que le lendemain matin, mais sur les conseils de Harry Hopkins, le président décide de le recevoir ce soir-là comme prévu.

---

* Voir *supra*, p. 213.

C'est ainsi que tard dans la soirée, de Gaulle rencontre pour la première fois le président Roosevelt. Hopkins note que le Général « arriva avec un air froid et sévère [112] ». Elliott Roosevelt, qui est également présent, ajoute : « Il entra à grandes enjambées [...] nous donnant l'impression que son crâne étroit était environné d'éclairs [113]. » Le président, habillé de blanc et assis sur un large canapé, est tout sourire et prie de Gaulle de prendre place à ses côtés [114]. « Ce soir-là, se souviendra le Général, nous fîmes assaut de bonne grâce, mais nous nous tînmes, d'un commun accord, dans une certaine imprécision à propos de l'affaire française. Lui, traçant d'un pointillé léger la même esquisse que, d'un trait lourd, m'avait dessinée Churchill et me laissant doucement entendre que cette solution s'imposerait parce que lui-même l'avait résolu.» Et il ajoutera : « [Roosevelt] se montra empressé à porter son esprit vers le mien, usant du charme, pour me convaincre, plutôt que des arguments, mais attaché une fois pour toutes au parti qu'il avait pris [115]. »

C'est également l'impression qu'en retire le fils du président : « " Je suis sûr que nous parviendrons à aider votre grand pays à renouer avec son destin ", dit mon père en faisant jouer tout son charme. Son interlocuteur se contente d'émettre un grognement pour toute réponse. " Et je vous assure que mon pays se fera un honneur de participer à cette entreprise, ajoute mon père. – Je suis heureux de vous l'entendre dire ", répond le Français sur un ton glacial [116]. » Mais ce ne sont là que des banalités ; Elliott Roosevelt n'est plus là lorsque commencent les discussions sérieuses, car le président a voulu s'entretenir avec de Gaulle seul à seul – ce qui n'empêche pas l'aide de camp naval du président, le capitaine McCrea, de prendre quelques notes, « à partir d'un point d'observation assez inconfortable, écrira-t-il lui-même, une fente dans une porte légèrement entrebâillée [117] ». Le président commence par dire que tout l'objet de ses discussions avec Churchill est d'organiser la suite de la guerre et de se mettre d'accord sur le choix de nouveaux théâtres d'opérations. Il évoque ensuite la situation politique en Afrique du Nord, et déclare le plus sérieusement du monde qu'il « suppose que la collaboration du général Eisenhower avec l'amiral Darlan a causé quelque étonnement au général de Gaulle ». Néanmoins, lui, Roosevelt « a entièrement approuvé la décision du général Eisenhower dans cette affaire, et les choses évoluaient dans le bon sens, lorsque l'amiral mourut malencontreusement. » En ce qui concerne l'exercice de la souveraineté en Afrique du Nord, « aucun des candidats au pouvoir n'a le droit de prétendre qu'il représente à lui seul la souveraineté de la France. [...] Les nations alliées qui se battent actuellement en territoire français le font pour la libération de la France, et exercent en quelque sorte un mandat politique pour le compte du peuple français. » En d'autres termes, la France est assimilée à un enfant en bas âge qui a absolument besoin d'un tuteur... « La seule chose qui pourrait sauver la France, conclut le président, c'est l'union de tous ses bons et loyaux serviteurs pour vaincre l'ennemi, et une fois la guerre terminée, la France victorieuse pourra à nouveau exercer sa souveraineté politique sur la métropole et sur l'Empire [118]. »

Depuis son point d'observation improvisé, derrière la porte entrebâillée, le capitaine McCrea a quelques difficultés à suivre la conversation : « Le général de Gaulle parlait trop bas pour que je puisse entendre quoi que ce soit, avouera-t-il, et je ne puis donc rapporter aucune de ses paroles. » En fait, de Gaulle a expliqué au président sa conception de la souveraineté nationale et de la mission qu'il s'est fixée, et à l'argument du président selon lequel il ne pouvait être reconnu parce qu'il ne tenait pas sa légitimité du suffrage universel, le Général a répondu en évoquant Jeanne d'Arc qui, « en un temps tragique de notre histoire, tira sa légitimité de sa propre action, parce qu'elle avait su ne pas désespérer [119] ». « Je lui marquai délicatement, se souviendra en outre le Général, que la volonté nationale avait, déjà, fixé son choix et que, plus tôt ou plus tard, le pouvoir qui s'établirait dans l'Empire, puis dans la métropole, serait celui que la France voulait [120]. »

Mais plusieurs autres témoins assistent également à cette conversation « en tête à tête », ainsi que le notera Harry Hopkins : « Au beau milieu de la conférence, je m'aperçus que tous les membres du service secret affecté à la protection du président se tenaient derrière le rideau au-dessus de la galerie du living-room, et derrière les portes qui donnaient accès à la pièce ; j'aperçus même une mitraillette aux mains de l'un d'eux. [...] Quittant la salle, je sortis pour parler aux gens du service secret, afin de découvrir ce qui se passait ; je les trouvai tous armés jusqu'aux dents et munis d'une douzaine de mitraillettes environ. Je leur en demandai la raison. Ils me répondirent qu'ils croyaient devoir prendre toutes les précautions nécessaires pour qu'il n'arrivât rien au président. On n'avait pas fait tout ce cirque quand Giraud avait rencontré le président, et cela reflétait bien l'atmosphère qui environnait de Gaulle à Casablanca. Le spectacle du service secret en armes m'a paru d'une incroyable drôlerie, et jamais une pièce de Gilbert et Sullivan n'aurait pu l'égaler. Le pauvre général de Gaulle, qui n'en savait probablement rien, a été tenu sous la menace des armes à feu pendant toute sa visite *. [121] » Le chef des services secrets, Mike Reilly, s'en expliquera dans ses *Mémoires* par ces paroles définitives : « J'avais devant moi le président des Etats-Unis, un infirme, en discussion animée dans une langue étrangère avec un homme parfaitement valide d'un mètre quatre-vingt sept [123]... »

Mais le président des Etats-Unis et le chef de la France combattante prennent bien soin d'éviter tout éclat, et au bout d'une demi-heure, ils sont rejoints par Murphy et Hettier de Boislambert, qui les trouvent « satisfaits et détendus ». A l'évidence, le célèbre charme du président opère toujours : sur le chemin du retour, de Gaulle confie à son compagnon : « Voyez-vous, j'ai rencontré aujourd'hui un grand homme d'Etat. Je crois que nous nous sommes bien entendus et compris [124]. » Pendant ce temps, dans la villa de Roosevelt, une assemblée hâtivement réunie fait le bilan de l'entretien ; autour du président, Murphy, Churchill, Macmillan, Hopkins et Elliott Roosevelt. « Pendant

---

* « *Poor General de Gaulle [...] was covered by guns...* » Dans la version française du livre *(Le Mémorial de Roosevelt)*, on trouve une traduction surprenante de ce passage : « Le pauvre général de Gaulle [...] *a été protégé* par des armes à feu [122]. »

une heure, notera ce dernier, ils ont comparé les notes prises par chacun durant ses propres conversations avec de Gaulle. Murphy a parlé, puis Churchill, puis Harry [Hopkins], puis Churchill encore. [...] Enfin, la voix de mon père, calme : « Nous avons presque réglé cette affaire. Ces deux-là seront sur un pied d'égalité, ils seront co-responsables de l'organisation de l'assemblée provisoire. [...] Quand elle commencera à fonctionner, la démocratie sera en marche. Elle pourra décider elle-même du destin de Giraud ou de De Gaulle. Ce ne sera plus notre affaire. [...] Cela semble être une solution simple... Mais de Gaulle va s'y opposer, évidemment [125] ! »

Voilà des propos édifiants, qui prouvent au moins que Roosevelt a définitivement renoncé à son idée première, consistant à faire de De Gaulle l'adjoint de Giraud ; c'est sans doute qu'il vient de prendre la mesure du chef de la France combattante, tout comme il avait pris cinq jours plus tôt celle du commandant en chef civil et militaire... C'est ce que confirmera un autre participant à cette réunion nocturne, Harold Macmillan : « En fait, Roosevelt, qui n'avait pas rencontré de Gaulle auparavant, a été très impressionné par lui. » Mais le ministre résident ajoute aussitôt : « Ses craintes n'en ont pas été dissipées pour autant ; en fait, elles ont plutôt été renforcées [126]. »

Le lendemain 23 janvier vers 16 h, de Gaulle et Giraud se rencontrent une nouvelle fois. « Il m'exposa son plan, écrira de Gaulle ; à la tête, nous serions trois : lui, le premier ; moi, le second ; comme troisième, le général Georges, que les Anglais iraient chercher en France [127]. » On reconnaît là le plan américain d'avant le 17 janvier : ainsi, personne n'a osé dire au général Giraud que Roosevelt, l'ayant jugé insuffisant, avait renoncé à lui subordonner le général de Gaulle, et pensait à présent en termes d'égalité absolue au sommet... Giraud justifie en outre sa prétention à la prééminence et au titre de commandant en chef des forces françaises par le fait qu'il vient d'obtenir une promesse américaine de rééquiper onze divisions de son armée *. Dans le domaine politique, Giraud ne concède rien non plus : « Les proconsuls resteraient en place. Seul, Bergeret pourrait être écarté. Un " Conseil impérial " comprenant Noguès, Boisson et Peyrouton, auxquels seraient adjoints Catroux et, peut-être, Eboué, [...] coordonnerait l'administration des territoires de l'Empire, sans exercer, toutefois, aucune action politique [128]. »

De Gaulle va s'employer à réfuter un à un les arguments de son interlocuteur : le triumvirat proposé par les Anglo-Américains, c'est « le consulat à la discrétion de l'étranger » ; Giraud, comme Bonaparte, veut être Premier consul, mais Bonaparte avait remporté de grandes victoires, et il excellait en matière législative et administrative... Giraud peut-il vraiment en dire autant ? D'ailleurs, ne s'est-il pas compromis politiquement en acceptant ses fonctions de Darlan, puis du Conseil impérial vichyste ? Ne s'est-il pas disqualifié davantage encore en adressant neuf mois plus tôt une lettre d'allégeance au Maréchal ** ? Ne comprend-il pas que l'armée d'Afrique du Nord n'appartient pas au général Giraud, mais à la France ? La solution de bon sens, conclut le général de Gaulle, consiste donc en ceci : « Que de Gaulle forme, à Alger, un gouvernement de guerre qui deviendra, au moment voulu, celui de la République. Que Giraud reçoive de ce gouvernement le commandement de l'armée de la libération. A la rigueur, si une transition devait paraître nécessaire, formons ensemble le pouvoir central. Mais que celui-ci, dès l'abord, condamne Vichy, proclame que l'armistice fut toujours nul et non avenu, se rattache à la République et s'identifie, vis-à-vis du monde, avec l'indépendance de la France [129]. » C'est beaucoup plus que le général Giraud n'est disposé à concéder : « Nous nous séparons correctement, mais froidement [130] », constate dans ses *Mémoires* le commandant en chef civil et militaire ; le général de Gaulle, lui, estimant que toutes nouvelles tractations seraient

---

* Lors d'une seconde réunion avec le président, le 19 janvier.
** Cette lettre, datée du 4 mai 1942, comportait notamment le passage suivant : « Je vous donne ma parole d'officier que je ne ferai rien qui puisse gêner, en quoi que ce soit, vos rapports avec le gouvernement allemand ou entraver l'œuvre que vous avez chargé l'Amiral Darlan et le président Pierre Laval d'accomplir sous votre autorité. Mon passé est garant de ma loyauté. »

vaines, fait connaître à Macmillan sa volonté de quitter Casablanca [131]...

Est-ce la lassitude ? L'exaspération ? La sensation d'être pris au piège dans le camp d'Anfa ? Un de ses fréquents moments d'abattement ? Toujours est-il que le Général écrit ce soir-là au commandant Touchon, son ancien élève de Saint-Cyr en poste à Casablanca, une lettre dont certains passages sont tout à fait révélateurs : « Je me trouve ici depuis hier, attiré par l'aréopage anglo-américain qui s'est enfermé dans cette enceinte. En ce qui nous concerne, il s'agit d'obliger la France combattante à se subordonner au général Giraud et à accepter le système en vigueur et les gens en place en Afrique du Nord et en Afrique occidentale française. [...] Voici leurs raisons réelles : en premier lieu, le désir des Américains d'assurer coûte que coûte le triomphe de l'équipe américaine que vous connaissez et qui vise, depuis l'armistice, à maintenir Vichy pour le ramener dans la victoire. Cette politique s'est appelée tour à tour : Giraud, puis Darlan, puis de nouveau Giraud. En second lieu, le désir des Américains d'établir en Afrique du Nord et, si possible, dans tout l'Empire, en attendant qu'ils l'établissent en France, un pouvoir français qui ne tienne que grâce à eux et n'ait, par conséquent, rien à leur refuser. La combinaison Giraud est, à cet égard, idéale [...]. J'ai vu ici le général Giraud, à qui j'avais télégraphié quatre fois depuis Noël pour lui demander de me rencontrer en territoire français et entre Français. Je vois maintenant pourquoi ses réponses étaient évasives. On lui faisait attendre la « conférence » actuelle, afin que nos négociations aient lieu, non point dignement et librement, mais au milieu et sous le contrôle des Anglo-Saxons, dans l'ambiance qu'ils ont créée ici pour la circonstance et qui rappelle celle de Berchtesgaden. Quoi qu'il en soit, je trouve en Giraud un homme dont la stature et le ton peuvent impressionner, mais qui me fait un peu l'effet, militairement et politiquement parlant, d'un revenant de 1939. Il n'aperçoit ni le fait que la France est en révolution, précisément contre le système et les hommes de Vichy, ni le danger qu'il fait courir lui-même à la souveraineté française dans l'Empire et, demain, à l'indépendance nationale en se mettant dans la main des Américains. Je crains, en outre, qu'on le manœuvre aisément en pesant sur sa vanité. Enfin, il me donne l'impression d'être entouré soit de gens intéressés, soit de braves types sans envergure. [...] Je ne sais pas encore comment les choses vont finalement tourner. Il est parfaitement possible que l'aveuglement et la colère des Américains et des Anglais me placent dans une situation telle que notre action devienne impossible. [...] Dans l'hypothèse extrême d'une rupture, il n'y a pas à douter que Washington et Londres présenteront les choses à leur manière, c'est-à-dire en m'accablant. J'aurais alors peu de moyens d'informer la France et l'Empire. C'est pourquoi je vous écris cette lettre en vous demandant d'en faire et d'en faire faire état le plus publiquement possible si les choses se gâtaient tout à fait [132]... »

Outre quelques exagérations sans doute dues à la fatigue – l'ambiance d'Anfa, par exemple, est aussi éloignée que possible de celle de Berchtesgaden –, on voit que le caractère soupçonneux du Général lui fait entrevoir un complot ourdi de longue date par les Américains, afin de l'empêcher de rencontrer Giraud avant que la conférence d'Anfa ne leur permette de contrôler l'entrevue... A l'évidence, de Gaulle sous-estime considérablement la part d'improvisation qui caractérise la politique du président – tout comme il surestime quelque peu le contrôle qu'exercent les Américains sur le général Giraud. Enfin, l'instruction de faire état de cette lettre « si les choses se gâtaient tout à fait » semble indiquer que le Général croit ses « hôtes » américains capables de le retenir prisonnier au Maroc...

En apprenant que le général de Gaulle veut rentrer à Londres, Harold Macmillan est consterné ; voilà deux nuits déjà qu'il fait la navette entre quatre villas pour tenter de mettre au point un schéma d'union acceptable pour tous... « Nombre de plans furent suggérés, se souviendra-t-il, pour faire fusionner les deux groupes français. La proposition anglo-américaine de " Comité directeur " avec Giraud et de Gaulle pour co-présidents, constituait l'esquisse de la solution qui devait finir par s'avérer valable. Mais de Gaulle répliquait que nous ne paraissions penser qu'en termes de " Comité administratif " pour gouverner l'Empire et servir d'appoint dans la campagne militaire, plutôt qu'en termes de " Comité politique " susceptible de devenir à terme le gouvernement de la France. Les Britanniques étaient en fait favorables à la conception du général de Gaulle, selon laquelle un gouvernement provisoire devrait voir le jour dans un avenir proche. Mais une telle conception était absolument inacceptable pour Roosevelt et la plupart des Américains, qui s'en tenaient au dogme selon lequel la France avait pour l'heure cessé d'exister, et toute autorité française qui se créerait avant la libération de la France représenterait un danger pour l'avenir. Ils étaient persuadés que le gaullisme amènerait une nouvelle forme de dictature [133]. »

Toute médiation semble donc devenue sans objet, et la conférence doit se terminer le lendemain... Mais Macmillan tient bon : « Ceci étant ma première expérience de la diplomatie de haut niveau, j'étais naturellement résolu à persévérer » ; dans les dernières propositions de De Gaulle à Giraud, le ministre résident croit voir en effet une évolution : « Au cours de la soirée du 23 janvier, poursuit-il, de Gaulle a cédé du terrain sur la question du ralliement des giraudistes à la France combattante. Il était maintenant disposé à envisager une fusion de son mouvement avec celui du général Giraud, grâce à la mise sur pied d'un " Comité de guerre " avec les deux généraux exerçant alternativement la coprésidence. Il insistait toutefois sur l'exclusion des hommes de Vichy et une déclaration dénonçant toute relation avec Pétain. Faute de fusion, le mieux serait que les deux mouvements restent distincts et établissent entre eux une liaison. [...] J'avais bien l'impression que si de Gaulle prétendait n'avoir guère d'espoir de voir aboutir sa première solution, c'était en fait celle-là qu'il désirait réellement. [...] Pendant toute la nuit du 23 au 24 janvier, nous avons continué le combat dans la villa du président. Murphy a fini par affirmer qu'il était inutile de continuer à négocier avec de Gaulle, et le président était enclin à l'approuver. Quant à moi, j'étais d'avis qu'il fallait faire encore un effort pour tenter de trouver une formule ; j'étais soutenu en cela par Churchill et – chose inattendue – par Harry Hopkins. Murphy et moi avons donc rédigé un nouveau projet, que nos chefs ont approuvé, et nous avons passé l'essentiel du matin suivant (24 janvier) à essayer de persuader de Gaulle d'y souscrire [134]. » En fait, ce « nouveau projet » n'est guère qu'une déclaration de principe, un communiqué destiné à sauver la face des organisateurs de la conférence : de Gaulle et Giraud se proclament d'accord sur « les principes des Nations unies » et annoncent leur intention de former en commun un comité pour administrer l'Empire français dans la guerre ; les deux généraux en seront les coprésidents [135]. Ce projet de communiqué est soumis à Giraud, qui accepte d'emblée ; reste à convaincre de Gaulle...

Ce matin-là, le Général est de très méchante humeur ; il vient d'apprendre que Roosevelt a tenu l'avant-veille au sultan du Maroc « un langage qui cadrait mal avec le protectorat français » – un euphémisme en l'occurrence... Il a également appris que lors d'un entretien avec Giraud, Churchill avait arbitrairement fixé la valeur de la livre sterling en Afrique du Nord à 250 francs français, au lieu des 176 francs fixés antérieurement ; Murphy n'a pas non plus amélioré son humeur en lui certifiant que « L'Afrique du Nord ne compte pas dix pour cent de gaullistes [136]. » Et pour couronner le tout, on lui a fait savoir que la conférence était sur le point de s'achever, alors qu'à aucun moment il n'a été informé ni consulté au sujet des plans d'opérations stratégiques pour l'avenir... De Gaulle en est encore à ruminer tous ces affronts, lorsque Macmillan et Murphy viennent lui soumettre leur projet de communiqué ; et le Général écrira dans ses Mémoires : « Sans doute la formule était-elle trop vague pour nous engager à grand-chose. Mais elle avait le triple inconvénient de provenir des Alliés, de laisser entendre que je renonçais à ce qui n'était pas simplement l'administration de l'Empire, enfin de donner à croire que l'entente était réalisée alors qu'elle ne l'était pas. Après avoir pris l'avis – unanimement négatif – de mes quatre compagnons, je répondis aux messagers que l'élargissement du pouvoir national français ne saurait résulter d'une intervention étrangère, si haute et si amicale qu'elle pût être. Toutefois, j'acceptai de revoir le président et le Premier ministre avant la dislocation prévue pour l'après-midi [137]. »

Churchill est lui aussi de fort méchante humeur : de Gaulle a refusé de venir à Anfa ; lorsqu'il est enfin venu, il a refusé de s'entendre avec Giraud, puis il a refusé le plan anglo-américain de réconciliation entre Français, et voici qu'il refuse même de signer un communiqué destiné à atténuer les effets de tous ses refus ! Lui, le Premier ministre de Sa Majesté, a été littéralement bafoué en présence du président des Etats-Unis, par un homme que tout le monde considère comme son obligé et sa créature. Le comportement du Général est inexcusable... Pour Churchill, le fait que de Gaulle puisse avoir raison n'est qu'une circonstance aggravante. Le Premier ministre n'est pas seulement de mauvaise humeur ; il est hors de lui. La visite d'adieu que va lui rendre le chef de la France libre sera donc des plus animée. Churchill préférera n'en rien dire dans ses Mémoires ; de Gaulle, lui, écrira ceci : « Mon entretien avec M. Churchill revêtit, de son fait, un caractère d'extrême âpreté. De toute la guerre, ce fut la plus rude de nos rencontres. Au cours d'une scène véhémente, le Premier ministre m'adressa des reproches amers, où je ne pus voir autre chose que l'alibi de l'embarras. Il m'annonça qu'en rentrant à Londres, il m'accuserait publiquement d'avoir empêché l'entente, dresserait contre ma personne l'opinion de son pays et en appellerait à celle de la France [138]. » Churchill ajoute que si de Gaulle ne signe pas le communiqué, il « le dénoncera aux Communes et à la radio ». A quoi de Gaulle lui rétorque qu'« il est libre de se déshonorer [139] ». « Je me bornai à lui répondre, écrira de Gaulle, que mon amitié pour lui et mon attachement à l'alliance anglaise me faisaient déplorer l'attitude qu'il avait prise. Pour satisfaire, à tout prix, l'Amérique, il épousait une cause inacceptable pour la France, inquiétante pour l'Europe, regrettable pour l'Angleterre [140]. » Là-dessus, de Gaulle s'en va rendre visite au président dans la villa voisine...

Entre-temps, Harry Hopkins, après avoir vu Macmillan, a annoncé au président que de Gaulle refusait de signer le communiqué. « Il ne s'en montra guère satisfait, écrira Hopkins, mais je lui recommandai instamment de ne pas désavouer de Gaulle, même si celui-ci se conduisait mal. J'étais persuadé – et je le suis encore – que Giraud et de Gaulle désiraient travailler ensemble ; je priai donc le président de se montrer conciliant et de ne pas trop malmener de Gaulle. S'il a besoin d'être malmené, lui dis-je, que Churchill s'en charge, puisque le mouvement de la France libre est financé par les Anglais. Je dis au président qu'à mon avis, nous arriverions à obtenir un accord des deux généraux sur une déclaration commune, et une photo où on les verrait ensemble. Giraud est arrivé à 11 h 30. A ce moment-là, de Gaulle était chez Churchill. Giraud désirait avoir confirmation des promesses qui lui avaient été faites au sujet des livraisons à son armée. [...] La conférence s'est fort bien passée [141]. » Elliott Roosevelt, toujours présent aux côtés de son père, en a saisi quelques échanges caractéristiques :

« *Père* : – Nous devons avoir votre assurance, Général, que vous vous réunirez avec de Gaulle pour...

Giraud : – Cet homme ! C'est un égoïste...

Père : – Si je vous disais que je partage certains de vos doutes à son égard ; c'est pourquoi je vous demande de...

Giraud : – ... Et un mauvais général ! J'ai seulement besoin de soutien pour les armées que je peux lever...

Père : – ...vous réunir avec lui et d'élaborer un plan commun d'administration intérimaire, provisoire, pour votre pays...

Trente minutes s'écoulent, et enfin :

Giraud : – C'est entendu, Monsieur le Président, c'est entendu [142]... »

Pourtant, ni Hopkins ni Elliott Roosevelt ne mentionnent que le général Giraud vient de remettre au président deux mémorandums de la plus haute importance *. Le premier document, après avoir rappelé que les accords conclus entre le général Giraud et Robert Murphy avant le débarquement demeurent en vigueur (alors qu'ils ont

---

* Ces mémorandums ont été rédigés à Washington par Jacques Lemaigre-Dubreuil, qui est à l'époque le principal conseiller de Giraud en matière politique.

manifestement été rendus caducs par les accords Clark-Darlan), stipule notamment que « les Etats-Unis et la Grande-Bretagne reconnaissent au général Giraud le droit et le devoir d'agir comme gérant des intérêts français sur les plans militaire, économique, financier et moral », et s'engagent à « l'y aider par tous les moyens en leur possession » (article 3). Le second mémorandum dispose (article 1) que « sur le plan militaire, le président des Etats-Unis et le général Giraud ont convenu que les forces françaises recevront, en priorité, l'équipement qui leur est indispensable et qui sera constitué du matériel le plus moderne »; l'article 4 stipule également que « sur le plan politique, le président des Etats-Unis, le Premier ministre de Grande-Bretagne et le général Giraud ont convenu qu'il était de leur intérêt commun que tous les Français combattant contre l'Allemagne soient réunis sous une seule autorité, et que toute facilité serait accordée au général Giraud afin de réaliser cette union ». Enfin, l'article 5 ramène le taux de change en vigueur en Afrique du Nord et en Afrique occidentale française de 75 à 50 francs pour un dollar [143].

A l'évidence, ces deux mémorandums aux multiples implications militaires, politiques et diplomatiques engagent à la fois le secrétaire d'Etat Hull, le secrétaire à la Guerre Stimson, le secrétaire au Trésor Morgenthau, les chefs d'état-major et naturellement les Britanniques... Or, le président, sans consulter personne, y appose son paraphe sur-le-champ, après les avoir parcourus rapidement *! Cordell Hull parlera d'un « accord après boire », et Stimson (qui n'en sera informé que dix jours plus tard) obtiendra même du président l'aveu qu'il a signé les documents sans les avoir entièrement lus [144]... Une telle légèreté laisse sans voix, et l'on comprend mieux encore ce que Murphy entendait par « l'humeur d'écolier en vacances du pré-

---

* Le général Giraud écrira dans ses Mémoires que cette scène s'est déroulée le surlendemain 26 janvier, ce qui est matériellement impossible, le président ayant quitté Anfa le 24 janvier peu après 13 h. Dans ses propres Mémoires, le général de Gaulle certifie qu'il a été informé de la signature de ces mémorandums le 23 janvier – autre impossibilité chronologique, puisqu'ils n'ont été signés que le lendemain.

sident » et sa « manière presque frivole d'aborder les problèmes [145] »...

Tout cela a laissé au général de Gaulle le temps d'arriver à la villa de Roosevelt, et Hopkins poursuit ainsi son récit : « Giraud sort. De Gaulle et sa suite entrent, de Gaulle calme et sûr de lui – il m'a plu – mais pas de communiqué commun, et Giraud devra être sous ses ordres. Le président exprime son point de vue en termes fort énergiques et exhorte vivement de Gaulle à s'entendre avec Giraud, afin de gagner la guerre et de libérer la France [146]. » « Le président m'exprima, se souviendra de Gaulle, le chagrin qu'il éprouvait à constater que l'entente des Français restait incertaine et que lui-même n'avait pu réussir à me faire accepter même le texte d'un communiqué. " Dans les affaires humaines, dit-il, il faut offrir du drame au public. La nouvelle de votre rencontre avec le général Giraud, au sein d'une conférence où je me trouve, ainsi que Churchill, si cette nouvelle était accompagnée d'une déclaration commune des chefs français et même s'il ne s'agissait que d'un accord théorique, produirait l'effet dramatique qui doit être recherché ". " Laissez-moi faire, répondis-je. Il y aura un communiqué, bien que ce ne puisse être le vôtre. " [147]. » « A ce moment, notera Hopkins, le service secret m'appela au téléphone pour me prévenir de l'arrivée de Churchill. Celui-ci parlait avec Giraud dont il prenait congé. Churchill entra et je fis revenir Giraud, persuadé que, s'ils se trouvaient tous les quatre réunis, nous pourrions parvenir à un accord. Cela se passait alors qu'il était près de midi, heure à laquelle devait se tenir la conférence de presse. Le président fut surpris de voir Giraud, mais il n'en laissa rien paraître [148]. » Et de Gaulle poursuit : « Entrèrent, alors, M. Churchill, le général Giraud et leur suite, enfin une foule de chefs militaires et de fonctionnaires alliés. Tandis que tout le monde s'assemblait autour du président, Churchill réitéra à voix haute contre moi sa diatribe et ses menaces, avec l'intention évidente de flatter l'amour-propre quelque peu déçu de Roosevelt [149]. »

Robert Murphy, qui est également présent, évoquera lui aussi la diatribe du Premier ministre : « Churchill, que l'entêtement de De Gaulle a rendu furieux, agite le doigt devant la figure du Général. Dans son français inimitable, son dentier claquant furieusement, il crie : " Mon Général, il ne faut pas obstacler [sic] la guerre. " [150]. » Le président, écrira de Gaulle, « affecta de ne pas le remarquer, mais, par contraste, adopta le ton de la meilleure grâce pour me présenter l'ultime demande qui lui tenait à cœur. " Accepteriez-vous, tout au moins, me dit-il, d'être photographié à mes côtés et aux côtés du Premier ministre britannique en même temps que le général Giraud ? " – " Bien volontiers, répondis-je, car j'ai la plus haute estime pour ce grand soldat. " – " Iriez-vous, s'écria le président, jusqu'à serrer la main du général Giraud en notre présence et devant l'objectif ? " Ma réponse fut : " *I shall do that for you.* " Alors, M. Roosevelt, enchanté, se fit porter dans le jardin où étaient, d'avance, préparés quatre sièges, braquées des caméras sans nombre, alignés, stylo en main, plusieurs rangs de reporters [151]. » Et Hopkins note dans son journal : « Je ne sais qui fut le plus stupéfait, les photographes ou de Gaulle, quand ils sortirent tous les quatre, ou plutôt tous les trois, puisqu'on portait le président jusqu'à son fauteuil. J'avoue qu'ils formaient un groupe assez solennel. Les caméras se mirent à tourner. Le président demanda à de Gaulle et à Giraud de se serrer la main. Ils se levèrent et s'exécutèrent. Quelques-uns des opérateurs n'ayant pu enregistrer la scène, les généraux recommencèrent. Puis les Français et leur suite s'en allèrent. Churchill et le président restèrent assis sous le chaud soleil d'Afrique – à des milliers de lieues de leur pays – à parler de la conduite de la guerre aux correspondants de presse [152]. »

C'est à cette occasion que Roosevelt fera sa fameuse déclaration sur la « reddition sans conditions »; mais entre-temps, les deux généraux français ont regagné leurs villas respectives. Giraud est enchanté par la facilité avec laquelle le président a signé ses deux mémorandums, ainsi que par « l'excellente photographie » de la poignée de main, « merveilleux outil de propagande [153] ». De Gaulle, lui, goûte peu la propagande et voit les choses de plus haut; ce soir-là, il dit à Palewski : « Vous avez vu ce qui s'est passé cet après-midi ? Cette poignée de main, c'était ridicule. Où sont les grandes visées politiques, les discussions entre la France et la Maison d'Autriche, tout ce qui faisait l'intérêt profond et le poids du jeu diplomatique ? Ça n'existe plus. Une poignée de main devant les photographes ! Non, ça ne m'intéresse plus [154] ! »

Avant de s'envoler pour Londres, de Gaulle rédige le communiqué promis, qui se résume à peu près à : « Nous nous sommes vus. Nous avons causé... » Il y a tout de même un élément concret : une liaison permanente sera établie entre les deux généraux. Enfin, tous deux affirment leur foi dans la victoire de la France et dans le triomphe des « libertés humaines [155] ». En dépit de la malheureuse « affaire Jeanne d'Arc * », de Gaulle rentre à Londres convaincu d'avoir fait impression sur le président. Peu après son retour à Londres, il écrit au général Leclerc : « Mes conversations avec Roosevelt ont été bonnes. J'ai l'impression qu'il a découvert ce qu'est la France combattante. Cela peut avoir de grandes conséquences par la suite [157]. » Le général de Gaulle se fait peut-être là quelques illusions – au moins autant que le président Roosevelt lui-même, lorsqu'il s'imagine que la mise en scène d'Anfa a contribué à la solution du problème de l'unité française...

---

* Au cours de leur premier entretien le 22 janvier, Roosevelt avait déclaré à de Gaulle qu'il ne pouvait le reconnaître comme seul chef politique de la France, parce qu'il n'avait pas été élu par le peuple français ; à quoi de Gaulle avait répondu que Jeanne d'Arc, elle, n'avait tiré sa légitimité que de son action, lorsqu'elle avait pris les armes contre l'envahisseur. Au matin du 24 janvier, lorsque Macmillan rapporte à Roosevelt que de Gaulle a proposé à Giraud d'être Foch, tandis que lui, de Gaulle, serait Clemenceau, le président s'exclame : « Hier il voulait être Jeanne d'Arc, et maintenant, il veut être Clemenceau !... » Roosevelt racontera ensuite à Hull que de Gaulle lui a dit : « Je suis Jeanne d'Arc, je suis Clemenceau ! » ; puis il confiera à l'ambassadeur Bullitt qu'il a dit à de Gaulle : « Général, vous m'avez dit l'autre jour que vous étiez Jeanne d'Arc et maintenant vous dites que vous êtes Clemenceau. Lequel des deux êtes-vous ? » A quoi de Gaulle aurait répondu : « Je suis les deux. » Ensuite, le président racontera qu'il a rétorqué à de Gaulle : « Il faut choisir ; vous ne pouvez tout de même pas être les deux à la fois. » Lorsque l'histoire parvient aux oreilles du vice-consul Kenneth Pendar, elle a encore été amplifiée : « Le président Roosevelt confie à de Gaulle que la France est dans une situation militaire si critique qu'il lui faut un général de la trempe de Napoléon. "Mais je suis cet homme", répond de Gaulle. "Financièrement, poursuit le président, la France est dans un tel état qu'il lui faudrait aussi un Colbert " – " Mais je suis cet homme ", dit modestement de Gaulle. Enfin, le président, dissimulant mal son ébahissement, déclare que la France est si dévitalisée politiquement qu'il lui faudrait un Clemenceau. De Gaulle se redresse avec dignité et dit : " Mais je suis cet homme " [156] ! » Lorsque la presse

En effet, le président semble s'être laissé prendre à l'illusion qu'il a lui-même créée, et pense avoir trouvé le moyen de « manœuvrer » le général de Gaulle [158]... Il sait surtout que, pour la presse et pour l'opinion, la photo d'une poignée de main vaut mieux que tous les accords du monde ; pour Roosevelt, elle vaut même mieux qu'une réconciliation véritable, à laquelle cet adepte des tractations avec les « autorités locales » ne tient pas réellement. De retour à Washington, en tout cas, il confiera à son épouse : « Le général de Gaulle est un soldat, patriote certes, dévoué à son pays, mais c'est un politique, un fanatique, et je crois qu'il a pratiquement tout du dictateur [159]. »

---

s'empare de l'histoire, de Gaulle devient également Louis XIV, Foch, Bayard, etc. Avant de quitter Anfa, le général de Gaulle entendra quelques-unes des premières versions. Elles ne le feront pas rire du tout...

7

Ressac

Au début de 1943, le sort des armes penche lentement mais distinctement en faveur des Alliés : dans le Pacifique, les Japonais ont perdu l'initiative depuis leur revers de Guadalcanal ; en Russie, la 5ᵉ Armée allemande du maréchal Paulus vient de capituler à Stalingrad ; en Libye, les Britanniques ont pris Tripoli et avancent sur Gabès à l'ouest, tandis que les forces anglo-américaines débarquées en Algérie poussent vers l'est en direction de Bizerte et Tunis ; dès lors, les armées germano-italiennes concentrées en Tunisie se trouvent prises dans un étau de fer et de feu, qu'elles s'efforcent vainement de desserrer. Le général de Gaulle, lui, n'a jamais douté que les Alliés finiraient par gagner la guerre ; il l'a même annoncé dès le mois de juin 1940. Mais pour lui, ce n'est pas assez ; il faut aussi que la France en sorte victorieuse – et en février 1943, cet objectif paraît plus éloigné que jamais : en France occupée, la Milice et le STO viennent d'être créés ; hors de France, de Gaulle est soutenu avec réticence par les Anglais et activement combattu par les Américains ; l'Afrique du Nord est occupée par les Américains, gouvernée par les hommes de Vichy, et représentée par un général apolitique mis en place par les Américains et par les hommes de Vichy – tandis que tous s'entendent pour écarter les gaullistes d'Afrique du Nord...

Pour de Gaulle, tout cela n'est que péripéties ; ce qui compte, c'est l'opinion publique en France, et il est

convaincu que cette opinion est solidement derrière lui.
C'est que tous les mouvements de résistance, depuis la
droite jusqu'aux communistes, viennent de faire savoir
qu'ils rejettent Vichy, ignorent Giraud et soutiennent
de Gaulle. A la mi-février, le Général s'apprête à envoyer
Jean Moulin en France pour une nouvelle mission ; il s'agit
de créer un conseil de résistance unifié pour l'ensemble du
pays. Ce conseil, présidé par Jean Moulin lui-même, for-
mera le noyau d'une entité politique représentant la France
résistante, et demain la France libérée. Avec une telle
assise, de Gaulle ne doute pas que son mouvement finira
par triompher, et il agit en conséquence...

A Londres, le 9 février, le général de Gaulle donne une
conférence de presse ; au sujet de l'Afrique du Nord, il
déclare : « Ce que nous voulons et ce que la France veut,
ce n'est pas un accord entre deux généraux. Cela ne
compte pas. On a souvent présenté la grave affaire
d'Afrique du Nord comme ayant tourné à la rivalité personnelle entre deux généraux. Je crois que c'est une mauvaise plaisanterie. La question est infiniment plus grave. Il
s'agit de l'union de l'Empire qui appartient à la France,
pour la libération de la France, dans les buts que la France
a choisis. Ces buts sont ceux que la volonté de la nation
s'est fixés depuis le 3 septembre 1939. [...] Je vous dirai
franchement que l'une des choses qui ont le plus compliqué cette affaire, c'est que la France combattante a été
tenue à l'écart de la conception, de la préparation et de
l'exécution de cette affaire. Je crois bien qu'en France, on
en a été fort étonné. » Evoquant ensuite l'entrevue d'Anfa,
le général de Gaulle déclare : « J'ai profité de cette occasion pour dire [à Roosevelt] que j'ai apprécié en lui un très
grand homme d'Etat, et l'homme qui a le but le plus élevé
dans cette guerre. J'ajoute un homme qui est un peu un
mystique, et je considère que c'est une grande qualité pour
conduire la guerre d'idéal que nous menons [1]. »

Cette offensive de charme a débuté le 1er février, lorsque
de Gaulle a envoyé ses félicitations à l'occasion du
61e anniversaire de Franklin Roosevelt. Ayant été informé
du fait que le président « avait été heureux de leur premier
contact direct », qu'il espérait le renouveler et « recevrait

de Gaulle avec plaisir s'il venait aux Etats-Unis », le
Général écrit à Tixier le 13 février : « D'une manière générale, je demeure naturellement désireux de me rendre aux
Etats-Unis. Je suis convaincu en particulier que de nouvelles conversations avec le président, ainsi qu'un contact
direct avec MM. Cordell Hull et Sumner Welles et avec les
hautes autorités militaires américaines, seraient extrêmement utiles. Vous pouvez le dire à M. Sumner Welles en
ajoutant, ce qui est vrai, que j'ai été vivement impressionné par les entretiens que j'ai eus à Casablanca avec le
président et que je suis personnellement convaincu de leur
grande utilité [2]. »

Quoi qu'il ait pu écrire par la suite, le Général considère
manifestement à l'époque que sa première entrevue avec le
président a été un succès, et que de nouveaux entretiens
permettront de dissiper tous les malentendus. Mais les
choses ne sont pas aussi simples, et elles sont même singulièrement compliquées par la situation aux Etats-Unis.
D'une part, il y a – encore et toujours – les initiatives du
représentant sur place de la France combattante, Adrien
Tixier ; cet homme fort peu diplomate n'est guère apprécié
de ses interlocuteurs américains, mais il n'en continue pas
moins à dénigrer auprès d'eux le Général et son entourage... Le 28 décembre 1942, lors d'une conversation avec
Sumner Welles, il avait déclaré que « du fait de l'atmosphère qui régnait à Londres, il ne pouvait plus exercer
d'influence sur la politique du général de Gaulle » ; Welles
lui ayant fait observer que « son gouvernement considérait
que l'unique objectif à l'heure actuelle devait être l'union
de tous les éléments de résistance française [...] jusqu'à ce
que les puissances de l'Axe aient été chassées d'Afrique »,
et que dans l'intervalle, « toutes les questions politiques
devaient être laissées en suspens », Tixier avait répondu
qu'« il n'était pas le moins du monde en désaccord avec
lui à ce sujet », mais que « c'était le Comité national français de Londres qui s'opposait à cette politique [3] ». Ainsi,
les vues exprimées par Tixier restent aux antipodes de
celles de l'homme qu'il est censé représenter... et ce dernier ne s'en doute toujours pas !

A la tête de la mission militaire de la France combattante, le colonel de Chevigné, qui est à la fois plus diplo-

mate et plus fidèle à son mandat, exposera très
franchement les limites de son action auprès des Américains : « Ils avaient un petit sentiment de prévention. On
n'apportait pas grand-chose : une toute petite troupe, le
Tchad qui était intéressant, une partie de l'Afrique noire, la
Nouvelle-Calédonie à cause du nickel ; mais s'ils pouvaient se passer de nous, nous nous ne pouvions pas nous
passer d'eux. [...] Nous étions dans leurs mains. Alors
quand nous disions qu'il fallait nous parler d'Etat à Etat,
de gouvernement à gouvernement parce que nous étions la
France, ils souriaient un peu. [...] J'ai toujours été reçu et
écouté, mais pas toujours suivi. Pour les Américains,
de Gaulle était l'emmerdeur n° 1 et moi, je faisais partie
des emmerdeurs-adjoints [4]. »

D'autre part, il y a depuis décembre 1942 une deuxième
délégation française aux Etats-Unis, celle du général
Giraud, désormais conduite par le général Béthouart et
Henry Hoppenot, l'ancien ministre de France en Uruguay
qui a remplacé Jacques Lemaigre-Dubreuil. Cette division
entre gaullistes et giraudistes est évidemment une nouvelle
source de faiblesse et de conflits, comme le reconnaîtra
sans détours le général Béthouart : « La mission de
De Gaulle dirigée par M. Tixier ayant des attributions ana-
logues, [...] la dualité est dangereuse. Elle alimente les
polémiques de presse dont nous faisons les frais, inquiète
le gouvernement américain qui cache mal ses préférences,
risque surtout de développer entre les deux missions une
rivalité malsaine dont les effets se font déjà sentir par un
certain sectarisme [5]. » Il est vrai que les inconvénients de
cette dualité n'ont pas tardé à apparaître : à la mi-février, le
cuirassé *Richelieu*, venu de Dakar, est arrivé à New York
pour y être réparé et réarmé ; or, au cours des semaines suivantes, plus de trois cents marins ont quitté le navire pour
rejoindre la France combattante. Dès lors, la délégation du
général Giraud en a appelé aux autorités américaines qui,
ayant assimilé ces marins à des déserteurs, en ont fait arrêter douze par les services de l'immigration. En même
temps, le Département d'Etat a convoqué Tixier pour lui
demander d'ordonner l'arrêt de tout recrutement par la
France combattante de marins servant sur les navires du

général Giraud... « La presse et la radio des Etats-Unis, se souviendra de Gaulle, publiaient des déclarations d'officiels et d'officieux qui accusaient le général de Gaulle de saboter l'effort de guerre en empêchant les navires de guerre de remplir leur mission [6]. » Tout cela est considéré sans aucune indulgence par le Général, qui commence par ailleurs à s'impatienter quelque peu : « Les Etats-Unis [...] nous offraient le miel en même temps que le vinaigre. Le 22 février, Sumner Welles écrivait à Tixier que Roosevelt, une fois de plus, souhaitait recevoir ma visite à Washington. Une fois de plus, je répondais que j'étais prêt à m'y rendre. Une fois de plus, l'invitation ne serait pas précisée. Sans doute ce projet, disparaissant dès qu'il s'était montré, jouait-il dans la politique de la Maison-Blanche le même rôle distrayant et merveilleux qu'on attribue au serpent de mer [7]. »

Comment s'étonner dès lors que l'ambiance à Carlton Gardens ait été marquée à l'époque par un fort degré d'antiaméricanisme ? Le jeune diplomate Guy de Charbonnières, récemment arrivé à Londres, est reçu le 28 janvier 1943 par le Général, qui lui dit d'emblée : « Vous arrivez en pleine bagarre, mais on en a vu d'autres et on en verra d'autres. On s'en sortira [8]. » C'est précisément cette ambiance de « bagarre » qui épouvante René Massigli, venu de France peu après et qui deviendra le 8 février commissaire aux Affaires étrangères de la France combattante * : « Il était accablé, écrira Guy de Charbonnières, par la révélation de la discorde qui existait entre le général de Gaulle et les Alliés [9]. » Le mot n'est pas trop fort, et depuis son nouveau poste, René Massigli va s'employer par tous les moyens à y mettre un terme – face à un général de Gaulle qui ne cesse de lui dire : « On insulte la France en ma personne [10]. »

Pourtant, il est intéressant de constater que si d'innombrables témoins rapportent les invectives du Général contre ses têtes de Turc favorites : Leahy, Murphy, Hull, Welles et Stimson – pour ne parler que des Américains – , personne en revanche ne semble l'avoir entendu se

---

* Il succède à Maurice Dejean, qui avait dû démissionner en octobre 1942 à la suite des dissensions franco-britanniques consécutives à l'affaire du Levant.

répandre en propos insultants à l'égard de Roosevelt lui-même ; c'est qu'à ce stade, de Gaulle ne sait manifestement pas que le président est son principal ennemi au sein de l'administration américaine... Le 15 février, il confie à l'amiral Stark qu'il a été « grandement impressionné par les déclarations du président lors de son dernier discours à la radio », et il se déclare même « en accord complet avec les objectifs et les principes exprimés par le président », tout en estimant que « tant à Washington qu'en Afrique du Nord, la politique du président n'est peut-être pas appliquée par les fonctionnaires [11] » – par quoi il faut naturellement comprendre que Hull et Murphy sont visés en premier lieu.

Mais à l'époque, les propos hostiles du Général et de son entourage ne visent pas seulement les Américains ; leurs alliés britanniques, accusés d'être à la remorque de Washington, ne trouvent pas davantage grâce à leurs yeux. Il est vrai que depuis Anfa, le Premier ministre de Sa Majesté et le chef de la France combattante n'ont pas échangé une seule parole, et il est visible que de Gaulle n'a pas oublié le rôle joué par Churchill au cours de cette conférence... Pour l'heure, en tout cas, le Général envisage de rendre visite aux troupes françaises stationnées au Levant, en Tripolitaine et en Afrique-Equatoriale, et de rencontrer le général Eisenhower, sans doute à Tripoli ; on demande donc au gouvernement britannique de bien vouloir mettre à la disposition du général de Gaulle un avion qui l'amènera au Caire vers le début du mois de mars. Mais Churchill n'a ni oublié ni pardonné « l'affront » reçu à Anfa en présence de Roosevelt : le 9 février, Oliver Harvey note dans son journal : « Le Premier ministre est revenu encore plus antigaulliste qu'avant son départ. Il est outré par la lenteur qu'a mise de Gaulle à accepter de venir à Casablanca, alors qu'il avait tout fait pour le rendre acceptable aux Américains. Il parle maintenant de rompre avec lui [12]. » « En tout cas, dit Churchill à Massigli, je ne suis plus disposé à traiter avec de Gaulle seul, tant qu'il prétendra exercer l'autorité suprême sur le mouvement de la France libre. Je ne traiterai avec lui qu'en tant que porte-parole du Comité national. [...] Il n'est pas question que le Général s'érige en dictateur dans ce pays [13]. » Entre-temps, le gouvernement britannique a reçu notification des projets de voyage du général de Gaulle, et Churchill a réagi violemment : « Si le Général va au Moyen-Orient et en Afrique, il fera encore des discours antianglais, et créera aux Alliés toutes sortes de difficultés. » Churchill semble penser que de Gaulle veut aller à Alger pour défier le général Giraud, mais c'est surtout l'humiliation d'Anfa qui reste présente à son esprit ; le Premier ministre va donc opposer à la demande du général de Gaulle un refus abrupt, que le *Foreign Office* traduira en suggérant dis-crètement à M. Massigli que le Général serait bien avisé de différer quelque peu son voyage...

La réaction du général de Gaulle se fait attendre, et Churchill s'énerve. Le 28 février, Oliver Harvey note dans son journal : « Le vieux est à nouveau monté contre de Gaulle. Il veut l'empêcher, au besoin par la force, de quitter le pays pour aller en Syrie et en Afrique. Il dit que c'est notre " ennemi ". [...] En 1940, il ne pouvait jamais en faire assez pour de Gaulle. Maintenant que celui-ci a grandi et est devenu indépendant, il [Winston] est furieux et veut rompre avec lui. Le Premier ministre se comporte comme un père déraisonnable envers un fils dévoyé [14]. »

Bien que Massigli ait présenté la réponse anglaise comme un simple ajournement pour raisons techniques, le Général finit par s'impatienter ; pire encore, il devient soupçonneux : le 2 mars, il convoque Charles Peake et exige qu'on lui fasse savoir dans les vingt-quatre heures s'il peut quitter l'Angleterre ou s'il est prisonnier ; il ajoute que dans ce dernier cas, les conséquences ne pourraient être qu'extrêmement graves [15]. Pour le Cabinet britannique qui se réunit le lendemain, cela ressemble fort à un ultima-tum, et on en arrive rapidement à la conclusion qu'il n'est « absolument pas souhaitable que le Général puisse quitter l'Angleterre à l'heure actuelle ». Ce soir-là, Charles Peake écrit à Massigli : « J'ai pour instruction de faire valoir que, de l'avis du gouvernement de Sa Majesté, le moment présent n'est pas très bien choisi pour une visite aussi éten-due que celle qui est envisagée. [...] Ce gouvernement regrette donc de ne pouvoir, pour le moment, accorder les moyens que le général de Gaulle a demandés [16]. »

Ayant lu cela, de Gaulle s'exclame : « Alors, je suis prisonnier ! », et il quitte Londres pour se retirer à Hampstead. « De Gaulle, note Claude Bouchinet-Serreulles, bondit sous l'outrage. Pas de mots pour exprimer ses sentiments à l'égard de ses geôliers. Prisonnier dans cette île ! Et le voilà qui, de sa plus belle plume, rédige un télégramme à Eisenhower où il lui explique qu'il ne peut venir le voir car le gouvernement britannique lui refuse les moyens de sortir d'Angleterre ! Il appelle Teyssot et lui donne l'ordre de faire partir ce télégramme [...] " sans en parler à personne ". Teyssot sort de chez le Général, relit le télégramme, réfléchit : c'est impossible de se faire le complice, l'instrument d'une pareille folie. Ne voit-il donc pas que les Américains, qui le détestent, vont exulter ; " Enfin, vont-ils dire, les Anglais se rangent à notre avis. Voilà assez longtemps qu'on leur a dit que de Gaulle est un fou dangereux. Aujourd'hui, ils le reconnaissent enfin et l'enferment... " Le Général espère, comme l'an dernier à Beyrouth, diviser Anglais et Américains, et, au contraire, il les soude à ses dépens [17]. » Teyssot et Palewski, catastrophés, feront en sorte que le télégramme ne parte pas, mais l'incident est caractéristique : du côté français, Palewski, Dejean, Teyssot, Massigli et Catroux servent fréquemment d'« amortisseurs » – exactement le même rôle que jouent auprès de Churchill d'autres hommes dévoués comme Anthony Eden, Alexander Cadogan, Charles Peake... et le nouveau ministre résident à Alger, Harold Macmillan.

A vrai dire, c'est un étonnant régime qui règne à Alger en ces premiers mois de 1943. L'historien américain Julian Hurstfield le décrira comme un « vichysme résiduel », ou encore un « Vichy sans Pétain » ; c'est que le Maréchal y est encore partout présent en effigie, ses partisans y sont toujours aux commandes et le général qui occupe le Palais d'Eté reste leur obligé, depuis un jour agité de novembre où il a manqué son entrée en scène, et un jour non moins agité de décembre où les vichystes du Conseil impérial l'ont installé au pouvoir... Curieux personnage en vérité que ce commandant en chef civil et militaire, dont les témoins de l'époque ont brossé des portraits remarquablement concordants. Ainsi le général Eisenhower : « Giraud détestait la politique ; non seulement la malhonnêteté et l'intrigue en politique, mais encore tout ce qui pouvait contribuer à faire fonctionner un système de gouvernement ordonné et démocratique [...]. Il voulait simplement des provisions et de l'équipement pour constituer ses divisions de combat et, du moment qu'il les obtenait, il n'éprouvait aucun intérêt pour l'organisation ou la composition du gouvernement. Ses intentions étaient pures, mais ses capacités pour entreprendre une tâche administrative et organique de quelque ampleur étaient douteuses [18]. » Toutes choses que confirmera un autre observateur impartial, Harold Macmillan : « Giraud a des manières exquises [...] et si ses conceptions en matière militaire sont passablement désuètes, c'est un homme bon, solide et valeureux [...] réellement désireux de combattre les Allemands. [...] En fait, lorsqu'on lui demande quelles sont ses vues sur quelque sujet que ce soit, politique ou économique, il vous répond avec un regard bleu clair et un sourire désarmant : " Mon ami, je fais la guerre ! " Il prétend se désintéresser totalement de la politique. Pourtant, il s'est retrouvé, par chance ou par malchance, à la tête d'une administration, [...] et en temps de guerre, on ne peut séparer complètement la politique de la conduite d'une campagne militaire. Il y a des problèmes purement économiques qu'il ignore complètement, et dans le domaine politique, tout ce qu'il fait ou évite résolument de faire a malgré tout des répercussions sur l'effort de guerre [19]. » Autre témoin sympathisant, le commandant Paillole, spécialiste de la sécurité militaire, arrivé à Alger en janvier 1943 pour se mettre au service du général Giraud : « Il est en difficulté, constatera d'emblée le commandant, dès qu'il s'agit de gérer. Il n'a pas l'esprit combinard, disons le mot, il n'a pas l'esprit politique. Il y a des situations qu'il saisit mal. Je me demande même si Giraud avait une vue complète de l'état politicien, civique, économique de l'Afrique du Nord lorsqu'on lui a donné le pouvoir ! C'est vraiment dramatique... Dans les conversations que j'ai eues avec lui, il est toujours revenu à l'aspect militaire de ses responsabilités, et ce qu'il disait était plein de bon sens. Mais à côté de ça, sur le plan politique, il était mal à l'aise [20]. »

Tout cela laisse évidemment une grande latitude à ceux qui, eux, s'intéressent à la politique et sont dans leur grande majorité des vichystes férocement réactionnaires, comme Bergeret, Noguès, Chatel, Peyrouton, Boisson, Prioux, Mendigal et Michelier, sans oublier Rigault et Lemaigre-Dubreuil... Leur priorité en politique est naturellement de se maintenir au pouvoir, ce qui ne peut manquer d'affecter les négociations qui vont suivre entre les généraux Giraud et de Gaulle... Ces négociations, le général Giraud les aborde avec prudence et non sans préventions ; à cela, il y a une bonne demi-douzaine de raisons : au commandant Paillole, qui le pressait dès le 4 janvier 1943 de réaliser au plus vite l'union avec la France combattante, il répondait déjà : « Mais mon petit ami, vous venez d'arriver ici, à Alger, vous ne vous rendez pas compte de la situation ! Si j'allais tout de suite dans le sens que vous dites, je provoquerais des réactions d'une violence que vous ne soupçonnez pas. La plupart des militaires, et la population française d'Afrique du Nord, sont anti-gaullistes ! Et contre les Britanniques [21] ! » La seconde raison, c'est que Giraud, militaire aux convictions passablement réactionnaires, considère avec quelque effroi la politique du général de Gaulle – et surtout celle de son entourage, ainsi qu'il le reconnaîtra très franchement dans ses Mémoires : « Je n'ai aucune objection à faire un accord entre le général de Gaulle et moi [...] Par contre, je ne puis admettre le personnel dont il s'est entouré, et qui rappelle trop les excités de 1936 auxquels j'attribue une grande part dans la catastrophe française [22]. »

Il va sans dire que les vichystes de son entourage le poussent résolument dans ce sens, ainsi que le notera également le commandant Paillole : « Autour de Giraud, il y avait trop de feignants, de fuyards, de combinards, de politiciens dans l'expression la plus péjorative qu'on puisse imaginer... Tous avaient des arrière-pensées personnelles : " Si les gaullistes viennent, je vais être obligé de céder ma place ! " Voilà la vérité ! Giraud n'a pas eu la force ni le pouvoir de vaincre ces difficultés, de les écarter et de faire la fusion tout de suite [23]. » Restent trois autres raisons, qui peuvent paraître d'inégale importance – sauf aux yeux de

Giraud lui-même : d'une part, le général de Gaulle n'ayant que deux étoiles, tandis que le général Giraud en a cinq, le commandant en chef civil et militaire considère toujours comme évident que le premier doive se subordonner au second ; d'autre part, en vertu de la prééminence du militaire sur le politique en temps de guerre, Giraud, disposant d'effectifs dix fois plus nombreux que de Gaulle, doit bien évidemment prendre la tête d'un mouvement réunifié... En outre, pour que sa position soit encore renforcée vis-à-vis de son rival, Giraud préférerait attendre pour négocier l'union de remporter une victoire décisive en Tunisie : « Une fois que l'Afrique du Nord sera libérée, nous verrons s'il est opportun de nous réunir tous à Alger [24]. » Enfin, il faut se souvenir qu'à Anfa, Giraud avait obtenu du président la promesse d'un soutien pratiquement illimité, sur lequel il compte fermement pour décupler son prestige politique et sa puissance militaire...

Tous ces éléments n'ont pas échappé au général de Gaulle – et le dernier moins que tout autre : « Giraud, a-t-il dit à son entourage, n'est rien ; il n'existe que par les Américains. C'est aux Américains que nous avons affaire [25]. » Mais de Gaulle n'en néglige pas pour autant le général Giraud ; en fait, le seul résultat positif des entretiens Giraud-de Gaulle à Anfa avait été l'accord sur l'établissement de liaisons permanentes entre Londres et Alger : « Sur le moment, écrira Guy de Charbonnières, cela n'avait à Carlton Gardens intéressé personne. Mais, après le retour du Général, on apprit que ce dernier attachait au contraire la plus grande importance à l'envoi d'une mission de la France combattante à Alger. D'une part, cela permettrait à celle-ci de prendre enfin officiellement pied en Afrique du Nord, d'autre part cela réaliserait le dialogue direct avec le général Giraud que le général de Gaulle cherchait vainement à établir depuis le 25 décembre [26]. » Pour mieux marquer l'importance qu'il attache à cette mission, de Gaulle nomme à sa tête le général Catroux : l'un des principaux artisans de la pacification du Maroc avant la guerre, ancien gouverneur de l'Indochine, délégué général au Levant depuis 1941, Catroux connaît aussi bien l'Afrique du Nord que le Moyen-Orient, c'est un fin diplomate... et un général à cinq étoiles, comme Giraud ; on pouvait difficilement trouver un meilleur envoyé pour négocier avec le commandant en chef civil et militaire ! Il fera la navette entre Beyrouth et Alger, tandis que les diplomates Léon Marchal et Guy de Charbonnières, renforcés du colonel Pechkoff *, constitueront à Alger une mission de liaison permanente.

C'est cette mission qui va remettre le 26 février au général Giraud un mémorandum rédigé trois jours plus tôt par le Comité national, et énumérant les conditions indispensables pour réaliser l'unité ; il demande aux autorités d'Afrique du Nord de déclarer l'armistice « nul et non avenu », d'abolir la législation de Vichy, de restaurer les libertés fondamentales, de libérer immédiatement tous les citoyens détenus en violation de ces libertés, et d'accepter la formation d'un pouvoir central provisoire, assisté d'un « Conseil consultatif de la Résistance française [27] ». C'est donc sur ces bases que le général Catroux et ses collaborateurs vont mener à Alger des négociations prolongées, exigeant à la fois souplesse, patience et ténacité ; il faut dire que trois mois après le débarquement allié, les conditions énumérées dans le mémorandum restent très éloignées de la manière de voir du commandant en chef civil et militaire... « Giraud, notera ainsi Jean-Louis Crémieux-Brilhac, rejette la politique, sans voir que ce refus est un choix politique qui l'entraîne à couvrir toute espèce de marchandise. Il n'est pas gêné de s'appuyer sur les proconsuls et les chefs militaires qui ont accueilli les Alliés à coups de canons. Il laisse en vigueur la législation de Vichy, y compris les discriminations antisémites et l'exclusion scolaire des enfants juifs, et il prescrit le regroupement des mobilisés juifs dans des unités de pionniers. Des milliers d'hommes, Français et étrangers, restent internés dans les camps d'Algérie et du Maroc [28]. »

C'est exact : les estimations à cet égard varient entre 8 000 et 25 000, et il y a là des communistes, des républicains espagnols, des juifs, des gaullistes, des Polonais, des Russes, des francs-maçons, tous parqués avec des condam-

---

* Ce prestigieux soldat, rappelé de Madagascar, est le fils adoptif de Maxime Gorki.

nés de droit commun en plein désert, dans des conditions innommables... La conférence d'Anfa a permis aux journalistes de visiter quelques-uns de ces camps, et leurs articles ont naturellement fait scandale aux Etats-Unis comme en Grande-Bretagne. On relâche donc un certain nombre d'« internés », à commencer par les communistes et les gaullistes, mais tout cela se fait au compte-gouttes, tardivement, à contre-cœur et toujours sous pression ; à la même époque, le journaliste William Shirer rapporte dans le *New York Times* que Radio Maroc a gardé un ton très favorable à Vichy, et que la propagande en Afrique du Nord est aux mains « d'un gang notoire de vichyssois, d'antisémites, de monarchistes et de cagoulards [29] ». D'autres initiatives considérées comme normales par les vichystes sont évidemment mal comprises aux Etats-Unis ; ainsi, des soldats sont décorés de la croix de guerre avec palmes pour avoir tué des jeunes volontaires qui avaient spontanément guidé les troupes alliées débarquées le 8 novembre [30]... Le capitaine Beaufre, l'un des plus proches collaborateurs du général Giraud, notera le 9 février : « On continue de " penser Vichy ", au mauvais sens du mot, parce qu'on n'a pas le courage d'étudier objectivement ce qui doit être gardé dans l'action de Vichy et ce qui doit être résolument jeté par-dessus bord... On se propose de revenir partiellement sur les mesures antimaçonnes, mais on le fait de façon telle qu'on accentue le caractère de brimade des premières mesures. On considère le problème israélite, on prétend le résoudre par des circulaires. L'opinion tout entière aspire à plus de liberté et jamais les contraintes n'ont été plus abondantes, jamais l'appareil policier n'a paru si lourd : la surveillance s'étend jusqu'à la vie familiale... on surpasse Vichy et on croirait que l'idéal est d'imiter le nazisme... On voudrait salir la gloire du commandant en chef qu'on ne s'y prendrait pas autrement qu'en l'entraînant dans cette atmosphère de basse manœuvre policière [31]. »

Encore le capitaine Beaufre donne-t-il l'impression que tout cela se fait largement à l'insu du général Giraud ; or, rien n'est moins sûr, si l'on en croit le ministre résident de Sa Majesté à Alger : « A la mi-février, Murphy et moi étions allés voir Giraud pour lui parler des deux questions urgentes des prisonniers politiques et des juifs persécutés. [...] Bien qu'il ait promis de faire quelque chose au sujet des prisonniers et des camps, il a pris la mouche quand nous avons mentionné les juifs, en disant que si nos gouvernements se souciaient tant de leur sort, c'était parce que beaucoup de nos journaux appartenaient à des juifs. [...] Nous ne pouvions que lui répéter comme des perroquets [...] que les opinions publiques britanniques et américaines étaient troublées et inquiètes : nous étions partis en guerre pour amener à l'Europe la liberté et non la tyrannie [32]. »

Mais même lorsqu'il se retourne vers les questions militaires – les seules qui l'intéressent vraiment –, le général Giraud se trouve confronté à de redoutables problèmes : c'est qu'en Tunisie, à la fin de janvier, une attaque allemande vers Pont du Fahs * a bousculé les troupes françaises équipées de fusils démodés et dépourvues de tanks, de canons antitanks et de couverture aérienne. Prenant note de cette faiblesse, le général Eisenhower a fait retirer ces troupes du front, pour les remplacer dans ce secteur par des détachements américains et britanniques [33]. Pour le général Giraud, c'était déjà une désastreuse perte de prestige... Mais surtout, il a pu constater depuis lors que les Américains ne se pressaient nullement de rééquiper ses troupes, en dépit des promesses écrites du président à Anfa – que Giraud, lui, a prises au pied de la lettre. C'est ainsi que Robert Murphy pourra écrire à Hull et à Roosevelt les 18 et 20 février : « Bien qu'un mois se soit écoulé, les promesses faites à Anfa n'ont toujours pas été tenues, particulièrement en ce qui concerne les approvisionnements militaires, et cela a créé ici une désillusion croissante. Les Français font remarquer [...] que la plus grande partie du stock encore insignifiant de matériel qui leur est parvenue à ce jour est de nature manifestement défensive ; bien qu'elles aient précédemment tenu une partie considérable du front tunisien sans équipement moderne, leurs unités ont été retirées du front, sans doute pour être rééquipées, mais à ce jour, l'équipement en question fait défaut. Dans ces conditions, Giraud a dit hier à Ike et à moi-même qu'il

---

* Au nord-ouest d'Anfidaville.

ne voyait pas l'intérêt de poursuivre le combat. Son objectif essentiel était de participer aux combats pour la libération de la France. Si cela devait lui être refusé, il préférerait abandonner sur-le-champ. Il a toute confiance en votre sincérité et en celle des généraux Marshall, Somervell et Eisenhower, mais il a l'impression qu'il y a de l'obstruction, voire de la duperie à d'autres niveaux [34]. »

Tout cela est accueilli à Washington avec un dépit certain ; ainsi donc, les promesses signées bien à la légère par Roosevelt lors de la joyeuse excursion d'Anfa reviennent à présent le hanter... Il y a d'abord eu Cordell Hull, qui a discrètement exprimé sa réprobation en recevant communication des deux mémorandums signés du président *neuf jours* après la conférence d'Anfa [35]... Il y a eu ensuite les Britanniques, stupéfaits de découvrir *a posteriori* que Roosevelt a pris en leur nom des engagements aussi contraignants qu'inconsidérés ; douze jours après la fin de la conférence d'Anfa, Churchill, de passage à Alger au retour de Turquie, découvre les deux documents et se met en devoir de les amender ; le 7 février, on reçoit donc à Washington le texte des accords substantiellement modifié, « afin de tenir compte des engagements préalables du gouvernement britannique, notamment envers le général de Gaulle », écrit diplomatiquement Winston Churchill. De fait, le premier mémorandum stipule désormais plus modérément que « la France ne possède pas actuellement de gouvernement identifiable » ; le général Giraud reste reconnu comme gérant de tous les intérêts français, mais uniquement « *dans les territoires français associés ou qui s'associeraient au mouvement de libération actuellement établi en Afrique du Nord et en AOF* ». Enfin, l'article 4 du second mémorandum est devenu : « Sur le plan politique, le président des Etats-Unis, le Premier ministre de Grande-Bretagne et le général Giraud ont convenu qu'il était de leur intérêt commun que tous les Français combattant contre l'Allemagne soient réunis sous une seule autorité, et que toute facilité soit accordée au général Giraud *et au Comité national français sous l'autorité du général de Gaulle* afin de réaliser cette union [36]. »

Voilà qui revient évidemment à annuler tous les avantages accordés à Anfa au général Giraud, mais les modifications ayant été approuvées à la fois par Murphy, Eisenhower... et Giraud lui-même, Roosevelt est bien obligé de les accepter. Du reste, ses problèmes ne sont pas terminés pour autant, puisque le secrétaire à la Guerre Stimson et le chef d'état-major de l'armée Marshall protestent à leur tour contre l'engagement de rééquiper l'armée de Giraud « en priorité » et « avec l'équipement le plus moderne ». Marshall déclare tout simplement qu'il n'en a pas les moyens, qu'il ne veut à aucun prix ralentir l'équipement de ses propres divisions et que de toute façon, la promesse était parfaitement irréaliste au vu des capacités de transport existantes [37]. Il faudra donc aussi modifier cet engagement-là – d'autant qu'à la mi-février, il n'a toujours pas reçu le moindre commencement d'exécution... D'où l'indignation du général Giraud, relayée par les télégrammes de Robert Murphy que nous connaissons...

Est-ce l'effet produit par l'accumulation des protestations ? Toujours est-il que le président finit par perdre patience, et c'est le général Giraud qui va en faire les frais : le 20 février, Roosevelt écrit à Murphy : « Il faudrait que nos bons amis d'Afrique du Nord remettent les pieds sur terre. Vous pouvez leur dire qu'à aucun moment, ni moi ni le général Marshall n'avons promis d'équiper les divisions françaises à une date quelconque. Notre accord concernait le principe de leur réarmement. [...] Dites-leur qu'il ne sert à rien de raconter des histoires. [...] Dites-leur de ne pas se comporter comme des enfants [...] et que toutes ces clameurs peuvent se résumer en un mot français : « une bêtise » [...] Vous transmettrez à Giraud mes bien cordiales salutations et vous le prierez de dire à tous les gens de son entourage de garder leur calme et leur bon sens [38]. »

Il est parfois bon de se défouler, mais tout cela ne résout en rien les problèmes... Il est vrai que les attentes de Giraud – tout comme les promesses de Roosevelt –, n'étaient guère réalistes, et du reste, la fourniture d'équipement à l'armée française va se trouver encore retardée par les revers que subit l'armée américaine en Tunisie *. Mais que Giraud, découragé, en vienne à jeter l'éponge, et il n'y aura plus personne en Afrique du Nord pour faire barrage au général de Gaulle... Il est vrai aussi que d'un point de vue politique, les révélations de la presse américaine sur l'inaptitude de Giraud et la dérive vichyste de son régime sont une source d'embarras considérable : ainsi, le président Roosevelt, ce parangon des vertus démocratiques, soutient à bout de bras un régime fascisant en Afrique du Nord ? Et le général de Gaulle, constamment accusé de fascisme par Washington, exige publiquement le respect des libertés démocratiques dans la même région ? C'est véritablement le monde à l'envers, et l'électeur américain risque de prendre très mal la chose... De toute évidence, une nouvelle initiative s'impose.

Une fois encore, c'est Harry Hopkins qui apporte la solution – la même d'ailleurs qu'à Anfa un mois plus tôt : il faut faire appel à Jean Monnet ! Il est vrai que Cordell Hull l'avait déconseillé, mais on sait le peu d'importance que Roosevelt attache aux vues de son secrétaire d'Etat, particulièrement en ce qui concerne la France... Et puis, dans cette affaire délicate, Monnet semble bien être l'homme de la situation : il a remis à la Maison-Blanche le 23 décembre un mémorandum sur la politique à suivre en Afrique du Nord qui coïncide assez étroitement avec les vues du président – notamment lorsqu'il mentionne qu'« aucune autorité politique française ne peut exister ni recevoir la permission d'essayer de se créer hors de France », et qu'« il n'y a plus de gouvernement français, mais seulement des autorités limitées à la gestion des affaires civiles et administratives locales [39] ». Et puis, Monnet, vice-président du *British Supply Council* et principal inspirateur du *Victory Program*, est un expert reconnu en matière de fourniture d'armement – exactement ce qu'il faut pour rassurer le général Giraud, en lui expliquant les délais nécessaires à l'approvisionnement de son armée [40]... En outre, Jean Monnet a souvent exprimé

---

* Le 17 février à Sidi Bou Zid, puis le 21 au col de Kasserine, des éléments avancés du 2ᵉ Corps américain ont été sévèrement étrillés par une contre-offensive allemande.

ses réserves vis-à-vis du général de Gaulle, à qui il reproche d'avoir constitué un mouvement politique, au lieu d'une simple armée de libération aux ordres des alliés anglo-américains. Enfin, *last but not least*, c'est un ami de Hopkins, de McCloy et du juge Frankfurter, un interlocuteur persuasif et un grand admirateur des institutions américaines : qui mieux que lui peut donner au général Giraud un supplément d'habileté politique et lui faire oublier ses vues réactionnaires ? Existerait-il un autre homme capable de régler à lui seul tous les problèmes que l'incurie du président a laissé s'accumuler en Afrique du Nord depuis quatre mois ? Certainement pas ! C'est dit : le 23 février, Jean Monnet se met en route pour Alger. Personne, pas même lui, ne peut savoir à ce moment que sa mission, tout comme celle de Macmillan, sera fatale à la politique nord-africaine du président...

Pour l'heure, à la Maison-Blanche comme au Département d'Etat, on s'emploie activement à neutraliser les critiques de la presse américaine ; or, les journalistes américains reprennent souvent les commentaires acerbes de la presse britannique, et Hull comme Roosevelt demeurant convaincus que cette dernière est inspirée par une coalition du *Foreign Office* et de la France combattante, c'est sur Churchill et Eden qu'ils vont concentrer leurs efforts. Le 3 février, Anthony Eden reçoit donc une note assez sèche du Département d'Etat : « Le président, lui écrit M. Hull, a manifesté quelque irritation en constatant la poursuite des actions de propagande émanant du quartier général de De Gaulle à Londres. Il sait que le Premier ministre sera d'accord avec lui, et espère que vous pourrez prendre de nouvelles mesures pour y porter remède [41]. » Eden convoque alors le chargé d'affaires américain Freeman Matthews pour lui communiquer sa réponse : « Nous n'avons aucun moyen de fermer Carlton Gardens, et d'ailleurs je suis convaincu qu'une telle mesure serait inopportune [42]. »

Pour Churchill, tout cela est extrêmement embarrassant ; il doit reconnaître qu'il n'a jamais eu beaucoup d'influence sur le Général, et quant à censurer ses discours, cela produirait inévitablement une confrontation brutale que tout le monde préfère éviter. En dépit de son animosité grandissante à l'égard du chef de la France combattante, le Premier ministre de Sa Majesté doit une fois encore tenir compte du soutien dont bénéficie de Gaulle en France et en Grande-Bretagne, ainsi que des obligations contractées à l'été de 1940 – qu'il commence d'ailleurs à regretter sérieusement. Churchill, qui voudrait réellement aider la France, se trouve de nouveau pris en tenaille entre son opinion publique qui lui reproche de ne pas aider suffisamment de Gaulle, et le président des Etats-Unis qui lui reproche de soutenir le Général au détriment des intérêts américains... Au fil des semaines, le Département d'Etat et la Maison-Blanche vont accentuer leur pression, ainsi que M. Eden pourra le constater durant sa visite à Washington à la mi-mars; à la suite d'un premier entretien avec le secrétaire d'Etat Cordell Hull, qui reste visiblement affligé de gaullophobie aiguë, Eden écrira dans son rapport : « M. Hull m'a fait part de ses griefs, qui se résumaient principalement à ceci : alors que sa politique visait à maintenir de bonnes relations avec Vichy – objectif qui avait reçu l'approbation du gouvernement de Sa Majesté – il avait été en butte à de nombreuses attaques de la part des journaux britanniques et de la France combattante ; en fait, il avait été traîné dans la boue. Je lui expliquai une fois de plus que s'il nous avait paru souhaitable que les Américains restent représentés à Vichy, en revanche le peuple britannique n'avait ni sympathie ni considération pour Pétain et Vichy. Et personne n'y pouvait rien changer [43]. »

En effet, Cordell Hull notera lui-même : « Eden a essayé tant bien que mal de justifier la position britannique, en évoquant le soutien apporté à l'Angleterre par le général de Gaulle. J'ai rétorqué que ce soutien était plus que compensé par l'aide considérable que les Etats-Unis avaient apportée à la Grande-Bretagne et à l'ensemble de la cause alliée, grâce à leur politique vis-à-vis de Vichy [44]. » Et dès le 22 mars, Hull revient à la charge : « J'ai évoqué une nouvelle fois avec M. Eden [...] la question de l'Afrique du Nord et la situation du mouvement de De Gaulle. [...] J'ai fait remarquer que notre politique avait toujours été de refuser la constitution à l'heure actuelle d'une autorité politique suprême qui s'imposerait au peuple français. Il n'est pas question de créer ou de reconnaître un gouvernement provisoire, et les activités politiques quelles qu'elles soient devraient se confiner au minimum indispensable [45]. »

Pour le gouvernement américain, en effet, il reste bien plus commode de traiter séparément avec les autorités françaises locales, que ce soit à la Martinique, dans le Pacifique, en Afrique du Nord... ou à Vichy. Mais les Britanniques s'y opposent pour d'évidentes raisons politiques, et M. Eden se charge de le faire savoir à ses interlocuteurs : « La dispersion de l'autorité était contraire à ma doctrine, et j'expliquai durant tous mes entretiens que le gouvernement britannique préférait de beaucoup avoir affaire à une autorité française unique [...]. Je ne pouvais non plus donner mon assentiment à l'autre projet américain, selon lequel les forces alliées débarquant en France devraient administrer elles-mêmes le territoire français libéré. Il me semblait que Roosevelt voulait garder entre ses mains toutes les ficelles de l'avenir de la France et décider à son gré du sort de ce pays. » Du reste, Eden n'est pas au bout de ses surprises : « Après mon entretien avec Hull, j'ai dîné en tête à tête avec le président et Harry Hopkins. M. Roosevelt m'a exposé avec allégresse ses vues sur les problèmes européens. D'après lui, la Grande-Bretagne, les Etats-Unis et la Russie devraient détenir l'ensemble de l'armement en Europe après la guerre. Les petites puissances n'auraient rien de plus dangereux que des fusils. Il ne semble pas se rendre compte de la difficulté qu'il y aurait à désarmer des pays neutres, mais je n'ai pas pris la proposition au sérieux et n'ai fait que peu de commentaires. En ce qui concerne l'avenir de l'Allemagne, [...] il a laissé prévoir qu'une longue période de " prise en main " du pays serait nécessaire. Ce qui est plus surprenant, c'est qu'il envisageait aussi une prise en main de l'ensemble de l'Europe par les trois puissances. Je lui ai fait remarquer que les ex-pays occupés voudraient sûrement mettre de l'ordre dans leur propre maison et qu'il me semblait que nous devrions les y encourager. Nous aurions déjà bien assez à faire avec l'Allemagne. Roosevelt s'est ensuite inquiété de l'avenir de la Belgique, et il a fait état du projet qu'il avait exposé à M. Lyttelton quelques mois auparavant. Il s'agissait de la création d'un Etat appelé la " Wallonie ", qui comprendrait la partie wallonne de la Belgique, ainsi que le Luxembourg, l'Alsace-Lorraine, et une partie du nord de la France. [...] J'ai exprimé poliment (j'espère) mon scepticisme, et le président n'est plus revenu sur ce sujet [46]. »

Certes, mais il en a abordé un autre qu'il affectionne par-dessus tout : le contrôle des bases navales après la guerre – et cette fois encore, principalement au détriment de la France... « Le président, note Hopkins le 17 mars, a évoqué l'importance qu'il y aurait pour les Nations unies à tenir certains points d'appui tels que Bizerte, Dakar et le port de Formose après la guerre »; et cinq jours plus tard : « Le président a dit à Eden que les Britanniques, par exemple, pourraient occuper la Tunisie ou Bizerte, et nous, nous occuperions Dakar [47]. »

Eden quitte Washington le 30 mars. Au cours d'une conférence de presse donnée ce jour-là, le président Roosevelt fera le bilan de leurs entretiens : « Pour parler en termes de chiffres, je dirais que jusqu'à présent [...] nous sommes d'accord à 95 pour cent environ [48]. » Les 5 pour cent restants concernent essentiellement la France... Eden rentrera en Grande-Bretagne avec l'impression très nette que « Roosevelt se voyait disposer des destinées de nombreux pays, alliés comme ennemis. Il le faisait avec tant d'élégance qu'il était difficile de le contredire. Pourtant, il faisait irrésistiblement songer à un prestidigitateur, qui jonglerait adroitement avec des boules de dynamite sans en comprendre le danger [49] ».

Dans l'intervalle, Jean Monnet a atterri à Alger. « Son arrivée, écrira le vice-consul Kenneth Pendar, a fait l'effet de celle d'un voyageur expérimenté, d'un homme du monde raffiné qui débarquerait dans une petite ville de province. Il semblait si riche, parlait en chiffres si énormes, semblait au fait de tant de manifestations concrètes du pouvoir, connaissait les réponses à tant de questions, avait vécu si longtemps dans tant de capitales plus importantes et paraissait être en relations si étroites avec tous les grands et les presque-grands de tous les pays, qu'il éblouissait les coloniaux nord-africains, ainsi que bien des Américains [50]. » Mais en plus de tout cela, Monnet arrive bardé de recommandations du président, de Hopkins, de McCloy... et même de Hull qui, ravalant ses propres préventions, exprime très précisément les intentions du président dans ce télégramme à Murphy : « Je crois que les renseignements que Jean Monnet pourra donner, non seulement en tant que Français, mais aussi du fait du travail qu'il a accompli ici dans le domaine des armements ces deux dernières années, seront très utiles pour éclaircir dans l'esprit du général Giraud tous ces points que des gens mal intentionnés [...] se sont employés à lui mettre dans la tête [51]. »

Tout cela explique en tout cas l'excellent accueil fait à Monnet par Murphy, Eisenhower, Macmillan et les Français de toutes tendances – à commencer bien sûr par le commandant en chef civil et militaire... « Giraud, écrira Kenneth Pendar, qui souhaitait ardemment recevoir davantage de matériel pour les forces françaises, avait été informé que Monnet était le seul homme capable de lui procurer tous les canons et les tanks dont il avait besoin [52]. » Cette carte de visite, d'ailleurs passablement exagérée, sera pour Jean Monnet un véritable sésame auprès du général Giraud – l'homme qu'il a pour mission de soutenir, de conseiller, d'influencer, de rééduquer, de « républicaniser », de « démocratiser », bref, de rendre acceptable aux électeurs américains...

En « voyageur expérimenté », le nouvel arrivant prend rapidement la mesure des choses et des gens ; il constate, comme beaucoup d'autres avant lui, que les lois de Vichy régissent toujours l'Afrique du Nord, que les juifs restent des parias, que des milliers de résistants anti-allemands croupissent en prison et que l'entourage du général Giraud est resté résolument maréchaliste ; quant à Giraud lui-même, il en fera le portrait suivant : « Un homme de grande allure, au regard clair et vide, conscient de son prestige d'officier héroïque, intraitable sur les problèmes militaires, hésitant sur tous les autres. Je ne porterai pas de jugement sur son intelligence, qui était celle d'un général

formé longtemps aux affaires du désert et enclin à la sim-
plification. [...] Il ne pensait qu'à reconstituer son armée
défaite, sans en changer la structure ni l'esprit [53]. »

Robert Murphy comprend bien que Jean Monnet est
maintenant le représentant personnel du président; en principe, c'est lui, Murphy, qui est censé être l'unique représentant américain pour les questions politiques en Afrique
du Nord, mais il est déjà écartelé entre le Département
d'Etat, la Maison-Blanche et le QG d'Eisenhower – qui
dépend lui-même des chefs d'état-major combinés anglo-
américains... D'autre part, il connaît les habitudes assez
désordonnées du président, son aspiration à la diplomatie
personnelle et sa manie d'envoyer des émissaires officieux
ne dépendant que de lui... C'est pourquoi Murphy ne se
formalise guère lorsque Monnet lui confie qu'il est venu à
Alger « moins pour servir Giraud que pour chercher une
solution propre à amener l'unité entre toutes les factions
françaises [54] ». Comment Murphy pourrait-il imaginer que
la conception qu'a Jean Monnet de l'unité française ne
coïncide pas vraiment avec celle de Franklin Roosevelt?
Quoi qu'il en soit, Monnet se met au travail, après s'être
trouvé, rapporte Murphy, « une villa tranquille à la périphérie d'Alger, où il passait de longs week-ends à conduire
des négociations privées, ou bien, comme il nous disait, à
réfléchir, tout simplement [55] ».

De fait, ces « négociations privées » réuniront à un
moment ou à un autre tous les acteurs de l'étrange pièce
qui se joue à Alger en ce début de mars 1943 : dans sa villa
tranquille, Monnet s'entretient avec les adjoints de Giraud,
notamment le capitaine Beaufre et le lieutenant-colonel de
Linarès; avec le général Eisenhower et son chef d'état-
major, le général Bedell-Smith; avec les diplomates Léon
Marchal et Guy de Charbonnières, qui précèdent à Alger le
général Catroux; avec Macmillan, qui n'ignore pas que
Monnet est un protégé de Churchill et a reconnu d'emblée
dans ce patriote cosmopolite un précieux allié dans la lutte
pour l'unité française; avec les gaullistes locaux enfin,
comme René Capitant et Louis Joxe. Ce dernier, dont Jean
Monnet va faire son plus proche collaborateur, le décrira
en ces termes : « La première de ses qualités était, je crois,

sa capacité d'écouter. Au milieu de tant de bavards reconnus, il faisait impression. [...] " Prendre la parole " était d'ailleurs, pour lui, une épreuve ; il peinait aussi dès qu'il lui devenait indispensable d'écrire. [...] Il ne buvait pas d'alcool, mangeait peu, dormait n'importe où, passait des journées entières à interroger les uns et les autres ou bien à réfléchir seul devant la mer. [...] Puis, brusquement, il appelait au téléphone Giraud ou Bob (Murphy) à Alger, John McCloy ou Robert Sherwood aux Etats-Unis, conversant avec eux comme avec des voisins de palier. [...] Le problème posé l'assaillait et l'occupait tout entier. La réflexion terminée, la puissance d'exécution devenait, chez lui, considérable [56]. »

En l'occurrence, les consultations et les réflexions de Jean Monnet l'amènent à la conclusion suivante : pour réaliser l'unité à Alger, il est urgent de rapprocher les points de vue des gaullistes et des giraudistes ; et pour cela, il faut absolument que Giraud fasse certaines concessions verbales aux idéaux démocratiques – ceux des gaullistes comme ceux des Américains. Or, l'envoyé de Washington ne manque pas d'arguments auprès du commandant en chef civil et militaire : « Si je n'ai pas réussi à changer les convictions de cet homme parfaitement honnête, j'ai su le persuader que l'intérêt de la France était qu'il les enfermât en lui et en affichât d'autres plus conformes aux buts de guerre des démocraties. Sourd à tous les arguments de morale politique, il ne voulut retenir que les raisons pratiques que je lui fis valoir : les Américains n'équiperaient pas une armée inspirée d'idées réactionnaires et cautionnant un régime raciste. Or, disait-il pour excuser ses concessions verbales, si Paris valait bien une messe, l'armement des Alliés valait bien un discours " progressiste " [57]. »

Des discours « progressistes », il y en aura même plusieurs, qui tous susciteront à Alger une profonde stupéfaction ; le 4 mars, Giraud annonce la dissolution du Service d'Ordre Légionnaire ; le 5, il déclare à la radio que « la France n'a pas de préjugés racistes »... Mais c'est le discours du 14 mars, devant une assemblée d'Alsaciens et de Lorrains, qui va marquer un tournant décisif ; ce sera

presque intégralement l'œuvre de Jean Monnet, assisté
pour l'occasion de Macmillan, Murphy et Louis Joxe, qui
écrira plus tard : « Vint la préparation du discours. Lorsque
j'arrivai à Alger, Giraud luttait pied à pied contre ses soi-
gneurs, ses médecins traitants, et résistait à ce virus démocratique qu'on voulait lui transmettre [58]. » C'est exact ;
Jean Monnet lui-même évoquera avec humour ce fameux
discours qu'il a négocié mot à mot avec Giraud pendant
deux semaines, et il ajoutera : « Peu importait qu'il y crût,
il était nécessaire qu'il le prononçât et, de son propre aveu,
ce ne fut pas chose facile. Jusqu'à la dernière minute,
retenu par ses convictions personnelles et l'insistance de
ses conseillers algérois, il s'efforça, comme en témoignent
les notes dont Linarès et moi le harcelions, d'édulcorer
mon texte [59]. »

De guerre lasse, cet antidémocrate convaincu finit par
céder, et il prononce ce qui sera, de son propre aveu, le
premier discours démocratique de sa carrière. Ses « médecins traitants » n'ayant pas fait les choses à moitié, le général Giraud déclare à ses auditeurs médusés que « le peuple
de France n'a pas accepté l'armistice », que la législation
de Vichy « est nulle et non avenue », que la Résistance est
« la véritable expression de la France », qu'il n'y a plus
qu'une seule armée française engagée contre l'Allemagne,
qu'elle vienne d'Algérie ou de Libye, que les discriminations antisémites seront abolies... Et puis, pour couronner
le tout, il y a cette exemplaire profession de foi démocratique et républicaine : « Je donne au peuple de France
l'assurance la plus solennelle que son droit sacré de déterminer lui-même le choix de son gouvernement provisoire
d'après les lois de la république sera sauvegardé... Je suis
le serviteur du peuple français ; je ne suis pas son chef.
Nous remettrons nos pouvoirs à la libération [60]. »

A la Maison-Blanche, on exulte : voilà Giraud entièrement repeint en démocrate, ce qui justifie *ipso facto* toute
la politique poursuivie par le président depuis quatre mois
et fera taire d'un seul coup tous ses critiques ! Mais au
Palais d'été, les vichystes comprennent que la partie est
perdue : durant les semaines qui suivent, Bergeret, Rigault
et Lemaigre-Dubreuil vont donner successivement leur

démission... Et le 15 mars, Giraud écrit à Catroux : « J'ai tenu à exposer publiquement, hier, les principes qui guident ma conduite. Il ne subsiste donc aucune équivoque entre nous. [...] Je suis prêt à accueillir le général de Gaulle afin de donner à cette union une forme concrète [61]. »

La nouvelle de la conversion du général Giraud aux idéaux républicains et démocratiques est accueillie à Carlton Gardens avec un brin d'ironie et beaucoup de circonspection... Le 16 mars, de Gaulle annonce dans un communiqué : « Nous constatons avec satisfaction que ces déclarations marquent, à beaucoup d'égards, un grand progrès vers la doctrine de la France combattante. [...] Le Comité national espère maintenant voir les déclarations du général Giraud s'appliquer rapidement dans les faits, à Alger, à Casablanca et à Dakar [62]. » Manifestement, la confiance ne règne pas... Dès la veille, du reste, de Gaulle a écrit au général Catroux : « Le discours prononcé dimanche par le général Giraud donne l'impression d'être le résultat de conseils américains. Ceux qui mènent la politique africaine des Etats-Unis à Washington et à Alger désireraient évidemment quelque chose qui pût détendre leur opinion publique troublée. [...] Tout en constatant un progrès dans son langage en ce qui concerne la légalité, nous n'y voyons pas de proposition pratique quant aux conditions de l'union. Tout se passe pour le général Giraud comme si la seule union qu'il conçoit serait celle qui se ferait autour de lui. [...] Rien ne peut être fait au point de vue de la fusion, tant que l'union n'est pas effectivement réalisée entre le Comité national et Giraud. Aucune pression ou caresse de la politique américaine ni de la politique anglaise ne nous ferait céder sur ce point [63]. »

Il y aura en effet autant de pressions que de caresses, administrées tour à tour par Macmillan à Alger, Monseigneur Spellman à Londres et Sumner Welles à New York : puisque Giraud est devenu démocrate, de Gaulle n'a plus qu'à se soumettre... L'unique résultat de toutes ces démarches est de renforcer la méfiance du Général, qui écrit à Catroux le 20 mars : « Il a été jugé nécessaire de reprendre, sous une nouvelle forme, la manœuvre de Casablanca. Cette fois, il s'agit de peindre Giraud en démocrate et de nous placer nous-mêmes au pied du mur. Je n'apprécie guère cette intention, ni cette méthode. Certes, j'entends me rendre à Alger, mais je ne veux le faire que quand j'y verrai clair. Avant tout, il est nécessaire que Giraud réponde au mémorandum du Comité national autrement que par un discours. Il faut, aussi, qu'il précise s'il est resté sur sa position d'Anfa, car, dans ce cas, je ne vois pas d'issue. [...] L'union avec Giraud est très désirable, mais certainement pas à tout prix [64]. »

Précisément, il y a dans l'entourage du général de Gaulle deux conceptions du prix à payer pour parvenir à l'union. « Je dus constater, écrira René Massigli, que dans les couloirs, sinon dans les bureaux, de Carlton Gardens et dans certaines annexes aussi, il y avait des Français qui, avec les meilleures intentions du monde, ne désiraient pas au fond de leur cœur que l'union se réalisât. Le but pour eux ne pouvait être atteint par degrés ; aucun compromis, même provisoire, n'était acceptable [65]. » Parmi ceux-ci, il y a en tout premier lieu Jacques Soustelle *, André Philip et le colonel Billotte, pour qui Massigli, comme Dejean avant lui, est « suspect de modérantisme ». « Cette différence d'attitude, poursuit Massigli, fut pour moi à l'origine de bien des heurts, voire de quelques incidents pénibles avec le Général dont l'impatience s'accommodait mal de précautions que je jugeais tactiquement nécessaires ; mais je crois bien qu'en lui-même il savait reconnaître son erreur, à condition que nul ne lui demandât de l'avouer... Entre le président du Comité national et nos partenaires, le commissaire aux Affaires étrangères joua souvent le rôle ingrat d'un amortisseur [66]. »

Il n'était pas le seul : à Alger, pendant ce temps, le général Catroux a commencé à négocier avec Giraud... Estimant que « la réalisation de l'union est d'une nécessité pressante », Catroux assume lui aussi le rôle ingrat de l'amortisseur : le 28 mars, il écrit au général de Gaulle qu'il a proposé à Giraud, « à titre personnel », un plan consistant à lui conférer « une primauté d'apparence », en faisant de lui « une sorte de chef constitutionnel de la France combattante », tandis que le général de Gaulle, lui,

---

* A l'époque commissaire à l'Information du CNF.

présiderait un « organisme exécutif et législatif de l'Empire » qui lui donnerait la réalité du pouvoir [67]. Mais cette nouvelle « précaution tactiquement nécessaire » n'est guère appréciée par le général de Gaulle, qui répond trois jours plus tard : « J'ai lu avec surprise votre télégramme du 28 mars. [...] Même en passant outre au fait que les suggestions que vous avez présentées à Giraud, avant de me les exposer à moi-même, n'ont pas de rapport avec les télégrammes que je vous ai adressés pour fixer la position du Comité national et la mienne, je ne puis concevoir l'économie de votre système. Ce système reviendrait, essentiellement, à placer l'Empire et, demain, la France elle-même sous l'autorité personnelle d'un homme que rien ne qualifie pour l'exercer. [...] Rien ne serait plus fâcheux et, j'ajoute, plus douloureux qu'une discordance entre votre attitude et la mienne dans cette conjoncture capitale [68]. »

C'est précisément pour éviter cette discordance que de Gaulle veut se rendre à Alger, où il pense que sa venue suscitera « un puissant courant en faveur de la France combattante », qui contraindra Giraud à céder. Il demande donc à nouveau aux autorités britanniques de mettre un avion à sa disposition. Cette fois, on lui répond qu'un *Liberator* sera disponible, mais le 30 mars, l'avion tombe subitement en panne – et bien entendu, plusieurs jours seront nécessaires pour effectuer la réparation... C'est que le Premier ministre hésite toujours à laisser le Général quitter l'Angleterre ; par contre, il a accepté de le recevoir au matin du 2 avril... C'est la première fois que les deux hommes se revoient depuis Anfa et, comme on pouvait s'y attendre, les premiers échanges sont dénués d'aménité : « Enfin, dit de Gaulle, je suis prisonnier. Bientôt vous m'enverrez à l'île de Man ! » A quoi Churchill répond dans son meilleur français : « Non, mon Général, pour vous, très distingué, toujours la *Tower of London* [69]. » Le Premier ministre déclare ensuite que l'avion demandé par de Gaulle sera mis à sa disposition, mais ne vaudrait-il pas mieux attendre avant de partir que M. Eden rentre des Etats-Unis ? Et le général Catroux ne doit-il pas venir à Londres pour faire son rapport ? Churchill rappelle ensuite au général de Gaulle que la situation a tourné à son désavantage en raison de son refus de venir à Casablanca, et il ajoute : « La préoccupation dominante chez les Américains est de voir régner l'ordre en Afrique du Nord. Si l'accord ne se réalisait pas ou si des troubles éclataient, les Etats-Unis appuieraient le général Giraud, et le gouvernement britannique ne pourrait faire grand-chose pour appuyer la France combattante. »

De Gaulle répond qu'il « comprend très bien l'importance présente et même future du fait que les Alliés appuieraient une organisation française ou une autre, mais la question n'est pas là. La France combattante pense que la décision est une affaire française, et elle croit que, pour autant que les Français puissent à l'heure actuelle exprimer leurs sentiments, ils ont, en fait, fait leur choix ».

Churchill : « Il serait navrant et grave que des incidents sérieux se produisent lors du voyage du Général. C'est en toute amitié qu'il faut essayer d'arranger les choses. »

« De Gaulle tient à assurer M. Winston Churchill qu'il ne part pas à Alger pour engager une bataille. Il ira, au contraire, avec le désir de faire l'union, si elle est vraiment possible. Il tient à redire qu'il n'a aucun grief contre la personne de Giraud. Ses réserves ou ses préoccupations concernent ceux qui s'agitent derrière Giraud.

« Churchill demande s'il faut télégraphier au général Eisenhower que le général de Gaulle arrivera avec le désir de voir se réaliser l'union entre tous les Français qui veulent chasser les Allemands de France.

« De Gaulle répond que le Premier ministre ne peut avoir aucun doute sur ce point.

« Churchill explique que la grande préoccupation du général Eisenhower est que le pays soit tranquille. [...] C'est sur l'administration existante qu'il convient de s'appuyer. En particulier, et sauf exception, il faut éviter les changements dans les rangs des fonctionnaires moyens et subalternes...

« De Gaulle interrompt pour faire observer qu'il n'est pas question de cela.

« Churchill souhaiterait qu'il n'y ait pas de démonstrations ni de manifestations avant l'accord, pour que tout puisse se passer sous le signe de la concorde.

« De Gaulle le souhaite aussi, mais il est difficile de faire en sorte que les gens ne manifestent pas du tout leur sentiment.

« Churchill fait remarquer que l'Algérie est tout entière une zone d'opérations militaires. Les Américains estiment que collisions et troubles seraient déplorables...

« De Gaulle est surpris de la place que la question de l'ordre tient dans les préoccupations du général Eisenhower. A Casablanca, M. Murphy disait qu'il n'y avait pas de gaullistes en Algérie.

Après avoir réaffirmé qu'il était convaincu de la nécessité d'un arrangement avec le général Giraud et promis de télégraphier au général Eisenhower et à M. Macmillan, « qui apportera certainement au général de Gaulle toute l'aide possible », le Premier ministre déclare en guise de conclusion qu'« il n'a jamais cessé d'être et qu'il reste un ami de la France [70] ». L'entrevue se termine donc le mieux du monde, mais de Gaulle n'est pas vraiment satisfait... « Voulant que M. Churchill se découvrît [71] », il fait savoir en sortant de Downing Street qu'il a toujours l'intention de se rendre à Alger, et sans accepter aucune condition préalable ! Mais deux jours plus tard, le *Foreign Office* transmet à de Gaulle un message du général Eisenhower ; celui-ci « serait reconnaissant au général de Gaulle de bien vouloir différer son départ jusqu'à ce qu'il estime que les négociations en vue d'un accord ont suffisamment progressé pour permettre un aboutissement rapide. En effet, l'imminence de la bataille de Tunisie rend très indésirable l'apparition simultanée d'une crise politique prolongée. » En guise de conclusion, le message précise que le général Eisenhower « ne voudrait en aucun cas mettre le général de Gaulle dans l'embarras, et il est convaincu que ce dernier aura à cœur de faire de même [72] ».

Le général de Gaulle, après un violent accès de rage et quelques invectives bien choisies à l'égard de la politique américaine, se met en devoir de rédiger à l'intention d'Eisenhower une lettre fort peu aimable. Par chance, l'amiral Stark, ayant refusé de la transmettre, informe le Général dès le lendemain que le message lui demandant de différer son arrivée à Alger n'émanait par d'Eisenhower

lui-même, mais « du commandement allié ». Deux jours
plus tard, le Général apprend même par un télégramme de
Tixier à Washington que ce faux télégramme du général
Eisenhower « est dû à une initiative britannique [73] ». Ce
qu'il ne peut évidemment savoir, c'est que les Britanniques, eux, ont pris cette initiative... à la demande du
général Catroux en personne ! Celui-ci avait en effet jugé
préférable que le Général n'arrive pas à Alger avant que
les médiateurs ne soient parvenus à un accord sur les
termes de l'union ; il l'avait même suggéré à de Gaulle
le 28 mars *, mais n'ayant pas été entendu, il avait
pensé qu'une intervention anglo-américaine serait plus
efficace [74]...

Le général de Gaulle, lui, voit une fois encore derrière
tout cela un sinistre complot de Churchill, de Roosevelt, de
Giraud, de Macmillan, de Murphy, et sans doute aussi de
Hull, Welles et Leahy... Il télégraphie donc à Catroux le
7 avril : « L'intervention américaine et britannique dans
mon projet de voyage contribue à nous éclairer sur la politique américaine en Afrique du Nord. Le gouvernement
britannique, soit de bon gré, soit de mauvais gré, se joint à
l'action du gouvernement américain. Il va de soi également que certains personnages en fonction sur place ont
travaillé à faire en sorte que la porte me soit fermée.
Quoi qu'il en soit, vous sentez certainement que le retard
imposé à mon voyage, c'est-à-dire à l'union, jusqu'à une
date indéterminée, rend votre présence à Alger sans réel
objet en ce moment. [...] Je vous prie donc de vous rendre
à Londres d'urgence [75]. »

On ne discute pas un ordre du Général, et Catroux atterrit à Londres le 9 avril ; il est porteur d'un message du
général Giraud, qui est la réponse tant attendue au mémorandum du 23 février : le commandant en chef civil et
militaire propose d'établir un « conseil des territoires
d'outre-mer », dépourvu de tout pouvoir politique ; quant
au commandant en chef, qui ne serait autre que Giraud lui-
même, loin d'être subordonné à ce conseil, il ne relèverait

---

* « Il importe que vous différiez votre voyage jusqu'au moment où, vous
sachant d'accord avec lui [Giraud] sur les conditions de l'union, vous viendrez
les sanctionner ici avec éclat et dans l'ordre et la concorde indispensables. »

que du haut commandement allié. En outre, il assurerait lui-même l'ordre public et nommerait les fonctionnaires pendant la libération de la France – après quoi les conseils généraux des territoires libérés se chargeraient de l'administration et nommeraient un gouvernement en vertu d'une loi de 1872, dite loi Treveneuc... « En somme, écrira de Gaulle, d'après le général Giraud, tout se passerait comme si, en tant qu'Etat, la France n'existait plus, tout au moins jusqu'à la victoire. C'était bien la thèse de Roosevelt [76]. » Au sein du Comité national, les durs comme les modérés s'accordent pour repousser de telles conceptions ; le 15 avril, c'est donc à l'unanimité que le Comité approuve la réponse du général de Gaulle, qui demande une fois de plus la formation d'un pouvoir exécutif ayant des pouvoirs réels, la subordination du commandant en chef à ce pouvoir exécutif, enfin la démission des hommes de Vichy ayant collaboré avec l'Axe [77]...

En vérité, de Gaulle considère plus que jamais qu'au-delà de Giraud, « qui n'est rien », c'est bien à Roosevelt qu'il a affaire ; et de fait, le président des Etats-Unis est à tout le moins un spectateur engagé : c'est à cette époque qu'il a entrepris de faire débloquer au bénéfice des autorités d'Alger les fonds français gelés aux Etats-Unis ; non content d'avoir fait interner les douze marins « déserteurs » du *Richelieu*, il a lancé une campagne de propagande selon laquelle les Français libres débaucheraient les marins de Giraud en leur offrant des soldes supérieures ; lorsque, à la mi-mars, un coup d'Etat renverse l'administration de Vichy en Guyane française, Washington intervient pour assurer l'acheminement vers la Guyane du représentant de Giraud, et fait refuser tout transport à celui du général de Gaulle... Lorsque le Général envoie un second représentant, le Département d'Etat inervient à nouveau pour le faire bloquer dans l'île de Trinidad, au large du Vénézuela...

Il faut pourtant reconnaître que la plupart des initiatives du président dans ces affaires françaises semblent se retourner contre lui ; ainsi, le projet de débloquer les fonds gelés au bénéfice du seul Giraud provoque une telle tempête juridique que l'administration américaine doit y renoncer dès la fin de février... Quant aux marins du *Richelieu* internés, ils bénéficient d'un immense courant de sympathie dans la presse et l'opinion publique ; un avocat engagé par la France combattante plaide leur cause devant la Cour suprême de New York, et celle-ci leur donne gain de cause le 2 avril. Enfin, le président, tirant les conséquences de la débâcle consécutive à ses engagements d'Anfa, se voit contraint d'informer le général Giraud qu'il ne le reconnaît plus que comme « gérant aux Etats-Unis des intérêts français associés au mouvement de libération *actuellement établi en Afrique du Nord et en AOF* [78] ».

Mais il y a plus grave : Roosevelt est obligé de constater que son administration est loin d'être unie derrière la politique qu'il entend mener en Afrique du Nord. Au Département de la Défense, le sous-secrétaire John McCloy, qui était déjà partisan d'un changement de politique vis-à-vis de la France combattante depuis l'opération « Torch » [79], déclare à ses collègues au retour d'une tournée en Afrique du Nord que « le moment est venu de mettre un terme à la politique favorable à Vichy et de renforcer les chefs des groupes de résistance français qui sont presque entièrement derrière de Gaulle [80] ». Son supérieur, le vieux secrétaire à la Défense Stimson, se fâche pour de bon lorsque le président lui déclare qu'une intervention de son adjoint en Afrique du Nord est inutile, puisqu'il a « réglé lui-même toutes les questions qui préoccupaient Eisenhower lors de son propre séjour là-bas ». « C'est une attitude typiquement rooseveltienne, note l'irascible Stimson ; je lui ai dit franchement au téléphone que c'était une mauvaise façon de gérer les affaires, et je lui ai demandé à quoi servait un cabinet et à quoi servaient les ministères [81]. » La même exaspération se fait jour au Département d'Etat, où l'on constate que Roosevelt s'appuie sur Welles plutôt que sur Hull, puis qu'il les contourne tous les deux pour faire exécuter sa politique en Afrique du Nord par Robert Murphy – qui se trouve lui-même supplanté depuis la fin de février dans les conditions que l'on connaît...

Le président a du moins la satisfaction de constater que la presse encense désormais le « nouveau Giraud », et que de nombreux Français expatriés, comme Etienne Boegner, Henri de Kerillis ou Geneviève Tabouis, se sont rangés très ostensiblement derrière lui. Pourtant, il faut bien reconnaître qu'en Afrique du Nord, les signes inquiétants s'accumulent : l'influence du général Giraud commence à décliner sérieusement, les institutions démocratiques annoncées tardent à se mettre en place, les prisonniers politiques ne sont pas tous libérés, tandis que plusieurs personnalités en place, comme le chef d'état-major Prioux, le commandant en chef de l'aviation Mendigal ou le gouverneur général Boisson, multiplient les déclarations ouvertement maréchalistes. Par ailleurs, à mesure que les Alliés progressent en Tunisie, les soldats de Giraud ont tendance à passer avec armes et bagages dans les unités gaullistes venues de Libye ; dans les ports américains, de même, les défections de matelots français se multiplient au profit des forces navales de la France combattante ; plus préoccupant encore, les chefs de la mission giraudiste aux Etats-Unis, Béthouart, Hoppenot et l'amiral Fénard, semblent de plus en plus enclins à coopérer avec la mission gaulliste... Enfin, tous les rapports de l'OSS indiquent sans ambiguïté que l'opinion publique en Afrique du Nord est de plus en plus favorable au général de Gaulle, et que la Résistance en France lui est tout acquise...

Voilà qui renforce singulièrement la position du chef de la France combattante au moment où il s'entretient avec un émissaire de Giraud, le général Bouscat : « Si l'accord ne se fait pas, tant pis ! La France tout entière est pour moi [...]. Mes gens l'occupent effectivement et l'organisent. Mes groupements de résistance et de combat sont partout et se renforcent chaque jour. Que Giraud fasse attention ! Même victorieux, s'il va en France sans moi, il sera reçu à coups de fusil. [...] La France est gaulliste, farouchement gaulliste. Elle ne peut changer. [...] Il ne faut pas oublier que nous sommes seuls au milieu d'étrangers. Car les Alliés sont des étrangers. Ils peuvent demain devenir des ennemis. Giraud est en train de s'inféoder à l'Amérique. Il prépare une servitude certaine de la France et court vers de graves désillusions [82]. »

Ce n'est manifestement pas l'avis du commandant en chef civil et militaire au moment où Catroux, de retour à

Alger, lui apporte la réponse du général de Gaulle ; « Giraud, écrira Louis Joxe, ne modifie en rien son attitude antérieure. Il persiste à ne voir dans la France libre qu'un amas d'" intrigants ". La thèse des pouvoirs locaux, chère aux Américains, lui est trop favorable pour qu'il y renonce. [...] Il entend maintenir le commandement civil et militaire et en garder la tête jusqu'au retour à Paris [83] ». C'est une impression analogue qu'en retire Harold Macmillan, qui rencontre au soir du 26 avril un Giraud revenu triomphant d'une tournée d'inspection sur le front de Tunisie : « J'ai passé une heure trente avec ce cher vieux, note le ministre résident ; il est extrêmement difficile de lui parler, tant il est aimable, pompeux et stupide. [...] Que ce soit dû à sa tournée sur le front, à un coup de soleil, ou plus vraisemblablement aux convictions stimulantes que MM. Monnet, Boegner et Murphy lui ont récemment injectées comme une drogue, il s'est montré très décidé, égoïste et même exultant [84]. »

Le général Giraud est en effet très remonté, et il déclare à Macmillan qu'il a déjà préparé une réponse au dernier message de Londres : il insiste toujours pour conserver la prépondérance dans une éventuelle union, « parce qu'il a 450 000 hommes et de Gaulle n'en a que 12 000 * », parce qu'il remportera la victoire en Tunisie, parce qu'il est le seul rempart contre le communisme, parce que les Américains lui font confiance, parce qu'il a quinze ans de plus que de Gaulle, parce qu'il a cinq étoiles et de Gaulle n'en a que deux, enfin parce qu'au moment de sa libération, la France doit avoir un gouvernement militaire présidé par un commandant en chef, et qu'il n'en voit pas d'autre que lui-même... Macmillan lève les bras au ciel et l'adjure de se montrer plus conciliant, faute de quoi il n'y aura jamais d'union entre Français combattants... Dès le lendemain 27 avril, le ministre résident écrit dans son journal : « Le cher vieux semble avoir été très impressionné par mes exhortations et ma véhémence. [...] Il va réécrire son

---

* Ces chiffres sont évidemment fantaisistes. Giraud a en fait moins de 300 000 hommes, et ils n'ont pas encore été équipés par les Américains ; de Gaulle en a quelque 50 000, auxquels vient s'ajouter un nombre croissant de transfuges des unités de Giraud...

mémorandum à de Gaulle sous une forme plus amicale, et le revoilà engagé dans un effort sincère pour parvenir à l'union. C'est vraiment très bizarre. De toute façon, sachant bien qu'il est incapable d'écrire ou de réécrire une lettre ou un mémorandum, j'ai immédiatement contacté Monnet [85]. »

La réponse finale au général de Gaulle sera en fait une synthèse des arguments en faveur de l'union du très francophile Macmillan, du gaulliste tempéré Catroux, du gaulliste fervent Louis Joxe et du très peu gaulliste mais très unioniste Jean Monnet, le tout joint aux préventions tenaces du général Giraud, elles-mêmes renforcées par les conseils du rooseveltien et très peu unioniste Robert Murphy, ainsi que par les exhortations à la rupture du démissionnaire et très réactionnaire Lemaigre-Dubreuil... Aux termes de ce prodigieux compromis, rédigé dans le style laborieux de Jean Monnet, Giraud renonce à la prépondérance et accepte désormais la coprésidence au sommet, mais il prétend toujours cumuler le pouvoir civil et le pouvoir militaire, il persiste à exiger un conseil purement consultatif comprenant les résidents et les gouverneurs, et surtout, il invite de Gaulle à le rencontrer loin d'Alger, à Biskra ou « dans un bâtiment de l'aéroport américain de Marrakech ». Ces propositions seront accompagnées d'une lettre de Catroux exhortant le général de Gaulle à les accepter et à se rendre en Afrique du Nord sans plus tarder : « J'estimerais sans profit, conclut Catroux, mais non sans gravité préjudiciable, de continuer à échanger des notes qui éternisent le désaccord [86]. »

Pour de Gaulle, tout cela est inacceptable, et il déclare au général Bouscat le lendemain : « Giraud ne veut pas me comprendre. Il veut être à la fois chef de gouvernement et commandant en chef. Ça non [87] ! » Du reste, les juristes qui l'entourent, notamment Cassin et Philip, ont beau jeu de démontrer qu'en république, le commandant en chef reçoit son commandement du pouvoir civil et n'y participe pas ; de même, les gouverneurs généraux et les résidents, étant nommés par le pouvoir central, ne sauraient évidemment en être membres... Et puis, il y a autre chose, que de Gaulle expose avec éloquence et force détails dans une lettre du

2 mai au général Catroux : « Je pense comme vous que les discussions par notes échangées sont désormais oiseuses. Tout n'est plus, maintenant, qu'une question de bonne foi. Mais, précisément, je n'ai pas encore acquis la certitude de la bonne foi de Giraud ou de ses managers. Sa proposition de me rencontrer au large de Biskra ou dans une bâtisse de l'aérodrome américain de Marrakech est, à mes yeux l'indice que nos partenaires ne jouent pas très franc jeu. Si j'avais, en effet, la faiblesse d'y consentir, quelle serait notre situation ? Nous nous trouverions isolés, sans aucun moyen propre de déplacement ni de transmission, face à des gens qui en auraient, au contraire, tout l'avantage. Ils pourraient nous y maintenir à leur gré, sous prétexte de discussions prolongées que toute la radio et la presse anglo-saxonnes, tendancieusement informées, présenteraient à leur manière. [...] N'oubliez pas que toute l'affaire se joue, non point entre nous et Giraud, qui n'est rien, mais entre nous et le gouvernement des Etats-Unis. D'ailleurs, se figure-t-on vraiment que je consente à engager l'avenir du pays et à faire, pour trancher le mot, un gouvernement, sans avoir le contact et la consultation, d'abord de notre Comité national, ensuite de tous les gens dont l'avis m'est nécessaire, ne fût-ce que pour les choisir ? Cela ne peut se faire qu'à Alger. Nous ne sommes pas des féodaux qui échangent des fiefs à table. Nous sommes des Français qui voulons réaliser l'unité d'un Empire. J'ai, devant la France, des responsabilités personnelles dont je mesure l'étendue. [...] Je vous prie de faire connaître à Giraud ma décision, qui est arrêtée. S'il veut réellement l'union, il n'a aucune bonne raison de m'empêcher d'aller directement à Alger [88] »... Et dans une lettre séparée, de Gaulle ajoute : « J'attends sa réponse, positive ou négative, mais claire et nette, d'ici au 3 mai [89]. »

Faute d'avoir reçu une réponse avant cette échéance, le Général va avoir recours à son arme de prédilection, qui consiste à en appeler à l'opinion publique ; le 3 mai, à l'occasion d'une réception à Grosvenor House en l'honneur des nouveaux volontaires, il prononce un discours véhément dans lequel, sans jamais nommer Giraud, il dénonce l'hypocrisie d'un régime nord-africain où « les meilleures déclarations démocratiques et républicaines sont affichées sous le portrait du Maréchal » ; après avoir souligné que « la volonté nationale est maintenant en marche, rien ne pourra l'arrêter et certainement pas un homme qui tient sa légitimité de quatre fonctionnaires demeurés fidèles au maréchal Pétain », il conclut : « Nous sommes prêts à nous rendre à Alger immédiatement et sans délai, pourvu qu'on nous en laisse la possibilité [90]. »

Ce sont évidemment des boulets de bien gros calibre que de Gaulle tire là contre son rival ; mais comme le note Claude Bouchinet-Serreulles, observateur attentif des humeurs du Général : « Il pratique perpétuellement – mais sans le vouloir, car c'est sujet à son humeur – le régime de la douche écossaise. Il passe de l'amabilité à l'extrême insolence. [...] Il est de fait qu'il est des moments où il ne se contrôle pas. Bien au contraire, ses insolences écrites et verbales sont pour lui le moyen d'évacuer sa bile ; je dois regretter que ce soit souvent à son détriment et, du même coup, au dépens de sa cause [91]. » On ne saurait mieux dire en l'occurrence... Car le discours du 3 mai est accueilli à Alger comme une véritable déclaration de guerre : Giraud est indigné, Macmillan stupéfait, Catroux si catastrophé qu'il veut remettre sa démission sur-le-champ et Jean Monnet si scandalisé qu'il en perd tout sens de la mesure, dénonçant un discours « hitlérien » prononcé par un « ennemi du peuple français et de ses libertés [92] ». Les vichystes se réjouissent, les envoyés américains aussi : la rupture ne peut être bien éloignée dès lors qu'on échange des propos aussi virulents...

C'est compter sans l'entêtement de Monnet, la patience de Catroux et l'habileté de Macmillan, qui note dans son journal le 5 mai : « A 19 h, conférence au Palais d'Eté – Giraud, Monnet, Catroux, Murphy et moi. Après qu'ils eurent beaucoup parlé et lu l'intégralité du discours de De Gaulle, je leur ai dit qu'ils ne pouvaient vraiment pas rompre les négociations du seul fait qu'un politicien avait prononcé un discours insultant pour un autre ; j'ai même ajouté que dans mon pays, c'était pratiquement le processus normal avant toute formation d'un gouvernement de coalition. Cette plaisanterie [...] a choqué Murphy (qui bien sûr ne tenait pas spécialement à ce que l'union se fasse de toute façon), mais a beaucoup amusé Monnet. Je leur ai dit aussi qu'il me paraissait absurde qu'un grand pays puisse rester divisé parce que personne n'arrivait à décider si les négociations en vue d'une coalition se dérouleraient à Londres ou à Brighton. " Si vous craignez de Gaulle et voulez rompre, ai-je ajouté, il vous faut le faire sur une question de principe. Faites-lui accepter les vôtres – particulièrement les deux qui vous paraissent essentiels, à savoir : 1) Gouvernement par un cabinet, pas par un seul homme. 2) Pas de tentative de former un gouvernement qui s'impose à la France d'après-guerre, mais respect des procédures constitutionnelles prévues par les lois de la république. S'il accepte, faites-le venir à Alger ; s'il refuse, dites-lui de ne pas venir. " La conférence s'est prolongée jusqu'à 21h. Je me suis contenté de répéter la même chose toutes les demi-heures, ce qui est ma technique habituelle [93]... »

Dès le lendemain, il n'est plus question de rupture : Catroux, Monnet, Macmillan, Charbonnières, Marchal, de Linarès et Joxe, soutenus depuis Londres par Massigli, s'affairent une fois encore pour « recoudre la trame déchirée » ; le ministre résident de Sa Majesté reçoit Giraud à déjeuner en compagnie de deux charmantes princesses et parvient à le calmer avec de fortes doses de flatterie et autant de bénédictine [94]... Lemaigre-Dubreuil, écœuré, abandonne la partie, et ce soir là, Robert Murphy, manifestement dépité et entièrement dépassé par les événements, envoie à Washington un télégramme qui ressemble fort à un appel de détresse : « Il me semble que le discours de De Gaulle démontre une nouvelle fois que le Comité national est prêt à profiter de tous les gestes de conciliation pour saper le pouvoir de Giraud. Ou bien de Gaulle cherche à venir à Alger, où il escompte que sa popularité, qui est en hausse, [...] lui permettra de prendre le pouvoir, ou bien il pense que plus il fait traîner les choses [...] plus l'opinion française fera pression en faveur d'une fusion à n'importe quelle condition. [...] Dans les deux cas, le prestige de Giraud, et par conséquent le nôtre, serait sérieusement compromis. Une action déterminée s'impose, de préférence en concertation avec le gouvernement britannique, pour empêcher que la situation se détériore davantage. [...] Je suis d'avis que le moment est venu de débattre de cette question avec Londres et de faire comprendre aux Britanniques la nécessité d'une politique commune. Il sera peut-être difficile de faire croire à l'opinion publique que Giraud s'est brusquement transformé en démocrate et de Gaulle en fasciste, mais d'un autre côté, le gouvernement britannique est en train de subventionner et de faciliter les activités d'une organisation qui se montre hostile aux Etats-Unis [95]. »

Ce télégramme, qui laisse prévoir une victoire du général de Gaulle – et donc une défaite cuisante pour la politique du président –, va déclencher à Washington un processus en cascade ; c'est que Winston Churchill est justement depuis deux jours en visite aux Etats-Unis, où il espère convaincre Roosevelt et les chefs d'état-major du bien fondé des conceptions britanniques en matière de stratégie : après le débarquement en Sicile, il faudrait exploiter l'avantage acquis en poursuivant l'offensive vers le nord, en direction de Rome *... Or, précisément parce qu'il veut obtenir l'assentiment des Américains sur ce point capital, Churchill est tout à fait disposé à faire des concessions en matière politique, et cela va le rendre extrêmement vulnérable à la campagne de gaullophobie déclenchée à Washington par le télégramme de Robert Murphy. Le 8 mai, il se voit remettre un mémorandum émanant de la Maison-Blanche qui est accablant pour de Gaulle : « Je regrette, écrit Roosevelt, mais il me semble que la conduite de la mariée continue d'empirer. Son attitude est quasiment intolérable [...]. Il ne fait pas de doute que de Gaulle utilise son service de propagande pour créer des dissensions entre les diverses factions, y compris les Arabes et les juifs. [...] De Gaulle est peut-être honnête, mais il a l'obsession du messianisme. En outre, il s'imagine que le peuple de France est solidement derrière lui. A dire vrai, j'en doute. [...] C'est pourquoi les intrigues continuelles de De Gaulle

---

* Les chefs d'état-major américains, eux, préféreraient abandonner le théâtre méditerranéen après l'occupation de la Sicile, afin de pouvoir déclencher au plus tôt l'opération « Overlord » de débarquement en Normandie.

me dérangent de plus en plus. A mon avis, le Comité national français devrait être réorganisé, afin d'en exclure quelques-uns des éléments inacceptables comme Philip, et d'y faire entrer des hommes forts comme Monnet et quelques autres hommes issus de l'administration Giraud en Afrique du Nord, et peut-être un ou deux autres prélevés sur Madagascar, etc. De plus, il me semble que lorsque nous entrerons en France proprement dite, il nous faudra considérer cela comme une occupation militaire, organisée par des généraux anglais et américains. [...] Tout bien considéré, il me semble que nous devrions tous deux discuter à fond de cette désagréable affaire et mettre au point une politique commune. Nous pourrions envisager la création d'un comité français entièrement nouveau, dont la composition devrait être approuvée par vous et par moi. A mon avis, il ne devrait en aucun cas exercer les fonctions d'un gouvernement provisoire, mais pourrait avoir un rôle consultatif. Giraud devrait être nommé commandant en chef de l'armée et de la marine françaises, et bien entendu, il siégerait au Comité national consultatif. Il me semble qu'il s'est fort bien comporté depuis notre entrevue de Casablanca. Je ne sais pas quoi faire de De Gaulle. Vous voudrez peut-être le nommer gouverneur de Madagascar [96]. »

Churchill prête à ces propos une oreille complaisante, mais lors de leurs premiers entretiens, Roosevelt s'aperçoit que son interlocuteur est très réticent à s'engager dans la voie qu'il lui suggère. En fin de compte, le président lui demande d'évoquer cette question avec Cordell Hull, espérant sans doute que ce dernier se montrera plus persuasif ; Hull rend donc visite à Churchill le 13 mai, et il notera dans ses Mémoires : « M. Churchill me dit que le président lui avait suggéré d'évoquer avec moi la question de De Gaulle. Il fit remarquer qu'il ne cherchait nullement à pousser de Gaulle, mais il avait entendu dire que, d'après nous, c'était l'aide financière britannique qui permettait au Général de faire tout ce qui nous dérangeait le plus. M. Eden et lui-même avaient eu les pires difficultés avec le général de Gaulle, et nous devions bien comprendre qu'ils n'essayaient en aucun cas de promouvoir ses intérêts. Mais quant à nous, a-t-il ajouté, nous ne devrions pas monter Giraud contre de Gaulle, ne serait-ce que parce que de Gaulle était considéré comme un symbole de la résistance française, et que les Anglais ne pouvaient donc s'en débarrasser, en dépit de son caractère difficile et de ses méthodes très contestables.

J'ai répondu que l'élément important dans cette affaire [...] était que si cette question de De Gaulle devait continuer comme auparavant, cela ne manquerait pas de provoquer de sérieuses divergences entre nos deux gouvernements.

M. Churchill a fait remarquer que, d'une part, il était personnellement écœuré par le général de Gaulle, et que, d'autre part, les Britanniques ne l'aidaient pas autant que je semblais le croire.

J'ai laissé entendre que les Britanniques avaient bien des moyens de retirer leur appui au général de Gaulle, d'emblée ou progressivement, selon les nécessités.

Je n'ai guère pu convaincre le Premier ministre sur ce point, et il a continué à demander que notre gouvernement s'abstienne de soutenir Giraud au point de laisser celui-ci engager une querelle avec de Gaulle et les Britanniques. J'ai répondu que cela arriverait fatalement du fait de la politique britannique à l'égard de De Gaulle. La conversation s'est terminée sans que nous ayons pu nous mettre d'accord [97]. »

Mais Roosevelt continue à transmettre au Premier ministre les documents incriminants que lui fait parvenir Cordell Hull. Il y a entre autres un rapport de l'ambassadeur Winant à Londres, indiquant que le général Cochet, récemment arrivé de France, aurait confié à deux Français, Roger Cambon et Pierre Comert, qu'« il avait été stupéfait d'entendre le Général lui dire en privé qu'il n'avait plus confiance dans les Anglo-Saxons et qu'à l'avenir, sa politique s'appuierait sur la Russie [...] et peut-être sur l'Allemagne [98] ». Robert Murphy a également envoyé d'Alger un rapport édifiant : le général Catroux lui aurait montré un télégramme du général de Gaulle, dans lequel celui-ci exprimait toute sa méfiance à l'égard de la politique américaine, consistant d'après lui à s'opposer à l'unité française et à l'édification d'une France forte [99]. Le président Roosevelt est d'autant plus indigné que cela est parfaitement exact...

Churchill finit par céder ; le 21 mai, il envoie à Eden et Attlee le télégramme suivant : « Je dois maintenant vous avertir solennellement que la question de De Gaulle a pris ici un tour extrêmement grave. Il ne se passe pas de jour que le président ne m'en parle. Bien qu'il le fasse très amicalement et souvent sur le ton de la plaisanterie, je suis sûr que l'affaire lui tient très à cœur [...]. Si le problème n'est pas pris à bras-le-corps, nous allons au-devant d'un réel danger. Je vous envoie en même temps que ceci un mémoire marqué A, que le président avait lui-même préparé à mon intention avant mon arrivée. Il y a aussi un mémoire qui lui a été fourni par le Département d'Etat et marqué B. S'y ajoute un document marqué C et un rapport des services secrets, marqué D, que le président m'a fourni un jour ou deux plus tard, ainsi que d'autres télégrammes marqués E, F, G, et H respectivement. En fait, il ne se passe pas de jour qu'il ne me communique un ou plusieurs de ces documents accablants. Je pourrais en envoyer d'autres, mais je vous en fais grâce. En outre, je vous expédie par poste aérienne un rapport des services secrets américains rédigé par M. Hoover (pas l'ancien président) et faisant état des offres qui auraient été faites aux marins du *Richelieu* pour les inciter à passer à de Gaulle, ce qui a causé le plus grand embarras aux Etats-Unis. L'important dans cette affaire, c'est que le président considère que cela se fait grâce aux fonds britanniques donnés à de Gaulle, et c'est uniquement par politesse qu'il s'abstient de nous dire que dans l'état actuel de nos relations financières avec les Etats-Unis, ce sont en un sens des fonds américains.

« Je suis convaincu que nous devons faire cesser tout cela. De Gaulle a complètement laissé passer sa chance en Afrique du Nord. D'après moi, il ne s'intéresse qu'à sa propre carrière, qui est basée sur sa vaine prétention de s'ériger en juge de la conduite de chaque Français à la suite de la défaite militaire. Je demande à mes collègues d'examiner d'urgence la question de savoir si nous ne devrions pas dès maintenant éliminer de Gaulle en tant que force politique, et nous en expliquer devant le Parlement et devant la France. Nous dirions dans ce cas au Comité national français que nous cesserons d'avoir des relations avec lui ou de lui donner de l'argent, aussi longtemps que de Gaulle en fera partie. Bien entendu, nous continuerions à rétribuer les soldats et les marins qui servent à l'heure actuelle. Je serais quant à moi tout à fait disposé à défendre cette politique devant le Parlement, et à montrer à tout le monde que le mouvement de résistance en France, qui est au cœur même de la mystique gaulliste, ne s'identifie plus à cet homme vaniteux et malveillant. [...]

« Les autres arguments contre la personne de De Gaulle sont les suivants : il déteste l'Angleterre et s'est répandu en propos anglophobes partout où il est passé. Il ne s'est jamais engagé personnellement dans la bataille depuis qu'il a quitté la France, et a bien pris la précaution d'en faire sortir sa femme au préalable *. Il a maintenant fait alliance avec le mouvement communiste de France, alors qu'il prétend être le seul rempart contre ce mouvement. Le président m'a même laissé entendre que Giraud risquait d'être assassiné par les gaullistes ; il est vrai qu'il ne m'a fourni aucune preuve à l'appui de cette assertion. Je vous prie de soumettre tout cela au Cabinet le plus tôt possible. Dans l'intervalle, et en attendant mon retour, les déplacements du général de Gaulle ainsi que la propagande écrite et radiodiffusée de la France libre devront être très étroitement contrôlés. [...] Lorsque je considère l'intérêt absolument vital que représente pour nous le maintien de bonnes relations avec les Etats-Unis, il me semble qu'on ne peut vraiment pas laisser ce gaffeur et cet empêcheur de tourner en rond poursuivre ses néfastes activités. Je serais heureux d'avoir votre avis avant mon départ. Prière d'examiner également les documents X et Y ci-joints, que le président vient de me faire parvenir [100]. »

Quelques heures plus tard, Churchill envoie à Eden un deuxième télégramme : « Je viens de m'entretenir avec Léger. Il était en pleine forme au physique comme au

---

* Cet argument est d'une mauvaise foi saisissante : Madame de Gaulle est arrivée en Angleterre le 19 juin 1940 – soit deux jours après son époux – et Churchill le sait parfaitement...

moral. Il m'a déclaré qu'il ne pourrait jamais travailler avec de Gaulle et qu'il n'avait aucune intention de venir en Angleterre tant que nous soutiendrions de Gaulle. D'un autre côté, il est entièrement d'accord avec le mouvement gaulliste et considère qu'une fois débarrassé de De Gaulle, il constituerait un espoir sérieux pour la France. Il ne veut pas aller en Afrique, parce que cela reviendrait encore à participer à une entreprise de division, mais il irait volontiers si un accord pouvait être conclu entre Giraud et le Comité national français débarrassé de De Gaulle. En fait, ses vues coïncident avec les miennes. Je suis de plus en plus convaincu qu'il me faut écrire une lettre à de Gaulle pour lui dire qu'en raison de sa conduite, il ne nous est plus possible de reconnaître la validité des lettres que nous avons échangées, mais que bien entendu, nous continuerons à collaborer étroitement avec le Comité national français, tout en nous efforçant de promouvoir l'union la plus large possible entre tous les Français qui désirent combattre l'Allemagne. Si nous pouvions introduire Herriot et Léger dans un Comité dont de Gaulle serait exclu, il serait alors possible de constituer avec Giraud un groupement fort et qui représenterait parfaitement la France pendant la période de guerre. Je suis convaincu que les choses ne peuvent plus continuer comme avant [101]. » Enfin, dans un troisième télégramme, Churchill rassemble tous les documents « accablants » que lui a remis Roosevelt...

A Londres, le général de Gaulle, loin de se douter de ce qui se trame contre lui, attend avec quelque impatience les résultats des négociations menées à Alger par le général Catroux... Dans l'intervalle, sa position s'est considérablement renforcée : en Tunisie, les forces françaises des généraux Leclerc et de Larminat, désormais rattachées à la 8e Armée de Montgomery, remontent de Gabès vers le nord, tandis que les troupes de Giraud, commandées par le général Koeltz, enfoncent les lignes allemandes par l'ouest et prennent Pont-du-Fahs ; or, à mesure que les deux armées françaises convergent sur Tunis, celle de Giraud commence à se déliter : le 7e Chasseurs d'Afrique du colonel Vanecke demande à passer sous les ordres de la France

combattante, imité en cela le 3 mai par le 4ᵉ Spahis...
Et ce mouvement va s'accélérer notablement après le
12 mai, lorsque les Allemands et les Italiens auront été
définitivement vaincus en Tunisie. Ce même 12 mai parvient à Londres un message du président Herriot, sur qui
Roosevelt comptait depuis longtemps pour supplanter le
général de Gaulle, et qui écrit à présent : « Je suis prêt à
entrer, à n'importe quel moment, dans un gouvernement
présidé par le général de Gaulle, que je considère comme
le seul homme susceptible de réaliser l'union de
l'immense majorité des Français pour le relèvement de la
France [102]. » Trois jours plus tard, de Gaulle reçoit également un message de Jean Moulin, déclarant au nom du
Conseil national de la Résistance qui vient de se constituer : « Tous les mouvements, tous les partis de la Résistance, de la zone Nord et de la zone Sud, à la veille du
départ pour l'Algérie du général de Gaulle, lui renou-
vellent, ainsi qu'au Comité national, l'assurance de leur
attachement total aux principes qu'ils incarnent et dont ils
ne sauraient abandonner une parcelle. Tous les mouvements, tous les partis, déclarent formellement que la rencontre prévue doit avoir lieu au siège du Gouvernement
général de l'Algérie, au grand jour et entre Français. Ils
affirment, en outre : que les problèmes politiques ne sauraient être exclus des conversations ; que le peuple de
France n'admettra jamais la subordination du général
de Gaulle au général Giraud, mais réclame l'installation
rapide à Alger d'un gouvernement provisoire sous la présidence du général de Gaulle, le général Giraud devant
être le chef militaire ; que le général de Gaulle demeurera
le seul chef de la Résistance française quelle que soit
l'issue des négociations [103]. »

Tout cela ne peut manquer d'influencer les discussions
qui se poursuivent au même moment à Alger, où Monnet,
Catroux, Joxe et Macmillan se concertent sans discontinuer pour tenter de trouver une formule qui soit acceptable
par de Gaulle et Giraud à la fois. Hélas ! Ce dernier,
oubliant l'existence des généraux Eisenhower et Alexander, ainsi que celle des trois armées anglo-américaines
sous leurs ordres, se considère comme le vainqueur de la

campagne de Tunisie *, et prétend en tirer tous les avantages : « Giraud, déplore Macmillan, est moins accommodant qu'avant ; la victoire de Tunisie lui donne l'impression qu'il peut suivre son propre chemin [104]. » C'est ce que confirme Jean Monnet : « Acclamé par les foules à Alger et à Tunis libérée, assuré de l'appui américain, Giraud était tenté de couper les ponts » ; mais Monnet ajoute : « Nous ne pouvions pas laisser nos généraux s'enfoncer chacun dans sa stratégie de rupture. Après quelques semaines, quand la crise eût suffisamment mûri, Macmillan et moi nous retirâmes à Tipasa pour rédiger une nouvelle version d'un projet qui pouvait être accepté par ceux que Roosevelt et Churchill appelaient leurs deux *prime donne* [105]. »

Un bien rude labeur... Il sera plus difficile encore d'en faire accepter le résultat par le général Giraud, puis de persuader Catroux d'aller en personne défendre le nouveau compromis à Londres – en menaçant de démissionner si cette ultime proposition était rejetée... Il est vrai que la dernière mouture fait de substantielles concessions au général de Gaulle, tout en reprenant les points d'accord précédemment acquis : un comité exécutif constituant le pouvoir central, avec deux membres proposés par Giraud et deux par de Gaulle, une dyarchie au sommet avec présidence alternée... Il est certes spécifié que le gouvernement provisoire sera constitué en application de la vieille loi Treveneuc, dont de Gaulle ne veut pas entendre parler, et il est réaffirmé que « Nous ne sommes pas et nous ne pouvons pas être le gouvernement de la France » – manifestement un reflet de l'influence américaine... Mais l'essentiel est accepté : pour faire l'union et constituer le comité exécutif, il n'est plus question de se réunir ailleurs qu'à Alger [106]... Tout cela est résumé dans un télégramme envoyé à Londres dès le 17 mai ; Macmillan, qui estime que l'extrême limite des concessions possibles a été atteinte, se propose d'accompagner Catroux à Londres, à la fois pour le soutenir et pour persuader le gouvernement de Sa Majesté d'exercer la plus forte pression sur le Général –

---

* Dans ses Mémoires, il écrira encore : « Entre-temps, la Tunisie a été libérée ; c'est un résultat dont je me permets d'être fier. »

au point de lui couper les vivres s'il s'obstinait dans son refus [107]...

Ce ne sera pas nécessaire ; le 19 mai, à Alger, c'est avec stupéfaction et soulagement que l'équipe de rédaction franco-britannique du général Giraud prend connaissance du télégramme adressé par de Gaulle à Catroux : « Je reçois le texte de la lettre du général Giraud [...]. Il y a des points discutables, mais je ne crois pas à première vue que nous soyons désormais séparés par rien d'essentiel. Je vous prie de le dire de ma part au général Giraud, en ajoutant que je compte aborder notre collaboration directe pour le service de la France dans un sentiment très sincère de haute estime pour sa personne [108]. »

Les membres du gouvernement britannique ont été très impressionnés par la déclaration du Conseil national de la Résistance, agréablement surpris par les concessions du général Giraud et immensément soulagés par ce que Macmillan leur décrit comme un début d'acceptation du général de Gaulle... Ainsi, après sept mois de palabres et de conflits, l'union entre les deux factions rivales est enfin en vue ! On imagine donc la surprise et la consternation des ministres de Sa Majesté lorsqu'ils reçoivent de Washington les trois télégrammes de Churchill laissant prévoir une rupture pure et simple avec le général de Gaulle... Le Cabinet de guerre, immédiatement convoqué, se réunit au soir du 23 mai, et Anthony Eden notera dans son journal : « Conseil de Cabinet à 9 heures du soir. Il est question de De Gaulle et de la proposition de Winston de rompre avec lui dès maintenant. Tout le monde est contre, et le dit courageusement en l'absence du Premier ministre [109]. » C'est ainsi qu'à l'aube du 24 mai, Churchill reçoit trois télégrammes de Londres ; le premier, *Alcove n° 370*, est rédigé en ces termes : « Vos télégrammes [...] ont été examinés par le Cabinet, et ce qui suit exprime notre opinion à tous : 1) Nous regrettons qu'un tel flot de rapports américains ait pu parvenir à Washington sans que l'Ambassadeur en ait parlé à notre ministre des Affaires étrangères. Nous ignorions que l'affaire de Gaulle s'était envenimée à ce point ces derniers temps. Nous nous rendons parfaitement compte des difficultés que de Gaulle nous a créées, et aussi du fait que vous vous trouvez soumis à une pression intense de la part des Américains. Néanmoins, nous estimons que la politique recommandée si instamment par vous n'est pas praticable, et ce pour les raisons suivantes :

« 2) A en juger par l'état actuel des négociations entre Giraud et de Gaulle, l'union est maintenant plus proche qu'elle ne l'a jamais été. De Gaulle a été invité à Alger par Giraud. Ce dernier y a mis deux conditions, que de Gaulle va sans doute accepter. [...] Nous nous attendons à ce que de Gaulle demande incessamment les moyens de transport nécessaires. Au cours des quatre derniers mois, la politique du gouvernement de Sa Majesté, comme celle du gouvernement des Etats-Unis, a été d'amener les deux généraux à s'entendre, et cette politique a reçu à Anfa l'aval du président et le vôtre. Si, comme nous le pensons, cette politique était bien fondée alors, il nous semble qu'elle l'est encore davantage aujourd'hui, puisque les deux généraux sont sur le point de réaliser l'union que nous les pressions jadis de conclure.

« 3) Nous sommes avisés qu'en aucun cas les membres de l'actuel Comité national français ne resteront en place si nous écartons le général de Gaulle. Il en va sans doute de même pour les forces combattantes de la France libre [...]

« 4) Si de Gaulle est écarté des affaires publiques en ce moment, alors que l'union des deux mouvements français paraît imminente, ne risque-t-on pas d'en faire un martyr et d'être accusés par les gaullistes comme par les giraudistes d'intervenir intempestivement dans des affaires purement françaises, traitant ainsi la France comme un protectorat anglo-américain ? Dans l'affirmative, nos relations avec la France seraient plus gravement compromises que par le maintien de la situation présente, si peu satisfaisante soit-elle.

« 5) Tout comme le président et M. Hull, nous sommes pleinement conscients du caractère insatisfaisant de la situation actuelle, mais, du fait de l'évolution récente des événements décrite au début du paragraphe 2, il nous semble que ce n'est pas le moment d'intervenir en prenant les mesures radicales que propose le président [...].

« 6) Nous vous envoyons par télégramme séparé nos commentaires sur les divers documents. Ceux-ci contiennent peu de choses que nous ne sachions déjà, et on ne peut dire qu'ils aient été écrits par des observateurs objectifs [110]. »

Dans un second télégramme, les divers documents communiqués par le président Roosevelt sont examinés sans complaisance; certains sont rectifiés, d'autres sont contestés, aucun n'est vraiment pris au sérieux... Dans le troisième télégramme, *Alcove* 372, on trouve la conclusion suivante : « Il résulte de tout ce qui précède qu'en dehors des obstacles politiques qui s'opposent à l'initiative proposée par le président, une rupture brutale avec de Gaulle entraînerait de lourdes conséquences dans un certain nombre de domaines auxquels les Américains n'ont sans doute même pas songé. [...] Nous regrettons de ne pouvoir faire davantage, mais nous sommes convaincus que les Américains sont dans l'erreur et qu'ils proposent une ligne de conduite qui ne serait pas comprise ici, ce qui pourrait avoir des conséquences fâcheuses sur les relations anglo-américaines. Nous espérons que vous pourrez différer toute décision sur cette affaire jusqu'à votre retour [111]. »

Cette réponse sans ambiguïté va avoir l'effet voulu sur le Premier ministre, qui répond dès le lendemain matin : « Je ne savais pas que de Gaulle était sur le point de rencontrer Giraud; il faut en effet attendre le résultat de cette rencontre [112]. » Pour Roosevelt, c'est un échec complet : il ne peut décidément y avoir de politique commune anglo-américaine vis-à-vis du général de Gaulle; quant à prendre des mesures unilatérales contre lui, cela provoquerait une tempête dans l'opinion américaine dont le président tient essentiellement à faire l'économie à dix-huit mois des élections...

Le 30 mai 1943, de Gaulle atterrit à l'aéroport de Boufarik, près d'Alger; il est accompagné de Massigli, Philip, Billotte et Palewski. C'est une toute nouvelle partie qui va se jouer maintenant en Afrique du Nord.

8

Débordement

Ce 30 mai 1943, l'accueil réservé au général de Gaulle sur l'aéroport de Boufarik est très différent de celui qu'il a connu à Anfa quatre mois plus tôt : le général Giraud est présent, des soldats français rendent les honneurs, un orchestre joue la *Marseillaise*, les délégués américains et britanniques se tiennent *derrière* les Français, et de Gaulle est conduit à Alger dans une voiture *française*. Tout en mesurant le chemin parcouru, le Général arrive cuirassé d'une double résolution : faire respecter en toutes circonstances la souveraineté française, et tenir tête résolument aux Américains qui imposent leur loi derrière le paravent du général Giraud. Ainsi s'expliquent certains des propos échangés durant le trajet en voiture vers Alger ; le commandant en chef civil et militaire ayant dit : « Je suppose que vous irez voir Eisenhower demain ? », de Gaulle répond aussitôt : « Jamais de la vie ! Je suis ici chez moi. J'irai le voir s'il vient d'abord chez moi [1]. » Le ton est donné *...

---

* A son arrivée, de Gaulle a été informé que Churchill séjournait discrètement à Alger, ce qui a manifestement attisé sa méfiance. En fait, le Premier ministre britannique est venu s'entretenir avec Eisenhower de son projet de campagne en Italie après la conquête de la Sicile – ce qui ne l'empêche pas de s'intéresser aux discussions en cours entre Français... Il a même demandé à Eden de venir à Alger « pour être garçon d'honneur au mariage Giraud-de Gaulle »...

Un grand déjeuner au Palais d'Eté se déroule le mieux du monde, et cet après-midi-là, le général de Gaulle dépose une gerbe devant le monument aux morts, où il est ovationné par une foule immense. « Giraud, note Louis Joxe, en éprouva quelque morosité [2]. » De Gaulle n'arrangera rien en lançant d'un air détaché : « Tiens ! Je croyais qu'il n'y avait pas de gaullistes en Algérie [3]... » Ce soir-là, à la villa des Glycines, le nouvel arrivant reçoit longuement Jean Monnet, qui confiera le lendemain à Macmillan que « l'humeur du général de Gaulle semblait osciller entre le calme relatif et l'extrême excitabilité. Il était manifestement très hostile aux Américains et, dans une moindre mesure, aux Anglais. Au cours de la conversation, il a fait observer que la domination anglo-saxonne en Europe était une menace grandissante, et que si cela continuait, la France après la guerre devrait se tourner vers l'Allemagne et la Russie [4]. »

Le lendemain 31 mai, au lycée Fromentin, les deux délégations sont assises face à face et les discussions sérieuses peuvent commencer. Giraud est accompagné de Jean Monnet et du général Georges, que Churchill a fait sortir clandestinement de France afin qu'il puisse aider Giraud à « freiner les ambitions personnelles [5] ». De Gaulle est assisté par René Massigli, André Philip et le général Catroux. Après quatre mois de tractations, les deux parties ont implicitement accepté la nécessité de créer un « Comité exécutif »... Mais il n'y a pas d'ordre du jour de la séance, et Giraud commence par demander si quelqu'un a quelque chose à dire... De Gaulle a évidemment beaucoup à dire et ne s'en prive pas ; il y a, dit-il, plusieurs conditions préalables à l'union : le Comité à constituer doit avoir les pouvoirs d'un véritable gouvernement, afin de défendre avec succès les intérêts de la France ; le commandant en chef doit lui être subordonné ; enfin, pour bien marquer la rupture avec Vichy, il faut immédiatement démettre de leurs fonctions les « proconsuls » Noguès, Boisson et Peyrouton, de même que l'amiral Michelier et les généraux Mendigal et Prioux... « Giraud se fâche, note le général de Gaulle ; il n'accepte pas que le commandement soit subordonné au gouvernement. Quant aux " pro-consuls ", il déclare avec une véhémence extrême qu'il ne les sacrifiera pas [6]. » Il y a une logique derrière tout cela : en acceptant la subordination du pouvoir militaire au pou-voir civil, Giraud se dépouillerait de son statut étrange mais commode de commandant en chef civil et militaire ; en permettant que le Comité exécutif ait les attributions d'un gouvernement souverain, il trahirait la doctrine constante de son unique protecteur et fournisseur d'armes, Franklin D. Roosevelt ; enfin, en laissant limoger les pro-consuls, il saperait les fondements mêmes de son pou-voir... Le vieux général Georges appuie Giraud, mais il est le seul, et ses digressions sur la défaite de 1940 paraissent d'autant plus incongrues qu'il en est l'un des principaux artisans. Du reste, la présence de Georges exaspère d'autant plus de Gaulle qu'il le considère comme un agent de Churchill – c'est-à-dire des Américains, car le Général n'est pas d'humeur à nuancer... Massigli, Monnet et Catroux s'efforcent en vain de rapprocher les points de vue. « Pour le moment, constate Monnet, il est clair que Giraud veut ne rien céder et que de Gaulle veut obtenir qu'il cède tout [7]. » « La controverse, ajoutera Catroux, se poursuivit jusqu'au moment où nous vîmes de Gaulle refermer sa serviette, se lever sans mot dire et prendre la porte qu'il referma avec quelque fracas. Un nuage passa sur les visages... Puis Giraud, visiblement interloqué, leva la séance et on se dispersa [8]. »

Le lendemain 1er juin, il n'y a pas de nouvelle réunion, et de Gaulle mentionne seulement dans ses Mémoires qu'il a donné une conférence de presse aux Glycines ; il omet toutefois de mentionner qu'il a reçu ce matin-là MM. Mac-millan et Murphy, jugeant sans doute que le fait n'était pas digne d'être retenu par l'histoire... Et pourtant, les propos échangés à cette occasion ne manquent pas d'intérêt, à en juger par le journal de Macmillan : « M. Murphy lui ayant demandé si le Comité exécutif s'était constitué, le Général a répondu qu'il n'en était rien. [...] Au sujet de sa composition, il s'est déclaré très surpris que le général Georges ait été amené de France par les Anglais pour faire partie du Comité. C'était un vieux monsieur, parfaitement incapable de travailler dans les conditions d'aujourd'hui, et de plus associé de près à la défaite de la France. [...] Le Général a expliqué qu'il avait exigé la démission des pro-consuls [...] et nous lui avons répondu que cela pourrait se faire après la formation du Comité. [...] Il n'a pas laissé entendre qu'il voulait rompre les négociations et rentrer à Londres, mais il ne se considérait manifestement pas comme engagé, et se présentait personnellement comme un pouvoir distinct. D'ailleurs, sa villa ressemblait à la cour d'un monarque en visite. [...] Il a répété qu'il n'avait nullement l'intention de se laisser emprisonner dans un Comité exécutif. Il était parfaitement calme et d'humeur plutôt agréable pendant tout l'entretien. Ses arguments ont visiblement produit une très forte impression sur Murphy. Alors que nous partions, il a pris Murphy par le bras et lui a dit : " Pourquoi ne me comprenez-vous pas ? Pourquoi me faites-vous toujours obstacle ? C'est une faute que la France ne comprendra pas. [...] Je représente la France de l'avenir, et il vaudrait mieux pour nous tous que vous nous souteniez. " Murphy a argumenté, puis de Gaulle a porté les mêmes accusations contre moi. J'ai dit qu'il me semblait que chacun reconnaissait que ma position lui était favorable [...], à quoi il a répondu que ces reproches ne s'adressaient pas à nous personnellement, mais à nos deux gouvernements qui ne reconnaissaient pas la véritable nature de la révolution qui s'était produite et devait se produire si l'on voulait sauver l'âme de la France. Comme toujours après une conversation avec de Gaulle, on en sort en se demandant si c'est un démagogue ou un fou, mais bien persuadé qu'il a une plus forte personnalité que tous les Français que l'on a rencontrés à ce jour [9]. »

Harold Macmillan va jouer dorénavant dans les tractations entre Français le rôle de confident, de conseiller, de temporisateur, d'arbitre et d'aiguillon... Ce même jour du 1er juin, il s'entretient tour à tour avec Catroux, Massigli, Monnet et Giraud, et leur tient le même langage qu'à de Gaulle – avec un peu moins de ménagements : « Je crains, notera-t-il, d'avoir quelque peu malmené Monnet, en lui disant qu'il avait été parfaitement stupide de n'avoir pas proposé d'emblée [...] que les sept personnalités présentes constituent le Comité exécutif responsable des intérêts français, tout en demandant à un tiers de soutenir sa motion. » Même recommandation à Giraud : « Je lui ai dit qu'à la prochaine séance, il faudrait mettre une motion au vote, afin qu'elle soit adoptée ou rejetée. J'ai ajouté qu'à mon avis, de Gaulle [...] avait de solides arguments lorsqu'il demandait la démission de certaines personnalités, et qu'aussitôt après la formation du Comité, il faudrait en congédier au moins une partie [10]. »

Mais avant la fin de cette journée, un élément nouveau intervient : le gouverneur général Marcel Peyrouton fait remettre au général de Gaulle une lettre de démission, dans laquelle il demande à servir dans l'armée. De Gaulle accepte d'emblée sa démission, et lui signifie son affectation à l'armée du Levant ; cette nuit-là, il en fait informer le général Giraud... et tous les représentants de la presse. Il est clair que le Général a considéré la démarche de Peyrouton comme une victoire majeure pour la France combattante, particulièrement vis-à-vis des Américains : « Que l'ancien ministre de Vichy, venu du Brésil [...] afin d'assumer sur les instances de Roosevelt le gouvernement général de l'Algérie, remît ses fonctions entre mes mains et se conformât publiquement à ce que j'avais exigé, c'était un désaveu que le système d'Alger s'infligeait à lui-même [11]. »

Sans doute, mais Giraud prend très mal la chose : Peyrouton tenait son poste du commandant en chef civil et militaire, de Gaulle n'avait donc pas à accepter sa démission. Se considérant comme victime d'une provocation, Giraud réagit violemment et charge du maintien de l'ordre à Alger un ennemi juré du général de Gaulle : l'amiral Muselier en personne, qui fait circuler des blindés dans la ville, appeler à Alger des goumiers du Maroc, bloquer les aérodromes, informer Eisenhower que de Gaulle prépare un putsch, et arrêter tous les permissionnaires de la France combattante en Afrique du Nord... La rumeur assure même

qu'il aurait dicté un mandat d'amener contre le Général !
En même temps, Giraud fait parvenir à de Gaulle dès
l'aube du 2 juin une lettre comportant des passages pour le
moins outranciers : « L'organisation dirigée par le colonel
Passy a adopté les méthodes de la Gestapo » ; « Votre
entreprise [...] équivaudrait purement et simplement à établir en France un régime copié sur le nazisme, appuyé sur
des SS et contre lequel luttent toutes les Nations unies » ;
« Je vous demande donc, avant toute discussion, de bien
vouloir faire une déclaration publique désavouant ces projets [12]... »

Les talents épistolaires du général Giraud étant notoirement limités [13], on le voit mal rédiger une lettre d'une telle
teneur ; de fait, elle a été écrite par André Labarthe, un
autre ennemi du général de Gaulle, que Giraud, qui a tendance à les collectionner, vient de nommer secrétaire
d'Etat à l'Information... Mais cette lettre, jointe aux
rumeurs de coup de force, provoque à la villa des Glycines
une inquiétude certaine. Dans ses Mémoires, le général
de Gaulle assure qu'il a pris cela à la légère, mais tout
indique au contraire qu'il en a été profondément affecté
durant toute la journée du 2 juin ; il est vrai que le rapport
des forces est manifestement en sa défaveur : Giraud dispose à Alger de l'armée, de la police, de l'administration,
des finances, de la presse, de la radio, des transmissions...
et de l'appui américain ; de Gaulle, lui, n'a rien de tout
cela, et il n'est gardé dans sa villa que par une dizaine de
spahis... A 16 heures, en tout cas, il va de lui-même rendre
visite à Macmillan, ce qui est déjà surprenant, et le
ministre résident de Sa Majesté notera dans son journal :
« Le général de Gaulle m'a dit qu'il ne pouvait
comprendre l'atmosphère extraordinaire qui l'entourait ;
l'appel fait aux goumiers, la nomination de Muselier et
autres mesures, comme s'il devait y avoir une guerre
civile [14]. » Son entretien cet après-midi-là avec le diplomate Guy de Charbonnières est plus révélateur encore :
« Eh bien, Charbonnières, vous m'avez attiré dans un joli
traquenard ! [...] Ce Muselier, c'est ce qu'on appelle un
soldat perdu, mais un soldat perdu peut être dangereux.
Demain, sans doute, ils vont m'envoyer à Colomb-Béchar.

[...] Ah, la machination est bien montée ! Et à quelle fin ? M'obliger à conclure avec Giraud un accord dans lequel la France combattante perdrait son âme, où personne ne reconnaîtrait plus de Gaulle, où je serais le prisonnier du système de Giraud, c'est-à-dire le prisonnier des Américains. Mais cet accord, je n'ai pas le droit de le conclure. La France ne me le permet pas. Nous irons à Colomb-Béchar [15]. » Voilà qui est explicite, tout comme le télégramme envoyé ce soir-là aux membres du Comité national restés à Londres : « L'affaire d'Alger prend rapidement l'allure du guet-apens. [...] Nous sommes en pleine tragi-comédie. Mais cela pourrait tourner mal [16]. » Enfin, il y a le témoignage de Philippe de Gaulle, à qui son père confiera plus tard : « J'ai passé une mauvaise nuit. [...] Je m'attendais à un coup de main de quelques excités [17]. »

Il n'y aura pas de coup de main, et entre-temps, tous les « amortisseurs » de service – Catroux *, Massigli, Macmillan et Charbonnières – ont exhorté de Gaulle à reprendre les pourparlers avec Giraud et à constituer sans délai le Comité exécutif. Leurs arguments, remarquablement concordants, n'ont pu manquer d'influencer le Général : « Je l'ai imploré, se souviendra Macmillan, de ne pas se décourager et de saisir l'occasion qui lui était offerte de s'associer avec Giraud, [...] en exprimant ma conviction qu'au fil des semaines et des mois, il pourrait [...] obtenir pour lui-même et ses partisans toute la réalité du pouvoir [18]. » Même argument de la part de Charbonnières : « Il n'y a qu'une chose à faire [...] Concluez l'accord dont Giraud a accepté les termes sans comprendre qu'il le menait à sa perte. [...] Vous craignez qu'il ne vous rende prisonnier du système Giraud, mais, mon Général, il n'y a pas de système Giraud. [...] Je vous demande respectueusement de me croire, mon Général. Il y a plus de trois mois [...] que j'étudie Giraud. Il n'est pas autre chose qu'un

---

* Tout comme Macmillan, Catroux a fait remarquer au général de Gaulle qu'il avait commis une grave erreur en acceptant la démission de Peyrouton. Mais le Général l'a mal pris, Catroux a été insulté, il est parti en claquant la porte et, une fois encore, il a présenté sa démission – avant d'en être dissuadé par Macmillan dans l'après-midi du 2 juin...

beau mannequin. Si vous souscrivez à l'accord, le Comité exécutif aura deux présidents, vous-même et un mannequin. Autant dire qu'il n'en aura qu'un, qui sera vous [19]... » Comment résister à de tels arguments ? Au soir de cette journée très agitée du 2 juin, de Gaulle écrit à Giraud pour lui proposer une nouvelle réunion des « Sept » dès le lendemain matin...

A 10 heures au matin du 3 juin, les sept protagonistes se retrouvent donc au lycée Fromentin. La séance débute naturellement par un affrontement entre de Gaulle et Giraud au sujet de l'affaire Peyrouton, mais Jean Monnet, dûment chapitré par Macmillan, va bientôt recentrer les débats : « D'accord avec Philip, j'intervins brièvement : " Au moment où l'unité va être faite, ce débat n'offre plus qu'un intérêt rétrospectif, et je demande la constitution immédiate du nouveau Comité ". C'est ce que j'eusse dû faire dès la première réunion. En un instant la décision fut prise, de Gaulle confirmant Massigli et Philip comme ses représentants, Giraud désignant Georges et moi-même, et l'unanimité se formant pour coopter Catroux. Dès lors, les actes administratifs pouvaient être passés, et le premier fut pour nommer Catroux commissaire aux Affaires musulmanes et gouverneur général de l'Algérie. Le second fut de nommer Joxe [...] au poste de secrétaire du Comité. [20] » La résolution adoptée à l'unanimité stipule que le nouveau Comité français de la Libération nationale avec ses deux co-présidents « est le pouvoir central français », qu'il « dirige l'effort français dans la guerre sous toutes ses formes et en tous lieux » et « exerce la souveraineté française sur tous les territoires placés hors du pouvoir de l'ennemi. » Mais ce n'est pas tout : il est également décidé de remplacer le général Noguès au Maroc et de rappeler de Dakar le gouverneur Boisson dès qu'un successeur pourra lui être désigné ; Giraud refuse pourtant de céder dans le cas du général Bergeret, mais la question est mise au vote, et sa retraite est décidée par cinq voix contre deux. Chacun peut ainsi se faire une idée du nouveau rapport de forces au sein du Comité naissant... « En levant la séance, se souviendra le général de Gaulle, j'avais le sentiment qu'un grand pas venait d'être fait dans la voie de l'unité. Passant outre, pour ce prix-là, à de pénibles péripéties, je donnai de bon cœur l'accolade au général Giraud [21]. » Il est vrai que Giraud a accepté le 3 juin tout ce qu'il refusait catégoriquement le 31 mai ; quant à de Gaulle, il a tout gagné après avoir failli tout perdre. Comme toujours, le triomphe le rend magnanime... et diplomate ; ce soir-là, ayant annoncé aux journalistes la constitution du nouveau Comité, il croit bon d'ajouter : « Je tiens à dire que l'action des représentants britanniques et des Etats-Unis dans ce pays a été de bout en bout très efficace et très salutaire pour la réalisation de cette grande œuvre française [22]. »

La nouvelle de l'union enfin réalisée est accueillie sans le moindre plaisir à Washington ; en fait, dès l'annonce du départ pour Alger du Général et de ses compagnons, Roosevelt, manifestement inquiet, avait chargé Sumner Welles de recevoir le général Béthouart, qui racontera l'entretien en ces termes : « Le 27 après-midi, je suis reçu à la fois par Sumner Welles et Atherton *. [...] Ils m'exposent leurs préoccupations et me répètent à plusieurs reprises qu'ils espèrent que le général Giraud a été bien mis au courant du point de vue du gouvernement américain. Je leur dis que je n'ai pas manqué de le faire, mais ils insistent. [...] Manifestement, Sumner Welles a quelque chose en tête et je crois le deviner : " Vous voulez que j'y aille ? " " Oh ! oui, ce serait très bien ! " " Quand ? " " Demain ! " Je ne vois pas très bien l'utilité de ce voyage. Giraud sait parfaitement que le gouvernement américain a misé sur lui et souhaite qu'il ne cède pas trop devant de Gaulle [23]. » En fait, Roosevelt, sachant bien que le général Giraud n'est pas de taille à affronter de Gaulle sur le terrain politique, veut tout simplement étoffer son entourage... Mais le président ne sait pas que Béthouart a des liens d'amitié avec de Gaulle, qui est son ancien camarade de promotion à Saint-Cyr, tout comme il ignore les relations de longue date qui existent entre Monnet, Massigli et Pleven, ainsi que l'influence croissante exercée par Macmillan sur Eisenhower...

---

* Ray Atherton, responsable de la division des affaires européennes au Département d'Etat.

Depuis la Maison-Blanche, il est effectivement difficile de se faire une idée très claire de ces affaires françaises bien compliquées... que les interventions du président ne font vraiment rien pour simplifier. En tout cas, sa première réaction aux nouvelles d'Alger concernant la création du CFLN montre que ses conceptions n'ont absolument pas évolué – et qu'en dépit des observations de Marshall et d'Eisenhower, il conserve la mentalité du conquérant... Le 4 juin, il écrit en effet à Churchill : « Au bout du compte, l'Afrique du Nord est sous contrôle militaire américain et britannique, c'est pourquoi vous et moi pouvons utiliser Eisenhower pour obtenir ce que nous voulons [24]. » Le problème est qu'ils ne veulent pas la même chose, ainsi que Roosevelt pourra le constater en lisant la réponse de Churchill deux jours plus tard : « L'ensemble du Comité français est venu déjeuner vendredi, et tout le monde s'est montré des plus aimable. Le général Georges, que j'ai fait sortir de France il y a un mois, et qui est un ami personnel, apporte à Giraud un soutien précieux. Si de Gaulle se montre violent ou déraisonnable, il sera mis en minorité par 5 contre 2 * et peut-être même complètement isolé. Nous nous trouvons en présence d'un Comité à direction collégiale avec lequel je crois que nous pouvons collaborer sans crainte [25]. »

Roosevelt est loin d'être rassuré, mais il doit faire contre mauvaise fortune bon cœur : « Le président et moi, écrira Cordell Hull, décidâmes d'accepter le fait accompli [...] en dépit des tactiques de pression exercées par de Gaulle [26]. » De fait, un communiqué du Département d'Etat en date du 9 juin salue la création du CFLN et « l'esprit de sacrifice qui a rendu cette union possible ** » Mais au même moment, saisi d'une proposition d'inclure la France nouvellement unie dans la liste des pays participant à la Journée des Nations unies le 14 juin, le président répond sèchement que « ce serait prématuré [27]. »

---

* L'arithmétique de Churchill est difficile à comprendre, dans la mesure où le seul vote intervenu à cette date au sein du Comité indique très exactement l'inverse...

** Celui de Giraud, vraisemblablement...

A l'évidence, Roosevelt est un mauvais perdant, qui refuse de tenir compte des réalités du moment ; car enfin, cette union qu'il préconisait publiquement et redoutait secrètement vient manifestement de s'accomplir – et même de se renforcer : par décret du 7 juin, en effet, le Comité des Sept s'est élargi à quatorze, et a attribué les fonctions : Catroux et Georges sont nommés « commissaires d'Etat », Massigli est aux Affaires étrangères, Philip à l'Intérieur, Pleven aux Colonies, Monnet à l'Armement, Couve de Murville aux Finances, Diethelm à l'Economie, René Mayer aux Transports, Abadie à la Justice, Tixier au Travail et Bonnet à l'Information. Pour de Gaulle, c'est là une triple victoire : cette équipe ressemble à s'y méprendre à un gouvernement en bonne et due forme ; les giraudistes y sont minoritaires, les giraudistes convaincus plus minoritaires encore *, et certains, comme Couve de Murville ou René Mayer, penchent déjà vers le gaullisme ; enfin, les fidèles du général de Gaulle y occupent tous les postes clés : l'Intérieur, les Affaires étrangères, l'Economie et l'Information – sans compter que le secrétariat du Comité sera assuré par Louis Joxe, un autre gaulliste pur et dur... C'est tout cela que le coprésident Giraud semble négliger au moment où il signe les décrets de constitution du Comité élargi – pratiquement sans les lire ! ** « Dans cette conjoncture, écrira Louis Joxe, il serait injuste d'accabler Giraud ; il s'en chargeait bien lui-même [28]. »

Dans tout cela, il y a pourtant une faille, et elle est d'importance : la question de la subordination du pouvoir militaire au pouvoir civil n'a toujours pas été tranchée... « Le 6 juin, se souvient le général Béthouart, je demande à Giraud de repartir aux Etats-Unis. Il me répond : " Non, tant que la question du commandement en chef ne sera pas réglée ". [...] Giraud est toujours olympien, mais il ne

---

* En dehors de Giraud lui-même, il n'y a guère que le général Georges.

** Murphy décrira en effet la scène suivante, qui s'est déroulée une semaine plus tard : « J'allai voir Giraud, et je lui expliquai les implications des décrets qu'il avait signés. Manifestement étonné, il s'est exclamé : " Mais on ne m'avait pas dit ça ! " Il a alors lu les décrets soigneusement, comme si c'était la première fois. » (R. Murphy, *Diplomat among Warriors, op. cit.*, p. 226).

semble pas se rendre compte de la portée des concessions qu'il a faites et de l'évolution des esprits. [...] Le lendemain, je trouve un Giraud buté [29] ». C'est un fait : le héros de Königstein prétend toujours cumuler les fonctions de commandant en chef, de commissaire à la Défense et de coprésident d'un Comité auquel il ne reconnaît par ailleurs aucun pouvoir réel : « Ses illusions, écrira de Gaulle, l'appel de certains milieux et intérêts, l'influence des alliés, le déterminèrent à vouloir garder la disposition entière de l'armée et, en même temps, grâce à la cosignature des ordonnances et des décrets, la possibilité d'empêcher que le pouvoir fît rien sans son propre consentement [30]. »

C'est exact, et le général de Gaulle est d'autant moins enclin à y consentir qu'il bénéficie désormais d'un soutien populaire considérable ; le 6 juin, lors d'une manifestation organisée au cinéma Majestic par le mouvement « Combat », il est follement acclamé par l'assistance ; pourtant, les communistes récemment libérés se font également entendre à cette occasion, et ceci est promptement exploité par tous les éléments hostiles au Général, à Alger, Londres et Washington... Voilà donc que ses adversaires secrets sont publiquement désignés comme ses partisans par des Alliés qui sont secrètement ses adversaires ! Le lendemain 7 juin, Guy de Charbonnières, devenu directeur du cabinet de Massigli, est invité à dîner par le Général, qui lui dit d'un ton goguenard :

« – Alors, vous êtes toujours optimiste ?

– Pourquoi ne le serais-je pas, mon Général ?

– Parce que votre Comité ne vaut rien !

– Peut-être, hasardai-je, est-il un peu tôt pour porter sur le Comité un jugement définitif. Il vient à peine de naître...

– Le temps n'y changera rien. Il est fondamentalement mal foutu. A quoi bon tergiverser, Giraud est une borne.

– [...] Ignorez-le. Allez de l'avant. Le Comité est avec vous et l'opinion l'est encore davantage. Vous l'avez bien vu à la réunion d'hier au Majestic...

– Parlons-en, rugit-il. Voici maintenant que je suis communiste ! [...] Je suis inféodé aux communistes... Tout de même ! Ce n'est pas moi qui me rallie à eux, ce sont eux qui se rallient à moi. [...] Qu'y puis-je si les communistes préfèrent de Gaulle à Giraud ?

Il haussa les épaules et fit quelques pas, fumant un moment en silence.

– Ce sont évidemment les Américains, reprit-il, qui choisissent ce nouveau prétexte pour m'attaquer et pour saboter l'union. A les entendre, un jour je suis nazi et un jour je suis communiste. Tout leur est bon !

Il continuait à marcher, m'ayant à ses côtés.

– Voyez-vous, il y a en apparence deux problèmes, Giraud et les Alliés. Mais en réalité, il n'y en a qu'un, car Giraud ne serait rien sans les Américains. Qu'ils cessent de le soutenir et il n'existe plus. [...] Pour eux, le bon cheval, c'est celui qui leur cède tout. Darlan avait tant à se faire pardonner qu'il ne pouvait rien leur refuser. Alors, ils ont joué Darlan. Sous prétexte qu'il ne fait pas de politique, Giraud abdique notre souveraineté entre leurs mains. Alors ils jouent Giraud. Que demain Laval – je dis bien Laval – leur apporte les clés de la France sur un plateau d'argent, ils joueront Laval. Mais ils savent que jamais de Gaulle ne leur livrera le destin de la France. Alors jamais de Gaulle ne sera pour eux le bon cheval.

Je gardais le silence, voyant qu'il prolongeait en lui-même sa méditation. Soudain, il se tourna à nouveau vers moi et s'exclama :

– Ah ! Votre Massigli...! [...] C'est un tapis. Un tapis, vous entendez, sur lequel les Alliés essuient leurs souliers !

Je défendis Massigli, faisant valoir qu'il incombait à tout ministre des Affaires étrangères d'essayer d'arrondir les angles.

– Ah ! fit-il, vous autres diplomates... Mais ce n'est pas de diplomatie qu'il s'agit. Nous sommes engagés dans une partie terrible. Et toute la France nous regarde. Elle compte sur de Gaulle et de Gaulle n'a pas le droit de la décevoir. Je ne peux pas me laisser enliser, paralyser par les manœuvres des uns ou des autres. Ce n'est pas pour cela que je suis venu à Alger. Agir, oui, agir, voilà ce que la France attend de moi [31]... »

Il ne la décevra pas... Au cours des jours qui suivent, l'impatience du Général s'accroît lorsqu'il est témoin du blocage presque complet causé au sein du Conseil par l'obstination de Giraud à vouloir cumuler les pouvoirs civils et militaires; son impatience se transforme même en fureur lorsqu'il constate que des manœuvres dilatoires de la part des alliés anglo-américains empêchent les sept nouveaux commissaires de quitter Londres pour se rendre à Alger... Alors, puisque ce sont des actes que la France attend, de Gaulle envoie le 9 juin à tous les membres du CFLN une lettre comportant le passage suivant : « La moindre question, qui devrait être réglée en quelques instants et donner lieu à une exécution immédiate, nous engage dans des discussions aussi interminables que désobligeantes. C'est ainsi que nous ne sommes même pas parvenus à trancher, en matière militaire, le problème des pouvoirs respectifs du gouvernement et du commandement, dont la solution logique et nationale crève les yeux. D'autre part, les Alliés procèdent à notre égard d'une manière qui pourrait nous faire douter de la capacité qu'ils attribuent à notre " Comité " de représenter les intérêts de la France et d'exercer l'autorité nécessaire. Ces conditions ne sont pas conformes aux responsabilités que je crois porter dans cette guerre, vis-à-vis du pays, en vertu de la confiance d'un très grand nombre de Français. Je manquerais donc à mon devoir si je m'associais plus longtemps aux travaux du " Comité français de la Libération nationale " dans les conditions où il fonctionne et je vous prie, en conséquence, de ne plus m'en considérer ni comme membre, ni comme président [32]. » Après quoi cet expert en coups de théâtre se retire dans sa villa, en laissant entendre à ses visiteurs qu'il s'apprête à partir pour Brazzaville...

Pour Roosevelt, c'est une divine surprise; il écrit aussitôt à Eisenhower : « Cette histoire de De Gaulle devait fatalement déboucher sur une crise tôt ou tard, et mieux vaut maintenant que dans un mois [33]. » Bien entendu, les généraux Giraud et Georges ne sont pas moins satisfaits, comme le constatera Macmillan en leur rendant visite le 10 juin : « Le général Giraud était assis à son bureau et écrivait de sa propre main une réponse acceptant la démission qu'il se proposait d'envoyer sur-le-champ. Les deux généraux paraissaient ravis de la tournure prise par les événements, et par la perspective de se débarrasser de De Gaulle une fois pour toutes. » Mais Macmillan les engage à réfléchir : si le général de Gaulle démissionne, le Comité, n'ayant que huit jours d'existence, perdra toute cohésion et toute autorité sur l'armée comme sur l'Empire... Bientôt, Jean Monnet arrive, et il argumente dans le même sens : « Ce qui m'intéresse, c'est la France et non le fait de marquer des points aux dépens de De Gaulle ou d'autres personnalités. Et puis, tout le monde en déduirait que les Français sont incapables de gérer leurs propres affaires et d'administrer un grand empire. » Catroux ajoute ensuite sa voix au concert, et pour finir, Giraud et Georges admettent qu'il est urgent d'attendre [34]...

Après cela, les médiateurs vont s'activer autour du général de Gaulle : Catroux d'abord, puis Monnet, Massigli, et enfin Macmillan, qui rend visite au Général le soir même : « De Gaulle me dit qu'il ne pensait pas pouvoir supporter plus longtemps la situation ; il n'avançait pas. J'ai exprimé ma surprise et lui ai demandé ce qui n'allait pas. Il a répondu : " Ce n'est pas un problème de giraudistes et gaullistes, mais de jeunes et de vieux, d'esprits démodés et d'esprits modernes. Moi, je veux faire une armée moderne. Giraud veut garder l'ancienne armée qui a été battue. Je veux réformer, et cela signifie se débarrasser de beaucoup d'officiers incompétents et dépassés. Or, mes efforts sont constamment entravés. " Je lui ai dit qu'il devait être patient. Le Comité n'avait qu'une semaine d'existence. Il faudrait un peu de temps pour que les choses se mettent en train, mais je me déclarai convaincu que s'il travaillait avec patience et se montrait un peu plus amical envers ses collègues, il finirait par s'imposer... Le Général ne semblait pas vraiment d'humeur loquace, mais il était très poli et amical... J'ai dit que je serais toujours à sa disposition, jour et nuit, au cas où il désirerait me voir [35]. »

Les jours qui suivent seront très agités : de Gaulle, toujours retiré sous sa tente de la villa des Glycines, remâche ses griefs contre Giraud, Georges, Murphy, Leahy et quelques autres. A René Cassin et Jacques Soustelle, restés à Londres, il écrit : « Les conditions de fonctionnement du Comité d'Alger, la résistance du général Giraud [...] à toute mesure efficace quelle qu'elle soit, le sabotage de tout par les Muselier, Labarthe Mengin, Prioux, Rigault et par l'entourage de Giraud, enfin la pression des Alliés pour me neutraliser dans l'impuissance rendent tout gouvernement impossible dans les conditions actuelles [36]. » Au Palais d'Eté, Giraud essaie d'exploiter le retrait du général de Gaulle, mais ne sait pas trop comment s'y prendre ; le 15 juin, enfin, poussé par ses conseillers, il convoque le Comité pour qu'il prenne acte de la démission de son coprésident et passe à l'ordre du jour... Mais les commissaires s'accordent pour considérer que le Comité ne peut valablement délibérer dans de telles conditions, et la manœuvre fait long feu. Pendant ce temps, Catroux, Massigli, Philip, Monnet et Macmillan s'activent pour trouver des solutions de compromis – qui sont rejetées les unes après les autres. Pour finir, c'est de Gaulle lui-même qui, profitant de l'arrivée à Alger des nouveaux commissaires, décide de reprendre sa place au Comité : « Ma lettre de retrait, explique-t-il à René Cassin, s'appliquait au Comité des Sept tel qu'il fonctionnait, mais non au Comité plénier dont je suis prêt à faire l'expérience [37]. » Là où le Comité des Sept s'est révélé impuissant, le Comité des Quatorze parviendra peut-être à imposer quelque solution de bon sens...

C'est précisément ce que redoute le général Giraud qui, ayant laissé échapper l'occasion rêvée de s'imposer durant le retrait de son rival, se trouve désormais bien isolé au sein du nouveau Comité... Mais c'est à ce stade qu'intervient un élément de comédie, dans une affaire qui en compte déjà un certain nombre : on se souvient que Giraud avait signé les décrets du 7 juin portant création du Comité élargi sans les avoir vraiment lus ; or voici que, le 15 juin, on lui explique la portée de ce qu'il a signé, et dans sa détresse, il fait appel à Robert Murphy, qui télégraphie dès le lendemain à Washington : « Hier matin, nous avons été informés pour la première fois de la parution d'un certain nombre de décrets datés du 7 juin qui ont fait passer le nombre de membres du CFLN de 7 à 14 membres *. Nous sommes d'avis que cela assure la suprématie au général de Gaulle. Giraud m'informe qu'il a signé les décrets en tant que coprésident sur la recommandation de Monnet, et sans comprendre que le Comité élargi devenait ainsi l'autorité suprême sur toutes les questions civiles et militaires. Jusqu'à ce matin, il avait pensé que le Comité originel à sept deviendrait automatiquement le sous-comité de guerre qui déciderait de toutes les questions relatives à la conduite de la guerre. Pourtant, il n'y a rien dans les décrets signés à ce jour qui permette de conforter cette opinion. Le général Giraud m'a fait savoir ce matin qu'à son avis, Monnet l'avait trahi. [...] De Gaulle ayant retiré sa démission, maintenant que le Comité est constitué de telle façon qu'il lui assure la suprématie, il demande une assemblée plénière pour cet après-midi, afin que soit débattue la question de l'autorité militaire. J'ai suggéré à Giraud de refuser que cette question soit tranchée avant le retour d'Eisenhower vendredi. Je recommande par la présente qu'Eisenhower convoque de Gaulle et Giraud, afin de leur expliquer clairement la position américaine [...] particulièrement en ce qui concerne nos besoins militaires, et de leur faire comprendre qu'à la lumière des derniers développements, les Etats-Unis se voient contraints de réviser leur politique actuelle en matière de réarmement des forces françaises [38]. »

L'histoire est un éternel recommencement ! Nous revoici dans la même situation que le 6 mai précédent, avec exactement les mêmes conséquences : dès réception du télégramme de Murphy, Roosevelt câble à Churchill : « J'en ai assez de ce de Gaulle, et les intrigues politiques et personnelles menées en secret par le Comité au cours de ces derniers jours montrent bien qu'il nous est impossible

---

* A l'évidence, Robert Murphy ne lit pas le *Journal Officiel* : les trois décrets du 7 juin avaient été dûment publiés dans le numéro du 10 juin...

de travailler avec lui. En temps de paix, cela n'aurait pas grande importance, mais en l'occurrence, je suis absolument persuadé qu'il a causé et continue à causer le plus grand tort à notre effort de guerre, et qu'il constitue pour nous une très grande menace. Je suis d'accord avec vous pour dire qu'il n'aime ni les Anglais ni les Américains, et qu'il est prêt à nous doubler tous les deux à la première occasion. Je suis d'accord avec vous pour dire que le moment est arrivé de rompre avec lui. C'est une situation intolérable. Il me semble essentiel que nous agissions ensemble dans cette affaire. [...] Nous devons nous séparer de De Gaulle, d'abord parce qu'il s'est montré déloyal et indigne de la confiance de nos deux gouvernements, ensuite parce que ces derniers temps, il s'est intéressé bien davantage aux intrigues politiques qu'à la poursuite de la guerre, ces intrigues étant menées à notre insu et au détriment de nos intérêts militaires. [...] La guerre est d'une telle importance, nos entreprises militaires si graves et si risquées, que nous ne pouvons plus nous permettre de les voir menacées par de Gaulle. Tout cela peut être exprimé dans un langage qui nous conviendrait à tous deux. Mais je voudrais par-dessus tout que la rupture s'effectue dans des conditions et pour des raisons qui soient identiques pour nos deux gouvernements [...]. Nous devrions inciter à la création d'un comité de Français composé de gens qui veulent vraiment se battre et ne se soucient pas trop de politique. [...] Dans tous les cas, la première mesure à prendre devrait être l'ajournement de toute nouvelle réunion du Comité français en Afrique du Nord [...]. Voudriez-vous demander à Macmillan de coopérer avec Eisenhower pour obtenir le report de toute nouvelle session du Comité ? Je voudrais avoir votre avis sur cette question dès que possible [39]. »

Le même jour, Roosevelt envoie également plusieurs télégrammes au général Eisenhower : « Pour votre information personnelle, écrit-il dans le premier, sachez que je ne permettrai pas à l'heure actuelle que l'armée française d'Afrique soit dirigée par le général de Gaulle, que ce soit personnellement ou par l'intermédiaire de ses partisans dans quelque comité que ce soit. Ceci s'applique au domaine des opérations comme à celui de l'entraînement et des approvisionnements. » A quoi le président ajoute cette phrase qui lui permet d'inciter à l'action sans trop s'exposer personnellement : « Je tiens à vous assurer une nouvelle fois que vous êtes autorisé à prendre toute mesure que vous jugerez opportune [40]... » On peut également lire dans le deuxième télégramme : « Je veux qu'il soit bien compris que nous n'approuverons en aucun cas le retrait de Dakar du gouverneur général Boisson. [...] Dakar a une importance si vitale pour la protection de l'Atlantique Sud et de l'Amérique du Sud que je me verrais contraint d'y envoyer des troupes américaines au cas où de Gaulle essaierait de procéder à des changements intempestifs. [...] Je vous autorise à informer Giraud et de Gaulle de ma décision [41]. » Enfin, dans un troisième télégramme : « Pour votre information très secrète : il faut que vous sachiez que nous allons peut-être rompre avec de Gaulle au cours des quelques jours à venir [42]. »

Pour compléter le dispositif et préparer l'opinion publique américaine à cette rupture, le président fait lancer dans l'ensemble des Etats-Unis une gigantesque campagne de presse visant à présenter le général de Gaulle sous les couleurs les plus noires. Comme les Américains n'aiment pas faire les choses à moitié, de Gaulle est décrit en même temps comme un fasciste et un communiste (financé par Staline); la vraisemblance en souffre quelque peu, mais on ne s'arrête pas à ces détails...

Les premiers résultats ne sont pas encourageants : Churchill, solidement encadré par Eden, Cadogan et Attlee, n'est plus aussi malléable qu'à Washington, et il répond dès le 18 juin : « Je ne suis pas partisan pour l'heure de rompre avec le Comité des Sept ou de lui interdire de se réunir. » Toutefois, il ajoute diplomatiquement qu'il va donner pour instructions à Macmillan de soutenir Eisenhower dans l'exécution de la politique du président... Un second télégramme envoyé aussitôt après n'en fixe pas moins les limites de l'engagement britannique : « Certains de mes collègues ont contesté votre phrase " Je suis d'accord avec vous pour dire que le moment est venu de rompre avec lui ". [...] Nous avons certes observé ses intrigues avec une insatisfaction grandissante, mais il ne serait pas juste de dire que nous avons décidé que " le moment est venu de rompre avec lui " [43]. » Ainsi donc, on ne peut toujours pas compter sur les Anglais pour prendre des mesures concrètes contre de Gaulle ? Il reste à espérer qu'Eisenhower comprendra l'esprit des instructions qui lui sont envoyées, et en finira une fois pour toutes avec cette réincarnation de Jeanne d'Arc qui a l'outrecuidance de défier le président des Etats-Unis...

Hélas ! le général Eisenhower n'est pas exactement l'instrument rêvé des desseins antigaullistes du président : d'une part, il est entièrement absorbé à cette époque par les préparatifs de l'opération « Husky » de débarquement en Sicile, et il voit bien qu'en exécutant à la lettre les instructions qui lui parviennent, il causerait des convulsions politiques propres à compromettre ses opérations militaires ; d'autre part, il ne s'est pas fait une idée très favorable des capacités politiques et même militaires du général Giraud ; enfin et surtout, il compte de plus en plus sur les conseils de Harold Macmillan, dont il a appris à respecter le jugement. Or, ce dernier, tout comme Anthony Eden à Londres, voit d'un assez mauvais œil la politique du président dans les affaires françaises... La suite est consignée en détail dans le journal du ministre résident : « *18 juin 1943* : Eisenhower m'a montré les télégrammes qu'il avait reçus du président, et je lui ai montré ceux que j'avais reçus du Premier ministre. Après quoi Eisenhower m'a dit : " A votre avis, que devrais-je faire ? " J'ai répondu que, comme il avait pu le voir dans mes télégrammes, mes instructions étaient de le soutenir à fond dans l'exécution des instructions du président. Il m'a dit : " Oh, oui, mais en tant qu'ami, que me conseilleriez-vous de faire ? " J'ai répondu que c'était une tout autre affaire, et qu'il me semblait que nous pourrions interpréter ces instructions à notre façon. Il a fini par envoyer au président une réponse très sensée, qu'il a dictée devant nous. Il m'a demandé de lui suggérer des amendements, et j'en ai apporté quelques-uns [44]. »

Le résultat de ce travail d'équipe ne peut que décevoir le président ; Eisenhower écrit en effet qu'à son avis, les difficultés de la situation à Alger ont été fortement exagérées, qu'il n'est pas exact que de Gaulle contrôle le nouveau Comité, et que si lui, Eisenhower, va bien convoquer de Gaulle et Giraud afin de leur préciser que les Etats-Unis insistent pour que Giraud conserve le commandement des armées françaises d'Afrique du Nord, il n'a nullement l'intention de soulever de surcroît la question du gouverneur Boisson – à la fois parce que ce serait perçu comme une immixtion trop flagrante dans les affaires françaises, et parce que « ce n'est pas le contrôle par Boisson de l'Afrique occidentale française qui est si important pour nous ici, mais seulement le fait que l'AOF soit entre les mains d'un administrateur compétent, libéral et coopératif. » Enfin, exactement comme au début de janvier, Eisenhower fait valoir qu'une intervention américaine trop brutale dans les affaires françaises susciterait en Afrique du Nord des troubles intérieurs graves, de nature à compromettre fatalement les opérations en cours contre l'ennemi [45]...

Après cela, il reste tout de même à se conformer aux instructions présidentielles, en convoquant les deux généraux français pour leur faire part de ce qui ressemble beaucoup à un ultimatum... Ce sera encore un travail d'équipe, réunissant Eisenhower, son chef d'état-major Bedell Smith et l'omniprésent Harold Macmillan, qui notera dans son journal : « Nous avons finalement décidé d'intervenir dans cette controverse militaire entre Français, [...] mais en tâchant de le faire aussi discrètement et amicalement que possible. Le vrai problème est que ni le président ni le Premier ministre n'ont confiance en de Gaulle. J'avoue que [...] le caractère de De Gaulle le rend très peu fiable, et que pour le moment, nous avons surtout besoin de sécurité et de tranquillité. Mais j'ai bien peur que nos efforts en ce sens ne débouchent plutôt sur l'insécurité et la confusion.

Il ne nous reste qu'a faire pour le mieux, en maniant le gant de velours, même s'il doit dissimuler une main de fer. Eisenhower a invité les deux généraux à le rencontrer dans sa villa, ce qui a paru plus délicat que de les convoquer au quartier général des forces alliées [46]. »

L'entretien tant redouté se tient donc au matin du 19 juin... « Nous y étions trois interlocuteurs, se souviendra le général de Gaulle, mais MM. Murphy et Macmillan, ainsi que plusieurs fonctionnaires américains et britanniques, se tenaient dans le voisinage, attentifs et bruissants. A dessein, j'arrivai le dernier et pris la parole le premier. " Je suis ici, dis-je à Eisenhower, en ma qualité de Président du Gouvernement français *. Car il est d'usage qu'en cours d'opérations, les chefs d'Etat et de gouvernement se rendent, de leur personne, au quartier général de l'officier qui commande les armées dont ils lui confient la conduite. Si vous désirez m'adresser une demande concernant votre domaine, sachez que je suis, d'avance, disposé à vous donner satisfaction, à condition, bien entendu, que ce soit compatible avec les intérêts dont j'ai la charge. "

« Le Commandant en chef interallié, s'efforçant à l'aménité, déclara alors en substance : " Je prépare, comme vous le savez, une opération très importante qui va se déclencher bientôt vers l'Italie et qui intéresse directement la libération de l'Europe et de la France. Pour la sécurité des arrières au cours de cette opération, j'ai besoin d'une assurance que je vous prie de me donner. Il faut que l'organisation actuelle du commandement en Afrique du Nord ne subisse aucun changement. En particulier, le général Giraud doit demeurer en place avec toutes ses attributions actuelles et conserver la disposition entière des troupes, des communications, des ports, des aérodromes. Il doit être le seul à traiter avec moi de tous les sujets militaires en Afrique du Nord. Bien que je n'aie pas à m'occuper de votre organisation intérieure, qui ne regarde que vous, ces points-là sont, pour nous, essentiels. Je vous

---

* Le Général force un peu la note : il n'y a pas de gouvernement français, mais uniquement un comité, dont de Gaulle n'est que le coprésident...

le dis de la part des gouvernements américain et britannique qui fournissent des armes aux forces françaises et qui ne sauraient continuer les livraisons si les conditions que j'indique n'étaient pas remplies.

« Je prends acte, répondis-je, de votre démarche. Vous me demandez une assurance que je ne vous donnerai pas. Car l'organisation du commandement français est du ressort du gouvernement français, non point du vôtre " [47]. »

Tout cela est confirmé par le rapport d'Eisenhower, qui poursuit : « De Gaulle a déclaré que seul le Comité français pourrait se prononcer sur mes exigences, puisque j'insistais pour nommer le commandant en chef des forces françaises d'Afrique du Nord. [...] De Gaulle a demandé que mes déclarations et mes exigences soient consignées par écrit. J'ai accepté, tout en déclarant que pour moi, Giraud était à présent – comme il n'avait cessé de l'être depuis novembre dernier – le commandant en chef des forces françaises en Afrique du Nord, et que je continuerais à traiter avec lui en cette qualité [48]. »

L'entretien se termine au bout d'une heure et demie, alors qu'il menace de tourner au dialogue de sourds, et Macmillan notera : « De Gaulle est parti le premier, manifestement dans une rage folle – partiellement simulée, je crois (c'est un bon acteur, qui sait y faire). Giraud est parti quelques minutes plus tard, dignement mais avec le rouge aux joues. Eisenhower paraissait plutôt décontenancé par la puissante personnalité de De Gaulle (il ne l'avait jamais vu " en action " auparavant) [49]. » Dans la villa, chacun exprime ensuite son soulagement, en convenant que les choses auraient pu tourner plus mal, et tous se mettent en devoir de rédiger un rapport destiné à persuader Roosevelt que le général Eisenhower contrôle parfaitement la situation, tandis que le général de Gaulle ne contrôle rien du tout... Après quoi il restera à concevoir un mémorandum ferme – mais pas trop – pour préciser au CFLN la teneur exacte des exigences du président, avant d'embarquer en catastrophe pour Tripoli, où le roi George VI est arrivé en tournée d'inspection... Décidément, cette guerre n'a vraiment rien d'une sinécure !

C'est également l'opinion du général de Gaulle, qui est bien conscient de jouer une partie très serrée contre la toute-puissante Amérique : « Le lendemain, écrira-t-il, comme je l'avais demandé, le grand-quartier me fit remettre, ainsi qu'à Giraud, une note écrite précisant les exigences des Anglo-Saxons en ce qui concernait l'appartenance de l'armée française. [...] La note, après avoir formulé la sommation concernant les attributions de Giraud, se terminait par cette phrase : " Le Commandant en chef allié tient à souligner les assurances données par les gouvernements américain et britannique et garantissant que, dans les territoires français d'Afrique du Nord et d'Afrique Occidentale, la souveraineté française sera respectée et maintenue. " Bien que cette clause de style, servant d'ironique conclusion à la mise en demeure qui la contredisait, fût prise en compte par le Commandant en chef allié, j'y reconnus le procédé maintes fois employé par Washington et par Londres. On rendait hommage au droit, tout en y portant atteinte [50]. »

C'est exact, et cela provoque une indignation certaine au sein du Comité, qui décide de ne pas répondre à la note d'Eisenhower – ce qui est en soi une réponse éloquente ; la plupart des commissaires estiment au surplus, comme Jean Monnet, que « la raison eût voulu que Giraud cessât de cumuler ses pouvoirs civils et l'ensemble des pouvoirs militaires [51] ». En définitive, l'intervention américaine va donc produire un résultat exactement contraire à celui qui était recherché, en isolant davantage Giraud au sein du Comité, et surtout en poussant ses membres à créer par décret, sur proposition de Jean Monnet, un « comité militaire permanent » présidé par de Gaulle et comprenant le commandant en chef et les chefs d'état-major ; par délégation du CFLN, il arrêtera à l'avenir les mesures relatives à l'organisation, au recrutement, à la fusion des forces et à leur répartition sur les différents théâtres, ce qui représente à l'évidence une première limitation des pouvoirs exercés

jusque-là par le général Giraud *... Tout en parlant de
« cote mal taillée ** », de Gaulle n'est pas mécontent des
décisions prises, et le général Béthouart, qui est sur le
point de rentrer à Washington, pourra noter dans ses
Mémoires : « Avant mon départ, le 23, je vais encore une
fois voir de Gaulle. On sent qu'il a gagné la partie. Il est
sûr de lui et il commande. [...] A mon départ d'Alger, il est
évident que de Gaulle dirigera le comité. Il le dirige déjà
malgré la coprésidence de Giraud [52]. »

Mais le général de Gaulle n'est pas vraiment d'humeur à
triompher, et le lendemain 24 juin, il écrit à son épouse
restée à Londres : « Ici, comme prévu, je me trouve en
face de l'Amérique et d'elle seule. Tout le reste ne compte
pas. L'Amérique prétend imposer le maintien de Giraud
dont aucun Français ne veut plus, ni ici ni ailleurs. Elle
prétend m'empêcher de gouverner. L'opinion ne cesse pas
de monter en notre faveur dans toute l'Afrique du Nord.
Il s'agit de savoir si les faits finiront par amener le gouvernement de Washington à changer sa politique. En attendant, comme tu dois le voir, tous les reptiles à la solde du
State Department et de ce pauvre Churchill hurlent et
bavent à qui mieux mieux dans la presse anglo-saxonne.
Tout cela est méchant, idiot, mais quoi ! c'est toute
cette guerre. » Et la lettre est signée : « Ton pauvre
mari [53]. »

A Washington, il n'est nullement question de changer
de politique, et Roosevelt n'a manifestement pas dit son
dernier mot... Il reste en effet la question du gouverneur
Boisson en AOF, qu'Eisenhower a refusé de soulever lors
de l'entretien avec de Gaulle, mais dont le président fait
quasiment une affaire personnelle ; dans ses télégrammes à
Churchill, Murphy et Eisenhower, il a prévenu que le renvoi de Boisson constituerait pratiquement pour Washing-

---

* Sans doute pour ne pas alarmer Roosevelt, Eisenhower va rapporter que
ce Comité militaire est présidé par de Gaulle *et* Giraud... Il précisera en outre
que Giraud restant commandant en chef, les exigences du président ont été
respectées.
** C'est que les commandements militaires restent séparés, Giraud conservant celui des forces d'Afrique du Nord, de Gaulle celui des forces françaises
libres et de la Résistance en métropole.

ton un *casus belli* – c'est-à-dire une occasion rêvée de se débarrasser du général de Gaulle et de son encombrant Comité... Naturellement, Hull et Leahy poussent à la roue, comme le reconnaîtra ce dernier dans ses *Mémoires* : « Le secrétaire d'Etat Hull et moi-même craignions qu'Eisenhower soit forcé d'adopter une dangereuse politique d'apaisement vis-à-vis des gaullistes en Afrique [54]. » Le 19 juin, Roosevelt écrit à Eisenhower : « Le maintien de Boisson a une haute signification militaire pour nous, et pas seulement civile. Nous n'accepterons pas son renvoi [55]. » Comme les derniers rapports indiquent justement que de Gaulle est résolu à le renvoyer, tout laisse prévoir un nouvel affrontement, ainsi que le déplore Macmillan dans son journal le 23 juin : « J'ai pris l'initiative d'aller voir Massigli demain matin, pour voir s'il est possible de trouver un compromis quelconque. J'ai quelques difficultés, car je pense personnellement que les exigences du président sont scandaleuses, mais j'ai pour instructions de les soutenir. Heureusement, le général Eisenhower est de mon avis et essaie d'obtenir un compromis de la Maison-Blanche [56]. »

Il ne l'aurait probablement pas obtenu, car dès le lendemain, Roosevelt lui répond qu'il insiste pour que Boisson reste à son poste, exige que « Dakar soit contrôlé au nom des Nations unies » et parle même d'y envoyer « des forces navales et plusieurs régiments [57]. » Mais le soir même, la question est déjà dépassée : on apprend en effet que Boisson a présenté sa démission ! Eisenhower, en rapportant à Marshall que la décision du gouverneur a été prise sous la pression de « l'agitation populaire », montre qu'il n'est pas entièrement dupe : les gaullistes ont « encouragé » Boisson à démissionner, mais il est inutile de le crier sur les toits... Il reste au président un espoir : que le CFLN fasse remplacer le gouverneur par un énergumène dont Washington pourrait refuser la nomination, précipitant ainsi la crise et la rupture désirée. Hélas ! On apprend bientôt qu'il s'agit de Pierre Cournarie, le gouverneur du Cameroun, contre qui personne, pas même Giraud, ne semble avoir d'objections... Pire encore, Eisenhower, qui décidément ne comprend rien à la haute politique, écrit à Hopkins le 29 juin que « Cournarie [...] est un bon candidat, car c'est un administrateur, pas un politique [58]. » L'amiral Leahy entreprend bien d'examiner de près les antécédents du nouveau gouverneur pour y trouver quelque trace d'antiaméricanisme [59], mais il n'aura pas le temps de livrer ses conclusions : à deux semaines du débarquement en Sicile, Roosevelt estime qu'il n'est plus possible de détourner l'attention d'Eisenhower avec des rodomontades antigaullistes – qui ont en outre une fâcheuse propension à se révéler contre-productives... La mort dans l'âme, le président donne donc au début de juillet son « approbation nuancée » à la nomination de Cournarie comme gouverneur de l'AOF [60]... Il y a décidément des jours où rien ne va !

Mais Franklin Roosevelt, dont l'entêtement est légendaire, a encore une carte à jouer – qu'il considère même comme un atout maître : il s'agit d'inviter le général Giraud aux Etats-Unis ; ce sera une visite à caractère strictement militaire, qui le fera mieux connaître des Américains, augmentera son prestige à Alger et réduira de Gaulle à l'insignifiance... Giraud, enchanté, accepte sur-le-champ sans même consulter le CFLN, et le 2 juillet, Macmillan note dans son journal : « Murphy et moi sommes allés au champ d'aviation pour dire au revoir à Giraud. Le cher vieux était en grande forme, comme un écolier partant en vacances [61]. » Arrivé à Washington le 5 juin en compagnie du commandant Beaufre, il sera en effet l'objet de toutes les prévenances : accueilli en hôte de marque à la Maison-Blanche, invité par les ministres et les chefs d'état-major, promené d'usines de chars en académies militaires, Giraud, peu habitué à tant de sollicitude, est manifestement ravi : « A 17 heures, thé intime chez le président. [...] Réception des plus cordiales. Thé avec de multiples gâteaux. On ne parle que français. [...] A 20 heures, grand dîner au Mayflower offert par le général Marshall. J'y rencontre toutes les autorités militaires de Washington. Repas somptueux. Vins de France. Débauche de fleurs et de lumière [62]. »

Les conversations sont également pour lui une source de ravissement : reçu par les chefs de l'état-major combiné anglo-américain, il leur fait un exposé d'une heure, qui est un vibrant plaidoyer en faveur d'une accélération des livraisons d'armes à ses troupes. A l'issue de la séance, l'amiral Leahy l'assure que ses demandes « seront examinées avec le plus vif désir d'aboutir et avec la plus entière sympathie pour la France et pour son armée [63]. » De fait, le général Arnold s'engagera à lui envoyer 300 avions supplémentaires, l'amiral King à faire réviser et moderniser des unités navales françaises dans les ports américains, et le général Marshall à ralentir, au profit des Français, l'équipement de certaines divisions américaines. Ce sont là des résultats substantiels, que le général de Gaulle n'aurait certainement jamais obtenus... Autre source de satisfaction : l'entretien privé avec le président à la Maison-Blanche au soir du 6 juillet : « Jusqu'à 1 heure du matin, écrira Giraud, j'ai avec ce grand homme d'Etat la conversation la plus intéressante qui soit. [...] A plusieurs reprises, il revient sur la loyauté de M. Winston Churchill et son admirable ténacité. Il ne connaît pas Staline et le regrette, car il espère, par un contact personnel, aplanir avec lui bien des difficultés. [...] Quant au général de Gaulle, il redoute son ambition et son orgueil. Les gens que de Gaulle a envoyés en Amérique, Philip, Pleven, Tixier, n'ont pas été de bons ambassadeurs. Il redoute, lui, président démocratique de l'Etat le plus démocratique qui soit, de voir s'installer en France, à la faveur du gaullisme, un nouvel Etat totalitaire, beaucoup plus apparenté au fascisme qu'à la véritable démocratie [64]. » Voilà qui a dû résonner comme une douce musique aux oreilles d'Henri Honoré Giraud...

Pourtant, le revers de la médaille semble avoir entièrement échappé à cet intrépide général en tournée de promotion : d'une part, l'insistance de Roosevelt à l'accueillir comme commandant en chef de l'armée française et non comme coprésident du CFLN donne lieu à bien des épisodes pénibles, comme le déplorera le général Béthouart, chargé d'organiser le séjour : « J'ai toutes les peines du monde à obtenir que M. Hoppenot et M. Baudet * soient autorisés par le gouvernement américain à aller saluer le général à sa descente d'avion. [...] A son arrivée, j'avais reçu une communication me précisant que la conférence de presse aurait lieu au Pentagone et insistant pour que le général ne réponde pas aux questions politiques qui pourraient éventuellement lui être posées. [...] Le soir, au dîner de la Maison-Blanche, le secrétaire d'Etat Cordell Hull, Stettinius, Harry Hopkins sont invités, mais ni Hoppenot ni Baudet ne le sont. [...] Le président parle de la collaboration passée et future des démocraties américaine et française. Giraud répond brièvement. A aucun moment, il n'est question du Comité d'Alger et le nom de De Gaulle n'est pas prononcé. [...] Roosevelt et son gouvernement sont évidemment fort mécontents de la tournure prise par les événements d'Alger. Recevant Giraud, ils ne veulent pas que l'on parle d'une solution politique qui ne leur convient pas. Aussi demandent-ils à Giraud de ne pas participer aux cérémonies du 14 juillet à New York [65]. » C'est évidemment faire très bon marché de la souveraineté française, mais Giraud ne paraît pas s'en apercevoir... pas plus qu'il ne s'offusque lorsque les passages de ses discours mentionnant le CFLN sont censurés par le Département d'Etat ; il ne trouve rien à redire non plus lorsque le président présente publiquement sa visite comme étant « seulement celle d'un soldat français combattant pour la cause des Alliés, puisque dans le moment présent la France n'existe plus [66]. » Bien sûr, plusieurs journaux américains soulignent immédiatement l'inconvenance de ces propos, mais le général Giraud, de son propre aveu, ne lit pas la presse... et d'ailleurs, il ne comprend pas l'anglais.

Rien de tout cela n'est vraiment bon pour l'image du coprésident et commandant en chef – dont cette visite devait pourtant assurer le triomphe aux Etats-Unis comme en Afrique du Nord. Mais il y a sans doute pire : ce sont les déclarations publiques de l'intéressé... « Le commandant Beaufre, se souviendra Béthouart, avait préparé un projet d'exposé. Il se le voit refuser par le général Giraud,

---

* Respectivement représentants du CFLN et de la France combattante.

qui lui déclare qu'il a l'habitude de ces conférences et qu'il n'a pas besoin de son papier [67]. » Hélas ! Les limites de l'improvisation apparaissent assez vite lorsque ses auditeurs de West Point lui posent des questions :

« – Quand finira la guerre, mon général ?

– Mais je n'en sais rien...

– Quelle sera la politique de la France après la guerre ?

– L'honneur, toujours l'honneur.

– Que pensez-vous de l'expédition de Sicile, mon général ?

– La Sicile ? Mais ce n'est rien du tout [68] ! »

A Ottawa le 15 juillet, ce sera encore pire, comme le note un Béthouart catastrophé : « La conférence de presse a lieu au Parlement. [...] Beaufre présente à nouveau son papier au général et se le voit encore refuser : " Vous avez bien vu à Washington, tout a bien marché ! ". Voici, en effet, le général parlant d'abondance devant de nombreux journalistes dont beaucoup sont américains. Pris par son sujet, il a l'imprudence de parler de l'Allemagne [69]. » Imprudence est le mot qui convient, car Giraud se met à déclarer : « L'Allemagne, il ne faut pas l'oublier, a produit Luther et Goethe. C'est un grand pays. Et le national-socialisme, eh bien... il y a de bonnes choses [70]. » Le lendemain, les journaux américains titrent donc à la une : « Giraud chante les louanges des nazis ! » et le général Béthouart doit rentrer précipitamment à Washington pour tenter de limiter les dégâts [71]... En lisant les journaux du matin, le président Roosevelt doit se rendre à l'évidence : cette fois encore, ses machinations ont fait long feu...

Encore le président ne mesure-t-il pas clairement l'étendue du désastre ; car pendant la tournée... triomphale de Giraud aux Etats-Unis et au Canada, les choses ont bien évolué à Alger : « Le gouvernement, écrira de Gaulle, tiré de sa bicéphalie, prenait de la consistance. La réunion de l'Empire, les nécessités matérielles et morales de l'effort de guerre, les relations étrangères, les rapports avec la résistance métropolitaine, l'obligation de préparer ce qui devait être fait en France lors de la libération, confrontaient notre Comité avec de multiples problèmes. [...] Les sujets dont nous traitions étaient hérissés d'épines ; chaque ministre exposant, d'une part ses difficultés, d'une part l'insuffisance de ses moyens. Du moins tâchions-nous que les débats fussent bien préparés et aboutissent positivement. D'ailleurs, si les avis différaient, mon arbitrage se prononçait sans peine, car il n'y avait plus sur aucune question, à l'intérieur du gouvernement, aucune divergence profonde. Il faut dire que faute de parlement, de partis, d'élections, il n'existait pas de jeu politique entre les membres du Comité. Ma tâche de direction en était facilitée [72]. »

Jean Monnet, toujours aussi peu gaulliste, confirmera pourtant les propos du Général : « Pendant l'absence de Giraud, le Comité avait pris de bonnes habitudes de travail. Chacun avait tant à faire pour organiser son secteur que les problèmes de préséance paraissaient oubliés [73]. » A quoi s'ajoute que le ralliement des Antilles françaises au début de juillet, suivant de peu celui de la flotte française d'Alexandrie, a sensiblement accru le prestige du général de Gaulle ; c'est que l'ambassadeur Hoppenot, que le CFLN a envoyé comme « délégué extraordinaire aux Antilles », a été accueilli a Fort-de-France par une multitude de drapeaux à croix de Lorraine et une tempête de « Vive de Gaulle ! » qui a laissé les journalistes américains interloqués. En Afrique du Nord, l'éloquence si particulière du Général fera le reste : à Alger, Tunis, Rabat, il fait entendre aux populations un discours auquel elles ne sont pas habituées, mais qui a un effet quasiment hypnotique... Celui du 14 juillet n'est pas le moins impressionnant : « Oui, notre peuple est uni pour la guerre. Mais il l'est d'avance aussi pour la rénovation nationale. [...] La France n'est pas la princesse endormie que le génie de la libération viendra doucement réveiller. La France est une captive torturée, qui, sous les coups, dans son cachot, a mesuré, une fois pour toutes, les causes de ses malheurs et l'infamie de ses tyrans. La France délivrée ne voudra ni reprendre la route de l'abîme, ni demeurer sur celle de l'esclavage. La France a d'avance choisi un chemin nouveau [74]. »

L'effet produit sur la foule réunie ce jour-là à Alger est considérable ; il l'est également sur les représentants alliés : Macmillan notera dans son journal : « Un excellent discours. La foule était transportée – et Giraud (le pauvre vieux) qui est à Washington [75]. » Robert Murphy est tout aussi impressionné : « Dans la tribune, se souviendra le Général, M. Murphy [...] vint me faire son compliment. " Quelle foule énorme ! " me dit-il. " Ce sont là, lui répondis-je, les 10 pour 100 de gaullistes que vous aviez comptés à Alger [76]. » Il est vrai qu'une partie de ce discours s'adressait directement aux compatriotes de M. Murphy – et au premier d'entre eux en priorité : « Dans le monde, certains esprits ont pu croire qu'il était possible de considérer l'action des armées françaises indépendamment du sentiment et de la volonté des masses profondes de notre peuple ; ils ont pu imaginer que nos soldats, nos marins, nos aviateurs, diffèrent en cela de tous les soldats, de tous les marins, de tous les aviateurs de l'univers, iraient au combat sans se soucier des raisons pour lesquelles ils affronteraient la mort, de l'esprit dans lequel ils auraient à déployer leur sacrifice. Bref, ces théoriciens, prétendument réalistes, ont pu concevoir que, pour les Français, et pour les Français seulement, l'effort de guerre de la nation était susceptible d'exister en dehors de la politique et de la morale nationales. Nous déclarons à ces réalistes qu'ils ignorent la réalité. La masse des citoyens français qui combattent ou qui s'y apprêtent, que ce soit depuis quatre années ou depuis huit mois, le font à l'appel de la France, pour atteindre les buts de la France, d'accord avec ce que veut la France [77]. »

A l'évidence, de Gaulle remâche encore bien des rancœurs contre Roosevelt, comme le constatera Hervé Alphand, qui vient d'être appelé à Alger pour créer une direction des affaires économiques au sein du commissariat aux Affaires étrangères : « Je note de nouveau la xénophobie encore accentuée de De Gaulle. A l'origine de ce sentiment se trouve son amour total, exclusif pour la France, une méfiance née de beaucoup de déceptions, de beaucoup de manquements de la part des hommes. Le dis-

cours et les propos rapportés de Roosevelt, qui humilient
la France (" La France n'existe pas ", etc.) exaspèrent
cette sensibilité, et il ne peut cacher son sentiment. Dans
le discours qu'il prononce le 14 juillet, je perçois
cette même fureur à peine déguisée à l'égard de nos
alliés [78]. »

C'est sur ces entrefaites que le général Giraud rentre à
Alger, ayant encore dans l'oreille les acclamations reçues à
Washington, Ottawa et Londres. Macmillan, qui lui rend
visite dans l'après-midi du 27 juillet, note dans son journal : « Je crains que ses visites à Washington et Londres
aient eu sur lui un effet désastreux. Sa vanité naïve en a été
considérablement accrue. Il pense (peut-être avec quelque
raison) que les Américains ont promis les livraisons de
matériel à lui personnellement. Il n'a pas du tout compris
le jeu du président et de Cordell Hull. Sa vanité est telle
qu'il croit que ceux-ci s'intéressent à lui pour ses qualités
d'homme d'Etat et de général. Bien sûr, ils ne voient en lui
qu'un instrument commode pour a) nuire à de Gaulle, b)
détruire l'unité française [79]. »

C'est donc une surprise assez rude qui attend le général
Giraud lorsqu'il reprend sa place au Comité le 29 juillet ;
Jean Monnet évoquera lui-même « l'impossibilité de poursuivre notre tâche dans l'atmosphère confuse créée par une
double et contradictoire autorité. La question n'était plus
de savoir qui avait tort ou raison, mais de se décider pour
une forme de pouvoir claire et efficace. Or, Giraud ne
proposant aucun changement et n'acceptant aucune dimi-
nution d'un statut qu'il pensait renforcé par son voyage, il
advint naturellement que les compromis avancés par de
Gaulle parurent raisonnables [80] ». De fait, le général
de Gaulle remet d'emblée en cause le système de la coprésidence, et devant des commissaires déjà indignés que
Giraud n'ait pas fait mention du CFLN lors de son équipée américaine, il déclare qu'« il s'agit de savoir si
vous devez donner des solutions logiques au problème
ou obéir pour des solutions hybrides à la volonté de
l'étranger [81] ».

Pourtant, en définitive, les choses se feront en douceur :
aux termes du nouveau compromis, Giraud reste en effet

coprésident, il continue à signer les décrets et les ordonnances, et il est même nommé par décret commandant en
chef de *toutes* les forces françaises. Mais il y a plusieurs
autres dispositions dont Giraud ne saisit pas bien la portée :
d'une part, il ne présidera plus que les séances du Comité
relatives aux questions de défense, le général de Gaulle
présidant les débats pour les autres affaires et la politique
générale ; d'autre part, le commandant en chef étant
nommé par décret du Comité, il accepte implicitement la
subordination du pouvoir militaire au pouvoir civil : le
Comité ayant le pouvoir de nommer, il a donc aussi celui
de limoger... Enfin, même dans ses attributions militaires,
le général Giraud est solidement encadré : il sera
« assisté » par un vice-commissaire à la Défense (le très
gaulliste général Legentilhomme) et la politique militaire
d'ensemble relèvera désormais d'un « Comité de défense
nationale » présidé par le général de Gaulle en personne...
Une fois de plus, Giraud signera les deux décrets instituant
cette redistribution des pouvoirs sans en comprendre clairement les implications. Mieux encore, il va écrire le 2 août
au général de Gaulle pour le remercier de l'avoir fait nommer commandant en chef de toutes les forces françaises [82]...

Cet affermissement manifeste de l'autorité du CFLN est
accueilli très favorablement par les représentants alliés à
Alger : le général Eisenhower, au milieu de la dure campagne de Sicile, a pu constater que le sérieux et l'efficacité
de ce Comité contrastaient agréablement avec l'activisme
brouillon et la confusion idéologique des défunts services
du commandant en chef civil et militaire ; avoir désormais
en face de lui un seul interlocuteur pour les questions
civiles et un commandement unifié pour les affaires militaires lui convient à merveille... Murphy n'est pas
mécontent non plus : si hostile qu'il demeure au général de
Gaulle, il doit bien reconnaître que Giraud n'était pas de
taille à lui tenir tête, et il s'est résigné d'autant mieux à
« accepter l'inévitable » qu'il a pu constater que « les responsables à Washington en avaient par-dessus la tête de la
politique française [83]. » Macmillan, lui, ne cache pas sa

satisfaction : depuis plus de six mois, il appelle de ses vœux la formation d'un Comité unifié et suffisamment fort pour représenter la France en guerre ; depuis trois mois au moins, il souhaite que le général de Gaulle en prenne la tête, parce que, comme il l'a confié à René Massigli, « il est tellement plus intelligent que l'autre [84] ! » ; et puis, il faut bien l'avouer, Macmillan défend davantage à Alger la politique d'Eden que celle de Churchill...

Précisément, Anthony Eden ne ménage aucun effort depuis un mois pour persuader Churchill de reconnaître le Comité d'Alger, et d'obtenir de Roosevelt qu'il en fasse autant ; c'est que le ministre des Affaires étrangères de Sa Majesté demeure convaincu que les relations de son pays avec la France revêtiront après la guerre une importance exceptionnelle, et qu'à cet égard, il n'est pas trop tôt pour préparer l'avenir. Mais Churchill refuse de voir plus loin que la période de guerre, il craint par-dessus tout d'offenser Roosevelt, et il est toujours très monté contre de Gaulle... Eden tient bon, solidement appuyé par le Cabinet et le Parlement, et on apprend bientôt que même le général Eisenhower (fortement influencé par Macmillan) s'est prononcé en faveur d'une reconnaissance immédiate du CFLN [85]... Enfin, le 19 juillet, Churchill cède, et offre à Eden de télégraphier lui-même au président pour l'inciter à reconnaître le Comité. Le lendemain, le ministre des Affaires étrangères note dans son journal :

« *20 juillet :* Après le dîner, suis passé au 10, Downing Street, à la demande de Winston. Il m'a montré le message concernant la reconnaissance qu'il s'apprêtait à envoyer au président. Je l'ai trouvé parfait. Il m'a fait remarquer qu'il avait entièrement épousé mes vues, à quoi j'ai répondu qu'il serait plus exact de dire qu'il demandait aux Américains de regarder les choses en face [86]. »

Le télégramme pour le président est conçu en ces termes : « Je suis l'objet d'une pression considérable de la part du *Foreign Office*, de mes collègues du Cabinet, et aussi de la force des circonstances, pour " reconnaître " le Comité national de la Libération d'Alger. Que signifie ce mot de reconnaissance ? On peut reconnaître un homme comme empereur ou comme épicier. La reconnaissance n'a pas de sens, si elle n'est accompagnée d'une formule qui la définit. Jusqu'au départ de De Gaulle pour l'Afrique du Nord-Ouest et la constitution du présent Comité, nous n'avions de rapports qu'avec le Général et avec son ancien Comité. Le 8 juin, j'ai déclaré au Parlement : " La formation de ce Comité, avec sa responsabilité collective, se substitue à la situation créée par la correspondance échangée en 1940 entre le général de Gaulle et moi-même. Toutes nos tractations, financières et autres, auront donc lieu désormais avec ce Comité pris dans son ensemble. " J'ai été heureux de le faire, parce que je préférais traiter avec le Comité collectivement qu'avec le général de Gaulle tout seul. En fait, j'essaye depuis de longs mois d'inciter ou de contraindre de Gaulle à " se diluer dans une commission ". Ce but me semble atteint dans une large mesure par les dispositions actuelles. Macmillan nous a affirmé à plusieurs reprises que le Comité est en train d'acquérir une autorité collective et que de Gaulle n'en est nullement le maître. [...] Il recommande fortement une mesure de reconnaissance. Il signale qu'Eisenhower et Murphy sont tous les deux d'accord sur ce point.

« J'en arrive donc au point où il peut m'être nécessaire de faire ce geste, dans toute la mesure où la Grande-Bretagne et les intérêts anglo-français exposés ci-dessus sont en cause. Si je le fais, la Russie accordera certainement sa reconnaissance et je crains que cela ne vous mette dans une situation embarrassante.

« Je compte donc que vous me ferez savoir : a) si vous pouvez souscrire à notre formule ou à quelque chose d'analogue, ou b) si vous voyez des inconvénients à ce que le gouvernement de Sa Majesté prenne seul cette mesure [87]. »

Churchill ne manquera pas de reproduire ce télégramme dans ses Mémoires, mais il préférera omettre le dernier paragraphe, qui dit ceci : « Comme vous le savez, j'ai toujours pensé qu'il faudrait obliger de Gaulle à s'insérer dans une équipe. Je ne l'aime pas plus que vous ne l'aimez vous-même, mais je préfère qu'il soit dans le Comité plutôt que de le voir se pavaner en jouant les Jeanne d'Arc et les Clemenceau. Veuillez donc m'informer de ce que vous souhaitez faire, car j'essaie avant tout de régler ma conduite sur la vôtre, et les avantages d'une action commune dans cette affaire sont particulièrement évidents [88]. »

Le président Roosevelt comprend parfaitement l'intérêt d'une action commune, mais il ne voit aucun avantage à reconnaître le Comité d'Alger : ayant bien compris que de Gaulle le domine – en grande partie grâce aux erreurs accumulées par Roosevelt lui-même – le président vient de faire savoir à lord Halifax qu'il « n'en approuve pas la composition, eu égard notamment au fait que Philip et Tixier y siègent [89] ». Quant à Eisenhower, il a été vertement rappelé à l'ordre : « Il n'est pas question que vous reconnaissiez le CFLN sans consulter le président et obtenir sa complète approbation [90]. » Après cela, il reste à répondre au Premier ministre britannique : « Je crois que nous ne devrions en aucun cas utiliser le mot de " reconnaissance ", parce que le sens en serait déformé de manière à faire croire que nous reconnaîtrons le Comité comme le gouvernement de la France dès notre débarquement sur le sol français. Peut-être le mot " agrément " à titre provisoire des autorités civiles du Comité à l'échelon local dans diverses colonies exprimerait-il plus exactement ma pensée. Mais nous devons nous réserver le droit de continuer à traiter directement avec les autorités françaises locales dans chaque colonie toutes les fois que cela servira les intérêts de la cause alliée [91]. »

Pour M. Eden, cette réponse est des plus décevantes, et elle arrive le 22 juillet, au moment où le gouvernement britannique est assailli de graves préoccupations : en Sicile, la bataille se poursuit, tandis que la situation militaire en Asie du Sud-Est est alarmante et que la menace des armes secrètes allemandes se précise de jour en jour... Mais le ministre des Affaires étrangères ne se laisse nullement impressionner, et il continue à faire le siège du Premier

ministre ; connaissant ses préventions à l'égard du général
de Gaulle, il présente la reconnaissance comme le meilleur
moyen de renforcer le Comité et de l'encourager à tenir
tête au Général. Churchill n'est pas insensible à cet argument, et d'ailleurs, il lui est de plus en plus difficile de
résister aux pressions exercées par l'opinion publique, la
presse et le Parlement en faveur d'une reconnaissance
rapide du Comité – d'autant que les représentants du
Canada, de l'Australie, de l'Afrique du Sud et ceux de tous
les gouvernements en exil à Londres joignent leur voix au
concert...

Tout cela explique pourquoi Churchill et Eden ont cette
question bien présente à l'esprit lorsqu'ils arrivent à Québec au milieu du mois d'août, afin de participer à la conférence *Quadrant* avec leurs homologues américains et les
chefs d'état-major alliés. A l'occasion de cette rencontre,
l'ensemble de la stratégie alliée est passé en revue, et l'on
prend plusieurs décisions majeures concernant la poursuite
des opérations en Italie, la création d'un commandement
suprême pour l'Asie du Sud-Est, la préparation d'une
offensive en Birmanie, les premières ébauches du Plan
Overlord, et un projet ultra-secret qui a pour nom de code
Tube Alloys *. Mais Churchill et Eden, se faisant les défenseurs des intérêts français, vont également soulever à plusieurs reprises la délicate question de la reconnaissance du
CFLN... Dès son arrivée à Québec, Churchill a eu un
entretien prolongé avec le Premier ministre canadien Mac-
Kenzie King, qui notera dans son journal : « Churchill a
souligné la très grande antipathie que nourrissait le président à l'égard du général de Gaulle. Il a ajouté que lui
aussi le détestait cordialement, bien que ce soit un homme
d'un grand courage. Il est même allé jusqu'à dire que de
Gaulle faisait partie de ces Français qui haïssaient l'Angleterre, et qu'il serait même capable de se joindre aux Allemands pour l'attaquer un jour. [...] Churchill est revenu à
plusieurs reprises sur les activités malfaisantes du général
de Gaulle, et sur l'inquiétude que cela avait suscitée dans
divers pays. » Après quoi le Premier ministre de Sa

* La mise au point de la bombe atomique.

Majesté confie à un MacKenzie King interloqué qu'il espère convaincre le président de reconnaître le Comité d'Alger, et il demande au Premier ministre canadien de l'aider dans son entreprise [92] !

Dès ses premières conversations avec Hull et Roosevelt, Churchill se rend compte que sa tâche sera des plus ardue, car ni le président ni son secrétaire d'Etat ne sont disposés à utiliser le terme de « reconnaissance ». Mais à partir du 20 août, Eden se lance à son tour dans la bataille, et il note dans son journal : « *20 août :* Encore du travail après le déjeuner, ensuite plus de deux heures d'entretien avec ce vieux Hull. Il a surtout été question de la reconnaissance du Comité français. Mes arguments n'ont produit aucun effet, et nous nous sommes même passablement échauffés lorsque je lui ai dit qu'en ce qui nous concerne, nous étions à trente kilomètres de la France, et que je voulais la renforcer autant que possible. La reconnaissance ne constituait qu'un premier petit pas dans cette direction. Il a répondu en nous accusant de soutenir de Gaulle financièrement, laissant entendre par là que notre argent avait servi à l'attaquer lui, Hull, depuis très longtemps [93]. » En fait, le secrétaire d'Etat est revenu sur toutes les vieilles histoires, y compris celle de Saint-Pierre-et-Miquelon. Il a prédit que « le Comité d'Alger n'aurait qu'une existence éphémère, et se détruirait de lui-même », ajoutant que « cela lui permettrait de justifier la politique suivie jusqu'ici [par les Etats-Unis], ce qui, pour des raisons électorales, n'était pas sans importance » [94]. (*Sic !*). Et ce soir-là, Eden pourra écrire en guise de conclusion : « C'est un brave homme, mais il est affligé d'une allergie incurable à l'égard des Français Libres. En fin de compte, j'ai proposé que nous suivions chacun notre propre politique [95]. »

Les discussions entre les deux responsables des Affaires étrangères reprennent le 22 août : « M. Eden soulève la question des relations avec le Comité français de la Libération nationale. [...] Au cours de l'entretien, il fait remarquer qu'en 1940, de Gaulle a été le seul ami de l'Angleterre, à quoi le secrétaire d'Etat répond en soulignant les objectifs et les réalisations passés du gouvernement américain, entre autres le fait d'avoir empêché la flotte française et les bases françaises en Afrique du Nord de tomber aux mains des Allemands, l'action de l'amiral Leahy, qui a permis de soutenir le moral de la population française, le soutien moral accordé à l'Angleterre bien avant l'entrée en guerre des Etats-Unis, et l'aide fournie dans le cadre du prêt-bail. Enfin, M. Hull montre à M. Eden un projet de déclaration, mais ce dernier répond qu'à son avis, le Premier ministre ne saurait accepter une déclaration qui ne comporterait pas le mot de « reconnaissance ».

« Vers la fin de l'entretien, M. Eden déclare que les deux gouvernements seront peut-être obligés de choisir chacun sa formulation et de faire des déclarations séparées.

« Le secrétaire d'Etat fait remarquer que de telles démarches, même effectuées simultanément, seraient interprétées comme exprimant une divergence de vues entre les deux pays.

« M. Eden déclare qu'il en est conscient, et qu'il déplorerait une telle éventualité.

« Le secrétaire d'Etat répond qu'il serait désolé d'en arriver là, mais que si les Anglais étaient prêts à en prendre le risque, il ferait de même [96]. »

Ce jour-là, Churchill et Roosevelt vont débattre de la même question – et souvent dans les mêmes termes :

« M. Churchill déclare que tous les éléments libéraux du monde, y compris les gouvernements en exil et le gouvernement soviétique *, demandent que soit prise immédiatement la décision de reconnaître pleinement le Comité.

« Le président estime qu'il faut penser à l'avenir de la France, et que celui-ci ne serait nullement garanti si l'on permettait au groupe actuel, comprenant le Comité français, de prendre entièrement en charge la libération de la France [97]. »

---

* *Sic* ! Le gouvernement soviétique compte donc désormais parmi les « éléments libéraux » du monde...

Pour finir, les deux interlocuteurs en arrivent exactement à la même conclusion que leurs ministres des Affaires étrangères, et ce soir-là, Churchill écrit à Attlee : « Hull s'oppose obstinément à ce que l'on emploie le mot de " reconnaissance " à l'égard du Comité français. Nous nous sommes donc mis d'accord pour que les Américains publient leur document, nous le nôtre et les Canadiens le leur, après avoir consulté la Russie et les autres intéressés. C'est Eden qui s'occupe de cette question. J'ai signalé au président dans les termes les plus catégoriques qu'ils auraient certainement très mauvaise presse, mais il m'a dit qu'il préférait se réserver une ancre de veille contre les manigances de De Gaulle [98]. »

Le 24 août, dernier jour de la conférence, l'accord ne s'est toujours pas fait, et Cordell Hull écrit dans son journal : « Le président a déclaré qu'il refusait de donner à de Gaulle les moyens de faire en France une rentrée triomphale, et d'y prendre le pouvoir. Quant à moi, je suis prêt à traiter avec le Comité français pour tous les territoires qu'il contrôle effectivement, mais rien de plus. Le président m'a soutenu à fond. Il a proposé à Eden de lui parier un dîner qu'avant quelques mois au plus il aurait entièrement révisé son jugement au sujet du Comité français. Eden a refusé de tenir le pari. Après la fin de la conférence le président a dit qu'il aurait pu obtenir bien davantage de Churchill dans cette affaire sans la présence de M. Eden [99]. »

C'est l'évidence même, mais il n'y a plus rien à faire, et les deux gouvernements vont donc faire paraître des communiqués distincts. Le 27 août, on peut lire dans la déclaration britannique : « Le gouvernement de Sa Majesté dans le Royaume-Uni reconnaît dès à présent le Comité français de la libération nationale comme administrant les territoires français d'outre-mer qui reconnaissent son autorité. [...] Le gouvernement de Sa Majesté dans le Royaume-Uni reconnaît également le Comité comme organe qualifié pour assurer la conduite de l'effort de guerre français dans le cadre de la coopération interalliée. » La déclaration américaine, publiée le même jour, est naturellement plus

limitée dans sa portée : « Le gouvernement des Etats-Unis
a pris note avec sympathie du désir exprimé par le Comité
d'être considéré comme l'organe qualifié pour assurer
l'administration et la défense des intérêts français. La
mesure dans laquelle il sera possible de faire droit à cette
revendication devra néanmoins faire l'objet d'un examen
cas par cas. Sous ces réserves, le gouvernement des Etats-
Unis reconnaît le Comité français de la Libération nationale comme administrant les territoires français d'outre-
mer qui reconnaissent son autorité. Cette déclaration ne
constitue en rien la reconnaissance d'un gouvernement de
la France ou de l'Empire français par le gouvernement des
Etats-Unis. »

A Alger, on prend la déclaration britannique pour ce
qu'elle est : une reconnaissance *de facto* du Comité, qui
n'est pas essentiellement différente de celle qui avait été
accordée au général de Gaulle personnellement en juin
1940 ; la déclaration américaine est encore plus restrictive,
mais le fait même qu'il y en ait une et qu'elle comporte le
mot « reconnaître » est déjà une victoire de taille pour le
CFLN et son intraitable président. Quant aux termes de la
déclaration soviétique, ils sont bien plus généreux : le
Kremlin reconnaît en effet le Comité français comme
« garant des intérêts d'Etat de la République française » et
comme « unique représentant des patriotes en lutte contre
l'hitlérisme ». Ceci explique en grande partie les déclarations faites par le général de Gaulle au cours de l'automne,
selon lesquelles la France « devra être avec la Russie à
l'avenir » [100] – ce qui cause naturellement les plus grandes
inquiétudes à Alger, à Londres... et à Washington.

Il va sans dire que cette reconnaissance si difficilement
arrachée n'a rien changé à l'attitude du président Roosevelt envers le Comité d'Alger en général, et envers le
général de Gaulle en particulier. A la recherche d'une personnalité française qui soit à même de tenir tête au coprésident dominant du CFLN, il a fait contacter au cours de
l'automne le vieux chef radical Edouard Herriot, ainsi que
l'infortuné président Lebrun. Mais les deux hommes

refuse de quitter la France et, bon gré mal gré, Roosevelt va devoir se rabattre sur le général Giraud, dont la position est maintenant des plus précaire...

Au début de septembre, le général de Gaulle est toujours aussi mécontent du caractère bicéphale que revêt la direction du Comité ; il est plus mécontent encore des velléités d'indépendance du commandant en chef, dans lesquelles il voit une grave source de faiblesse qui ne saurait manquer d'être exploitée par les Alliés. En fin de compte, les événements d'Italie vont lui permettre d'y porter remède : à la suite de la campagne de Sicile et de la chute de Mussolini, le maréchal Badoglio prend secrètement contact avec le grand quartier général allié et, le 4 septembre, il signe l'armistice avec le général Eisenhower. Mais une semaine plus tôt, le haut commandement allié avait laissé entendre au général de Gaulle qu'il serait invité à envoyer un délégué pour représenter la France à l'occasion de cette signature ; en l'occurrence, le général de Gaulle ne sera informé que quatre jours *après* la signature, et le haut commandement alléguera en guise d'excuse que le général Giraud a été constamment tenu au courant des négociations d'armistice, et qu'il n'a fait aucune observation... Le général de Gaulle et le Comité s'étonnent naturellement que Giraud n'ait pas jugé bon de tenir ses collègues au courant, mais Giraud déclare avoir tout ignoré de l'affaire. Les choses en resteront là, mais lorsque se déclenche peu après l'insurrection corse, on s'aperçoit que les agents du général Giraud armaient depuis des mois les patriotes corses avec l'aide de la Grande-Bretagne, et ce à l'insu du Comité ! Ce qui rend l'affaire encore plus délicate, c'est que les armes ont été fournies exclusivement à la résistance *communiste*...

Cette affaire ne sera pas oubliée... Au début d'octobre, la Corse est libérée, à l'issue d'une campagne victorieuse menée par le général Giraud en personne ; de Gaulle l'en félicite publiquement, mais lui explique en privé combien son attitude vis-à-vis du Comité a été incorrecte : « Vous me parlez politique... », lui fait observer Giraud ; à quoi de

Gaulle répond : « Oui, car nous faisons la guerre. Or, la guerre, c'est une politique ! » En deux brèves répliques, voici parfaitement résumées les conceptions des deux hommes... De Gaulle n'en changera jamais ; Giraud non plus, et ce sera sa perte : le 2 octobre, sur proposition du général de Gaulle, le Comité vote une double réduction des pouvoirs du général Giraud : en tant que commandant en chef, il devra désormais composer avec un commissariat à la Défense ; en tant que coprésident, il n'aura plus pour fonction que de contresigner les décrets et ordonnances, laissant à de Gaulle la direction effective du Comité. Encore n'est-ce là qu'un sursis : le 6 novembre, l'arrivée à Alger de plusieurs membres de la Résistance ayant fourni l'occasion d'un remaniement, les commissaires acceptent une motion aux termes de laquelle ils remettent leur démission à un sous-comité présidé par le général de Gaulle. Giraud y souscrit sans difficultés et signe le procès-verbal, pour s'apercevoir un peu tard qu'il vient de s'exclure du Comité. Il en est si surpris qu'il refusera pendant deux jours de quitter la présidence [101]... Mais le résultat est acquis : en droit comme en fait, le CFLN n'a plus désormais qu'un seul président. Giraud reste malgré tout commandant en chef : il a montré sa valeur lors des opérations de Corse, et puis, il faut bien garder cette caution vis-à-vis des Américains, si l'on veut continuer à recevoir les armes de la reconquête...

9

Lame de fond

Que de chemin parcouru en une année ! A l'automne de 1942, le général de Gaulle était entièrement tributaire du soutien et de l'hospitalité britanniques, son armée ne comptait que quelques dizaines de milliers d'hommes, et il avait vu l'Afrique du Nord libérée par les Américains, administrée par l'amiral Darlan, puis reprise en main par une faction à la fois vichyste, proaméricaine et résolument antigaulliste... Mais à l'automne de 1943, le voici solidement installé à Alger, à la tête d'un mouvement enfin unifié, d'une armée de près de 400 000 hommes partiellement rééquipée par les Américains *, et d'un Empire qui s'étend du Maroc à la Réunion, des Antilles à Saint-Pierre-et-Miquelon et de l'Afrique Occidentale française à la Nouvelle-Calédonie. Bien sûr, le général de Gaulle a obtenu ces résultats grâce à une combinaison unique de courage, de fermeté, d'éloquence, d'idéalisme et de sens de l'organisation ; mais aussi, il faut bien l'avouer, grâce aux erreurs de calcul de son adversaire Franklin Roosevelt : l'extraordinaire confusion dans la planification politique de l'opération « Torch », l'introduction de « *Kingpin* » Giraud en Afrique du Nord, le *Darlan Deal*, les engagements un peu hâtivement contractés à Anfa, l'envoi de Jean Monnet à Alger, l'ultimatum du 18 juin au CFLN, enfin la

---

* Entre avril et octobre, elle a reçu suffisamment de matériel pour rééquiper quatre divisions d'infanterie et trois divisions blindées.

réception de Giraud à Washington au moment où tout se jouait à Alger... Autant d'initiatives machiavéliques et brouillonnes, qui ont par contrecoup ouvert à de Gaulle le chemin du pouvoir !

En vérité, le Comité français de Libération nationale a désormais tout d'un gouvernement, sauf le nom ; depuis le remaniement du 6 novembre, de Gaulle en est l'unique président, et les représentants des partis politiques y ont fait leur entrée : le modéré Louis Jacquinot à la Marine, le démocrate chrétien François de Menthon à la Justice, les socialistes André le Troquer, Adrien Tixier, Jean Pierre-Bloch et André Philip, respectivement commissaires à la Guerre, au Travail, commissaire-adjoint à l'Intérieur et chargé des relations avec l'assemblée, enfin les radicaux Pierre Mendès France et Henri Queuille aux Finances et à la vice-présidence du Conseil ; la Résistance y est également représentée par plusieurs de ses dirigeants : Henri Frenay, commissaire aux Prisonniers, René Capitant à l'Education et Emmanuel d'Astier à l'Intérieur. Tous ont pris leur place dans ce véritable Conseil des ministres aux côtés des « anciens » : René Massigli, Henri Bonnet, René Pleven, André Diethelm, Jean Monnet et le général Catroux *. Quant au général Georges, manifestement hors d'état de jouer le rôle qu'avait imaginé pour lui Winston Churchill, il a quitté le Comité sans trop de regrets à la faveur du remaniement...

A cette direction démocratisée d'une France renaissante, il ne manquait qu'un parlement : l'Assemblée consultative d'Alger en tiendra lieu. Réunie pour la première fois le 3 novembre 1943 sous la présidence d'Henri Queuille, elle compte parmi ses soixante-dix membres des élus d'Afrique du Nord, quelques parlementaires de la métropole qui avaient refusé de voter les pleins pouvoirs au Maréchal, et surtout des hommes de la Résistance venus de France occupée. Cette assemblée assez nettement marquée

---

* Respectivement commissaires aux Affaires étrangères, à l'Information, aux Colonies, à la Production, commissaire en mission aux Etats-Unis et commissaire d'Etat chargé des affaires musulmanes.

à gauche entend bien s'affirmer vis-à-vis de l'exécutif ; de Gaulle, jugeant que la démocratie est à ce prix, veillera à lui en donner les moyens, et ce parlementariste réticent daignera même l'honorer de sa présence une bonne trentaine de fois. Par la force des choses, il ne peut y avoir d'élections, ce qui limite quelque peu l'âpreté des débats sans nuire à leur efficacité... Voilà en tout cas des institutions qui rapprochent sensiblement le CFLN des autres gouvernements en exil, dont beaucoup n'ont pas attendu la Grande-Bretagne et les Etats-Unis pour le reconnaître... A quoi s'ajoute que Londres et Washington vont lui déléguer MM. Duff Cooper et Edwin Wilson comme représentants avec rang d'ambassadeur, ce qui constitue une reconnaissance explicite du nouveau statut acquis par les autorités d'Alger.

Ce quasi-gouvernement disposant désormais d'un chef unique, d'un commissariat à la Guerre et d'une armée réunifiée entend naturellement être présent sur tous les champs de bataille de la guerre – à commencer par la péninsule italienne, où les Alliés ont pris pied le 3 septembre. De Gaulle projette d'y engager dès la fin de 1943 un corps expéditionnaire commandé par le général Juin, et simultanément d'y faire reparaître politiquement la France en s'assurant une représentation au sein du Conseil consultatif pour l'Italie. Enfin, le Général, ne perdant jamais de vue son but ultime, a fait adresser dès le 7 septembre à Londres et Washington un projet d'accord précisant les conditions dans lesquelles devrait fonctionner la coopération de l'administration française avec les forces alliées durant la future bataille de France : il prévoit qu'un délégué du CFLN sera présent en permanence aux côtés du commandant militaire allié ; ce dernier disposera de pouvoirs étendus dans la zone des combats, mais l'administration du CFLN sera immédiatement instaurée dans les zones libérées, dites « de l'intérieur » *. Ce projet traite

---

* Le général de Gaulle a chargé le directeur adjoint de son cabinet, le commandant Hettier de Boislambert, de la formation en Grande-Bretagne d'officiers de liaison administrative, destinés à être rattachés aux grandes unités alliées débarquées en France.

346   DE GAULLE ET ROOSEVELT

également de toutes les questions annexes : prestations de services, juridiction militaire et questions monétaires *.

Pourtant, tout n'est pas pour le mieux dans le meilleur des mondes en guerre... Le CFLN, qui n'a pas été associé à la signature de l'armistice italien ni invité à la conférence des ministres des Affaires étrangères de Moscou, reste également exclu des discussions concernant l'organisation des Nations unies. Tout cela montre bien que Washington, Londres et Moscou entendent tenir cette France réunifiée pour quantité négligeable. Du reste, certaines faiblesses manifestes du CFLN ne manquent pas de le desservir : ainsi, le général Giraud, resté commandant en chef, garde une tendance certaine à considérer l'armée comme son fief personnel, se donne beaucoup de mal pour reconstituer l'esprit et l'organisation de l'armée de 1940, et garde la haute main sur une partie des services secrets, ce qui entretient une rivalité malsaine avec le BCRA du colonel Passy...

Mais il y a plus grave : au Liban, les partis nationalistes ont remporté une victoire écrasante aux élections de juillet 1943, et le 8 novembre, le Parlement libanais a voté à une très large majorité des amendements constitutionnels visant à faire du Liban un pays entièrement indépendant. Trois jours plus tard, l'ambassadeur Helleu, délégué général du CFLN au Levant, prend l'initiative de faire arrêter le président libanais, le Premier ministre et les ministres de l'Intérieur, des Affaires étrangères et de l'Approvisionnement ; il prononce aussi par décret la dissolution de la Chambre et la suspension de la Constitution... Tout cela déclenche dans le pays une redoutable tempête : les manifestations de masse sont suivies d'une répression féroce, l'opinion publique libanaise dans son ensemble dénonce le coup de force, aucun nouveau gouvernement ne peut être constitué, les pays arabes voisins exigent le retour au *statu quo ante*, les Américains et les Soviétiques remettent au CFLN des notes de protestation, et les Britanniques

---

* Il est prévu que les forces alliées recevront des billets en francs émis par le CFLN.

menacent d'intervenir militairement pour rétablir l'ordre...
De Gaulle refuse de désavouer l'ambassadeur Helleu * et
dénonce toute l'affaire comme une provocation britannique, mais il n'est pas suivi par le Comité, qui décide
d'envoyer le général Catroux à Beyrouth avec les pleins
pouvoirs pour régler pacifiquement le conflit. Une fois sur
place, Catroux s'aperçoit que le meilleur moyen de rétablir
le calme est encore de libérer toutes les personnalités
emprisonnées, de rétablir le président dans ses fonctions et
de faire rappeler à Alger l'ambassadeur Helleu qui « cesse
d'être lucide à certaines heures de la journée [1]. » Mais le
mal est fait : l'image de la France libre en sera durable-
ment entachée au Liban et passablement ternie à Londres
comme à Washington. A quoi il faut ajouter que dès ses
premières séances, l'Assemblée consultative d'Alger a
demandé l'arrestation des hommes qui ont collaboré avec
l'occupant, ce qui ne fait rien pour améliorer l'image du
CFLN auprès des gouvernements alliés...

Tout cela n'incite pas précisément à l'optimisme,
d'autant que la plupart des démarches effectuées au nom
du CFLN cet automne-là semblent se heurter à des fins de
non-recevoir. C'est ainsi que le mémorandum du 7 septembre sur l'administration civile en France libérée n'est
pas même honoré d'une réponse... alors que parallèlement,
on apprend par des indiscrétions que les autorités militaires
anglo-américaines ont élaboré leur propre plan, aux termes
duquel le commandement allié nommera lui-même les
fonctionnaires en France libérée [2] ! A l'évidence, le climat
n'est pas bon, et l'ambassadeur Edwin Wilson pourra
écrire le 10 novembre au Département d'Etat : « J'ai eu un
long entretien la nuit dernière avec le général de Gaulle.
J'ai commencé par dire qu'il semblait y avoir entre Alger
et Washington quelques malentendus, qu'il faudrait dissiper. De Gaulle m'a dit : " Vous croyez qu'il ne s'agit que
de malentendus ? " J'ai répondu : " Oui, je crois que ce ne
sont que des malentendus. Pas vous ? " Il a dit : " J'en suis

---

* Il envoie à Helleu ce télégramme... caractéristique : « Les mesures de
force que vous avez cru devoir prendre étaient probablement nécessaires. En
tout cas, je considère qu'elles l'étaient, puisque vous les avez prises... »

venu à me demander si ce n'était pas une politique délibérée de la part de votre gouvernement. " Je lui ai demandé
ce qu'il voulait dire au juste, et il a répondu qu'il pouvait
difficilement s'empêcher de conclure que notre gouvernement et nos autorités militaires avaient délibérément
essayé de le rabaisser afin de soutenir et de promouvoir
d'autres dirigeants français avec lesquels ils préféraient
traiter. [...] J'ai saisi au passage une allusion du Général au
fait qu'une fois que nos troupes auraient débarqué en
France, nous serions susceptibles de traiter avec Vichy. Je
me suis déclaré stupéfait qu'il ait pu en arriver à de telles
conclusions [3]. »

Il n'y a pourtant rien là de stupéfiant, au vu de certaines
déclarations passées du président Roosevelt ; si l'administration américaine semble entièrement disposée à remettre
le pouvoir aux gouvernements de Belgique, des Pays-Bas,
de Norvège ou du Danemark une fois l'ennemi chassé de
leurs pays respectifs, elle refuse obstinément de considérer
comme un partenaire légitime le CFLN, qui dispose pourtant d'une base territoriale, d'un pouvoir exécutif, d'un
parlement, d'une armée engagée aux côtés des Alliés et
d'un soutien considérable en France occupée... Il faut
certes voir derrière cela l'influence persistante de Cordell
Hull, qui s'est d'ailleurs sensiblement renforcée depuis que
la démission de son sous-secrétaire d'Etat Sumner Welles
au mois d'août lui a rendu une bonne partie de ses préroga-
tives en matière de politique étrangère *. L'adjoint de
l'amiral Stark, le commandant Kittredge, qui a rencontré
Hull cet été-là, est rentré à Londres « consterné par l'attitude de M. Hull, ses idées préconçues et son incapacité à
comprendre la nature fondamentale du problème français [4]. »

---

* Le président a accepté avec beaucoup de réticence la démission de Sumner Welles, au motif que celui-ci menait une politique étrangère trop indépendante de celle de Cordell Hull. La véritable raison en était que l'alcoolisme et
l'homosexualité trop voyante de Welles menaçaient de provoquer un scandale
public susceptible de compromettre le gouvernement. Welles est remplacé par
Edward R. Stettinius Jr.

De fait, c'est ce même Cordell Hull qui a rédigé un projet concernant l'administration en France libérée, accepté par le président le 6 octobre et présenté ensuite à la conférence de Moscou des ministres des Affaires étrangères. Aux termes de ce document, le commandant suprême allié conservera l'autorité exclusive en France « aussi longtemps que les conditions militaires le rendront nécessaire ». A quoi s'ajoute que « le commandant suprême, pour donner au peuple français la pleine liberté du choix de la forme de gouvernement qu'il désire », s'efforcera de « maintenir la balance égale entre tous les groupes politiques acquis à la cause alliée. » C'est là, à l'évidence, un fidèle reflet des vues de Franklin Roosevelt sur la question... Mais le président n'étant pas homme à provoquer les électeurs américains, il est également précisé que le commandant suprême allié « n'entrera pas en relations avec Vichy, sauf pour mettre fin à ce régime [5]. »

Pourtant, au retour de Moscou, où il a fait de son mieux pour que l'influence du général de Gaulle et de son Comité soit réduite au minimum absolu, Cordell Hull fait escale à Alger. Il y rencontre le général de Gaulle... et là, rien ne se passe comme prévu : « De Gaulle, écrira Hull, s'est montré plus amical que je ne l'avais imaginé [6]. » Le vieux secrétaire d'Etat s'attendait-il vraiment à trouver un interlocuteur muni de deux cornes et d'une fourche ? Toujours est-il que quelques jours plus tard, l'ambassadeur Hoppenot pourra câbler de Washington : « D'une source très sûre, j'apprends que M. Cordell Hull aurait fait part ici de l'impression très heureuse qu'il aurait rapportée de son entretien récent avec le général de Gaulle. Le secrétaire d'Etat aurait ajouté que le Gouvernement américain paraissait avoir été jusqu'ici mal informé relativement à la personnalité du Général et à ses idées... [7] »

Il est vrai que le général de Gaulle peut captiver n'importe quel interlocuteur lorsqu'il daigne s'en donner la peine. Mais le président Roosevelt, lui, reste notoirement insensible au charme du général de Gaulle et résolument opposé à sa politique ; au début de novembre, il a d'ailleurs reçu plusieurs nouveaux éléments à charge contre le Général, à commencer par une lettre d'Alexis Léger en date du 3 novembre – avant même le remaniement du CFLN –, qui met en garde le président contre les « tendances dissidentes où l'égoïsme d'une ambition personnelle pourrait être intéressé à entraîner, par surprise, la bonne foi du peuple français avant son ressaisissement [8] » ; il y a ensuite un message de Churchill, quelque peu indigné de l'abolition de la coprésidence du CFLN et du départ de son ami le général Georges : « Je ne suis pas du tout satisfait, écrit-il à Roosevelt le 10 novembre, des changements au sein du Comité national français qui font de De Gaulle le président unique. L'institution que nous avions reconnue était de nature toute différente, son essence étant la coprésidence de Giraud et de De Gaulle. Je suggère que nous nous cantonnions dans une attitude de réserve complète jusqu'à ce que nous puissions discuter ensemble de la question [9]. »

Ils en auront effectivement l'occasion, puisqu'ils doivent se retrouver incessamment au Caire, puis à Téhéran pour la rencontre longtemps espérée avec Joseph Staline, auquel Roosevelt tient à présenter personnellement son projet de Nations unies. Mais c'est justement alors qu'il est en mer pour se rendre à la conférence que Roosevelt apprend les détails du coup de force français au Liban : « Le président, écrira Cordell Hull *, prit bonne note de l'action arbitraire du général de Gaulle ayant abouti au renversement du gouvernement libanais le 11 novembre [10]. » Il est vrai que Roosevelt vient de recevoir un nouveau télégramme de Churchill, qui ne mâche pas ses mots : « Je suppose que vous avez été informé des lamentables excès commis par les Français en Syrie **. [...] Je ne doute pas que nous ayons là un avant-goût de ce que sera l'administration de De Gaulle en France. Cette action est tout à fait

---

* Cette fois encore, Cordell Hull ne sera pas du voyage, Roosevelt trouvant tout naturel de négocier avec Staline hors de la présence de son secrétaire d'Etat...

** Sans doute emporté par son indignation, Churchill confond la Syrie et le Liban.

contraire à la charte de l'Atlantique et à de nombreuses
déclarations faites par nous dans le passé [...]. Les excès
commis au Levant [...] justifient amplement une rupture
avec de Gaulle, tout en mettant l'opinion publique mondiale de notre côté. Entre-temps, je m'enquiers soigneusement de l'état de nos forces au Levant. Si nous
décidons d'agir, il faudra prendre quelques précautions
en Afrique du Nord, car je vous assure que cet individu
ne reculera devant rien s'il a des forces armées à sa
disposition [11]. »

Il sera donc beaucoup question du général de Gaulle
durant ce voyage à bord de l'*Iowa*; le 15 novembre, lors
d'une réunion des chefs d'état-major dans la cabine du
président, l'amiral Leahy déclare qu'« il pourrait s'avérer
souhaitable de retarder l'équipement des onze divisions du
général de Gaulle, car il serait sans nul doute à même de
les utiliser pour prendre l'avantage [...] et s'imposer en
France par la force. » Ayant fait remarquer que ces divisions seront utiles au général Eisenhower, le président
ajoute que de toute façon, « la France ne redeviendra certainement pas une puissance de première ordre avant au
moins vingt-cinq ans [12]. » Quatre jours plus tard, lors d'une
nouvelle réunion des chefs d'état-major, l'amiral Leahy
prédit qu'il y aura vraisemblablement une guerre civile en
France après la fin des hostilités ailleurs, à quoi le président répond : « Il se pourrait fort bien que nous soyons
obligés de maintenir certaines divisions en France. [...] Il
faudra peut-être un Etat tampon entre l'Allemagne et la
France. Il pourrait s'étendre du nord de la France, disons
Calais, Lille et les Ardennes, jusqu'à l'Alsace et la Lorraine – en d'autres termes, de la Suisse jusqu'à la côte. »
Sur quoi l'amiral Leahy fait observer que les Allemands y
ont déjà pensé : ils appellent cela la zone interdite [13] !

Dès son arrivée au Caire, Roosevelt fait part à ses interlocuteurs de ses vues sur le rôle du général de Gaulle,
l'avenir de la France et la décolonisation d'après-guerre –
autant de sujets qui semblent d'ailleurs intimement liés
dans l'esprit du président. Dès le 23 novembre, on trouve

dans le procès verbal de ses entretiens avec le vice-ministre des Affaires étrangères soviétique Vychinski la mention suivante : « Le président a expliqué ses difficultés avec de Gaulle, et a esquissé l'idée d'un régime de mandat pour les pays immatures, en citant l'exemple du Maroc [14]. » Mais c'est à Téhéran cinq jours plus tard, lors de son premier tête-à-tête avec Staline, qu'il aborde le fond de la question, et le procès verbal de la discussion est particulièrement édifiant :

« *Le maréchal Staline* a déclaré qu'il ne connaissait pas personnellement le général de Gaulle, mais qu'il lui paraissait irréaliste dans ses activités politiques. [...] Le problème avec de Gaulle, c'est que son mouvement est sans contact avec la France réelle qui, à son avis, devrait être punie pour son attitude au cours de cette guerre. De Gaulle agit comme s'il était à la tête d'un grand Etat, alors qu'en réalité, il n'a guère de pouvoir.

Le président a exprimé son accord et déclaré qu'à l'avenir, aucun Français âgé de plus de quarante ans, et surtout aucun Français ayant participé au gouvernement français actuel, ne devrait être admis à une position dirigeante dans l'avenir. Il a dit que le général Giraud était un bon militaire de l'ancienne école, mais sans la moindre capacité administrative ou politique. [...]

Le Maréchal Staline, parlant longuement des classes dirigeantes françaises, a dit qu'à son avis, elles ne devraient pas avoir le droit de partager les bénéfices de la paix, au vu de leurs antécédents de collaboration avec l'Allemagne.

Le président a déclaré que M. Churchill était d'avis que la France redeviendrait très rapidement une nation forte, mais il ne partageait pas ce point de vue, car il estimait qu'il faudrait bien des années d'honnête labeur avant que la France ne puisse se rétablir. Il a ajouté qu'il fallait avant tout que les Français, non seulement les dirigeants mais aussi le peuple, deviennent des citoyens honnêtes [15]. »

Après cela, on en vient tout naturellement à parler des colonies, et les deux compères s'accordent pleinement sur le fait que la France ne devrait pas récupérer l'Indochine, qui pourrait par exemple être placée sous la tutelle de la Chine. Poursuivant ses visions décolonisatrices, Roosevelt en vient à parler de l'Inde, qu'il voudrait voir « réformer en partant de la base, un peu sur le modèle soviétique... » Mais Staline tempère quelque peu les ardeurs du président, en lui faisant remarquer que « la question indienne est compliquée » et qu'« une réforme en partant de la base aboutirait à une révolution [16]... » Voilà un avertissement à prendre au sérieux : le petit Père des Peuples n'est-il pas un expert en matière de révolutions ?

La question de l'administration civile en France libérée ne sera pas évoquée à Téhéran, mais Hull ayant envoyé de Washington un mémorandum à ce sujet, le président lui répond le 26 novembre : « Je suis convaincu que le moment n'est pas venu de prendre des décisions ou d'élaborer des plans définitifs concernant les affaires civiles en France. L'ensemble de la situation en Afrique du Nord est compliqué, mais l'attitude générale du Comité, et particulièrement celle de De Gaulle, est bien mise en lumière par l'affaire du Liban. De Gaulle revendique maintenant le droit de parler pour la France entière et exprime ouvertement son intention d'instaurer son propre gouvernement en France dès que les Alliés y pénétreront. Je suis de plus en plus enclin à penser que l'occupation, lorsqu'elle se fera, aura un caractère purement militaire [17]... »

Voilà qui est dit... De retour d'une conférence qu'il considère comme un grand succès *, Roosevelt s'arrête de nouveau au Caire, où Macmillan lui rend visite le 5 décembre : « Il se montre très critique à l'égard de De Gaulle et des Français, note le ministre résident. Il craint que les Français ne puissent se rétablir, et estime par conséquent qu'il ne faut pas leur permettre, volontairement ou non, de laisser tomber le monde une seconde fois. Par conséquent, il ne faudrait *pas* que l'Indochine leur soit

---

* Il a été décidé de mettre en œuvre un second débarquement dans le sud de la France (« Anvil ») en complément de l'opération « Overlord » au nord-ouest ; par ailleurs, Staline s'est montré favorable aux plans du président concernant l'organisation des Nations unies, et Roosevelt est revenu de Téhéran persuadé d'avoir gagné la confiance du dictateur soviétique.

restituée. Dakar devrait passer sous protection américaine ; Bizerte sous protection britannique, etc. Il n'est pas
nécessaire d'y abolir la souveraineté française, le drapeau
français peut continuer d'y flotter, mais " si la Grande-
Bretagne et l'Amérique doivent être les gendarmes du
monde, il faut qu'elles aient le droit de choisir leurs gen-
darmeries " [18]. » Et Macmillan d'en conclure, comme
Joseph Staline avant lui, que « le président avait des vues
anticolonialistes très affirmées, mais qui s'accompagnaient
d'idées extrêmement frustes sur la façon d'instaurer progressivement l'indépendance dans les grands empires coloniaux sans provoquer de désordres et avec les meilleures
chances de succès [19]... »

Deux jours plus tard, Roosevelt se rend à Tunis, afin
d'annoncer personnellement au général Eisenhower qu'il a
été choisi pour commander l'opération « Overlord » *, prévue pour la fin de mai 1944. Dans un télégramme à Attlee,
Churchill explique que le président n'ira sans doute pas à
Alger, et il poursuit : « Si [le président] le faisait, il ne
recevrait pas de Gaulle, mais seulement Giraud. Le grand
obstacle à la réhabilitation de la France est la personnalité
de De Gaulle. Comme vous le savez, j'avais prévu une
contre-visite à l'armée française, mais j'ai été refroidi par
l'incident du Liban, par la démission de mon ami le général Georges et par les folies en cours [20]. »

Les folies sont loin d'être terminées... A la mi-
décembre, Churchill séjourne à Carthage, où il se remet
d'une attaque de pneumonie, lorsque le CFLN annonce
l'arrestation du gouverneur Boisson, de Marcel Peyrouton
et de Pierre-Etienne Flandin ; or, le Premier ministre est
attaché à ces hommes, et il réagit violemment à la nouvelle ; le 21 décembre, il écrit à Anthony Eden : « Je suis
scandalisé par l'arrestation de Boisson, de Peyrouton et de
Flandin. Les deux premiers se sont trouvés sous la juridic-

---

* Il avait été initialement prévu de nommer le général Marshall à ce
commandement, Eisenhower le remplaçant à Washington comme chef d'état-
major de l'armée. Mais Roosevelt, craignant qu'Eisenhower ne puisse tenir
tête au général MacArthur, l'irascible commandant en chef dans le Pacifique
sud, a finalement décidé de maintenir Marshall à son poste...

tion de De Gaulle [...] du fait d'initiatives américaines, et aussi anglaises dans une très large mesure. C'est à Boisson que nous devons le ralliement de Dakar. Peyrouton a été invité par Giraud, et c'est le Département d'Etat qui a approuvé sa venue. J'ai rencontré ces deux hommes sous les auspices du général Eisenhower lors de mon séjour à Alger au mois de février [...]. Je leur ai bien dit à tous les deux : " Marchez contre le Boche et comptez sur moi. " Je serai obligé de rendre cela public si de Gaulle prend des mesures extrêmes à leur endroit. En ce qui concerne Flandin, nous n'avons pas d'obligations particulières. Mais ayant pris personnellement connaissance du détail de ses actions au cours des dix dernières années, je suis d'avis que si le Comité français devait prendre des mesures contre lui, il se disqualifierait entièrement en tant que garant des intérêts de la France [21]. »

Il semble bien que la générosité et l'imagination du Premier ministre aient émoussé ses facultés critiques ; car enfin, le ralliement de Dakar ne s'est effectué que quinze jours après la reddition de l'amiral Darlan en Afrique du Nord ; encore le gouverneur général Boisson s'est-il rallié à Darlan et non aux Anglo-Américains, et il faut une certaine dose d'imagination pour le représenter comme un allié de l'Angleterre... D'autant que c'est ce même gouverneur Boisson qui a donné l'ordre d'ouvrir le feu sur les troupes anglo-françaises lors de l'expédition de Dakar en 1940, et que c'est encore lui qui a cruellement maltraité les gaullistes – et les sujets britanniques – internés en Afrique-Occidentale entre 1940 et 1942 ! Quoi qu'il en soit, Churchill écrit également au président Roosevelt qu'il se sent quelques obligations envers Peyrouton et Flandin, et il ajoute : « Il me semble que les Américains ont dans cette affaire des obligations plus contraignantes encore, puisqu'aussi bien nous ne faisions que suivre vos consignes. J'espère donc que vous prendrez toutes mesures en votre pouvoir pour faire comprendre au Comité français la folie de son initiative présente [22]. »

A Washington, le président Roosevelt est tout disposé à agir ; après avoir déclaré à Hull que « le moment est venu d'éliminer de Gaulle et de mettre le Comité en face de ses responsabilités [23] », il télégraphie à Eisenhower pour lui ordonner de faire savoir au Comité que, « eu égard à l'aide apportée aux armées alliées par MM. Boisson, Peyrouton et Flandin lors de la campagne d'Afrique », le Comité « a ordre de ne prendre aucune mesure contre ces personnalités à l'heure actuelle [24] ». Cela ressemble furieusement à un ultimatum, mais lorsque le 23 décembre, Churchill en prend connaissance, il télégraphie immédiatement à Eden : « Je suis d'avis qu'il est essentiel que nous soutenions le président [25]. »

Ce n'est pas du tout l'avis du *Foreign Office,* qui demande à Macmillan de contacter le général Bedell Smith, seul responsable à Alger en l'absence d'Eisenhower *, afin de le convaincre de passer outre aux instructions du président... Macmillan commence par s'assurer la coopération de l'ambassadeur Wilson qui, indigné que Roosevelt ait adressé son télégramme à Eisenhower plutôt qu'à lui-même, câble au Département d'Etat dans l'après-midi du 23 décembre que : *a)* il ne peut accepter qu'Eisenhower reçoive des ordres sans que lui, Wilson, en soit informé, et *b)* il proteste contre la manière dont cette affaire est traitée, avec l'intention manifeste de provoquer une rupture définitive [26]. » Macmillan notera la suite dans son journal : « 16 h 15. Wilson et moi avons vu Bedell Smith [...]. Il avait une vue très pessimiste des choses. Il ne voyait pas très bien comment lui ou Eisenhower pourrait refuser d'exécuter des ordres émis directement par le président, mais sur notre insistance, il a accepté de s'abstenir de toute initiative pendant deux ou trois jours. Ai ensuite téléphoné au Premier ministre, qui semblait plutôt inquiet de l'avalanche qu'il avait déclenchée. Je crois qu'il ne s'attendait pas à ce que le président réagisse aussi vite et aussi violemment. [...] Le président déteste de Gaulle et le Comité français. Il est prêt à se saisir de n'importe quel prétexte pour les renverser et réinstaller Giraud au pouvoir [27]. »

---

* Le commandant en chef est en tournée d'inspection en Italie à cette époque.

Au cours des jours qui suivent, une intense pression est maintenue à la fois sur Bedell Smith et sur Churchill : Wilson, Massigli, Eden, Duff Cooper * et Macmillan s'y emploient de concert et pratiquement à temps plein, le ministre résident expliquant au général Bedell Smith que si l'ultimatum du président était présenté au Comité, celui-ci « refuserait certainement d'obtempérer et notre impuissance apparaîtrait alors au grand jour, ce que nous ne pouvons pas permettre. Nous serions donc obligés de recourir à la force pour appuyer nos revendications, ce qui entraînerait presque certainement la chute du Comité [28]. » Quant à Eden, il informe Churchill qu'il ne partage pas du tout son opinion au sujet des trois hommes emprisonnés, et qu'il considère les instructions envoyées à Eisenhower comme extrêmement dangereuses, dans la mesure où elles pourraient fort bien provoquer la démission collective des membres du Comité. Dans ce cas, la nouvelle administration serait dirigée par les généraux Giraud et Georges, qui s'appuieraient tant bien que mal sur l'armée ; or cela ne manquerait pas d'avoir un effet désastreux sur le moral des Français, et rendrait probablement impossible toute poursuite de la coopération avec les réseaux de résistance français. Par ailleurs, cela augmenterait considérablement le danger d'une guerre civile en France après la libération, et pourrait même créer en Afrique du Nord une situation qui obligerait les troupes américaines et britanniques à assurer elles-mêmes le maintien de l'ordre. Pire encore : « L'opinion publique en Grande-Bretagne serait scandalisée, et nous serions bien en peine de justifier l'initiative du président devant le Parlement. » Enfin, Eden fait remarquer que les arrestations ont été décidées sous l'influence des chefs de la Résistance, opérant sans doute conformément aux instructions du Conseil national de la Résistance. Or, le CNR représente la grande majorité des éléments actifs en France, et « nous ne pouvons pas nous permettre de nous brouiller avec eux ». « Nous devons, conclut Eden,

---

* Duff Cooper doit remplacer Macmillan comme représentant auprès du CFLN, mais il n'est pas encore officiellement en fonctions, ayant quelques difficultés à s'installer correctement à Alger avec son épouse.

nous assurer le concours des modérés au sein du Comité, et non les pousser à s'aligner sur les extrémistes [29]. »

Churchill grogne, tempête, vocifère, reproche à Macmillan de n'avoir pas su représenter au Comité « toute la gravité de l'affaire », mais commence à céder ; le 25 décembre, le général Bedell Smith écrit au président : « Sachez, pour votre information personnelle, que le Premier ministre a d'abord été furieux en apprenant l'arrestation de Boisson, et qu'il nous exhorte toujours à la plus grande fermeté dans cette affaire. Mais en même temps, il est en contact avec le *Foreign Office,* et là, on envisage une politique beaucoup plus modérée ; si le Premier ministre continue à faire montre d'une grande pugnacité, il ne manquera sûrement pas de battre en retraite face à une opposition résolue du *Foreign Office,* ainsi qu'il l'a toujours fait lors des affrontements passés. Il en résulte que dans le cas d'une rupture brutale avec le Comité de nature à compromettre nos plans militaires, ce sont les Etats-Unis qui auraient à endosser l'essentiel de la responsabilité [30]. » Cet argument, joint à un rapport de l'ambassadeur Edwin Wilson selon lequel les arrestations auraient été décidées sous la pression de la Résistance française, finit par persuader le président de faire machine arrière ; le 26 décembre, il écrit à Eisenhower : « Si vous n'avez pas encore transmis mes instructions au Comité, je vous demande de vous en abstenir. Si vous pensez que les mêmes résultats peuvent être obtenus au moyen de discussions informelles, il n'est pas utile de faire une démarche officielle [31]. » Encore une occasion manquée ! Mais il n'y a vraiment rien à faire : si désireux que soit Roosevelt d'éliminer le général de Gaulle en tant que force politique, il ne tient toujours pas à en porter seul la responsabilité. En politicien avisé, il estime que l'opinion publique américaine ne le tolérerait pas – et il a parfaitement raison...

Le télégramme de Roosevelt provoque un intense soulagement à Alger : « Le président, note Macmillan, a complètement abandonné la partie. Pas d'ultimatum. C'est

à nous diplomates qu'est laissé le soin de traiter du problème des procès politiques. Un véritable triomphe [32] ! »
De fait, Wilson et Macmillan, laissés à eux-mêmes, auront tôt fait de désamorcer la bombe, en obtenant du général de Gaulle l'assurance discrète que Boisson, Peyrouton et Flandin seront détenus dans une villa confortable durant l'instruction de leur procès, et que ce procès ne se tiendra qu'*après* la libération de la France... Après cela, il ne reste plus à Macmillan et Wilson qu'à rendre visite au général Eisenhower, de retour d'Italie, pour le persuader de recommander au président d'accepter ces assurances, puis à écrire au *Foreign Office* pour qu'il donne le même conseil à Churchill ! Ceux qui prétendent que les diplomates ne font jamais rien n'étaient manifestement pas présents à Alger tout au long de l'année 1943...

A cette époque, le général de Gaulle est assez mal disposé envers ses alliés anglo-américains, et il a quelques raisons pour cela : les protestations américaines et les menaces d'intervention britanniques lors de l'affaire du Liban, les interventions alliées en faveur de Boisson, Peyrouton et Flandin, l'attitude dilatoire de Washington face aux demandes de révision des accords Clark-Darlan sur l'Afrique du Nord, l'absence de toute réponse à un mémorandum envoyé trois mois plus tôt sur la participation des armées françaises aux opérations alliées, le fait que Roosevelt et Churchill aient délibérément évité de passer par Alger à leur retour de Téhéran, l'absence de toute information au sujet des délibérations avec Staline, les rumeurs selon lesquelles ce dernier aurait dominé les débats et se serait montré extrêmement hostile à la France – autant d'éléments propres à raviver les lourds soupçons que le Général nourrit à l'égard de ses alliés. A cela s'ajoute un rapport parvenu de Washington le 2 décembre sur les entretiens concernant l'administration civile en France libérée entre l'ambassadeur Hoppenot et James C. Dunn, directeur du bureau des Affaires européennes au Département d'Etat : « Aucune négociation proprement dite ne sera ouverte avec nous à ce sujet. [...] En ce qui concerne la monnaie qui sera utilisée en France par les Alliés, M. Dunn

[...] m'a déclaré que la décision de pourvoir les troupes d'invasion d'une monnaie de commandement interallié venait d'être confirmée par M. Stimson et était irrévocable [33]. » En d'autres termes, on envisage sérieusement à Washington de soumettre la France au même régime que l'Italie : celui de l'AMGOT *, c'est-à-dire de l'occupation militaire alliée...

Précisément, il y a aussi en Italie une politique américaine consistant à traiter les anciens fascistes du Maréchal Badoglio avec le même pragmatisme que l'amiral Darlan en Afrique du Nord... Dès lors, le général de Gaulle confie à son ancien chef de cabinet François Coulet : « Roosevelt et Churchill ont pourri la guerre. Oui, c'est bien cela : ils ont choisi le moindre effort et c'est ce qu'il ne faut jamais faire à la guerre. Alors, vous avez vu : Pétain, Badoglio, von Papen **... et ce n'est pas fini [34]. » Enfin, en Italie comme naguère en Tunisie, les Américains entendent continuer à disposer à leur gré des armées françaises, en choisissant les divisions, en les disposant sur le terrain et en les engageant au combat sans la moindre consultation avec les autorités françaises... Le général Giraud n'y avait vu jusque-là aucun inconvénient, mais le général de Gaulle, lui, considère cela comme une grave atteinte à la souveraineté française. Pourtant, le commandement américain a fait discrètement savoir qu'en cas de remise en cause de cette pratique, qui remonte aux accords d'Anfa avec Giraud, il pourrait interrompre ses livraisons de matériel à l'armée française...

Mais de Gaulle ne se laisse pas impressionner, et il convie les représentants alliés à une réunion dans sa villa le 27 décembre. Or, les choses ayant bien changé depuis un an, cet entretien va s'engager dans des conditions nettement favorables au Général ; c'est que ses trois interlocuteurs, Wilson, Macmillan et Bedell Smith, sont

---

* « *Allied Military Government of Occupied Territories* », Administration militaire alliée des Territoires occupés.
** Le général de Gaulle a manifestement eu vent de contacts très secrets menés au début d'octobre à Ankara entre l'ambassadeur von Papen et un émissaire du président Roosevelt.

également ses sympathisants, et même ses admirateurs ; d'autre part, le général Eisenhower vient d'être nommé commandant suprême des opérations devant aboutir à la libération de la France, et ni lui ni son chef d'état-major Bedell Smith n'imaginent que l'opération puisse se faire sans la pleine coopération du général de Gaulle et du CFLN... Ainsi s'explique la tournure prise par cette entrevue du 27 décembre, qu'il est fascinant de suivre jusqu'à son terme :

« En ouvrant la conférence, le général de Gaulle rappelle qu'elle a pour but de conclure un accord sur les conditions dans lesquelles les forces françaises pourront participer aux opérations alliées. [...] Un projet d'accord a été proposé du côté français. Le général de Gaulle demande aux représentants alliés de faire connaître leur point de vue sur ce projet. [...]

« Le général Bedell Smith expose que le commandement interallié ne fait pas d'objection de principe au projet d'accord d'ensemble proposé par les Français. Mais il s'agit là d'une négociation entre les gouvernements. Or, tandis que se poursuit cette négociation, le général Eisenhower demande que l'on s'accorde tout de suite au sujet de la Méditerranée. En effet, une vaste opération est prévue sur le sud de la France, et, pour l'exécuter, le commandement interallié aura besoin de toutes les divisions françaises, y compris celles qui sont ou qui seront engagées en Italie. Le temps presse, car les opérations en France sur les deux théâtres du Sud et du Nord-Ouest sont liées. [...] Au total, pour arrêter le plan de ses opérations, le commandement allié a besoin de savoir sur quelles forces françaises il peut compter.

« Le général de Gaulle observe que c'est là, pour le commandement, la bonne manière de poser le problème et que c'est la première fois qu'on le pose de cette façon. Il appartient, en effet, au gouvernement français de mettre, ou de ne pas mettre, ses forces à la disposition du commandement interallié ; ce qui implique que ce gouvernement sache pour quelle opération, au juste, les forces françaises lui sont demandées. [...]

« Le général Bedell Smith dit que les " Combined Chiefs of Staff " excluent la possibilité de transporter une division blindée française sur le front du Nord-Ouest. La raison de ce refus est le manque de moyens de transport. En conséquence, toutes les divisions françaises seraient utilisées sur le front sud.

« Le général de Gaulle relève aussitôt que cette solution ne lui agrée pas. La participation d'une fraction des troupes françaises à l'opération en France par le Nord est justement une de ces questions où le point de vue stratégique allié est en contradiction avec le bon sens sur le plan national. Si les troupes alliées entrent à Paris sans les troupes françaises, les conséquences seront très graves à tous égards. [...]

« Le général Bedell Smith affirme que le général Eisenhower compte bien attirer sur ce point l'attention des " Combined Chiefs of Staff ". [...]

« Le général de Gaulle demande alors au général Bedell Smith comment le commandement allié envisage les opérations par le nord et par le sud de la France.

« Le général Bedell Smith expose le plan général des opérations. Il insiste sur l'importance que le commandement allié attache à la participation des forces françaises. [...] Le général Eisenhower, dit le général Bedell Smith, regrette de n'avoir pas eu sur ce sujet un entretien avec le général de Gaulle, voici quelques semaines. Lui-même se reproche de n'avoir pas demandé à le voir.

« Le général de Gaulle pense que les difficultés naissent, la plupart du temps, du fait qu'on ne s'est pas expliqué. C'est pourquoi il a convoqué la présente réunion [35]. »

« Une réunion vraiment très réussie, notera dans son journal Harold Macmillan. Le général Bedell Smith a très bien fait les choses, en se confiant entièrement à de Gaulle. Cela a manifestement beaucoup plu à notre Jeanne d'Arc, et je crois que nous aurons un accord convenable [...] aux termes duquel le CFLN placera ses forces rééquipées sous le commandement des chefs d'état-major combinés. Ils veulent naturellement y mettre quelques conditions qui me paraissent acceptables. Londres et Washington vont évidemment faire des difficultés, mais si nous parvenons à un résultat raisonnable, nous conclurons l'accord sans leur demander leur avis [36]. » Voilà qui est révélateur : les diplomates alliés à Alger ont maintenant assez d'assurance, et les militaires assez d'autorité, pour s'entendre avec le général de Gaulle sous leur propre responsabilité... De Gaulle en aura pleine confirmation lorsqu'il rencontrera trois jours plus tard le général Eisenhower :

« *Le général de Gaulle.* – Je suis très heureux de vous voir, mon Général. [...] Je tiens à vous dire la satisfaction que nous, Français, éprouvons à vous voir prendre le commandement qui vient de vous être confié. Les opérations que vous allez avoir à diriger en France sont vitales pour mon pays. Pour ce qui est des forces françaises, mon souci constant est celui-ci : qu'elles soient prêtes toutes et à temps. La réalité est que nous serons en mesure le 1ᵉʳ avril de mettre en ligne 5 ou 6 divisions d'infanterie, 3 divisions blindées et 3 états-majors de corps d'armée. Mon gouvernement et moi-même nous en tenons à cette réalité, pour modeste qu'elle puisse paraître.

Le général Eisenhower. – Puisque vous me parlez organisation, [...] j'ai reçu avant-hier la visite du général de Lattre. [...] Il m'a parlé de ses projets de telle manière que j'en ai retiré une grande confiance. [...] J'emporterai donc aux Etats-Unis une impression de confiance. En ce qui concerne les divisions françaises à organiser, il me semble qu'il ne faut pas être obnubilé par leur nombre. Je crois qu'il vaut mieux avoir une division complètement organisée que plusieurs qui le soient mal.

Le général de Gaulle. – Je suis d'accord avec vous sur ce point. [...]

Le général Eisenhower. – Voudriez-vous me dire quelle est l'importance de vos forces terrestres actuellement en Grande-Bretagne ?

Le général de Gaulle. – Pour ainsi dire, rien. Disons : 2 000 hommes comme forces terrestres.

Le général Eisenhower. – Il faudrait pourtant que je puisse disposer de forces terrestres pour l'opération du Nord. Or, je ne crois pas possible de soustraire de grandes unités du théâtre d'opérations méditerranéen, qui est la principale zone d'action des forces françaises. D'ailleurs, combien difficile serait le problème de leur transport en Angleterre ! Surtout s'il s'agit d'une division blindée.

Le général de Gaulle. – Oui ! Mais il nous faut au moins une division française en Angleterre. Or, nos divisions d'infanterie comprennent de nombreux indigènes et les Anglais feraient opposition à leur présence. Au contraire, nos divisions blindées sont composées essentiellement d'éléments français.

Le général Eisenhower. – Il y aura peut-être une solution : je ne sais pas ce que je vais trouver en Angleterre, mais il se pourrait que j'y trouve du matériel disponible. Dans ce cas, il suffirait de transporter le personnel à partir d'ici. Cela simplifierait beaucoup le problème.

Le général de Gaulle. – Vous verrez cela sur place. Mais, je vous le répète : " N'arrivez pas à Paris sans troupes françaises. "

Le général Eisenhower. – Soyez certain que je n'imagine pas d'entrer à Paris sans vos troupes. Je demanderai maintenant au général de Gaulle de me permettre de m'expliquer avec lui sur le plan personnel. On me fait une réputation de brusquerie et je crois, mon Général, qu'à votre arrivée à Alger, vous vous êtes quelque peu fondé sur cette réputation dans vos rapports avec moi. J'ai eu, à ce moment-là, l'impression que vous me jugiez sans tenir suffisamment compte des problèmes qui se posaient à moi dans l'exécution de ma mission et vis-à-vis de mon gouvernement. Je n'ai qu'un but : mener la guerre à bonne fin. Il m'a semblé, alors, que vous ne vouliez pas m'apporter votre entier concours. [...] Je reconnais aujourd'hui que j'ai commis une injustice à votre égard et j'ai tenu à vous le dire.

Le général de Gaulle. – A la bonne heure ! Vous êtes un homme ! Car vous savez dire : " J'ai eu tort. " [...] Nous ferons tout pour vous aider. Quant une difficulté surgira, je vous prie de me faire confiance et de prendre contact avec moi. Par exemple, je prévois déjà – et vous aussi – que c'est cela qu'il faudra faire quand se posera sur le terrain la question de Paris.

Le général Eisenhower. – Il nous appartient, en effet, d'aplanir entre nous les frictions quand elles se produisent. [...] Je doute qu'aux Etats-Unis, il me soit possible de me taire sur la question de nos rapports communs. [...] Si j'en trouve l'occasion, je suis prêt à faire une déclaration exprimant la confiance que j'emporte de nos contacts, reconnaissant l'injustice que j'ai commise à votre égard et ajoutant que vous vous êtes déclaré prêt, en ce qui vous concerne, à m'aider dans ma mission. Pour la prochaine campagne de France, j'aurai besoin de votre appui, du concours de vos fonctionnaires, du soutien de l'opinion française. Je ne sais pas encore quelle position théorique mon gouvernement me prescrira de prendre dans mes rapports avec vous. Mais, en dehors des principes, il y a les faits. Je tiens à vous dire que dans les faits, je ne connaîtrai en France d'autre autorité que la vôtre [37]. »

Voilà une assurance bien réconfortante... En fait, ce pacte secret * a de quoi satisfaire pleinement les deux généraux : Eisenhower, avec l'expérience acquise en Afrique du Nord, sait combien il est important d'être déchargé des affaires civiles pour pouvoir conduire une campagne militaire ; une autorité française forte et responsable pourra prendre en main les lourds problèmes d'administration locale, de réquisition, d'ordre public, de gestion économique, de ravitaillement des populations et de sécurité des lignes de communication ; elle pourra surtout donner des ordres à la Résistance et en être obéie. Quelle autre autorité que le CFLN et son chef prestigieux obtiendrait de tels résultats ? Eisenhower n'en connaît pas... Pour des raisons politiques évidentes, de Gaulle, lui, doit placer ses armées à la pointe du combat pour la libération de la France en général, et de Paris en particulier ** ; or, le général Eisenhower seul, du fait des nouvelles responsabilités dont il est investi, a les moyens d'imposer la participation des armées françaises à des subalternes qui s'en

---

* Si secret même que le général Eisenhower n'en fera pas mention dans ses *Mémoires*...

** Louis Joxe rappellera ces propos prémonitoires que lui a ténus le général de Gaulle six mois plus tôt, en *juillet 1943* : « Retenez ceci : Leclerc entrera le premier dans Paris, sa canne à la main. [...] Kœnig, nous le nommerons immédiatement gouverneur de la capitale. [...] Reste Juin ! Nous allons le présenter de nouveau à nos compatriotes – il en a besoin – et l'engager dans les grandes batailles. [...] Quant à de Lattre de Tassigny, vous ne vous faites, je l'espère, aucun souci pour lui. A chacun sa ration de gloire. » (L. Joxe, *Victoires sur la nuit, op. cit.*, p. 145.)

exagèrent grandement les difficultés et n'en voient nullement la nécessité...

Mais de Gaulle sait bien qu'au-dessus d'Eisenhower, il
y a les chefs d'état-major combinés, et qu'au-dessus du
militaire, il y a en dernier ressort le politique. Or, tous les
rapports qui lui parviennent de Washington indiquent que
la Maison-Blanche n'a nullement modifié sa position à
l'égard des Français libres. On se souvient que la délégation française avait fait savoir à Alger au début
de décembre 1943 que l'administration américaine avait
pris la décision irrévocable de doter ses militaires en
France de billets libellés en francs et émis par « le
commandement militaire interallié. » Jean Monnet, commissaire du CFLN en mission à Washington, s'est attaqué
au problème avec son énergie, son entregent et son savoir-
faire habituels, et il a fini par persuader Morgenthau au
Trésor et McCloy au *War Department* qu'une telle émission ne se justifierait que dans un pays ennemi occupé.
C'est ainsi que le 23 décembre, Morgenthau propose à son
gouvernement une solution plus acceptable : les billets ne
porteront aucune indication d'autorité émettrice, mais la
mention « République française » et « émis en France »
sur une face et « Liberté, Egalité, Fraternité » sur l'autre.
Les Départements d'Etat, de la Guerre et de la Marine se
déclarent d'accord, mais le président oppose d'emblée son
veto : Il souhaite remplacer « République française » par
« La France », et ne veut pas de la mention « Emis en
France »... « Du fait que ces billets seront émis par le
commandant militaire allié, écrit-il à Morgenthau le 6 janvier 1944, je mettrais au milieu un drapeau français en
couleur, encadré d'un drapeau américain et d'un drapeau
britannique [38]. »

Pour McCloy, le retrait de la mention « République
française » serait désastreux, ainsi qu'il l'écrit longuement
à Morgenthau le 8 janvier et tente d'en persuader Roosevelt dans l'après-midi du même jour. Mais le président
rétorque : « Comment pouvez-vous savoir à quel gouvernement vous aurez affaire après la guerre ? Ce sera peut-
être un empire.

– C'est justement ce que nous voulons éviter de laisser entendre, objecte Morgenthau. Il me semble que si vous inscrivez " la République française ", cela ne vous engagera absolument pas.

– Henry, dit Roosevelt, vous parlez exactement comme le *Foreign Office*.

– Monsieur le président, répond Morgenthau, c'est la plus grave insulte qu'on m'ait faite en dix ans ! »

Mais la discussion se poursuit, et Morgenthau note dans son journal :

« FDR ne cessait de répéter qu'il ne voulait rien voir figurer sur les billets qui pourrait indiquer la nature du gouvernement. J'ai soulevé des objections et McCloy aussi, mais le président était sur ses grands chevaux et il était impossible de lui faire entendre raison. Il a dit : " J'ai déjà entendu tous ces arguments. De Gaulle est sur le déclin. " [...] Nous avons donc enlevé *" Liberté, Egalité, Fraternité "*, dont il ne voulait pas. Il a également demandé que l'on retire *" La France "*. Nous nous sommes donc retrouvés avec le drapeau, sans rien d'autre [39]. » Morgenthau ayant rapporté cet entretien à ses collaborateurs, Harry White, secrétaire adjoint au Trésor, s'enquiert de la personnalité que le président considère comme étant susceptible de supplanter de Gaulle. « Il ne l'a pas précisé, répond Morgenthau, mais en dehors de son propre préjugé contre de Gaulle, il dit maintenant que Staline n'a que faire d'un Français, quel qu'il soit. D'ailleurs, il a ajouté que d'après Staline, le nouveau gouvernement ne devrait inclure aucun membre d'un gouvernement français précédent.

– Oh, oh, interrompt White, voilà maintenant que c'est Staline qui commande [40] ! »

L'après-midi même, Morgenthau communique les résultats de la réunion à un Jean Monnet atterré. Mais celui-ci, habitué à faire prévaloir ses vues par un patient travail de persuasion, prévoit que le président finira bien par entendre raison ; il suffira alors d'ajouter la mention « République française » ou « Emis par le CFLN » dans l'espace laissé libre sur les différentes dénominations... A l'évidence, Monnet sous-estime grandement l'entêtement du président : en vérité, si le CFLN émettait de l'argent en territoire libéré avec le concours des Américains, cela impliquerait la reconnaissance de sa souveraineté territoriale par Washington – ce dont Roosevelt ne veut à aucun prix, ainsi qu'il s'en expliquait trois jours plus tôt dans une lettre d'instructions à l'ambassadeur Edwin Wilson : « Il est malheureusement de fait que certains éléments français en sont venus à penser que la victoire alliée allait de soi. Ils ont, par conséquent, accepté que leur attention soit détournée de cette tâche principale et se sont adonnés en priorité à des tâches politiques qui retardent l'effort militaire allié et constituent une constante menace militaire contre lui. [...] Aussi longtemps que 90 % des Français ne seront pas libres d'exercer leurs droits politiques, aucun individu ou aucun groupe ne sera reconnu par les Etats-Unis comme le gouvernement de la France ou de l'empire français [41]. »

C'est en vertu de telles considérations que Roosevelt refuse depuis un mois toute représentation de la France à la Commission de contrôle pour l'Italie * – alors qu'il accepte d'y faire entrer l'URSS –, qu'il repousse toute participation française à la libération future d'une Indochine promise à la tutelle internationale ou sino-américaine [42], et qu'il a encouragé la formation à Charlottesville, en Virginie, de futurs administrateurs civils pour la France : en l'espace de deux mois, des militaires américains sont initiés aux subtilités de la langue française... et à l'art de devenir préfets, d'où le sobriquet de « *Sixty Days' Marvels* » dont on ne tarde pas à les affubler **. Il est vrai que le président continue de prêter une oreille complaisante aux détracteurs du général de Gaulle, comme Alexis Léger

---

* Elle y sera admise malgré tout en février 1944, sur l'insistance des autorités militaires anglaises et américaines.

** L'idée vient au départ du vieux secrétaire à la Guerre Stimson, qui avait expérimenté la formule un demi-siècle plus tôt aux Philippines, et pensait que ce qui était bon pour les Philippins devait l'être également pour les Français. Une vingtaine de ces talentueux administrateurs avait déjà été envoyée en Afrique du Nord au début de 1943, mais le général Eisenhower les avait fait promptement rapatrier.

qui lui fait parvenir des lettres en forme de réquisitoires anti-gaullistes *, et l'amiral Leahy, qui l'assure que « lorsque les troupes alliées entreront en France, la personne la plus sûre qui puisse nous aider à rassembler les Français est le maréchal Pétain [43]. » Mais comme toujours, ces conseillers-là ne font que conforter les préjugés personnels du président, qui semblent s'être durcis avec le temps jusqu'à susciter des réactions pratiquement viscérales ; le 12 février, en remettant à l'amiral Fénard, chef de la mission navale française, un destroyer nouvellement construit, le président parvient à prononcer un discours entier sans faire la moindre allusion au CFLN ou au général de Gaulle. Henri Hoppenot lui ayant fait remarquer que c'est à lui-même, en tant que représentant du CFLN, que le navire aurait dû être remis, Roosevelt entre dans une rage folle qui laisse ses interlocuteurs pantois [44]...

Pourtant, au fil des semaines, la pression en faveur d'un changement de politique envers le Comité d'Alger va s'accentuer jusqu'à devenir écrasante. Il y a d'abord le général Eisenhower, qui se rend à trois reprises aux Etats-Unis pour s'entretenir avec le président et le persuader qu'à défaut d'un accord en bonne et due forme avec le CFLN et son chef, l'opération de reconquête extraordinairement complexe et risquée dont il est chargé risque fort d'être fatalement compromise ; quelques jours seulement après son retour, c'est le chef d'état-major Bedell Smith qui écrit de Londres : « De Gaulle est bien plus sensé et équilibré qu'il ne semblait l'être au moment de son arrivée en Afrique du Nord, [...] et le Comité, tel qu'il est formé actuellement, constitue un groupe solide avec lequel nous pouvons traiter [45]. » Après cela, c'est le général Marshall qui est prié par Eisenhower de prendre le relais, en demandant au président la tenue de pourparlers au sujet des affaires civiles en France « avec les autorités

---

* Le dernier mémorandum en date étant celui du 31 janvier 1944, dans lequel Léger met une nouvelle fois le président en garde contre les ambitions dictatoriales du général de Gaulle, et se prononce en faveur de l'application en France libérée de la loi Tréveneuc – une solution depuis longtemps rejetée à Alger.

françaises dûment accréditées », en d'autres termes « avec des représentants du CFLN [46]. » L'ambassadeur Wilson vient d'Alger s'entretenir avec Roosevelt et lui demande s'il ne serait pas finalement dans l'intérêt des Etats-Unis de traiter « avec un pouvoir français suffisamment fort [47]... » La pression vient aussi de l'ambassadeur Biddle, représentant des Etats-Unis auprès des gouvernements en exil à Londres, qui déconseille fortement l'application de l'AMGOT en France, ainsi que de l'amiral Stark, qui écrit que le débarquement en France risquant de déclencher une insurrection révolutionnaire difficilement maîtrisable, il serait nécessaire d'associer le Général aux préparatifs de l'opération. Or, les rapports de Stark sont très lus au Pentagone, et influencent particulièrement le secrétaire à la Marine Frank Knox [48] – qui exerce à son tour une discrète pression sur le président Roosevelt...

Au sein du gouvernement, il est loin d'être le seul : Morgenthau continue de plaider la cause du CFLN, et même le vieux Stimson, fortement stimulé par son adjoint McCloy, commence à tourner casaque en plaidant la cause d'Eisenhower, à défaut de celle du général de Gaulle... Mais entraîné par son argumentation, il s'aperçoit bientôt que les deux causes se confondent : c'est par de Gaulle que l'on atteindra la Résistance, argumente-t-il, et d'ailleurs le CFLN sera bien mieux à même de remettre en place une administration efficace que quelques centaines d'officiers alliés... Quant à l'idée fixe de Roosevelt selon laquelle on ne doit pas préjuger du type de gouvernement que les Français voudraient se donner une fois libérés, elle ne trouve plus du tout grâce aux yeux de Stimson : « L'Amérique ne peut pas superviser les élections d'un grand pays comme la France. [...] Il en résulterait de terribles dangers et l'amitié franco-américaine en serait sans doute éternellement compromise [49]. » Elmer Davis, le directeur de l'*Office of War Information*, recommande que l'on commence à se concerter avec les chefs de la Résistance, ce qui implique évidemment certaines discussions avec le premier d'entre eux [50]... Cordell Hull lui-même commence à vaciller dans ses convictions et apporte un soutien discret à ses collègues – non par affection pour de Gaulle, bien sûr, mais parce qu'il craint quelque nouveau *Darlan Deal* en France, qui l'exposerait une nouvelle fois à la vindicte de la presse et de l'opinion [51] !

Il y a enfin la pression des événements, au moment où le corps expéditionnaire français en Italie se couvre de gloire sous la direction du général Juin, dont les commandants alliés Clark et Alexander ne cessent de chanter publiquement les louanges... Et puis, il y a les rapports de l'OSS, qui sont lus aussi attentivement au Département d'Etat qu'à la Maison-Blanche et qui, après avoir été franchement hostiles à de Gaulle, constatent à présent que « ce de Gaulle s'est enraciné, il a pris contact avec la résistance intérieure qui, à présent, en 1943, est dirigée par de Gaulle [52]. » Or, en février 1944, l'OSS estime que cette résistance intérieure compte « au bas mot 200 000 hommes [53]... »

Il est difficile d'imaginer qu'un homme d'Etat puisse résister à de telles pressions – surtout lorsque cet homme-là est simultanément accaparé par la lutte à mort qui se livre dans le Pacifique et assailli par de sérieuses difficultés en politique intérieure : une grève des chemins de fer, une menace de grève dans la sidérurgie, une fronde au Congrès... et l'amorce d'une campagne énergique en faveur de la candidature du bouillant général Douglas MacArthur aux élections présidentielles de novembre... « Si le général devenait le candidat républicain, a dit Leahy à Roosevelt, ce serait un très dangereux adversaire pour tout le monde – y compris pour vous [54] ! » A tout cela s'ajoute que le président a de graves problèmes de santé : revenu de Téhéran avec une forte bronchite, il a mal récupéré et a dû être admis pour examens à l'hôpital naval de Bethesda ; or, le diagnostic des médecins a été déprimant : bronchite aiguë, dilatation de l'aorte, nécrose du ventricule gauche et tension très élevée. Il est vrai que Roosevelt a un rythme de travail démentiel, qu'il pèse 93 kilos – concentrés pour l'essentiel au niveau du thorax et de l'abdomen du fait de l'atrophie de ses jambes –, qu'il boit énormément de cocktails « à l'ancienne » et fume tout de même trente cigarettes par jour [55]...

Qu'un président soumis à autant de pressions et de contraintes trouve malgré tout le temps d'entretenir une féroce vendetta contre le général de Gaulle et son Comité, qui ne représentent après tout qu'un minuscule élément sur le grand échiquier d'une guerre planétaire, voilà qui donne une idée de l'entêtement du personnage, de sa constance dans le ressentiment et de son manque de sens des proportions... Toujours est-il que les innombrables interventions en faveur du CFLN et de son chef n'ont fait que l'ancrer dans ses convictions, ainsi qu'il l'écrit à Churchill le 29 février 1944 : « On m'a remis à ce sujet des pages et des pages de mémorandums et d'appendices détaillés ; je les considère comme des prophéties émanant de prophètes qui ne peuvent pas être infaillibles [56]. » Trois jours plus tard, Eisenhower reçoit pour instructions de suspendre toutes tractations avec les Français, dans l'attente de nouvelles instructions du président. Celles-ci arriveront le 15 mars sous la forme d'une directive secrète « au commandant suprême allié pour l'éventualité d'une occupation du territoire français » (le terme d'« occupation » étant déjà significatif en soi...). Aux termes de ce document, Eisenhower pourra déterminer « où et quand une administration civile sera installée dans n'importe quelle partie du territoire français », et il « pourra consulter le CFLN » – en d'autres termes, il pourra traiter aussi avec n'importe quelle autre autorité française *de facto* s'il le juge bon, à l'exception toutefois du régime de Vichy en tant que tel. C'est donc la politique des autorités locales qui reste en vigueur, complétée par une autre constante des préoccupations présidentielles : « Aucun des pouvoirs qui vous sont conférés ci-dessus concernant vos rapports avec le CFLN ou tout autre groupe ou organisation ne saurait constituer une reconnaissance dudit Comité ou groupe en tant que gouvernement de la France, même à titre provisoire [57]. »

La directive secrète du président ne le restera pas bien longtemps ; moins d'une semaine plus tard, elle est portée à la connaissance du Comité d'Alger, et l'ambassadeur Viénot, nommé représentant à Londres du CFLN, rend visite à Anthony Eden pour lui dire qu'« il est assez inquiet des informations qui viennent de lui parvenir concernant le dernier projet d'administration de la France lors de l'entrée des Alliés dans ce pays ». Et il ajoute : « Si les choses restent en l'état, et que toutes les responsabilités reposent sur les épaules du commandant en chef, que peut-il résulter d'autre que l'anarchie ou l'AMGOT ? En effet, qu'arrivera-t-il en pratique ? Dans une ville, le commandant en chef nommera par exemple un fonctionnaire qui sera partisan du CFLN. Dans un autre district, ce sera un sympathisant de Vichy, et dans un autre encore un communiste. Qui pourra coordonner ces diverses autorités, sinon le Comité français ? Ce serait tout de même un terrible fardeau à porter pour le commandant en chef, et en fin de compte, il se verrait obligé d'administrer la France [58]. »

Eden se déclare entièrement d'accord et ajoute qu'à son avis, la formule : « Le commandant en chef *pourra consulter* le CFLN » devrait être remplacée par « *consultera* le CFLN [59] ». « J'étais persuadé, écrira-t-il, que la Résistance française et l'écrasante majorité de l'opinion publique en France soutenaient de Gaulle et que, si nous manquions à nos devoirs envers le Comité de Libération nationale, nous compromettrions les relations franco-britanniques, au moment même où la France allait recommencer à faire sentir son influence dans le monde [60]. » Il reste bien sûr à convaincre le Premier ministre que des amendements à la directive s'imposent, et qu'il est urgent d'envoyer un télégramme en ce sens à Roosevelt. Hélas ! Churchill évite délibérément depuis Téhéran de faire pression sur le président au sujet des questions françaises ; en outre, on vient d'apprendre à Londres que Pierre Pucheu, l'ancien ministre de l'Intérieur de Vichy, a été fusillé près d'Alger deux jours plus tôt, ce qui a profondément choqué le Premier ministre. Les démarches de M. Eden auprès de lui sont donc vouées à l'échec...

Mais l'ambassadeur Viénot décide lui aussi de tenter sa chance, et il rend visite à Churchill le 4 avril... Le Premier ministre, qui est visiblement fatigué, commence par lui dire que « la France restera pendant longtemps sous la juridiction du commandant en chef allié et qu'il y aura de grandes batailles en France », après quoi il passe à des arguments plus familiers : « Le Comité français n'a pas réussi à gagner la confiance du président. J'ai été moi-même profondément blessé par son attitude. Toute ma vie j'ai été un ami de la France. [...] Loin de nourrir des préventions à l'encontre du général de Gaulle, je l'admire à bien des égards, mais je pense que ce n'est pas un ami de l'Angleterre. » Viénot s'efforce de ramener la conversation à la directive du président ; ayant convenu qu'il y avait eu « de graves malentendus », il fait remarquer qu'en dehors de Vichy, il n'y a pas en France d'autre autorité que le Comité. Mais Churchill répond que la formule utilisée par Roosevelt « n'a pas été élaborée en hâte. Elle a fait l'objet d'un examen approfondi. Il serait difficile de l'amener à la modifier, surtout après le meurtre de Pucheu. » Viénot lui ayant affirmé que « le cas de Pucheu ne constituerait pas un précédent », le Premier ministre en profite pour aborder son sujet favori : « J'espère bien que non. Lorsque j'étais à Alger, Giraud m'a invité à déjeuner afin que je puisse rencontrer Flandin et Peyrouton. Il serait très désagréable qu'ils soient exécutés. » Après quoi Churchill retourne à sa diatribe : « A Québec, M. Eden et moi avons énergiquement défendu les intérêts de la France auprès du président. Mais l'attitude du général de Gaulle a réduit tous nos efforts à néant [...]. Malgré cela, les choses se sont arrangées. Le général Georges, qui est un vieil ami, a été inclus dans le Comité – mais il en a été exclu sans préavis. Même alors, j'ai pris sur moi de convaincre les autorités soviétiques et le président que la France devait être représentée à la commission méditerranéenne. Il faut essayer de comprendre le président et d'éviter de le provoquer. » Quant à la directive, Churchill promet « d'y réfléchir [61] »...

Tout cela n'est pas très encourageant ; si peu même qu'après avoir lu le compte rendu de la conversation, Mas-

sigli estime qu'il est préférable de ne pas le montrer au
général de Gaulle [62]... Et pourtant, ce n'est rien à côté des
propos du Premier ministre lorsqu'il apprendra peu après
la décision du Comité de retirer au général Giraud son
titre de commandant en chef ... Mais en dépit de ses
invectives contre le Comité français et son intraitable président, Churchill se rend bien compte que la directive du
président est mal conçue; seulement, il « refuse de déran-
ger le président pour cela à l'heure actuelle [63]. » D'un
autre côté, il est tout aussi impossible de ne rien faire, car
le jour du débarquement approche, et la presse britannique
commence à s'inquiéter sérieusement de l'absence de tout
accord sur l'administration civile des territoires libérés. A
la fin du mois de mars, le *Manchester Guardian, l'Observer* et le *Daily Herald* réclament à grands cris une coopération accrue avec le Comité français; le *Daily Herald*
révèle même que de Gaulle a soumis six mois plus tôt au
gouvernement britannique des propositions concernant
l'administration civile. « Pourquoi les propositions françaises restent-elles sans réponse pendant six mois ? »
demande le *Daily Herald*. Et qu'en est-il de cette directive
au général Eisenhower, lui donnant le pouvoir de traiter
avec l'autorité locale de son choix ? [...] De toute évidence, la coopération entre les alliés laisse beaucoup à
désirer [64]. » Au début d'avril, le *Times* et *l'Economist* vont
plus loin encore : ils demandent que le CFLN soit officiellement reconnu comme gouvernement provisoire de la
France [65]. Même le *Daily Mirror,* qui se passionne rarement pour la politique internationale, entre dans la mêlée
et exige une coopération franche et directe avec le général
de Gaulle et le Comité [66]. Enfin, tout laisse prévoir que le
Parlement et l'opinion publique ne tarderont pas à emboîter le pas à la presse...

　Une fois de plus, Churchill se trouve pris entre sa fidélité envers le président et les préoccupations de son opinion publique; mais la France, quels que soient ses
errements, est toujours la France, et Churchill finit par
céder : il demandera au président de modifier sa directive
dans le sens indiqué par Eden. En outre, voulant prendre le

mal à sa racine, il va tenter d'organiser une rencontre entre de Gaulle et Roosevelt... Pour ce qui est de la directive, ce sera un échec : le 17 avril, on apprend à Londres que le président s'oppose à tout amendement, et refuse de remplacer « *pourra consulter* » par « *consultera* », car « le général Eisenhower doit avoir toute latitude en matière d'administration civile [67] ». Bien entendu, Churchill n'insiste pas : « Ce serait une grave erreur, écrit-il à lord Cranborne, de se quereller avec le président sur ces points de détail pour le compte des Français libres. Le président prend chaque semaine des décisions qui nous sont très favorables [...] et il n'est pas question de compromettre nos relations [68]. »

A Alger, en ce printemps de 1944, le Général doit faire face à bien des problèmes préoccupants. D'une part, sa santé laisse à désirer ; il souffre d'un accès de malaria et de troubles rénaux. A Alger, les querelles de factions sont âpres et constantes, l'Assemblée consultative est le siège de débats houleux, et les conceptions du général Giraud en matière de stratégie, de renseignement, d'action en métropole et de relations avec les Américains ont créé suffisamment de discordances au sein de l'appareil politique et militaire pour justifier sa mise à l'écart *. En France, les Allemands et leurs auxiliaires français ont intensifié leur campagne contre la Résistance, et de nombreux réseaux ont été démantelés ; au sein de la Résistance elle-même, les éléments communistes étendent leur influence, et poursuivent en secret une politique qui n'a rien de commun avec celle du Comité d'Alger – ce qui explique en grande partie que le général de Gaulle tienne essentiellement à ce que la 1re Division blindée de Leclerc participe au débarquement en France. Eisenhower ayant tenu sa promesse, en grande partie grâce à l'aide de Churchill, cette division a été transportée en Angleterre sans son équipement et entièrement réarmée sur place. Si de Gaulle n'a pas été informé de la date prévue pour l'opération « Overlord », il

---

* A la demande du général de Gaulle, le CFLN décide de le nommer inspecteur général et de lui attribuer la médaille militaire. Giraud refusera la fonction comme la décoration, et se retirera près de Mazagran.

sait qu'elle est imminente ; il sait aussi que le succès ou l'échec de la mission qu'il a assumée en juin 1940 dépendra de la façon dont la France sera libérée... et c'est précisément là que réside la menace la plus grave : il n'existe toujours aucun accord sur la forme que prendra l'administration civile dans les territoires libérés par les Alliés ; pire encore, les efforts de Jean Monnet ayant échoué devant l'obstination du président Roosevelt, les francs imprimés aux Etats-Unis ne porteront aucune mention de l'autorité émettrice, que ce soit le CFLN ou la République française. Ce sera donc bel et bien une monnaie d'occupation... Le 21 avril 1944, lors d'une conférence de presse, un journaliste demande à de Gaulle s'il est « satisfait de la situation entre la France et les Alliés ». Réponse du Général : « Je ne crois pas que personne soit satisfait de cette situation tant que les arrangements nécessaires ne seront pas réalisés. Mais si ces arrangements sont réalisés, tout le monde en sera satisfait, excepté Hitler [69]. »

On se souvient que Churchill avait entrepris d'organiser une rencontre entre de Gaulle et Roosevelt ; or, le 13 avril, le président lui répond : « Je ne vois pas d'inconvénient à ce que de Gaulle me rende visite[70]. » Ayant ensuite fait savoir au général de Gaulle par l'intermédiaire de Duff Cooper qu'il « pense pouvoir persuader le président de recevoir le général de Gaulle, si ce dernier donne son accord », le Premier ministre reçoit une réponse d'une amabilité inaccoutumée : « Le Général, rapporte M. Duff Cooper, a déclaré qu'il serait très heureux d'accepter à tout moment une telle invitation [...] et m'a demandé de vous transmettre l'expression de sa gratitude personnelle pour cette suggestion, dans laquelle il voit une preuve tangible de votre sympathie à son égard, et dont il se souviendra même si cette initiative ne devait pas aboutir [71]. »

Bien entendu, elle n'aboutira pas ; ce même jour, le président Roosevelt, toujours soucieux de soigner son image politique à l'approche des élections, écrit à Churchill : « Je n'enverrai aucune invitation officielle ou officieuse [72]. » Mais Churchill ne se décourage pas pour autant ; le 6 avril, il écrit à Duff Cooper : « Si de Gaulle peut s'abaisser jusqu'à demander, par l'intermédiaire de son ambassadeur à Washington, si une visite de sa part serait acceptable [...] et pourvu qu'il m'en informe à l'avance, je ferai en sorte qu'il soit assuré d'une réponse favorable avant que la démarche ne soit entreprise [73]. » Ce n'est pas tout simple, et de Gaulle n'est pas homme à s'abaisser – sauf pour le bien de la France, évidemment ; Churchill reçoit donc le feu vert, et il poursuit avec un louable zèle sa diplomatie compliquée : le 20 avril, il écrit au président : « Le général de Gaulle aimerait demander, par l'intermédiaire de son représentant à Washington, si une visite de sa part vous serait agréable [...]. Vous pourriez lui apporter beaucoup en le traitant avec bienveillance, il me semble que ce serait très utile à bien des égards [74]. »

A l'évidence, Churchill ne mesure pas le degré d'animosité de Roosevelt envers le général de Gaulle : le président lui répond sèchement que la question « devra être soulevée dans un mois par les représentants français à Washington [75]. » Pourtant, le Premier ministre de Sa Majesté ne se tient toujours pas pour battu, et il revient à la charge dès le lendemain : « J'espérais que vous pourriez faire un peu mieux que cela. Après tout, cet homme, qui ne m'inspire pas plus confiance qu'à vous, est à la tête de forces considérables, y compris les forces navales et le *Richelieu,* dont nous pouvons disposer très librement, et qui sont engagées dans la bataille ou prêtes à l'être. il dirige un vaste Empire, dont tous les points stratégiques ont été placés à notre disposition [76]. » Mais le président fait la sourde oreille, sans doute encouragé en cela par Cordell Hull, qui vient de lui écrire que « de toute évidence, l'intervention du Premier ministre a pour but de nous lier définitivement et irrévocablement à de Gaulle dès avant le débarquement, pour que nous soyons engagés vis-à-vis de lui, même si les événements ne se déroulaient pas comme prévu [77]. » L'amiral Leahy a dû argumenter dans le même sens, car il note dans son journal à cette époque : « Je suis d'avis que nous n'aurons que des ennuis avec le général de Gaulle tant qu'il n'aura pas été éliminé de toute participation à cette guerre [78]. » Parmi les proches conseillers de Roosevelt, seul Harry Hopkins aurait pu faire entendre une voix discordante, mais il est à l'hôpital à la suite d'une double opération, et ne reparaîtra pas à la Maison-Blanche avant plusieurs semaines. Le président envoie donc une nouvelle réponse négative à Churchill, qui finit par renoncer...

Ainsi, il n'y a plus la moindre perspective d'une réconciliation entre de Gaulle et Roosevelt, et très peu d'espoir qu'une directive acceptable finisse par être donnée au commandant en chef – tout cela cinq semaines seulement avant la date prévue pour le débarquement en France ! C'est déjà une situation très embarrassante, et qui ne va pas tarder à s'aggraver encore... Pour des raisons qui remontent à l'expédition de Dakar en 1940, Roosevelt et Churchill ont décidé que le CFLN ne serait pas tenu au courant des préparatifs du débarquement ; la date de l'opération sera également tenue secrète, comme pour Madagascar et l'Afrique du Nord... Le 12 avril, Churchill écrit à Roosevelt : « Je conviens que le CFLN ne doit pas être tenu au courant des modalités d'« Overlord ». J'ai essayé de déférer à son désir de faire participer la division blindée de Leclerc à la bataille prochaine, mais la présence de cette unique division ne lui donnera en aucun cas le droit d'être mis au courant de nos secrets [...] et il faut le lui dire sans délai [79]. » Pourtant, la chose n'est pas aussi simple qu'il y paraît, car le CFLN a nommé en Grande-Bretagne un « délégué militaire pour le théâtre d'opérations nord » qui n'est autre que le général Kœnig, héros de Bir Hakeim et commandant en chef de toutes les Forces françaises de l'Intérieur. Or, la Résistance française aura un rôle très important à jouer avant, pendant et après le jour J ; il est donc impossible de ne pas collaborer avec le général Kœnig, et il est très difficile de coopérer avec Kœnig sans coopérer avec de Gaulle, qui est son supérieur immédiat... Dès la mi-avril, le général Eisenhower a d'ailleurs entamé de sa propre initiative des conversations avec Kœnig pour tenter de sortir de l'impasse...

Une complication supplémentaire va surgir au même moment : le gouvernement britannique décide d'interdire à partir du 17 avril toutes les communications par télégrammes chiffrés, y compris les messages diplomatiques, entre la Grande-Bretagne et le monde extérieur, et ce jusqu'au jour du débarquement. Seuls quelques gouvernements sont exemptés et, bien entendu, le CFLN n'en fait pas partie. Cette mesure d'interdiction, qui risque fort d'attirer l'attention de l'ennemi, suscite des protestations indignées de la part des gouvernements en exil à Londres ; de Gaulle, lui, est outré : « Cette précaution, prise unilatéralement par les Anglo-Saxons vis-à-vis des Français, dont les forces allaient, tout comme les leurs, jouer un rôle essentiel dans les opérations et dont le territoire serait le théâtre de la bataille, nous fit l'effet d'un outrage [80]. » Et bien entendu, le général de Gaulle n'est pas homme à subir un outrage sans répliquer...

Au début de mai, moins de quatre semaines avant le déclenchement de l'opération « Overlord », il n'y a toujours pas d'accord au sujet de l'administration civile en France, et le *Foreign Office* commence à s'inquiéter sérieusement. Le 8 mai, Eden envoie un autre message au Premier ministre : « Il nous faut décider si oui ou non nous voulons établir, en commun avec le Comité français, des plans basés sur le principe que nous traiterons avec lui en tant qu'autorité française lorsque nous aurons libéré des territoires suffisamment étendus pour qu'une administration civile puisse y fonctionner. [...] Il n'y a aucune autre autorité avec laquelle nous puissions traiter. Nous devons donc essayer d'obtenir l'accord des chefs d'état-major combinés pour que les instructions nécessaires soient envoyées au général Eisenhower [...]. Il semble que les chefs d'état-major aient été disposés à donner leur assentiment, lorsque le président les a rappelés à l'ordre. » Le lendemain, Eden répète que « si le président persiste à s'opposer à la conclusion d'un accord, il y aura un véritable fossé entre nous et le Comité français. Cela ne profitera à personne – sauf aux Russes – et la position de nos amis français vis-à-vis du général de Gaulle s'en trouvera affaiblie [81]. »

En fait, la situation est en passe de devenir inextricable, et personne ne sait qui sera réellement responsable de l'administration civile en France après le débarquement ; un accord à ce sujet pourrait sans doute être négocié entre le général Kœnig et le général Eisenhower, mais le président Roosevelt s'y oppose ; quant au général Kœnig, il ne peut négocier sans communiquer avec le Comité d'Alger, ce qui lui est impossible du fait de l'interdiction de la correspondance chiffrée. Par mesure de rétorsion, le général de Gaulle a d'ailleurs interdit à Kœnig et à Viénot de régler la moindre affaire avec les Alliés jusqu'à nouvel ordre... Pour faire bonne mesure, il a également refusé de recevoir Duff Cooper, et a prononcé à Tunis un violent réquisitoire contre l'attitude des Alliés dans l'affaire de l'administration civile, tout en ajoutant que les Français voulaient être « vis-à-vis de l'Est, c'est-à-dire d'abord de la chère et puissante Russie, une alliée permanente [82] ». Ceci provoque naturellement la fureur du Premier ministre, qui écrit à Eden le 10 mai qu'il refuse de se quereller avec le président pour promouvoir les intérêts d'un de Gaulle qui « une fois installé au pouvoir, sera le pire ennemi que les Etats-Unis et nous-mêmes ayons jamais eu en France [83] ».

Tout cela est bien intéressant, mais ne résout en rien les problèmes posés. Pour ne rien arranger, la presse britannique continue ses attaques contre la politique du gouvernement de Sa Majesté vis-à-vis du CFLN, et la Chambre des communes commence à lui emboîter le pas, de sorte que les autorités britanniques sont soumises de toutes parts à une pression considérable. Le 8 mai, enfin, Duff Cooper écrit d'Alger pour proposer un moyen de sortir de l'impasse : il s'agirait d'inviter de Gaulle à Londres pour qu'il puisse participer aux négociations. Le 11 mai, à l'issue d'un tête-à-tête orageux et épuisant qui ne s'achève qu'à 3 heures du matin, Eden réussit à persuader le Premier ministre d'adopter cette solution, et de la proposer à Roosevelt ; le lendemain, Churchill écrit donc au président : « A mesure que l'heure décisive approche, il nous paraît indispensable de parvenir à un accord quelconque avec le

Comité national français [...]. Nous devons maintenant compter avec l'opinion publique, qui s'indigne qu'aucun arrangement n'ait été conclu avec le Comité national français en vue de l'utilisation des forces françaises en France et hors de France. Nous pourrions très bien nous passer du concours des Français de l'extérieur au moment de l'opération, [...] mais le général Eisenhower attache une grande importance à l'action des réseaux de résistance français pendant et après le jour J, et nous devons évidemment faire en sorte que nos troupes ne subissent pas de pertes plus sévères du fait de notre incapacité à conclure un accord sur l'utilisation des groupes de résistance français [...]. Je vous propose donc d'inviter le général de Gaulle et un ou deux membres de son Comité à venir ici dans le plus grand secret, le 18 mai par exemple. Je vous propose en outre de confier la représentation de vos intérêts au général Eisenhower, ou d'envoyer quelqu'un d'autre expressément pour les rencontrer. Le ministre des Affaires étrangères et moi-même conduirons les négociations avec de Gaulle et le représentant que vous désignerez. Nous vous ferons les meilleures propositions possibles, sans donner notre accord avant d'avoir reçu votre réponse. Il se peut que nous n'arrivions pas à nous mettre d'accord avec eux parce qu'ils se seront montrés déraisonnables, mais dans ce cas, nous aurons fait de notre mieux, et il [de Gaulle] se sera mis entièrement dans son tort. De toute façon, nous aurons fait notre devoir envers les soldats et vous aurez l'occasion d'examiner à loisir le meilleur plan que nous puissions vous soumettre [84]... »

Le président répond le lendemain qu'il ne voit aucun inconvénient à ce que le Général soit invité en Angleterre pour discuter de « vos intérêts communs en matière politique et militaire », mais qu'il n'est pas question d'une participation américaine... « Pour des raisons de sécurité, ajoute le président, vous jugerez sans doute bon de retenir le Général en Grande-Bretagne jusqu'au lendemain du jour J [85]. » Tout cela n'avance pas beaucoup Churchill et Eden ; le Premier ministre canadien MacKenzie King, qui est en visite à Londres, notera dans son journal : « Churchill est vraiment très préoccupé, et il a à cœur de ne pas commettre d'impairs [86]. » De fait, le Premier ministre écrit à Eden : « Il me paraît évident que de Gaulle n'acceptera pas de venir ici s'il ne peut repartir qu'au lendemain du jour J et s'il n'est pas en mesure de communiquer avec l'extérieur [...]. Tout cela donnerait lieu à d'interminables disputes, et [...] je ne vois pas comment nous pourrions l'empêcher de communiquer librement avec son gouvernement qui, après tout, est à la tête de l'Empire français. Il ne pourrait certainement pas se soustraire plus de quelques jours, au maximum une semaine, à la conduite des affaires, et il se rendrait parfaitement insupportable si nous l'obligions à rester ici. Il n'est pas question non plus qu'il vienne ici et qu'il retourne à Alger avant le jour J. [...] Tout ce qu'il apprendrait ici par des membres de son mouvement pourrait s'ébruiter, parvenir à Alger, de là passer en Espagne via Oran, et via l'Espagne, arriver en Allemagne [87]. »

En somme, il ne reste plus qu'une solution : attendre le jour J, puis « envoyer au général de Gaulle une cordiale invitation à venir ici dès qu'il le voudra ». Pour Churchill, ce sera tout à fait satisfaisant : « Je suis convaincu, écrit-il à Eden le 16 mai, qu'au cours de la première semaine, alors que la bataille suivra son cours et qu'aucune parcelle de terrain suffisamment importante pour être soumise à l'administration civile n'aura été conquise, nous pourrons trouver un accommodement au sujet de l'administration civile. Nous arriverons peut-être même à le mettre [de Gaulle] dans de bonnes dispositions [88]. » C'est sans doute trop demander, mais dès lors, tout va être mis en œuvre pour que le projet aboutisse et que de Gaulle accepte l'invitation. Il faudra qu'elle soit « cordiale », et le Premier ministre enverra son avion personnel pour prendre de Gaulle à Alger ; Eden suggère en outre qu'« il serait bon de préciser que le gouvernement de Sa Majesté espère que le Général et sa suite consentiront à être ses hôtes lors de leur séjour dans ce pays. » Entre-temps, Churchill lui envoie ses plus chaleureuses félicitations pour la conduite des troupes françaises en Italie ; enfin, Duff Cooper informe le Général avec un luxe de précautions que le gouvernement de Sa Majesté aimerait l'inviter à Londres « pour y régler la question de la reconnaissance et celle de la collaboration administrative en France [89]. »

Au grand soulagement de tous, le Général ne dit pas non, mais à condition de recevoir l'assurance qu'on le laissera communiquer par chiffre avec le gouvernement d'Alger... « Quant à y conclure un accord ayant une portée politique, dira-t-il, il me fallait faire toutes réserves. [...] Nous ne nous intéressions pas à la reconnaissance. Je lui annonçai que, d'ailleurs, le Comité de la Libération prendrait incessamment le nom de Gouvernement de la République, quelle que pût être sur ce point l'opinion des alliés. Quant aux conditions de notre collaboration avec le commandement militaire, nous les avions depuis longtemps précisées dans un mémorandum auquel on n'avait pas répondu. A présent, le Gouvernement britannique était, peut-être, disposé à y souscrire. Mais le Gouvernement américain ne l'était pas. A quoi bon, dès lors, arrêter entre Français et Anglais des mesures qui ne pourraient être appliquées faute de l'agrément de Roosevelt ? Nous étions, certes, prêts à négocier les modalités pratiques de la coopération, mais il fallait que ce fût à trois et non à deux [90]. »

Churchill sait fort bien lui aussi qu'aucun accord n'est possible sans la présence d'un représentant américain ; mais dans moins de deux semaines, l'opération « Overlord » va se déclencher, et il est impossible de libérer la France sans la participation des Français. D'ailleurs, les soldats de la France combattante sont en train de prouver leur valeur dans la campagne d'Italie, et tous les Anglais, leur Premier ministre en tête, en ont été fort impressionnés. Churchill a essayé de suivre aussi longtemps et aussi fidèlement que possible la ligne du président Roosevelt, mais il commence à s'apercevoir que ce n'est pas la bonne – et qu'elle est en train de lui faire perdre le soutien du Parlement, de la presse et de l'opinion publique... Le 27 mai, surmontant enfin sa réticence, il écrit au président : « La popularité des Français a beaucoup augmenté ici à la suite des récents combats en Italie. Nous allons libérer la France au prix de nombreuses vies anglaises et américaines, et l'on pense ici qu'il doit être avec nous dans cette épreuve. Mais qui est ce " il " ? Lorsque l'on s'aperçoit que c'est de Gaulle, alors se posent tous les problèmes que vous et moi connaissons si bien. Il me semble cependant que nous nous trouverions dans une situation difficile s'il apparaissait que nous sacrifions davantage de soldats anglais et américains parce que nous n'avons pas le concours de la nation française. [...] Bien entendu, je vous tiendrai informé chaque jour du contenu des conversations avec de Gaulle. Il s'est montré un peu plus coopératif ces derniers temps, et après tout, il est très difficile de tenir les Français à l'écart de la libération de la France. Je vous serais reconnaissant de bien vouloir me faire part de votre sentiment [91]. » Un second télégramme suit : « Je vous demande instamment d'envoyer quelqu'un ayant au moins le rang de Stettinius pour exprimer votre point de vue. Ici, l'opinion publique commence à être très montée, et pense qu'il faut que les Français soient avec nous lorsque nous libérerons la France [92]. » Il est visible que Churchill sent la situation lui échapper, ce qui explique le ton pathétique et la curieuse servilité qui s'expriment dans ses messages...

A la demande de Churchill, l'ambassadeur Harriman, de passage à Londres, envoie également un télégramme au président : « Le Premier ministre promet de suivre fidèlement votre politique à l'égard de De Gaulle, mais il désire vous prévenir que le *Foreign Office* et certains membres de son Cabinet insistent pour que l'on fasse davantage ; ils sont d'ailleurs soutenus en cela par la Chambre des communes et l'opinion publique britannique. Le Premier ministre a vraiment besoin d'aide pour lui tenir tête et résister à la pression de ses propres collègues, et il espère que vous consentirez à leur envoyer Stettinius ou quelqu'un du même rang [93]. »

Tout ceci s'ajoute à une longue série de télégrammes d'Eisenhower, qui se font de plus en plus pressants à l'approche du jour J : « Les limitations que nous devons

respecter dans nos tractations avec les Français, écrit-il
ainsi le 11 mai, commencent à devenir très embarrassantes
et créent une situation potentiellement dangereuse. Nous
avons entamé ici des discussions militaires avec les représentants français en estimant que, même en l'absence de
directive officielle, nous connaissions suffisamment les
politiques de nos gouvernements pour parvenir à un accord
de coopération avec toute organisation française susceptible de nous aider dans notre combat contre l'Allemagne.
Pour l'heure, il n'existe ici aucune autre organisation que
le CFLN [...] Je demande que cette affaire soit traitée en
urgence absolue [94]. » Le 16 mai, Eisenhower tient également à faire savoir à Roosevelt et Marshall que « selon les
informations provenant d'agents et de prisonniers évadés,
il n'existe aujourd'hui en France que deux groupes principaux, dont l'un est la clique de Vichy et l'autre se caractérise par une admiration irraisonnée pour de Gaulle. » Et le
commandant suprême de conclure qu'une fois le territoire
français libéré, « il est possible que nous rencontrions une
volonté générale de rejoindre le groupe gaulliste [95]. » Mais
surtout, Eisenhower, exactement comme Churchill, Eden,
l'amiral Stark et l'ambassadeur Winant, insiste sur le fait
qu'un manque de coordination avec de Gaulle, le CFLN et
la Résistance risque fort de compromettre fatalement
l'opération décisive qui doit être lancée dans les tout pro-
chains jours...

C'est tout de même un argument de poids : si la grande
affaire du débarquement devait échouer du fait de
l'absence d'entente avec les Français aux ordres du général
de Gaulle, l'opinion publique américaine en tiendrait fort
justement le président pour responsable, et sa réélection –
à laquelle il tient par-dessus tout –, en serait irrémédiable-
ment compromise. Or, chose stupéfiante, le président reste
disposé à courir ce risque pour n'avoir pas à se déjuger !
Cordell Hull note que lors d'une réunion de Cabinet le 20
mai, « le président a dit que l'ambassadeur Winant lui
avait parlé de la question des négociations avec de Gaulle.
Il avait répondu à Winant que si quelqu'un était en mesure
de lui présenter la preuve que de Gaulle représentait le

peuple français, il traiterait avec lui, mais que dans le cas contraire, il n'avait aucune intention de changer d'avis [96]. » C'est également ce que répond Roosevelt aux demandes pressantes d'Eisenhower, en ajoutant qu'il lui interdit formellement de conclure quelque accord que ce soit avec un représentant du CFLN... A Churchill, enfin, il écrit le 27 mai : « J'espère que vos entretiens avec le général de Gaulle le persuaderont de contribuer à la libération de la France sans que nous imposions son autorité au peuple français. Car l'autodétermination n'est autre que l'absence de coercition.» Quatre jours plus tard, il lui envoie un autre message, plus explicite et plus catégorique : « Je ne puis que vous répéter qu'il ne m'est pas possible d'envoyer qui que ce soit pour me représenter lors de vos entretiens avec de Gaulle [97]. »

Le général de Gaulle, lui, considère que sa position est inattaquable, et il en fait part à l'ambassadeur Viénot le 25 mai : « Sur le principe de mon voyage à Londres, j'ai répondu affirmativement, car je ne vois pas de raison pour que nous nous dérobions aux conversations qui nous sont offertes à la veille de la bataille décisive [...]. Quant aux conversations futures, voici ce que j'en ai dit à M. Duff Cooper : « Nous ne sommes demandeurs sur aucun point. Les formules de reconnaissance du Gouvernement français par ceux de Londres et de Washington nous intéressent dorénavant très peu. [...] Le fait essentiel pour nous c'est la reconnaissance par le peuple français et c'est là, mainte-nant, un fait accompli. [...] En ce qui concerne l'attribution et l'exercice de l'administration française en territoire métropolitain libéré, il n'y a non plus aucune question. Nous sommes l'administration française. [...] En cela encore, nous ne demandons rien. Il y a nous, ou bien le chaos. Si les alliés de l'Ouest provoquent le chaos en France, ils en auront la responsabilité et, en définitive, seront, croyons-nous, les perdants. [...] Mais il est certain que nous n'accepterons aucune supervision, ni aucun empiétement, sur l'exercice de nos pouvoirs. En parti-culier, cette prétention maintenue par Washington que le commandement étranger pourra battre monnaie en France ne sera pas admise par nous. Plutôt que d'y consentir, nous préférons ne conclure aucun accord. D'autre part, j'ai dit à M. Duff Cooper que nous ne conclurions d'accord que directement et simultanément avec l'Angleterre et les Etats-Unis et que nous nous abstiendrions si l'acte auquel on aboutissait devait être soumis ensuite à l'approbation de M. Roosevelt. [...] Le Gouvernement étudiera posément, dans sa séance du 26 mai, tout l'ensemble de cette affaire et précisera les positions qui seront prises par nous dans les négociations de Londres [98]. »

Le 26 mai, le CFLN, qui prend ce jour-là le titre de Gouvernement provisoire de la République française, approuve officiellement la position du Général ; il est convenu qu'aucun ministre n'accompagnera de Gaulle en Angleterre, afin de bien montrer qu'il s'y rend uniquement pour assister au début des opérations. Pour qu'il n'y ait aucun malentendu sur ce point, de Gaulle le répétera à Duff Cooper le lendemain 27 mai. Ce jour-là, l'ambassadeur reçoit un télégramme de Londres le priant de transmettre au général de Gaulle l'invitation du gouvernement de Sa Majesté, et de lui préciser qu'il aura toute liberté pour communiquer par chiffre avec Alger pendant son séjour. Toutefois, la date de la visite n'est pas encore fixée, et Duff Cooper note dans son journal : « Je suis allé voir de Gaulle cet après-midi pour lui faire part de l'invitation et des assurances que j'avais reçues dans la matinée. J'avais espéré que cela lui ferait plaisir, mais il n'en a rien laissé paraître, et s'est montré aussi morose et boudeur que d'habitude. Il s'est plaint amèrement de l'intention du gouvernement américain d'émettre ses propres francs lors de l'entrée en France [99]. »

A Londres, les discussions vont bon train pour essayer de fixer la date de l'arrivée du Général, et Eden notera dans son journal : « Au cours d'un Conseil de cabinet dans la soirée du 30 mai, le Premier ministre nous a dit qu'il lancerait l'invitation au jour J. J'ai dit que cela ne paraissait pas satisfaisant, parce que lorsque les Américains et nous-mêmes débarquerions en France, le général de Gaulle tiendrait absolument à faire une déclaration. S'il devait la faire à Alger sans nous avoir consultés au préalable, le contenu de cette déclaration pourrait être sujet à caution, et il nous fallait considérer les répercussions d'une telle éventualité sur nos relations futures avec la France. Il faudrait par conséquent que de Gaulle arrive avant le jour J. » La décision est enfin prise dans l'après-midi du 31 mai : « J'en ai parlé au Premier ministre, poursuit Eden, et il a convenu que de Gaulle devait être mis dans le secret d'« Overlord » avant le début de l'opération. Ceci étant, il est évidemment plus sûr de l'informer en Angleterre qu'à Alger. En fin de compte, l'invitation a été envoyée [100]. » Elle est brève et d'une courtoisie impeccable : « Venez maintenant, je vous prie, avec vos collègues, aussitôt que possible et dans le plus grand secret. Je vous donne l'assurance que c'est dans l'intérêt de la France. Je vous envoie mon propre *York*, ainsi qu'un autre *York*, pour vous [101]. »

L'ambassadeur Duff Cooper n'a donc plus qu'à persuader de Gaulle d'accepter l'invitation... C'est plus facile à dire qu'à faire : le Général commence par lui dire qu'il n'a pas de raisons de se rendre en Angleterre si les négociations ne sont pas tripartites, et que tout cela « n'est qu'une machination pour l'amener à prononcer un discours qui fera croire aux Français qu'il est d'accord avec les Anglais et les Américains, alors qu'en fait il ne l'est pas [102]. » Mais Duff Cooper est soutenu par plusieurs membres du gouvernement provisoire, à commencer par Massigli qui met même sa démission dans la balance, et de Gaulle finit par céder. Au grand soulagement de Duff Cooper, l'intraitable général s'envole pour Londres dans l'après-midi du 3 juin, en compagnie de Palewski, Béthouart, Billotte, Geoffroy de Courcel et Léon Teyssot...

A Londres, tout est fin prêt et rien n'a été laissé à l'improvisation : arrivé en Grande-Bretagne au jour J-1, le général de Gaulle sera reçu par Churchill et les principaux membres de son gouvernement, puis conduit au quartier général d'Eisenhower, où on l'informera des détails du débarquement... et du rôle qui lui est assigné dans

l'affaire ; lors du déclenchement d'« Overlord », il prononcera une allocution radiodiffusée immédiatement après
le général Eisenhower, et Churchill ne doute pas que tout
ira pour le mieux : « Je suis bien sûr, écrit-il au président
Roosevelt, que nous pourrons amener de Gaulle à dire ce
qu'il faut. Après cela, au jour J + 3 ou 4, nous aurons des
conversations à Londres avec lui et ses gens, et je lui expli-
querai que pendant plusieurs jours, il n'y aura pas à proprement parler de territoire français, mais seulement
quelques plages dévastées. Je l'occuperai de mon mieux
pendant la semaine allant de J + 2 à J + 8 ou 9, et lui dirai
que, s'il vous écrit pour vous demander si vous êtes disposé à le rencontrer, vous lui répondrez immédiatement et
cordialement par l'affirmative. Entre-temps, je tâcherai
d'avoir avec lui un maximum de conversations explora-
toires [103]. » Ainsi, tous les graves problèmes de l'heure,
l'absence d'accord sur l'administration civile, la querelle
sur l'émission de monnaie en France par les Alliés,
l'intransigeance du général de Gaulle, la francophilie de la
presse et du Parlement, la gaullophobie du président Roosevelt, tout cela doit passer à l'arrière-plan au moment où
va se déclencher l'opération « Overlord ». Formez vos
bataillons, et marchons !

Le côté militaire de l'opération a été organisé avec une
ampleur et une minutie qui défient l'imagination : tout le
sud de l'Angleterre est devenu un vaste camp militaire,
huit divisions, 150 000 hommes, 11 000 avions de première ligne et 4 000 navires se tiennent prêts à traverser la
Manche pour livrer le premier assaut ; ils seront précédés
par des unités spécialisées dans le camouflage, le sabotage
et l'intoxication, et suivis par une armée de deux millions
d'hommes. Pourtant, il est un élément qui échappe à la
planification : le 4 juin, les conditions météorologiques
sont défavorables, et on s'attend à ce qu'elles s'aggravent
encore le lendemain, ce qui va causer la plus grande appré-
hension aux responsables politiques et militaires durant les
quarante-huit heures qui suivent. Mais à l'insu des météo-
rologues, une autre tempête est sur le point d'éclater à la
veille même du jour J...

Ayant atterri près de Londres au matin du 4 juin, de Gaulle et sa suite sont conduits au « QG de campagne » de Churchill – un train qui stationne près de la gare de Portsmouth. Accueilli à bras ouverts par le Premier ministre en début d'après-midi, le Général est convié à déjeuner dans le wagon-restaurant, où tout se déroule le mieux du monde. Mais au dessert, Churchill, évoquant à nouveau l'incertitude de la date du débarquement, enchaîne en disant : « En attendant, nous pourrions parler politique. » De Gaulle tourne la tête, regarde le Premier ministre, et répond de son ton le plus sec :

« Politique ? Pourquoi ? »

Légèrement interloqué, Churchill continue :

« Voici un certain temps que je corresponds avec le président. Ce dernier aurait tout d'abord souhaité que le général de Gaulle vienne le voir aux Etats-Unis, mais il ne voulait pas l'inviter officiellement. Ses derniers télégrammes semblent montrer qu'il tient moins à cette visite à l'heure actuelle, ce qui peut s'expliquer en partie par le traitement réservé au général Giraud. Il ne faut pas oublier que c'est avec le général Giraud que le président a traité au sujet de l'équipement des forces françaises. Or Giraud n'est plus là. »

Le général de Gaulle fait observer que rien ne presse, et qu'« en ce moment, il vaut mieux être ici qu'à Washington. »

Le Premier ministre répond que « cela est sans doute vrai, au moins en ce qui concerne la phase initiale de la bataille. Mais dans l'intervalle, nous pourrions parler de l'administration des territoires libérés. Il faut que le Général sache que dans un premier temps, la partie libérée du territoire français risque fort d'être exiguë, de n'avoir que quelques habitants, et de se trouver sous le feu des canons. Le président a dit que le général Marshall serait libre de s'entretenir avec le général de Gaulle de toutes questions militaires, mais il a refusé à deux reprises que des conversations politiques se tiennent entre représentants des trois pays. Je suis disposé à tenir des conversations à deux. Mais je suis convaincu que si le général de Gaulle exprimait le désir de rendre visite au président, sa demande serait fort bien accueillie »...

Le général de Gaulle répète que rien ne presse, et il ajoute d'un ton glacial : « C'est la guerre, faites-la, on verra après ! »

Churchill est visiblement déçu, mais il continue : « Après la bataille, le général de Gaulle pourrait se rendre aux Etats-Unis pour discuter avec le président, ou bien alors il pourrait rentrer à Alger et n'avoir d'entretiens ni avec la Grande-Bretagne ni avec les Etats-Unis, deux puissances qui sacrifient leurs soldats pour la libération de la France [...] C'est au général de Gaulle de décider de ce qu'il veut faire, mais il aurait tout intérêt à aller aux Etats-Unis, et si dans l'intervalle, nous pouvions commencer les discussions ici, cela n'en serait que mieux. Nous pourrions par exemple discuter de la question des billets. Il est possible de convaincre le président [...] Le général de Gaulle pourrait s'entendre avec lui. Il est vrai que le président pourrait perdre le pouvoir en 1945, mais jusque-là, il est tout-puissant, et toutes mes informations indiquent qu'il sera réélu pour quatre ans. La France a besoin de son amitié, et le général de Gaulle a le devoir de l'acquérir, tout comme un soldat a le devoir de monter à l'assaut d'une batterie ennemie. »

De Gaulle, impassible, répète : « C'est la guerre, faites la guerre ! » Anthony Eden intervient alors dans la discussion :

« J'ai des raisons de croire que, si le général de Gaulle se déclare prêt à se rendre aux Etats-Unis, il n'est pas exclu que nous puissions avoir des conversations politiques ici au préalable, en présence de l'ambassadeur des Etats-Unis. Il ne faut pas oublier que la Grande-Bretagne est également concernée par cette affaire. Nous avons offert au général de Gaulle de commencer les conversations. Si cette offre est rejetée, nous n'y pourrons rien ; mais nous le déplorerons. »

A quoi M. Bevin trouve bon d'ajouter que « le parti travailliste en serait offensé ».

C'est un mot de trop... L'accès de fureur gaullienne qui va suivre ne peut se comprendre que si l'on se souvient des innombrables avanies qu'a patiemment subies le Général de la part de Roosevelt depuis tant de mois : les mémorandums restés sans réponse, les petites phrases assassines dans les discours publics, le soutien constamment apporté à tous ses adversaires, les invitations à moitié émises et sans cesse annulées, l'assimilation de la France à un pays ennemi que l'on s'apprête à occuper, la « fausse monnaie » – autant d'affronts qui reviennent à l'esprit du Général au moment où il explose : « Comment ! Nous avons envoyé des propositions depuis septembre dernier. Vous ne nous avez jamais répondu. Il ne sert donc à rien de dire que le parti travailliste serait offensé. La bataille va commencer, et je parlerai à la radio ; soit. Mais quant à discuter des questions d'administration civile, il est clair que le président n'a jamais voulu me voir, et voilà que tout à coup on me dit qu'il faut que j'aille lui parler. Pourquoi semblez-vous croire que j'aie à poser devant Roosevelt ma candidature pour le pouvoir en France ? Le gouvernement français existe. Je n'ai rien à demander dans ce domaine aux Etats-Unis d'Amérique, non plus qu'à la Grande-Bretagne. Ceci dit, il est important pour tous les Alliés qu'on organise les rapports de l'administration française et du commandement militaire. Il y a neuf mois que nous l'avons proposé. Comme demain les armées vont débarquer, je comprends votre hâte de voir régler la question. Nous-mêmes y sommes prêts. Mais où est, pour ce règlement, le représentant américain ? Sans lui, pourtant, vous le savez bien, nous ne pouvons rien conclure en la matière. D'ailleurs, je note que les gouvernements de Washington et de Londres ont pris leurs dispositions pour se passer d'un accord avec nous. Je viens d'apprendre, par exemple, qu'en dépit de nos avertissements, les troupes et les services qui s'apprêtent à débarquer sont munis d'une monnaie soi-disant française, fabriquée par l'étranger, que le gouvernement de la République ne reconnaît absolument pas et qui, d'après les ordres du commandement interallié, aura cours forcé en territoire français. Je m'attends à ce que, demain, le général Eisenhower, sur instruction du président des Etats-Unis et d'accord avec vous-même, proclame qu'il prend la France sous son autorité. Comment voulez-vous que nous traitions sur ces bases ? Allez, faites la guerre, avec votre fausse monnaie ! »

Un lourd silence, puis Churchill reprend, avec une exaspération croissante : « Que le général de Gaulle aille ou non rendre visite au président, cela le regarde. Mais je le lui conseille fortement... »

Puis, sur un ton encore plus courroucé : « Je dois vous dire franchement que, si tous les efforts de conciliation devaient s'avérer vains, et si le président se trouvait d'un côté, et le Comité national français de l'autre, je me rangerais très probablement aux côtés du président, et en tout cas aucune querelle n'éclatera jamais entre la Grande-Bretagne et les Etats-Unis du fait de la France. »

Le général de Gaulle répond d'un ton glacial qu'il « prend bonne note du fait qu'en cas de désaccord entre les Etats-Unis et la France, la Grande-Bretagne prendra le parti des Etats-Unis ».

Churchill se contrôle de plus en plus difficilement, et il répète en vociférant : « Sachez-le ! chaque fois qu'il nous faudra choisir entre l'Europe et le grand large, nous serons toujours pour le grand large. Chaque fois qu'il me faudra choisir entre vous et Roosevelt, je choisirai toujours Roosevelt ! » Pour faire bonne mesure, le Premier ministre ajoute qu'« il a exprimé son opinion personnelle, mais qu'il ne doute pas qu'il sera soutenu en cela par la Chambre des communes ».

Rien n'est moins sûr. Eden hoche la tête d'un air dubitatif, et Bevin intervient pour déclarer au Général :

« Le Premier ministre vous a dit que, dans tous les cas, il prendrait le parti du président des Etats-Unis. Sachez qu'il a parlé pour son compte, et nullement au nom du Cabinet britannique... »

Sur ce, la conférence s'achève, et le déjeuner aussi. Pourtant, avant qu'on ne se sépare, Churchill, mélancolique, lève son verre :

« A de Gaulle, qui n'a jamais accepté la défaite ! »

Et de Gaulle répond :

« A l'Angleterre, à la victoire, à l'Europe [104]... »

Cet après-midi-là, Churchill et Eden conduisent de Gaulle au quartier général d'Eisenhower, situé dans une forêt voisine. « Il fut très cérémonieusement reçu, écrira

Churchill, par Eisenhower et Bedell Smith, qui faisaient assaut de courtoisie à son égard. Puis Ike l'emmena dans la salle des cartes pour le mettre au courant de tout ce qui allait se passer [105]. » « Le commandant en chef, écrira de Gaulle, nous expose, avec beaucoup de clarté et de maîtrise de soi, son plan pour le débarquement et l'état des préparatifs. Les navires sont en mesure de quitter les ports à tout instant. Les avions peuvent prendre l'air au premier signal. Les troupes ont été embarquées depuis plusieurs jours [...]. Je constate que, dans cette affaire très risquée et très complexe, l'aptitude des Anglo-Saxons à établir ce qu'ils appellent le " planning " s'est déployée au maximum. Toutefois, le commandant en chef doit encore fixer le jour et l'heure et, sur ce point, il est en proie à de rudes perplexités. Tout a été calculé, en effet, pour que le débarquement ait lieu entre le 3 et le 7 juin. Passé cette date, les conditions de marée et de lune exigeraient que l'opération soit reportée d'environ un mois. Or il fait très mauvais temps. Pour les chalands, les pontons, les chaloupes, l'état de la mer rend aléatoires la navigation et l'abordage. Cependant, il faut que l'ordre du déclenchement, ou de la remise, soit donné au plus tard demain. »

A la différence de ses homologues britanniques, Eisenhower sait apprécier le jugement du général de Gaulle en matière stratégique. D'ailleurs, le commandant suprême est un diplomate-né ; il demande donc l'avis du général de Gaulle, et ce dernier, visiblement très flatté, lui répond : « Je vous dirai seulement qu'à votre place, je ne différerais pas. Les risques de l'atmosphère me semblent moindres que les inconvénients d'un délai de plusieurs semaines qui prolongerait la tension morale des exécutants et compromettrait le secret [106]. »

Hélas ! il ne s'agit pas uniquement d'un problème militaire ; au moment où de Gaulle va se retirer, Eisenhower lui dit avec quelque embarras : « Mon Général, j'adresserai le jour du débarquement une proclamation à la population française, et je vous demanderai d'en faire une également. »

De Gaulle : « Vous, une proclamation au peuple français ? de quel droit ? et pour quoi leur dire [107] ? »

Eisenhower lui tend un texte dactylographié, que de Gaulle parcourt... et n'approuve pas : « D'après ce texte, écrira-t-il, le commandant en chef parle d'abord aux peuples norvégien, hollandais, belge et luxembourgeois en sa qualité de soldat chargé d'une tâche militaire et qui n'a rien à voir avec leur destin politique. Mais, ensuite, sur un tout autre ton, il s'adresse à la nation française. Il l'invite à " exécuter ses ordres ". Il décide que " dans l'administration tout le monde continuera d'exercer ses fonctions, à moins d'instructions contraires ", qu'une fois la France libérée " les Français choisiront eux-mêmes leurs représentants et leur gouvernement ". Bref, il se donne l'apparence de prendre en charge notre pays pour lequel il n'est, cependant, qu'un général allié habilité à commander des troupes, mais qui n'a pas le moindre titre à intervenir dans son gouvernement et qui serait, au surplus, bien embarrassé de le faire [108]. »

Pour de Gaulle, cette déclaration a un autre défaut plus grave encore : conformément aux instructions du président Roosevelt, le général Eisenhower n'y fait pas une seule fois mention du général de Gaulle et de son mouvement. Cela est inacceptable, et de Gaulle le dit bien haut. Eisenhower, semble-t-il, répond avec tact que ce n'est là qu'un projet, et qu'il est prêt à le modifier pour tenir compte des observations du Général *. Il est alors convenu que de Gaulle l'informera le lendemain des modifications qu'il estime nécessaires, après quoi le Général regagne le train spécial en compagnie de Churchill, à qui il ne cache pas son mécontentement. « Je m'attendais, se souviendra le Premier ministre, à ce que de Gaulle reste avec nous pour dîner et rentrer à Londres dans notre train, ce qui était le

---

* Le général de Gaulle se souvient bien qu'Eisenhower a proposé de modifier la proclamation ; Duff Cooper le confirme ; Anthony Eden parle d'un « malentendu », et d'après le général Béthouart, Eisenhower aurait dit que le texte de l'appel « a été approuvé par son gouvernement et qu'il n'y peut rien changer. »

moyen le plus commode, mais il s'est redressé et a déclaré qu'il préférait rentrer en voiture avec ses officiers [109].

Au matin du 5 juin, de Gaulle envoie à Eisenhower une version corrigée de l'appel destiné aux Français. « Ainsi que je m'y attends, écrira-t-il, on me répond qu'il est trop tard, car la proclamation, déjà imprimée (elle l'est depuis huit jours), va être d'un instant à l'autre jetée sur la France. Le débarquement, en effet, commencera la nuit prochaine [110]. » L'opération va donc s'effectuer sans que le moindre accord ait été conclu au sujet de l'administration civile, de l'émission de monnaie, ou même de la proclamation qui sera faite au peuple de France. Ainsi, pour de Gaulle, la France ne sera pas réellement libérée ; elle sera occupée, exactement comme l'Italie. Il est vrai que le général Eisenhower lui a explicitement donné l'assurance cinq mois plus tôt qu'il ne traiterait qu'avec le Comité... Mais cela ne satisfait pas le président du GPRF : il est clair que la France combattante – c'est-à-dire la France – vient de subir un affront ; et comme nous le savons depuis longtemps, le général de Gaulle n'est pas homme à subir un affront sans réagir...

A 4 heures dans la matinée du 5 juin, le général Eisenhower a enfin pris la décision cruciale : la grande attaque sera lancée dans les premières heures du 6 juin. Dès lors, un gigantesque appareil se met en branle, et cet après-midi-là, le général de Gaulle est informé de ce que l'on attend de lui ; le lendemain à l'aube, les chefs d'Etat en exil lanceront des appels à leurs peuples : d'abord le roi de Norvège, puis la reine des Pays-Bas, la grande-duchesse de Luxembourg, le Premier ministre de Belgique ; ensuite, le général Eisenhower lira sa proclamation et enfin, de Gaulle pourra, lui aussi, s'adresser au peuple français. C'est évidemment compter sans la personnalité du général de Gaulle et son humeur du moment ; il refuse tout net : « En parlant aussitôt après le commandant en chef, écrira-t-il, je paraîtrais avaliser ce qu'il aura dit et que je désapprouve, et je prendrais dans la série un rang qui ne saurait convenir. Si je prononce une allocution, ce ne peut être qu'à une heure différente, en dehors de la suite des discours [111]. »

Depuis vingt-quatre heures, Churchill est dans un état de tension nerveuse exceptionnel; plus que tout autre, il mesure les risques que comporte un débarquement sur une côte puissamment fortifiée, il s'attend à ce que le corps expéditionnaire allié subisse des pertes considérables, et les conditions météorologiques défavorables ont encore ajouté à son anxiété. C'est sur ces entrefaites que Churchill apprend la nouvelle dans l'après-midi du 5 juin : le Général, lui dit-on, refuse de s'adresser au peuple français... Cette nouvelle, qui n'est pas tout à fait exacte, va avoir sur le Premier ministre un effet dévastateur; il a encore sur le cœur l'entrevue de la veille, et ce qu'il apprend là confirme ses pires soupçons. A la réunion du Cabinet en fin d'après-midi, il va donc donner libre cours à sa colère, et sir Alexander Cadogan notera à cette occasion : « Conseil de Cabinet à 18 h 30. Cette fois encore, nous avons eu droit à une harangue passionnée du Premier ministre contre le général de Gaulle. Chaque fois que ce sujet revient sur le tapis, nous nous éloignons de la politique, de la diplomatie et même du bon sens. C'est du caquetage de pensionnat de jeunes filles. Roosevelt, le Premier ministre – et aussi de Gaulle, il faut bien le reconnaître – se conduisent comme des jeunes filles à l'approche de la puberté. Il n'y a rien à faire [112]. »

Les heures qui suivent vont être dramatiques; alors que les premiers parachutistes sont largués au-dessus de la France, un véritable dialogue de sourds se poursuit par personnes interposées entre de Gaulle et Churchill : le Général, hors de lui, refuse de parler à la BBC après Eisenhower, et il refuse de laisser partir les officiers de liaison français, puisque aucun accord n'a été conclu concernant leurs relations avec les unités alliées. Churchill, lui, exige que de Gaulle parle à l'heure qu'on lui assigne, et il entre à son tour dans une rage folle : « Le Premier ministre, rapportera Eden dans une description très atténuée de la scène, a exprimé son manque de confiance total dans le général de Gaulle, et sa conviction qu'aussi longtemps que le Général resterait à la tête des affaires françaises, il n'y aurait pas de bonnes relations entre la France, la Grande-Bretagne et les Etats-Unis. Il a dit que le Général était un ennemi, et bien d'autres choses du même genre [113]. » Il a même fait davantage, en disant à son bras droit Desmond Morton : « Allez dire à Bedell Smith qu'il mette de Gaulle en avion et qu'il le renvoie à Alger, enchaîné si c'est nécessaire. Il ne faut pas le laisser rentrer en France [114]. » De Gaulle, pendant ce temps, s'exclame devant son fils : « Ils en sont encore aux accords entre Clark et Darlan [...]. Ils veulent faire administrer la France libérée par les armées. Ils ont fait imprimer une véritable monnaie d'occupation. Une monnaie sans couverture. [...] Il faudra que les Français n'oublient pas cela : dans l'immédiat, Roosevelt ne se soucie que d'occuper la France comme il occupera l'Allemagne nazie. Il veut transformer notre pays en condominium et Churchill n'est pas loin de préconiser la même chose [115] ! »

Toute la nuit, l'équipe des « amortisseurs », Anthony Eden, Duff Cooper, Charles Peake, Desmond Morton et l'ambassadeur Viénot, s'emploie à désamorcer les bombes, et à l'aube du 6 juin, alors que les premières vagues d'assaut débarquent sur les plages normandes, l'ordre d'expulsion du Général a été rapporté, l'autorisation a été donnée à une vingtaine d'officiers de liaison d'accompagner les unités alliées, et de Gaulle s'apprête à prononcer l'un de ses discours les plus magnifiques : « La bataille suprême est engagée... Bien entendu, c'est la bataille de France, et c'est la bataille de la France !... Pour les fils de France, où qu'ils soient, quels qu'ils soient, le devoir simple et sacré est de combattre l'ennemi par tous les moyens dont ils disposent [...] Les consignes données par le Gouvernement français et par les chefs français qu'il a qualifiés pour le faire doivent être exactement suivies [...] Derrière le nuage si lourd de notre sang et de nos larmes, voici que reparaît le soleil de notre grandeur [116]. »

Au soir du 6 juin, il apparaît déjà que l'opération « Overlord » est un succès : les pertes ont été plus légères que prévu et les troupes débarquées se sont rapidement enfoncées dans les terres... Mais pour le général de Gaulle, rien n'est réglé : l'absence de tout accord sur l'administration civile, l'emploi en France de devises militaires alliées, l'absence de tout statut conféré à ses officiers de liaison, le regain d'hostilité de Churchill à son égard – autant de mines semées sous ses pas par la vindicte tenace du président Roosevelt... Ainsi donc, pour s'ouvrir la route de Paris, il faudra encore mener une lutte sans concessions contre les Allemands, contre Pétain, contre Laval, contre les communistes... et contre Franklin Delano Roosevelt.

10

Hautes eaux

C'est dans la semaine du 6 au 13 juin 1944 que se joue véritablement le sort de la guerre. Après la réussite du débarquement initial, deux ports artificiels ont été mis en place, la tête de pont s'est consolidée autour de Bayeux, et les premières contre-attaques allemandes se sont révélées singulièrement inefficaces. Pour le général de Gaulle, c'est aussi un succès éclatant des armes françaises : les navires, les escadrilles, les parachutistes et les commandos de la France libre ont participé à l'opération, en y déployant des prodiges de valeur ; quant à la Résistance, elle a pleinement répondu aux consignes en sabotant les voies de communication et en accrochant plusieurs grandes unités allemandes en arrière du front.

Mais pour de Gaulle, les succès militaires ne sauraient cacher les revers politiques, ainsi qu'il l'explique le 10 juin aux commissaires restés à Alger : " Le plan de l'AMGOT anglo-américain continue de se déployer. Aujourd'hui est publiée une nouvelle proclamation d'Eisenhower au peuple français qui confirme et renforce la première. Il y ajoute l'affirmation fausse que les officiers de la mission française prennent part à son entreprise. A Bayeux, les Alliés ont maintenu en place le maire vichyste [1]. » A ces griefs s'en ajoutent beaucoup d'autres : les Anglais comme les Américains se montrent très réticents à armer la Résistance, les émetteurs des services de propagande du quartier général allié à Alger censurent sys-

tématiquement toutes les déclarations faisant mention du
« Gouvernement provisoire de la République française [2] »,
les francs supplétifs dépourvus de toute couverture ont été
distribués en France, et les négociations sur l'administration civile sont au point mort : « Ici, écrit le Général
aux membres du Comité, le gouvernement britannique
tourne en rond. Il redoute son opinion qui commence à
s'alarmer. Il voudrait traiter ici avec nous sans pouvoir
d'ailleurs le faire indépendamment des Américains, lesquels s'y refusent. Il aurait souhaité voir le gouvernement
de Washington envoyer un délégué à Londres pour une
négociation tripartite, mais se montre impuissant à obtenir
même cela. Au milieu de ces velléités contradictoires,
le gouvernement britannique s'associe en pleurant aux
usurpations que Roosevelt dicte à Eisenhower. Mais il
voudrait en même temps obtenir de nous que nous don-
nions l'impression de couvrir la marchandise et que nous
négociions solennellement ici ce qui pourtant ne peut
aboutir ici. C'est dans cette intention que M. Eden a beaucoup insisté pour que des commissaires français viennent à
Londres. Nous ne devons le faire à aucun prix. Le gouvernement français ne peut se déplacer que pour conclure un
accord et non pour gémir dans des antichambres. Or, dans
cette affaire, on ne peut évidemment conclure que si l'on
est trois [3]. »

A tout cela s'ajoutent deux nouveaux éléments perturba-
teurs, auxquels Churchill et Roosevelt ne sont pas étrangers : d'une part, le Premier ministre de Sa Majesté, encore
sous le coup des rudes confrontations survenues la veille
du débarquement, a donné des instructions expresses pour
que de Gaulle ne soit pas autorisé à se rendre en France.
Or, c'est exactement ce que veut faire le Général, et les
choses ne vont pas tarder à s'envenimer, ainsi que le
notera Léon Teyssot dans son agenda privé :

« *8 juin*. Le général me dit : " Roosevelt est fou.
Churchill est un gangster. "

9 juin. En auto, il me dit : " Quand je discute avec le
gouvernement britannique, j'ai l'impression de surprendre
en flagrant délit de petits vieux sortant du bordel et arrangeant leurs cravates pour se donner une contenance ; ils
trouvent des excuses à tout. "

11 juin. De Gaulle me dit : " Vous voyez bien que nous avons affaire à des gangsters : Eisenhower et Montgomery se déclarent d'accord pour que j'aille en France, mais la décision appartient au gouvernement britannique [4]. " »

D'autre part, le président Roosevelt a fait transmettre au général de Gaulle dès la fin du mois de mai une invitation à le rencontrer aux Etats-Unis ; mais comme par le passé, le processus était tortueux et l'invitation n'en était pas vraiment une : c'était un simple message affirmant que le Général serait reçu s'il demandait à voir le président, et ce message était transmis par l'amiral Fénard plutôt que par le représentant officiel du Général à Washington, Henri Hoppenot. L'« invitation » a été renouvelée par le même canal dans la nuit du 6 au 7 juin, mais avant même que de Gaulle ait pu y répondre, l'agence Reuter annonce très officiellement que de Gaulle pourra être reçu aux Etats-Unis entre le 22 et le 26 juin, ou encore entre le 6 et le 14 juillet. Léon Teyssot note le 9 juin : « Cela fait l'effet d'une bombe sur de Gaulle, qui n'a pas été avisé : " Il veut faire croire que je lui ai demandé de me recevoir. Je n'irai pas [5]. " » A René Massigli, le Général écrira le surlendemain : « La façon tout à fait inexacte et tendancieuse dont le président Roosevelt lui-même a présenté au public le projet de mon voyage à Washington et les commentaires qu'on en fait donner par les journaux américains procèdent de la même conception qu'il faut bien qualifier d'hégémonique. Ce qui me fut offert, on veut faire croire que je l'ai demandé. Et l'on cherche déjà à me représenter comme le candidat qui viendrait subir l'examen du président des Etats-Unis pour tâcher d'obtenir de lui le brevet nécessaire pour administrer la France. [...] En tout cas, l'ensemble nous montre une fois de plus à qui nous avons affaire [6]. »

Dans une interview donnée le 10 juin au correspondant de l'agence A.F.I., le Général reste donc très flou sur ses projets de voyage aux Etats-Unis, mais se fait très précis au contraire sur l'état des pourparlers avec les Alliés : « Actuellement, il n'existe aucun accord entre le gouvernement français et les gouvernements alliés au sujet de la coopération de l'administration française et des armées alliées en territoire métropolitain français libéré. Bien plus, la proclamation du général Eisenhower a paru annoncer une sorte de pouvoir du commandement militaire allié sur la France. Evidemment, cette situation est inacceptable pour nous et risque de provoquer, en France même, des incidents qu'il nous paraît nécessaire d'éviter. D'autre part, l'émission en France d'une monnaie soi-disant française, sans aucun accord et sans aucune garantie de l'autorité française, ne peut conduire qu'à de sérieuses complications. Au moment où la bataille est engagée sur le sol de la France, le gouvernement français a hâte de voir se terminer, dans l'intérêt commun, une telle confusion et de tels empiétements [7]. »

Le gouvernement britannique aussi, du reste, et c'est pourquoi ses médiateurs les plus talentueux ont entrepris de faire sortir les négociations de l'impasse : depuis le 6 juin, Eden, Duff Cooper, Cadogan et Peake tentent de faire accepter au Général ce qu'il a refusé le 4 juin : des discussions franco-britanniques, dont les résultats seraient ensuite soumis à Washington pour approbation. Ayant répondu à plusieurs reprises qu'il ne voyait pas l'intérêt de « pourparlers qui risquaient de tourner court », de Gaulle, qui a un grand respect pour Eden, finit par lui concéder que l'ambassadeur Viénot « est libre de mener lui-même de telles conversations [8] ». Ce n'est pas une grande concession, mais Eden s'en saisit immédiatement pour faire le siège du Premier ministre... A cet égard, sa tâche sera encore plus ardue, car la colère de Churchill contre le Général est loin d'avoir disparu ; De Gaulle a consenti à ce que des négociations sur l'administration civile s'ouvrent avec l'ambassadeur Viénot ? « Hors de question ! » explose Churchill. De Gaulle a exprimé une fois encore le désir de se rendre en Normandie ? « Attendons de voir comment il va se conduire ! » « N'oubliez pas, lance le Premier ministre à Eden, que cet individu n'a pas pour deux sous de magnanimité, et que dans cette opération, il cherche uniquement à se faire passer pour le sauveur de la France sans avoir un seul soldat français derrière lui [9]. » Churchill lui-même va visiter les plages du débarquement avec le maréchal Smuts dès le 12 juin...

Mais Eden est aussi tenace que persuasif, et Churchill est incapable de persister bien longtemps dans sa vindicte.

A l'issue de quelques disputes homériques avec son ministre des Affaires étrangères, il finit par autoriser l'ouverture de négociations avec l'ambassadeur Viénot; après bien des hésitations, il permet également au général de Gaulle de visiter Bayeux le 14 juin, tout en faisant de nombreuses réserves.... En fait, il se ravise même dans la soirée du 13 juin, mais le Cabinet, fortement encouragé par Eden et Attlee, maintient la décision initiale : de Gaulle pourra se rendre en France dès le lendemain.

Au matin du 14 juin, sur le pont du contre-torpilleur *La Combattante*, de Gaulle paraît calme et concentré; ses compagnons, Viénot, Palewski, Billotte, de Courcel, Béthouart et l'amiral d'Argenlieu, tentent d'entretenir la conversation, et Viénot remarque : « Vous rendez-vous compte, mon Général, qu'il y a quatre ans, jour pour jour, les Allemands entraient dans Paris ? » La réponse descend, brève et sèche : « Eh bien, ils ont eu tort [10]! » Le capitaine de corvette Patou, commandant du navire, le verra peu après sur la passerelle : « Je suis allé lui présenter mes respects, et puis, naturellement, je n'ai pas voulu me mettre dans ses pattes... alors il s'est approché de moi et m'a dit :

" Patou, je ne céderai pas... "

J'ai répondu : " Bien sûr, mon Général. "

Il m'a regardé d'un air surpris, puis il a continué :

" ... Sur l'affaire des billets de banque libellés en francs et émis en Amérique. C'est de la fausse monnaie. Vous pensez bien... Je ne céderai pas [11]. " »

Le débarquement se fait peu après 14 heures sur une plage près de Courseulles. De Gaulle et ses compagnons se rendent d'abord au PC du général Montgomery, puis se dirigent vers Bayeux, avec deux objectifs principaux : superviser la prise de fonction de François Coulet, qu'il vient de nommer commissaire de la République pour le territoire normand libéré, et celle du colonel de Chevigné, chargé des subdivisions militaires. Il s'agit bien sûr de prendre les Américains de vitesse, et la chose réussit pleinement. Le second objectif, qui est tout aussi important pour le général de Gaulle, c'est d'établir un premier contact personnel avec le peuple français. Là aussi, c'est un succès complet, comme l'écrira le Général lui-même, non sans quelque émotion : « Nous allons à pied, de rue en rue. A la vue du général de Gaulle, une espèce de stupeur saisit les habitants, qui ensuite éclatent en vivats ou bien fondent en larmes. Sortant des maisons, ils me font cortège au milieu d'une extraordinaire émotion. Les enfants m'entourent. Les femmes sourient, sanglotent. Les hommes me tendent les mains. Nous allons ainsi, tous ensemble, bouleversés et fraternels, sentant la joie, la fierté, l'espérance nationales remonter du fond des abîmes [12]. » Le général de Gaulle s'adresse à la population de Bayeux rassemblée sur la place du Château, puis se rend à Isigny, dont il parcourt longuement les ruines. Le soir, enfin, les visiteurs rejoignent *La Combattante*. Pour le Général, cette visite a été un plein succès. Les habitants de Bayeux et d'Isigny ont réagi comme il l'espérait ; ils ont placé leur espoir et leur foi en de Gaulle. Demain, sans nul doute, toute la France en fera autant. Enfin, l'AMGOT a été pris de vitesse... Pendant le voyage du retour, de Gaulle, d'excellente humeur, confie au général Béthouart : « Tu vois, il fallait mettre les Alliés devant le fait accompli. Nos autorités nouvelles sont en place ; tu verras qu'ils ne diront rien [13]. »

En effet, les Alliés ne diront rien ; c'est que Bayeux est dans le secteur britannique, et le général Montgomery ne voit pas le moindre inconvénient à ce qu'une administration gaulliste y succède à celle de Vichy. Eisenhower lui-même n'y voit que des avantages, même s'il ne peut pas le dire trop fort, du fait de la gaullophobie pathologique de son président... En outre, les militaires britanniques et américains ont été vivement impressionnés par l'accueil que la population française a réservé au général de Gaulle, et leurs rapports seront unanimes : « Manifestement, la population connaissait le nom du général de Gaulle, et elle était ravie de le voir. Des centaines d'hommes et de femmes sortaient de chez eux et jetaient des fleurs dans les jeeps. » Un autre rapport adressé au *Foreign Office* décrit « l'attitude assez peu coopérative des autorités militaires britanniques », et ajoute : « Les visiteurs semblent avoir été considérés comme un groupe de touristes encombrants faisant une excursion inutile. La signification historique de cette occasion semble avoir échappé complètement aux autorités militaires, qui ne paraissent pas avoir fait de gros efforts pour faciliter la visite du général de Gaulle. » Et le rapport se termine sur ce commentaire : « Après tout ce désordre et ce manque d'égards, il est surprenant que le général de Gaulle soit rentré de Normandie d'aussi bonne humeur [14]. »

Cela n'a rien de surprenant, car de Gaulle n'a prêté aucune attention à la froideur de l'accueil des Anglais ; seule l'a impressionné la chaleur de l'accueil des Français. Rentré en Angleterre, il s'aperçoit que la nouvelle en a déjà fait le tour du monde ; il voit également que la presse lui est très favorable, et que lors de la séance de la veille au Parlement, de très nombreux députés ont exigé de leur gouvernement la conclusion d'un accord sur l'administration civile en France, et même la reconnaissance du CFLN... Du reste, entre le 8 et le 20 juin, les gouvernements en exil de Tchécoslovaquie, Pologne, Belgique, Luxembourg, Norvège et Yougoslavie, passant outre aux objections américaines et britanniques, procèdent eux-mêmes à cette reconnaissance. Enfin, la menace de l'AMGOT semble bel et bien conjurée : quelques centaines d'officiers d'administration civile américains vont errer un temps dans la campagne normande, jusqu'à ce que le général Eisenhower les fasse rappeler – exactement comme en Afrique du Nord dix-huit mois plus tôt...

Si l'adversité rend de Gaulle insupportable, le succès le rend magnanime ; Eden s'en aperçoit avec surprise lorsqu'il lui fait une visite d'adieu dans l'après-midi du 16 juin : « J'allai voir le Général à Carlton Gardens. Je n'y étais jamais allé auparavant. Je fus reçu avec quelque cérémonie : il y avait une garde d'honneur devant le bâtiment, et des officiers étaient postés à intervalles réguliers le long de l'escalier. De Gaulle me parla sans contrainte pendant vingt minutes. Comme je l'ai déclaré à l'époque : " C'est dans son rôle d'hôte qu'il est le meilleur [15] ". » « Le Général, ajoutera Eden dans un rapport, a exprimé sa reconnaissance pour l'hospitalité et la courtoisie qu'il avait rencontrées en Angleterre au cours de sa visite. Bien que nos discussions aient parfois été difficiles, il était heureux d'être venu, et pensait que des progrès avaient été accompli. A son avis, il ne restait plus que deux questions importantes à régler, la première ayant trait à l'administration de la France [16]. » « Eden, écrira le Général, propose, maintenant, d'établir avec Viénot un projet qui sera communiqué par lui-même à Washington et, il y compte bien, signé à la fois par les Français, les Anglais et les Américains. C'est là une voie qui me semble acceptable. Je le dis à Anthony Eden [17]. » « En ce qui concerne la reconnaissance, note Eden, le Général m'a dit qu'il n'y attachait guère d'importance. J'ai déclaré que j'avais remarqué que le Comité n'avait pas demandé à être reconnu comme gouvernement provisoire, et j'en avais donc conclu que c'était là une question secondaire. Le Général a confirmé mes dires, et a déclaré que la seconde question restée en suspens était celle de la monnaie. Il espérait vivement qu'une solution pourrait y être trouvée [...]. Il a ensuite parlé de la Résistance. Il pensait qu'elle faisait du bon travail, et il avait appris que certaines divisions allemandes avaient dû être retirées du front pour combattre la Résistance [...]. Le Général, que je n'avais jamais vu dans d'aussi bonnes dispositions, a souligné qu'en dépit des difficultés passées, il désirait avant tout coopérer étroitement avec nous et avec les Américains [18]. »

C'est en effet dans d'excellentes dispositions que de Gaulle rentre à Alger le 17 juin ; le lendemain, l'ambassadeur Duff Cooper écrit dans son journal : « Massigli m'a dit que dans l'ensemble, le Général était satisfait de sa visite. Il avait été très impressionné par la sympathie que lui avaient témoignée le public, la presse et la Chambre des communes [19]. » Il a aussi laissé derrière lui à Londres deux hommes habilités à négocier : le général Kœnig et l'ambassadeur Viénot. Or, Kœnig parvient rapidement à un accord avec Bedell Smith, aux termes duquel il obtient un statut analogue à celui de tous les commandants alliés subordonnés au commandant suprême (SCAEF *), Dwight D. Eisenhower. Viénot, de son côté, négocie directement avec Eden, et tous deux vont trouver un terrain d'entente,

---

* Supreme Commander, Allied European Forces. Son quartier général est le SHAEF (Supreme Headquarters, Allied European Forces.)

grâce à une commune volonté d'aboutir – et à un minimum
d'interférence de la part de leurs supérieurs respectifs...
Le 30 juin, Viénot écrit au Général : « Je crois pouvoir
dire que nous sommes arrivés à un accord à 90 %, un
accord qui constitue en pratique une véritable reconnaissance du gouvernement provisoire ; une affirmation catégorique de la souveraineté française ; la disparition de
toute idée de " supervision " du commandant en chef,
même dans la zone de l'avant ; l'affirmation d'une
complète égalité du Gouvernement provisoire avec les
gouvernements alliés [20]. » Viénot joint à sa lettre les quatre
projets d'accord *, et les contestations ne porteront plus
que sur des détails... Mais aux yeux du Général, naturellement, de tels documents ne peuvent être valables que s'ils
sont également acceptés par les Américains... Eden promet
de s'y employer, toute en répétant sans cesse depuis la
mémorable séance du 4 juin que les choses seraient grandement facilitées si le Général acceptait de se rendre à
Washington...

Il n'est pas le seul : l'ambassadeur Winant, le général
Bedell Smith, l'amiral Stark, le chargé d'affaires américain
à Alger Selden Chapin, l'ambassadeur Duff Cooper, ainsi
bien sûr que Massigli et Viénot, font tous pression dans le
même sens ; d'ailleurs, de Gaulle lui-même est très désireux d'avoir un entretien prolongé avec le président, et les
récents succès obtenus en France le mettent manifestement
dans une meilleure position que lors des entretiens d'Anfa.
Enfin, les derniers messages adressés par le président,
aussi tortueux soient-ils, semblent bien dénoter cette fois
une volonté d'aboutir...

Pour Roosevelt, tout avait si bien commencé... Le grand
psychodrame à la veille du débarquement avait mené
de Gaulle et Churchill au bord extrême de la rupture, et le
président pouvait se flatter d'en être directement responsable : la non-reconnaissance du GPRF, l'absence de tout
accord sur l'administration civile, l'introduction de francs
supplétifs sans indication d'autorité émettrice, les préfets
et sous-préfets *made in USA*, tout cela n'était-il pas son

---

* Ils portent respectivement sur les affaires administratives et juridic-
tionnelles, la monnaie, l'aide mutuelle et l'information.

œuvre ? Or, les réactions du général de Gaulle à tous ces
empiétements avaient dépassé ses espérances : en refusant
de s'adresser aux Français après Eisenhower, puis en rete-
nant ses officiers de liaison, le Général avait non seulement provoqué la fureur du Premier ministre britannique,
mais encore ressoudé les rangs de l'administration américaine : Marshall s'était déclaré scandalisé, Stimson avait
parlé de « coup de poignard dans le dos » et Hull avait ful-
miné contre de Gaulle « jusqu'à l'incohérence [21] » ; Même
parmi les sympathisants du GPRF, Morgenthau avait
admis que le Général « nous mettait un pistolet sur la
tempe » et McCloy que son comportement était « tout simplement scandaleux [22] »...

Hélas ! A Londres, la rupture tant attendue ne s'est pas
produite, parce que le ministre des Affaires étrangères britannique n'en voulait pas et le commandant suprême américain non plus, parce que le général de Gaulle savait
instinctivement jusqu'où il pouvait aller trop loin, et parce
que Churchill, irascible et impulsif, était entouré de gens
pondérés et passés maîtres dans l'art d'« amortir » ses
décisions... *Damned !* Encore manqué ! Mais par un effet
de pendule infernal qui nous est désormais familier,
toutes les intrigues antigaullistes du président vont ensuite
se retourner contre lui : ainsi, le manque d'accord sur
l'administration civile se révèle plus embarrassant pour
Eisenhower que pour de Gaulle, et le général Marshall, de
retour d'une visite à la tête de pont de Normandie, câble
au président que « faute de résoudre le problème de
l'administration française, on risque de se priver d'une
aide importante de la part de la Résistance » – sans
compter que « le Cabinet britannique risque fort de répu-
dier la politique churchillienne d'alignement sur les positions américaines, et d'insister pour qu'un accord soit
conclu avec les Français [23] ». La directive présidentielle
interdisant aux émetteurs alliés en Afrique du Nord de diffuser les communiqués mentionnant le « Gouvernement
provisoire de la République française » fait l'objet d'une
note de l'ambassade de Grande-Bretagne attirant l'attention du Département d'État sur le fait que les émetteurs de
Londres n'appliquant pas cette censure, il y a là une dis-

cordance dans la propagande alliée qui pourrait s'avérer préjudiciable à l'effort de guerre [24]... La fameuse monnaie supplétive, si artistiquement conçue par Roosevelt pour rabaisser le général de Gaulle, lui vaut dès le 9 juin deux télégrammes angoissés de Churchill : « Eisenhower doit d'urgence faire une proclamation annonçant l'émission de monnaie pour les troupes. De Gaulle est disposé à faire une déclaration confirmant que cette monnaie a cours légal, mais on s'attend à ce qu'il insiste pour que sa déclaration mentionne le « gouvernement provisoire de la France » ou « de la République française ». [...] Le Trésor craint que s'il n'avalise pas l'émission, les billets ne seront pas garantis, [...] et il me semble que la proclamation d'Eisenhower engagera nos deux gouvernements à les racheter. [...] D'autres disent même que le général de Gaulle pourrait les dénoncer comme des faux billets [...] Je viens moi-même de voir des spécimens des billets en question, et ils ne me paraissent pas très rassurants ; ils semblent très faciles à contrefaire ; ils ne comportent aucune mention de l'autorité émettrice... Il faut tout de même quelque autorité pour les garantir... Mon cher ami, regardez-les vous-même, et dites-moi ce qu'il faut faire [25]. »

Le président n'a pas besoin de regarder les billets : il les connaît fort bien... Mais le voilà placé devant une redoutable alternative : reconnaître implicitement le GPRF ou engager le Trésor américain à rembourser une émission équivalant à 400 millions de livres sterling... Enfin, si une partie de la presse américaine, fortement encouragée par la Maison-Blanche, avait dénoncé au lendemain du débarquement la mauvaise volonté du général de Gaulle, le retour de bâton ne s'est pas fait attendre : tour à tour, le *Christian Science Monitor*, le *New York Times*, le *New Republic, The Nation* et le *New York Post* dénoncent la politique du président, et constatent, à l'exemple du *New York Herald Tribune*, que « la Résistance française est entièrement derrière le général de Gaulle », et que « c'est un fait que le gouvernement civil des territoires français libérés est entre les mains des représentants du Comité d'Alger [26]. » La radio n'est pas en reste : sur *Blue Network*, le chroniqueur

Leland Stowe déclare dès le 9 juin : « Nous aurons plus que de la chance si les Français ne sont pas tristement déçus des divers aspects de la politique anglo-américaine en France. A cette heure dangereusement tardive, le plan du Comité français pour l'administration civile en France libérée n'a pas été approuvé par le président Roosevelt et nos soldats ont reçu des francs en papier flambant neufs qui n'ont pas été approuvés par le Comité. [...] Si les Alliés ont des problèmes en France, ce sera dans une large mesure parce que certains dans nos gouvernements alliés ont cherché des ennuis [27]. »

C'est un fait, mais le président a toujours une aussi piètre opinion du général de Gaulle (« Un Français fanatique, à l'esprit étroit, dévoré d'ambition et ayant de la démocratie une conception plutôt suspecte [28] »), et il refuse obstinément de croire les rapports qui lui viennent de toutes parts sur la popularité du Général en France, sur le contrôle absolu qu'il exerce sur la Résistance et sur l'absence de toute opposition crédible à l'installation du GPRF en territoire libéré ; le 14 juin, Stimson note dans son journal : « FDR pense que de Gaulle va s'effondrer et que les Anglais qui le soutiennent seront confondus par la tournure des événements. [...] Il pense que d'autres partis apparaîtront à mesure que la libération progressera, et que de Gaulle deviendra une figure très modeste. Il a dit qu'il connaissait déjà quelques-uns de ces partis [29]. »

C'est ce qui s'appelle de l'autosuggestion – ajoutée à un singulier entêtement. Seulement voilà, il y a la presse, la radio, l'opinion publique, la convention démocrate à la fin de juillet et les élections présidentielles en novembre ; il s'agit donc de faire oublier aux libéraux du parti démocrate toutes les compromissions passées avec Pétain, Weygand, Darlan et les autres... Il faut aussi persuader tous les électeurs américains que le président ne mise que sur des gagnants ; bien sûr, il a déjà misé sur plusieurs perdants dans ces affaires françaises, et il n'arrive toujours pas à considérer de Gaulle comme un gagnant... Mais en véritable professionnel de la politique, Franklin Roosevelt ne peut pas non plus se permettre de prendre des risques : le 22 juin, il déclare lors d'une conférence réunissant des membres du Département de la Justice, du Département d'Etat et des *Joint Chiefs of Staff* qu'il « recevra de Gaulle avec honneur pour calmer l'opinion publique qui le soutient [30] ». On peut difficilement être plus clair... Du reste, il n'est toujours pas question d'une invitation dans les formes, parce que ce serait s'abaisser, alors qu'il s'agit plutôt d'abaisser le Général * ; le 27 juin, ayant reçu une première confirmation de la venue prochaine du Général, Roosevelt répond par ce message : « Le président est très heureux que le général de Gaulle exprime son désir de rendre visite à l'Amérique, afin de s'entretenir avec le président de problèmes qui présentent actuellement un intérêt pour la France et les Etats-Unis [31]. »

C'est là un chef-d'œuvre d'hypocrisie ramassé en une seule phrase, mais de toute manière, le général de Gaulle, instruit par une expérience de quatre années, ne se fait plus guère d'illusions sur les motivations du président ; trois jours plus tôt, il écrivait à Henri Hoppenot : « Il me paraît nécessaire que vous laissiez au Département d'Etat, sous telle forme qui vous paraîtra convenable, une paraphrase de ce qui suit pour que les choses soient fixées à leur date, ce qui pourrait être une bonne précaution.

1) Comme j'ai eu l'honneur de le faire dire au président par l'amiral Fénard qui lui portait ma réponse de principe, je serais heureux de me rendre à Washington pour m'entretenir avec lui des problèmes qui intéressent en commun les Etats-Unis et la France. Je considérerais, en tout cas, ce voyage comme un hommage rendu par la France en guerre au président lui-même, ainsi qu'au peuple américain et aux armées américaines qui ont fait et font tant d'efforts et subissent tant de sacrifices pour contribuer puissamment à la libération de l'Europe et de l'Asie.

2) Compte tenu de l'état actuel des relations officielles franco-américaines, ainsi que de l'atmosphère assez obscure et chargée qui les entoure en ce moment, il me paraît

---

* Le 31 mai, Roosevelt écrivait à Churchill : « J'ai expliqué à l'amiral Fénard [...] qu'en tant que chef du gouvernement et chef d'Etat, je ne pouvais inviter de Gaulle, celui-ci n'étant que chef d'un comité et non chef du gouvernement ou de l'Etat français. »

capital que mon voyage soit attentivement préparé et que tout ce qui aura lieu d'essentiel au cours de mon séjour soit à l'avance réglé d'accord. Je vous prie de demander et de me transmettre d'urgence des précisions complètes sur ce qui est envisagé du côté américain, notamment pour ce qui concerne ma rencontre ou mes rencontres avec le président.

3) Je ne sais naturellement pas de quoi au juste le président a l'intention de m'entretenir. Quant à moi, sans rien exclure a priori des conversations et sans méconnaître aucunement la valeur inappréciable du concours actuel et éventuel des Etats-Unis dans la libération et dans la reconstruction de la France ainsi que dans l'organisation du monde de demain, je ne compte rien demander, ni rien réclamer, spécifiquement. En particulier, la reconnaissance formelle du gouvernement provisoire par les Etats-Unis est une question qui m'intéresse peu et que je ne soulèverai pas. L'économie pratique des rapports franco-américains me paraît beaucoup plus importante et urgente.

4) La période du 6 au 14 juillet n'est pas pour moi la meilleure ; d'une part pour des raisons d'obligations pressantes de gouvernement et de commandement ; d'autre part pour ce motif que je dois, de toutes façons, me trouver à Alger le jour de la fête nationale. Par déférence pour le président, qui a proposé ces dates, je pourrais néanmoins me rendre à Washington pour y être arrivé le 6 et rester aux Etats-Unis jusqu'au 9, soit trois jours pleins. Mais j'ai besoin, avant de répondre définitivement, de connaître exactement le programme du séjour [32]. »

On voit que la confiance ne règne pas... Du reste, c'est seulement le 2 juillet, après un bref séjour à Rome, que de Gaulle confirme son intention d'arriver à Washington dans l'après-midi du 6 juillet. En outre, la Maison-Blanche ayant fait savoir à Henri Hoppenot qu'il serait préférable que le Général ne se rende pas à New York ou n'y fasse qu'une apparition très discrète *, de Gaulle répond à Hoppenot : « Il serait ridicule que j'aille aux Etats-Unis sans me rendre à New York. Il serait inconvenant que

---

* Le gouverneur de New York, Thomas Dewey, se présente contre Roosevelt aux élections présidentielles de novembre.

j'aille à New York en me cachant. Veuillez le comprendre et le faire comprendre [33]. » De toute évidence, de Gaulle a suivi attentivement les épisodes de la visite du général Giraud aux Etats-Unis l'année précédente, et il est bien décidé à ne rien se laisser imposer par ses hôtes américains...

Après un voyage de trente heures à bord d'un avion mis à sa disposition par le président Roosevelt, de Gaulle, accompagné de Palewski, Béthouart, de Rancourt et Léon Teyssot, atterrit à Washington dans l'après-midi du 6 juillet. Son arrivée n'est saluée que par 17 coups de canon au lieu des 21 réservés aux chefs d'Etat, et le comité d'accueil, composé principalement des chefs de l'état-major interarmes, ne comprend aucun membre du gouvernement... Il est clair que Roosevelt tient d'emblée à établir une hiérarchie ; mais le Général feint de ne pas s'en apercevoir, et il prononce dès son arrivée un petit discours *en anglais*, qui commence par : « *I am happy to be on American soil to meet President Roosevelt* » et se termine par : « *Our ardent desire is that the United States and France continue working together in every way, as today our fighting men are marching together to the common victory.* » C'est là une faveur insigne faite à ses hôtes, même si ceux-ci ne comprendront que très partiellement les accents gaulliens de cet anglophone réticent...

De l'aéroport, de Gaulle et sa suite sont conduits directement à la Maison-Blanche, où les attend le président entouré de sa fille Anna et du secrétaire d'Etat Cordell Hull. Une photo a fixé pour la postérité cette poignée de main un peu raide entre le Général et un Roosevelt au sourire radieux, qui s'exclame en français : « Je suis si heureux de vous voir ! ». « Le président Roosevelt, se souviendra Gaston Palewski, nous reçut avec une parfaite courtoisie. Le Général m'avait dit : " C'est un patricien ", et nous le vîmes, en effet, à la manière dont nous fûmes accueillis dans cette Maison-Blanche qui tenait encore un peu de la gentilhommière des Etats du Sud : un petit orchestre noir jouait sans conviction, pendant que nous conversions à table [34]. » Tout cela se passe le mieux du monde : « Après le thé, note de Gaulle, le président et moi nous entretenons longuement, seul à seul. Il en sera de même le lendemain et le surlendemain. Je suis logé à Blair House, ancienne et curieuse demeure que le Gouvernement américain a coutume d'affecter à l'installation de ses hôtes. Un solennel mais très cordial déjeuner à la Maison-Blanche, deux dîners offerts respectivement par le secrétaire d'Etat aux Affaires étrangères et par celui de la Guerre, une réception que je donne à notre ambassade [...] constituent autant d'occasions ménagées pour mes conversations avec les dirigeants politiques et les chefs militaires qui secondent le président. »

De fait, le Général va rencontrer lors de ces réceptions quelques vieux amis de la France libre, comme McCloy, Hopkins et Morgenthau, ainsi que quelques vieux ennemis comme Cordell Hull, « qui s'acquitte de sa tâche écrasante avec beaucoup de conscience et de hauteur d'âme, quelque peu gêné qu'il puisse être par sa connaissance sommaire de ce qui n'est pas l'Amérique et par les interventions de Roosevelt dans son domaine » ; il y a aussi l'amiral Leahy, « surpris par des événements qui défient son conformisme, étonné de me voir là mais en prenant son parti [35] ». Bien que les possibilités de communication directe aient été très limitées – ni Leahy ni Hull ne parlant français – tous deux se déclarent favorablement impressionnés par leur principale bête noire : « Je l'ai trouvé plus agréable dans ses manières et son apparence que je ne m'y attendais [36] », écrit Leahy ; « Il a tout fait pour se rendre agréable au président, à moi-même et aux autres membres du gouvernement [37] », ajoute Hull... Il est vrai que le président lui-même à décidé de bien faire les choses ; lors d'un grand déjeuner à la Maison-Blanche le 7 juillet, il va porter un toast dans son meilleur français : « Il y a quelque chose concernant la France qui n'existe nulle part ailleurs au monde... C'est l'esprit de la civilisation qui est cher, non seulement à nous autres, mais aussi au monde entier... Il y a un an, en janvier dernier, j'ai rencontré le général de Gaulle pour la première fois. Je suis heureux que cette fois ce soit la seconde, et il y en aura une troisième et d'autres encore... Il n'y a pas de grand problème entre les Français et les Américains ou entre le général de Gaulle et moi-même. Tout se règle très bien, sans exception... Je propose un toast au général de Gaulle, notre ami [38]. »

Mais derrière toutes ces effusions, il y a les dures réalités de la politique, qui ne peuvent être évoquées qu'en tête à tête ; entre de Gaulle et Roosevelt, il y en aura trois en autant de jours. Assez curieusement, ni le président ni le Département d'Etat ne jugeront utile d'en établir des procès verbaux – ce qui peut donner une idée de l'importance qu'ils leur accordent... Mais le Général, lui, en fera une minutieuse synthèse : « Au cours de nos entretiens, le président Roosevelt se garde de rien évoquer de brûlant, mais me donne à entrevoir les objectifs politiques qu'il veut atteindre grâce à la victoire. Sa conception me paraît grandiose, autant qu'inquiétante pour l'Europe et pour la France. Il est vrai que l'isolationnisme des Etats-Unis est, d'après le président, une grande erreur révolue. Mais, passant d'un extrême à l'autre, c'est un système permanent d'intervention qu'il entend instituer de par la loi internationale. Dans sa pensée, un directoire à quatre – Amérique, Russie soviétique, Chine, Grande-Bretagne – réglera les problèmes de l'univers. Un parlement des Nations Unies donnera un aspect démocratique à ce pouvoir des " quatre grands ". Mais, à moins de livrer à la discrétion des trois autres la quasi-totalité de la terre, une telle organisation devra, suivant lui, impliquer l'installation de la force américaine sur des bases réparties dans toutes les régions du monde et dont certaines seront choisies en territoire français.

« Roosevelt compte, ainsi, attirer les Soviets dans un ensemble qui contiendra leurs ambitions et où l'Amérique pourra rassembler sa clientèle. Parmi " les quatre ", il sait, en effet, que la Chine de Tchang Kaï-chek a besoin de son concours et que les Britanniques, sauf à perdre leurs dominions, doivent se plier à sa politique. Quant à la foule des moyens et petits Etats, il sera en mesure d'agir sur eux par l'assistance. Enfin, le droit des peuples à disposer d'eux-mêmes, l'appui offert par Washington, l'existence des bases américaines, vont susciter, en Afrique, en Asie, en Australasie, des souverainetés nouvelles qui accroîtront le nombre des obligés des Etats-Unis. Dans une pareille perspective, les questions propres à l'Europe, notamment le sort de l'Allemagne, le destin des Etats de la Vistule, du

Danube, des Balkans, l'avenir de l'Italie, lui font l'effet
d'être accessoires. Il n'ira assurément pas, pour leur trouver une heureuse solution, jusqu'à sacrifier la conception
monumentale qu'il rêve de réaliser.

« J'écoute Roosevelt me décrire ses projets. Comme
cela est humain, l'idéalisme y habille la volonté de puissance. Le président, d'ailleurs, ne présente nullement les
choses comme un professeur qui pose des principes, ni
comme un politicien qui caresse des passions et des intérêts. C'est par touches légères qu'il dessine, si bien qu'il
est difficile de contredire catégoriquement cet artiste, ce
séducteur. Je lui réponds, cependant, marquant qu'à mon
sens son plan risque de mettre en péril l'Occident. En
tenant l'Europe de l'Ouest pour secondaire, ne va-t-il pas
affaiblir la cause qu'il entend servir : celle de la civilisation ? Afin d'obtenir l'adhésion des Soviets, ne faudra-t-il
pas leur consentir, au détriment de ce qui est polonais,
balte, danubien, balkanique, des avantages menaçants pour
l'équilibre général ? Comment être assuré que la Chine,
sortant des épreuves où se forge son nationalisme, demeurera ce qu'elle est ? S'il est vrai, comme je suis le premier
à le penser et à le dire, que les puissances coloniales
doivent renoncer a l'administration directe des peuples
qu'elles régissent et pratiquer avec eux un régime d'association, il l'est aussi que cet affranchissement ne saurait
s'accomplir contre elles, sous peine de déchaîner, dans des
masses inorganisées, une xénophobie et une anarchie dangereuses pour tout l'univers.

« " C'est, dis-je au président Roosevelt, l'Occident qu'il
faut redresser. S'il se retrouve, le reste du monde, bon gré
mal gré, le prendra pour modèle. S'il décline, la barbarie
finira par tout balayer. Or, l'Europe de l'Ouest, en dépit de
ses déchirements, est essentielle à l'Occident. Rien n'y
remplacerait la valeur, la puissance, le rayonnement des
peuples anciens. Cela est vrai avant tout de la France qui,
des grandes nations de l'Europe, est la seule qui fut, est et
sera toujours votre alliée. Je sais que vous vous préparez à
l'aider matériellement et cela lui sera précieux. Mais c'est
dans l'ordre politique qu'il lui faut reprendre sa vigueur, sa
confiance en soi et, par conséquent, son rôle. Comment le

fera-t-elle si elle est tenue en dehors des grandes décisions mondiales, si elle perd ses prolongements africains et asiatiques, bref, si le règlement de la guerre lui vaut, en définitive, la psychologie des vaincus ? "

« Le grand esprit de Roosevelt est accessible à ces considérations. D'ailleurs, il éprouve pour la France, tout au moins pour l'idée que naguère il avait pu s'en faire, une réelle dilection. Mais c'est précisément en raison de ce penchant qu'il est, au fond de lui-même, déçu et irrité de notre désastre d'hier et des réactions médiocres que celui-ci a suscitées chez beaucoup de Français, notamment parmi ceux qu'il connaissait en personne. Il me le dit tout uniment. Quant à l'avenir, il est rien moins que sûr de la rénovation de notre régime. Avec amertume, il me décrit ce qu'étaient ses sentiments, quand il voyait avant la guerre se dérouler le spectacle de notre impuissance politique. " Moi-même, me dit-il, président des Etats-Unis, je me suis trouvé parfois hors d'état de me rappeler le nom du chef épisodique du Gouvernement français. Pour le moment, vous êtes là et vous voyez avec quelles prévenances mon pays vous accueille. Mais serez-vous encore en place après la fin de la tragédie ? " [...]

« Les propos du président américain achèvent de me prouver que, dans les affaires entre Etats, la logique et le sentiment ne pèsent pas lourd en comparaison des réalités de la puissance ; que ce qui importe, c'est ce que l'on prend et ce que l'on sait tenir ; que la France, pour retrouver sa place, ne doit compter que sur elle-même. Je le lui dis. Il sourit et conclut : " Nous ferons ce que nous pourrons. Mais il est vrai que, pour servir la France, personne ne saurait remplacer le peuple français. " Nos conversations se terminent. Tandis que je me retire, le président, qu'on roule dans sa voiture, m'accompagne quelques instants. Sur la galerie, une porte est ouverte. " Voici ma piscine. C'est là que je nage ", m'indique-t-il, comme par défi à son infirmité [39]. »

A l'évidence, les deux grands hommes viennent d'établir une relation personnelle – bien plus personnelle en tout cas que lors de la conférence d'Anfa. Mais tout comme alors, c'est Roosevelt qui a le plus parlé... et qui a le moins écouté. Pourtant, les propos de son interlocuteur étaient fort pertinents – et même hautement prophétiques : l'Amérique et l'Europe, ayant des intérêts communs, doivent rester solidaires ; l'avenir de la Chine en tant qu'alliée de l'Occident est très incertain ; des concessions excessives aux Soviétiques en Europe orientale seraient dangereuses pour tous les pays – à commencer par les Etats-Unis ; enfin, une décolonisation hâtive imposée aux puissances coloniales ne pourrait mener qu'à la violence et à l'anarchie...

« Avant de quitter Washington, écrit le Général, je lui fais remettre un petit sous-marin, merveille de mécanique, qu'ont construit des ouvriers de l'arsenal de Bizerte. Il me remercie d'un mot charmant et m'envoie sa photographie : " Au général de Gaulle, qui est mon ami [40]." » Cette dédicace prouve au moins que Franklin Roosevelt a une notion très extensive de l'amitié... Mais le sort réservé au petit sous-marin * est plus éloquent encore : « Lorsque FDR l'a reçu, racontera Ted Morgan, il l'a donné à son petit-fils Curt (le fils d'Anna) en lui disant de l'amener à la base navale située en dehors de Washington pour vérifier s'il marchait. Curt ayant annoncé à son retour que c'était le cas, FDR lui a dit : " Curt, je te le donne ! " Eleanor, ses scrupules toujours en éveil, a protesté : " Franklin, tu ne peux pas te défaire du cadeau d'un chef d'Etat étranger... " A quoi Roosevelt a répondu aussitôt : " Ce n'est pas un chef d'Etat étranger, ce n'est que le chef d'un comité [41]. » Ainsi, derrière les sourires de façade, les beaux discours et les professions d'amitié, Roosevelt ne semble pas avoir changé d'avis au sujet de l'homme dont il disait une semaine plus tôt : « C'est un dingue [42] ! »

Au sein du gouvernement américain, pourtant, on commence à mesurer combien il est difficile de faire une bonne politique avec de mauvais sentiments. Alerté par le général Marshall, Stimson – après avoir noté que la position du président « n'est pas réaliste, et [...] risque de nous

---

* « Une merveille de mécanique », en effet : 1,50m de long, fonctionnant avec des piles, il pouvait naviguer en plongée, sortir son périscope et tirer des torpilles. De Gaulle l'avait fait construire tout exprès, ayant appris que Roosevelt collectionnait les modèles réduits de navires.

couper non seulement de De Gaulle, mais aussi des Britanniques, qui soutiennent de plus en plus de Gaulle » – a proposé à Roosevelt d'autoriser le général Eisenhower à
« traiter avec le Comité français en tant qu'autorité responsable de l'administration civile en dehors de la zone des
combats [43] ». Il s'est heurté à un mur, mais aussitôt après,
le secrétaire au Trésor Morgenthau intervient à son tour ;
voyant que son ministère risque fort de faire les frais – au
sens propre du mot – de l'affrontement franco-américain
au sujet des francs supplétifs, Morgenthau ne voit de solution que dans une mesure de reconnaissance du mouvement gaulliste ; le 7 juillet, s'étant assuré le concours de
McCloy et même de Hull, il fait parvenir à Roosevelt un
mémorandum proposant « une nouvelle façon d'aborder
la question française » : « Il s'agirait de traiter avec
le Comité français en tant qu' " autorité civile ", " autorité
administrative " ou " autorité *de facto* ", et de parvenir à
un accord sur l'administration des affaires civiles sem-
blable à ceux conclus avec la Belgique, les Pays-Bas et la
Norvège. » Bien entendu, l'accord serait « temporaire, en
attendant l'élection d'un gouvernement français par le
libre choix du peuple français », mais dans l'immédiat, « le
Comité français deviendrait l'autorité émettrice des francs
supplétifs [44] ».

Sans être essentiellement différente de celle de Stimson,
cette « nouvelle » proposition offre plusieurs avantages :
d'une part, elle permet au président de se dégager sans
frais de l'affaire délicate et potentiellement coûteuse des
francs supplétifs ; d'autre part, le terme d'« autorité
de facto » est suffisamment éloigné de celui de « gouvernement » pour être acceptable ; enfin, pour les raisons électorales que nous connaissons, il faut bien annoncer
publiquement que les entretiens avec de Gaulle ont débou-
ché sur un résultat concret... C'est dit : le président accepte
« en principe » le mémorandum, à l'ébahissement de son
auteur qui n'en espérait pas tant...

Entre-temps, le général de Gaulle a quitté Washington
pour se rendre le 10 juillet à New York, où le maire Fiorello
La Guardia a mobilisé la population pour lui réserver un
accueil des plus chaleureux. A l'évidence, le pays, ses

ressources, ses habitants et ses dirigeants impressionnent
énormément le Général, qui les découvre pour la première
fois... Mais s'il est ébloui, il est loin d'être aveuglé,
comme le rapportera Raoul Aglion, qui s'entretient avec
lui à New York : « Le Général me confia qu'il éprouvait
une extrême méfiance à l'égard des projets américains
d'après-guerre et de leurs désirs de domination mondiale [45]. » C'est un fait ; il vient d'ailleurs d'écrire à René
Massigli : « Les points de vue évoqués doivent nous faire
prévoir sur certains points, notamment à propos des bases,
d'assez pénibles et prochaines discussions [46]. » Durant son
séjour, en tout cas, de Gaulle est resté fidèle à son principe
initial : ne négocier sur rien... C'est également la consigne
qu'il donne à son ministre des Finances Pierre Mendès
France, venu aux Etats-Unis pour assister à la conférence
de Bretton Woods : « Si Morgenthau vous aborde, ne
négociez vous-même à aucun prix. La voie diplomatique
est ouverte, et c'est la seule qui permette d'opérer avec
recul, réserve et sans surprise [47]. »

Après avoir passé au Canada deux jours inoubliables,
durant lesquels il s'est senti « comme submergé par une
vague de fierté française », le Général rentre à Alger le
13 juillet. « C'est pour y trouver, se souviendra-t-il, le texte
d'une déclaration publiée la veille par le Gouvernement
américain : " Les Etats-Unis, y est-il dit, reconnaissent que
le Comité français de la libération nationale est qualifié
pour exercer l'administration de la France [48]. " » En fait,
les déclarations du président lors de sa conférence de
presse de l'avant-veille * peuvent laisser songeur :
« En attendant que le peuple français ait choisi son gouvernement », il accepte le Comité comme « autorité *de facto*
pour l'administration civile de la France », et s'empresse
de préciser en réponse à une question que « le Comité
de De Gaulle n'est pas considéré comme le gouvernement provisoire de la France [49]. » En d'autres termes,
Roosevelt accepte un Comité qui n'existe plus, et refuse de

---

* Le président annonce également lors de cette conférence de presse qu'il
sollicitera un quatrième mandat en novembre. La simultanéité des deux
annonces n'a rien d'une coïncidence.

reconnaître un gouvernement provisoire qui existe déjà...
Some people never change * !

Le général de Gaulle n'en considère pas moins cette
timide avancée comme un résultat positif de son voyage,
qui vient s'ajouter aux multiples démonstrations d'amitié
prodiguées par le peuple américain et aux éloges de la
presse d'outre-Atlantique, qui est presque unanime à trouver, comme le *New York Sun*, que « le général de Gaulle
n'est nullement l'homme que nous ont décrit les correspondants d'Alger et d'ailleurs [50] ». Enfin, cette visite a permis de relancer les négociations sur l'administration civile
en France, désormais menées conjointement par Hoppenot,
Monnet et Alphand avec le Département d'Etat et le ministère de la Guerre. Tout cela est plutôt satisfaisant, d'autant
que le président vient de lui écrire une lettre fort aimable,
qui comporte ce passage : « Toutes ces discussions ont
été un réel plaisir pour moi. [...] Vous et moi, nous nous
connaissons beaucoup mieux et avons les mêmes vues
sur les problèmes à venir [51]. » C'est évidemment beaucoup
dire, mais à Alger, ce 14 juillet, l'ambassadeur Duff
Cooper note dans son journal : « J'ai eu un court entretien
avec le Général au sujet du succès de sa visite à
Washington. Il s'est naturellement abstenu d'exprimer de
l'enthousiasme, mais s'est contenté de dire que les choses
s'étaient bien passées et que l'atmosphère générale avait
été favorable. Je lui ai demandé s'il avait trouvé le président de bonne humeur, à quoi il a répondu que le président avait en tout cas cherché à donner l'impression
d'être de bonne humeur [52]. »

A l'évidence, de Gaulle commence à mieux connaître
les talents d'acteur et de « jongleur » de Franklin
Roosevelt ; toutes les amabilités verbales et épistolaires
du président ne sauraient faire oublier ses conceptions
inquiétantes du monde d'après-guerre, ni le fait que
l'ambassadeur Wilson, rappelé d'Alger en mai, n'a pas été
remplacé depuis... ni surtout ce passage d'une lettre écrite
le 19 juillet par Roosevelt à un membre du Congrès, et parvenue peu après entre les mains du Général : « De Gaulle
et moi avons examiné, en gros, les sujets d'actualité. Mais

---

* Il y a des gens qui ne changent jamais...

nous avons causé, d'une manière approfondie, de l'avenir de la France, de ses colonies, de la paix du monde, etc. Quand il s'agit des problèmes futurs, il semble tout à fait " traitable ", du moment que la France est traitée sur une base mondiale. Il est très susceptible en ce qui concerne l'honneur de la France. Mais je pense qu'il est essentiellement égoïste [53]. » « Je ne saurai jamais, commentera le Général dans ses *Mémoires de Guerre*, si Franklin Roosevelt a pensé que dans les affaires concernant la France, Charles de Gaulle était égoïste pour la France ou bien pour lui [54]. »

Au fond, peu importe... Mais si le Général peut bien se passer de la sympathie de Roosevelt, il a absolument besoin des Etats-Unis pour mener à bien la libération de la France. Après les grandes batailles autour de Saint-Lô à la mi-juin, puis devant Caen au début de juillet, la 3ᵉ Armée américaine du général Patton a réussi au début d'août la « percée d'Avranches », qui lui permet de déborder l'ennemi par le sud. Or, c'est cette armée qu'est venue rejoindre le 1ᵉʳ août la 2ᵉ Division blindée du général Leclerc, entièrement rééquipée par les Américains... Au sud, l'opération « Dragoon », prévue pour le 15 août, va faire débarquer en Provence la 8ᵉ Armée américaine du général Patch, mais aussi la 1ʳᵉ Armée française du général de Lattre. Or, de Gaulle a accepté que toutes ses divisions soient placées sous le haut commandement des Américains, même s'il se réserve d'intervenir au cas où la stratégie mise en œuvre lui paraîtrait incompatible avec les intérêts de la France... Par ailleurs, il a le plus grand besoin de l'aide américaine pour armer la Résistance et pour mener à bien certaines actions qui lui tiennent à cœur, comme l'opération « Caïman », consistant à parachuter une division aéroportée française dans le Massif Central pour encadrer les maquisards et soulever les populations, en conjonction avec « Dragoon » et les opérations de Normandie *. Enfin, comme il faut bien prévoir ce que

---

* Ce plan très prometteur sera rejeté le 20 juillet ; de Gaulle y verra une nouvelle initiative de Roosevelt pour le contrer, mais la décision a en fait été prise pour des raisons logistiques par le général anglais Maitland Wilson, commandant en chef du secteur Méditerranée.

sera la situation de la France libérée, on ne peut pas, là non plus, se passer de l'aide des Américains...

C'est en fonction de toutes ces considérations que de Gaulle juge indispensable de faire appel une nouvelle fois aux autorités américaines, tout en les mettant en garde contre les plans hégémoniques pour l'après-guerre qui lui ont été exposés à la Maison-Blanche le mois précédent. C'est un exercice délicat, entamé le 13 août par une déclaration catégorique à l'AFP : « Il est clair qu'après cette guerre, l'Amérique aura le droit et le devoir de se soucier, à son tour, de sa sécurité, dans un monde qui se rétrécit tous les jours. Je ne crois pas qu'aucune grande nation comprenne la préoccupation du président Roosevelt mieux que la France qui, une fois de plus, a failli tomber dans l'abîme faute d'une sécurité suffisante contre son éternel agresseur. [...] Quand le moment sera venu pour la France d'étudier, dans son ensemble, avec les Etats-Unis et les autres Etats du parti de la liberté, le problème vital de la sécurité, j'espère fermement que l'on parviendra enfin à des solutions solides. Il est certain, d'ailleurs, que de telles solutions devront être profitables à l'intérêt commun de toutes les nations qui se sont unies contre les agresseurs *et qu'elles ne seront pas adoptées aux frais de la souveraineté de l'une ou l'autre en particulier* *. Pour ce qui concerne les Etats-Unis et la France, c'est un fait très remarquable que la sécurité et la puissance de chacune de nos deux grandes Républiques n'ont jamais nui aucunement à la puissance et à la sécurité de l'autre. Bien au contraire. Leur amitié réciproque n'est jamais si vive que lorsqu'elles sont toutes les deux fortes et sûres de leur avenir [55] ».

Aussitôt après, le Général envoie directement à Roosevelt un télégramme inspiré des mêmes considérations. Le président revient d'un voyage à Hawaii **, et il a fait un discours très remarqué sur l'importance du Pacifique pour la sécurité future des Etats-Unis ; de Gaulle

---

* Souligné par nous.
** Le président s'y est rendu à la fin de juillet pour trancher un différend stratégique entre le général MacArthur et l'amiral Nimitz. Avec un œil sur les échéances électorales, il tenait également à peaufiner son image de commandant en chef des armées...

trouve là une excellente entrée en matière : « J'ai suivi par les dépêches votre grand voyage stratégique sur le théâtre d'opérations d'Extrême-Orient, et j'ai entendu avec un extrême intérêt le beau discours que vous venez de prononcer, notamment ce que vous y avez dit de la sécurité américaine dans le Pacifique. Quand vous viendrez en France, et j'espère que ce sera bientôt, vous verrez, d'après nos destructions et nos pertes de toute sorte, matérielles et morales, pourquoi nous autres Français comprenons immédiatement qu'un peuple veuille sa sécurité et que cette sécurité doive être permanente, réelle, matérielle, ou bien ne pas être. Pour l'Amérique, il est bien vrai que sa sécurité stratégique et économique est désormais au large dans le Pacifique. Pour l'Europe occidentale et pour l'Afrique, en particulier pour la France européenne et africaine, je suis certain que vous pensez que leur sécurité stratégique et économique est, plus que jamais, sur le Rhin et ses abords. Dans quelques heures va commencer la grande opération en France du Sud, opération dans laquelle les forces américaines et françaises vont marcher côte à côte. [...] Je compte, d'autre part, me rendre très prochainement au Nord et je me permettrai de vous écrire ensuite de nouveau. [...] Tous les rapports que je reçois de France me font penser qu'il sera possible d'y établir à la Libération, sans grandes secousses, le bon ordre qui est nécessaire à une lente et dure reconstruction. L'esprit public est excellent, malgré toutes les épreuves. Le ravitaillement va être tout de suite le plus difficile problème et je vous remercie d'avance de ce qui a été préparé et de ce qui sera fait à cet égard par les diverses autorités américaines qualifiées, pour nous aider dans ce mauvais moment. Je prévois pour Paris une situation vraiment tragique et je me permets de vous signaler quel prix nous attacherons à voir arriver sans délai, dès que Paris sera libéré, les denrées et objets que vous avez bien voulu prévoir pour le ravitaillement de la capitale en vivres et pour la remise en marche des services publics les plus nécessaires (eau, gaz, électricité, santé). Il en sera probablement de même pour Marseille, Lyon et les grands centres du Nord. En attendant l'honneur et le plaisir de pouvoir poursuivre et approfondir les entretiens, pour moi inoubliables, que nous avons eus à Washington le mois dernier, je vous prie de croire, monsieur le Président, à mes sentiments de très haute et amicale considération [56]. »

« Je compte aller au Nord »... Lorsque de Gaulle écrit ces lignes, il a effectivement décidé de se rendre en France dans les plus brefs délais, en raison des derniers développements dans le pays : après sa percée entre Avranches et Mortain, la 3e Armée de Patton s'est dirigée vers le sud, puis a bifurqué en direction du Mans et de Chartres. Dès lors, en dépit d'une résistance désespérée de l'ennemi, la route de Paris est ouverte, et c'est ce qui intéresse au premier chef le général de Gaulle ; car Paris est l'objectif suprême, celui qui « tranchera en France la question du pouvoir [57]. » Il faut donc que la ville soit libérée par ses soldats, afin que ses représentants puissent s'y imposer : Alexandre Parodi, délégué général du GPRF, Charles Luizet, destiné à devenir préfet de police à Paris, et Jacques Chaban-Delmas, délégué militaire national... Mais les informations qui parviennent à Alger depuis la mi-juillet font état d'une situation « pré-insurrectionnelle » dans la capitale, qui risque de déjouer les plans du Général : qu'un soulèvement se produise dans Paris avant l'arrivée des armées alliées, et la situation tournera à la catastrophe : s'il échoue, la ville subira le sort de Varsovie * ; s'il réussit, des forces incontrôlées risquent d'y prendre le pouvoir...

De Gaulle pense en premier lieu aux communistes : « Ceux-là, je le savais, voulaient tirer parti de l'exaltation, peut-être de l'état d'anarchie, que la lutte provoquerait dans la capitale pour y saisir les leviers de commande avant que je ne les prenne. S'ils parvenaient à s'instituer les dirigeants du soulèvement et à disposer de la force à Paris, ils auraient beau jeu d'y établir un gouvernement de fait où ils seraient prépondérants. Mettant à profit le tumulte de la bataille, entraînant le Conseil national de la Résistance [...] ; usant de la sympathie que les persécutions dont ils étaient l'objet, les pertes qu'ils subissaient, le courage qu'ils déployaient, leur valaient dans beaucoup de milieux ; exploitant l'angoisse suscitée dans la population

---

* L'insurrection de Varsovie est réprimée au même moment par les Allemands, qui raseront pour ce faire une bonne partie de la ville.

par l'absence de toute force publique ; jouant enfin de l'équivoque en affichant leur adhésion au général de Gaulle, ils projetaient d'apparaître à la tête de l'insurrection comme une sorte de Commune, qui proclamerait la République, répondrait de l'ordre, distribuerait la justice et, au surplus, prendrait soin de ne chanter que la *Marseillaise*, de n'arborer que le tricolore [...] jusqu'au jour où serait établie la dictature dite du prolétariat [58]. »

Mais les informations qui parviennent au général de Gaulle depuis plusieurs semaines font état d'un autre plan de prise du pouvoir, destiné à se réaliser avant même que les Allemands n'aient quitté la capitale : c'est celui de Pierre Laval... « Pendant les mêmes journées d'août où l'on me rend compte, à mesure, des succès décisifs remportés en Normandie, du débarquement en Provence, des combats livrés par nos forces de l'intérieur, des prodromes de l'insurrection parisienne, je suis tenu au courant de l'intrigue ourdie par l'homme de la collaboration. Cela consiste à réunir à Paris l'assemblée " nationale " de 1940 et à former, à partir de là, un gouvernement dit " d'union " qui, invoquant la légalité, accueillera dans la capitale les alliés et de Gaulle. De cette façon, l'herbe sera coupée sous les pieds du Général. [...] Laval peut croire, au début du mois d'août, qu'il va obtenir les concours jugés par lui indispensables. Par M. Enfière, ami de M. Herriot, utilisé par les Américains pour leurs liaisons avec le président de la Chambre et qui est en relation avec les services de M. Allen Dulles à Berne, il vérifie que Washington verrait d'un bon œil un projet qui tend à coiffer ou à écarter de Gaulle. S'étant tourné vers les Allemands, le chef du " gouvernement " les trouve également favorables. [...] Avec l'accord des occupants, Laval se rend à Maréville, où Herriot est détenu, et persuade celui-ci de l'accompagner à Paris afin d'y convoquer le parlement de 1940 [59]. »

Le Général est bien informé : c'est effectivement le dessein de Pierre Laval. Mais un passage retient l'attention : « *[Laval] vérifie que Washington verrait d'un bon œil un projet qui tend à coiffer ou à écarter de Gaulle.* » Voilà qui semble bien établir une complicité directe du président Roosevelt dans le projet de Laval... et il est bien compréhensible que le Général y ait ajouté foi : depuis les compromissions avec Vichy et le « *Darlan deal* », il croit Roosevelt capable d'à peu près tout ! D'ailleurs, le président n'avait-il pas dit en son temps à André Philip qu'il « accepterait même la collaboration d'un autre diable nommé Laval, si cette collaboration livrait Paris aux Alliés ? » C'est une phrase que de Gaulle ne risque pas d'oublier... Et pourtant, rien ne permet de dire que les autorités américaines ont donné leur assentiment au projet de Laval, et bien des éléments autorisent à penser le contraire : dès le 15 mars 1944, Roosevelt avait donné à Eisenhower l'instruction suivante : « Vous ne prendrez aucun contact avec le régime de Vichy, sauf pour l'abolir *in toto* [60] » ; six jours plus tard, le Département d'Etat publiait un communiqué tout aussi catégorique : « Les informations et les rumeurs absurdes qui circulent périodiquement [...] et tendent à faire croire que ce gouvernement a l'intention, lors de la libération de la France, de traiter avec le régime de Vichy ou avec certaines personnalités ayant directement ou indirectement soutenu la politique de collaboration avec l'Allemagne sont des mensonges éhontés. [...] Aucun partisan loyal de la cause alliée ne proférerait l'accusation ridicule selon laquelle le gouvernement des Etats-Unis, tout en envoyant des forces et des équipements militaires considérables sur les champs de bataille les plus éloignés pour mener la guerre contre les puissances de l'Axe, entrerait simultanément en relations avec le régime de Vichy pour toute autre raison que pour y mettre fin [61]. »

On reconnaît là sans difficulté la prose quelque peu touffue du secrétaire d'Etat Cordell Hull... Mais il est à peu près certain que les responsables civils et militaires américains en Europe se sont sentis liés par de telles directives. Qu'ils aient fait l'objet de multiples sollicitations de la part de factions françaises très diverses ne fait aucun doute ; ainsi, l'ambassade américaine et les services de l'OSS à Berne ont été approchés successivement par Jacques Lemaigre-Dubreuil, par des envoyés du Maréchal et par un agent de Laval en juillet, puis au début d'août... Les diplomates et les agents de l'OSS à Madrid et Lisbonne ont signalé des démarches similaires. Mais dans chacun de ces cas, les consignes de Roosevelt et celles du Département d'Etat ont été suivies à la lettre : tous les émissaires ont été éconduits [62].

Le général de Gaulle mentionne effectivement que Laval a fait contacter « les services de M. Allen Dulles à Berne ». C'est le chef de l'OSS en Suisse, dont de Gaulle se méfie énormément depuis qu'il a proposé un soutien matériel à la Résistance... Mais il se trouve que depuis des mois, les rapports d'Allen Dulles à Washington sont uniformément hostiles à Vichy et favorables à de Gaulle : en juin, il demandait la reconnaissance du CFLN, et le 16 août, il câblait encore que « le prestige du général de Gaulle au cours des derniers mois s'est accru de façon extraordinaire ; il est soutenu par un fort courant populaire en faveur d'une France démocratique [63]. » On voit mal un homme envoyant de tels rapports se prêter à quelque intrigue avec Pierre Laval... Et on voit plus mal encore le président Roosevelt s'y compromettre à trois mois des élections !

Mais une fois ses soupçons éveillés, il est à peu près impossible de persuader le général de Gaulle ; dès lors, on le verra interpréter les événements les plus anodins à la lumière de ce prétendu complot Laval-Roosevelt – même lorsque le plan Laval aura fait long feu, du fait des hésitations d'Herriot et de la méfiance d'Hitler *... Pour l'heure, en tout cas, le Général est décidé à gagner la France dès le 20 août, et il veut naturellement le faire dans un avion *français*, piloté par un équipage *français*. Le général Eaker, commandant en chef des forces aériennes américaines en Afrique du Nord, estime que l'avion personnel du général de Gaulle étant désarmé, il courrait un trop gros risque en l'empruntant. Eaker offre donc de mettre à sa disposition une forteresse volante B.17, mais de Gaulle décline l'offre pour lui-même, tant par méfiance que par souci du prestige de la France... Il accepte toutefois la forteresse volante pour le général Juin et une partie de sa

---

* Sur ordre du Führer, Herriot est enlevé le 16 août et emmené en Allemagne ; le lendemain, Laval lui-même est conduit à Belfort dans une voiture de la Gestapo.

suite, mais lorsque l'avion américain tombe en panne à Gibraltar, il soupçonne encore quelque complot de Roosevelt pour retarder son retour en France...

Le 20 août au matin, le Général atterrit à Maupertuis, où l'attend le général Kœnig ; tous deux se rendent au quartier général d'Eisenhower, à Granville, et Kœnig informe de Gaulle en chemin de la situation à Paris : la police, en grève depuis trois jours, a occupé la préfecture la veille, et des escarmouches avec l'occupant sont signalées en divers points de la capitale. Arrivé à destination, de Gaulle est accueilli très cordialement par Eisenhower, qui lui expose son plan d'attaque : la 3ᵉ Armée de Patton s'apprête à franchir la Seine au nord de Paris vers Mantes et au sud vers Melun ; elle est suivie de la 1ʳᵉ Armée du général Hodges, débouchant de l'Orne, tandis qu'à l'aile gauche, les troupes de Montgomery marchent sur Rouen. Patton se dirigera ensuite vers la Lorraine, où il fera jonction avec les armées de Patch et de De Lattre remontant du sud...

« Le plan du Commandant en chef, écrira de Gaulle, me parut tout à fait logique, sauf sur un point dont je me souciais fort : personne ne marchait sur Paris. J'en marquai à Eisenhower ma surprise et mon inquiétude. " Du point de vue stratégique, lui dis-je, je saisis mal pourquoi, passant la Seine à Melun, à Mantes, à Rouen, bref partout, il n'y ait qu'à Paris que vous ne la passiez pas. D'autant plus que c'est le centre des communications qui vous seront nécessaires pour la suite et qu'il y a intérêt à rétablir dès que possible. S'il s'agissait d'un lieu quelconque, non de la capitale de la France, mon avis ne vous engagerait pas, car normalement c'est de vous que relève la conduite des opérations. Mais le sort de Paris intéresse d'une manière essentielle le Gouvernement français. C'est pourquoi je me vois obligé d'intervenir et de vous inviter à y envoyer des troupes. Il va de soi que c'est la 2ᵉ Division blindée française qui doit être désignée en premier lieu. " Eisenhower ne me cacha pas son embarras. J'eus le sentiment qu'il partageait, au fond, ma manière de voir, qu'il était désireux de diriger Leclerc sur Paris, mais que, pour des raisons qui n'étaient pas toutes d'ordre stratégique, il ne pouvait le faire encore [64]. »

« *Des raisons qui n'étaient pas toutes d'ordre stratégique* »... Le méchant Roosevelt aurait-il ordonné à Eisenhower de ne pas prendre Paris pour empêcher de Gaulle
d'y entrer ? Les motivations qu'exposera plus tard le général Eisenhower paraissent pourtant purement stratégiques :
« Nous voulions éviter de faire de Paris un champ de
bataille, et nous avions donc planifié des opérations visant
à en isoler et à en cerner les environs, ce qui contraindrait
la garnison à se rendre. Nous ne pouvions évidemment
connaître la situation exacte des habitants de la ville. A ce
moment, notre préoccupation était de conserver tout notre
carburant et nos munitions pour les opérations de combat,
afin d'avancer le plus loin possible, et j'espérais retarder le
plus possible la capture de la ville [65]. » Mais à ce stade, les
arguments du général de Gaulle viennent modifier la
logique purement stratégique d'Eisenhower : « Il ne me
contredit pas, se souviendra de Gaulle, quand je lui fis
observer que l'attente pourrait se justifier si, dans Paris, il
ne se passait rien, mais qu'elle n'était pas acceptable dès
lors que les patriotes y étaient aux prises avec l'ennemi et
que tous les bouleversements de toutes sortes pouvaient
survenir. En fin de compte, le Commandant en chef
m'assura que, sans pouvoir fixer encore une date précise, il
donnerait avant peu l'ordre de marcher sur Paris et que
c'était la Division Leclerc qu'il destinait à l'opération [66]. »

Tout cela semble bien clair : en tant que commandant
suprême, Eisenhower a décidé de modifier son plan stratégique d'ensemble pour tenir compte de nouveaux impératifs à la fois politiques et humanitaires ; encore n'a-t-il pas
fixé la date du mouvement sur Paris, car un changement de
plan ne peut s'opérer dans l'instant, et il lui faut en outre le
feu vert de ses supérieurs. Mais le général de Gaulle ne
peut décidément se défaire de l'idée qu'Eisenhower est
l'agent réticent d'un sinistre complot monté contre lui par
le président Roosevelt et son complice Pierre Laval :
« L'incertitude d'Eisenhower me donnait à penser que le
commandement militaire se trouvait quelque peu entravé
par le projet politique poursuivi par Laval, favorisé par
Roosevelt, et qui exigeait que Paris fût tenu à l'abri
des secousses. A ce projet, la Résistance venait sans

doute de mettre un terme en engageant le combat. Mais il fallait quelque temps pour que Washington consentît à l'admettre. [...] Au surplus, je notais que le fameux accord concernant les relations entre les armées alliées et l'administration française, bien qu'il fût, depuis plusieurs semaines, conclu entre Alger, Washington et Londres, n'était pas encore signé par Kœnig ni Eisenhower parce que ce dernier attendait d'en avoir reçu le pouvoir. Comment expliquer ce retard, sinon par une suprême intrigue qui tenait en suspens la résignation de la Maison-Blanche [67] ? »

Si les archives présidentielles, diplomatiques et militaires américaines ne laissent apparaître aucune trace de cette « suprême intrigue », c'est sans doute parce qu'elle n'a existé que dans l'imagination du Général ; car en tant que commandant suprême allié, Eisenhower ne dépend pas de Roosevelt, mais du Comité des chefs d'état-major interallié, qui lui-même fait rapport à Roosevelt *et* à Churchill. Il faudrait donc, pour qu'Eisenhower soit partie au « projet politique poursuivi par Laval et favorisé par Roosevelt », qu'il ait reçu le feu vert des trois chefs d'état-major américains, des trois chefs d'état-major britanniques, d'un Roosevelt en campagne électorale et d'un Churchill aussi hostile à Laval qu'à Hitler – ce qui paraît absurde. Mais le Général n'en est pas moins persuadé de l'existence de ce complot, et le retard apporté à la signature de l'accord d'administration civile, la mise en réserve de la 2e Division blindée du général Leclerc et les hésitations du général Eisenhower sont autant d'éléments qui confirment ses soupçons : il y a toujours des preuves pour ceux qui veulent croire...

Le 22 août, pourtant, le général Eisenhower décide de lancer la 2e Division blindée sur Paris ; c'est que Kœnig lui a transmis ce matin-là une note du général de Gaulle faisant état de l'« extrême disette alimentaire qui y règne » et le prévenant que « de graves troubles sont à prévoir dans la capitale. » Simultanément, Eisenhower apprend que l'ordre d'insurrection a été lancé à Paris ; le général Bradley, commandant du 12e groupe d'armées, informé par le commandant Gallois, venu de Paris, qu'une contre-attaque allemande est à redouter, en a également informé Eisenhower. Dès lors, le commandant suprême estime qu'il n'a plus le choix : « L'action des Forces françaises libres à l'intérieur de la ville m'a forcé la main [68]. » Ce soir-là, en effet, le général Bradley transmet à Leclerc l'ordre de lancer ses blindés sur Paris...

On connaît la suite : dans la soirée du 24 août, les premiers chars arrivent sur la place de l'Hôtel de Ville ; le lendemain matin, Leclerc entre dans Paris avec le gros de la 2e Division blindée, et le général von Choltitz signe la reddition de la garnison allemande. Cet après-midi là, le Général de Gaulle entre à son tour dans la capitale et impose d'emblée son autorité par plusieurs actes d'une haute portée politique : il s'installe au ministère de la Guerre avant de se rendre à l'Hôtel de Ville, refuse de proclamer la République « qui n'a jamais cessé d'exister », fait comprendre aux chefs de la Résistance que l'autorité appartient désormais au Gouvernement provisoire de la République française, et établit dès le lendemain sa propre légitimité aux yeux de tous en descendant les Champs-Elysées à la tête de ses compagnons et des chefs de la Résistance, sous les ovations d'une foule immense.

Pour de Gaulle, la libération de Paris est une consécration, mais ce fin stratège, persuadé qu'« il faut toujours penser au coup d'après », veut également en faire un symbole et un mythe unificateur ; d'où l'extraordinaire discours « improvisé » à l'Hôtel de Ville le 25 août, qui comporte ce passage : « Paris libéré par lui-même, libéré par son peuple avec le concours des armées de la France, avec l'appui et le concours de la France tout entière, de la France qui se bat, de la seule France, de la vraie France, de la France éternelle [69] »... Pas un mot donc du concours des armées alliées qui ont anéanti toutes les concentrations allemandes depuis la Normandie jusqu'à l'Ile-de-France, qui encerclent maintenant Paris, et sans lesquelles rien n'aurait pu se faire ! Ce n'est pas de l'ingratitude, c'est une vision politique à long terme : il est nécessaire pour l'avenir de la France que les Français aient la fierté de s'être libérés, plutôt que l'humiliation d'avoir été délivrés par des étrangers...

Et pourtant, combien ces étrangers lui sont encore indispensables ! Le 27 août, le général Eisenhower entre à son tour dans la ville et se rend immédiatement au ministère de la Guerre pour y rencontrer de Gaulle : « Déjà entouré des traditionnels gardes républicains avec leurs uniformes resplendissants, se souviendra Eisenhower, le général de Gaulle m'a fait part de ses problèmes et de ses préoccupations. Il a réclamé de la nourriture et des approvisionnements. Il était particulièrement désireux d'obtenir des milliers d'uniformes pour les F.F.I., afin que l'on puisse les distinguer des éléments incontrôlés qui, profitant de la confusion temporaire, pourraient commencer à s'en prendre aux citoyens sans défense. Il voulait également du matériel militaire supplémentaire, afin de commencer à organiser de nouvelles divisions françaises. Du fait de l'état de désorganisation de la ville, l'établissement rapide de sa propre autorité et le maintien de l'ordre se heurtaient à de graves difficultés. Il m'a donc demandé de lui prêter provisoirement deux divisions américaines, qui pourraient être utilisées, selon ses mots, pour une démonstration de force et pour qu'il puisse établir solidement son autorité. [...] Je comprenais le problème de De Gaulle, et bien que je n'eusse pas d'unités disponibles à cet effet, je lui ai promis que deux de nos divisions, en route pour le front, passeraient par les principales avenues de la ville. [...] Je pensais que cette démonstration de force, ainsi que la présence de De Gaulle dans la tribune pour assister au défilé, servirait parfaitement ses desseins. [...] Le général Bradley reviendrait à Paris et se tiendrait à ses côtés dans la tribune, afin de symboliser l'unité alliée [70]. »

Dans ses *Mémoires de Guerre*, De Gaulle se gardera bien de rapporter la conversation en ces termes, car cela aurait été incompatible avec l'honneur de la France... Mais il se souvient d'avoir exprimé ce jour-là sa reconnaissance à ce « bon et grand chef allié », et le 29 août, lors d'une allocution à la radio de Paris, il rendra même publiquement hommage aux « braves et bonnes armées alliées et à leurs chefs [71] », dont le concours sera encore bien nécessaire pour libérer tout le reste du pays...

Le président Roosevelt a-t-il été sensible à cet hommage ? Rien ne l'indique... Qu'a-t-il pensé de la libération de Paris et du triomphe fait au général de Gaulle par deux millions de Français sur les Champs-Elysées ? Personne n'en sait rien... A-t-il au moins adressé une chaleureuse lettre de félicitations au premier des alliés européens exilés en 1940 à retrouver sa patrie ? Pas vraiment... A moins que l'on veuille bien considérer comme telle l'unique lettre envoyée par Roosevelt au général de Gaulle à cette époque : « J'ai été extrêmement bouleversé et affligé en apprenant le récent attentat contre la vie du général Giraud *. Mon information, quant aux détails, est sommaire et j'espère beaucoup que ses blessures ne se révéleront pas trop graves. Je vous adresse cette lettre personnelle afin d'insister pour que, dans l'intérêt de la France et dans l'intérêt de la continuité des relations cordiales entre nos deux pays, tous les efforts soient faits, non seulement pour sauvegarder la vie de tous les Français qui ont appuyé les forces des Etats-Unis pour aider à libérer la France, mais aussi pour attribuer à de tels Français des fonctions en reconnaissance des services rendus. Il me semble que dans ce groupe, le général Giraud devrait mériter, de notre point de vue, une très grande considération. » Mais Franklin Roosevelt étant tout de même un homme bien élevé, il termine sa lettre par cette formule : « Je saisis l'occasion pour vous adresser les félicitations de tous nos citoyens pour le succès de nos armes unies dans la bataille contre notre ennemi commun. »

Ce ne sont donc pas *ses* félicitations, mais celles de « tous nos citoyens », et non pas pour le succès des Français, mais pour celui de « nos armes unies » – ce qui inclut donc une bonne dose d'autocongratulation... Quant au corps de la lettre, on voit mal quel en est le but ; Roosevelt veut-il dire qu'il soupçonne le général de Gaulle d'être à l'origine de la tentative d'attentat contre Giraud ? Que le GPRF ne prend pas les mesures nécessaires pour assurer sa sécurité ? Qu'une intervention du président est nécessaire pour qu'il soit pris bien soin du convalescent ? Depuis son éviction de la coprésidence jusqu'à sa démission du CFLN, le général Giraud n'avait pourtant pas bénéficié un

---

* Le 28 août 1944, le général Giraud a été blessé d'un coup de fusil tiré par un Algérien appartenant à son service de garde.

seul instant des attentions d'un président dont la sollicitude pour les perdants a toujours été limitée à l'extrême... Quant à demander au général de Gaulle d'attribuer à Giraud des fonctions « en reconnaissance des services rendus », c'est une immixtion caractérisée dans les affaires du Gouvernement provisoire, dont Roosevelt sait parfaitement que le Général en prendra ombrage ! Non, décidément, de quelque façon qu'on la considère, cette lettre n'a vraiment rien d'amical...

Il y a aussi le trop fameux accord sur l'administration civile, en négociation depuis onze mois, et que le général Eisenhower devait signer conjointement avec le général Kœnig le 22 août. La veille même de la cérémonie de signature, un télégramme reçu de Roosevelt lui enjoignait de n'en rien faire : il n'y aurait pas de signature, mais seulement un échange de lettres de ratification ; celle fournie le lendemain par Washington au général Eisenhower, et visiblement inspirée par Roosevelt, est plus éloquente qu'un long discours : « J'ai été autorisé à traiter avec le CFLN en tant qu'« autorité *de facto* », qui aura la responsabilité de l'administration civile de la France dans les zones libérées. Cette décision s'appuie sur le soutien que le CFLN trouve toujours auprès de la majorité des Français qui se battent pour la défaite de l'Allemagne et la libération de la France [72]. » En d'autres termes, le gouvernement des Etats-Unis se réserve la possibilité de revenir sur la concession accordée à l'« autorité *de facto* » au cas où il estimerait que celle-ci ne bénéficie *plus* du soutien de la majorité des Français... Voilà une réserve bien mesquine – d'autant que cette lettre de ratification sera reçue par Kœnig le 26 août, c'est-à-dire au lendemain de la libération de Paris... et le jour même de l'accueil triomphal réservé par la ville au président de l'« autorité *de facto* * » !

Il y a également ces notes prises par le maréchal Alanbrooke, chef de l'état-major impérial, qui résument une réunion du comité des chefs d'état-major consacrée à la délimitation des zones d'occupation en Allemagne après la

---

* A Londres, en revanche, l'accord sera signé au niveau diplomatique par Eden et Massigli le 25 août.

victoire : il est prévu que le pays sera divisé en trois zones, Est, Nord-Ouest et Sud-Ouest. Les Russes prennent la zone Est, mais les Britanniques sont en désaccord avec les Américains à propos de l'allocation des deux autres. " Les désaccords, écrira Alanbrooke, portaient sur le fait que nous voulions la zone Nord-Ouest, qui était la plus proche de l'Angleterre. [...] Les Américains la voulaient également, et il nous a fallu quelque temps avant de découvrir que leur choix était dû au fait que le président refusait de laisser les lignes de communication américaines passer par une France dirigée par de Gaulle [73]. " *No comment...*

Il y a encore la conférence de Dumbarton Oaks, près de Washington, qui réunit dès le 21 août les représentants des Etats-Unis, de la Grande-Bretagne, de l'URSS et de la Chine, afin d'établir les bases de la future Organisation des Nations unies. Le président Roosevelt a naturellement veillé à ce que l'« autorité française *de facto* » soit tenue à l'écart des discussions, mais le Département d'Etat a tout de même proposé dans un document de travail adressé aux délégués des trois autres pays participants que la France obtienne un siège permanent au futur Conseil de sécurité « dès qu'elle aurait un gouvernement élu ». La proposition est acceptée, et les participants à la conférence décident même d'aller plus loin : « gouvernement élu » sera remplacé dans le texte final par « gouvernement reconnu ». Fait significatif, le président soulève immédiatement des objections : il craint manifestement que la reconnaissance du gouvernement provisoire ne puisse être différée bien longtemps *...

Il y a enfin la conférence de Québec au début de septembre : Churchill et Roosevelt y examinent ensemble les sérieux problèmes que posera l'après-guerre – sans y apporter toujours le sérieux nécessaire **. En tout cas, il y est bien souvent question du général de Gaulle, et le

---

* En dépit des objections de Roosevelt, c'est bien la formule « gouvernement reconnu » qui figurera dans le texte final.
** Ainsi, les deux hommes vont apposer leur signature au bas du plan Morgenthau, visant à « convertir l'Allemagne en pays à caractère principalement agricole et pastoral ». Eden et Hull interviendront à temps pour faire enterrer le projet...

Premier ministre canadien, qui est également présent, notera quelques-uns des échanges :

« *Québec, 11 septembre 1944 :* Il est clair que Churchill est toujours aussi monté contre de Gaulle. Le président a fait remarquer que lui et de Gaulle étaient maintenant amis. La princesse Alice * et moi avons également défendu de Gaulle, en faisant état de l'impression favorable qu'il avait produite ici. Enfin, Mme Churchill – je crois que c'était elle – a dit : " Nous sommes tous contre toi. " Quelqu'un a dit que de Gaulle avait une double personnalité et que par moments il pouvait changer du tout au tout [...]. Le président s'est déclaré convaincu que d'ici un an, de Gaulle serait à la présidence – ou à la Bastille...

12 septembre : Churchill [...] craint beaucoup qu'il n'y ait une terrible guerre civile en France. Il est rejoint en cela par le président. Aujourd'hui, Churchill a montré plus de bienveillance qu'hier à l'égard de De Gaulle. "

« *17 septembre, au dîner :* Churchill [...] a admis très franchement que de Gaulle était bien plus capable que Giraud à tous égards, [...] et qu'il exerçait un ascendant sur les masses. Selon lui, le Général aurait à faire face à une situation très grave en France d'ici un an [74]... »

De toute évidence, Churchill reste partagé entre son admiration pour l'homme, sa haine du politicien, ses inquiétudes pour l'avenir de la France et sa subordination à la politique américaine... Eden s'en apercevra bien vite lorsqu'il essaiera de persuader les deux hommes d'État de reconnaître le gouvernement provisoire : « Une discussion parfaitement vaine, notera-t-il le 15 septembre. Chacun y est allé de son couplet contre de Gaulle. Pourtant, Winston a consenti à dire qu'il préférerait une France gaulliste à une France communiste. C'est un gros progrès [75] ! » Quatre jours plus tard, Roosevelt écrit à Cordell Hull : « J'ai eu de longues discussions avec le Premier ministre au sujet de la reconnaissance du gouvernement provisoire en France. Pour l'heure, lui et moi y sommes résolument opposés. Le gouvernement provisoire ne dispose d'aucun mandat du peuple [76]... »

---

* Tante du roi George VI et épouse du comte d'Athlone, gouverneur général du Canada.

Pourtant, le dernier mot n'a pas été dit; en Grande-Bretagne, les pressions en faveur d'une reconnaissance du GPRF ne cessent de s'accentuer... Le 28 septembre, Churchill annonce aux Communes que les Alliés vont reconnaître le gouvernement italien; au sujet de la France, il déclare : « Naturellement, nous sommes très désireux de voir se constituer une entité qui puisse réellement parler au nom du peuple français – de l'ensemble du peuple français – et je pense que les Etats-Unis et l'Union soviétique ont la même position que nous [...]. Dans un premier temps, l'Assemblée législative serait transformée en un corps élu [...] et le Comité français de la Libération nationale serait responsable devant lui. Cette mesure une fois prise, avec l'assentiment du peuple français, renforcerait considérablement la position de la France et rendrait possible la reconnaissance du gouvernement provisoire [...] que nous désirons tous voir s'effectuer le plus tôt possible. »

Mais les honorables parlementaires refusent de s'en laisser conter, et sir Edward Grigg répond : « Je crois [...] que nous avons le droit de suivre notre propre politique quelle que soit l'opinion de nos grands alliés en la matière. J'espère que nous [...] n'hésiterons pas à reconnaître sur-le-champ le gouvernement provisoire. » Il est suivi de sir Percy Harris, qui déclare : « Notre pays ferait un beau geste en reconnaissant le gouvernement provisoire. Notre reconnaissance du gouvernement italien est une humiliation pour les Français [77]. »

La presse britannique fait naturellement écho à ces paroles – et la presse française aussi. Depuis Paris, Duff Cooper, qui a rouvert l'ambassade de Grande-Bretagne un mois plus tôt, écrit au député Harold Nicolson : « Mes difficultés se sont trouvées accrues par les propos du Premier ministre sur la France lors de son dernier discours. Les Français [...] ne voient absolument pas en quoi cela peut nous regarder s'ils ont une grande Assemblée consultative ou une petite. Et ils demandent avec amertume ce que nous dirions si de Gaulle, au cours d'un discours public, s'avisait de déclarer qu'il est grand temps que nous organisions des élections générales. J'ai bien peur qu'il n'y ait jamais de réconciliation entre Winston et " le Grand Charles ", et le président, dont la mauvaise foi est plus grande mais qui sait dissimuler ses sentiments en public, continuera à garder rancune à de Gaulle pour avoir réussi en dépit de lui. Tous ces conflits de personnes sont vraiment déplorables [78]. »

En fait, c'est la position anormale de M. Duff Cooper en tant qu'ambassadeur auprès d'un gouvernement non reconnu qui va déclencher une nouvelle vague d'attaques contre la politique étrangère du gouvernement de Sa Majesté. Le 18 octobre, aux Communes, le député Guy Boothby pose au ministre des Affaires étrangères la question suivante : « Mon très honorable confrère ne trouve-t-il pas assez ridicule de donner à quelqu'un le statut et le rang d'ambassadeur, tout en refusant de reconnaître le gouvernement auprès duquel il est accrédité [79] ? » L'honorable M. Boothby prêche un converti ; moins d'une semaine auparavant, Anthony Eden était à Moscou avec le Premier ministre, et entre deux séances de marchandages interminables avec Staline à propos des zones d'influence en Europe de l'Est, il avait soulevé une nouvelle fois la question de la reconnaissance. Le 12 octobre, il notait dans son journal : « Encore des discussions avec Winston au sujet de la France – sans grand résultat [80]. » Ce n'est pas sûr, car deux jours plus tard, Churchill écrit à Roosevelt : « J'ai réfléchi à la question de la reconnaissance du gouvernement provisoire français. Il me semble que les choses en sont arrivées au point que nous pouvons maintenant prendre sur cette affaire une décision qui soit conforme à votre politique et à mes dernières déclarations à la Chambre des communes [...]. Il ne fait pas de doute que les Français ont coopéré avec le grand quartier général et que leur Gouvernement provisoire est soutenu par la majorité du peuple français. Je propose donc que nous reconnaissions l'administration du général de Gaulle comme Gouvernement provisoire de la France [81]. »

Il n'est pas le seul... Car les pressions exercées sur la Maison-Blanche en faveur de la reconnaissance du GPRF ne viennent plus seulement des Britanniques ; elles sont le fait des Américains eux-mêmes : de l'ambassadeur

Jefferson Caffery, successeur d'Edwin Wilson, qui est
arrivé à Paris au début d'octobre pour représenter son pays
auprès d'un gouvernement non reconnu... De l'amiral
Stark, qui assure Washington après une visite à Paris que
de Gaulle est l'homme de l'heure et qu'il bénéficie
incontestablement du soutien populaire [82] ; du conseiller
d'ambassade Selden Chapin, qui écrit à Cordell Hull qu'il
faut désormais envisager de reconnaître le GPRF ; de Hull
lui-même, qui envoie au président un mémorandum
détaillé expliquant les raisons qui militent en faveur d'une
telle reconnaissance : de Gaulle a été accepté comme chef
de la France libérée, il a fait entrer des représentants de la
Résistance au gouvernement, il a l'intention de maintenir
la démocratie, et surtout, l'absence de reconnaissance
risque d'affecter la popularité des Etats-Unis en France [83]...
L'OSS fait état de rapports de sources françaises selon lesquels de Gaulle serait en France le seul rempart contre une
prise de pouvoir par les communistes, et devrait à ce titre
bénéficier de l'aide des Etats-Unis [84] ; Eisenhower, lui
aussi, écrit à Marshall le 20 octobre que « d'un point de
vue militaire, l'existence d'une forte autorité centrale en
France est essentielle. [...] La seule autorité française avec
laquelle nous puissions traiter est l'actuel conseil des
ministres, et nous insistons pour qu'il reçoive tout le soutien possible, y compris une reconnaissance officielle
en tant que gouvernement provisoire de la France [85] » ;
Hopkins ne dit pas autre chose, Stimson non plus, et même
Freeman Matthews, l'antigaulliste acharné devenu chef de
la section Europe au Département d'Etat, est devenu partisan de la reconnaissance... Mieux encore, il se rend personnellement auprès de l'amiral Leahy, son ancien chef à
l'ambassade des Etats-Unis à Vichy, pour lui demander de
dire au président qu'« il serait absolument dans l'intérêt
des Etats-Unis » de reconnaître le Gouvernement provisoire de la République française... Et chose extraordinaire,
le vieux maréchaliste et gaullophobe William Leahy finit
lui aussi par se laisser persuader [86] ! A cette énorme
accumulation de pressions s'ajoute celle des journaux, à
commencer par le *New York Times*, qui relève que les
Alliés s'apprêtent à reconnaître le nouveau gouvernement

italien non élu, et que l'administration américaine est la seule à faire obstacle à une reconnaissance du GPRF, les Britanniques y étant désormais tout disposés [87]...

C'est évidemment compter sans l'extraordinaire degré d'obstination du président... Ses diplomates, ses militaires, son principal allié Churchill, le *Foreign Office*, et même les plus vieux ennemis du général de Gaulle dans son propre gouvernement le pressent maintenant de procéder à la reconnaissance ; la presse américaine se déchaîne, les capitales étrangères s'impatientent, tous ses arguments contre la reconnaisance ont été successivement balayés – la crainte d'une dictature, d'une révolution, d'une guerre civile en France, l'espoir de trouver des rivaux à de Gaulle ou de voir le peuple français le rejeter –, et pourtant, le président continue à faire la sourde oreille ! A Hull, à Stimson, à Churchill, il répond que le moment de procéder à la reconnaissance n'est pas venu, qu'il faut attendre que les Français aient établi une « véritable » zone de l'intérieur, que l'Assemblée consultative ait été élargie, que l'ensemble du territoire français ait été libéré... A Churchill, il écrit en outre : « Je tiens à ce que cette question soit traitée pour le moment directement entre vous et moi, et je préférerais que le *modus operandi* ne devienne pas un sujet de discussion entre le Département d'Etat et votre *Foreign Office* [88]. » Voilà qui est clair : Roosevelt veut garder la haute main sur les affaires françaises et poursuivre sa vindicte personnelle contre de Gaulle, en entraînant avec lui le Premier ministre britannique...

Hélas ! Un seul coup d'œil au calendrier lui fait rapidement comprendre qu'il ne pourra s'offrir ce luxe : c'est que les élections ne sont plus éloignées que d'une quinzaine de jours, et deux des rapports qui lui sont parvenus comportent des arguments impossibles à négliger : Eisenhower a clairement expliqué que la non-reconnaissance du GPRF était susceptible de nuire à la poursuite des opérations militaires en France ; or, que la presse s'avise de proclamer que Roosevelt est prêt à compromettre l'effort de guerre pour assouvir ses propres désirs de vengeance, et son rival Dewey en tirera tous les bénéfices en novembre... Et puis, Cordell Hull a fait valoir que « les

Britanniques et les Soviétiques risquent fort de reconnaître le gouvernement provisoire, même si les Américains ne le font pas », ce qui est un autre argument décisif : le président n'a aucune envie de perdre les voix des très nombreux Américains devenus partisans du général de Gaulle – comme cela se produira à coup sûr si le gouvernement américain reste à la traîne, tandis que les Britanniques procèdent à la reconnaissance du GPRF ; or Churchill, poussé par son *Foreign Office*, sa presse et son Parlement, laisse entendre que c'est précisément ce qu'il s'apprête à faire...

Entre sa réélection et sa vindicte contre de Gaulle, Roosevelt ne peut hésiter longtemps ; ce « jongleur » et virtuose de la politique est coutumier des brusques retournements, et le Département d'Etat n'est pas excessivement scrupuleux dans le choix des moyens pour les mettre en œuvre ; le 21 octobre, au *Foreign Office*, sir Alexander Cadogan note dans son journal : « Réveillé ce matin par le fonctionnaire de service, qui m'annonce qu'à Paris, Caffery a reçu pour instruction du Département d'Etat de dire que le gouvernement américain est " disposé " à procéder à la reconnaissance. Grands Dieux ! Est-ce que c'est simplement de l'inefficacité et une erreur de transmission, ou bien les Américains essaieraient-ils de nous doubler ? En tout cas, j'ai pensé qu'il fallait dire la vérité à Massigli. »

Et le lendemain, 22 octobre :

« Message ce matin de l'ambassade des Etats-Unis, selon lequel leur ambassade à Paris a reçu pour instruction de " reconnaître " demain après-midi. Ai donc télégraphié immédiatement à Duff pour lui dire d'en faire autant ! Ces Américains ont des méthodes extraordinaires ! Je ne sais pas si c'est une initiative du Département d'Etat plutôt que du président, mais peu m'importe. Cette fois, nous ne serons pas pris de court. Télégramme d'Anthony [Eden] me demandant d'expliquer à Massigli ce qui s'est passé. Lui ai répondu que c'était chose faite depuis hier matin ! Déjeuné à la maison. Rentré au *Foreign Office* à 15 h 30 et envoyé message au Premier ministre à l'aérodrome, pour le mettre au courant de l'affaire. Rentré environ 18 h 30. Le Premier ministre m'a appelé des Chequers. Il semblait satisfait, mais m'a dit que les Russes seraient mécontents. Ai répondu que c'était très probable, mais que nous les avions tenus au courant de toute cette comédie, et qu'ils comprendraient bien que ce n'était pas notre faute [89]. »

En fait, Churchill a été stupéfait de l'initiative américaine ; de toute évidence, ce n'est pas ainsi qu'il concevait une collaboration franche et loyale... Mais il n'en écrit pas moins avec diplomatie au président le 23 octobre : « Bien entendu, j'ai été quelque peu surpris par la soudaine volte-face du Département d'Etat, et à mon arrivée ici, j'ai appris que l'annonce de la reconnaissance serait faite demain. Naturellement, nous ferons de même et en même temps. Il me paraît probable que les Russes seront offensés. Au cours d'une conversation, Molotov m'a dit qu'il s'attendait à ce que l'on accuse les Soviétiques d'avoir fait de l'obstruction, alors qu'ils étaient prêts à reconnaître il y a bien longtemps, et ne s'étaient abstenus qu'à la demande des Américains et des Britanniques. J'espère donc que l'on a pu les mettre au courant [90]. »

Ce même jour, sir Alexander Cadogan note également dans son journal : « Le Premier ministre a rappelé à 9 h 30. Il vient de recevoir un message du président disant : " Je reprendrai contact avec vous (au sujet de la reconnaissance du gouvernement provisoire français) lorsque Eisenhower annoncera la création d'une zone de l'intérieur, sans doute d'ici deux ou trois jours. " Mais c'est déjà fait ! ! ! Il n'a pas l'air d'être au courant... Le Premier ministre a dit qu'il serait peut-être bon de retarder la reconnaissance d'un ou deux jours. J'ai dit que c'était bien possible, mais qu'en attendant, l'ambassade des Etats-Unis avait reçu des instructions et qu'elle s'apprêtait à les exécuter. De toute évidence, on ne pouvait régler la question qu'avec Washington. J'ai donc appelé Winant, qui a promis de téléphoner. Malheureusement, il était alors 5 heures du matin à Washington. Nous ne pouvions évidemment pas retenir Duff et laisser les Américains procéder à la reconnaissance avant nous. Pas de nouvelles de Winant à l'heure du déjeuner. Ai donc envoyé un message au Premier ministre [...] pour lui expliquer la situation [...]. 15 h 30 : Winant a téléphoné pour dire, en américain :

" Tout est arrangé. Nous nous en tenons au programme
annoncé. " Ai transmis cela au 10, Downing Street, et
grâce à Dieu, nous tous, Américains, Britanniques et
Russes, avons maintenant reconnu de Gaulle [91]. »

L'amiral Leahy notera dans ses Mémoires que
« reconnaître de Gaulle officiellement a dû être pour
Roosevelt une décision difficile à prendre [92]. » En américain comme en anglais, cela s'appelle *an understatement* ;
en français, c'est une litote...

11

Décrue

En France, en Grande-Bretagne et aux Etats-Unis, l'annonce de la reconnaissance officielle du Gouvernement provisoire de la République française a été accueillie avec soulagement par de nombreuses personnalités... Mais le général de Gaulle n'en fait pas partie – ou du moins, il ne tient pas à le montrer : le 25 octobre 1944, il déclare laconiquement aux représentants de la presse : « Je puis vous dire que le gouvernement est satisfait qu'on veuille bien l'appeler par son nom [1]. » En fait, le Général a bien d'autres priorités à cette époque : ayant profondément remanié son gouvernement au début de septembre *, puis élargi l'Assemblée consultative pour y inclure une majorité de représentants des organisations de résistance, il doit encore faire l'essentiel : remettre la France au travail, organiser les approvisionnements de base, entamer la reconstruction, assainir les finances, rétablir partout l'autorité de l'Etat, dissoudre les « milices patriotiques », mettre un terme aux épurations sauvages, achever la libération du

---

* Aux côtés des ministres du gouvernement provisoire d'Alger, comme de Menthon à la Justice, Diethelm à la Guerre, Pleven aux Colonies, Capitant à l'Education nationale, Tixier à l'Intérieur et Mendès France à l'Economie, il y a désormais huit ministres issus de la Résistance, comme Georges Bidault aux Affaires étrangères, Charles Tillon à l'Air, Alexandre Parodi au Travail, Pierre-Henri Teitgen à l'Information et François Tanguy-Prigent à l'Agriculture. Massigli représente désormais le Gouvernement provisoire à Londres en remplacement de Pierre Viénot, mort à la tâche, tandis qu'Henri Bonnet devient ambassadeur à Washington.

territoire et, au-delà, participer pleinement à l'occupation de l'Allemagne...

C'est évidemment un travail de titan, dont ses compatriotes mesurent mal l'étendue : « C'est ainsi, écrira-t-il, que de nombreux Français tendent à confondre la libération avec le terme de la guerre. Les batailles qu'il va falloir livrer, les pertes qu'on devra subir, les restrictions à supporter jusqu'à ce que l'ennemi soit abattu, on sera porté à les tenir pour des formalités assez vaines et d'autant plus pesantes. Mesurant mal l'étendue de nos ruines, l'effroyable pénurie dans laquelle nous nous trouvons, les servitudes que fait peser sur nous la poursuite du conflit, on suppose que la production va reprendre en grand et rapidement, que le ravitaillement s'améliorera très vite, que tous les éléments d'un renouveau confortable seront bientôt rassemblés. On imagine les Alliés, comme des figures d'images d'Epinal, pourvus de ressources inépuisables, tout prêts à les prodiguer au profit de cette France que, pense-t-on, leur amour pour elle les aurait conduits à délivrer et qu'ils voudraient refaire puissante à leurs côtés [2]. »

C'est précisément là que le bât blesse : ayant réussi à faire incorporer dans l'armée régulière de nombreux éléments de la Résistance et des milices patriotiques, à la fois pour les détourner de la tentation de l'activité révolutionnaire et pour les engager dans les combats futurs contre l'Allemagne, de Gaulle doit trouver le moyen de les vêtir, de les armer et de les équiper ; en fait, il a prévu de mettre sur pied dix divisions supplémentaires avant le printemps de 1945. Or, les usines françaises travaillant pour la défense ont été détruites ou emportées par les Allemands... « En attendant que nous ayons remis des fabrications en marche, notera le Général, nous étions donc contraints de recourir au bon vouloir des Etats-Unis. Ce bon vouloir était mince [3]. »

C'est exact : les chefs d'état-major américains ne semblent pas vouloir équiper des divisions françaises supplémentaires, du fait des difficultés de transport et de la priorité accordée à leurs propres unités. Mais de Gaulle les soupçonne surtout de chercher à contrecarrer ses plans stratégiques ultérieurs, et cela se reflète clairement dans ses réponses aux journalistes alliés lors de la conférence de presse du 25 octobre :

« Je puis vous dire que, depuis le commencement de la bataille de France, nous n'avons pas reçu de nos alliés de quoi armer une seule grande unité française. Il faut d'ailleurs se rendre compte des difficultés considérables qui se sont présentées jusqu'à présent au commandement allié. La bataille elle-même implique un énorme travail d'aménagement des ports détruits et des communications, de ravitaillement des forces en ligne, et cela peut expliquer dans une certaine mesure que, jusqu'à présent, le tonnage d'armement qui serait nécessaire pour armer des grandes unités françaises nouvelles ne soit pas encore parvenu. »

Question : « Vous avez dit, mon Général : dans une certaine mesure ? »

Réponse : « Oui, j'ai dit : dans une certaine mesure [4]. »

Pourtant, le général de Gaulle persiste à penser qu'un nouveau tête-à-tête avec le président permettrait d'aplanir bien des difficultés, et le 4 novembre, Georges Bidault transmet au Département d'Etat une invitation dans les formes à Roosevelt et à Cordell Hull. Mais à cette époque, Hull est sur le point de démissionner pour raisons de santé, et il doit décliner ; quant à Roosevelt, il est plus que réticent, si l'on en croit la communication suivante de Henri Hoppenot depuis Washington : « Le président [...] a répondu qu'il espérait pouvoir se rendre un jour en France, mais qu'il croyait plus important de rencontrer d'abord les deux hommes d'Etat anglais et russe [5]. » On pouvait difficilement présenter les choses avec moins de délicatesse...

Une invitation a également été envoyée à Churchill, qui lui s'empresse d'accepter et rend à Paris une visite triomphale le 11 novembre. Les minutes de ses discussions avec de Gaulle à cette occasion sont fort instructives :

« Le général de Gaulle, s'adressant à M. Churchill, ouvre l'entretien en posant la question du réarmement de la France. La présence d'une forte armée française sur le continent intéresse-t-elle la Grande-Bretagne ? »

Churchill : « Le rétablissement de l'armée française est à la base de notre politique. Sans l'armée française, il ne peut y avoir de règlements européens solides. La Grande-Bretagne, à elle seule, ne dispose pas des éléments d'une grande armée. Elle a donc un intérêt primordial à favoriser la renaissance d'une grande armée française. C'est une politique au sujet de laquelle mon opinion n'a jamais varié. Ce sont donc seulement les étapes du réarmement de la France et non le principe de ce réarmement qui sont en cause. A cet égard, le problème dépend essentiellement de la durée des opérations [...]. En admettant que la guerre dure encore six mois, il ne sera pas possible, dans un délai aussi court, de mettre sur pied beaucoup d'autres divisions nouvelles aptes aux formes modernes de la bataille. »

De Gaulle : « Pourtant, il faut commencer. Jusqu'à présent, nous n'avons rien reçu en fait d'armement ou d'équipement depuis qu'on se bat en France. Il y a quelques semaines, certains pensaient que la guerre était pratiquement terminée. Je dois dire que ni vous ni moi n'étions de cet avis. Aujourd'hui, les choses apparaissent différemment. Qu'en pensent nos alliés ? Nous avons besoin de le savoir. »

Churchill : « Je vais explorer nos disponibilités et vous fournir un rapport. Peut-être pourrons-nous vous céder du matériel de seconde zone, déjà quelque peu déclassé mais utile pour l'instruction. »

De Gaulle : « Ce serait, déjà, quelque chose. Nous ne prétendons pas créer d'emblée de grandes unités absolument conformes aux tableaux de dotation les plus récents des Britanniques ou des Américains. »

Churchill : « Combien de divisions aurez-vous au printemps ? »

De Gaulle : « Nous aurons, en plus de nos huit divisions de ligne actuelles, huit divisions nouvelles. Nous disposons des hommes et des cadres nécessaires. Il nous manque le matériel de transport, les armes lourdes, l'équipement de radio. Nous avons des fusils, des fusils-mitrailleurs, des mitrailleuses ; ce qui nous fait défaut, ce sont les tanks, les canons, les camions, les moyens de transmission. »

Churchill : « Les Américains pensent terminer la guerre avant qu'aucune division à former n'ait pu être mise sur pied. Ils veulent donc réserver tout le tonnage disponible aux unités déjà constituées. »

De Gaulle : « Peut-être les Etats-Unis se trompent-ils. Au surplus, la Grande-Bretagne, bien plus encore que les Etats-Unis, doit penser aux événements qui feront suite en Europe à l'avenir immédiat. Une victoire remportée sur l'Allemagne sans l'armée française serait d'une exploitation politique difficile. L'armée française doit prendre sa part de la bataille pour que le peuple français ait, comme ses alliés, conscience d'avoir vaincu l'Allemagne. [...] »

Churchill : « Nous allons étudier la question avec les Américains. Je soulignerai l'importance qu'il y a à faire participer la France à la victoire [...]. »

De Gaulle : « Les Américains ne songent à armer nos effectifs que pour en faire des gardes-voies. Nous pensons à autre chose [6]. »

C'est un fait : il pense surtout à constituer une force capable d'entrer en Allemagne et d'y saisir des gages territoriaux, afin que les Alliés soient contraints de compter avec la France lors de la capitulation allemande ; et pour constituer une armée capable d'accomplir cette tâche, ses généraux auront recours à tous les expédients, y compris l'appropriation d'armes, de véhicules et de canons américains « égarés » sur le territoire français [7]... Mais pour de Gaulle, la sécurité future des frontières de la France ne peut s'obtenir uniquement par des moyens militaires : il y faut aussi des initiatives diplomatiques, et le Général songe une fois encore aux avantages que procurerait à son pays une alliance de revers avec l'Union soviétique. Tel est le sens de son voyage à Moscou au début de décembre. Hélas ! Staline ne respecte que la force, et il ne voit pas l'intérêt de compromettre ses relations avec les alliés anglo-saxons au profit d'une puissance aussi secondaire que la France. De Gaulle reviendra donc d'URSS avec un pacte bien peu conforme à ses attentes. Ainsi, pour assurer la sécurité de la France dans un proche avenir, on ne pourra pas compter sur Moscou...

Sur Washington non plus, du reste... A la mi-décembre, les Alliés avancent sur un large front qui s'étend des Pays-Bas à la frontière suisse, mais ils restent contenus à l'ouest du Rhin. La précarité de cette position apparaît pleinement lorsque le 16 décembre, les Allemands lancent une vigoureuse contre-offensive dans les Ardennes avec dix divisions blindées et quatorze divisions d'infanterie... Appuyées par les premiers avions à réaction et les nouveaux chars Panther, elles menacent sérieusement de percer le front allié. Le 1er janvier 1945, Eisenhower ordonne donc aux troupes américaines de se replier sur les Vosges, laissant Strasbourg à la merci de l'attaque ennemie ; or la ville vient d'être libérée, et sa réoccupation par les nazis serait pour la France entière un désastre politique et une tragédie humaine sans précédent. Pour de Gaulle, il n'en est même pas question ; ayant ordonné aux troupes françaises de défendre Strasbourg à tout prix, il écrit au général Eisenhower pour l'inviter à revenir sur sa décision. En même temps, il télégraphie à Roosevelt et à Churchill, pour leur demander leur soutien... Au président, il écrit qu'une retraite dans de telles circonstances « serait déplorable au point de vue de la conduite générale de la guerre comme au point de vue national français », et il lui demande « avec confiance d'intervenir dans cette affaire qui risque d'avoir à tous égards de graves conséquences [8]. »

Il est clair que la gravité de la situation échappe totalement à Franklin Roosevelt ; réélu triomphalement en novembre, il n'a plus à se soucier du jugement de l'opinion publique américaine, il considère les requêtes du général de Gaulle sans la moindre bienveillance, et les difficultés des Français ne le concernent que de très loin... L'ambassadeur Caffery reçoit donc pour instructions de répondre au Général que « s'agissant d'une affaire purement militaire », le président « s'en remet à Eisenhower [9] ». Il est vrai que le commandant suprême a reçu toute l'autorité nécessaire pour prendre des décisions en matière stratégique, mais à l'évidence, il ne s'agit absolument pas d'une « affaire purement militaire » : la reprise de Strasbourg par les nazis aurait un retentissement politique considérable, et personne ne peut croire sérieusement qu'une intervention discrète de Roosevelt auprès d'Eisenhower serait restée sans effet : Churchill, lui, a jugé l'affaire suffisamment grave pour se rendre sans délai au quartier-général d'Eisenhower et le persuader de changer ses plans *.

Il est vrai que le président n'a guère montré plus d'empressement à accéder aux requêtes en faveur du rééquipement de l'armée française. Celles-ci venaient non seulement du général de Gaulle, mais aussi de Winston Churchill, qui lui écrivait déjà le 16 novembre, au retour de son voyage triomphal à Paris et dans l'Est de la France : « J'ai rétabli des relations personnelles amicales avec de Gaulle, qui s'est amélioré depuis qu'il a perdu une bonne partie de son complexe d'infériorité. [...] Il est bien sûr très désireux d'obtenir un équipement moderne complet pour huit divisions supplémentaires, et vous êtes le seul à pouvoir le lui fournir. [...] En même temps, je comprends bien que les Français veuillent occuper une plus grande place sur la ligne de front et prendre la plus grande part possible aux combats – ou à ce qu'il en reste. [...] Il est important pour la France d'avoir une armée préparée à la tâche qu'elle serait normalement appelée à accomplir, à savoir assurer la sécurité et l'ordre en France derrière le front au bénéfice de nos armées, et nous aider à contrôler certaines parties de l'Allemagne par la suite [10]. » Tout cela était exprimé en termes fort convaincants, mais la réponse du président deux jours plus tard a été fort peu engageante : « Quels que soient les moyens de transport et les matériels disponibles, je n'ai aucune autorité à l'heure actuelle pour équiper une armée française d'après-guerre comprenant huit divisions supplémentaires [...] Vous savez bien sûr qu'après l'effondrement de l'Allemagne, il me faudra rapatrier les troupes américaines aussi rapidement que le permettront les capacités de transport [11]. »

Curieuse réponse en vérité : l'expression « armée française d'après-guerre » s'accorde aussi mal que possible

---

* Les versions varient quant aux raisons qui ont décidé Eisenhower à changer sa stratégie pour sauver Strasbourg. Le général de Gaulle rapporte qu'il a lui-même persuadé le commandant suprême, tandis que le maréchal Alanbrooke et le général Juin assurent que Churchill avait déjà obtenu ce résultat avant même l'arrivée du Général. Quant aux archives du SHAEF, elles indiquent qu'un début d'essoufflement de l'offensive allemande a beaucoup contribué à la décision d'Eisenhower de rapporter son ordre de retraite.

avec la requête de Churchill, qui demandait au contraire le rééquipement de cette armée pour participer à la guerre *en cours*, dont personne à la mi-novembre 1944 ne se risquerait à prédire le terme ; le fait pour Roosevelt de dire qu'il n'a « aucune autorité » pour rééquiper des forces étrangères peut paraître singulier à qui se souvient de ses initiatives en la matière entre 1939 et 1941... Et puis, la fin du message présidentiel comporte une contradiction stupéfiante, que Churchill ne tarde pas à relever dans un télégramme du 19 novembre : « Si après l'effondrement de l'Allemagne, vous devez " rapatrier les troupes américaines aussi rapidement que le permettront les capacités de transport ", et si les Français n'ont pas d'armée équipée dans l'après-guerre, [...] comment sera-t-il possible de contrôler l'Allemagne occidentale au-delà de la ligne occupée actuellement par les Soviétiques ? Nous ne pourrions certainement pas nous en charger sans votre aide et celle des Français. Tout se désintégrerait donc rapidement, comme cela s'est produit la dernière fois [12]. » A quoi le président trouve seulement à répondre que l'on pourra équiper les Français avec des armes capturées aux Allemands... La vérité est sans doute que Roosevelt ne veut en aucun cas renforcer la position du général de Gaulle au-delà de ce qui est strictement nécessaire. Aurait-il envoyé les mêmes réponses absurdes si le général Giraud était resté à la tête de l'autorité française ? Il est permis d'en douter...

Mais comme toutes les manigances antigaullistes du président, celle-ci ne va pas tarder à faire long feu : le mois suivant, sous l'effet du choc provoqué à Washington par la contre-offensive des Ardennes, les chefs d'état-major américains vont recommander unanimement que la proposition d'équiper huit divisions françaises supplémentaires soit acceptée [13]... Presque simultanément, au Département d'Etat où Stettinius vient de remplacer Cordell Hull, on réclame la même chose, au motif que « la politique actuelle de Washington est basée sur la conviction que l'intérêt des Etats-Unis est que la France retrouve sa position traditionnelle et participe à l'occupation de l'Allemagne comme au maintien de la paix en Europe [14]. » Le *Foreign Office* n'aurait pu mieux dire, et au Département

du Trésor, Morgenthau se prononce dans le même sens...
Roosevelt est finalement contraint de céder, et le 8 janvier
1945, il écrit à Churchill que « Eisenhower recevra tous les
renforts disponibles et les Français seront réarmés [15]. »
Décidément, ce n'est pas par le biais des armements que
l'on pourra déstabiliser le général de Gaulle...

Ce ne sera pas non plus par le biais de l'Indochine, que
Roosevelt espère depuis des années empêcher la France de
recouvrer... Hélas ! Les Britanniques, les Hollandais, les
chefs d'état-major, le Département d'Etat, l'OSS et le
commandant en chef des forces américaines sur le théâtre
d'opérations chinois sont partisans d'aider les Français à
participer aux combats contre les Japonais en Asie et à
reprendre pied en Indochine. Devant une telle coalition, le
président va devoir remiser pour un temps ses plans de
décolonisation aux dépens des Français, des Britanniques,
et de quelques autres... Mais il trouvera un autre prétexte
étonnamment mesquin pour nuire au Général, en soulevant
l'affaire de l'île de Clipperton.

Situé dans le Pacifique à quelque 800 miles des côtes
mexicaines et presque aux antipodes du théâtre des opérations contre le Japon, l'îlot français de Clipperton n'a
qu'une importance insignifiante sur le grand échiquier
stratégique de la guerre mondiale. Les Américains y ont
installé une station météorologique et un petit poste
d'observation, sans d'ailleurs en informer les autorités
françaises, et plus personne ne s'y est intéressé... Mais le
19 décembre, le président Roosevelt, dont on aurait pu
croire qu'il avait d'autres préoccupations, s'est entretenu
avec l'ambassadeur du Mexique, qui établit le mémorandum suivant à l'intention de son gouvernement : « Le président était d'avis que Clipperton devrait repasser sous la
souveraineté du Mexique. [...] Bien sûr, dans ce cas, il faudrait que des accords appropriés soient négociés afin que
nous, les Britanniques et d'autres puissent utiliser Clipperton comme base pour la navigation aérienne civile. Il
connaissait bien Clipperton. Il s'y était rendu plusieurs
fois. [...] Elle devrait être mexicaine, et [...] bien sûr, le
Mexique devrait accepter de céder certains privilèges en
matière de navigation aérienne [16]. » Le 1er janvier 1945,

Roosevelt précise sa pensée dans une note au secrétaire d'Etat Stettinius : « La souveraineté sur Clipperton et son développement sont des questions que je considère comme importantes pour les Etats-Unis, en raison de l'emplacement stratégique de l'île par rapport au canal de Panama. Mexico a longtemps contesté l'occupation par la France de cette île, et il me semble que les arguments mexicains ne sont pas sans fondement. Il serait dans l'intérêt des Etats-Unis, en l'absence de souveraineté directe, d'obtenir le droit d'établir une base sur Clipperton par un bail à long terme lorsque l'île reviendra au Mexique [17]. » A Paris, le ministre des Affaires étrangères Georges Bidault, quelque peu effaré, confiera à l'ambassadeur Caffery : « Nous sommes très désireux de coopérer avec vous, mais il faut avouer que vous ne nous facilitez pas toujours la tâche [18]. » M. Bidault ne croit pas si bien dire : c'est que le président, connaissant parfaitement l'intransigeance du général de Gaulle en matière de souveraineté française partout dans le monde, se livre là à une provocation délibérée...

Mais Roosevelt peut aussi viser beaucoup plus haut, en songeant par exemple à l'organisation mondiale pour l'après-guerre : « Il était partisan, écrira Cordell Hull, d'une organisation des quatre puissances qui serait le gendarme du monde, grâce aux forces des Etats-Unis, de la Grande-Bretagne, de la Russie et de la Chine. Toutes les autres nations, *y compris la France*, devraient être désarmées. Il estimait que les quatre nations avaient bien coopéré pendant la guerre, et il voulait que cette relation puisse se poursuivre. Il croyait à l'efficacité de contacts personnels entre Churchill, Staline, Tchang Kaï-chek et lui-même, et pensait que la relation directe entre les chefs de ces quatre nations permettrait de gérer efficacement le monde à l'avenir [19]. » C'est bien ce qu'il avait laissé entendre au général de Gaulle en juillet 1944... Devant son fils Elliott, il précisera même sa pensée – et ses arrière-pensées : « Les Etats-Unis devront *diriger,* et il nous faudra utiliser nos bons offices pour aider à résoudre les différends entre les autres – entre la Russie et l'Angleterre en Europe ; entre l'empire britannique et la Chine et entre la Chine et la Russie en Extrême-Orient. Nous aurons les moyens de le faire, parce que nous sommes grands et forts et autosuffisants. La Grande-Bretagne est sur le déclin, la Chine est encore au XVIIIe siècle, la Russie se méfie de nous et nous rend méfiants à son égard. L'Amérique est la seule grande puissance qui puisse faire régner la paix dans le monde. » Et parmi les priorités du président, il y a le désir d'« empêcher l'empire britannique de s'associer à d'autres pays pour constituer un bloc contre l'Union Soviétique [20]. »

C'est ce plan pour le moins ambitieux que Roosevelt veut faire accepter à ses alliés, et cela ne peut se faire qu'à l'occasion d'une concertation avec Churchill et Staline. Du reste, voilà quatre mois au moins que l'idée d'une rencontre au sommet fait son chemin ; c'est que bien des questions sont restées en suspens, qui demandent d'urgence une solution : quelle stratégie adopter pour assurer la défaite finale d'Hitler ? Que faire de l'Allemagne lorsqu'elle aura été vaincue ? Comment s'accorder sur le partage des zones d'occupation ? Faut-il en donner une à la France ? Comment traiter la question des réparations ? Quel sort réserver aux criminels de guerre ? Comment résoudre le problème des frontières orientales et occidentales de la Pologne ? Que faire au sujet des empires coloniaux en Asie après le départ des Japonais ? Comment mettre en place un système de mandats ? Quand et dans quelles conditions l'URSS participera-t-elle à la guerre contre le Japon ? Et quelles seront les procédures de vote au Conseil de Sécurité de la future organisation des Nations unies ? « Faute d'une conférence, écrira Harry Hopkins, la résolution de tous ces problèmes aurait été fatalement retardée [21]. »

C'est également l'avis de Churchill, qui a écrit au président dès le 16 novembre : « Il est évident qu'un grand nombre de décisions doit être pris à un niveau supérieur à celui des hauts commandements. [...] C'est une raison de plus pour organiser une rencontre à trois si Uncle Joe [Staline] ne veut pas venir, et à quatre dans le cas contraire. Dans ce dernier cas, les Français seraient associés à certaines des discussions et pas à d'autres [22]. » Mais le président réagit immédiatement : les Français ne doivent pas être invités du tout – un refus qu'il confirme le 6 décembre en écrivant : « Je m'en tiens à ma position, qui est que toute tentative d'inclure de Gaulle dans notre réunion à trois ne ferait qu'introduire un facteur indésirable et compliquerait les choses [23]. » Une expression de mépris pour la France, qui n'a que 500 000 hommes à mettre en ligne dans ce conflit, alors que les Etats-Unis en ont onze millions ? Un rejet instinctif du général de Gaulle, qu'il ne parvient toujours pas à accepter ? La crainte que ce Français difficile et bien peu influençable s'oppose à quelques-uns des projets favoris du président ? Qu'il perturbe le bel ordonnancement de la future organisation des Nations unies ? Qu'il rejette les concessions que l'on s'apprête à faire à Staline en Europe centrale ? Qu'il obtienne trop d'avantages au profit de la France ? Qu'il forme avec Churchill un front des puissances coloniales contre les grands « démocrates décolonisateurs » que sont Roosevelt et Staline ? Il y a sans doute tout cela à la fois... Mais il est de fait que la prise de position catégorique du président ne rencontre d'objections ni à Londres ni à Moscou, où l'on connaît bien l'intransigeance et le caractère difficile du Général...

Il faudra un certain temps pour s'accorder sur le lieu de la conférence ; comme toujours, les endroits les plus divers sont suggérés, Roosevelt ayant un faible pour l'exotisme et Churchill pour les climats tempérés. Mais comme on tient essentiellement à la participation de Staline, et que celui-ci affirme ne pouvoir quitter l'URSS « en raison de la situation militaire », il faut bien se résigner à accepter la proposition soviétique : ce sera Yalta, en Crimée. « Nous n'aurions pas pu trouver un pire endroit pour nous réunir même si nous avions passé dix ans à le rechercher [24] », grognera Churchill, avant de se résigner... Depuis Téhéran, il s'est habitué – difficilement – à n'être que l'élément le plus faible de la coalition alliée... En tout cas, l'accord se fait : la conférence tant attendue débutera le 3 février 1945.

Roosevelt, tout à ses plans de réorganisation du monde, ne semble pas s'être soucié un instant de l'effet produit sur le général de Gaulle par l'ostracisme si ostensible qui va bientôt lui être imposé. Mais son principal conseiller,

Harry Hopkins, a conçu depuis Anfa une admiration certaine pour ce Français hors normes, et il mesure aussi bien que les diplomates britanniques l'importance d'une France forte pour la stabilité de l'Europe d'après-guerre. C'est pourquoi il insiste fortement pour que le président insère dans son discours du 6 janvier sur l'Etat de l'Union une référence aux « efforts héroïques des groupes de résistance [...] et de tous ces Français à travers le monde qui ont refusé de se rendre après le désastre de 1940 »; il obtiendra même l'ajout de ce passage significatif : « Nous reconnaissons pleinement l'intérêt vital de la France à une solution durable du problème allemand et la contribution qu'elle peut apporter à l'instauration de la sécurité dans le monde [25]. » Ce ne sont certainement pas des considérations que Roosevelt aurait exprimées de sa propre initiative, mais son discours de 8 000 mots a plusieurs auteurs, et il ne le prononcera même pas en personne *... Quoi qu'il en soit, le maladif mais très brillant Harry Hopkins se doute bien qu'il faudra davantage que quelques propos flatteurs pour faire oublier à l'irascible Général l'affront que l'on s'apprête à lui faire; c'est pourquoi, devant se rendre à Londres pour préparer avec Churchill la conférence de Yalta, il envisage de faire ensuite un détour par Paris, afin de s'entretenir personnellement avec le général de Gaulle...

Il faut reconnaître que le président du Gouvernement provisoire n'est pas dans les meilleures dispositions en ce début de 1945. Son pays a certes été admis en novembre à la Commission consultative de Londres, mais il a l'impression que l'on y traite sans hâte de questions hypothétiques, et que la voix de la France y compte pour peu de chose − exactement comme sur le front des combats, les grandes armées alliées semblent tenir les maigres forces françaises pour quantité négligeable. Ayant adressé le 1er janvier une lettre personnelle à Roosevelt pour lui demander « dans notre intérêt commun, de hâter l'envoi de matériel », et de lui faire connaître « même d'une manière approximative, les quantités, la nature et le rythme » des livraisons, afin que son gouvernement puisse préparer en connaissance de cause son plan de mobilisation [26], le

---

* Un assistant viendra le lire à sa place au Congrès.

Général n'a pas même été honoré d'une réponse... C'est sur ces entrefaites qu'il apprend la nouvelle d'une réunion prochaine de Roosevelt, Churchill et Staline à Yalta, sans qu'aucune communication diplomatique ne lui ait été faite au préalable. C'est dire clairement que les principaux belligérants ne le considèrent toujours pas comme un allié à part entière... Le 15 janvier, il écrit au président Roosevelt : « Le Gouvernement provisoire de la République française a eu connaissance, d'après les informations publiques, d'un projet de conférence entre les hauts représentants de la Grande-Bretagne, des Etats-Unis d'Amérique et de l'Union soviétique, ayant pour but de préciser les conditions de leur coopération dans la guerre. A ce sujet, le Gouvernement provisoire de la République française croit devoir appeler l'attention du Gouvernement des Etats-Unis d'Amérique sur les observations suivantes : Les opérations militaires à l'Ouest se déroulent actuellement sur le territoire français ou au voisinage immédiat de ses frontières. La France y engage, dans toute la mesure de ses possibilités actuelles, une importante et croissante contribution, non seulement par ses forces armées, terrestres, navales et aériennes, mais encore par certaines ressources indispensables à la bataille, notamment ses moyens de transport et ses ports. Il apparaît, en outre, à la lumière des récents événements militaires, que la poursuite de la lutte jusqu'à la victoire suppose nécessairement une participation constamment accrue de la France à l'effort de guerre commun. Cette participation ne peut être assurée dans des conditions satisfaisantes sans une révision des programmes de fabrication, de fournitures et de transports qui sont actuellement en vigueur entre les Alliés, révision à laquelle il ne saurait être utilement procédé sans la participation directe du Gouvernement provisoire de la République française.

Il convient d'observer, d'autre part, que les conférences tenues entre les autres grandes puissances alliées amènent celles-ci à préjuger, sans que la France y ait pris part, du règlement de certaines affaires d'ordre politique ou économique, qui, cependant, intéressent directement ou indirectement la France, alors que le Gouvernement provisoire de la République française ne saurait évidemment se considérer comme engagé par aucune des décisions prises en dehors de lui et que, de ce fait, ces décisions perdent de leur valeur.

Indépendamment de tous motifs de haute convenance politique ou morale, il paraît donc opportun au Gouvernement provisoire de la République française de faire connaître que sa participation à de telles conférences est, à ses yeux, nécessaire pour tout ce qui a trait aussi bien aux problèmes concernant la conduite générale de la guerre qu'à ceux dont le règlement intéresse l'avenir de la paix ; problèmes dans lesquels la responsabilité de la France est évidemment engagée. Le Gouvernement provisoire de la République française ne peut douter que son point de vue ne soit partagé par les autres grandes puissances alliées [27]. »

C'est évidemment une figure de style, car il a bien des raisons d'en douter... Mais le 27 janvier, Harry Hopkins arrive à Paris, où il est reçu très cordialement par Georges Bidault, puis par le Général lui-même. En dehors de l'ambassadeur Caffery, le seul autre témoin de ce second entretien est Etienne Burin des Roziers, chargé de mission qui fait fonction d'interprète : « Ce fut une entrevue véritablement étonnante, se souviendra-t-il ; elle avait mal commencé, parce qu'elle se tenait à un moment délicat : de Gaulle était mécontent parce qu'il n'avait pas été invité à la conférence de Yalta. Il avait également une méfiance instinctive à l'égard des " éminences grises " ; il aimait avoir affaire à des gens ayant des fonctions officielles au sein de l'Etat. [...] De Gaulle était tout prêt à admettre que M. Hopkins avait un rôle décisif, mais il n'en était pas moins mal à l'aise en sa présence. [...] Le général de Gaulle lui a souhaité la bienvenue et l'a prié de s'asseoir. Un long silence a suivi. Personne ne disait rien. Pour de Gaulle, puisque M. Hopkins avait demandé à le voir, c'est qu'il avait quelque chose à dire. Après un long moment qui a paru très tendu (surtout pour moi, qui n'avais rien à interpréter), la conversation a enfin débuté [28]... »

« Hopkins, se souviendra le Général, s'exprima avec une grande franchise. " Il y a, dit-il, un malaise entre Paris et Washington. Or, la guerre approche de son terme. L'avenir du monde dépendra dans une certaine mesure de l'action concertée des Etats-Unis et de la France. Comment faire sortir leurs rapports de l'impasse où ils sont engagés ? " Je demandai à Hopkins quelle était, du fait de l'Amérique, la cause de l'état fâcheux des relations entre les deux pays. " Cette cause, me répondit-il, c'est avant tout la déception stupéfaite que nous a infligée la France quand nous la vîmes, en 1940, s'effondrer dans le désastre, puis dans la capitulation. L'idée que, de tous temps, nous nous étions faite de sa valeur et de son énergie fut bouleversée en un instant. Ajoutez à cela que ceux des grands chefs politiques ou militaires français à qui nous fîmes tour à tour confiance, parce qu'ils nous semblaient symboliques de cette France en laquelle nous avions cru, ne se sont pas montrés – c'est le moins qu'on puisse dire – à la hauteur de nos espoirs. Ne cherchez pas ailleurs la raison profonde de l'attitude que nous avons adoptée à l'égard de votre pays. Jugeant que la France n'était plus ce qu'elle avait été, nous ne pouvions avoir foi en elle pour tenir un des grands rôles. Il est vrai que vous-même, général de Gaulle, êtes apparu ; qu'une résistance française s'est formée autour de vous ; que des forces françaises sont retournées au combat ; qu'aujourd'hui la France entière vous acclame et reconnaît votre gouvernement. Comme nous n'avions d'abord aucun motif de croire en ce prodige, comme ensuite vous êtes devenu la preuve vivante de notre erreur, comme vous-même enfin ne nous ménagiez pas, nous ne vous avons pas favorisé jusqu'à présent. Mais nous rendons justice à ce que vous avez accompli et nous nous félicitons de voir la France reparaître. Comment pourrions-nous, cependant, oublier ce que, de son fait, nous avons vécu ? D'autre part, connaissant l'inconstance politique qui la ronge, quelles raisons aurions-nous de penser que le général de Gaulle sera en mesure de la conduire longtemps ? Ne sommes-nous donc pas justifiés à user de circonspection quant à ce que nous attendons d'elle pour porter avec nous le poids de la paix de demain ? "

En écoutant Harry Hopkins, je croyais entendre, de nouveau, ce que le président Roosevelt m'avait dit de la

France, à Washington, six mois plus tôt. Mais, alors, la libération n'avait pas encore eu lieu. Moi-même et mon gouvernement siégions en Algérie. Il restait aux Américains quelques prétextes pour mettre en doute l'état d'esprit de la Métropole française. A présent, tout était éclairci. On savait que notre peuple voulait prendre part à la victoire. On mesurait ce que valait son armée renaissante. On me voyait installé à Paris et entouré par la ferveur nationale. Mais les Etats-Unis en étaient-ils plus convaincus que la France fût capable de redevenir une grande puissance ? Voulaient-ils l'y aider vraiment ? Voilà les questions qui, du point de vue français, commandaient le présent et l'avenir de nos relations avec eux. Je le déclarai à l'envoyé spécial du président. " Vous m'avez précisé pourquoi, de votre fait, nos rapports se trouvent altérés. Je vais vous indiquer ce qui, de notre part, contribue au même résultat. Passons sur les frictions épisodiques et secondaires qui tiennent aux conditions anormales dans lesquelles fonctionne notre alliance. Pour nous, voici l'essentiel : dans les périls mortels que nous, Français, traversons depuis le début du siècle, les Etats-Unis ne nous donnent pas l'impression qu'ils tiennent leur destin comme lié à celui de la France, qu'ils la veuillent grande et forte, qu'ils fassent ce qu'ils pourraient faire pour l'aider à le rester ou à le redevenir. Peut-être, en effet, n'en valons-nous pas la peine. Dans ce cas, vous avez raison. Mais peut-être nous redresserons-nous. Alors, vous aurez eu tort. De toute façon, votre comportement tend à nous éloigner de vous. "

Je rappelai que le malheur de 1940 était l'aboutissement des épreuves excessives que les Français avaient subies. Or, pendant la Première Guerre mondiale, les Etats-Unis n'étaient intervenus qu'après trois années de lutte où nous nous étions épuisés à repousser l'agression allemande. Encore entraient-ils en ligne pour le seul motif des entraves apportées à leur commerce par les sous-marins allemands et après avoir été tentés de faire admettre une paix de compromis où la France n'eût même pas recouvré l'Alsace et la Lorraine. Le Reich une fois vaincu, on avait vu les Américains refuser à la France les garanties de sécurité qu'ils lui avaient formellement promises, exercer sur elle une pression obstinée pour qu'elle renonce aux gages qu'elle détenait et aux réparations qui lui étaient dues, enfin fournir à l'Allemagne toute l'aide nécessaire au redressement de sa puissance. " Le résultat, dis-je, ce fut Hitler. " J'évoquai l'immobilité qu'avaient observée les Etats-Unis quand le IIIᵉ Reich entreprit de dominer l'Europe ; la neutralité où ils s'étaient cantonnés tandis que la France subissait le désastre de 1940 ; la fin de non-recevoir opposée par Franklin Roosevelt à l'appel de Paul Reynaud alors qu'il eût suffi d'une simple promesse de secours, fût-elle secrète et à échéance, pour décider nos pouvoirs publics à continuer la guerre ; le soutien long-temps accordé par Washington aux chefs français qui avaient souscrit à la capitulation et les rebuffades prodi-guées à ceux qui poursuivaient le combat... " Il est vrai, ajoutai-je, que vous vous êtes trouvés contraints d'entrer dans la lutte, lorsque à Pearl Harbour les Japonais, alliés des Allemands, eurent envoyé vos navires par le fond. L'effort colossal que vous fournissez, depuis lors, est en train d'assurer la victoire. Soyez assurés que la France le reconnaît hautement. Elle n'oubliera jamais que, sans vous, sa libération n'eût pas été possible. Cependant, tan-dis qu'elle se relève, il ne peut lui échapper que l'Amé-rique ne compte sur elle qu'accessoirement. A preuve, le fait que Washington ne fournit d'armement à l'armée fran-çaise que dans une mesure restreinte. A preuve, aussi, ce que vous-même venez de me dire. "

" Vous avez ", observa M. Harry Hopkins, " expliqué le passé d'une manière incisive mais exacte. Maintenant, l'Amérique et la France se trouvent devant l'avenir. Encore une fois, comment faire pour que, désormais, elles agissent d'accord et en pleine confiance réciproque ? "

" Si telle est, répondis-je, l'intention des Etats-Unis, Je ne puis comprendre qu'ils entreprennent de régler le sort de l'Europe en l'absence de la France. Je le comprends d'autant moins, qu'après avoir affecté de l'ignorer dans les discussions imminentes des ' Trois ', il leur faudra se tourner vers Paris pour demander son agré-ment à ce qu'on aura décidé. " MM. Hopkins et Caffery en convinrent. Ils déclarèrent que leur gouvernement attachait, dès à présent, la plus haute importance à la participation de la France à la " Commission européenne " de Londres, sur le même pied que l'Amérique, la Russie et la Grande-Bretagne. Ils ajoutèrent même, qu'en ce qui concernait le Rhin, les États-Unis étaient plus disposés que nos deux autres grands alliés à régler la question comme nous le souhaitions. Sur ce dernier point, j'observai que la question du Rhin ne serait pas réglée par l'Amérique, non plus que par la Russie ou par la Grande-Bretagne. La solution, s'il y en avait une, ne pourrait être trouvée un jour que par la France ou par l'Allemagne. Toutes deux l'avaient longtemps cherchée l'une contre l'autre. Demain, elles la découvriraient, peut-être, en s'associant.

Pour conclure l'entretien, je dis aux deux ambassadeurs : " Vous êtes venus, de la part du président des Etats-Unis, afin d'éclaircir avec moi le fond des choses au sujet de nos relations. Je crois que nous l'avons fait. Les Français ont l'impression que vous ne considérez plus la grandeur de la France comme nécessaire au monde et à vous-mêmes. De là le souffle froid que vous sentez à notre abord et jusque dans ce bureau. Si vous avez le désir que les rapports de l'Amérique et de la France s'établissent sur des bases différentes, c'est à vous de faire ce qu'il faut. En attendant que vous choisissiez, j'adresse au président Roosevelt le salut de mon amitié à la veille de la conférence où il se rend en Europe " [29]. »

Communiquant à Georges Bidault les résultats de son entretien avec Hopkins, le Général écrit ce soir-là : « Pour la suite, je ne crois pas que nous ayons intérêt à lui donner l'impression que nous sommes vexés ou contrariés de ne pas prendre part à la prochaine conférence. D'abord, il est maintenant trop tard pour y aller dans de bonnes conditions. Ensuite, nous serons beaucoup plus libres pour traiter ultérieurement l'imbroglio européen, si nous n'avons pas participé au prochain bafouillage, lequel peut se terminer par des rivalités entre les " présents " [30]. » Mais c'est ensuite que les choses vont se compliquer : le lendemain, Bidault reçoit Hopkins à déjeuner au Quai d'Orsay, et son rapport au Général fait apparaître un élément nouveau :

« Il [Hopkins] m'a fait part du désir que le président Roosevelt l'a chargé d'exprimer et qu'il m'a dit n'avoir pas eu l'opportunité de faire connaître au cours de l'entretien qu'il a eu hier avec vous. J'ai vainement cherché à savoir avec quelque détail quels seraient les conditions et les buts d'une telle rencontre (entre vous-même et Roosevelt). Je ne lui ai pas dissimulé que l'occasion ne me paraissait pas la meilleure possible, au contraire. Je n'ai rien ajouté, sinon que l'indication vous serait transmise [31]. »

Mais la version américaine de ce déjeuner diplomatique, rédigée par l'ambassadeur Caffery, est bien plus précise sur un point particulier – et crucial : « Au cours du déjeuner avec Bidault et les autres ministres, il [Hopkins] a exprimé le souhait du président de rencontrer de Gaulle en quelque territoire français sur la Méditerranée ou à proximité, et a même suggéré la possibilité pour de Gaulle de participer aux séances finales de la conférence de Yalta, lorsqu'il serait question des affaires politiques européennes. Bidault a promis de discuter de ces suggestions avec de Gaulle et d'informer Hopkins des réactions du Général [32]. » Il est très improbable que cette invitation en pointillé à se rendre à Yalta pour les séances finales émane véritablement du président, qui s'y est toujours montré catégoriquement opposé ; le plus vraisemblable est que Hopkins a lancé là un ballon d'essai, se faisant fort ensuite de persuader Roosevelt en cas d'acceptation du Général... Mais tandis que Hopkins quitte la France et que le président se dirige vers la Méditerranée à bord du croiseur *Quincy*, les premiers éléments du malentendu sont déjà en place...

A Yalta, la conférence commence pour de bon le 4 février. Staline et Roosevelt y sont venus avec la ferme intention de passer outre aux intérêts français, et leur première rencontre au Palais Livadia est fort édifiante à cet égard :

« Le président [...] demande comment le maréchal Staline s'est entendu avec le général de Gaulle.

« Le maréchal Staline répond qu'il n'a pas trouvé de Gaulle très compliqué, mais que selon lui, le Général manque de réalisme ; en effet, la France ne s'est pas beaucoup battue pendant cette guerre, et pourtant il revendique les mêmes droits que les Américains, les Britanniques et les Russes, qui ont porté l'essentiel du fardeau de la guerre.

« Le président décrit ensuite la conversation qu'il a eue avec de Gaulle deux ans plus tôt à Casablanca, lorsque de Gaulle s'est pris pour Jeanne d'Arc [...] et pour Clemenceau.

« Le maréchal Staline répond que de Gaulle ne paraît pas se rendre compte de la situation en France, ni du fait que la contribution française aux opérations militaires sur le front occidental est très réduite à l'heure actuelle – et qu'en 1940, ils ne se sont pas battus du tout [...].

« Le président aimerait faire part au Maréchal d'une chose confidentielle, dont il ne pourrait lui parler en présence du Premier ministre Churchill. Au cours des deux dernières années, les Britanniques ont caressé l'idée de faire de la France une grande puissance, qui pourrait masser 200 000 hommes sur les frontières orientales de la France, afin de contenir l'ennemi pendant le temps nécessaire à la constitution d'une forte armée britannique. Il ajoute que les Britanniques sont des gens curieux, qui veulent gagner sur tous les tableaux. Le président déclare ensuite que l'on paraît s'être mis d'accord au sujet des zones tripartites pour l'occupation de l'Allemagne. Le maréchal Staline semble acquiescer, mais précise que la question d'une zone française d'occupation n'a pas été réglée. Le président répond qu'il a eu beaucoup d'ennuis avec les Britanniques au sujet des zones d'occupation [...].

« Le maréchal Staline demande si le président estime que la France devrait avoir une zone d'occupation, et si oui, pour quelles raisons.

« Le président répond que ce n'est pas une mauvaise idée, mais ajoute que c'est vraiment par bonté. Le maréchal Staline et M. Molotov se sont exprimés avec vigueur, et ont souligné que c'est bien la seule raison que l'on pourrait invoquer pour donner une zone à la France. Le maréchal Staline déclare que cette question devra être examinée plus avant au cours de la conférence [33]. »

Durant les jours qui suivent, les discussions au sujet du rôle de la France dans l'Europe d'après-guerre sont extrê-

mement animées. Churchill et Eden sont les seuls à
défendre les intérêts français, et ils le font avec la dernière
énergie :

Churchill : « Les Français veulent une zone d'occupation, et je suis d'avis de leur en donner une. Je suis d'ailleurs tout à fait disposé à leur rétrocéder une partie de la
zone britannique [...] cela n'affectera pas la zone soviétique. Nos alliés russes seraient-ils d'accord pour que les
Britanniques et les Américains s'entendent pour confier
une zone aux Français ? Elle pourrait suivre la ligne de la
Moselle. Les Français n'ont pas les moyens d'occuper une
très grande zone. »

Staline : « Ne serait-ce pas un précédent pour d'autres
Etats ? Et les Français ne deviendraient-ils pas la quatrième
puissance au sein de la commission de contrôle pour
l'Allemagne, où nous ne sommes que trois jusqu'ici ? »

Churchill : « Nous répondons à cela que la France doit
entrer dans cette commission, et assumer un rôle croissant
dans l'occupation de l'Allemagne à mesure que son armée
s'agrandira. »

Staline : « Je pense que notre travail pourrait se trouver
compliqué par l'introduction d'un quatrième membre. Je
propose autre chose : les Britanniques se feraient aider
dans leur tâche d'occupation par la France, la Hollande ou
la Belgique, mais ne leur donneraient aucun droit de participation à la commission de contrôle. De notre côté, nous
pourrions également inviter d'autres Etats à participer à
l'occupation de notre zone, mais toujours sans qu'ils
prennent place à la commission de contrôle. »

Churchill : « C'est de la France qu'il s'agit pour le
moment. Les Français ont déjà une longue expérience de
l'occupation de l'Allemagne. Ils font cela très bien, et ne
risquent pas de se montrer trop indulgents. Nous voulons
voir se renforcer leur puissance, afin qu'ils puissent nous
aider à tenir l'Allemagne en respect. J'ignore combien de
temps les Etats-Unis occuperont l'Allemagne à nos côtés
(Le président : " Deux ans "), c'est pourquoi il faut que la
France se renforce et nous aide à porter ce fardeau. Si la
Russie désire introduire une autre puissance dans sa zone,
nous n'y voyons pas d'inconvénients [...]. »

Roosevelt : « Je préférerais de beaucoup limiter le nombre des participants à la commission de contrôle. En fait, j'aimerais autant que les Français ne siègent pas à la commission de contrôle. »

Staline : « Je voudrais répéter que si nous faisons entrer les Français à la commission de contrôle, il sera difficile d'en refuser l'accès à d'autres Etats. Je veux bien que la France devienne grande et forte, mais il ne faut pas oublier que dans cette guerre, c'est la France qui a laissé passer l'ennemi. C'est un fait. Nous n'aurions pas eu autant de pertes et de dévastations au cours de cette guerre si les Français n'avaient pas laissé passer l'ennemi. Le contrôle et l'administration de l'Allemagne devraient être réservés aux puissances qui lui ont fermement tenu tête dès le début et jusqu'à présent, la France n'en fait pas partie. »

Churchill : « Nous avons tous connu des difficultés au début de la guerre, et la France a été vaincue par les nouveaux tanks. J'admets que les Français ne nous ont guère aidés au cours de cette guerre, mais il n'en demeure pas moins que la France est voisine de l'Allemagne – c'est même sa voisine la plus importante. L'opinion publique britannique ne comprendrait pas que des décisions concernant l'Allemagne et ayant une importance vitale pour la France puissent se prendre en l'absence des Français. J'espère donc que nous ne déciderons pas d'exclure la France à tout jamais. J'étais tout à fait opposé à la venue ici du général de Gaulle, et le président partageait mon sentiment. Il semble que le maréchal Staline soit du même avis. Mais il n'en demeure pas moins que la France doit occuper la place qui lui revient. Nous aurons besoin de ses défenses pour tenir tête à l'Allemagne. Nous avons cruellement souffert des engins-robots allemands et si l'Allemagne devait à nouveau arriver à proximité de la Manche, nous souffririons encore. Il me faut envisager sérieusement le moment où les Américains rentreront chez eux. Je propose d'offrir aux Français une zone découpée dans les zones anglaise et américaine, et de soumettre à une étude technique la question de la position française au sein de la commission de contrôle. »

Staline : « Je m'oppose toujours à ce que la France fasse partie de la commission de contrôle. »

Roosevelt (Sur la base d'une note de M. Hopkins) : « Il me semble que nous n'avons pas tenu compte de la position française au sein de la Commission consultative européenne. Je propose de donner une zone d'occupation à la France, mais de remettre à plus tard la discussion au sujet de la commission de contrôle. D'autres pourraient vouloir y entrer, comme la Hollande ou l'Autriche. »

Staline : « Je suis d'accord. » [...]

Eden : « Si les Français ont une zone, comment peut-on les tenir à l'écart de la commission de contrôle ? Et s'ils n'en font pas partie, comment pourrons-nous contrôler la façon dont ils administrent leur zone ? »

Staline : « Cela pourrait être contrôlé par la puissance qui leur a confié cette zone. »

Churchill et Eden : « Nous ne pouvons pas nous engager à le faire, et d'ailleurs, les Français n'accepteraient jamais [34]. »

Faute d'accord, la question est renvoyée aux ministres des Affaires étrangères pour « examen complémentaire » ; et lorsque ceux-ci se réunissent deux jours plus tard, on s'aperçoit que Molotov et Stettinius restent opposés à la présence de la France au sein de la commission de contrôle. Mais Eden et Churchill ne se découragent pas pour autant, et le 7 février, lors de la 4e réunion plénière, le Premier ministre déclare : « Si les Français se voyaient attribuer une zone sans participation à la commission, ils nous causeraient des ennuis sans fin. » Et il ajoute d'un ton excédé : « Toute cette discussion me paraît futile. Je suis certain que les Français refuseront de prendre une zone s'ils ne sont pas admis à la commission de contrôle. Et je trouve qu'ils ont raison [35]. »

Quatre jours plus tard, à la 8e réunion plénière, les deux interlocuteurs de Churchill cèdent enfin :

« Le président déclare qu'il a changé d'avis au sujet de la participation française à la commission de contrôle. Il est maintenant d'accord avec le Premier ministre pour dire qu'il est impossible de donner à la France une zone à administrer en Allemagne sans l'admettre également à la commission de contrôle. Il estime qu'il sera plus facile de traiter avec les Français s'ils sont dans la commission que s'ils sont en dehors.

« Le maréchal Staline déclare qu'il n'a pas d'objections à présenter et qu'il est d'accord [36]. »

La question étant réglée, les trois Grands vont passer à l'examen de quelques affaires plus importantes, telles que la création des Nations unies, la question polonaise et le démembrement de l'Allemagne. Roosevelt laissera clairement entendre à Staline qu'il se désintéresse du tracé des frontières en Europe centrale, qu'il désire toujours œuvrer à une décolonisation accélérée dans le monde aux dépens de la France et de la Grande-Bretagne, et il trouve même le moyen de négocier en tête à tête avec le dictateur une entrée à terme de l'URSS dans la guerre contre le Japon – moyennant des compensations territoriales dans la région, bien entendu... Tout cela inquiète énormément les délégués britanniques, mais comme leurs collègues américains, ils seront surtout effarés en observant chez le président des signes évidents de détérioration physique : son visage émacié fait peine à voir et il a de longs passages à vide, durant lesquels il regarde au loin en gardant la bouche ouverte ; à l'évidence, il n'a étudié aucun des documents préparés à son intention par le Département d'Etat, et il y a des moments où il « ne paraît plus s'intéresser réellement au déroulement de la guerre [37]. » Au total, les Anglais comme les Américains seront soulagés de quitter la Crimée le 13 février sans que se soit produit de désastre majeur : la fixation des frontières occidentales de la Pologne a été renvoyée à une future conférence de la paix, Staline a accepté un élargissement du gouvernement de Lublin à des Polonais non communistes, la tenue d'élections « libres et démocratiques » dans tous les pays occupés par ses armées, et même la non-intervention de l'URSS dans la guerre civile qui fait rage en Grèce. Le petit Père des Peuples détenant à l'époque toutes les cartes maîtresses du fait de l'avancée de l'Armée rouge en Europe centrale, on pouvait difficilement s'attendre à obtenir davantage... Le flot des controverses au sujet de cette étonnante conférence ne viendra que bien plus tard ; pour l'heure, Roosevelt et Churchill ne recevront sur le chemin du retour que des milliers de télégrammes de félicitations...

Mais le président n'a pas l'intention de rentrer directement aux Etats-Unis : à bord du croiseur *Quincy*, il compte

d'abord se rendre en Egypte pour y rencontrer le roi
Farouk, l'empereur Hailé Sélassié et le roi Ibn Séoud;
après quoi, repassant le canal de Suez, il pourra faire
escale à Alger vers le 18 février, afin de s'entretenir avec
une autre personnalité... Mais c'est là que les choses vont
se compliquer sérieusement. En effet, au début de la conférence, l'ambassadeur Caffery avait fait transmettre à Hopkins un message de Georges Bidault annonçant qu'« il
était maintenant d'avis qu'il vaudrait mieux ne pas inviter
le général de Gaulle à la conférence des trois Grands »,
mais qu'en revanche, « de Gaulle avait déclaré qu'il serait
ravi de rencontrer le président Roosevelt avant son retour
aux Etats-Unis, et qu'il demandait seulement à être
informé au plus tôt de la date et du lieu de la rencontre [38]. »
Dès lors, le 11 février, Roosevelt avait prié l'ambassadeur
Caffery d'informer de Gaulle qu'« il espérait pouvoir le
rencontrer à Alger dans quatre ou cinq jours », ajoutant
qu'« il ne lui était pas possible de se rendre à Paris, mais
qu'il espérait que le choix d'Alger lui conviendrait [39]. » Le
lendemain 12 février, le président proposait même la date
du 18 février, en précisant qu'il « espérait que le Général
déjeunerait à bord du navire et s'entretiendrait avec lui
dans l'après-midi. »

Hélas ! Le 14 février, alors que le *Quincy* est déjà sur le
Grand Lac Amer, Hopkins et Roosevelt reçoivent un nouveau télégramme de Caffery, annonçant que le Général
refuse maintenant de rencontrer le président ! Caffery
ayant rappelé à Bidault son message précédent, selon
lequel de Gaulle « serait ravi de rencontrer le président en
tout lieu et à toute date qui lui conviendrait », il a obtenu
de Bidault cette réponse désarmante : « Oui, je sais bien
que c'est ce qu'il a dit. J'ai tout fait pour qu'il y aille, mais
il a changé d'avis, et vous ne savez pas à quel point il est
têtu [40]... » Que s'est-il passé ? Le Général lui-même s'en
expliquera longuement dans ses *Mémoires de Guerre* :
« Aller voir le président au lendemain d'une conférence où
il s'était opposé à ma présence ne me convenait vraiment
pas. D'autant moins que ma visite ne présenterait, pratiquement, aucun avantage, puisque les décisions de Yalta
étaient prises, mais qu'elle pourrait, au contraire, donner à

croire que j'entérinais tout ce qu'on y avait réglé. Or, nous n'approuvions pas le sort arbitrairement imposé, non seulement à la Hongrie, à la Roumanie, à la Bulgarie, qui s'étaient jointes à l'Allemagne, mais aussi à la Pologne et à la Yougoslavie qui étaient nos alliées. Encore soupçonnais-je que, sur certaines questions : Syrie, Liban, Indochine, intéressant directement la France, les " Trois " avaient conclu entre eux quelque arrangement incompatible avec nos intérêts. Si c'était pour le bon motif que Roosevelt souhaitait voir de Gaulle, que ne l'avait-il laissé venir en Crimée ? Et puis, à quel titre le président américain invitait-il le président français à lui faire visite en France ? Je l'avais, moi, convié dans les premiers jours de novembre à venir me voir à Paris. Bien qu'il ne s'y fût pas rendu, il ne tenait qu'à lui de le faire ou de me demander de choisir un autre endroit. Mais comment accepterais-je d'être convoqué en un point du territoire national par un chef d'Etat étranger ? Il est vrai que, pour Franklin Roosevelt, Alger, peut-être, n'était pas la France. Raison de plus pour le lui rappeler. Au surplus, le président commençait son voyage de retour par les Etats arabes d'Orient. A bord de son cuirassé mouillé dans leurs eaux, il appelait leurs rois et chefs d'Etat, y compris les présidents des Républiques syrienne et libanaise placées sous le mandat français. Ce qu'il offrait au général de Gaulle, c'était de le recevoir sur le même navire et dans les mêmes conditions. Je trouvai la chose exagérée, quel que fût le rapport actuel des forces. La souveraineté, la dignité, d'une grande nation doivent être intangibles. J'étais en charge de celles de la France. Après avoir pris l'avis des ministres, je priai, le 13 février, M. Jefferson Caffery de faire savoir de ma part au président des Etats-Unis " qu'il m'était impossible de me rendre à Alger en ce moment et à l'improviste et que, par conséquent, je ne pourrais, à mon grand regret, l'y recevoir ; que le gouvernement français l'avait invité, en novembre, à se rendre à Paris et beaucoup regretté qu'il n'ait pu s'y rendre alors, mais que nous serions heureux de l'accueillir dans la capitale, s'il voulait y venir à n'importe quelle date ; que, s'il souhaitait, au cours de son voyage, faire, néanmoins, escale à Alger, il ait l'obligeance de nous en prévenir, afin que nous adressions au gouverneur général de l'Algérie les instructions nécessaires pour que tout y soit fait suivant ses désirs " [41]. »

Voilà qui paraît logique et convaincant, mais il faut bien reconnaître que dans cette affaire, les torts sont assez largement partagés : on se souvient que durant la conférence de Yalta, qui somme toute a tourné à l'avantage de la France *, Roosevelt a bel et bien reçu un message de Bidault annonçant que de Gaulle « serait ravi de rencontrer le président avant son retour aux Etats-Unis, et demandait seulement à être informé au plus tôt de la date et du lieu de la rencontre ». Le Général passera cette communication sous silence dans ses *Mémoires*, mais elle explique dans une large mesure l'attitude américaine... D'un autre côté, l'initiative du président « d'inviter » à Alger le général de Gaulle est évidemment bien cavalière : en dépit de tout ce qui s'est passé depuis le *Darlan Deal*, Roosevelt ne s'est toujours pas départi de son habitude de considérer l'Afrique du Nord comme un territoire occupé par l'armée américaine ! Et puis, cet homme d'Etat suprêmement intelligent était certainement conscient du fait qu'une « invitation » à Alger rappellerait à de Gaulle le fâcheux précédent d'Anfa. Que le croiseur *Quincy* ait abordé à Toulon ou Marseille au lieu d'Alger, et la réaction du Général aurait certainement été bien différente...

Cette fois encore, Roosevelt n'essaiera même pas de comprendre les raisons de l'attitude du Général : « Durant les trois jours qu'a duré la traversée entre Alexandrie et Alger, écrira Robert Sherwood, le président et Steave Early ont préparé des communiqués à l'intention de la presse d'Alger. L'un d'entre eux traitait du refus sec et cassant opposé par le général de Gaulle à l'invitation de Roosevelt. Bohlen a apporté à Hopkins un projet de déclaration dans lequel Roosevelt ne cherchait nullement à cacher la colère qu'il ressentait contre de Gaulle. Hopkins a fait envoyer au

---

* Outre la zone d'occupation en Allemagne et la participation à la Commission de contrôle, la France s'est vue offrir un siège permanent au futur Conseil de sécurité des Nations unies. Il lui a également été proposé d'être l'une des cinq « puissances invitantes » à la conférence de San Francisco, qui se réunira en avril pour établir la Charte des Nations unies.

président des messages le priant de ne pas s'abaisser à montrer une telle irritation, et la déclaration a été modifiée [42]. » En bon comédien, Roosevelt réussit ensuite à feindre l'indifférence aux yeux de son entourage ; l'amiral Leahy notera ainsi : « Le président a haussé les épaules, et a dit : " Eh bien, je voulais seulement discuter avec lui de quelques-uns de nos problèmes. S'il n'y tient pas, cela m'est égal " [43]. » Le 23 février, lors d'une conférence de presse donnée à bord du *Quincy*, il reste dans le même registre condescendant et apitoyé en répondant aux trois journalistes qui l'interrogent sur le rendez-vous manqué d'Alger avec le général de Gaulle : « Si vous dites quelque chose à ce sujet, dites que je serais heureux de le voir n'importe quand. Ne le publiez pas, mais j'ai tendance à penser que ce pauvre cher homme ne sait que faire. C'était une très grosse bourde de sa part. Pas de mon point de vue, mais du sien. Il était entièrement absorbé par d'autres engagements [44]. »

Après son retour à Washington, Eleanor Roosevelt notera elle-même que son époux « n'avait pas l'air contrarié au sujet de De Gaulle [45] ». Mais le 1er mars, en lisant devant le Congrès un rapport détaillé sur la conférence de Yalta, il s'éloignera à plusieurs reprises de son texte pour mentionner « les nombreuses primas donnas dans ce monde qui veulent toutes être entendues », et aussi « une certaine prima donna à qui son caprice de vedette a fait manquer un rendez-vous utile [46] ». Ainsi, ses proches collaborateurs comprennent que le président a été bien plus blessé dans son orgueil qu'il n'avait voulu l'admettre... Mais en écoutant son long discours, ils constatent aussi que son débit est devenu hésitant, qu'il se perd souvent en formules vagues et que certains de ses propos sont pratiquement inaudibles ; ils ne manqueront pas non plus de remarquer son visage émacié, son regard fixe et ses mains tremblantes... Mais chacun se dit qu'après tout, ce long voyage en Crimée a dû être très fatigant, et que le président en a vu bien d'autres...

Si le Général ne paraît pas s'être formalisé des commentaires acerbes du président, les réactions publiques en France l'ont en revanche passablement irrité : « La plupart des éléments organisés pour se faire entendre ne manquèrent pas de désapprouver la façon dont j'avais accueilli l'" invitation " à me rendre à Alger. Nombre de " politiques ", faisant profession de voir en Roosevelt l'infaillible champion de la démocratie et vivant dans un univers passablement éloigné des motifs d'intérêt supérieur et de dignité nationale auxquels j'avais obéi, s'offusquaient de mon attitude [47]. » Mais le Général, voyant les politiciens français revenir aux « jeux savoureux des illusions et du dénigrement », n'en poursuit pas moins sa colossale entreprise, dont la priorité reste naturellement la libération du territoire : au Nord-Est, il s'agit de faire porter l'offensive de la 1re Armée sur Mulhouse et Colmar ; au Sud-Ouest, il faudra réduire les poches allemandes qui résistent obstinément dans leurs ouvrages fortifiés depuis Royan jusqu'à la pointe de Grave. Mais pour de Gaulle, c'est en Allemagne que se trouve le trophée suprême ; il s'agit donc d'y pénétrer en même temps que les Américains – et même contre leur gré... Le 29 mars, il écrit ainsi au général de Lattre : « Il faut que vous passiez le Rhin, même si les Américains ne s'y prêtent pas et dussiez-vous le passer sur des barques. Il y a là une question du plus haut intérêt national. Karlsruhe et Stuttgart vous attendent, si même ils ne vous désirent pas [48]. » Il va sans dire que tout cela ne manquera pas de provoquer bien des frictions avec les généraux américains, et de causer à Washington le plus vif déplaisir – sans que le Général paraisse s'en soucier outre mesure..

Mais les frictions franco-américaines résulteront également d'un autre événement aussi dramatique qu'imprévu : ce même mois de mars, les Japonais se rendent maîtres de l'Indochine par un coup de force qui prend par surprise la plupart des garnisons françaises du pays ; quelques milliers de soldats seulement, sous les ordres du général Alessandri, parviennent à gagner la Chine au prix de rudes combats... « A l'occasion de ces opérations, notera sans aménité le général de Gaulle, le parti pris des Américains apparut en pleine lumière. Malgré les incessantes démarches du gouvernement français, Washington s'était toujours opposé, sous de multiples prétextes, au transport vers l'Extrême-Orient des troupes que nous tenions prêtes

en Afrique et à Madagascar. Les combats engagés en Indochine n'amenèrent aucun changement dans l'attitude des
Etats-Unis. Pourtant, la présence en Birmanie d'un corps
expéditionnaire français aurait, à coup sûr, encouragé la
résistance indochinoise et l'envoi à nos colonnes du Ton-
kin et du Laos de détachements aéroportés leur eût été
d'un grand secours. Mais même l'aviation américaine
basée en Chine, à portée immédiate du groupement Alessandri, ne lui prêta pas assistance. Le général Sabattier,
nommé délégué-général [...] et qui avait pu se dégager
d'Hanoi, atteindre Lai-Chau et prendre contact avec le
commandement américain en Chine, se vit refuser tout
appui. Pour moi, qui de longue date discernais les données
du jeu, je n'éprouvais aucune surprise à découvrir l'intention des autres [49]. »

Ces autres, ce sont bien sûr en premier lieu les Américains et les Anglais, que le Général soupçonne fort d'avoir
comploté à Yalta l'éviction de la France de ses possessions
d'Indochine – et d'ailleurs : « Il y a tout lieu de croire que
MM. Roosevelt et Churchill en ont traité, après Yalta, lors
de leurs entretiens d'Orient, qui portaient officiellement
sur les plans de guerre contre le Japon. » Du coup, toutes
les autres propositions faites à Yalta paraissent au Général
éminemment suspectes : « Il est maintenant facile, écrit-il
le 25 février, de comprendre pourquoi notre retard à accepter d'être co-invitants à la Conférence de San Francisco a
tant agité, non seulement Washington, mais encore
l'ambassadeur d'Angleterre à Paris. Si nous avions eu la
légèreté de donner notre adhésion à ce qui nous était proposé, nous nous trouverions demain dans cette situation
ridicule que le président Roosevelt inviterait en notre nom
la Syrie et sans doute le Liban à participer à la Conférence
de San Francisco. [...] C'eût été bien joué si cela avait
réussi [50]. »

Etait-ce réellement un piège tendu par le président ? A
Yalta, ses nobles ambitions décolonisatrices s'étaient heur-
tées au refus indigné de Churchill et à l'indifférence amusée
de Staline. Du reste, il faut bien reconnaître qu'elles n'ont
guère prospéré depuis : tous ses plans concernant l'îlot de
Clipperton ont été anéantis lorsque le Département d'Etat

l'a informé que le Mexique, ayant reconnu un arbitrage du roi d'Italie attribuant Clipperton à la France en 1931, n'avait plus aucune intention d'en revendiquer la possession [51]. Son projet de mandat sur l'Indochine a lui aussi été fatalement compromis lorsque Tchang Kaï-chek lui a clairement fait savoir qu'il n'était pas intéressé ; enfin, son refus d'aider les Français après l'attaque japonaise du 9 mars a causé suffisamment d'inquiétude chez les diplomates comme chez les militaires pour qu'il se résigne finalement à donner l'ordre à l'aviation américaine d'intervenir pour aider les forces françaises d'Indochine, « à condition que cela ne gêne pas les opérations contre le Japon [52]. » Du Général lui-même, Roosevelt semble bien se désintéresser à cette époque : « Je ne l'ai jamais entendu dire, se souviendra son épouse, qu'il avait changé d'avis à son sujet en tant que personne [53] ».

Il est vrai que le président a bien d'autres préoccupations en ce début d'avril 1945 : alors que le Reich est à l'agonie, les rapports qu'il reçoit de Londres, de Moscou, de Varsovie, de Sofia et de Bucarest l'incitent à se demander sérieusement si « *Uncle Joe* » est vraiment le parfait gentleman sur qui il comptait pour l'aider à pacifier le monde dans le cadre des Nations unies.... Pourtant, la conférence de San Francisco, dans laquelle il a placé tant d'espoirs, doit s'ouvrir le 25 avril, et Roosevelt compte bien y prononcer le discours inaugural... Hélas ! Il n'en aura pas le temps : le 12 avril, à Warm Springs, où il était allé se reposer et prendre les eaux, Franklin Delano Roosevelt meurt soudainement d'une hémorragie cérébrale.

ÉPILOGUE

Le général de Gaulle savait depuis la fin de 1943 que Franklin Roosevelt était en mauvaise santé : à leur retour de Téhéran, puis de Yalta, des proches de Churchill l'avaient confié à leurs interlocuteurs français *, et lors des entretiens de juillet 1944, de Gaulle n'a pu manquer de remarquer à quel point le président avait changé depuis Anfa. Pourtant, il n'en a sans doute tiré aucune conclusion : durant la dernière année de guerre, aucun des grands dirigeants n'était véritablement en pleine forme – à l'exception de Staline... Le 13 avril 1945, la nouvelle de la mort de Franklin Delano Roosevelt prend donc de Gaulle entièrement par surprise ; il fait décréter une semaine de deuil national en hommage à l'homme qui a permis la victoire des démocraties dans leur lutte contre la tyrannie, et il écrit le lendemain à son successeur, Harry Truman : « C'est avec une intense émotion et une profonde tristesse que le gouvernement et le peuple français apprennent la mort du grand président Roosevelt. Il était, aux yeux de l'humanité entière, le champion symbolique de la grande cause pour laquelle les Nations Unies ont tant souffert et tant combattu, la cause de la Liberté. Il n'a pu vivre assez pour

---

* En décembre 1943, le colonel Billotte notait déjà : « Le major Morton et le général Ismay (...) revenaient l'un et l'autre de Téhéran extrêmement inquiets. Roosevelt était déjà très diminué physiquement, ce que nous ignorions, et son comportement intellectuel leur était apparu gravement atteint. » (P. Billotte, *Le temps des armes, op. cit.*, p. 272)

voir le terme triomphal de cette guerre, où son noble pays
lutte au premier rang. Du moins, des succès décisifs, auxquels il a si puissamment contribué, lui ont-ils donné,
avant qu'il ne succombe à son poste de combat, la certitude de la victoire. Il laisse au monde un exemple impéris-
sable et un message. Ce message sera entendu. Il fut, de
son premier jusqu'à son dernier jour, l'ami de la France.
La France l'admirait et l'aimait [1] ».

Paroles de circonstances, certes... Pourtant, il n'y a
guère de raisons de douter de la sincérité du Général
lorsqu'il écrit dans ses *Mémoires de Guerre* à propos d'un
partenaire aussi tenace dans l'alliance que dans l'adversité :
« Quand la mort vint l'arracher à sa tâche gigantesque, au
moment même où il allait en voir le terme victorieux, c'est
d'un cœur sincère que je portai vers sa mémoire mon
regret et mon admiration [2]. » Le regret s'explique aisément : alors que le Reich s'effondre, au moment même où
de Gaulle pousse ses généraux à prendre le plus possible
de gages territoriaux en prévision des futurs réglements de
paix *, voici qu'apparaît aux Etats-Unis un nouveau dirigeant que rien ne semble avoir préparé à sa tâche : depuis
que Roosevelt l'a choisi comme vice-président six mois
plus tôt pour de basses raisons de tactique électorale, Harry
Truman n'a pas été associé à l'exercice du pouvoir, ni
même mis au courant des plus lourds secrets de la
guerre **. A la mi-mai 1945, alors que le Reich vient de
capituler, de Gaulle apprend par ses diplomates que Harry
Truman s'est engagé à poursuivre la politique de son pré-
décesseur. Connaissant bien cette politique, de Gaulle peut
difficilement considérer cela comme une bonne nouvelle ;
il en aura d'ailleurs pleinement confirmation lorsque Truman s'abstiendra de l'inviter à la conférence de Potsdam
deux mois plus tard...

Malgré cela, de Gaulle, estimant modestement qu' « il
était naturel que le président Truman eût hâte de consulter

---

* Le 20 avril, les Français entreront dans Stuttgart, causant ainsi les premiers frictions avec un commandement américain qui considère que cette ville
lui est nécessaire pour assurer ses communications. Il y aura d'autres querelles
plus graves encore au sujet de l'occupation de zones frontalières avec l'Italie.
** Notamment celui de la fabrication de la bombe atomique, qui n'a pas
encore été testée dans le désert de Los Alamos.

la France », se rend aux Etat-Unis le 21 août 1945 en compagnie de Bidault, Juin et Palewski. Au cours de cette visite, qui lui permet de prendre un premier contact avec le nouveau président, il tient à se rendre à la résidence familiale de Hyde Park pour s'incliner devant la tombe de Franklin Roosevelt. A sa veuve, il confiera à cette occasion : « J'ai toujours eu la plus grande admiration pour votre mari... » Eleanor Roosevelt n'en a sans doute rien cru, mais elle avait probablement tort : en dépit de leurs relations détestables, tout porte à croire que Charles de Gaulle ne s'est jamais départi de sa haute considération pour Franklin Roosevelt – et de sa conviction que le président aurait fini malgré tout par le comprendre... Car enfin, si de son vivant Franklin Roosevelt s'est invariablement trompé sur le compte du Général, ses prévisions pour l'immédiat après-guerre se sont révélées tout aussi erronées : les désordres en France ont été maîtrisés, le relèvement économique a commencé, de Gaulle a recueilli une large adhésion, il n'a montré aucune disposition pour la dictature, et il a même fini par démissionner en janvier 1946 – une initiative bien insolite de la part d'un dictateur...

Pourtant, dans sa retraite de Colombey, comme plus tard à l'Elysée, le général de Gaulle fera preuve d'une surprenante magnanimité à l'égard de celui qui l'a tant combattu. En juillet 1955, il déclare à l'ambassadeur des Etats-Unis Douglas Dillon, qui vient lui rendre visite à Colombey : « A l'heure actuelle, je suis absorbé par la rédaction du second volume de mes *Mémoires,* qui évoquera longuement les rapports avec les Etats-Unis puisqu'il traite de la période allant du débarquement allié en Afrique du Nord à mon arrivée à Alger. J'ai le souvenir de mes difficultés avec le président Roosevelt et rétrospectivement, je considère que nous avons eu raison tous les deux. J'ai été amené à agir d'une manière qui, je le reconnais, était intransigeante afin de maintenir la reconnaissance de la France en tant que puissance. Si je n'avais pas agi ainsi tout aurait été perdu. Mais d'un autre côté, je peux comprendre que le président Roosevelt, chef de la plus grande nation à l'intérieur de la coalition luttant pour la survie du monde libre, ait été gêné par mon attitude [3]. » On décèle en effet dans les *Mémoires de Guerre* bien des indices de la confiance du Général dans la générosité, l'empathie et l'ouverture d'esprit de Franklin Roosevelt – à commencer par ce passage : « S'il avait vécu davantage et qu'une fois la guerre gagnée, nous eussions trouvé l'occasion de nous expliquer à loisir, je crois qu'il eût compris et apprécié les raisons qui me guidaient dans mon action à la tête de la France [4]. » De fait, Philippe de Gaulle se souviendra que son père lui avait confié en soupirant après la parution de ses *Mémoires* : « [Roosevelt] est en tête de la liste de ceux que j'aurais aimé voir enfin comprendre, s'il avait pu me lire, l'homme que j'étais vraiment [5]. » Franklin Roosevelt aurait-il vraiment compris ce chef-d'œuvre historique et littéraire qu'étaient les *Mémoires de Guerre* ? Le français du président était sans doute trop approximatif pour lui permettre d'en saisir toutes les nuances, et la traduction anglaise de l'ouvrage trop rudimentaire pour faire impression sur ce lecteur déjà réticent...

Revenu au pouvoir, de Gaulle n'a pas changé d'avis au sujet de son puissant rival du temps de guerre ; bien au contraire, son scepticisme à l'égard des présidents américains d'après-guerre semble avoir renforcé son admiration pour Franklin Roosevelt... C'est bien ce qu'il laisse entendre en Conseil des ministres le 13 juillet 1960, lorsque Louis Terrenoire note la crainte du général de Gaulle de « voir l'Amérique s'enliser avec l'élection de Nixon ou de Kennedy, "des politiciens sans plus" ». « Roosevelt, ajoute le Général, a commis de grandes erreurs, mais c'était un seigneur. Truman lui-même se trouvait sur la lignée de la puissance. Parce que Eisenhower avait conduit les armées alliées à la victoire, on a cru qu'il serait un bon président des Etats-Unis. Hélas ! [6] »

Charles de Gaulle finira par changer d'avis au sujet de John Kennedy comme de Richard Nixon... Mais sur Roosevelt, ses convictions resteront immuables, et il confiera en janvier 1962 au journaliste américain Cyrus L. Sulzberger : « Franklin Roosevelt était un grand homme, bien que je n'aie pas été d'accord avec lui, comme vous le savez. Il a dirigé les Etats-Unis jusque dans la guerre et à travers toute la guerre, jusqu'à la victoire. C'était un homme de qualité [7]. »

NOTES

CHAPITRE 1

1. J. McGregor Burns, *The Soldier of Freedom*, Harcourt Brace Jovano-vich, N.Y., 1970, p. 299.

2. T. Morgan, *FDR*, Guild, Londres, 1986, p. 108.

3. E. Roosevelt edit., *FDR, his personal letters*, vol. II, Duell, Sloan and Pearce, N.Y., 1948, p. 240.

4. T. Morgan, *FDR, op. cit.*, p. 185.

5. A. Kaspi, *Franklin Roosevelt*, Fayard, Paris, 1988, p. 174.

6. C. Hull, *Memoirs*, vol. I, Macmillan, N.Y., 1948, p. 194.

7. M. Rossi, *Roosevelt and the French*, Praeger, Londres, 1993, p. 15.

8. FDRL, PSF 188, 31/1/1939.

9. G. Bonnet, *De Washington au Quai d'Orsay*, C. Bourquin, Genève, 1946, p. 13.

10. J.-B. Duroselle, *La décadence 1932-1939*, Imprimerie Nationale, Paris, 1979, p. 84.

11. R.E. Sherwood, *Le mémorial de Roosevelt*, Plon, Paris, 1950, p. 30.

12. D.D. Eisenhower, *Crusade in Europe*, W. Heinemann, Londres, 1948, p. 4.

13. S. Rosenman, *Public papers and addresses of FDR*, vol. IV, pp. 442-443.

14. Dept. of State, *Peace and War, United States Foreign Policy, 1931-1941*, Washington, 1943, pp. 326-329.

15. *Ibid.*, pp. 384-387.

16. P. Billotte, *Le temps des armes*, Plon, Paris, 1972, p. 232.

17. W. Langer et S. Gleason, *The challenge to isolation, 1937-1940*, O.U.P., N.Y., 1982, p. 38.

18. A. Eden, *The Eden Memoirs, the Reckoning*, Cassell, Londres, 1965, p. 41.

19. W. Bullitt, *For the President, secret and personal*, Houghton-Mifflin, Boston, 1972, p. 299.

20. J. Monnet, *Mémoires*, Fayard, Paris, 1976, pp. 139-141.

21. *Ibid.*, p. 142.

22. *Ibid.*, p. 144.

23. T. Morgan, *FDR*, *op. cit.*, p. 502.

24. Dept. of State, Peace and War, *op. cit.*, pp. 448-449.

25. FDRL, PSF 188, 31/1/1939.

26. R.E. Sherwood, *Le mémorial de Roosevelt*, *op. cit.*, p. 32.

27. C. Hull, *Memoirs*, vol. I, *op. cit.*, p. 650 ; T. Morgan, *FDR*, *op. cit.*, pp. 510-511.

28. Dept. of State, *Peace and War*, *op. cit.*, pp. 485-486.

29. *Ibid.*, pp. 486-488.

30. J. Monnet, *Mémoires*, *op. cit.*, p. 156.

31. J. Lacouture, *De Gaulle*, t. 1, Seuil, Paris, 1984, p. 26.

32. C. de Gaulle, *Mémoires de Guerre, l'Appel*, Plon, Paris, 1954, p. 1.

33. *Ibid.*, p. 2.

34. C. de Gaulle, *Lettres, notes et carnets, 1905-1918*, Plon, Paris, 1980, pp. 130-131.

35. C. de Gaulle, *L'Appel*, *op. cit.*, pp. 11-12.

36. P. de Gaulle, *De Gaulle, mon père*, Plon, Paris, 2003, p. 35.

37. C. de Gaulle, *Lettres, 1905-1918*, *op. cit.*, pp. 273 et 290.

38. J. Lacouture, *De Gaulle*, t. 1, *op. cit.*, p. 81.

39. C. de Gaulle, *Lettres, notes et carnets, 1919-1940*, Plon, Paris, 1980, p. 15.

40. C. de Gaulle, *L'Appel*, *op. cit.*, p. 3.

41. *Ibid.*, p. 4.

42. C. de Gaulle, *Lettres, 1919-1940*, *op. cit.*, pp. 463-464.

43. C. de Gaulle, *Lettres, notes et carnets, 1940-1941*, Plon, Paris, 1981, pp. 462-465.

44. C. de Gaulle, *L'Appel*, *op. cit.*, pp. 23-24.

45. C. de Gaulle, *Lettres, 1919-1940*, *op. cit.*, p. 493.

46. C. de Gaulle, *Lettres, 1940-1941*, *op. cit.*, p. 464.

47. P. de Gaulle, *De Gaulle, mon père*, *op. cit.*, p. 256.

48. J. Lacouture, *De Gaulle*, t.1, *op. cit.*, p. 526.

49. P. de Gaulle, *De Gaulle, mon père*, *op. cit.*, p. 256.

50. C. de Gaulle, *Mémoires de Guerre, le Salut*, Plon, Paris, 1959, p. 83.

51. C. de Gaulle, *Mémoires de Guerre, l'Unité*, Plon, Paris, 1956, p. 4.

52. C. de Gaulle, « La mobilisation économique à l'étranger », *Revue militaire française* n° 151, 1er janv. 1934.

53. C. de Gaulle, *Le Salut*, *op. cit.*, p. 83.

54. C. de Gaulle, *L'Unité*, *op. cit.*, p. 239.

55. C. de Gaulle, « La mobilisation économique... », *op. cit.*

56. R. Cassin, *Les hommes partis de rien*, Plon, Paris, 1975, p. 132.

57. C.L. Sulzberger, *Le dernier des géants*, Albin Michel, Paris, 1972, pp. 123 et 125.

58. P. de Gaulle, *De Gaulle, mon père*, *op. cit.*, p. 261.

59. C. de Gaulle, *Lettres, 1919-1940*, *op. cit.*, p. 67.

60. J. Vendroux, *Cette chance que j'ai eue*, Plon, Paris, 1974, p. 58.

61. *Supra*, p. 29.

62. *Supra*, p. 27.

CHAPITRE 2

1. D. Leca, *La rupture de 1940*, Fayard, Paris, 1978, p. 135.

2. *Ibid.*, p. 127.

3. P. de Villelume, *Journal d'une défaite*, Fayard, Paris, 1976, p. 336.

4. W.S. Churchill, *The Second World War*, vol. 2, Cassell, Londres, 1949, p. 38-39.

5. D. Dilks, *Cadogan diaries*, Cassell, Londres, 1971, p. 286.

6. PRO, CAB 99/3, Supreme War Council, 11ᵗʰ meeting, 16/5/40.

7. P. Baudouin, *Neuf mois au gouvernement*, La Table ronde, Paris, 1948, p. 87.

8. FRUS 1940, Europe, vol. 1, USGPO, Wash., 1959, p. 227, Bullitt to FDR n° 744, 18/5/40.

9. *Ibid.*, p. 238, n° 749, 18/5/40.

10. O.H. Bullitt, *For the President, secret and personal*, Houghton-Mifflin, Boston, 1972, p. 419, Bullitt to FDR n° 665, 15/5/40.

11. PRO, CAB 99/3, SWC, 12ᵗʰ meeting, 11/10/40.

12. FRUS 1940, Europe, vol. 1, p. 233-234, Bullitt to FDR n° 915, 28/5/40.

13. O.H. Bullitt, *For the President*, *op. cit.*, p. 434.

14. *Ibid.*, p. 440-441.

15. *Ibid.*, p. 442.

16. *Ibid.*, p. 444.

17. F.D. Loewenheim, *Roosevelt and Churchill, their secret wartime correspondance*, Dutton, N.Y., 1975, p. 94-95.

18. *Ibid.*, p. 96-97.

19. USNA, chief of naval operations, Box 332, cité par M. Rossi, *Roosevelt and the French*, *op. cit.*, p. 38.

20. *Ibid.*, p. 39.

21. C. Hull, *Memoirs*, vol. 1, *op. cit.*, p. 766.

22. *Ibid.*

23. F.C. Pogue, *George C. Marshall, Ordeal and Hope 39-42*, Viking, N.Y., 1966, p. 53.

24. D.K. Goodwin, *No ordinary time*, Simon and Schuster, N.Y., 1994, p. 66.

25. F.D. Loewenheim, *Roosevelt and Churchill*, *op. cit.*, p. 95.

26. FRUS 1940, vol. 1, *op. cit.*, p. 232.

27. C. Hull, *Memoirs*, *op. cit.*, p. 770-771.

28. T. Morgan, *FDR*, *op. cit.*, p. 523.

29. FRUS 1940, Europe, vol. 1, *op. cit.*, p. 235.

30. *Ibid.*, p. 233-234.

31. *Ibid.*, p. 446.

32. F.D. Loewenheim, *Roosevelt and Churchill*, *op. cit.*, p. 97.

33. J.-B. Duroselle, *De Wilson à Roosevelt, 1913-1945*, A. Colin, Paris, 1960, p. 288.

34. O. Bullitt, *For the President*, *op. cit.*, p. 431-432.

35. P. Reynaud, *Mémoires*, vol. 2, Flammarion, Paris, 1963, p. 388.

36. O. Bullitt, *For the President*, *op. cit.*, p. 452-453.

37. *Ibid.*, p. 451-452.

38. Voir sur ce sujet l'excellent article de J.R. Gorce : « Montcornet, réalité et mythe de l'attaque de la 4ᵉ DCR », in *Histoire de Guerre*, avril 2002, p. 31-48.

39. P. de Villelume, *Journal d'une défaite*, *op. cit.*, p. 393.

40. E. RousseL, *Charles de Gaulle*, Gallimard, Paris, 2002, p. 91-93.

41. P. Reynaud, *Mémoires*, *op. cit.*, p. 389.

42. C. de Gaulle, *L'Appel*, *op. cit.*, p. 46-47.

43. *Ibid.*, p. 45.

44. *Ibid.*, p. 51.

45. P. Reynaud, *Mémoires*, vol. 2, *op. cit.*, p. 393-395.

46. C'est inexact : M. Drexel Biddle, qui remplacera Bullitt à Tours et à Bordeaux, est également ambassadeur.

47. C. de Gaulle, *Mémoires*, *op. cit.*, p. 50.

48. O.H. Bullitt, *For the President*, op. cit., p. 441, 458.

49. F. Charles-Roux, *Cinq mois tragiques aux Affaires étrangères*, Plon, Paris, 1949, p. 26.

50. P. Baudouin, *Neuf mois au gouvernement*, op. cit., p. 96.

51. Voir F. Kersaudy, *De Gaulle et Churchill*, Perrin, Paris, 2002, p. 54-67.

52. P. Reynaud, *Au cœur de la mêlée*, Flammarion, Paris, 1956, p. 770.

53. PRO, CAB 99/3, SWC, 13/6/40.

54. P. Reynaud, *Au cœur de la mêlée*, op. cit., p. 773-774.

55. C. de Gaulle, *L'Appel*, op. cit., p. 58.

56 C. de Gaulle, *Lettres, notes et carnets, juin 40-juillet 41*, op. cit., p.477-478.

57. C. de Gaulle, *L'Appel*, op. cit., p. 58-59.

58. P. de Villelume, *Journal d'une défaite*, op. cit., p. 421-422.

59. FRUS 1940, vol. 1, p. 253.

60. P. Reynaud, *Mémoires*, vol. 2, op. cit., p. 511-512.

61. C. de Gaulle, *L'Appel*, op. cit., p. 59.

62. E. Spears, *Assignment to catastrophe*, vol. 2, Heinemann, Londres, 1954, p. 228.

63. P. de Villelume, *Journal d'une défaite*, op. cit., p. 422-423.

64. H.S. Commager, *Documents of American history*, Meredith, N.Y., 1963, p. 430-432.

65. D.K. Goodwin, *No ordinary time*, op. cit., p. 66.

66. C. Hull, *Memoirs*, vol. 1, op. cit., p. 767, 772, 774.

67. FRUS 1940, Europe, vol. 1, op. cit., p. 246-247.

68. F. Loewenheim, *Roosevelt and Churchill*, op. cit., p. 100-102 ; 104-106.

69. FRUS 1940, Europe, vol. 1, op. cit., p. 247-248.

70. R. de Chambrun, *Ma croisade pour l'Angleterre*, Perrin, Paris, 1992, p. 113-115.

71. G. Bonnet, *De Washington au Quai d'Orsay*, op. cit., p. 12.

72. R. de Chambrun, *Ma croisade pour l'Angleterre*, op. cit., p. 116.

73. E. Spears, *Assignment*, vol. 2, op. cit., p. 245.

74. P. Reynaud, *Mémoires*, vol. 2, op. cit., p. 425. E. Spears, *Assignment*, vol. 2, op. cit., p. 265.

75. Voir F. Kersaudy, *De Gaulle et Churchill*, op. cit., p. 68-75.

76. E. Spears, *Assignment*, vol. 2, op. cit., p.300 ; 315.

77. R. de Chambrun, *Ma croisade pour l'Angleterre*, op. cit., p. 120-121.

78. C. de Gaulle, *L'Appel*, op. cit., p. 65.

79. *Ibid.*, p. 267. Souligné par nous.

CHAPITRE 3

1. C. de Gaulle, *Le Salut*, op. cit., p. 81-82.

2. W.L. Langer, *Le jeu américain à Vichy*, Plon, Paris, 1948, p. 41.

3. J.G. Hurstfield, *America and the French nation 1939-1945*, UNCP, Chapel Hill, 1986, p. 15.

4. W.L. Langer, *Le jeu américain à Vichy*, op. cit., p. 45-46.

5. *Ibid.*, p. 46.

6. *Ibid.*, p. 55-56.

7. C. Hull, *Memoirs*, vol. I, op. cit., p. 795.

8. *Ibid.*, p. 796.

9. J.-B. Duroselle, *L'Abîme*, Imprimerie nationale, Paris, 1982, p. 233 ; M. Rossi, *Roosevelt and the French*, op. cit., p. 42.

10. FRUS 1940, vol. 2, op. cit., p. 462, 1/7/40.

11. *Ibid.*, p. 472, 12/7/40.

12. *Ibid.*, p. 379, 29/7/40.

13. O. Bullitt, *For the President, op. cit.*, p. 490-511.

14. *New York Times*, 21/7/1940.

15. FRUS 1940, Europe, vol. 2, *op. cit.*, p. 471, 5/7/40; p. 472, 12/7/40.

16. C. Hull, *Memoirs*, vol. 1, *op. cit.*, p. 805.

17. Voir F. Kersaudy, *De Gaulle et Churchill, op. cit.*, p. 96-103.

18. C. de Gaulle, *L'Appel, op. cit.*, p. 70.

19. PRO, Cab.65/8, 28/6/40; R. Cassin, *Les hommes partis de rien*, Plon, Paris, 1975, p. 76.

20. F. Kersaudy, *De Gaulle et Churchill, op. cit.*, p. 88-90.

21. Parliamentary Debates, *House of Commons*, vol. 364, col. 1169, 20/8/40.

22. *Ibid.*, vol. 365, col. 298-301, 8/10/40.

23. C. de Gaulle, *L'Appel, op. cit.*, p. 69.

24. W.S. Churchill, *The Second World War*, vol. 2, *op. cit.*, p. 450-451.

25. C. de Gaulle, *Discours et messages*, vol. 1, Plon, Paris, 1970, p. 6, 8, 9, 25, 29.

26. C. de Gaulle, *Le Salut, op. cit.*, p. 83.

27. C. de Gaulle, *L'Appel, op. cit.*, p. 88.

28. *Ibid.*

29. R. Aglion, *De Gaulle et Roosevelt*, Plon, Paris, 1984, p. 241.

30. *Ibid.*, p. 245.

31. *Ibid.*, p. 250.

32. *Ibid.*, p. 17.

33. C. de Gaulle, *Lettres, notes... juin 40-juillet 41, op. cit.*, p. 75-76; 104.

34. C. Hull, *Memoirs*, vol. 1, *op. cit.*, p. 150-151.

35. C. de Gaulle, *Lettres, notes... juin 40-juillet 41, op. cit.*, p. 150-151.

36. R. Sherwood, *Le Mémorial*, vol. 1, *op. cit.*, p. 61; R. Leighton et R. Coakley, *Global logistics and strategy, 1940-43*, Wash. DC, OCMH, 1955, p. 19-21.

37. C. Black, *FDR, champion of freedom*, Weidenfeld, Londres, 2003, p. 576-577.

38. G.E. Maguire, *Anglo-American policy towards the Free French*, Macmillan, Londres, 1995, p. 19.

39. FRUS, 1940, Europe, vol. 2, *op. cit.*, p. 403-405.

40. *Ibid.*, p. 466.

41. *Ibid.*, p. 393.

42. G.E. Maguire, *Anglo-American policy, op. cit.*, p. 19.

43. FRUS, 1940, Europe, vol. 2, *op. cit.*, p. 474.

44. *Ibid.*, p. 475.

45. R. Murphy, *Diplomat among Warriors*, Collins, Londres, 1964, p. 94.

46. *Newsweek*, 8/7/40; *Time*, 22/7/40; *Life*, 26/8/40.

47. E. Roussel, *Jean Monnet*, Fayard, Paris, 1996, p. 258; M. Sacotte, *St. John Perse*, Belfond, Paris, 1991, p. 169-170; G. Palewski, *Mémoires d'action*, Plon, Paris, 1988, p. 195.

48. G.E. Maguire, *Anglo-American policy, op. cit.*, p. 21-22.

49. *Newsweek*, 8/7/40.

50. R. Murphy, *Diplomat among Warriors, op. cit.*, p. 96.

51. C. de Gaulle, *L'Appel, op. cit.*, p. 303.

52. W.D. Leahy, *I was there*, Gollancz, Londres, 1950, p. 517-20.

53. P. de Gaulle, *De Gaulle mon père*, vol. 1, *op. cit.*, p. 262.

54. *Ibid.*, p. 253.

55. Voir F. Kersaudy, *De Gaulle et Churchill, op. cit.*, p. 139-149.

56. *Chicago Daily News*, 27/8/41.

57. C. de Gaulle, *Lettres, 40-41*, *op. cit.*, p. 290.

58. F. Coulet, *Vertu des temps difficiles*, Plon, Paris, 1967, p. 123.

59. C. de Gaulle, *Lettres, 40-41*, *op. cit.*, p. 261.

60. *Ibid.*, p. 262-263.

61. J.-B. Duroselle, *L'Abîme 1939-1945*, Imprimerie nationale, Paris, 1982, p. 320.

62. *Ibid.*

63. C. de Gaulle, *L'Appel*, *op. cit.*, p. 471.

64. C. de Gaulle, *L'Appel*, *op. cit.*, p. 472.

65. C. de Gaulle, *Lettres 1940-1941*, *op. cit.*, p. 352-353.

66. W. Leahy, *I was there*, *op. cit.*, p. 21-22; 31.

67. J.G. Hurstfield, *America and the French Nation*, *op. cit.*, p. 70.

68. R. Murphy, *Diplomat among Warriors*, *op. cit.*, p. 101.

69. *Ibid.*, p. 119-121.

70. *Ibid.*, p. 114.

71. FRUS, 1941, Europe, vol. 2, *op. cit.*, p. 574.

72. W. Leahy, *I was there*, *op. cit.*, p. 56.

73. *Ibid.*

74. T. Morgan, *FDR*, *op. cit.*, p. 589.

75. J.-L. Barré, *Devenir de Gaulle*, Perrin, Paris, 2003, p. 183.

76. J. Lacouture, *De Gaulle*, vol. 1, *op. cit.*, p. 517.

77. O. Bullitt, *For the President*, *op. cit.*, p. 523.

78. P. Billotte, *Le temps des armes*, Plon, Paris, 1972, p. 185.

79. W.L. Langer, *Le jeu américain à Vichy*, *op. cit.*, p. 204.

80. P. Billotte, *Le temps des armes*, *op. cit.*, p. 187.

CHAPITRE 4

1. C. de Gaulle, *L'Appel*, *op. cit.*, p. 181.

2. W. Leahy, *I was there*, *op. cit.*, p. 85.

3. FDR, Official File, Hull to FDR, 24/12/41.

4. C. de Gaulle, *L'Appel*, *op. cit.*, p. 184.

5. CCAC, SPRS 2/6, C. de Gaulle à Muselier et Fontaine, 18/9/41.

6. FO 371/28240, C. de Gaulle à Garreau-Dombasle n° 107, 2/2/41.

7. C. de Gaulle, *L'Appel*, *op. cit.*, p. 486-487.

8. *Ibid.*, p. 490.

9. FO 371/31873, Saint Pierre et Miquelon, Diary of events.

10. *Ibid.*

11. FDR, PSF, Safe file, France, Cont. 4, Saint Pierre et Miquelon.

12. CPA, RG-25-D1,vol.778, file 374, Memo for Prime Minister on St. Pierre et Miquelon, 3/12/41.

13. *Idem*, Secretary of State for External Affairs to Canadian minister in Washington n° 543, 19/12/41.

14. FO 371/31873, *op. cit.*, Diary of Events.

15. *Ibid.*

16. C. de Gaulle, *L'Appel*, *op. cit.*, p. 185.

17. PSF/ Safe File / France, Cont. 4, Saint Pierre et Miquelon.

18. C. Hull, *Memoirs*, vol. 2, *op. cit.*, p. 1130.

19. *Ibid.*

20. CPA, MG 26, J.13, *MacKenzie King Diaries*, 1941, p.1193, 25/12/41.

21. *New York Times*, 14/1/42.

22. *The Nation*, 17/1/42.

23. C. Hull, *Memoirs*, vol. 2, *op. cit.*, p. 1132.
24. *Ibid.*
25. W.S. Churchill, *The Second World War*, vol. 3, *op. cit.*, p. 591.
26. *Ibid.*
27. R. Sherwood, *The White House Papers*, vol. 1, *op. cit.*, p. 483.
28. C. de Gaulle, *L'Appel*, *op. cit.*, p. 503.
29. W.S. Churchill, *Complete Speeches*, *op. cit.*, vol. 6, p. 6543, 30/12/42.
30. BBC, Speech by General de Gaulle, 31/12/41.
31. PREM 3 120/ 10A, C. de Gaulle, 31/12/41.
32. C. de Gaulle, *L'Appel*, *op. cit.*, p. 503.
33. J.P. Lash, *Roosevelt and Churchill*, Norton, N.Y., 1976, p. 15-16.
34. FRUS, 1941, vol. 2, *op. cit.*, p. 565.
35. C. Hull, *Memoirs*, *op. cit.*, vol. 2, p. 1135.
36. R. Sherwood, *The White House Papers*, vol. 1, *op. cit.*, p. 489.
37. CPA, RG-25-DI, vol. 778, file 375, W.C. to A. Eden nº 25, 13/1/42.
38. C. de Gaulle, *L'Appel*, *op. cit.*, p. 186-187.
39. FO 371/31873, note by A. Eden, 14/1/42.
40. *Ibid.*
41. C. de Gaulle, *L'Appel*, *op. cit.*, p. 519-520.
42. MEC, SPRS, 1/137/2, Somerville-Smith to Spears, 24/1/42, et FO 371/31873, Note of conversation between Gen. de Gaulle and the P.M., 22/1/42.
43. W. L. Langer, *Le jeu américain à Vichy*, *op. cit.*, p. 219.
44. *Ibid.*, p. 216-217.
45. W. Leahy, *I was there*, *op. cit.*, p. 95.
46. *Ibid.*
47. *Ibid.*, p. 96.
48. F. Loewenheim, *Roosevelt and Churchill*, *op. cit.*, p. 188, 7/3/42.
49. *Ibid.*, p. 175, 7/2/42.
50. W. Langer, *Le jeu américain à Vichy*, *op. cit.*, p. 247.
51. *Ibid.*, p. 223.
52. C. de Gaulle, *L'Appel*, *op. cit.*, p. 521.
53. FRUS, 1942, Europe, vol. 2, *op. cit.*, p. 689, 19/2/42.
54. C. de Gaulle, *L'Appel*, *op. cit.*, p. 525.
55. *Ibid.*, p. 191.
56. FRUS, 1942, Europe, vol. 2, *op. cit.*, p. 568, 26/2/42.
57. C. de Gaulle, *L'Appel*, *op. cit.*, p. 523.
58. J.G. Hurtsfield, *America and the French nation*, *op. cit.*, p. 151.
59. E. Muselier, *De Gaulle contre le gaullisme*, Chêne, Paris, 1946, p. 305.
60. FRUS, 1942, Europe, vol. 2, *op. cit.*, p. 568, 26/2/42.
61. *Ibid.*, p. 509, 26/3/42.
62. *New York Times*, 2 mai 1942.
63. FRUS, 1942, vol. 2, *op. cit.*, p. 512-513, 8/5/42.
64. FDR, PSF, OSS reports, Box 147, Donovan to FDR, 23/12/41.
65. Voir F. Kersaudy, *De Gaulle et Churchill*, *op. cit.*, p. 165-171.
66. FRUS 1942, Europe, vol. 2, *op. cit.*, p. 517-520.
67. *Ibid.*, p. 155, 27/3/42.
68. C. de Gaulle, *L'Appel*, *op. cit.*, p. 184.
69. *Ibid.*, p. 506.
70. CAB 65/25, WM 29 (42) 2, 5/3/42.
71. C. de Gaulle, *L'Appel*, *op. cit.*, p. 506.
72. P. Galante, *Le Général*, Presses de la Cité, Paris, 1968, p. 141.
73. C. Bouchinet-Serreulles, *Nous étions faits pour être libres*, Grasset, Paris, 2000, p. 185.
74. *Ibid.*, p. 177.

75. C. de Gaulle, *Lettres, notes et carnets 41-43*, *op. cit.*, p. 285.

76. P. de Gaulle, *De Gaulle, mon père*, *op. cit.*, p. 249.

77. P. Billotte, *Le temps des armes*, *op. cit.*, p. 225.

78. Voir ci-dessus, page 122.

79. Notes prises par E. Boegner et conservées dans les archives d'Alexis Léger, Aix en Provence. Cité par E. Roussel, *Charles de Gaulle*, Gallimard, Paris, 2002, p. 298-302.

80. C. de Gaulle, *L'Unité*, *op. cit.*, p. 330.

81. *Ibid.*, p. 332.

82. *Ibid.*, p. 337.

83. *Ibid.*, p. 339.

84. P. Billotte, *Le temps des armes*, *op. cit.*, p. 208-209.

85. C. de Gaulle, *L'Unité*, *op. cit.*, p. 327-29.

86. *Ibid.*, p. 333-335.

87. C. Bouchinet-Serreulles, *Nous étions faits pour être libres*, *op. cit.*, p. 209.

88. C. de Gaulle, *L'Unité*, *op. cit*, p. 340-341.

89. A. Danchev, D. Todman edit., *War diaries of Field Marshal Alanbrooke*, Weidenfeld, Londres, 2001, p. 249.

90. M. Clark, *Calculated risk*, Harrap, Londres, 1951, p. 44.

91. C. de Gaulle, *L'Unité*, *op. cit.*, p. 343-345.

92. M. Clark, *Calculated risk*, *op. cit.*, p. 45.

93. C. de Gaulle, *L'Unité*, *op. cit.*, p. 345.

94. M. Clark, *Calculated risk*, *op. cit.*, p. 45.

95. R. Murphy, *Diplomat among Warriors*, *op. cit.*, p. 131.

96. D.D. Eisenhower, *Crusade in Europe*, Heinemann, Londres, 1948, p. 81.

97. M. Clark, *Calculated risk*, *op. cit.*, p. 58-59.

98. L. Joxe, *Victoires sur la Nuit*, Flammarion, Paris, 1981, p. 49.

99. A. Beaufre, *La revanche de 1945*, Plon, Paris, 1966, p. 63.

100. W. Langer, *Le jeu américain à Vichy*, *op. cit.*, p. 292.

101. R. Murphy, *Diplomat among Warriors*, *op. cit.*, p. 136.

102. R. Murphy, *Diplomat among Warriors*, *op. cit.*, p. 135.

103. F.D. Loewenheim, *Roosevelt and Churchill*, *op. cit.*, p. 252.

104. W. Langer, *Le jeu américain à Vichy*, *op. cit.*, p. 310.

105. C. Bouchinet-Serreulles, *Nous étions faits pour être libres*, *op. cit*, p. 216.

106. C. de Gaulle, *L'Unité*, *op. cit.*, p. 13.

107. Voir F. Kersaudy, *De Gaulle et Churchill*, *op. cit.*, p. 198-208.

108. MEC, Spears Diary 1/1, 23/8/42.

109. C. de Gaulle, *L'Unité*, *op. cit.*, p. 23.

110. *Ibid.*, p. 360.

111. C. Bouchinet-Serreulles, *Nous étions faits pour être libres*, *op. cit.*, p. 231.

112. G. Catroux, *Dans la bataille de Méditerranée*, Julliard, Paris, 1949, p. 287.

113. PRO, FO 371/31950, Record of a meeting between the PM & SSFA and Gen. de Gaulle, 30/9/42. Voir sur l'ensemble de l'épisode : F. Kersaudy, *De Gaulle et Churchill*, *op. cit.*, p. 209-217.

114. C. Bouchinet-Serreulles, *Nous étions faits pour être libres*, *op. cit.*, p. 240.

115. P. Billotte, *Le Temps des armes*, *op. cit.*, p. 236.

116. R. Aglion, *De Gaulle et Roosevelt*, *op. cit*, p. 160.

117. E. Roussel, *De Gaulle*, *op. cit.*, p. 310.

118. C. de Gaulle, *Lettres, notes et carnets, complément 1924-1970*, Plon, Paris, 1997, p. 45-52.

119. M. Rossi, *Roosevelt and the French*, *op. cit.*, p. 89.

120. K. Pendar, *Adventures in diplomacy*, Cassell, Londres, 1966, p. 83.

121. J.-B. Duroselle, *L'Abîme*, *op. cit.*, p. 352.

122. A. Eden, *The Reckoning*, Cassell, Londres, 1965, p. 341.

123. E. Roussel, *Jean Monnet*, *op. cit.*, p. 258.

124. Passy, *Mémoires*, *op. cit.*, p. 336.

125. FRUS, 1942, Europe, vol. 2, Memo. of conversation by under-secretary Welles, p. 540, 28/9/42.

126. W. Langer, *Le jeu américain à Vichy*, *op. cit.*, p. 304.

127. R. Murphy, *Diplomat among Warriors*, *op. cit.*, p. 133.

128. *Ibid.*, p. 160.

129. *Ibid.*, p. 165.

130. H. Giraud, *Un seul but, la victoire*, Julliard, Paris, 1949, p. 16. (Ceci ne semble pas être confirmé par sa lettre du 27 octobre.)

131. R. Murphy, *Diplomat among Warriors*, *op. cit.*, p. 134.

132. M. Rossi, *Roosevelt and the French*, *op. cit.*, p. 172, note 16.

133. R.E. Sherwood, *The White House papers*, vol. II, *op. cit.*, p. 643.

CHAPITRE 5

1. R. Murphy, *Diplomat among Warriors*, *op. cit.*, p. 163-167.

2. M. Clark, *Calculated risk*, *op. cit.*, p. 99.

3. H. Giraud, *Un seul but, la victoire*, *op. cit.*, p. 25.

4. Voir page 153.

5. D.D. Eisenhower, *Crusade*, *op. cit.*, p. 113.

6. H. Giraud, *Un seul but, la victoire*, *op. cit.* p. 33.

7. *Ibid.*, p. 37.

8. M. Clark, *Calculated risk*, *op. cit.*, p. 111.

9. *Ibid.*, p. 116.

10. J.-B. Duroselle, *L'Abîme*, *op. cit.*, p. 389.

11. M. Clark, *Calculated risk*, *op. cit.*, p. 120.

12. *Ibid.*

13. *Ibid.*, p. 120 et 122.

14. R. Gosset, *Algiers 41-43*, J. Cape, Londres, 1945, p. 223.

15. D.D. Eisenhower, *Crusade*, *op. cit.*, p. 117-122; A.D. Chandler edit., *The Papers of D.D. Eisenhower, War years*, vol. II, John Hopkins Press, Baltimore, 1970, p. 33-35.

16. T. Morgan, *FDR*, *op. cit.*, p. 648.

17. *The Nation*, 21/11/42.

18. Stimson Diary, 16 /11/42.

19. S. Rosenman, *Working with Roosevelt*, Harper, N.Y., 1952, p. 363-364.

20. W.S. Churchill, *The Second World War*, vol. 4, *op. cit.*, p. 568.

21. R. Sherwood, *White House Papers*, vol. 2, *op. cit.*, p. 649.

22. *Ibid.*, p. 649-650.

23. AE/ CFLN 1463, A. Philip à AE n° 964, 20/11/42; FO 954 / 8, Eden minute n° 374, 20/11/42; FDRL, Morgenthau Diaries, vol. 5, 17/11/42.

24. W.S. Churchill, *The Second World War*, vol. 4, *op. cit.*, p. 542.

25. P. Billotte, *Le temps des armes*, *op. cit.*, p. 239.

26. C. de Gaulle, *L'Unité*, *op. cit.*, p. 42.

27. *Ibid.*, p. 393.

28. C. de Gaulle, *Lettres...*, *41-43*, *op. cit.*, p. 434.

29. C. de Gaulle, *L'Unité*, *op. cit.*, p. 403-405.
30. C. Bouchinet-Serreulles, *Nous étions faits pour être libres*, *op. cit.*, p. 255.
31. C. de Gaulle, *Lettres...*, *41-43*, *op. cit.*, p. 427.
32. *Ibid.*, p. 437.
33. Passy, *Mémoires*, *op. cit.*, p. 656.
34. E. Roussel, *Charles de Gaulle*, *op. cit.*, p. 320.
35. R. Aglion, *De Gaulle et Roosevelt*, *op. cit.*, p. 165.
36. FRUS, 1942, Europe, vol. 2, *op. cit*, p. 546-547, 20/11/42.
37. R. Aglion, *De Gaulle et Roosevelt*, *op. cit.*, p. 166.
38. Passy, *Mémoires*, *op. cit.*, p. 441.
39. C. de Gaulle, *L'Unité*, *op. cit.*, p. 408-412.
40. FRUS, 1942, vol. 2, *op. cit*, p. 547.
41. Passy, *Mémoires*, *op. cit.*, p. 351.
42. C. Bouchinet-Serreulles, *Nous étions faits*, *op. cit.*, p. 258.
43. K. Munholland, « The US and the Free French » *in* R.O. Paxton and N. Wahl, *De Gaulle and the United-States*, Oxford, Blig, 1995, p. 82.
44. C. de Gaulle, *L'Unité*, *op. cit.*, p. 441.
45. L. Joxe, *Victoires sur la nuit*, *op. cit.*, p. 60-61.
46. J.-B. Duroselle, *L'Abîme*, *op. cit.*, p. 397-398; Coutau-Begarie et Huan, *Darlan*, Fayard, Paris, 1989, p. 668-669.
47. *Times*, 16/11/42.
48. M.R.D. Foote, *SOE in France*, HMSO, Londres, 1966, p. 221.
49. PREM 3 120/8, WC to FDR n° 205, 22/11/42.
50. W. Kimball, *Churchill and Roosevelt*, *op. cit.*, vol. II, p. 29-30.
51. Voir F. Kersaudy, *De Gaulle et Churchill*, *op. cit.*, p. 234-236.
52. A. Eden, *The Reckoning*, *op. cit.*, p. 346-347.
53. *Ibid.*, p. 351.
54. F.D. Loewenheim et al., *Roosevelt and Churchill*, *op. cit.*, p. 279 et 293-294.
55. R. Murphy, *Diplomat among Warriors*, *op. cit.*, p. 198 et 178.
56. D.D. Eisenhower, *Crusade*, *op. cit.*, p. 141-142.
57. *Ibid.*, p. 142.
58. R. Murphy, *Diplomat among Warriors*, *op. cit.*, p. 179.
59. R. Sherwood, *White House Papers*, vol. 2, *op. cit.*, p. 651.
60. W.D. Leahy, *I was there*, *op. cit.*, p. 163.
61. *Ibid.*, p. 167-168 et 560-561.
62. *Ibid.*, p. 165.
63. A. Beziat, *Franklin Roosevelt et la France*, *op. cit.*, p. 293.
64. W. Langer, *Le jeu américain à Vichy*, *op. cit.*, p. 395.
65. C. de Gaulle, *L'Unité*, *op. cit.*, p. 50.
66. J.-L. Crémieux-Brilhac, *La France libre*, *op. cit.*, p. 434.
67. UD U25-1/2 Notat av utenriksminister Trygve Lie, 9/12/42.
68. C. de Gaulle, *L'Unité*, *op. cit.*, p. 52.
69. C. Bouchinet-Serreulles, *Nous étions faits pour être libres*, *op. cit.*, p. 257.
70. A. Eden, *The Reckoning*, *op. cit.*, p. 357.
71. E. Roussel, *Charles de Gaulle*, *op. cit.*, p. 328-329.
72. *Ibid.*, p. 330-332.
73. FO 371/31952 – 33721, 24/11/42.
74. FDR, PSF, France, 26/11/42, cité par A. Beziat, *Franklin Roosevelt et la France*, *op. cit.*, p. 293.
75. *Ibid.*
76. C. de Gaulle, *Lettres 41-43*, *op. cit.*, p. 450.

77. *Ibid.,* p. 453.

78. FRUS, 1942, Europe, vol. 2, *op. cit,* p.548-549,, Memo of conversation by assistant Secretary of State Berle, 22/11/42.

79. R. Sherwood, *White House Papers,* vol. 2, *op. cit.,* p. 659.

80. E. Roussel, *Charles de Gaulle, op. cit.,* p. 333.

81. J.-L. Crémieux-Brilhac, *La France libre, op. cit.,* p. 445.

82. C. de Gaulle, *L'Unité, op. cit.,* p. 53.

83. C. de Gaulle, *Lettres 41-43, op. cit.,* p. 438.

84. *Ibid.,* p. 462-463.

85. *Ibid.,* p. 465.

86. C. de Gaulle, *L'Unité, op. cit.,* p. 64.

87. P. Billotte, *Le temps des armes, op. cit.,* p. 244-245.

88. G. Palewski, *Mémoires d'action, op. cit.,* p. 196.

89. P. Billotte, *Le temps des armes, op. cit.,* p. 245-246.

CHAPITRE 6

1. T. Morgan, *FDR, op. cit.,* p. 649.

2. R. Murphy, *Diplomat among Warriors, op. cit.,* p. 213.

3. P. de Gaulle, *De Gaulle mon père,* t. I, *op. cit.,* p. 282 ; C. de Gaulle, *L'Unité, op. cit.,* p. 67.

4. W.S. Churchill, *Second World War,* vol. 4, *op. cit.,* p. 578.

5. M. Clark, *Calculated risk, op. cit.,* p. 129.

6. A.D. Chandler, ed., *The papers of D.D. Eisenhower,* vol. II, *op. cit.,* p. 860.

7. J.-L. Crémieux-Brilhac, *La France libre, op. cit.,* p. 452.

8. W.S. Churchill, *Second World War,* vol. 4, *op. cit.,* p. 578.

9. H. Giraud, *Un seul but, la victoire, op. cit.,* p. 80.

10. A. Beaufre, *La revanche de 1945,* Plon, Paris, 1966, p. 186-187.

11. L. Joxe, *Victoires sur la nuit,* Flammarion, Paris, 1981, p. 68.

12. C. de Gaulle, *L'Unité, op. cit.,* p. 429.

13. *Ibid.,* p. 430.

14. *Ibid.,* p. 72.

15. *Ibid.,* p. 431.

16. *Ibid.,* p. 73.

17. *Ibid.,* p. 432.

18. FO 954 / 8, Enclosure 1 to tel. n° 42 from St. Dept., 5/1/43.

19. *Ibid.,* Enclosure 2, 7/1/43.

20. C. Hull, *Memoirs,* vol. 2, *op. cit.,* p. 1207.

21. FO 958 / 9, Eden to Vansittart, 8/1/43 ; Randolph Churchill to WSC, 28/12/42.

22. *Ibid.,* Eden to Halifax n° 42, 8/1/43.

23. H. Macmillan, *The Blast of War,* Macmillan, Londres, 1967, p. 218.

24. *Ibid.,* p. 221-222.

25. *Ibid.,* p. 223.

26. C. de Gaulle, *Lettres, 41-43, op. cit.,* p. 474.

27. E. Roussel, Charles de Gaulle, *op. cit.,* p. 339-340.

28. FRUS, 1943, Europe, vol. 2, *op. cit.,* p. 23-24.

29. A. Eden, *The Reckoning, op. cit.,* p. 361.

30. *Ibid,* p. 26.

31. A.D. Chandler edit., *The papers of D.D. Eisenhower,* vol. II, *op. cit.,* p. 889, Butcher Diary, 4/1/43.

32. *Ibid.,* p. 894-895, Eisenhower to Marshall n° 4267, 5/1/43.

33. A. Beziat, *Franklin Roosevelt et la France*, op. cit., p. 309.

34. R. Murphy, *Diplomat*, op. cit., p. 215.

35. F.D. Loewenheim, *Roosevelt and Churchill*, op. cit., p. 304, FDR to WC n° 248, 31/12/42.

36. R. Sherwood, *White House Papers*, vol. 2, op. cit., p. 662.

37. *Ibid.*, p. 667.

38. *Ibid.*, p. 668.

39. D.D. Eisenhower, *Crusade*, op. cit., p. 151.

40. R. Murphy, *Diplomat among Warriors*, op. cit., p. 165.

41. H. Macmillan, *War diaries*, Papermac, Londres, 1985, p. 8-9.

42. K. Pendar, *Adventures in diplomacy*, Cassell, Londres, 1966, p. 140.

43. R. Sherwood, *White House Papers*, vol. 2, op. cit., p. 673.

44. K. Pendar, *Adventures in diplomacy*, op. cit., p. 140.

45. R. Sherwood, *White House Papers*, vol. 2, op. cit., p. 675.

46. R. Murphy, *Diplomat*, op. cit., p. 212.

47. D.D. Eisenhower, *Crusade*, op. cit., p. 152.

48. E. Roosevelt, *As he saw it*, Drell, Sloan and Pearce, N.Y., 1946, p. 74-75.

49. D.D. Eisenhower, *Crusade*, op. cit., p. 151.

50. E. Roosevelt, *As he saw it*, op. cit., p. 111-112. Voir également R. Murphy, *Diplomat among Warriors*, op. cit., p. 217, ainsi que R. Sherwood, *White House Papers*, vol. 2, op. cit., p. 687 (Hopkins assistait également à la conversation, mais son compte rendu montre bien qu'il n'a pas compris de quoi il s'agissait.).

51. R. Murphy, *Diplomat among Warriors*, op. cit., p. 212.

52. E. Roosevelt, *As he saw it*, op. cit., p. 71-72.

53. *Ibid.*, p. 73.

54. S. Rosenman, *Public papers and addresses of F.D. Roosevelt*, 1943, p. 83.

55. H. Macmillan, *The Blast of War*, op. cit., p. 245.

56. W.H. Thompson, *I was Churchill's shadow*, C. Johnson, Londres, 1951, p. 107.

57. C. de Gaulle, *L'Unité*, op. cit., p. 437.

58. R. Sherwood, *White House Papers*, vol. 2, op. cit., p. 675.

59. FRUS, 1943, Europe, vol. 2, op. cit., p. 675, H.F. Matthews to S.S. n° 192, 8/1/43.

60. *Ibid.*, p. 33, note 30.

61. R. Sherwood, *White House Papers*, vol. 2, op. cit., p. 675.

62. E. Roosevelt, *As he saw it*, op. cit., p. 72-73.

63. A. Beaufre, *La revanche de 1945*, op. cit., p. 72-73.

64. H. Giraud, *Un seul but, la victoire*, op. cit., p. 88.

65. A. Beaufre, *La revanche de 1945*, op. cit., p. 195.

66. M. Clark, *Calculated risk*, op. cit., p. 87.

67. *Ibid.*.

68. E. Roosevelt, *As he saw it*, op. cit., p. 88-91.

69. R. Murphy, *Diplomat among Warriors*, op. cit., p. 213.

70. H. Giraud, *Un seul but, la victoire*, op. cit., p. 91.

71. E. Roosevelt, *As he saw it*, op. cit., p. 91.

72. C. de Gaulle, *L'Unité*, op. cit., p. 436.

73. H. Alphand, *L'Etonnement d'être*, op. cit., p.133.

74. FO 954 / 8, minutes of conversation Eden-de Gaulle, 17/1/43.

75. C. de Gaulle, *L'Unité*, op. cit., p. 75.

76. E. Roosevelt, *As he saw it*, op. cit., p. 92-93 ; voir également : R. Murphy, *Diplomat among Warriors*, op. cit., p. 213.

77. A. Eden, *The Reckoning*, op. cit., p. 363.

78. C. de Gaulle, *L'Unité*, op. cit., p. 437-438.

79. R. Murphy, *Diplomat among Warriors*, op. cit., p. 172.

80. E. Roosevelt, *As he saw it*, op. cit., p. 69.

81. W. Leahy, *I was there*, op. cit., p. 173; C. Hull, *Memoirs*, vol. II, op. cit., p. 1208.

82. R. Murphy, *Diplomat among Warriors*, op. cit., p. 216.

83. E. Roosevelt, *As he saw it*, op. cit., p. 71 et 99.

84. *Ibid.*, p. 74.

85. W.S. Churchill, *Second World War*, vol. 4, op. cit., p. 610.

86. BM, Harvey Diaries, / 56399, 19/1/43.

87. W.S. Churchill, *Second World War*, vol. 4, op. cit., p. 610.

88. BM, Harvey Diaries, / 56399, op. cit., 20/1/43 ; également : D. Dilks, *Cadogan Diaries*, op. cit., p. 505.

89. C. de Gaulle, *L'Unité*, op. cit., p. 70.

90. J. Soustelle, *Envers et contre tout*, vol. 2, op. cit., p. 119.

91. Passy, *Mémoires*, op. cit., p. 449.

92. J. Soustelle, *Envers et contre tout*, vol. 2, op. cit., p. 119.

93. C. de Gaulle, *L'Unité*, op. cit., p. 339-340.

94. E. Roosevelt, *As he saw it*, op. cit., p. 107-108.

95. C. de Gaulle, *L'Unité*, op. cit., p. 77.

96. M. Peyrouton, *Du service public à la prison commune*, Plon, Paris, 1950, p. 224.

97. C. de Gaulle, *L'Unité*, op. cit., p. 77.

98. C. Hettier de Boislambert, *Les fers de l'espoir*, Plon, Paris, 1973, p. 380.

99. J. Lacouture, *De Gaulle*, vol. 1, op. cit., p. 634.

100. H. Giraud, *Un seul but, la victoire*, op. cit., p. 102.

101. C. de Gaulle, *L'Unité*, op. cit., p. 77.

102. R. Murphy, *Diplomat among Warriors*, op. cit., p. 218.

103. C. Hettier de Boislambert, *Les fers de l'espoir*, op. cit., p. 379.

104. C. Bouchinet-Serreulles, *Nous étions faits pour être libres*, op. cit., p. 263.

105. C. de Gaulle, *L'Unité*, op. cit., p. 78.

106. W.S. Churchill, *Second World War*, vol. 4, op. cit., p. 611.

107. C. de Gaulle, *L'Unité*, op. cit., p. 78.

108. W.S. Churchill, *Second World War*, vol. 4, op. cit., p. 611.

109. C. de Gaulle, *L'Unité*, op. cit., p. 78.

110. *Ibid.*, p. 79.

111. R. Sherwood, *White House Papers*, vol. 2, op. cit., p. 688.

112. *Ibid.*, p. 682.

113. E. Roosevelt, *As he saw it*, op. cit., p.112.

114. C. Hettier de Boislambert, *Les fers de l'espoir*, op. cit., p. 381.

115. C. de Gaulle, *L'Unité*, op. cit., p. 79-80.

116. E. Roosevelt, *As he saw it*, op. cit., p. 113.

117. FRUS, Casablanca conference, 1943, p. 694.

118. *Ibid.*, p. 695-696.

119. C. Hettier de Boislambert, *Les fers de l'espoir*, op. cit., p. 386.

120. C. de Gaulle, *L'Unité*, op. cit., p. 80.

121. R. Sherwood, *White House Papers*, op. cit., p. 682.

122. R. Sherwood, *Le mémorial de Roosevelt*, op. cit., vol. II, p. 223.

123. M.F. Reilly, *Reilly of the White House*, Simon & Schuster, N.Y., 1947, p. 157.

124. C. Hettier de Boislambert, *Les fers de l'espoir*, op. cit., p. 383.

125. E. Roosevelt, *As he saw it*, *op. cit.*, p. 113-114.
126. H. Macmillan, *The Blast of War*, *op. cit.*, p. 251.
127. C. de Gaulle, *L'Unité*, *op. cit.*, p. 81.
128. *Ibid.*
129. C. de Gaulle, *L'Unité*, *op. cit.*, p. 82.
130. H. Giraud, *Un seul but, la victoire*, *op. cit.*, p. 107.
131. G. Catroux, *Dans la bataille*, *op. cit.*, p. 321.
132. C. de Gaulle, *Lettres 41-43*, *op. cit.*, p. 505-507.
133. H. Macmillan, *The Blast of War*, *op. cit.*, p. 250.
134. *Ibid.*, p. 252.
135. C. de Gaulle, *L'Unité*, *op. cit.*, p. 84.
136. *Ibid.*, p. 83.
137. *Ibid.*, p. 84.
138. *Ibid.*, p. 84-85.
139. J. Soustelle, *Envers et contre tout*, vol. 2, *op. cit.*, p. 124.
140. C. de Gaulle, *L'Unité*, *op. cit.*, p. 85.
141. R. Sherwood, *White House Papers*, vol. 2, *op. cit.*, p. 689-690.
142. E. Roosevelt, *As he saw it*, *op. cit.*, p. 119.
143. FRUS, 1943, Europe, vol. 2, *op. cit.*, p. 44-46.
144. J. Lacouture, *De Gaulle*, vol. 1, *op. cit.*, p. 639.
145. *Supra*, p. 209.
146. R. Sherwood, *White House Papers*, vol. 2, *op. cit.*, p. 690.
147. C. de Gaulle, *L'Unité*, *op. cit.*, p. 85.
148. R. Sherwood, *White House Papers*, vol. 2, *op. cit.*, p. 690.
149. C. de Gaulle, *L'Unité*, *op. cit.*, p. 85.
150. R. Murphy, *Diplomat among Warriors*, *op. cit.*, p. 175.
151. C. de Gaulle, *L'Unité*, *op. cit.*, p. 85.
152. R. Sherwood, *White House Papers*, vol. 2, *op. cit.*, p. 690.
153. H. Giraud, *Un seul but, la victoire*, *op. cit.*, p. 110.
154. G. Palewski, *Mémoires d'action*, *op. cit.*, p. 203-204.
155. C. de Gaulle, *L'Unité*, *op. cit.*, p. 86.
156. *Ibid.*, p. 441.
157. H. Macmillan, *The Blast of War*, *op. cit.*, p. 265 ; R. Murphy, *Diplomat among Warriors*, *op. cit.*, p. 176.
158. Eleonor Roosevelt, *This I remember*, Hutchinson, Londres, 1950, p. 221.
159. Voir F. Kersaudy, *De Gaulle et Churchill*, *op. cit.*, p. 265.

CHAPITRE 7

1. *France*, 10/2/43.
2. C. de Gaulle, *Lettres, 41-43*, *op. cit.*, p. 517-518.
3. FRUS, 1942, Europe, vol. 2, *op. cit.*, p. 555-556.
4. Institut Charles de Gaulle, *Avec de Gaulle*, t. 1, Paris, Nouveau Monde, 2003, p. 96.
5. A. Béthouart, *Cinq années d'espérance*, *op. cit.*, p. 189.
6. C. de Gaulle, *L'Unité*, *op. cit.*, p. 88.
7. *Ibid.*, p. 89.
8. G. de Charbonnières, *Le duel Giraud-de Gaulle*, Plon, Paris, 1984, p. 13.
9. *Ibid.*, p. 17.
10. A. Gillois, *Histoire secrète des Français à Londres*, Hachette, Paris, 1973, p. 215.
11. FO 954 / 8, 22/2/43.

12. BM, Harvey Diaries / 563999, 9/2/43.

13. FO 371/36047, Strang minute, 10/2/43.

14. BM, Harvey Diaries / 563999, 28/2/43.

15. *Ibid.*, 3/3/43.

16. C. de Gaulle, *L'Unité*, *op. cit.*, p. 450-451.

17. C. Bouchinet-Serreulles, *Nous étions faits pour être libres*, *op. cit.*, p. 266.

18. D.D. Eisenhower, *Crusade*, *op. cit.*, p. 143.

19. H. Macmillan, *The Blast of War*, *op. cit.*, p. 256 ; 290-292.

20. P. Paillole, *L'homme des services secrets*, Julliard, Paris, 1995, p. 279.

21. *Ibid.*, p. 220.

22. H. Giraud, *Un seul but, la victoire*, *op. cit.*, p. 99.

23. P. Paillole, *L'homme des services secrets*, *op. cit.*, p. 280.

24. H. Giraud, *Un seul but, la victoire*, *op. cit.*, p. 113.

25. G. de Charbonnières, *Le duel Giraud-de Gaulle*, *op. cit.*, p. 14.

26. *Ibid.*, p. 18.

27. C. de Gaulle, *L'Unité*, *op. cit*, p. 446-447.

28. J.-L. Crémieux-Brilhac, *La France libre*, *op. cit.*, p. 461.

29. *New York Times*, 29/1/43 et *New York Herald Tribune*, 24/1/43.

30. H. Macmillan, *War Diaries*, *op. cit.*, p. 24.

31. E. Roussel, *Charles de Gaulle*, *op. cit.*, p. 352.

32. H. Macmillan, *The Blast of War*, *op. cit.*, p. 293 ; 298-299.

33. A.D. Chandler, *The papers of D.D. Eisenhower*, vol. II, *op. cit.*, p. 917.

34. *Ibid.*, p. 63, 20/2/43.

35. FRUS, 1943, Europe, vol.2, *op. cit.*, p. 44-46.

36. *Ibid.*, p. 50-51.

37. A.D. Chandler, *The papers of D.D. Eisenhower*, vol. II, *op. cit.*, p. 964 ; H. Macmillan, *The Blast of War*, *op. cit.*, p. 260.

38. FRUS, 1943, Europe, vol. 2, *op. cit.*, p. 60.

39. J. Monnet, *Mémoires*, *op. cit.*, p. 218.

40. A.D. Chandler, *The papers of D.D. Eisenhower*, vol. II, *op. cit.*, p. 1005, note 1.

41. FRUS, 1943, Europe, vol. 2, *op. cit.*, p. 47, 3/2/43, Hull to Matthews n° 729.

42. FO 954/8, Eden to Halifax n° 135, 4/2/43.

43. A. Eden, *The Reckoning*, *op. cit.*, p. 372.

44. C. Hull, *Memoirs*, vol. 2, *op. cit.*, p. 1213.

45. *Ibid.*, p. 1215.

46. A. Eden, *The Reckoning*, *op. cit.*, p. 372-373.

47. R. Sherwood, *White House Papers*, vol. II, *op. cit.*, p. 712, 714.

48. *Ibid.*, p. 720.

49. A. Eden, *The reckoning*, *op. cit.*, p. 374.

50. K. Pendar, *Adventures in diplomacy*, *op. cit.*, p. 161.

51. FRUS, 1943, Europe, vol. 2, *op. cit.*, p. 65, 23/2/43.

52. K. Pendar, *Adventures in diplomacy*, *op. cit.*, p. 162.

53. J. Monnet, *Mémoires*, *op. cit.*, p. 221.

54. R. Murphy, *Diplomat among Warriors*, *op. cit.*, p. 224.

55. *Ibid.*

56. L. Joxe, *Victoires sur la nuit*, Flammarion, Paris, 1981, p. 98-99.

57. J. Monnet, *Mémoires*, *op. cit.*, p. 222-223.

58. L. Joxe, *Victoires sur la nuit*, *op. cit.*, p. 102.

59. J. Monnet, *Mémoires*, *op. cit.*, p. 223.

60. L. Joxe, *Victoires sur la nuit*, *op. cit.*, p. 102.

61. C. de Gaulle, *L'Unité*, *op. cit.*, p. 454.

62. *Ibid.*

63. C. de Gaulle, *Lettres, 41-43*, *op. cit.*, p. 540-541.

64. C. de Gaulle, *L'Unité*, *op. cit*, p. 455.

65. R. Massigli, *Une comédie des erreurs*, Plon, Paris, 1978, p. 18.

66. *Ibid.*, p. 21.

67. C. de Gaulle, *L'Unité*, *op. cit*, p. 458-459.

68. *Ibid.*, p. 459-460.

69. Birkenhead, *Halifax*, Hamilton, Londres, 1965, p. 537.

70. AE, CFLN, 1463, Dossier Massigli, Notes sur une conversation de Gaulle-Churchill, 2/4/43 ; BFP, vol. 2, 1943, p. 428.

71. *Ibid.*

72. C. de Gaulle, *L'Unité*, *op. cit*, p. 96.

73. A.L. Funk, *The crucial years*, *op. cit.*, p. 115.

74. AE, CFLN 1463, Tixier à Massigli nº 1576, 9/4/43.

75. D. Dilks, *Cadogan Diaries*, *op. cit.*, p. 517-518 ; G. de Charbonnières, *Le duel Giraud-de Gaulle*, *op. cit.*, p. 102.

76. C. de Gaulle, *Lettres, 41-43*, *op. cit.*, p. 564.

77. C. de Gaulle, *L'Unité*, *op. cit*, p. 98.

78. *Ibid.*

79. FRUS, Europe, 1943, vol. 2, *op. cit.*, p. 58-59.

80. M. Viorst, *Hostile allies*, *op. cit.*, p. 129.

81. R. Sherwood, *White House Papers*, vol. II, *op. cit.*, p. 719.

82. S. Berton, *Allies at war*, HarperCollins, Londres, 2001, p. 247.

83. R. Bouscat, *De Gaulle-Giraud, dossiers d'une mission*, Flammarion, Paris, 1967, p. 93-94.

84. L. Joxe, *Victoires sur la nuit*, *op. cit.*, p. 106-107.

85. H. Macmillan, *War Diaries*, *op. cit.*, p. 68-69.

86. *Ibid.*, p. 69-72.

87. C. de Gaulle, *L'Unité*, *op. cit*, p. 466-467.

88. R. Bouscat, *De Gaulle – Giraud, dossiers d'une mission*, *op. cit.*, p. 115.

89. C. de Gaulle, *L'Unité*, *op. cit*, p. 468-469.

90. *Ibid.*, p. 467.

91. C. de Gaulle, *Discours et Messages*, Plon, Paris, 1970, t. 1, p. 284-290.

92. C. Bouchinet-Serreulles, *Nous étions faits pour être libres*, *op. cit*, p. 269.

93. E. Roussel, *Jean Monnet*, *op. cit.*, p. 327.

94. H. Macmillan, *War Diaries*, *op. cit.*, p. 80-81.

95. *Ibid.*, p. 81.

96. FRUS, 1943, Europe, vol. II, *op. cit.*, p. 109-110, Murphy to SS nº 805, 6/5/43.

97. FO 371 / 36047, Memo for WSC, 8/5/43 ; également : FRUS, Europe, 1943, vol. II, *op. cit.*, p. 111-112.

98. C. Hull, *Memoirs*, *op. cit.*, vol. 2, p. 1218-1219.

99. FO 371 / 36047, Winant to SS nº 3413, 17/5/43.

100. C. Hull, *Memoirs*, *op. cit.*, vol. 2, p. 1219.

101. FO 371 / 36047, PM to Dep. PM and FS, Pencil nº 166, 21/5/43.

102. *Ibid.*, PM to FS, Pencil nº 181, 21/5/43.

103. C. de Gaulle, *L'Unité*, *op. cit.*, p. 473.

104. *Ibid.*, p. 475.

105. H. Macmillan, *War Diaries*, *op. cit.*, p. 84.

106. J. Monnet, *Mémoires*, *op. cit.*, p. 234.

107. C. de Gaulle, *L'Unité*, *op. cit.*, p. 475-476.

108. H. Macmillan, *War Diaries*, *op. cit.*, p. 87.

109. C. de Gaulle, *Lettres, 41-43*, *op. cit.*, p. 596.

110. A. Eden, *The Reckoning*, *op. cit.*, p. 386.

111. CAB 65/38, Alcove n° 370, For PM from dep. PM and FS, 23/5/43.

112. *Ibid.*, Alcove n° 371 & 372, 23/5/43.

113. FO 371 / 36047, PM to Dep. PM and FS, Pencil n° 227, 24/5/43.

CHAPITRE 8

1. C. Paillat, *L'échiquier d'Alger*, Laffont, Paris, 1967, p. 251.

2 L. Joxe, *Victoires sur la nuit*, *op. cit.*, p. 114.

3. P. de Gaulle, *De Gaulle, mon père*, t. 1, *op. cit.*, p. 288.

4. H. Macmillan, *War Diaries*, *op.cit.*, p. 97.

5. W. Kimball, *Churchill and Roosevelt*, vol. 2, *op. cit.*, p. 277-278, WSC to FDR, 31/5/43.

6. C. de Gaulle, *L'Unité*, *op. cit*, p. 105.

7. J. Monnet, *Mémoires*, *op. cit.*, p. 237.

8. G. Catroux, *Dans la bataille de Méditerranée*, *op. cit.*, p. 370.

9. H. Macmillan, *War Diaries*, *op. cit.*, p. 99-101.

10. *Ibid.*, p. 99.

11. C. de Gaulle, *L'Unité*, *op. cit*, p. 106.

12. *Ibid.*, p. 487-488.

13. Voir ci-dessus, p. 284.

14. H. Macmillan, *War Diaries*, *op. cit.*, p. 104.

15. G . de Charbonnières, *Le duel Giraud-de Gaulle*, *op. cit.*, p. 212-213.

16. C. de Gaulle, *Lettres, notes et carnets, 1943-1945*, Plon, Paris, 1983, p. 17.

17. P. de Gaulle, *De Gaulle, mon père*, t. 1, *op. cit.*, p. 288.

18. H. Macmillan, *War Diaries*, *op. cit.*, p. 105.

19. G . de Charbonnières, *Le duel Giraud-de Gaulle*, *op. cit*, p. 214.

20. J. Monnet, *Mémoires*, *op. cit.*, p. 338.

21. C. de Gaulle, *L'Unité*, *op. cit.*, p. 109.

22. C. de Gaulle, *Lettres, notes et carnets, 1943-1945*, *op. cit.*, p. 19.

23. A. Béthouart, *Cinq années d'espérance*, *op. cit.*, p. 204.

24. W. Kimball, *Churchill and Roosevelt*, vol. 2, *op. cit.*, FDR to WSC, 4/6/43, R-278, p. 229-230.

25. *Ibid.*, WSC to FDR, 6/6/43, C-300, p. 231-232.

26. C. Hull, *Memoirs*, vol. 2, *op. cit.*, p. 1220.

27. *Ibid.*p. 1221.

28. L. Joxe, *Victoires sur la nuit*, *op. cit.*, p. 133.

29. A. Béthouart, *Cinq années d'espérance*, *op. cit.*, p. 207.

30. C. de Gaulle, *L'Unité*, *op. cit.*, p. 207.

31. G . de Charbonnières, *Le duel Giraud-de Gaulle*, *op. cit.*, p. 227-229.

32. C. de Gaulle, *L'Unité*, *op. cit.*, p. 494.

33. A.D. Chandler, *The papers of D.D. Eisenhower*, vol. 2, *op. cit.*, p. 1189.

34. H. Macmillan, *War Diaries*, *op. cit.*, p. 113-115.

35. *Ibid.*, p. 117.

36. C. de Gaulle, *Lettres, notes et carnets, 1943-1945*, *op. cit.*, p. 24.

37. C. de Gaulle, *L'Unité*, *op. cit.*, p. 498.

38. FRUS 1943, Europe, vol. II, *op. cit.*, p. 152-153, Murphy to SS n° 1108, 16/6/43.

39. PREM 3181/2, FDR to WC n° 288, 17/6/43.

40. FDR / MR, Secret File FNC 1 sect. 1, FDR to Eisenhower n° 493, 17/6/43.

41. *Ibid.*, Special Files, FNC, Bx 13, sect. 1, FDR to Eisenhower, 17/6/43.
42. *Ibid.*, Secret File, FDR to Eisenhower n° 511, 17/6/43.
43. FRUS 1943, Europe, vol. II, *op. cit.*, p. 159-160.
44. H. Macmillan, *War Diaries*, *op. cit.*, p. 125.
45. A.D. Chandler, *The papers of D.D. Eisenhower*, vol. 2, *op. cit.*, p. 1192, Eisenhower to FDR n° W 2956, 18/6/43 et p. 1193-1195, Eisenhower to Marshall n° W 2998, 18/6/43.
46. H. Macmillan, *War Diaries*, *op. cit.*, p. 126.
47. C. de Gaulle, *L'Unité*, *op. cit.*, p. 115.
48. A.D. Chandler, *The papers of D.D. Eisenhower*, vol. 2, *op. cit.*, p. 1200, Eisenhower to Marshall n° W 3024, 19/6/43.
49. H. Macmillan, *War Diaries*, *op. cit.*, p. 128.
50. C. de Gaulle, *L'Unité*, *op. cit.*, p. 117.
51. J. Monnet, *Mémoires*, *op. cit.*, p. 242.
52. A. Béthouart, *Cinq années d'espérance*, *op. cit.*, p. 208.
53. C. de Gaulle, *Lettres, notes et carnets, 1943-1945*, *op. cit.*, p. 31.
54. W. Leahy, *I was there*, *op. cit.*, p. 201.
55. NA, DRF, Roosevelt to Eisenhower, 19/6/43.
56. H. Macmillan, *War Diaries*, *op. cit.*, p. 133.
57. FDR, MR, Bx.30, FDR to Eisenhower, 24/6/43.
58. FDR, Hopkins Papers, Eisenhower to Hopkins, 29/6/43.
59. W. Leahy, *I was there*, *op. cit.*, p. 202.
60. *Ibid.*
61. H. Macmillan, *War Diaries*, *op. cit.*, p. 139.
62. H. Giraud, *Un seul but, la victoire*, *op. cit.*, p. 195-196.
63. *Ibid.*, p. 197.
64. *Ibid.*, p. 199.
65. A. Béthouart, *Cinq années d'espérance*, *op. cit.*, p. 213.
66. C. de Gaulle, *L'Unité*, *op. cit.*, p. 120.
67. A. Béthouart, *Cinq années d'espérance*, *op. cit.*, p. 211.
68. J.-L. Barré, *Devenir de Gaulle*, *op. cit.*, p. 361.
69. A. Béthouart, *Cinq années d'espérance*, *op. cit.*, p. 213-214.
70. J.-L. Barré, *Devenir de Gaulle*, *op. cit.*, p. 361.
71. A. Béthouart, *Cinq années d'espérance*, *op. cit.*, p. 214.
72. C. de Gaulle, *L'Unité*, *op. cit.*, p. 121.
73. J. Monnet, *Mémoires*, *op. cit.*, p. 245.
74. C. de Gaulle, *L'Unité*, *op. cit.*, p. 514.
75. H. Macmillan, *War Diaries*, *op. cit.*, p. 151.
76. C. de Gaulle, *L'Unité*, *op. cit.*, p. 126.
77. *Ibid.*, p. 513.
78. H. Alphand, *L'étonnement d'être*, Fayard, Paris, 1977, p. 161-162.
79. H. Macmillan, *War Diaries*, *op. cit.*, p. 166.
80. J. Monnet, *Mémoires*, *op. cit.*, p. 245.
81. J.-L. Barré, *Devenir de Gaulle*, *op. cit.*, p. 362.
82. C. de Gaulle, *L'Unité*, *op. cit.*, p. 518.
83. R. Murphy, *Diplomat among Warriors*, *op. cit.*, p. 231.
84. R. Massigli, *Une comédie des erreurs*, *op. cit.*, p. 22.
85. L. Woodward, *British Foreign Policy*, vol. 2, *op. cit.*, p. 452.
86. A. Eden, *The Reckoning*, *op. cit.*, p. 398.
87. W.S. Churchill, *The Second World War*, *op. cit.*, vol. V, p. 159-160.
88. PREM 318 1 / 2, WC to FDR n° 373, 21/7/43.
89. FO 954 / 8, Avon Papers, Eden to Macmillan, 21/7/43.
90. A.D. Chandler, *The papers of D.D. Eisenhower*, vol. 2, *op. cit.*, p. 1273, note 1.

91. W.S. Churchill, *The Second World War, op. cit.,* vol. V, p. 160-161.
92. CPA, MG 26, J.13, MacKenzie King Diaries, 10/8/43, p. 629.
93. A. Eden, *The reckoning, op. cit.,* p. 402.
94. AE CFLN / 1464, Viénot à Massigli n° 963, 2/9/43.
95. A. Eden, *The Reckoning, op. cit.,* p. 402.
96. FRUS, 1943, Quebec, USGPO, Wash., 1965, p. 916-917.
97. C. Hull, *Memoirs,* vol. 2, *op. cit.,* p. 1241.
98. W.S. Churchill, *The Second World War, op. cit.,* vol. V, p. 80.
99. C. Hull, *Memoirs,* vol. 2, *op. cit.,* p. 1241.
100. FO 954 / 8, Avon Papers, Eden to Macmillan, 11/10/43.
101. J. Soustelle, *Envers et contre tout,* t. II, *op. cit.,* p. 339; C. Paillat, *L'échiquier d'Alger, op. cit.,* p. 354.

CHAPITRE 9

1. AE 1468, Syrie-Liban, Catroux à de Gaulle, n° 1614, 23/1/43. Sur toute la question, voir : F. Kersaudy, *De Gaulle et Churchill, op. cit.,* p. 311-313.
2. H. Alphand, *L'étonnement d'être,* Fayard, Paris, 1977, p. 167.
3. FRUS 1943, Europe, vol. 2, *op. cit.,* p. 188, Memo of conversation by E. Wilson, 10/11/43.
4. FO 371/35994, Peake to Mack, 7/8/43.
5. C. Hull, *Memoirs,* vol. II, *op. cit.,* p. 1244.
6. *Ibid.,* p. 1275.
7. C. de Gaulle, *L'Unité, op. cit.,* p. 595.
8. NA, CRF, Alexis Léger à FDR, 8/11/43 ; également : Saint-John Perse, *Œuvres complètes,* Gallimard, Paris, 1972, p. 617-618.
9. FRUS, 1943, Cairo, Pre-conference papers, WSC to FDR, 10/11/43.
10. C. Hull, *Memoirs,* vol. II, *op. cit.,* p. 1245.
11. FDR / MR, Special File FNC, 1 sect. 3, WC to FDR n° 504, 13/11/43.
12. FRUS, 1943, Cairo, Pre-conference papers, p. 194-195, Minutes of president's meeting with JCS, 15/11/43, President's cabin, U.S.S. *Iowa.*
13. *Ibid.,* p. 256, 19/11/43.
14. FRUS, 1943, The first Cairo conference, USGPO, Wash., 1961, p. 310, 23/11/43, Roosevelt's villa.
15. FRUS, 1943, The Tehran conference, USGPO, Wash., 1961, p. 484-485, First plenary meeting, 28/11/43, Soviet embassy.
16. *Ibid.,* p. 486.
17. FRUS, 1943, The first Cairo conference, *op. cit.,* p.439, FDR to SS, 26/11/43,.
18. H. Macmillan, *War diaries, op. cit.,* p. 318.
19. H. Macmillan, *The blast of war, op. cit.,* p. 433-434.
20. E. Roussel, *Charles de Gaulle, op. cit.,* p. 396.
21. PREM 3 182/3, WSC to FS, Frozen n° 513, 21/12/43.
22. *Ibid.,* WSC to FDR n° 513, 21/12/43.
23. NA, St. Dept. 851.01/12. 2243, Secret memorandum by H.F. Matthews, 22/12/43.
24. FRUS 1943, Europe, vol. 2, *op. cit.,* p. 194, FDR to Eisenhower n° 211, 22/12/43.
25. L. Woodward, *British Foreign Policy, op. cit.,* vol. III, p. 6.
26. H. Macmillan, *War diaries, op. cit.,* p. 334.
27. *Ibid.,* p. 334-335 ; H. Macmillan, *The blast of war, op. cit.,* p. 441.
28. FO 954 / 8, Macmillan to Eden n° 2784, 23/12/43.
29. L. Woodward, *British Foreign Policy, op. cit.,* vol. III, p. 6-7.

30. FDR / MR, Special File FNC, *op. cit.*, Memo by Gen. Bedell-Smith to FDR, 25/12/43.

31. FRUS 1943, Europe, vol. 2, *op. cit.*, p. 194, FDR to Eisenhower n° 211, 26/12/43.

32. H. Macmillan, *War diaries*, *op. cit.*, p. 339.

33. C. de Gaulle, *L'Unité*, *op. cit.*, p. 606.

34. F. Coulet, *Vertu des temps difficiles*, Plon, Paris, 1967, p. 215.

35. C. de Gaulle, *L'Unité*, *op. cit.*, p. 671-674.

36. H. Macmillan, *War diaries*, *op. cit.*, p. 340.

37. C. de Gaulle, *L'Unité*, *op. cit.*, p. 674-676.

38. J.M. Blum, *Morgenthau Diaries, 1941-1945*, Houghton & Mifflin, Boston, 1967, p. 167.

39. *Ibid.*, p. 168.

40. *Ibid.*.

41. E. Roussel, *Charles de Gaulle*, *op. cit.*, p. 404-405.

42. FRUS, 1944, Europe, vol. 3, *op. cit.*, p. 773, memo by FDR to SS, 24/1/44.

43. FO 954 / 9, Halifax to Eden n° 550, 3/2/44.

44. FO 371 / 41957, Minute by C. Peake, 23/2/44.

45. M. Viorst, *Hostile allies*, *op. cit.*, p. 190.

46. D. Chandler, *The war papers of D.D. Eisenhower*, *op. cit.*, vol. III, p.1667-1668.

47. E. Roussel, *Charles de Gaulle*, *op. cit.*, p. 417.

48. J.L. Crémieux-Brilhac, *La France libre*, *op. cit.*, p. 828-829.

49. H. Stimson, *On active service in Peace and War*, *op. cit.*, p. 548-549.

50. J.G. Hurstfield, *America and the French nation*, *op. cit.*, p. 212.

51. *Ibid.*, p. 210.

52. N. Wahl *in De Gaulle and the United States*, *op. cit.*, p. 97.

53. M. Viorst, *Hostile allies*, *op. cit.*, p. 192.

54. W.D. Leahy, *I was there*, *op. cit.*, p. 279.

55. T. Morgan, *FDR*, *op. cit.*, p. 710-711.

56. J.G. Hurstfield, *America and the French nation*, *op. cit.*, p. 209.

57. FRUS, 1944, Europe, vol. III, *op. cit.*, p.675-677.

58. FO 954/9, AE to Duff Cooper n° 119, 30/3/44.

59. AE, CFLN / 1464, Viénot à C. de Gaulle n° 1696 Diplo, 31/3/44.

60. A. Eden, *The Reckoning*, *op. cit.*, p. 447.

61. AE, CFLN / 1480, Compte rendu d'une entrevue Viénot-Churchill à Downing Street, 4/4/44.

62. AE, CFLN / 1464, Massigli à Duff Cooper, 19/4/44.

63. C. Hull, *Memoirs*, vol. II, *op. cit.*, p. 1429.

64. *Daily Herald*, 29/3/43.

65. *Times*, 5/4/44.

66. *Daily Mirror*, 5/4/44.

67. C. Hull, *Memoirs*, vol. II, *op. cit.*, p. 1430.

68. L. Woodward, *British Foreign Policy*, *op. cit.*, vol. III, p. 33-34.

69. C. de Gaulle, *L'Unité*, *op. cit.*, p. 631.

70. FDR / MR, Bx 31, Special File, French civil affairs, FDR to WC n° 521, 13/4/44.

71. FO 954 / 9, Duff Cooper to WSC n° 438, 4/4/44.

72. *Ibid.*, WSC to Duff Cooper, 14/4/44.

73. *Ibid.*, WSC to Duff Cooper n° 353, 16/4/44.

74. *Ibid.*, WSC to FDR, 20/4/44.

75. *Ibid.*, FDR to WSC n° 527, 21/4/44.

76. *Ibid.*, WSC to FDR n° 656, 22/4/44.

77. FDR / MR, Bx 31, Special File, French civil affairs, memo for FDR from SS Hull, 24/4/44.

78. M. Viorst, *Hostile allies, op. cit.,* p. 194.

79. FDR / MR, Bx 31, Special File, French civil affairs, WSC to FDR n° 643, 12/4/44.

80. C. de Gaulle, *L'Unité, op. cit.,* p. 220.

81. L. Woodward, *British Foreign Policy, op. cit.,* vol. III, p. 40-41.

82. C. de Gaulle, *Discours et messages, op. cit.,* t. I, p. 405.

83. L. Woodward, *British Foreign Policy, op. cit.,* vol. III, p. 42.

84. FDR / MR, Map Room SF, Cont. 31 011, France, civil affairs, WSC to FDR n° 674, 15/5/44.

85. L. Woodward, *British Foreign Policy, op. cit.,* vol. III, p. 43.

86. CPA, MG 26J.13, MacKenzie King diaries, 13/5/44.

87. FO 371 / 41992, WSC to FS, 14/5/44.

88. *Ibid.,* WSC to FS, Eisenhower, Ismay, 16/5/44.

89. C. de Gaulle, *L'Unité, op. cit.,* p. 221.

90. *Ibid.*

91. FDR / MR, Bx 31, Special File, French civil affairs, WSC to FDR n° 682, 27/5/44.

92. FO 371 / 41992, WSC to FDR n° 684, 27/5/44.

93. FDR / MR, Bx 31, Special File, *op. cit.,* Harriman to FDR n° M. 18 773, 29/5/44.

94. M. Viorst, *Hostile allies, op. cit.,* p. 197-198.

95. A.D. Chandler, *The War Papers of D.D. Eisenhower, op. cit.,* vol. 3, p. 1866-1867.

96. C. Hull, *Memoirs,* vol. II, *op. cit.,* p. 1431.

97. FDR / MR, Bx 31, Special File, *op. cit.,* FDR to WSC n° 544, 27/5/44 et n° 546, 31/5/44.

98. C.de Gaulle, *L'Unité, op. cit.,* p. 636.

99. A. Duff Cooper, *Old men forget,* Hart-Davis, Londres, 1953, p. 327.

100. A. Eden, *The Reckoning, op. cit.,* p. 452.

101. C. de Gaulle, *L'Unité, op. cit.,* p. 640.

102. A. Duff Cooper, *op. cit.,* p. 328-329.

103. FDR / MR, Bx 31, Special File, French civil affairs, WSC to FDR n° 688, 1/6/44.

104. Sur l'ensemble de l'entretien, voir : CAB 66/50, Notes of conversation between the PM and C. de Gaulle, 4/6/44 ; FO 954/ 9, Notes of conversation between the PM and C. de Gaulle at luncheon on 4/6/44 ; E. Béthouart, *Cinq années d'espérance, op. cit.,* p. 241-243 ; A. Eden, *The Reckoning, op. cit.,* p. 452-453 ; C. de Gaulle, *L'Unité, op. cit.,* p. 223-224.

105. W.S. Churchill, *The Second World War,* vol. 5, *op. cit.,* p. 556.

106. C. de Gaulle, *L'Unité, op. cit.,* p. 223-225.

107. E. Béthouart, *Cinq années d'espérance, op. cit.,* p. 244.

108. C. de Gaulle, *L'Unité, op. cit.,* p. 226.

109. *Ibid.*

110. *Ibid.*

111. *Ibid.*

112. A. Cadogan, *Diaries, op. cit.,* p. 634.

113. FO 954 / 9, Report of conversation by Mr. Eden, 6/6/44.

114. A. Gillois, *Histoire secrète des Français à Londres, op. cit.,* p. 24.

115. P. de Gaulle, *De Gaulle, mon père,* vol. 1, *op. cit.,* p. 333.

116. C. de Gaulle, *L'Unité, op. cit.,* p. 227.

CHAPITRE 10

1. C. de Gaulle, *Lettres, notes et carnets, 1943-1945, op. cit.*, p. 240.
2. FRUS, 1944, Europe, vol. 3, p. 716, Aide memoire, 20/6/1944.
3. C. de Gaulle, *Lettres..., 1943-1945, op. cit.*, p. 240-241.
4. A. Gillois, *Histoire secrète des Français à Londres, op. cit.*, p. 210.
5. *Ibid.*
6. C. de Gaulle, *Lettres..., 1943-1945, op. cit.*, p. 242.
7. C. de Gaulle, *L'Unité, op. cit.*, p. 643-644.
8. A. Eden, *The Reckoning, op. cit.*, p. 456.
9. BM, Harvey diaries, 56400, 9/6/44 ; FO 371/41944, WSC to Eden, n° 1744/D, 13/6/44.
10. R. Aron, *Histoire de la libération de la France*, Fayard, Paris, 1959, p. 78.
11. L. Joxe, *Victoires sur la nuit, op. cit.*, p. 147.
12. C. de Gaulle, *L'Unité, op. cit.*, p. 230.
13. E. Béthouart, *Cinq années d'espérance, op. cit.*, p. 251.
14. FO 371/41994, Report on general de Gaulle's visit to Normandy by commander Pinks, 14/6/44.
15. A. Eden, *The Reckoning, op. cit*, p. 457.
16. FO 371/41993, Eden to Holman, Algiers, n° 235, 16/4/44.
17. C. de Gaulle, *L'Unité, op. cit.*, p. 231.
18. FO 371/41993, *op. cit.*
19. D. Cooper, *Old men forget, op. cit.*, p. 334.
20. C. de Gaulle, *L'Unité, op. cit.*, p. 651.
21. T. Morgan, *FDR, op. cit.*, p. 721-723.
22. *Ibid.*, p. 721.
23. M. Viorst, *Hostile allies, op. cit.*, p. 205.
24. FRUS 1944, Europe, vol. 3, *op. cit.*, p. 716.
25. F.L. Loewenheim, *Churchill and Roosevelt, op. cit.*, p. 523-525.
26. *New York Herald Tribune*, 28/6/44.
27. Cité par A. Beziat, *Franklin Roosevelt et la France, op. cit.*, p. 384.
28. H.L. Stimson, *On active service, op. cit.*, p. 546.
29. *Ibid.*, p. 551.
30. Cité par A. Beziat, *Franklin Roosevelt et la France, op. cit.*, p. 392.
31. *Ibid.*
32. C. de Gaulle, *L'Unité, op. cit.*, p. 648-649.
33. C. de Gaulle, *Lettres..., 1943-1945, op. cit.*, p. 259.
34. G. Palewski, *Mémoires d'action, op. cit.*, p. 217.
35. C. de Gaulle, *L'Unité, op. cit.*, p. 236.
36. W. Leahy, *I was there, op. cit.*, p. 287.
37. C. Hull, *Memoirs, op. cit.*, p. 1433.
38. Cité par R. Aglion, *De Gaulle et Roosevelt, op. cit.*, p. 207.
39. C. de Gaulle, *L'Unité, op. cit.*, p. 237-240.
40. *Ibid.*, p. 240.
41. T. Morgan, *FDR, op. cit.*, p. 723.
42. W.D. Hassett, *Off the record with FDR*, Rutgers U.P., New Jersey, 1958, p. 257.
43. J.M. Blum, *From the Morgenthau diaries, op. cit.*, p. 174 ; Stimson papers, box 172, folder 5, 14/6/44.
44. *Ibid.*, p. 175-176.
45. R. Aglion, *De Gaulle et Roosevelt, op. cit.*, p. 211.
46. C. de Gaulle, *L'Unité, op. cit.*, p. 655.

47. J. Lacouture, *Pierre Mendès France*, Paris, Le Seuil, 1981, p. 160.
48. C. de Gaulle, *L'Unité, op. cit.*, p. 243.
49. FDR, Press Conference, 11/7/44.
50. Cité par A. Beziat, *Roosevelt et la France, op. cit.*, p. 397.
51. *Ibid.*, p. 396.
52. D. Cooper, *Old men forget, op. cit.*, p. 334.
53. C. de Gaulle, *L'Unité, op. cit.*, p. 662.
54. *Ibid.*, p. 240-241.
55. C. de Gaulle, *Lettres..., 1943-1945, op. cit.*, p. 289-290.
56. C. de Gaulle, *Lettres..., 1943-1945, op. cit.*, p. 291-293.
57. C. de Gaulle, *L'Unité, op. cit.*, p. 289.
58. *Ibid.*, p. 291-292.
59. *Ibid.*, p. 289-290.
60. M. Rossi, *Roosevelt and the French, op. cit.*, p. 133.
61. FRUS, Europe 1944, *op. cit.*, vol. III, p. 659.
62. M. Rossi, *Roosevelt and the French, op. cit.*, p. 133-134.
63. *Ibid.*, p. 135-136.
64. C. de Gaulle, *L'Unité, op. cit.*, p. 296.
65. D.D. Eisenhower, *Crusade in Europe, op. cit.*, p. 323.
66. C. de Gaulle, *L'Unité, op. cit.*, p. 296.
67. *Ibid.*, p. 297.
68. D.D. Eisenhower, *Crusade in Europe, op. cit.*, p. 323.
69. C. de Gaulle, *Discours et messages*, t. I, *op. cit.*, p. 397-398.
70. D.D. Eisenhower, *Crusade in Europe, op. cit.*, p. 327.
71. C. de Gaulle, *L'Unité, op. cit.*, p. 712.
72. FDR/MRF, Eisenhower to Koenig, 23/8/44.
73. A. Danchev & D. Todman, *War Diaries of Field Marshal Alanbrooke, 1939-1945*, Weidenfeld, Londres, 2001, p. 569.
74. CPA, MG 26. J.13, MacKenzie King Diaries, p. 811, 818, 862.
75. A. Eden, *The Reckoning, op. cit.*, p. 477.
76. FDR/PSF, Dipl. France 44-45, Box 42, Memo for SS from FDR, 19/9/44.
77. Parliamentary Debates, House of Commons, vol. 403, col. 49, 28/9/45, et col. 620 and 625, 29/9/44.
78. N. Nicolson, *Harold Nicolson's diaries, op. cit.*, p. 403.
79. Parliamentary Debates, House of Commons, vol. 403, col. 2350, 18/10/44.
80. A. Eden, *The Reckoning, op. cit.*, p. 483.
81. E. Loewenheim (édit.), *Roosevelt and Churchill, op. cit.*, p. 585.
82. Cité par K. Munholland, *The United States and the Free French, op. cit.*, p. 92-93.
83. FDRL/PSF, Diplomatic Correspondence, France, 44-45, box 30, Hull to Roosevelt, 17/9/44.
84. Cité par A. Beziat, *Franklin Roosevelt et la France, op. cit.*, p. 408.
85. M. Viorst, *Hostile Allies, op. cit.*, p. 219-220.
86. W.D. Leahy, *I was there, op. cit.*, p. 321-322.
87. *New York Times*, 3/10/44.
88. FDR, Hopkins papers, Roosevelt to Churchill, 18/10/44.
89. D. Dilks, *Cadogan Diaries, op. cit.*, p. 674.
90. E. Loewenheim (édit.), *Roosevelt and Churchill, op. cit.*, p. 593, tel; n° 803, 23/10/44.
91. D. Dilks, *Cadogan diaries, op. cit.*, p. 674-675.
92. W.D. Leahy, *I was there, op. cit.*, p. 322.

CHAPITRE 11

1. C. de Gaulle, *Le Salut, op. cit.*, p. 339.
2. C. de Gaulle, *Le Salut, op. cit.*, p. 3.
3. *Ibid.*, p. 31.
4. *Ibid.*, p. 338.
5. J. Lacouture, *De Gaulle*, tome II, Seuil, Paris, 1985, p. 79.
6. FO 95119, 11/11/44, et C. de Gaulle, *Le Salut, op. cit.*, p. 350-359.
7. *Ibid.*, p. 33.
8. J. Lacouture, *De Gaulle*, tome II, op. cit., p. 72.
9. Cité par J. Nobécourt, *Le dernier coup de dés de Hitler*, Laffont, Paris, 1962, p. 378.
10. FRUS, Malta and Yalta, USGPO, Wash., 1955, p. 284-285.
11. *Ibid.*, p. 286.
12. *Ibid.*, p. 286-287.
13. NA, DR File, JCS, 29/12/44.
14. FDR, PSF, State Dept. memo for FDR, 28/12/44.
15. W. Kimball, *Churchill and Roosevelt*, vol. 3, *op. cit.*, R-694, 8/1/45.
16. FRUS, 1945, Europe, vol. IV, *op. cit.*, p. 783-784.
17. *Ibid.*, p. 784.
18. *Ibid.*, p. 789.
19. C. Hull, *Memoirs*, vol. II, *op. cit.*, p. 1642-1643.
20. E. Roosevelt, *As he saw it, op. cit.*, p. 129-130; 228.
21. R.E. Sherwood, *White House Papers*, vol. II, *op. cit.*, p. 836.
22. FRUS, Malta and Yalta, *op. cit.*, p. 285.
23. *Ibid.*, p. 291.
24. R.E. Sherwood, *White House Papers*, vol. II, *op. cit.*, p. 839.
25. *Ibid.*, p. 838.
26. C. de Gaulle, *Lettres, notes et carnets, 1943-1945, op. cit.*, p. 366.
27. C. de Gaulle, *Le Salut, op. cit.*, p. 387-388.
28. E. Burin des Roziers in *The United States and the Free French, op. cit.*, p. 100-101.
29. C. de Gaulle, *Le Salut, op. cit.*, p. 81-84.
30. *Ibid.*, p. 392.
31. *Ibid.*, p. 393.
32. R.E. Sherwood, *White House Papers*, vol. II, *op. cit.*, p. 840.
33. FRUS, Malta and Yalta, 1945, *op. cit.*, p. 573.
34. *Idem.*, p. 629.
35. *Idem.*, p. 710 et 718.
36. *Idem.*, p. 899.
37. J.F. Byrnes, *Speaking frankly, op. cit.*, p. 23; C. Moran, *The struggle for survival*, Constable, Londres, 1966, p. 226.
38. FRUS, 1945, Europe, vol. IV, p. 669, Caffery to SS, 2/2/45; R.E. Sherwood, *White House Papers*, vol. II, *op. cit*, p. 850.
39. FDR / MRF, FDR to Caffery, 11/2/45.
40. R.E. Sherwood, *White House Papers*, vol. II, *op. cit.*, p. 850.
41. C. de Gaulle, *Le Salut, op. cit.*, p. 87-88.
42. R.E. Sherwood, *White House Papers*, vol. II, *op. cit.*, p. 862.
43. W. Leahy, *I was there, op. cit.*, p. 383.
44. J. Bishop, *FDR's last year*, Morrow, N.Y., 1974, p. 421.
45. *Ibid.*, p. 429.
46. *Ibid.*, p. 438; C. de Gaulle, *Le Salut, op. cit.*, p. 89.
47. C. de Gaulle, *Le Salut, op. cit.*, p. 89.

48. *Ibid.*, p. 491.
49. *Ibid.*, p. 166.
50. C. de Gaulle, *Lettres, notes et carnets, 1943-1945, op. cit.*, p. 393-394.
51. FRUS 1945, vol. IV, *op. cit.*, p. 785-787.
52. R. Dallek, *Franklin Roosevelt and American foreign policy*, OUP, Oxford, 1979, p. 513.
53. E. Roosevelt, *This I remember, op. cit.*, p. 221.

EPILOGUE

1. *Le Salut, op. cit.*, p. 402.
2. *Ibid.*, p. 89.
3. E. Roussel, *Charles de Gaulle, op. cit.*, p. 572.
4. C. de Gaulle, *Le Salut, op. cit.*, p. 89.
5. P. de Gaulle, *De Gaulle, mon père*, vol. 1, *op. cit.*, p. 270.
6. E. Roussel, *Charles de Gaulle, op. cit.* p. 663.
7. C.-L. Sulzberger, *Les derniers des géants, op. cit.*, p. 125.

ARCHIVES

CANADA

CPA (Canadian Public Archives) Ottawa
  CPA/RG25 séries A12 Canada House
  CPA/MG26... J13 Mackenzie King Diaries
  CPA/MG26... J4 Vol. 327, Ralston Diaries

ETATS-UNIS

NA (National Archives), Washington DC
  State Department, War, OSS

FDR (Franklin D. Roosevelt Library) Hyde Park, New York
  President's Secretary's File / Diplomatic France, Official File, President's
  Personal File, Official File, Map Room / Spécial File.

FRANCE

AE (Affaires étrangères) Paris
  CNF (1941-1943)
  CFLN (1943-1944)
  Dossiers Dejean, Massigli, Reconstitution Fouques-Duparc

SHAT (Service Historique de l'armée de Terre)
  Etat-major, Service des T.O.E.

GRANDE-BRETAGNE

CAB (Cabinet Papers) Londres
  CAB 99/3 (Supreme War Council), CAB 65, CAB 66, CAB 84

FO (Foreign Office)
  FO 371 Political/France
  FO 954 Eden Papers

LHCMA (Liddel Hart Centre for Military Archives)
  Alanbrooke and Ismay Papers

PREM (Prime Minister's Papers)
  PREM 3

BL (Bodleian Library, Oxford)
  Attlee Papers

ADM (Admiralty)
  ADM 199

PAYS-BAS

MVBZ (Ministerie Van Buitenlandse Zaken) La Haye
  Londens Archief, Politieke Rapporten
  Londens Archief, Geheim Archief G2
  Londens Archief, Brandkastdossiers
  Londens Archief, Ned. Gezantschap te Londen.1940-1945

NORVEGE

UD (Utenriksdepartementet) Oslo
  Utenriksminister Trygve Lies Arkiv, UD u-25,19

BIBLIOGRAPHIE CRITIQUE

Les sources les plus importantes restent naturellement :

Du côté français :

Ch. de Gaulle, *Mémoires de Guerre*, t. I à III (Plon, Paris, 1954-1959), ainsi
que la série *Lettres, Notes et Carnets*, (Plon, Paris, 1980-1997)

Du côté américain :

*Franklin Roosevelt n'ayant eu ni le goût ni le temps d'écrire ses Mémoires, on
trouvera l'essentiel de ses écrits dans :*
E. Roosevelt, ed., *FDR, His Personal Letters, 1928-1945*, 3 vols., Duell, Sloan
& Pearce, N.Y, 1950
W. Kimball, ed., *Churchill and Roosevelt, The complete correspondance*, 3
vols, Princeton U.P., New Jersey 1984
Foreign Relations of the United States, Europe, 1940-1945, USGPO, Was-
hington, 1959-1975
A.D. Chandler, *The Papers of D.D. Eisenhower, The war years*, vol. 1-4,
Johns Hopkins Press, Baltimore, 1970

Les écrits des principaux acteurs et témoins sont également très précieux :

Du côté français :

R. Aglion, *De Gaulle et Roosevelt*, Plon, Paris, 1984. (Les souvenirs d'un
délégué de la France libre aux Etats-Unis entre 1941 et 1945)
H. Alphand, *L'Etonnement d'être*, Fayard, Paris, 1977. (Journal épisodique
d'un négociateur de talent)
T. d'Argenlieu, *Souvenirs de guerre*, Plon, Paris, 1973. (Bref, allusif,
incomplet)
E. d'Astier, *Sept fois sept jours*, Gallimard, Paris, 1961.
A. Beaufre, *La Revanche de 1945*, Plon, Paris, 1966. (Un témoignage précis et
objectif)

E. Béthouart, *Cinq années d'espérance,* Plon, Paris, 1968.(Une véritable épopée, admirablement racontée)

G. Bidault. *D'une résistance à l'autre,* Presses du Siècle, Paris,1965.

P. Billotte, *Le Temps des armes,* Plon, Paris, 1972. (Le récit fascinant d'un des plus proches compagnons du Général)

R. Bouscat, *De Gaulle-Giraud. dossiers d'une mission,* Flammarion, Paris, 1967.

C. Bouchinet-Serreulles, *Nous étions faits pour être libres,* Grasset, Paris, 2000. (Chronique parfois décousue mais toujours fascinante)

R. Cassin, *Les Hommes partis de rien,* Plon, Paris, 1975. (Assez peu informatif)

G. Catroux, *Dans la bataille de Méditerranée,* Julliard, Paris, 1949. (Le compte rendu serein d'un témoin très engagé)

F. Coulet, *Vertu des temps difficiles,* Plon, Paris, 1967. (D'une lecture déroutante, l'auteur parlant constamment de lui-même à la troisième personne...)

J.-L. Crémieux-Brilhac, *La France libre,* Gallimard, Paris, 1996. (Un témoignage personnel autant qu'une remarquable étude de la période)

G. de Charbonnières, *Le duel Giraud-de Gaulle,* Plon, Paris, 1984. (Admirables descriptions du Général, de ses humeurs et de ses jugements sur la politique américaine...)

P. de Gaulle, *Mémoires accessoires, 1921-1946,* Plon, Paris, 1997. (Un beau style pour une belle histoire)

P. de Gaulle, *De Gaulle mon père,* vol.1, Plon, Paris, 2003. (En dépit de quelques confusions et de certains jugements hâtifs, un témoignage superbe et irremplaçable)

H. de Kérillis, *De Gaulle dictateur,* Beauchemin, Montréal, 1945. (A utiliser avec précaution.)

A. Gillois, *Histoire secrète des Français à Londres,* Hachette, Paris, 1973. (Une mine d'informations et de témoignages)

H. Giraud, *Un seul but, la victoire,* Julliard, Paris, 1949. (Intéressant mais très naïf)

C..Hettier de Boislambert, *Les Fers de l'espoir,* Plon, Paris, 1973

L. Joxe, *Victoires sur la nuit,* Flammarion, Paris, 1981. (Des souvenirs passionnants écrits avec talent et humour)

A. Juin, *Mémoires,* vol. 2 (Fayard, Paris, 1960).

E. Larminat, *Chroniques irrévérencieuses,* Plon, Paris, 1972.

P. Lefranc, *Avec qui vous savez,* Plon, Paris, 1979.

R. Massigli, *Une Comédie des Erreurs,* Plon, Paris, 1978. (Le récit objectif et désabusé d'un grand diplomate)

J. Monnet, *Mémoires,* Fayard, Paris, 1976. (Les ressorts de l'action prodigieuse d'un patriote cosmopolite)

E. Muselier, *De Gaulle contre le Gaullisme,* Chêne, Paris, 1946. (Beaucoup trop partial pour être pris entièrement au sérieux)

G. Palewski, *Mémoires d'action,* Plon, Paris, 1988. (Récit curieusement elliptique de la part d'un homme qui savait tant de choses)

Colonel Passy, *Mémoires du chef des services secrets de la France libre,* Odile Jacob, Paris, 2000. (Réédition complète et commentée des *Souvenirs* de 1947)

Rémy, *Dix ans avec de Gaulle,* France Empire, Paris, 1971.

P. Reynaud, *Mémoires,* vol. 2, Flammarion, Paris, 1963. (Une tentative d'explication rationnelle de la catastrophe de 1940, par un président du Conseil manifestement dépassé par les événements)

J. Soustelle, *Envers et contre tout,* 2 vol., Solar, Monte Carlo, 1947. (Volubile, impitoyable et très informatif)

J. Vendroux, *Cette chance que j'ai eue,* Plon, Paris, 1974.

Du côté américain :

D. Acheson, *Present at the Creation,* Norton,, N.Y., 1969

B. Berle and.D. Jacobs, ed. *Navigating the rapids,* Harcourt Brace, N.Y., 1973.

O.H.Bullitt, *For the President : Personal and Secret,* Houghton & Mifflin, Boston, 1972. (Reproduit de nombreuses lettres de Roosevelt à l'ambassadeur Bullitt entre 1932 et 1943)

J.M. Blum, *From the Morgenthau diaries, vol. 3, 1941-1945,* Houghton & Mifflin, Boston, 1967. (Basé sur le journal de guerre du secrétaire au Trésor et proche collaborateur de Roosevelt Henry Morgenthau Jr ;)

T.M. Campbell, *The Diaries of Edward R. Stettinius Jr.,* F. Watts, N.Y., 1975. (Comprend un témoignage de première main sur la conférence de Yalta)

M. Clark, *Calculated risk,* Harper, New York, 1950. (Un grand général qui écrit avec énergie et humour).

D. Eisenhower, *Crusade in Europe,* Heinemann, Londres, 1948. (Récit clair et honnête du commandant suprême chargé de libérer l'Europe occidentale)

C. Hull, *Memoirs,* vol.et 2 ,Macmillan, N.Y., 1948. (Un plaidoyer *pro domo*, citant abondamment les documents du Département d'Etat).

W. Leahy, / *was there,* Gollancz, Londres, 1950.(Par le chef d'état-major particulier du président Roosevelt. Souvent bien naïf en ce qui concerne la France.).

R. Murphy, *Diplomats among Warriors,*Doubleday, New York, 1964. (Partial mais instructif et bien écrit.)

K. Pendar, *Adventures in Diplomacy,*Cassell, Londres, 1966. (Férocement anti-de Gaulle et très peu sûr en ce qui concerne la France)

S. Rosenman, *Working with Roosevelt,* Harper, N.Y., 1952 (Roosevelt vu par un de ses plus proches collaborateurs)

R. Sherwood, *The White House Papers,* vol. 1 et 2, Eyre & Spottiswoode, Londres, 1949. (Un témoignage fondamental, utilisant en outre les papiers personnels de Harry Hopkins. La traduction française : *Le Mémorial de Roosevelt* est très peu fiable.)

H.L. Stimson et Mcgeorge Bundy, *On active service in Peace and War,* Harper, N.Y., 1947. (Comprend de nombreux extraits des notes du secrétaire à la Guerre Henry Stimson.)

Ainsi que les Mémoires de trois membres de la famille :

Eleanor Roosevelt, *This I remember,* Hutchinson, Londres, 1950

James Roosevelt and Sidney Shalett, *Affectionately, FDR.*, Harcourt, Brace, N.Y., 1959

Elliott Roosevelt, *This I remember,* Duell, Sloan and Pearce, N.Y., 1946. (Le seul qui soit vraiment informatif sur la politique étrangère de Franklin Roosevelt)

Du côté britannique :

W.S. Churchill, *The Second World War,* vol. 1 à 6, Cassell, Londres, 1948-1954 (Incontournable pour suivre le long dialogue Churchill- Roosevelt au sujet de la France durant la guerre)

Ainsi que :

A. Bryant, *The Turn of thé tide* et *Triumph in the West,*Collins, Londres, 1957-1959. (D'après le journal du maréchal Alanbrooke, indispensable sur toute la période de guerre.)

L. Chandos, *Memoirs,* Bodley Head, Londres, 1962.

A.-D. Cooper, *Old Men forget,* RH Davis, Londres, 1953.

D. Dilks (Edit.), *Diaries of Sir Alexander Cadogan* 1938-1945, Cassell, Londres, 1971 (La politique étrangère britannique au jour le jour, d'après le journal du sous-secrétaire permanent du *Foreign Office* pendant la guerre)

A. Eden, *The Reckoning* , Cassell, Londres, 1965 (Comprend le récit de nombreuses discussions avec Hull et Roosevelt, ainsi que des extraits du journal d'Anthony Eden)

J. Harvey (Edit), *War diaries of Oliver Harvey, 1941-1945,* Collins, Londres, 1978.

H. Ismay, *Memoirs,* Heinemann, Londres, 1960 (Le récit détaché et quelque peu stérilisé d'un proche collaborateur et admirateur de Winston Churchill)

H. Macmillan, *War Diaries, 1943-1945*, Macmillan, Londres, 1984. (Un document unique sur les négociations d'Alger entre Giraud et de Gaulle en 1943, par un témoin actif et bienveillant. Ce journal de l'époque est à compléter par les réflexions *a posteriori* du ministre résident de Sa Majesté :

H. Macmillan, *The Blast of War 1939-1945,* Macmillan, Londres 1967

Ouvrages d'historiens :

Les biographies de Roosevelt et de De Gaulle, ainsi que les études générales sur les relations franco-américaines, sont bien trop nombreuses pour être citées ici. Les ouvrages suivants sont les plus utiles pour comprendre les relations de Gaulle-Roosevelt :

A. Béziat, *Franklin Roosevelt et la France,* l'Harmattan, Paris, 1997. (Une thèse très complète et admirablement documentée)

J. Bishop, *FDR's last year,* N.Y., Morrow, 1974

J. M.Burns, *Roosevelt*, vol.1 and 2, Harcourt-Brace, N.Y., 1956-1970. (Sans doute la meilleure biographie en langue anglaise, mais pas toujours la plus lisible)

C. Black, *Franklin D. Roosevelt,* Weidenfeld, Londres, 2003

R. Dallek, *Franklin Roosevelt and American foreign policy, 1932-1945*, OUP, Londres, 1979

P.M de la Gorce, *De Gaulle*, Perrin, Paris, 1999 (Une très belle synthèse, remarquablement écrite)

R. Divine, *Roosevelt and World War II,* Johns Hopkins Press, Baltimore, 1969 (Bref, mais très complet)

J.B. Duroselle, *L'abîme 1939-1945*, Imprimerie nationale, Paris,1986 (Un classique irremplaçable) *De Wilson à Roosevelt,* A. Collin, Paris, 1960

H. Feis, *Churchill, Roosevelt and Stalin,* Princeton U.P., N.J., 1957

M. Ferro, *De Gaulle et l'Amérique, une amitié tumultueuse,* Plon, Paris, 1973. (Titre attrayant, mais contenu décevant)

C.Fohlen, *l'Amérique de Roosevelt,* Imprimerie nationale, Paris, 1982. (Des clés essentielles pour comprendre la politique américaine de l'époque)

J.G. Hurstfield, *America and the French Nation,* 1939-1945, Chapel Hill, Univ.of Carolina Press, 1986. (Une étude érudite et agréablement écrite)

A.Kaspi, *La mission de Jean Monnet à Alger,* Publications de la Sorbonne, Paris, 1971 ; *Franklin Roosevelt,* Fayard, Paris, 1988 (Une superbe biographie du président, la seule en français depuis un demi-siècle, qui comporte en outre un chapitre entier sur Roosevelt et la France)

W. Langer, *Our Vichy gamble,* A. Knopf, N.Y., 1947 (Version « officielle » du *State Department*,citant une abondance de documents diplomatiques)

J. Lacouture, *De Gaulle,* vol. 1 à 3, Seuil, Paris, 1984-1986 (La première biographie complète du Général, d'une grande richesse de style – et de documentation)

T. Morgan, *FDR, a biography,* Simon & Schuster, N.Y., 1985

M. Rossi, *Roosevelt and the French*, Praeger, Londres, 1993. (Un essai bref et novateur)

E. Roussel, *Charles de Gaulle*, Gallimard, Paris, 2002 (Une biographie très bien écrite et prodigieusement documentée)

M. Viorst, *Hostile Allie*s, Macmillan, N.Y., 1965 (Le seul livre exclusivement consacré aux relations Roosevelt-de Gaulle, laconique mais essentiel)

Sans oublier la magistrale synthèse de Bernard Sinsheimer dans *Espoir* n° 99, nov.1994, p. 32 à 41 : « De Gaulle et Roosevelt ».

INDEX

TABLE

collection tempus
Perrin

Déjà paru

1. *Histoire des femmes en Occident* (dir. Michelle Perrot, Georges Duby), *L'Antiquité* (dir. Pauline Schmitt Pantel).
2. *Histoire des femmes en Occident* (dir. Michelle Perrot, Georges Duby), *Le Moyen Âge* (dir. Christiane Klapisch-Zuber).
3. *Histoire des femmes en Occident* (dir. Michelle Perrot, Georges Duby), *XVIᵉ-XVIIIᵉ siècle* (dir. Natalie Zemon Davis, Arlette Farge).
4. *Histoire des femmes en Occident* (dir. Michelle Perrot, Georges Duby), *Le XIXᵉ siècle* (dir. Michelle Perrot, Geneviève Fraisse).
5. *Histoire des femmes en Occident* (dir. Michelle Perrot, Georges Duby), *Le XXᵉ siècle* (dir. Françoise Thébaud).
6. *L'épopée des croisades* – René Grousset.
7. *La bataille d'Alger* – Pierre Pellissier.
8. *Louis XIV* – Jean-Christian Petitfils.
9. *Les soldats de la Grande Armée* – Jean-Claude Damamme.
10. *Histoire de la Milice* – Pierre Giolitto.
11. *La régression démocratique* – Alain-Gérard Slama.
12. *La première croisade* – Jacques Heers.
13. *Histoire de l'armée française* – Philippe Masson.
14. *Histoire de Byzance* – John Julius Norwich.
15. *Les Chevaliers teutoniques* – Henry Bogdan.
16. *Mémoires, Les champs de braises* – Hélie de Saint Marc.
17. *Histoire des cathares* – Michel Roquebert.
18. *Franco* – Bartolomé Bennassar.
19. *Trois tentations dans l'Église* – Alain Besançon.
20. *Le monde d'Homère* – Pierre Vidal-Naquet.
21. *La guerre à l'Est* – August von Kageneck.
22. *Histoire du gaullisme* – Serge Berstein.
23. *Les Cent-Jours* – Dominique de Villepin.
24. *Nouvelle histoire de la France*, tome I – Jacques Marseille.
25. *Nouvelle histoire de la France*, tome II – Jacques Marseille.
26. *Histoire de la Restauration* – Emmanuel de Waresquiel et Benoît Yvert.
27. *La Grande Guerre des Français* – Jean-Baptiste Duroselle.
28. *Histoire de l'Italie* – Catherine Brice.
29. *La civilisation de l'Europe à la Renaissance* – John Hale.
30. *Histoire du Consulat et de l'Empire* – Jacques-Olivier Boudon.
31. *Les Templiers* – Laurent Daillez.

À PARAÎTRE

Impression réalisée sur Presse Offset par

BRODARD & TAUPIN

GROUPE CPI

La Flèche (Sarthe), le 16-05-2006
pour le compte des Éditions Perrin
76, rue Bonaparte
Paris 6[e]

N° d'édition : 2143 – N° d'impression : 35687
Dépôt légal : juin 2006

Imprimé en France